21 世纪法学系列教材配套辅导用书

合同法练习题集

（第六版）

房绍坤　　姜沣格　　于海防　**编著**

中国人民大学出版社

·北京·

出版说明

　　法学练习题集系列自 2006 年出版以来，已经发行了 15 年。在这 15 年中，这套书受到了广大法学师生的喜爱，屡屡登上法学畅销书的排行榜。作为编者，我们倍受鼓舞，为能够为中国法学教育事业的发展贡献一点微薄的力量而感到由衷的喜悦，同时也深感自己身上的担子更重了。

　　这套书的设计初衷是帮助学生通过做练习的方式来检测、巩固所学知识，并通过案例分析、论述等题型的设计，进一步提高解决实务问题的能力和开阔学术研究的视野，通过"应试"的方式提高学习能力。从广大读者的反馈来看，这一设计初衷较好地实现了：学生通过精心设计的同步练习，更好地掌握了本学科的知识，加深了对司法实务问题的理解，并对一些法学学术前沿问题有所涉猎。

　　具体来讲，这套书有如下一些特点：

　　第一，帮助学生系统掌握本门学科知识。这套书参照法学课程通用教材设计章节体系，每本练习题集的每章下设"知识逻辑图"栏目，提纲挈领地勾画了一章的内容中不同知识点之间的逻辑关系，能帮助学生更好地理解知识体系、结构、逻辑关系，快速记忆本章的核心知识点。其后设计了名词解释、单项选择题、多项选择题、简答题、案例分析题、论述题等常见题型的自测题，突出了本章的重点、难点知识点，并提供了详细的答案分析，从而不仅可以开阔学生的眼界，帮助学生了解不同类型考题的不同形态，掌握其解题方法，而且可以培养和增强学生的综合实战能力。除每章的自测题外，全书还专门设计了三套综合测试题，学生可以在学完本门课程后自己测验一下对这门课程总的学习效果。

　　第二，帮助学生通过国家统一法律职业资格考试。法学专业的学生在经过系统学习之后，通过法律职业资格考试应当是顺理成章的事情，然而，法律职业资格考试在大多数法学院校学生中的通过率并不高。这套书从历年法律职业资格考试（司法考试）的试题中精选了部分经典的试题，帮助学生在上学期间了解法律职业资格考试的难度、考查的角度和形式，并进行有针对性的学习和准备。

　　第三，帮助学生准备考研。一方面，这套书从一些法学名校（如中国人民大学、北京大学、中国政法大学等）的历年考研试题中精选了部分试题；另一方面，这套书专门设计了"论述题与深度思考题"栏目，以拓展学生学术视野，同时，对考研的学生掌握论述题的答题方法和技巧亦有较大帮助。

　　我们的思路可归纳为：通过似乎回到"应试教育"模式、进行同步练习这样一种"俗"的方式，来达到我们强化"专业教育"的大而不俗的目的。

　　法学教育进入了新时代，更加强调法学专业学生对国家全面依法治国方略的学习和理解，更加强调法律职业伦理的塑造，更加强调法治人才对法治理论的实际运用能力。原来的"司法考试"升级为"国家统一法律职业资格考试"，无论是客观题还是主观题，都更加强调对案例分析能力的考查。作为一门实践性、应用性很强的学科，法学案例教学的重要性日益凸显。

　　为了回应新时代法学教育的需求，我们对这套书进行了全新的改版升级。一方面，我们适当增大了各类案例题型（案例型选择题、案例型分析题、案例型论述题）的比例。另一方面，我们力图运用新的出版技术手段，更好地为广大读者服务。在保留原有优势和特色的基础上，我们为每本书增加了相配套的视频讲解，选择书中的重点和难点题目，由作者进行更详细的分析和讲解。每本书附数字学习卡，扫码即可观看全部视频。除此之外，为方便读者学习，在有视频解析的题目下也配有二维码，读者扫码即可观看相关的讲解视频。

1

此外，为了更好地为广大读者服务，我们计划建立读者答疑群。购买正版图书的读者可以凭所附的数字学习卡，一书一码，扫码进微信答疑群，我们会请相关书的作者不定期地进行集中的答疑。在这里，您既可以跟全国的读者进行交流，又可以得到专家学者的指导，从而能在学习上获得更多的帮助和支持。

最后，推荐大家关注中国人民大学出版社法律分社的微信公众号，"人大社法律出版"。这里不仅有大量的出版资讯，还有不少的数字资源，是跟我们联系的另一条渠道。

您的喜爱是我们前行的动力，衷心希望这套练习题集能够做得越来越好，在您的前进道路上略尽绵薄之力。

2021 年 11 月

扫码关注"人大社法律出版"

第六版修订说明

　　《合同法练习题集》自 2008 年出版以来，深受读者喜爱，对于广大读者学习合同法、参加国家司法考试/国家统一法律职业资格考试起到了帮助作用。为了更好地满足读者学习合同法的需要，我们对《合同法练习题集》进行了修订。本次修订主要作了如下工作：第一，根据最高人民法院《关于适用〈中华人民共和国民法典〉合同编通则若干问题的解释》的规定，对相关题目及解析进行了修改，以及时反映司法实践的新变化。第二，根据配套教材（房绍坤著《合同法》，中国人民大学出版社 2023 年 12 月版）的变化，对知识逻辑图、部分题目及其解析作了修改。第三，针对读者反馈以及修订过程中发现的问题，对表述不准确的题目及解析进行了纠正。

　　本次修订工作由房绍坤负责。因《合同法练习题集》涉及的题目众多，加之时间较紧，书中谬误不可避免，恳请读者批评指正。

编者

2024 年 4 月

目　录

第一章　合同法概述

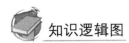 知识逻辑图

合同法概述
├ 概述
│　├ 概念：民事主体之间设立、变更、终止民事法律关系的协议
│　├ 特征
│　│　├ 当事人之间在自由平等基础上所达成的协议
│　│　├ 双方或者多方民事法律行为
│　│　└ 以确立民事权利义务关系为目的
│　└ 分类
│　　├ 有名合同与无名合同
│　　├ 有偿合同与无偿合同
│　　├ 双务合同与单务合同
│　　├ 诺成合同与实践合同
│　　├ 要式合同与不要式合同
│　　├ 一时性合同与继续性合同
│　　├ 主合同与从合同
│　　├ 实定合同与射幸合同
│　　├ 利己合同与利他合同
│　　└ 预约合同与本约合同
└ 合同之债
　├ 分类
　│　├ 单一之债与多数人之债
　│　├ 按份之债与连带之债
　│　├ 简单之债与选择之债
　│　├ 种类之债与特定之债
　│　└ 金钱之债与非金钱之债
　├ 合同债权
　│　├ 概念：权利人请求特定义务人为或者不为一定行为的权利
　│　└ 特征
　│　　├ 请求权
　│　　├ 相对权
　│　　├ 平等性
　│　　└ 兼容性
　└ 合同债务
　　├ 概念：债务人向债权人为或者不为一定行为的义务
　　├ 特征
　　│　├ 特定性
　　│　├ 积极性
　　│　├ 不利益性
　　│　└ 受约束性
　　└ 分类
　　　├ 给付义务
　　　│　├ 主给付义务：合同当事人所约定的、自始确定并决定合同类型的基本义务
　　　│　└ 从给付义务：主给付义务以外，债权人可独立诉请履行，以满足其给付利益的义务
　　　└ 附随义务：促进实现主给付义务或者保护当事人人身或者财产上的利益，于合同发展过程中基于诚信原则而产生的义务

```
        ┌ 属性 ┌ 财产法
        │      │ 交易法
        │      └ 任意法
合同法    │ 调整范围 ┌ 因合同而产生的民事关系
概述     ┤          └ 非因合同而产生的民事关系
        │ 基本原则 ┌ 合同自由原则
        │          │ 鼓励交易原则
        │          │ 合同严守原则
        └          └ 合同相对性原则
```

名词解释与概念比较

1. 合同
2. 诺成合同
3. 实践合同
4. 无名合同
5. 预约合同
6. 单务合同与双务合同
7. 有偿合同与无偿合同

选择题

（一）单项选择题

1. 下列表述中，不正确的是（　　）。

A. 合同关系发生在平等的民事主体之间

B. 合同关系的发生属于一种民事法律事实

C. 合同关系应当为有偿关系

D. 合同关系的缔结以当事人间的合意为基础

2. 关于单务合同与双务合同，下列选项中错误的是（　　）。

A. 赠与合同为单务合同

B. 单务合同中不产生同时履行抗辩权

C. 单务合同中，义务人的注意义务一般弱于双务合同

D. 单务合同中仍然存在对待给付义务

3. 下列合同中，属于实践合同的是（　　）。

A. 租赁合同　　　　　B. 赠与合同

C. 保管合同　　　　　D. 买卖合同

4. 甲公司与乙公司签订了一个买卖合同，但由于丙公司恶意阻挠，乙公司没有履行合同，那么（　　）。

A. 乙公司应向甲公司承担违约责任

B. 丙公司应向甲公司承担违约责任

C. 乙公司与丙公司一起向甲公司承担违约责任

D. 乙公司不必承担任何责任，因为其未履行合同是因丙公司的缘故

5. 合同关系的客体是（　　）。

A. 物　　　　　　　　B. 智力成果

C. 劳务　　　　　　　D. 债务人的行为

6. 下列表述中，正确的是（　　）。

A.《民法典》合同编可以适用于一切合同

B. 外国人在中国签订的合同不应适用中国的《民法典》合同编的规定

C. 保证合同不能适用《民法典》合同编的规定

D. 收养协议适用收养协议的有关法律规定，没有规定的，根据其性质，参照适用《民法典》合同编的规定

7. 依照取得利益是否需要支付对价，可以将合同分成（　　）。

A. 双务合同与单务合同

B. 有偿合同与无偿合同

C. 束己合同与涉他合同

D. 要式合同与不要式合同

8. 关于为第三人利益订立的合同，下列表述中正确的是（　　）。

A. 该合同不可以涉及第三人

B. 该合同是合同相对性的例外

C. 该合同的订立须取得第三人的同意

D. 该合同的订立须事先通知第三人

9. 下列关于合同法律关系的主体的表述中，正确的是（　　）。

A. 合同法律关系的主体是不特定的

B. 合同法律关系的主体是特定的

C. 债权人是特定的，债务人则不一定

D. 债务人是特定的，债权人则不一定

10. 关于要式合同与不要式合同，下列表述中正确的是（　　）。

A. 合同以要式为原则，以不要式为例外

B. 要式合同就是书面形式的合同

C. 技术开发合同是要式合同

D. 在要式合同中，合同欠缺形式要件的，该合同无效

11. 甲对乙说："如果你在 3 年内考上公务员，我愿将自己的一套住房或者一辆宝马轿车相赠。"乙同意。2 年后，乙考取某国家机关职位。关于甲与乙的约定，下列哪一说法是正确的？（　　）

A. 属于种类之债　　　B. 属于选择之债

C. 属于连带之债　　　D. 属于劳务之债

12. 在下列哪一情形下，乙的请求依法应得到支持？（　　）

A. 甲应允乙同看演出，但迟到半小时。乙要求甲赔偿损失

B. 甲听说某公司股票可能大涨，便告诉乙，乙信以为真大量购进，事后该只股票大跌。乙要求甲赔偿损失

C. 甲与其妻乙约定，如因甲出轨导致离婚，甲应补偿乙 50 万元，后二人果然因此离婚。乙要求甲依约赔偿

D. 甲对乙承诺，如乙比赛夺冠，乙出国旅游时甲将陪同，后乙果然夺冠，甲失约。乙要求甲承担赔偿责任

视频讲题

13. 甲公司在 2017 年至 2021 年间连续与乙公司签订了三份煤炭买卖合同，并按照合同的约定分别向乙公司的六个子公司发运了货物，但乙公司及其六个子公司迄今未支付货款。关于本案，下列哪一选项是正确的？（　　）

A. 甲公司只能要求乙公司付款，无权要求乙公司的六个子公司付款

B. 甲公司只能要求乙公司的六个子公司付款，无权要求乙公司付款

C. 甲公司有权要求乙公司及其六个子公司对所欠货款承担连带责任

D. 甲公司只能选择乙公司付款，但可要求其六个子公司承担补充付款责任

14. 甲单独邀请朋友乙到家中吃饭，乙爽快答应并表示一定赴约。甲为此精心准备，还因炒菜被热油烫伤。但当日乙因其他应酬而未赴约，也未及时告知甲，致使甲准备的饭菜浪费。关于乙对甲的责任，下列哪一说法是正确的？（　　）

A. 无须承担法律责任

B. 应承担违约责任

C. 应承担侵权责任

D. 应承担缔约过失责任

（二）多项选择题

1. 关于主合同与从合同，下列表述中错误的有（　　）。

A. 主合同与从合同是两个不同的法律关系，在效力上是相互依附的

B. 从合同完全依附于主合同，没有任何独立性

C. 主合同的当事人与从合同的当事人可以重叠

D. 主合同的当事人与从合同的当事人不可以重叠

2. 美华商场为于某无偿保管一辆摩托车；出租车司机拉刘某到电影院；王某赠与张某一台电视机；赵某借给孙某 1 000 元钱且不要利息。下列判断中，正确的判断有（　　）。

A. 第一个合同是实践合同

B. 第二个合同是实践合同

C. 第三个合同是实践合同

D. 第四个合同是实践合同

3. 下列协议中，哪些协议不能适用《民法典》合同编的规定？（　　）

A. 企业与工人之间签订的责任制合同

B. 保险合同

C. 有关综合治理的协议

D. 政府采购办公桌的协议

视频讲题

4. 下列合同中，可以适用《民法典》合同编的有（　　）。

　　A. 一个韩国人在中国购买一台电视机的合同

　　B. 以广告的方式订立的合同

　　C. 甲公司与乙公司合并而订立的合同

　　D. 以拍卖方式订立的合同

5. 下列合同中，既可以是有偿合同，也可以是无偿合同的有哪些？（　　）

　　A. 买卖合同　　　　　　B. 借款合同

　　C. 保管合同　　　　　　D. 委托合同

6. 婷婷满一周岁，其父母将某影楼摄影师请到家中为其拍摄纪念照，并要求影楼不得保留底片用作他途。相片洗出后，影楼违反约定将婷婷相片制成挂历出售，获利颇丰。本案中存在哪些债的关系？（　　）

　　A. 承揽合同之债　　　　B. 委托合同之债

　　C. 侵权行为之债　　　　D. 不当得利之债

 简答题

1. 简述合同的特征。

2. 简述合同法的属性。

3. 简述合同债务的特征

4. 简述鼓励交易原则在合同法中的体现。

 论述题与深度思考题

1. 试述合同自由原则。

2. 试述合同的相对性。

参考答案

 名词解释与概念比较

1. 合同，是指民事主体之间设立、变更、终止民事法律关系的协议。

2. 诺成合同，是指以当事人意思表示一致为成立条件的合同。

3. 实践合同，是指除当事人双方意思一致外，还需交付标的物或者完成其他给付才能成立的合同。

4. 无名合同，是指法律上没有赋予特定的名称，也未设有相应规范的合同。

5. 预约合同，是指当事人之间约定将来订立一定合同的合同。

6. 单务合同与双务合同。

类别	单务合同	双务合同
定义	仅有一方负担给付义务的合同	当事人双方互负对待给付义务的合同
同时履行抗辩权的适用	不适用同时履行抗辩权	适用同时履行抗辩权
非因当事人的事由不能履行合同的风险负担	不发生风险负担问题	发生风险负担问题
因一方的过错导致合同不履行的后果	负担给付义务的一方无权要求对方履行其对待给付或返还财产	非违约方可以要求违约方继续履行合同、解除合同或者承担其他违约责任；合同解除的，已履行部分应予返还

7. 有偿合同与无偿合同。

类别	有偿合同	无偿合同
定义	当事人取得权利必须支付相应的代价	当事人取得权利无须支付相应的代价
义务内容	义务人承担程度较高的注意义务	义务人承担程度较低的注意义务
主体要求	当事人原则上应具有完全民事行为能力	不具有完全民事行为能力人可以独立订立纯获利益的合同
债权人撤销权	债务人的相对人主观上须有过错，债权人才能行使撤销权	债权人行使撤销权不以债务人与债务人的相对人主观上有过错为条件
善意取得	第三人须为善意才能构成善意取得	第三人是否为善意均不构成善意取得

 选择题

（一）单项选择题

1. C

合同关系可以是有偿的，如买卖合同；也可以是

无偿的，如赠与合同。故本题应选 C 项。

2. D

在单务合同中，仅有一方当事人负担给付义务，不存在对待给付义务。故本题应选 D 项。

3. C

保管合同为实践合同，保管物交付时合同成立。故本题应选 C 项。

4. A

违约责任只发生在合同当事人之间，即甲公司与乙公司之间，丙公司与甲公司、乙公司之间的合同没有关系。故本题应选 A 项。

5. D

合同关系的客体为合同债权债务所共同指向的对象，即债务人应为的特定行为。故本题应选 D 项。

6. D

按照《民法典》第 464 条的规定，有关婚姻、收养、监护等有关身份关系的协议，适用有关该身份关系的法律规定，没有规定的，可以根据其性质参照适用合同编的规定。故本题应选 D 项。

7. B

合同当事人取得利益是否需要支付对价，是有偿合同与无偿合同的区分标准。故本题应选 B 项。

8. B

为第三人利益订立的合同使合同的效力涉及第三人，属于合同相对性的例外。故本题应选 B 项。

9. B

合同关系的双方当事人必须是特定的主体，否则权利义务关系无法确定。故本题应选 B 项。

10. C

按照《民法典》第 851 条的规定，技术开发合同应当采取书面形式，为属于要式合同。故本题应选 C 项。

11. B

选择之债中，债的履行标的有数种，当事人从中选择一种。甲乙之间成立附停止条件的赠与合同，乙在所附条件成就时，可选择其中一种赠与物由甲来履行。故本题应选 B 项。

12. C

A 项、B 项、D 项属情谊行为，欠缺法律上的意思表示，当事人无受拘束的意思，不产生权利义务关系。C 项中，甲乙的约定可以在双方之间产生婚姻家庭法

意义上的法律关系。故本题应选 C 项。

13. A

买卖合同发生于甲公司与乙公司之间，乙公司的子公司是合同的第三人，基于合同相对性，甲公司只能要求乙公司付款。故本题应选 A 项。

14. A

甲邀请乙吃饭，乙表示同意，二者存在的是好意施惠关系，并非合同关系，并不产生法律上的权利义务，因此乙无须承担法律责任。故本题应选 A 项。

（二）多项选择题

1. ABD

主合同与从合同是两个不同的法律关系，在效力上存在依附关系，但并不是相互依附关系，主合同并不依附于从合同；从合同依附于主合同，但并非没有独立性，如保证合同可以有独立的消灭原因；主合同的当事人与从合同的当事人可以是一样的，也可以是不一样的，前者如主合同与债务人作为抵押人的抵押合同，后者如主合同与保证合同。故本题应选 A、B、D 项。

2. AD

第一个合同是无偿保管合同，为实践合同；第二个合同是运输合同，为诺成合同；第三个合同是赠与合同，为诺成合同；第四个合同是自然人之间的借款合同，为实践合同。故本题应选 A、D 项。

3. AC

企业与工人之间签订的责任制合同不是平等主体间的，而且不是以民事权利义务为内容的协议，适用《劳动法》等的规定，不适用《民法典》合同编的规定；有关综合治理的协议不具有民事权利义务的内容，不能适用《民法典》合同编；保险合同首先适用《保险法》的规定，在保险法没有规定的情况下，可以适用《民法典》合同编的相应规定；政府采购属于民事法律行为，所签合同适用《民法典》合同编的规定。故本题应选 A、C 项。

4. ABCD

《民法典》合同编适用于中国领域内的外国人所参与的合同关系；以广告的方式订立的合同仍属于民事合同，适用合同法的规定；因公司合并而订立的合同属于平等主体之间具有财产内容的协议，属于《民法典》合同编的调整范围；以拍卖方式订立的合同只是合同在订立方式上存在特殊性，并没有改变合同的性

质，仍适用《民法典》合同编的规定。故本题应选 A、B、C、D 项。

5．BCD

买卖合同只能是有偿合同，不能是无偿合同；金融机构的借款合同是有偿合同，而自然人之间的借款合同可以是有偿合同，也可以是无偿合同；保管合同可以是有偿合同，也可以是无偿合同；委托合同可以是有偿合同，也可以是无偿合同。故本题应选 B、C、D 项。

6．ACD

影楼工作人员自带设备，以自己的技术为他人提供劳务，与婷婷父母成立承揽合同关系。影楼未经许可使用他人肖像，构成侵犯肖像权的行为，其因侵权行为而获得之利，构成不当得利。故本题应选 A、C、D 项。

简答题

1．合同具有如下特征：（1）合同是当事人之间在自由平等基础上所达成的协议。合同是当事人之间为实现一定的民事法律目的而达成的协议，建立在自由平等基础之上。（2）合同是双方或者多方民事法律行为。因此，合同要有两方以上的当事人，并且须各方的意思表示一致。（3）合同以确立民事权利义务关系为目的，可以通过合同设立民事权利义务关系，也可以通过合同来变更或者终止民事权利义务关系。

2．合同法的属性主要表现在如下方面：（1）合同法属于财产法。合同法是调整民事主体之间设立、变更、终止财产权利义务的合同关系的法律规范，是以财产关系为规范对象的，属于财产法的范围。（2）合同法属于交易法。合同法所规范的对象主要是交易关系，因此合同法属于交易法。（3）合同法属于任意法。合同法上的规范多是为当事人提供交易的模式，属于任意性规范，允许当事人依其意思加以改变，因此合同法是任意法。

3．合同债务具有如下特征：（1）合同债务具有特定性。债务表现为特定债务人所为的特定行为，因此合同债务的内容具有特定性。（2）合同债务具有积极性。只有通过债务人的积极行为，才能满足债权人的利益需要，因此合同债务具有积极性。（3）合同债务具有不利益性。债务人履行债务会使债务人失去了既有利益，处于不利益的状态。（4）合同债务具有受约束性。债务是债务人应当为特定行为的义务，因此，合同债务具有法律约束性。

4．鼓励交易原则在合同法中主要有如下体现：（1）在合同的订立上，合同法提供各种交易规范和标准术语并使当事人根据这些规范、术语来订立合同，从而有利于交易的达成。（2）在合同的履行上，当事人应当按合同约定履行合同义务，保证履约率；同时，应当按照经济合理原则履行合同义务，以降低履约成本。（3）在合同的效力上，合同法严格限制无效合同的范围，尽量维持合同的效力，以促成合同交易。（4）在合同的违约救济上，在当事人一方违反合同时，首先强调违约方的继续履行责任，以期实现当事人的订约目的。

论述题与深度思考题

1．合同自由是指当事人决定是否订立合同以及以何种内容、何种方式订立合同的自由。合同自由原则的内容相当广泛，主要包括以下五项内容：（1）订约的自由，即当事人自主决定是否与他人订立合同的自由。订约自由在合同自由原则中占有十分重要的地位，是其他合同自由的前提。如果当事人不享有订约自由，合同的其他自由都将无从谈起。（2）选择相对人的自由，即当事人自主决定与何人订立合同的自由。当事人为最大限度地满足自己的需求，有权自由决定与何人订立合同，即选择贸易伙伴。（3）决定合同内容的自由，即当事人自主决定合同内容的自由，这是合同自由的核心。当事人在订立合同时，于法律规定的范围内，可以自由订立合同条款，设定双方的权利和义务。（4）变更或者解除合同的自由，即当事人自主协商变更或者解除合同的自由，这是订约自由、决定合同内容自由的延伸。（5）选择合同方式的自由，即当事人自主选择订立合同方式的自由。当事人在订立合同时，除法律另有规定外，可以自由选择自己认为合适的合同形式，如书面形式、口头形式或者其他形式。

2．合同相对性是指合同原则上仅在当事人之间发生效力。合同相对性的内容主要包括三个方面：（1）合同主体的相对性，即合同关系只能发生在特定的主体之间，合同关系之外的第三人不能基于合同对当事人

提出请求。（2）合同内容的相对性，即只有合同当事人才能享有合同债权，承担合同债务，合同关系之外的第三人不能依据合同主张权利和承担义务。（3）违约责任的相对性，即在发生违约行为时，违约方应当向合同另一方当事人承担违约责任，与合同关系之外的第三人无关。合同相对性原则也存在例外，即在当事人有特别约定或者法律有特别规定的情况下，合同对第三人也会产生效力。

第二章 合同的订立

 知识逻辑图

合同的订立
├─ 概念：缔约人相互为意思表示并达成协议的状态
├─ 效力
│   ├─ 解决合同是否存在
│   ├─ 认定合同效力
│   └─ 区分违约责任和缔约过失责任的标志
├─ 合同成立条件
│   ├─ 两方以上的订约人
│   └─ 订约人的意思表示一致
└─ 订立方式
    ├─ 一般方式
    │   ├─ 要约
    │   │   ├─ 概念：订约人一方以订立合同为目的，向对方所作出的意思表示
    │   │   ├─ 条件
    │   │   │   ├─ 以订立合同为目的
    │   │   │   ├─ 由具有订约能力的特定人发出
    │   │   │   ├─ 向受要约人发出
    │   │   │   └─ 内容具体确定
    │   │   ├─ 要约邀请：希望他人向自己发出要约的表示
    │   │   ├─ 悬赏广告：悬赏人以公开方式声明对完成特定行为的人支付报酬的意思表示
    │   │   ├─ 效力
    │   │   │   ├─ 生效时间
    │   │   │   ├─ 对要约人的拘束力
    │   │   │   └─ 对受要约人的拘束力
    │   │   ├─ 撤回与撤销
    │   │   │   ├─ 撤回：在要约发出后、生效前取消要约
    │   │   │   └─ 撤销：在要约生效后取消要约
    │   │   └─ 失效
    │   │   ├─ 拒绝
    │   │   ├─ 撤销
    │   │   ├─ 期限届满
    │   │   └─ 实质性变更
    │   └─ 承诺
    │   ├─ 概念：受要约人同意要约的意思表示
    │   ├─ 条件
    │   │   ├─ 受要约人向要约人作出
    │   │   ├─ 与要约内容内容相一致
    │   │   └─ 在要约有效期限内作出
    │   ├─ 方式
    │   │   ├─ 通知方式
    │   │   └─ 行为方式
    │   ├─ 生效时间
    │   │   ├─ 对话方式作出的承诺
    │   │   ├─ 非对话方式作出的承诺
    │   │   └─ 数据电文形式的承诺
    │   ├─ 撤回：在承诺通知到达之前到达或与承诺通知同时到达要约人
    │   └─ 逾期
    │   ├─ 主观的承诺逾期
    │   └─ 客观的承诺逾期
    └─ 特别方式
        ├─ 交错要约：相对向对方发出两个独立的且内容相同的要约
        ├─ 意思实现：通过一定的事实实现承诺的意思
        └─ 竞价方式：招标、拍卖、产权交易所交易

形式 {
概念：当事人达成协议的表现形式
种类 {
口头形式
书面形式
其他形式
}
}

内容 {
条款分类 {
主要条款与普通条款
实体条款与程序条款
明示条款与默示条款
有责条款与免责条款
商议条款与格式条款
}
提示条款：法律为方便当事人订立合同而确定的条款
合同解释 {
概念：对有争议的条款和词句的真实意思的说明
目的：进一步明确合同的内容
主体：法院或者仲裁机构
客体：有争议的合同条款和使用不一致的词句
方法 {
文义解释
整体解释
目的解释
习惯解释
历史解释
有利解释
诚信解释
}
}
}

时间 {
一般情形：承诺生效时合同成立
合同书：签名、盖章或按指印
信件、数据电文：签订确认书
}

地点 {
一般情形：承诺生效的地点
数据电文合同：收件人的主营业地
合同书：最后签名、盖章或按指印的地点
}

缔约过失责任 {
概念：合同订立过程中，一方当事人违反依诚信原则所应承担的先合同义务而造成对方信赖利益的损失时所应承担的赔偿责任
条件 {
缔约一方违反先合同义务
缔约相对人受有损失
违反先合同义务与损失之间有因果关系
违反先合同义务的缔约方有过错
}
类型 {
假借订立合同进行恶意磋商
故意隐瞒与订立合同有关的重要事实或者提供虚假情况
其他违背诚信原则的行为
}
赔偿范围：信赖利益的损失
}

合同的订立

名词解释与概念比较

1. 要约
2. 要约与要约邀请
3. 交错要约
4. 要约的撤回与撤销
5. 悬赏广告
6. 承诺
7. 意思实现

8. 格式条款

9. 合同解释

10. 缔约过失责任

选择题

（一）单项选择题

1. 合同成立的根本标志在于（　　）。

A. 当事人就合同主要条款达成合意

B. 经历了要约与承诺阶段

C. 履行了一定的缔约方式

D. 交付标的物

2. 关于要约的下列表述中，错误的是（　　）。

A. 要约须具有订立合同的目的

B. 要约为民事法律行为

C. 要约应具体确定

D. 要约一般向特定人发出

3. 甲向出版社发送电子邮件，询问该出版社是否出版了某种图书，出版社收到电子邮件之后，马上向甲寄送了一本该种图书，按照图书标称价格的八五折要求甲支付货款。甲认为出版社强人所难，不愿意支付货款。那么，下列表述中正确的是（　　）。

A. 甲的行为属于要约

B. 出版社的行为属于要约

C. 出版社的行为属于承诺

D. 甲应向出版社支付货款

4. 甲向乙寄送了一封信件，要求以1万元的价格购买乙现时所用的笔记本电脑，并声明：若乙在20天之内不提出异议即视为接受要约。乙收到该信之后，不置可否。第30天，甲登门，交给乙1万元，并要求乙交付电脑，但乙拒绝。下列表述中正确的是（　　）。

A. 甲的行为并不属于要约　　B. 乙的行为属于承诺

C. 乙应交付过电脑　　　　　D. 乙不必交付电脑

5. 承诺生效时，（　　）。

A. 合同成立　　　　　B. 合同生效

C. 合同成立并生效　　D. 合同开始履行

6. 当事人在互联网上通过微信进行磋商，商定最终需要签订合同确认书，那么双方的合同于（　　）成立。

A. 双方意思表示一致时

B. 表示承诺的文字在微信上显示时

C. 签订合同确认书时

D. 双方就主要条款达成一致时

7. A地的甲发送纸质信件给B地的乙，要求以10万元购买乙的一辆汽车。乙以电子邮件的形式回复甲，答应以甲所提出的条件出售汽车。下列说法中，正确的是（　　）。

A. 乙应当以纸质信件的形式进行承诺，所以乙发送电子邮件不能视为承诺

B. 甲乙之间不成立合同关系

C. 合同成立于A地

D. 合同成立于B地

视频讲题

8. 在合同法上，下列关于要约生效时间的表述中，正确的是（　　）。

A. 以对话方式作出的要约，相对人知悉对话内容时候，该要约才生效

B. 要约到达对方时生效

C. 要约为对方所理解时生效

D. 以信件作出的要约，送到对方手中方生效

9. 甲公司欲出售一批零配件给乙公司。11月16日，甲公司以信件的方式向乙公司发出了要约，该信末尾的落款日期是11月16日。信件于11月18日发出，邮戳日期是11月18日。要约中所规定的承诺期限为12天，信件于11月21日到达乙公司处。甲公司要约的生效日期和乙公司承诺期限的起算日期分别是（　　）。

A. 11月16日，11月16日

B. 11月18日，11月16日

C. 11月21日，11月21日

D. 11月21日，11月16日

视频讲题

10. 以下行为中，属于要约的是（　　）。

A. 发布招标公告

B. 寄送产品价目表

C. 在拍卖现场，举牌竞拍

D. 发布招股说明书，募集股份

11. 教授甲举办学术讲座时，在礼堂外的张贴栏中公告其一部新著的书名及价格，告知有意购买者在门口的签字簿上签名。学生乙未留意该公告，以为签字簿是为签到而设的，遂在上面签名。对乙的行为应如何认定？（　　）

A. 乙的行为可推定为购买甲新著的意思表示

B. 乙的行为构成重大误解，在此基础上成立的买卖合同可撤销

C. 甲的行为属于要约，乙的行为属于附条件承诺，二者之间成立买卖合同，但需乙最后确认

D. 乙的行为并非意思表示，在甲乙之间并未成立买卖合同

视频讲题

12. 甲公司于6月5日以传真方式向乙公司求购一台机床，要求"立即回复"。乙公司当日回复"收到传真"。6月10日，甲公司电话催问，乙公司表示同意按甲公司报价出售，要其于6月15日派人来签订合同书。6月15日，甲公司前往签约，乙公司要求加价，未获同意，乙公司遂拒绝签约。对此，下列哪一种说法是正确的？（　　）

A. 买卖合同于6月5日成立

B. 买卖合同于6月10日成立

C. 买卖合同于6月15日成立

D. 甲公司有权要求乙公司承担缔约过失责任

视频讲题

13. 数码相片店将顾客送来洗印的数码相片存储卡损坏，致使一半相片无法读取出来，顾客要求数码相片店予以赔偿。数码相片店老板指着顾客拿出来的单据说："单据本身就印有'存储卡极其脆弱易被损坏，洗印过程中如有损坏，概不负责，每幅相片只赔偿一元钱'的字样，因此我们只按照无法读取的相片的数量来赔偿。"那么，下列表述中，正确的是（　　）。

A. 该条款无效　　　　B. 该条款有效

C. 该条款效力未定　　D. 该条款可撤销

14. 甲公司得知乙公司正在与丙公司谈判。甲公司本来并不需要这个合同，但为排挤乙公司，就向丙公司提出了更好的条件。乙公司退出后，甲公司也借故中止谈判，给丙公司造成了损失。甲公司的行为如何定性？（　　）

A. 欺诈

B. 以合法形式掩盖非法目的

C. 恶意磋商

D. 正常的商业竞争

15. 甲欲购买乙的汽车。经协商，甲同意3天后签订正式的买卖合同，并先交1 000元给乙，乙出具的收条上写明为"收到甲订金1 000元"。3天后，甲了解到乙故意隐瞒了该车证照不齐的情况，故拒绝签订合同。下列哪一个说法是正确的？（　　）

A. 甲有权要求乙返还2 000元并赔偿在买车过程中受到的损失

B. 甲有权要求乙返还1 000元并赔偿在买车过程中受到的损失

C. 甲只能要求乙赔偿在磋商买车过程中受到的损失

D. 甲有权要求乙承担违约责任

16. 乙公司向甲公司发出要约，旋又发出一份"要约作废"的函件。甲公司的董事长助理收到乙公司的要约之后，很快又收到了"要约作废"的函件，但其忘记将"要约作废"的函件交给董事长。第三天甲公司董事长发函给乙公司，提出只要将交货日期推迟两个星期，其他条件都可接受。后甲、乙公司未能缔约，双方缔约没能成功的原因是什么？（　　）

A. 要约已被撤回

B. 要约已被撤销

C. 甲公司对要约作了实质性改变

D. 甲公司承诺超过了有效期间

17. 方某将一行李遗忘在出租车上，立即发布寻物

启事，言明愿以 2 000 元现金酬谢返还行李者。出租车司机李某发现该行李及获悉寻物启事后即与方某联系。现方某拒绝支付 2 000 元给李某。下列哪一表述是正确的？（　　）

A. 方某享有所有物返还请求权，李某有义务返还该行李，故方某可不支付 2 000 元酬金

B. 如果方某不支付 2 000 元酬金，李某可行使留置权拒绝返还该行李

C. 如果方某未曾发布寻物启事，则其可不支付任何报酬或费用

D. 既然方某发布了寻物启事，则其必须支付酬金

18. 甲公司通过电视发布广告，称其有 100 辆某型号汽车，每辆价格 15 万元，广告有效期 10 天。乙公司于该则广告发布后第 5 天自带汇票去甲公司买车，但此时车已全部售完，无货可供。对此，下列哪一选项是正确的？（　　）

A. 甲构成违约

B. 甲应承担缔约过失责任

C. 甲应承担侵权责任

D. 甲不应承担民事责任

19. 甲手机专卖店门口立有一块木板，上书"假一罚十"四个醒目大字。乙从该店购买了一部手机，后经有关部门鉴定，该手机属于假冒产品，乙遂要求甲店履行其"假一罚十"的承诺。关于本案，下列哪一选项是正确的？（　　）

A. "假一罚十"过分加重了甲店的负担，属于无效的格式条款

B. "假一罚十"没有被订入合同之中，故对甲店没有约束力

C. "假一罚十"显失公平，甲店有权请求法院予以变更或者撤销

D. "假一罚十"是甲店自愿作出的真实意思表示，应当认定为有效

20. 关于缔约过失责任，下列表述错误的是（　　）。

A. 缔约过失责任是由于一方当事人违反先合同义务而产生的

B. 缔约过失责任的基础在于诚实信用原则

C. 缔约过失责任发生在订约过程之中

D. 缔约过失责任的赔偿范围是履行利益损失

21. 刘某提前两周以 600 元订购了海鸥航空公司全价 1 000 元的 6 折机票，后因临时改变行程，刘某于航班起飞前一小时前往售票处办理退票手续，海鸥航空公司规定起飞前 2 小时内退票按机票价格收取 30％手续费。下列哪一选项是正确的？（　　）

A. 退票手续费的规定是无效格式条款

B. 刘某应当支付 300 元的退票手续费

C. 刘某应当支付 180 元的退票手续费

D. 航空公司只能收取退票的成本费而不能收取手续费

视频讲题

22. 张某和李某采用书面形式签订了一份买卖合同，双方在甲地谈妥合同的主要条款，张某于乙地在合同上签字，李某于丙地在合同上摁了手印，合同在丁地履行。关于该合同签订地，下列哪一选项是正确的？（　　）

A. 甲地　　　　　　　B. 乙地

C. 丙地　　　　　　　D. 丁地

23. 甲、乙同为儿童玩具生产商。六一节前夕，丙与甲商谈进货事宜。乙知道后向丙提出更优惠条件，并指使丁假借订货与甲接洽，报价高于丙以阻止甲与丙签约。丙经比较与乙签约，丁随即终止与甲的谈判，甲因此遭受损失。对此，下列哪一说法是正确的？（　　）

A. 乙应对甲承担缔约过失责任

B. 丙应对甲承担缔约过失责任

C. 丁应对甲承担缔约过失责任

D. 乙、丙、丁无须对甲承担缔约过失责任

24. 甲公司于 6 月 10 日向乙公司发出要约订购一批红木，要求乙公司于 6 月 15 日前答复。6 月 12 日，甲公司欲改向丙公司订购红木，遂向乙公司发出撤销要约的信件，于 6 月 14 日到达乙公司。而 6 月 13 日，甲公司收到乙公司的回复，乙公司表示红木缺货，问甲公司能否用杉木代替。甲公司的要约于何时失效（　　）

A. 6 月 12 日　　　　　B. 6 月 13 日

C. 6 月 14 日　　　　　D. 6 月 15 日

25. A 地的甲与 B 地的乙通过 QQ 即时通信软件以键盘输入文字的方式进行磋商，甲向乙发出要约，乙

作出承诺。合同成立于何地?( )

A. A地   B. B地

C. 无成立地   D. QQ软件服务器所在地

26. 甲与同学打赌,故意将一台旧电脑遗留在某出租车上,看是否有人送还。与此同时,甲通过电台广播悬赏,称捡到电脑并归还者,付给奖金500元。该出租汽车司机乙很快将该电脑送回,主张奖金时遭拒。对此,下列哪一表述是正确的?( )

A. 甲的悬赏属于要约

B. 甲的悬赏属于单方允诺

C. 乙归还电脑的行为是承诺

D. 乙送还电脑是义务,不能获得奖金

(二)多项选择题

1. 根据《民法典》的规定,下列关于要约生效时间的表述中,正确的有( )。

A. 在对话要约场合,要约是到达相对人时生效的

B. 在对话要约场合,要约为受要约人知悉时才生效

C. 在非对话要约场合,要约通知进入受要约人控制范围即生效

D. 在非对话要约场合,要约通知为受要约人所知晓时才生效

2. 要约生效以后会产生拘束力,下列选项中,能够表现要约的效力的有( )。

A. 要约不得随意撤回

B. 要约不得随意撤销

C. 要约一经承诺,合同即告成立

D. 要约不得随意变更

3. 下列行为中,属于要约邀请的有( )。

A. 寄送的商品价目表   B. 招标公告

C. 招股说明书   D. 拍卖公告

4. 下列行为中,属于要约的有( )。

A. 超市货架上的商品标价陈列

B. 向社会公开发布的招股说明书

C. 拍卖会上举牌报价

D. 自动售货机上标明可口可乐2.5元一罐

5. 关于要约的生效问题,下列选项中,正确的有( )。

A. 用邮件方式订立合同,要约自到达受要约人时生效

B. 要约自发出时生效

C. 在对话要约场合,相对人知悉对话的内容时,要约生效

D. 要约一旦生效,便不可被撤回

6. 甲向乙提出,以500元的价格购买乙的一部MP3播放器,乙要求600元,否则不卖。甲听后没有说什么,便掏出600元给乙,并要求乙将MP3播放器交给自己。对此,下列选项中,正确的有( )。

A. 乙提出600元的行为构成承诺

B. 乙提出600元的行为构成要约

C. 甲掏出600元的行为构成承诺

D. 甲与乙之间的合同不成立

7. 在下列场合中,要约失效的情形是( )。

A. 承诺期限届满,受要约人未作出承诺

B. 受要约人对要约的内容作出实质性变更

C. 要约人依法撤销要约

D. 要约被拒绝

8. 甲公司向乙公司发出要约,欲以20万元的价格购买乙公司目前正在使用的一台设备并要求送货,为表明诚意,要约的有效期为2个月。但由于市场情况的变化,该种设备价格急跌。于是,甲公司便向乙公司发出通知,声称撤销要约。乙公司也发现了市场变化,在收到通知后马上向甲公司发出传真,声称接受全部条件,并立即安排车辆将设备运输至甲公司。同时,乙公司要求甲公司支付20万元。对此,下列选项中正确的有( )。

A. 甲公司的要约被撤销,甲公司与乙公司之间不存在合同关系

B. 甲公司的要约不能撤销

C. 甲公司应当向乙公司支付20万元

D. 甲公司应当向乙公司承担缔约过失责任

9. 下列关于承诺的说法中,正确的有( )。

A. 承诺必须完全接受要约的条件,而不得作出任何更改

B. 承诺对要约作出实质性变更的话,构成新要约

C. 在正常情况下,承诺应在要约期限之内到达要约人,否则不能发生承诺的效力

D. 承诺生效时,合同成立

10. 甲公司的主营业地为甲地,乙公司的主营业地为乙地。甲公司想与乙公司订立合同,其发现乙公司公布了数个营业性电子邮件地址。甲公司向随意挑选的一个电子邮件地址发出一封电子邮件,向乙公司提出要

约。乙公司随后回复电子邮件，同意甲公司的条件，愿意订立合同。后来甲公司发现，乙公司接收电子邮件的信息系统位于丙地，甲公司接收电子邮件的信息系统位于丁地。对此，下列选项中，正确的有（　　）。

A. 乙公司未指定特定的信息系统接收电子邮件，因此甲公司发出的电子邮件不能产生要约的效力

B. 甲公司的电子邮件可以产生要约的效力

C. 合同成立于甲地

D. 合同成立于丁地

11. 下列关于合同成立时间与地点的表述，正确的有（　　）。

A. 一般而言，承诺生效的地点就是合同成立的地点

B. 当事人采用合同书形式订立合同的，双方当事人签字盖章的地点为合同成立地点

C. 当事人可以约定合同成立的时间与地点

D. 合同约定的签订地与实际签字或者盖章地点不符的，不能以约定的签订地为合同签订地

12. 根据《民法典》第470条的规定，订立合同一般应包括的条款有（　　）。

A. 当事人的姓名或者名称和住所

B. 标的、数量、质量、价款或报酬

C. 履行期限、地点和方式

D. 违约责任以及解决争议的方法

13. 关于合同的成立，下列表述中，正确的有（　　）。

A. 受要约人在承诺期限内作出承诺，该承诺因送达原因而迟到的，除受要约人及时通知不接受外，该承诺有效

B. 以信件往来方式订立的合同，当事人不可以再要求签订确认书

C. 采用数据电文形式订立合同的，收件人主营业地可以成为合同成立的地点

D. 法律规定采用书面形式订立合同，当事人没有采用，但一方履行了主要义务，对方也接受的，合同成立

视频讲题

14. 下列选项中，可以产生缔约过失责任的有（　　）。

A. 假借订立合同，恶意进行磋商

B. 合同因重大误解而被撤销

C. 要约人撤回要约

D. 合同因一方的欺诈被撤销

15. 确认书与合同的实际成立有密切联系。下列关于确认书表述中，正确的有（　　）。

A. 任何合同于签订确认书之前视为不成立

B. 承诺人于承诺生效后，可以要求签订确认书

C. 要约人在要约中提出以最后签订的确认书为准的，则在签订确认书之前，即使双方达成了协议，该协议也无实质拘束力

D. 当事人采用信件、数据电文等形式订立合同的，可以在合同成立之前要求签订确认书

16. 甲隐瞒了其所购别墅内曾发生恶性刑事案件的事实，以明显低于市场价的价格将其转卖给乙；乙在不知情的情况下，放弃他人以市场价出售的别墅，购买了甲的别墅。几个月后，乙获悉实情，向法院申请撤销合同。关于本案，下列哪些说法是正确的？（　　）

A. 乙须在得知实情后1年内申请法院撤销合同

B. 如合同被撤销，甲须赔偿乙在订立及履行合同过程当中支付的各种必要费用

C. 如合同被撤销，乙有权要求甲赔偿主张撤销时别墅价格与此前订立合同时别墅价格的差价损失

D. 合同撤销后乙须向甲支付合同撤销前别墅的使用费

17. 下列条款中，属于合同主要条款的有（　　）。

A. 标的条款　　　　　　B. 违约责任条款

C. 当事人条款　　　　　D. 货物包装条款

18. 下列选项中，无效格式条款的情形有（　　）。

A. 排除造成对方人身损害责任的格式条款

B. 排除因一方过错造成对方财产损害赔偿责任的格式条款

C. 不合理加重对方责任的格式条款

D. 排除对方主要权利的格式条款

19. 根据《民法典》的规定，下列属于书面形式的合同有（　　）。

A. 以合同书形式订立的合同

B. 以信件形式订立的合同

C. 以电子邮件形式订立的合同

D. 以电子数据交换方式订立的合同

20. 关于合同的形式，下列选项中正确的有（　　）。

A. 老王邀请老刘参加儿子的婚礼，此为口头形式

的合同

　　B. 甲与乙用粉笔在墙上写字，签订了一份买卖土豆的合同，此为口头形式的合同

　　C. 甲向乙写信发出要约，乙接受要约，回信承诺，但无合同书，所订立合同为书面形式的合同

　　D. 小刘是一个聋哑人，其在超市买了一箱方便面，其与超市订立的合同既非书面形式，也非口头形式

　　（三）不定项选择题

　　甲公司为使生产顺利进行，迫切需要一批原材料，便于 11 月 21 日书写一封信件，向乙公司提出要约，欲以 5 万元 1 吨的价格向乙公司购买 10 吨原材料，要约有效期为 12。11 月 22 日，甲公司将该信寄出。甲公司发出的信件于 11 月 25 日到达乙公司所在地的邮局。11 月 26 日，邮局将该信送至乙公司。请回答下列问题：

　　1. 甲公司要约的生效时间是（　　）。

　　A. 11 月 21 日　　　　　　B. 11 月 22 日

　　C. 11 月 25 日　　　　　　D. 11 月 26 日

　　2. 如果在 11 月 23 日甲公司的车间突发大火，使生产陷于停顿，甲公司便于 11 月 23 日向乙公司发出第二封信，要求取消要约。甲公司发出的要约于 11 月 26 日到达乙公司，第二封信件于 11 月 28 日到达乙公司。因为乙公司收发信件人员的疏忽，乙公司的主管人员并未看到这两封信件，那么，（　　）。

　　A. 要约有效，未被撤回

　　B. 要约有效，未被撤销

　　C. 要约失效，已被撤回

　　D. 要约失效，已被撤销

　　3. 11 月 26 日，乙公司收到信件之后，经过讨论，决定与甲公司缔约。11 月 28 日，乙公司向甲公司发出信件，接受甲公司要约中的条件。不过由于遭遇山洪，该信件在投递过程中被延误了，最终于 12 月 6 日才到达甲公司，甲公司未作进一步表示。那么（　　）。

　　A. 乙公司的承诺超出了承诺期限，无效

　　B. 乙公司的承诺视为新要约

　　C. 乙公司的信件仍为有效承诺

　　D. 甲公司与乙公司之间的合同成立

 简答题

　　1. 简述要约的成立条件。

　　2. 简述如何区分要约与要约邀请。

　　3. 简述承诺的成立条件。

　　4. 简述悬赏广告的成立条件。

　　5. 简述合同免责条款的特征。

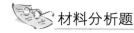 **材料分析题**

　　甲公司的仓库中存有 4 000 立方米的优质松木。2021 年 6 月 5 日，甲公司给乙公司发信，询问乙公司是否愿意以 860 元/立方米的价格购买松木，并由甲公司代办托运，限 3 天内答复，过时不候。乙公司当时正急需松木，在收到信件后的第二天便回电话，表示愿意以甲公司提出的价格购买 3 000 立方米松木。第三天，双方又经过协商，将甲公司代办托运货物改为乙公司自提货物。6 月 12 日，乙公司租用车辆，开车到了甲公司的仓库。此时甲公司发现仓库里实际上只存有 1 000 立方米的松木，并且松木一直在涨价，如果现在以 860 元/立方米的价格将松木卖出，会少赚很多钱。甲公司便提出，其发出的要约要求为甲公司代办托运，并未规定由受要约人派车提货，现在乙公司派车前来，属于单方变更要约条件，应视为未接受甲公司提出的要约，乙公司的承诺只是一个反要约。此外，甲公司认为自己以发信的形式发出要约，那么乙公司也应以发信的形式作出承诺，而不应以电话的形式作出承诺。甲公司拒绝向乙公司交付松木。乙公司经反复请求无效后，向法院提起诉讼，要求甲公司交付 3 000 立方米松木并赔偿损失。请回答下列问题：

　　（1）本案中的要约、承诺如何认定？

　　（2）甲乙双方的合同是否成立？为什么？

　　（3）甲公司提出的理由是否合法？为什么？

 论述题与深度思考题

　　1. 试述缔约过失责任与违约责任的区别。

　　2. 试述法律对格式条款的特殊规制措施。

参考答案

 名词解释与概念比较

　　1. 要约，是指订约人一方以订立合同为目的，向对方所作出的意思表示。

2. 要约与要约邀请。

类别	要约	要约邀请
定义	订约人一方以订立合同为目的，向对方当事人所作出的意思表示	希望他人向自己发出要约的意思表示
目的	希望对方向自己作出承诺	希望对方向自己发出要约
效力	要约人受生效要约的约束	要约邀请一般没有法律约束力
责任	违反有效要约，要约人应负缔约过失责任	违反要约邀请一般不会产生任何法律责任

3. 交错要约，是指订约当事人采取非直接对话的方式，相互提出两个独立的且内容相同的要约。

4. 要约的撤回与撤销。

类别	要约的撤回	要约的撤销
定义	要约人在要约发出后、生效前，取消要约	要约人在要约到达受要约人并生效后，将该项要约取消，从而使要约的效力归于消灭
时间	在要约生效前为之	在要约生效后、承诺前为之
限制	可以任意为之	不得任意为之，受到一定的限制
效力	使要约不生效	使生效的要约归于消灭

5. 悬赏广告，是指悬赏人以公开方式声明对完成特定行为的人支付报酬的意思表示。

6. 承诺，是指受要约人向要约人作出的同意按要约的内容订立合同的意思表示。

7. 意思实现，是指依照习惯、事件的性质或者要约人的声明，承诺无须通知的，根据客观的事实认定受要约人有承诺的意思，即受要约人通过一定的事实实现其承诺的意思。

8. 格式条款，是指当事人为了重复使用而预先拟定，并在订立合同时未与对方协商的条款

9. 合同解释，是指当事人对合同条款的理解有争议以及各合同文本所使用的词句不一致时，对该条款及词句的真实意思所作的理解和说明。

10. 缔约过失责任，是指在合同订立过程中，一方当事人违反依诚信原则所应承担的先合同义务而造成对方信赖利益的损失时所应承担的赔偿责任。

选择题

（一）单项选择题

1. A

当事人通过意思表示一致而达成合意，即当事人就合同主要条款达成合意，合同即告成立。故本题应选 A 项。

2. B

要约的法律属性是意思表示，而非民事法律行为。故本题应选 B 项。

3. B

甲的行为属于要约邀请，而不是要约。出版社的行为属于以行为的方式作出的要约，具备要约的条件。甲享有是否作出承诺的权利，甲不愿意支付货款，意味着其拒绝了出版社的要约。因此，甲与出版社之间不存在合同关系。故本题应选 B 项。

4. D

单纯的沉默不构成承诺，除非当事人之间有此约定或者存在这种交易惯例。甲的行为具备要约的条件，构成要约，但甲乙之间并没有沉默可视为承诺的约定或交易惯例，所以，乙的沉默不构成承诺，甲乙之间不存在合同关系，乙不必交付电脑。故本题应选 D 项。

5. A

承诺的效力在于使合同成立。在正常情况下，合同成立即生效，但这并不意味着在任何情况下承诺生效均使合同生效。例如，附生效条件的合同，承诺使合同成立，但须合同所附条件成就时，合同才能生效。故本题应选 A 项。

6. C

按照《民法典》第 491 条的规定，当事人采用信件、数据电文等形式订立合同要求签订确认书，签订合同确认书时合同成立。故本题应选 C 项。

7. C

民法典未对承诺应当采取的形式作出特别规定，所以乙可以电子邮件的形式作出承诺。甲的行为构成要约，乙完全接受要约的条件，其行为构成承诺，甲乙成立合同关系。按照《民法典》第 492 条的规定，承诺生效的地点为合同成立的地点。采用数据电文形式订立合同的，收件人的主营业地为合同成立的地点；没有主营业地的，其住所地为合同成立的地点。当事

人另有约定的，按照其约定。乙以电子邮件来作出承诺，应当认为甲所在的 A 地为承诺到达、生效的地点，所以，合同成立于 A 地。故本题应选 C 项。

8. A

《民法典》第 474 条规定："要约生效的时间适用本法第一百三十七条的规定。"《民法典》第 137 条规定："以对话方式作出的意思表示，相对人知道其内容时生效。以非对话方式作出的意思表示，到达相对人时生效。以非对话方式作出的采用数据电文形式的意思表示，相对人指定特定系统接收数据电文的，该数据电文进入该特定系统时生效；未指定特定系统的，相对人知道或者应当知道该数据电文进入其系统时生效。当事人对采用数据电文形式的意思表示的生效时间另有约定的，按照其约定。"这意味着需要区分以对话方式作出的要约和以非对话方式作出的要约，分别确定要约的生效时间。故本题应选 A 项。

9. D

以非对话方式作出的要约，到达相对人时生效。甲公司的要约于 11 月 21 日到达乙公司，该日即为要约的生效日期。根据《民法典》第 482 条的规定，要约以信件或者电报作出的，承诺期限自信件载明的日期或者电报交发之日开始计算。信件未载明日期的，自投寄该信件的邮戳日期开始计算。甲公司的信件已经载明日期，那么应自所载日期即 11 月 16 日开始起算承诺期限。故本题应选 D 项。

10. C

发布招标公告、寄送产品价目表、发布招股说明书，其意均在于邀请对方向自己发出要约，以订立合同，其属性均为要约邀请。故本题应选 C 项。

11. D

乙在签字簿上签名，其本意并不在于购买图书，所以乙签字的行为并非购书的意思表示行为，没有订立买卖合同的意思，所以甲乙之间不能成立合同。故本题应选 D 项。

12. D

甲公司 6 月 5 日的传真构成要约，乙公司的回复对于合同的成立而言没有意义，只是表明要约已经到达。6 月 10 日，乙公司要求于 6 月 15 日签订合同确认书，根据《民法典》第 491 条的规定，6 月 10 日，合同并未成立。6 月 15 日，甲公司与乙公司并未签订合同，合同并未成立。甲公司对于合同的成立产生了合理的信赖，

但乙公司的出尔反尔导致合同未能成立，所以甲公司有权要求乙公司承担缔约过失责任。故本题应选 D 项。

13. A

数码相片店单据上的"存储卡极其脆弱易被损坏，洗印过程中如有损坏，概不负责，每幅相片只赔偿一元钱"格式条款，属于免责条款，违反了《民法典》第 506 条的规定，属于无效条款。故本题应选 A 项。

14. C

甲公司恶意磋商，应向丙公司承担缔约过失责任。故本题应选 C 项。

15. B

首先，甲乙约定需要签订正式合同但又未签订，甲乙之间不存在合同关系，自然也不会产生违约责任。其次，甲向乙支付的 1 000 元并不是定金，在合同未成立的情况下，乙应向甲返还 1 000 元。最后，乙的过错导致甲未与乙签订买卖合同，乙应当向甲承担缔约过失责任，对于甲在磋商买车的过程中受到的损失，乙应予赔偿。故本题应选 B 项。

16. B

在受要约人甲公司作出承诺之前，乙公司发出"要约作废"的通知已经由甲公司收到，即已经进入受要约人的控制范围，可以产生撤销要约的效力。随后甲公司董事长向乙公司发函的行为，应视为提出新要约。故本题应选 B 项。

17. D

方某发布寻物启事，构成单方民事法律行为，对方某具有约束力，李某有权要求方某支付 2 000 元报酬。方某系行李的所有权人，其遗失所有物，拾得人李某有义务返还。留置权系法定担保物权，其产生需合乎法律规定，李某的行为并不符合留置权的产生条件，不得留置。如果方某未曾发布寻物启事，其不需向李某支付报酬，但应向李某支付必要的返还费用。故本题应选 D 项。

18. A

商业广告一般属于要约邀请，广告发布人的目的是希望他人向自己发出要约，然后自己再决定是否作出承诺。但如果商业广告符合要约条件的，则应认定为要约。甲公司所发布的广告，内容具体，并有与他人订立合同的意愿，应认定为要约。乙公司携带汇票前往购车，属于承诺。甲公司与乙公司的合同成立并生效。若甲公司履行不能，则需要向乙公司承担违约责任。故本题应选 A 项。

19. D

"假一罚十"十分醒目，乙进入甲店购买手机，表明乙接受该条款。"假一罚十"构成格式条款，为合同内容。"假一罚十"系格式条款拟定者甲店自行拟定，所加重的是自己责任，而非相对人责任，因此不存在条款无效的情形，条款有效。另外，需要注意的是，此"假一罚十"并非违约金。若为违约金，即便甲店自行拟定，甲店也可要求降低违约金的数额。故本题应选 D 项。

20. D

缔约过失责任的赔偿范围是信赖利益损失，违约责任的赔偿范围是履行利益损失。故本题应选 D 项。

21. C

航空公司所拟定的条款属于格式条款。在飞机起飞前 2 小时退票会造成航空公司的损失，机票很可能无法再售出，收取退票手续费也是正常的。该格式条款并无合同法所规定的无效情形。因为刘某以 600 元购买机票，所以退票手续费应为 180 元。故本题应选 C 项。

22. C

按照《民法典》第 490 条的规定，当事人采用合同书形式订立合同的，自当事人均签名、盖章或者按指印时合同成立。按照《民法典》第 493 条的规定，当事人采用合同书形式订立合同的，最后签名、盖章或者按指印的地点为合同成立的地点，除非当事人另有约定。故本题应选 C 项。

23. C

丁假借订立合同，恶意与甲进行磋商，应对甲承担缔约过失责任。虽然丁系受乙指使，但基于相对性，应由丁承担责任。故本题应选 C 项。

24. B

承诺不得对要约内容进行实质性变更，乙公司 6 月 13 日的回复在实质上变更了甲公司的要约，构成反要约，甲公司的要约失效。另外，甲公司的要约确定了承诺期限，则要约不能撤销。当然，即便可以撤销，因甲公司撤销通知到达的时间晚于乙公司回复到达的时间，也应以在前的乙公司回复的到达时间为准。故本题应选 B 项。

25. A

按照《民法典》第 137 条第 2 款的规定，以非对话方式作出的承诺，承诺到达相对人时生效。《民法典》第 492 条规定："承诺生效的地点为合同成立的地点。采用数据电文形式订立合同的，收件人的主营业地为合

同成立的地点；没有主营业地的，其住所地为合同成立的地点。当事人另有约定的，按照其约定。"因此，乙作出的承诺的到达地，即要约人甲所在的 A 地为承诺生效地点，也就是甲乙合同的成立地。故本题应选 A 项。

26. B

关于悬赏广告的性质，主要有两种观点，一是单方行为说，二是要约说。《民法典》第 499 条规定："悬赏人以公开方式声明对完成特定行为的人支付报酬的，完成该行为的人可以请求其支付。"本条实际上明确了悬赏广告的性质为单方民事法律行为，或者说是单方允诺。表意人单方作出意思表示，不需要其他人的表示，即发生法律效力。相对人作出相应的行为，符合表意人所设定的取得权利的条件，即在双方之间产生债的关系。故本题应选 B 项。

（二）多项选择题

1. BC

按照《民法典》第 474 条的规定，要约生效的时间适用《民法典》第 137 条的规定。故本题应选 B、C 项。

2. BCD

按照《民法典》第 475 条的规定，在要约生效之前，要约可以撤回；要约生效以后，要约人不得随意撤销、变更要约，此为要约的形式拘束力。另外，要约使受要约人取得承诺的资格，一经承诺，合同即告成立，此为要约的实质拘束力。故本题应选 B、C、D 项。

3. ABCD

按照《民法典》第 473 条的规定，寄送的价目表、招标公告、招股说明书、拍卖公告以及债券募集办法、基金招募说明书等均属于要约邀请。故本题应选 A、B、C、D 项。

4. ACD

按照《民法典》第 473 条的规定，招股说明书属于要约邀请。超市货架上的商品标价陈列、拍卖会上举牌报价、自动售货机上标明可口可乐 2.5 元一罐均具备了要约的有效条件，属于要约。故本题应选 A、C、D 项。

5. ACD

按照《民法典》第 474 条的规定，以对话方式作出的要约，相对人知道其内容时生效。以非对话方式作出的要约，到达相对人时生效。要约一旦生效，只能被撤销，而不能被撤回。故本题应选 A、C、D 项。

6. BC

甲提出以 500 元的价格购买乙的一部 MP3 播放器,符合要约的条件,构成要约。乙更改价格条款,构成对要约的实质性变更,所以乙的行为属于反要约。甲未反对乙的条件,掏出 600 元给乙,是以行为的方式作出的承诺。乙与甲的意思表示一致,合同成立。故本题应选 B、C 项。

7. ABCD

参见《民法典》第 478 条,本题应选 A、B、C、D 项。

8. BC

按照《民法典》第 476 条的规定,甲公司明确了承诺期限,因此,甲公司不得撤销要约。乙公司接受甲公司提出的全部条件,其行为构成承诺,甲公司与乙公司的合同成立,甲公司应当履行合同,向乙公司支付 20 万元。甲公司若不履行合同,应当承担违约责任。故本题应选 B、C 项。

9. BCD

承诺不得对要约的内容作出实质性变更,但可以作出非实质性变更;承诺应在要约所确定的期限之内到达,才能发生效力;承诺的效力主要就在于使合同成立。故本题应选 B、C、D 项。

10. BC

按照《民法典》第 137 条的规定,以非对话方式作出的采用数据电文形式的意思表示,相对人指定特定系统接收数据电文的,该数据电文进入该特定系统时生效;未指定特定系统的,相对人知道或者应当知道该数据电文进入其系统时生效。据此规定,乙公司公布了数个电子邮件地址,均构成特定系统,电子邮件进入乙公司任何一个接收系统的时间为要约生效时间。乙公司作出的承诺,可以使合同成立。《民法典》第 492 条第 2 款规定:"采用数据电文形式订立合同的,收件人的主营业地为合同成立的地点;没有主营业地的,其住所地为合同成立的地点。当事人另有约定的,按照其约定。"因此,在无特别约定的情况下,应以收件人甲公司的主营业地即甲地为合同成立地。故本题应选 B、C 项。

11. ABC

当事人可以约定合同成立的时间与地点,在无约定的情况下,承诺生效的时间、地点便是合同成立的时间、地点。按照《民法典》第 490 条的规定,当事人采用合同书形式订立合同的,自当事人均签名、盖章或者按指印时合同成立。按照《民法典》第 493 条

的规定,当事人采用合同书形式订立合同的,最后签名、盖章或者按指印的地点为合同成立的地点,除非另有约定。故本题应选 A、B、C 项。

12. ABCD

参见《民法典》第 470 条,本题应选 A、B、C、D 项。

13. ACD

按照《民法典》第 487 条的规定,受要约人在承诺期限内发出承诺,按照通常情形能够及时到达要约人,但是因其他原因致使承诺到达要约人时超过承诺期限的,除要约人及时通知受要约人因承诺超过期限不接受该承诺外,该承诺有效;按照《民法典》第 491 条的规定,当事人采用信件形式订立合同的,可以在合同成立之前要求签订确认书;按照《民法典》第 492 条第 2 款的规定,采用数据电文形式订立合同的,收件人的主营业地为合同成立的地点;按照《民法典》第 490 条的规定,法律规定合同应当采用书面形式,当事人没有采用,但是一方履行了主要义务,对方接受时,合同成立。故本题应选 A、C、D 项。

14. ABD

按照《民法典》第 500 条的规定,当事人假借订立合同,恶意进行磋商给对方造成损失的,应当承担损害赔偿责任。因重大误解、受欺诈而订立的合同属于可撤销的合同,在合同被撤销后,可以产生缔约过失责任。在要约生效前,要约人有权撤回要约,不产生缔约过失责任。故本题应选 A、B、D 项。

15. CD

只有当事人事前要求签订确认书的合同,在签订确认书之前,合同不成立。即使当事人之间达成协议,该协议也无实质拘束力;承诺生效后,则合同成立,不能再要求签订确认书。故本题应选 C、D 项。

16. ABCD

甲故意隐瞒与订立合同有关的重要事实,构成欺诈,甲乙间的合同为可撤销合同,撤销权应当自乙知道或应当知道撤销事由之时起 1 年内行使,并且以诉讼方式行使。根据《民法典》第 500 条的规定,合同被撤销的,甲因存在过错,应当向乙承担缔约过失责任,赔偿信赖利益损失。赔偿范围包括各种必要的缔约费用、履约费用,丧失与第三人订立合同的机会致使应得利益的损失也应包括在内。合同被撤销而无效,双方应当相互返还财产或折价补偿,乙应当将别墅返还给甲并按照市场价支付别墅的使用费。故本题应选

A、B、C、D 项。

17. AC

任何合同都必须有标的条款，否则，合同就不能存在；合同是当事人协商一致的结果，因此，任何合同都需要有当事人条款；违约责任条款、货物包装条款的有无，不影响合同的成立，并不是所有合同的必备条款。故本题应选 A、C 项。

18. ACD

排除造成对方人身损害责任的格式条款、排除对方主要权利的格式条款、不合理加重对方责任的格式条款均无效，而只有排除因一方故意或重大过失造成对方财产损失的赔偿责任的格式条款才是无效条款。故本题应选 A、C、D 项。

19. ABCD

书面形式的合同与口头形式的合同的区别在于，前者是以书面文字来进行表述的，而后者是以口头语言来进行表述的。四个选项中的合同均是以文字来进行表述的，均属于书面形式的合同。故本题应选 A、B、C、D。

20. CD

A 项中，老王与老刘之间的协议不存在民事权利义务关系，不属于合同；书面形式的合同指的是以文字形式缔结的合同，而不论文字书写于何处，故 B 项中的合同为书面形式的合同；C 项中的合同属于以信件形式表现的书面形式的合同；D 项中，当事人双方均以行为方式进行意思表示，属于推定形式的合同。故本题应选 C、D 项。

（三）不定项选择题

1. D

以非对话方式作出的要约，要约到达受要约人时生效，即进入受要约人的控制范围时生效。故本题应选 D 项。

2. B

按照《民法典》第 476 条规定，要约人在要约中确定了承诺期限，则要约不得撤销。故本题应选 B 项。

3. CD

按照《民法典》第 487 条的规定，受要约人在承诺期限内发出承诺，按照通常情形能够及时到达要约人，但因其他原因承诺到达要约人时超过承诺期限的，除要约人及时通知受要约人因承诺超过期限不接受该承诺外，该承诺有效。乙公司在承诺期限内发出承诺，但是因为邮局在投递过程中遭遇山洪而使信件延

误，加之甲公司未作进一步表示，应视为甲公司接受了乙公司的承诺，乙公司的承诺有效，双方的合同成立。故本题应选 C、D 项。

 简答题

1. 要约的成立条件包括：（1）要约须以订立合同为目的。如果一方向他方发出提议，但是该提议并不欲发生订立合同的法律后果，则该提议就不是要约。（2）要约须由具有订约能力的特定人发出。只有要约人是特定的，受要约人才能对之承诺而成立合同。（3）要约须向受要约人发出。要约人订立合同的目的，只有通过受要约人对要约表示承诺才能实现。因此，要约只有向受要约人发出才能成立。（4）要约的内容须具体确定。要约的内容具体，即要约必须包括能够决定合同成立的主要条款；要约的内容确定，即要约所包括的合同的主要条款必须是明确的。

2. 区分要约与要约邀请一般采用如下标准：（1）法律的规定，即如果法律对某种行为是要约或者要约邀请作出了明确的规定，则应依法律的规定确定行为的性质。（2）某种行为是要约还是要约邀请，可以通过交易习惯加以区分，如询问商品的价格一般不能认为是要约，而只能是要约邀请。（3）当事人的提议内容，即根据当事人的提议是否包括了合同成立的主要条款来区分要约和要约邀请。

3. 承诺的成立条件包括：（1）承诺须由受要约人向要约人作出。只有受要约人才有权作出承诺，无论受要约人是特定的人，还是不特定的人。（2）承诺的内容须与要约的内容一致。承诺是对要约的同意，非对要约的同意不构成承诺。承诺的内容与要约的内容一致，只要求实质内容一致即可，并不要求所有的内容都一致。也就是说，承诺只要在实质内容上与要约的内容一致，即可成立，而对于要约的非实质内容的变更，并不影响承诺的成立。（3）承诺须在要约的有效期限内作出。超过了要约的有效期限，要约即失去效力，要约人不再受要约的拘束。因此，承诺只有在要约的有效期限作出，才能产生承诺的效力。

4. 悬赏广告的成立条件包括：（1）以公开的方式作出声明，具体方式可以是在报刊、网络等媒体上发布，也可以是在公共场合发布传单或者在公开宣传栏张贴广告等。（2）悬赏人应当在声明中提出具体的要

求，即要求完成特定的行为。悬赏人的要求应当有明确、具体的内容，且是可以完成的合法行为。（3）悬赏人具有支付报酬的意思表示，即表明对完成特定行为的人给付一定的报酬。

5.合同免责条款具有如下特征：（1）格式条款是为了重复使用而由单方事先决定的。格式条款是由提供商品或者服务的一方为了重复使用而事先确定的，相对人不参与合同条款的制订。（2）格式条款的相对人只有订约自由，而没有决定合同内容的自由。（3）格式条款具有广泛的适用性。格式条款适用于大量提供同类商品或者服务的交易活动中，要约人是制订合同条款的特定人，而受要约人则是欲购买商品或者接受服务的不特定人。

材料分析题

（1）甲公司向乙公司所发的信函，包括合同标的物、价格、运输方式、有效期限等内容，具备了合同的主要条款，符合要约的有效条件，构成了要约。由于甲公司在要约中并没有要求承诺的方式，因而，乙公司在承诺期限内以电话通知的形式，告知甲公司接受其条件，构成承诺。

（2）甲乙双方的合同成立。甲公司与乙公司就交易达成意思表示一致，合同成立并生效。随后，双方又协商变更了合同内容，即将运输方式由甲公司代办托运变更为乙公司自提货物。

（3）甲公司提出的理由不合法。甲公司以发信的形式作出要约，但未限定乙公司承诺的方式，所以乙公司以电话通知作出的承诺有效。乙公司的承诺到达甲公司时生效，甲乙双方之间的松木买卖合同成立并生效。由于双方并未约定其他内容，因而双方的合同内容为甲公司向乙公司交付3 000立方米的松木，乙公司按860元/立方米的价格向甲公司付款，合同履行方式为甲公司代办托运。第三天，双方协商将合同履行方式变更为乙公司自提。此为合同的变更。甲乙双方之间的合同继续有效，只是履行方式发生了变更。所以，甲公司所提出的乙公司派车提货属于单方变更要约是错误的。由于甲乙之间的合同有效，因而甲公司应当向乙公司履行义务，交付3 000立方米松木。对于因迟延履行而给乙公司造成损失，甲公司应向乙公司承担违约责任，赔偿乙公司受到的损失。

论述题与深度思考题

1.缔约过失责任与违约责任的区别主要有以下几个方面：（1）从合同关系上看，缔约过失责任并不以合同关系的存在为基础，其要解决的问题是在没有合同关系的情况下因一方的过错而造成另一方信赖利益损失的赔偿问题；而违约责任则以合同关系为基础，其要解决的问题是一方违反合同后应当如何补救的问题。（2）从责任的性质和形式上看，缔约过失责任是一种法定责任，不能由当事人约定，其责任形式为赔偿损失；而违约责任是一种约定责任，当事人可以约定责任形式、损失赔偿的数额及其计算方法、免责条件等，其责任形式除赔偿损失外，还包括支付违约金、实际履行、修理、重作、更换等。（3）从赔偿范围上看，缔约过失责任的赔偿范围限于信赖利益的损失；而违约责任的赔偿范围为期待利益的损失，包括履行利益的损失和可得利益的损失。（4）从损害赔偿的性质上看，关于缔约过失责任的赔偿范围，法律上一般没有特别的限制；而关于违约责任的赔偿范围，法律通常作出一定的限制，如可预见规则的限制等。

2.法律对格式条款的特殊规制措施主要有：（1）采用格式条款订立合同的，提供格式条款的一方应当遵循公平原则确定当事人之间的权利和义务，并采取合理的方式提示对方注意免除或者减轻其责任等与对方有重大利害关系的条款，按照对方的要求，对该条款予以说明。提供格式条款的一方未履行提示或者说明义务，致使对方没有注意或者理解与其有重大利害关系的条款的，对方可以主张该条款不成为合同的内容。（2）严禁限制格式条款的效力，在具备法定情形时，应认定格式条款无效。例如，下列格式条款无效：造成对方人身损害的免责条款、因故意或者重大过失造成对方财产损失的免责条款以及提供格式条款一方不合理地免除或者减轻其责任、加重对方责任、限制对方主要权利的格式条款。（3）基于格式条款的单方拟定性，为保护相对方的利益，在当事人对格式条款的理解发生争议时，应当按照通常理解予以解释；对格式条款有两种以上解释的，应当作出不利于提供格式条款一方的解释；格式条款与非格式条款不一致的，应当采用非格式条款。

第三章 合同的效力

 **知识逻辑图**

合同的效力
├ 概念：依法成立的合同所具有的法律约束力
├ 成立、合同有效与合同生效的关系
├ 对内效力与对外效力
├ 有效要件
│ ├ 行为人具有相应的民事行为能力
│ ├ 意思表示真实
│ └ 不违反法律、行政法规的强制性规定，不违背公序良俗
├ 无效合同
│ ├ 概念：根本不具备合同有效要件，自始就确定地当然不能发生法律效力的合同
│ ├ 特征
│ │ ├ 严重欠缺有效要件
│ │ ├ 自始无效
│ │ ├ 当然无效
│ │ ├ 确定无效
│ │ ├ 绝对无效
│ │ └ 可以是全部无效或者部分无效
│ └ 种类
│   ├ 无民事行为能力人实施的合同
│   ├ 虚假合同
│   ├ 恶意串通的合同
│   ├ 违反法律、行政法律强制性规定的合同
│   └ 违背公序良俗的合同
└ 可撤销合同
   ├ 概念：因意思表示有瑕疵，当事人一方享有撤销权，可行使撤销权请求法院或者仲裁机构对已经成立的合同予以撤销的合同
   ├ 特征
   │ ├ 发生事由是当事人的意思表示有瑕疵
   │ ├ 撤销前是有效的，撤销后自始无效
   │ └ 只有享有撤销权的当事人可以主张无效
   ├ 种类
   │ ├ 重大误解的合同
   │ ├ 受欺诈而订立的合同
   │ ├ 受胁迫而订立的合同
   │ └ 显失公平的合同
   └ 撤销权的行使
      ├ 概念：合同当事人可以请求人民法院或者仲裁机构对已经成立的合同予以撤销的权利
      ├ 性质：形成权
      ├ 行使方式：诉讼或者仲裁
      └ 消灭
         ├ 在撤销权行使期间未行使撤销权
         └ 撤销权人在知道撤销事由后明确表示或者以自己的行为表明放弃撤销权

合同的效力
├─ 未生效合同
│　├─ 概念：合同虽然成立，但是尚不具备生效条件的合同
│　├─ 特征
│　│　├─ 有效合同
│　│　├─ 不具有履行效力
│　│　└─ 是否生效取决于法律的规定或者当事人的约定
│　└─ 种类
│　　　├─ 依照当事人约定产生的未生效合同
│　　　└─ 依照法律规定产生的未生效合同
└─ 法律后果
　　├─ 不具有履行效力
　　├─ 返还财产
　　├─ 赔偿损失
　　├─ 解决合同争议方法的条款有效
　　└─ 其他法律后果

 名词解释与概念比较

1. 无效合同
2. 效力未定合同和可撤销合同
3. 未生效合同
4. 显失公平的合同
5. 合同无效和合同不成立

 选择题

（一）单项选择题

1. 根据《民法典》合同编的规定，下列合同中有效的是（　　）。

A. 甲与乙订立的合同违背了公序良俗

B. 甲与乙恶意串通，为损害第三人的利益而订立的合同

C. 甲与乙为少交税款，将房屋买卖做成房屋赠与，签订赠与合同

D. 甲因重大误解订立了合同，但在法定期间经过后未撤销

2. 可撤销合同在未被撤销以前，其效力为（　　）。

A. 有效　　　　　　　B. 效力未定

C. 无效　　　　　　　D. 部分有效，部分无效

3. 下列选项中，属于效力未定合同的是（　　）。

A. 11 岁的小男孩接受了姥爷赠与的一支高档的英雄钢笔

B. 12 岁的少年瞒着父亲，将笔记本电脑卖给老刘

C. 甲将刀架在乙的脖子上，强迫乙在合同上签字，将一车西瓜卖给了乙

D. 出租车司机甲借乙抢救病人急需用车之机，将车价提高 3 倍，乙被迫接受

4. 张某和李某设立的甲公司伪造房产证，以优惠价格与乙企业（国有）签订房屋买卖合同，以骗取钱财。乙企业交付房款后，因甲公司不能交房而始知被骗。关于乙企业可以采取的民事救济措施，下列哪一选项是正确的？（　　）

A. 以甲公司实施欺诈损害国家利益为由主张合同无效

B. 只能请求撤销合同

C. 通过乙企业的主管部门主张合同无效

D. 可以请求撤销合同，也可以不请求撤销合同而要求甲公司承担违约责任

5. 法律规定合同应当办理登记手续生效的，当事人未办理登记手续，则该合同属于（　　）。

A. 无效合同　　　　　B. 有效合同

C. 效力未定合同　　　D. 成立但未生效合同

视频讲题

6. 关于无效合同的描述，属于错误的选项是（　　）。

A. 合同自始无效

B. 合同自法院确认时无效

C. 合同绝对无效

D. 合同可以是全部无效或部分无效

7. 关于可撤销合同的描述，属于错误的选项是（   ）。

A. 可撤销合同是已经成立的合同

B. 可撤销合同的当事人意思表示存在瑕疵

C. 可撤销合同的效力未定

D. 可撤销合同的当事人享有撤销权

8. 在重大误解合同中，撤销权的行使期间自当事人知道或者应当知道撤销事由之日起（   ）。

A. 30 日　　　　　　B. 60 日

C. 90 日　　　　　　D. 120 日

9. 13 岁的王某所实施的下列行为中，需要经过法定代理人同意的是（   ）。

A. 花费 20 元钱购买文具

B. 花费 2 元钱乘坐公共汽车

C. 花费 2 000 元钱购买一辆卡丁车

D. 接受了叔叔给的 5 000 元钱

10. 代理人在代理权消灭以后，仍以被代理人的名义与第三人订立合同，该合同是（   ）。

A. 效力未定合同　　　B. 无效合同

C. 可撤销合同　　　　D. 可变更合同

11. 甲公司的法定代表人超越权限与善意第三人订立了一份合同。下列关于该份合同的表述，说法正确的是（   ）。

A. 该行为属于无权代理

B. 该行为有效

C. 该行为可撤销

D. 该行为对公司不发生法律效力

12. 甲的女儿患重病需要 10 万元，但甲的生活一贯拮据。甲的邻居乙表示可以借给甲 8 万元，1 年后必须还本付息，否则甲要以其所收藏的价值 15 万元的一幅山水画清偿债务。甲一时也借不到钱，为了女儿，只好与乙签订了合同。甲乙之间的合同（   ）。

A. 因违反法律规定而无效

B. 因胁迫而可撤销

C. 因显失公平而无效

D. 因显失公平而可撤销

13. 甲的儿子凌晨发高烧，甲赶快背起儿子下楼，想坐出租车去医院。恰好一辆出租车经过，司机知道甲急于去医院，就要求甲支付 200 元，即平常车费的 5 倍。甲由于找不到其他出租车，被迫同意。该合同属

于（   ）。

A. 无效合同，理由是受胁迫

B. 可撤销合同，理由是受欺诈

C. 可撤销合同，理由是显失公平

D. 效力未定合同，司机无权要求支付 5 倍车费

14. 下列不能认定为违背公序良俗的合同是（   ）。

A. 影响政治安全、经济安全、军事安全等国家安全的合同

B. 影响社会稳定、公平竞争秩序或者损害社会公共利益等违背社会公共秩序的合同

C. 背离社会公德、家庭伦理或者有损个人尊严等违背善良风俗的合同

D. 应当办理批准手续而当事人未办理的合同

15. 可撤销合同经法院判决被撤销，对此，下列说法中正确的是（   ）。

A. 自合同订立时起不发生法律效力

B. 自案件受理之日起不发生法律效力

C. 自判决生效之日起不发生法律效力

D. 自法院判决撤销之日起不发生法律效力

16. 根据《民法典》的规定，撤销权人行使撤销权的期限通常为 1 年，此 1 年为（   ）。

A. 不变期间，适用诉讼时效中止、中断或延长的规定

B. 不变期间，不适用诉讼时效中止、中断的规定，但适用诉讼时效延长的规定

C. 不变期间，适用诉讼时效中止、中断的规定，但不适用诉讼时效延长的规定

D. 不变期间，不适用诉讼时效中止、中断或者延长的规定

17. 在无权代理合同中，相对人催告被代理人追认的期间自收到通知之日起（   ）。

A. 30 日　　　　　　B. 60 日

C. 90 日　　　　　　D. 1 年

18. 甲要购买英国制造的望远镜。2018 年 9 月 2 日，甲在乙开办的商店中相中了一台标签标明产自英国的某品牌望远镜，于是甲便购买了此望远镜。后来，甲因为不小心将望远镜的镜片碰坏了，就于 2020 年 9 月 8 日到该品牌望远镜的特约维修点去修理。经询问，甲发现该望远镜实际上是产自中国香港地区而非英国。但由于事务繁杂，甲一直拖到 2021 年 9 月 20 日，才找乙要求退货。如果按照《民法典》来处理此事，则下

列选项中，正确的是（　　）。

A. 乙必须办理退货，因为乙店的行为构成欺诈，甲撤销了合同

B. 乙可以不退货，因为超过了撤销权的行使期间

C. 乙可以不退货，因为乙未实施欺诈，合同一直有效

D. 乙换货即可，不必全部满足甲的要求

视频讲题

19. 甲公司与乙公司订立了买卖合同，但该买卖合同随后又被撤销，合同中不因合同被撤销而失去效力的条款是（　　）。

A. 决定合同失效条件的条款

B. 决定合同生效条件的条款

C. 约定产生争议后管辖案件法院的条款

D. 约定标的物风险转移时间的条款

20. 甲公司制作了一批项链，在电视上做广告称："本公司所生产的该批项链是由国际知名设计师亲自设计的，采用铂金制造，其上镶嵌有从非洲进口的天然钻石。"乙信以为真，便买了一条项链。乙的妻子责怪乙太过草率，便到鉴定机构去鉴定，发现该项链不仅不是铂金制造，而且上面的钻石也只是一种塑料。甲公司与乙之间的合同是（　　）。

A. 无效合同　　　　B. 可撤销合同

C. 有效合同　　　　D. 效力未定合同

21. 下列合同中，属于无效合同的是（　　）。

A. 乙超越甲的授权，以甲的名义与丙订立合同，购买了一批棉花

B. 某公司的董事长酒醉之时签订了一份合同

C. 某地的政府部门将一块土地出让给某公司，但该块土地面积太大，为躲避上级监管，遂将该块土地的出让合同分拆成若干合同，以符合法律规定的要求

D. 一个小贩急于回家，便将成本是 2 元钱的苹果以 5 毛钱一斤的价格卖给了顾客

22. 某手表厂为纪念千禧年特制纪念手表 2 000 块，每块售价 20 000 元。其广告宣传主要内容为：（1）纪念表为金表；（2）纪念表镶有进口钻石。后经证实，该纪念表为镀金表；进口钻石为进口的人造钻石，每粒价格为 1 元。手表成本约 1 000 元。为此，购买者与该手表厂发生纠纷。该纠纷应如何处理？（　　）

A. 按无效合同处理，理由为欺诈

B. 按可撤销合同处理，理由为欺诈

C. 按可撤销合同处理，理由为重大误解

D. 按有效合同处理

23. 甲去外地，便托乙看管自己的家。甲数年未归，只是偶尔打电话给乙。乙见甲家里的东西从来没有人用，放着贬值，还不如卖了好。于是，乙便以甲的名义将一个衣柜卖给了丙。关于此买卖合同，下列选项中，表述正确的是（　　）。

A. 合同效力未定，因为无权处分

B. 合同无效，因为无权处分

C. 丙可以催告甲在 1 个月内予以追认

D. 若乙已经将衣柜交付给丙，则合同有效

24. 下列哪一情形下，甲对乙不构成胁迫？（　　）

A. 甲说，如不出借 1 万元，则举报乙犯罪。乙照办，后查实乙构成犯罪

B. 甲说，如不将藏獒卖给甲，则举报乙犯罪。乙照办，后查实乙不构成犯罪

C. 甲说，如不购甲即将报废的汽车，将公开乙的个人隐私。乙照办

D. 甲说，如不赔偿乙撞伤甲的医疗费，则举报乙醉酒驾车。乙照办，甲取得医疗费和慰问金

25. 某服装厂与某纺织厂签订一份购销合同，约定纺织厂向服装厂供给纯毛衣料 100 万平方米，按纺织厂提供的样品交货。纺织厂交货，经服装厂验收后，服装厂即将衣料加工成衣服进行销售。后来，购买衣服的消费者反映衣料的质量有问题。经检验发现，纺织厂提供的样品是含有 8％涤纶的衣料，纺织厂亦是按该样品向服装厂交货的。本案的性质应如何认定？（　　）

A. 重大误解　　　　B. 民事欺诈

C. 违约行为　　　　D. 侵权行为

26. 甲用伪造的乙公司公章，以乙公司名义与不知情的丙公司签订食用油买卖合同，以次充好，将劣质食用油卖给丙公司。合同没有约定仲裁条款。关于该合同，下列哪一表述是正确的？（　　）

A. 如乙公司追认，则丙公司有权通知乙公司撤销

B. 如乙公司追认，则丙公司有权请求法院撤销

C. 无论乙公司是否追认，丙公司均有权通知乙公

司撤销

D. 无论乙公司是否追认，丙公司均有权要求乙公司履行

27. 甲以 23 万元的价格将一辆机动车卖给乙。该车因里程表故障显示行驶里程为 4 万公里，但实际行驶了 8 万公里，市值为 16 万元。甲明知有误，却未向乙说明，乙误以为真。乙的下列哪一请求是正确的？（　　）

A. 以甲欺诈为由请求法院变更合同

B. 请求甲减少价款至 16 万元

C. 以重大误解为由，致函甲请求撤销合同，合同自该函到达甲时即被撤销

D. 请求甲承担缔约过失责任

28. 甲与乙签订买卖淫秽书籍的合同并已履行。下列处理方法中，正确的是（　　）。

A. 合同无效，将双方已经取得的财产进行销毁或收归国家所有

B. 确认合同无效，双方互相返还从对方取得的财产

C. 合同可由一方当事人申请撤销

D. 将书籍上缴国库或销毁，货币返回给支付方

29. 甲公司章程规定："董事长未经股东会授权，不得处置公司资产，也不得以公司名义签订非经营性合同。"一日，董事长任某见王某开一辆新款宝马车，遂决定以自己乘坐的公司的旧奔驰车与王某调换，并办理了车辆过户手续。对任某的换车行为，下列哪一种说法是正确的？（　　）

A. 违反公司章程处置公司资产，其行为无效

B. 违反公司章程从事非经营性交易，其行为无效

C. 并未违反公司章程，其行为有效

D. 无论是否违反公司章程，只要王某尽到了合理审查义务，该行为就有效

视频讲题

30. 依我国法律，当事人对下列哪一合同可以请求人民法院或仲裁机构撤销？（　　）

A. 因重大误解订立的合同

B. 包含因重大过失造成对方财产损失的免责条款

的合同

C. 行为人与相对人以虚假的意思表示订立的合同

D. 无权代理订立的合同

31. 装修公司甲在完成一项工程后，将剩余的木地板、厨卫用具等卖给了物业管理公司乙。但甲营业执照上的核准经营范围并无销售木地板、厨卫用具等业务。甲乙的买卖行为法律效力如何？（　　）

A. 属于有效民事法律行为

B. 属于无效民事法律行为

C. 属于可撤销民事法律行为

D. 属于效力未定民事法律行为

32. 甲公司经常派业务员乙与丙公司订立合同。乙调离后，又持盖有甲公司公章的合同书与尚不知其已调离的丙公司订立一份合同，并按照通常做法提走货款，后逃匿。对此甲公司并不知情。丙公司要求甲公司履行合同，甲公司认为该合同与己无关，予以拒绝。关于此案，下列选项哪一个是正确的？（　　）

A. 甲公司不承担责任

B. 甲公司应与丙公司分担损失

C. 甲公司应负主要责任

D. 甲公司应当承担签约后果

33. 甲 17 岁，以个人积蓄 1 000 元在慈善拍卖会拍得明星乙表演用过的道具，市价约 100 元。事后，甲觉得道具价值与其价格很不相称，颇为后悔。关于这一买卖，下列哪一说法是正确的？（　　）

A. 买卖显失公平，甲有权要求撤销

B. 买卖存在重大误解，甲有权要求撤销

C. 买卖无效，甲为限制行为能力人

D. 买卖有效

34. 某校长甲欲将一套住房以 50 万元出售。某报记者乙找到甲，出价 40 万元，甲拒绝。乙对甲说："我有你贪污的材料，不答应我就举报你。"甲信以为真，以 40 万元将该房卖与乙。乙实际并无甲贪污的材料。关于该房屋买卖合同的效力，下列哪一说法是正确的？（　　）

A. 存在欺诈行为，属可撤销合同

B. 存在胁迫行为，属可撤销合同

C. 存在显失公平的行为，属可撤销合同

D. 存在重大误解，属可撤销合同

35. 甲公司在城市公园旁开发预售期房，乙、丙等近百人一次性支付了购房款，总额近 8 000 万元。但甲

公司迟迟未开工，按期交房无望。乙、丙等购房人多次集体去甲公司交涉无果，险些引发群体性事件。面对疯涨的房价，乙、丙等购房人为另行购房，无奈与甲公司签订"退款协议书"，承诺放弃数额巨大的利息、违约金的支付要求，领回原购房款。经咨询，乙、丙等购房人起诉甲公司。关于本案，下列哪一说法准确体现了公平正义的有关要求？（　）

A. "退款协议书"虽是当事人真实意思表示，但为兼顾情理，法院应当依据购房人的要求变更该协议，由甲公司支付利息和违约金

B. "退款协议书"是甲公司胁迫乙、丙等人订立的，为确保合法合理，法院应当依据购房人的要求宣告该协议无效，由甲公司支付利息和违约金

C. "退款协议书"的订立显失公平，为保护购房人的利益，法院应当依据购房人的要求撤销该协议，由甲公司支付利息和违约金

D. "退款协议书"损害社会公共利益，为确保利益均衡，法院应当依据购房人的要求撤销该协议，由甲公司支付利息和违约金

36. 甲与乙教育培训机构就课外辅导达成协议，约定甲交费5万元，乙保证甲在接受乙的辅导后，高考分数能达到二本线。若未达到该目标，全额退费。结果甲高考成绩仅达去年二本线，与今年高考二本线尚差20分。关于乙的承诺，下列哪一表述是正确的？（　）

A. 属于无效格式条款

B. 因显失公平而可变更

C. 因情势变更而可变更

D. 虽违背教育规律但属有效

37. 潘某去某地旅游，当地玉石资源丰富，且盛行"赌石"活动，买者购买原石后自行剖切，损益自负。潘某花5 000元向某商家买了两块原石，切开后发现其中一块为极品玉石，市场估价上百万元。商家深觉不公，要求潘某退还该玉石或补交价款。对此，下列哪一选项是正确的？（　）

A. 商家无权要求潘某退货

B. 商家可基于公平原则要求潘某适当补偿

C. 商家可基于重大误解而主张撤销交易

D. 商家可基于显失公平而主张撤销交易

38. 陈老伯考察郊区某新楼盘时，听销售经理介绍周边有轨道交通19号线，出行方便，便与开发商订立了商品房预售合同。后经了解，轨道交通19号线属市

域铁路，并非地铁，无法使用老年卡，出行成本较高；此外，铁路房的升值空间小于地铁房的升值空间。陈老伯深感懊悔。关于陈老伯可否反悔，下列哪一说法是正确的？（　）

A. 属认识错误，可主张撤销该预售合同

B. 属重大误解，可主张撤销该预售合同

C. 该预售合同显失公平，陈老伯可主张撤销该合同

D. 开发商并未欺诈陈老伯，该预售合同不能被撤销

39. 肖特有音乐天赋，16岁便不再上学，以演出收入为主要生活来源。肖特成长过程中，多有长辈馈赠：7岁时受赠口琴1个，9岁时受赠钢琴1架，15岁时受赠名贵小提琴1把。对肖特的行为能力及其受赠行为效力的判断，根据《民法典》相关规定，下列哪一选项是正确的？（　）

A. 肖特尚不具备完全的民事行为能力

B. 受赠口琴的行为无效，应由其法定代理人代理实施

C. 受赠钢琴的行为无效，因与其当时的年龄智力不相当

D. 受赠小提琴的行为无效，因与其当时的年龄智力不相当

40. 齐某扮成建筑工人模样，在工地旁摆放一尊廉价购得的旧蟾蜍石雕，冒充新挖出文物等待买主。甲曾以5 000元从齐某处买过一尊同款石雕，发现被骗后正在和齐某交涉时，乙过来询问。甲有意让乙也上当，以便要回被骗款项，未等齐某开口便对乙说："我之前从他这买了一个貔貅，转手就赚了，这个你不要我就要了。"乙信以为真，以5 000元买下石雕。关于所涉民事法律行为的效力，下列哪一说法是正确的？（　）

A. 乙可向甲主张撤销其购买行为

B. 乙可向齐某主张撤销其购买行为

C. 甲不得向齐某主张撤销其购买行为

D. 乙的撤销权自购买行为发生之日起2年内不行使则消灭

（二）多项选择题

1. 关于合同成立与合同生效的区别，下列选项中，表述正确的有（　）。

A. 合同成立是事实判断，合同生效是价值判断

B. 合同成立是合同生效的前提

C. 合同生效与合同成立之间没有必然的关系

D. 合同成立对当事人不会产生法律意义，而只有

合同生效才对当事人会产生法律意义

2. 对于《民法典》合同编中的合同成立与合同生效，下列说法中，表述正确的有（　　）。

A. 并不区分合同成立与合同生效

B. 区分合同成立与合同生效

C. 合同不成立与合同无效的后果相同

D. 生效的合同一定是已经成立的合同

3. 某旅游地的纪念品商店出售秦始皇兵马俑的复制品，价签标名为"秦始皇兵马俑"，2 800元一个。王某购买了一个。次日，王某以其购买的"秦始皇兵马俑"为复制品而非真品属于欺诈为由，要求该商店退货并赔偿。关于此案，下列哪些表述是错误的？（　　）

A. 商店的行为不属于欺诈，真正的"秦始皇兵马俑"属于法律规定不能买卖的禁止流通物

B. 王某属于重大误解，可请求撤销买卖合同

C. 商店虽不构成积极欺诈，但构成消极欺诈，因其没有标明为复制品

D. 王某有权请求撤销合同，并可要求商店承担缔约过失责任

4. 下列选项所列合同或者合同条款中，无效的情形有（　　）。

A. 排除造成对方人身伤害的责任的格式条款

B. 排除造成对方财产损失的责任的格式条款

C. 合同以欺诈手段订立，对方违背真实意思

D. 违背公序良俗订立的合同

5. 下列合同中，属于效力未定合同的有（　　）。

A. 甲没有代理权但仍以乙的名义与丙签订了合同，丙对此毫不知情

B. 甲没有代理权，但仍以乙的名义与丙签订了合同，但丙有理由相信甲有代理权

C. 甲公司伪造货物单证，凭此从银行贷款10万元

D. 13岁的甲将自己的一块高档手表卖给了老王

6. 下列选项中，属于有效合同的有（　　）。

A. 老王到老刘家，花了20块钱，买了10斤苹果

B. 甲公司的经营范围是冷饮，甲公司与乙公司签订了一份木材买卖合同，乙公司对甲公司的经营范围毫不知情

C. 小王捡得一把手枪，然后以非常低的价格卖给了小刘

D. 老张在田里捕获了一只野鸡，并以500元的价格卖给了老孙

视频讲题

7. 下列合同中，属于可撤销合同的有（　　）。

A. 小王在商场购买了一个标明产自香港的相机，实际上该相机产自广东

B. 12岁的小周为了弄到钱上网，将家中价值2 000元的手表以1 000元的价格卖给成年人乙

C. 甲婚后不能生育子女，遂与乙签订了一份代孕合同

D. 小刘有一幅山水画，其假称该画为元代画家所作，高价售与小张

8. 下列选项中，属于限制民事行为能力人能够独立订立的合同有（　　）。

A. 买冰激凌的合同

B. 买公共汽车票的合同

C. 在商场购买电脑的合同

D. 接受他人赠与房产的合同

9. 甲在某玉器店购买了一个手镯，手镯的标签标明该手镯系以新疆和田羊脂玉所造。某日，甲的朋友看到该手镯，认为该手镯并非新疆和田羊脂玉所造，为此，甲将手镯送到鉴定部门鉴定。经鉴定发现该手镯并非由玉所造，而是由翡翠所造。鉴定后，甲因忙于其他事务，一直没有找玉器店处理此事。距鉴定时间13个月之后，甲找玉器店要求退货，遭到拒绝后，甲向法院提起诉讼，要求退货。关于此案，下列说法中，表述正确的有（　　）。

A. 甲的诉讼请求应当得到满足，因为该合同纠纷没有超过诉讼时效

B. 甲的诉讼请求不能得到满足，因为已经超过了撤销权的行使期间

C. 甲的诉讼请求应当得到满足，因为甲的利益受到了损害

D. 玉器店的行为属于欺诈行为

10. 下列关于显失公平合同的说法中，表述正确的有（　　）。

A. 受害方在订立合同时缺乏经验或情况紧迫

B. 合同在订立时就对双方当事人明显不公平

C. 显失公平的合同属于可撤销合同

D. 一方获得的利益超过了法律所允许的限度

11. 下列情形中，法人的工作人员订立合同超越其权限范围的事项有（ ）。

A. 依法应当由法人的权力机构决议的事项

B. 依法应当由法人的执行机构决定的事项

C. 依法应当由法定代表人组织实施的事项

D. 依法应当由法人的决策机构决议的事项

12. 下列合同，属于无效合同的有（ ）

A. 无民事行为能力人和限制民事行为能力人订立的合同

B. 虚假合同

C. 恶意串通的合同

D. 违背公序良俗的合同

13. 下列情形中，合同不因违反法律的强制性规定而无效的有（ ）。

A. 强制性规定虽然旨在维护社会公共秩序，但是合同的实际履行对社会公共秩序造成的影响显著轻微，认定合同无效将导致案件处理结果有失公平公正

B. 强制性规定旨在维护政府的税收、土地出让金等国家利益或者其他民事主体的合法利益而非合同当事人的民事权益，认定合同有效不会影响该规范目的的实现

C. 强制性规定旨在要求当事人一方加强风险控制、内部管理等，对方无能力或者无义务审查合同是否违反强制性规定，认定合同无效将使其承担不利后果

D. 当事人一方虽然在订立合同时违反强制性规定，但是在合同订立后其已经具备补正违反强制性规定的条件却违背诚信原则不予补正

14. 行为人对下列重要事项产生了错误认识，从而构成重大误解的有（ ）

A. 行为的性质

B. 对方当事人

C. 标的物的品种、质量、规格、价格、数量

D. 合同的履行地点

15. 甲因出国留学，将自家一幅名人字画委托好友乙保管。在此期间乙一直将该字画挂在自己家中欣赏，来他家的人也以为这幅字画是乙的，后来乙因做生意急需钱，便将该幅字画以 3 万元价格卖给不知情的丙。甲回国后，发现自己的字画在丙家中。下列有关该事件的判断中，哪些是错误的？（ ）

A. 乙与丙之间的买卖合同属于无效合同

B. 乙与丙之间的买卖合同属于效力未定的合同

C. 乙与丙之间的买卖合同属于可撤销合同

D. 若甲一直不同意卖画，则乙与丙的合同归于无效

视频讲题

16. 甲委托乙采购茶叶，并给了乙一份无期限限制的授权委托书。10 月，甲通知乙取消委托，并要求乙交回授权委托书，乙因故未交。11 月，乙以甲的名义与丙订立了一份价值 10 万元的茶叶订购合同。在这一实例中，下列表述哪些是正确的？（ ）

A. 如果乙向丙提供了甲的授权委托书，乙的代理行为有效，甲应履行与丙的合同

B. 如果乙未向丙提供甲的授权委托书，乙的代理行为属于无权代理行为，若经甲追认可发生效力

C. 如果乙未向丙提供甲的授权委托书，丙可以催告甲在 30 日内予以追认，若甲在此期限内未作表示，视为拒绝追认

D. 若丙明知乙的代理权已终止而仍与之订立该合同，由此给甲造成损失，则只能由丙对甲承担责任

17. 关于合同的不成立与合同的无效的区别，下列说法中，表述正确的有（ ）。

A. 合同的不成立是指当事人未就合同主要条款达成合意；合同无效是指合同在内容上违反了强制性规范

B. 合同不成立只会产生民事责任；而合同无效除了产生民事责任，还可能产生行政责任或刑事责任

C. 尽管当事人没有就合同的主要条款达成合意，但当事人自愿履行的，视为合同成立；而无效合同不具有履行性

D. 为贯彻鼓励交易原则，法院在审理案件时，对于不成立的合同、无效的合同应尽可能地通过合同解释的方法，使合同成立、生效

18. 甲乙是朋友，甲开了一家商店，销售冬虫夏草，乙一直为甲在外地收购冬虫夏草。为求方便，甲

便将一些已经盖章的空白合同书交给了乙。后来甲乙因为利润分配无法达成一致而反目成仇，甲便取消了乙的代理权。乙心中烦闷，某日约了一个以前的老客户丙喝酒解闷。席间，丙给乙出主意报复甲，让乙利用手中剩下的唯一一份空白合同书，仍以甲的名义订立合同，收购冬虫夏草。乙当时就同意了，随后2人便照此订立了合同，约定以市场价自丙处收购大量的冬虫夏草。乙仍不解恨，又找到丁，花言巧语骗得丁相信其为甲的代理人，乙以甲的名义与丁订立了合同。随后，丙与丁均要求甲付款，遭到甲的拒绝。事后，甲便提起诉讼，要求法院确认两个合同无效。关于此案，下列说法中，表述正确的有（　　）。

A. 甲与丙的合同无效

B. 甲与丁的合同无效

C. 在甲追认之前，丁可以撤销合同

D. 丁可以要求乙承担责任

19. 晨辉公司与鸣沙公司订立了一份买卖合同，约定晨辉公司向鸣沙公司交付20吨苹果，鸣沙公司向晨辉公司支付30万元货款。晨辉公司先交付了10吨苹果，在要求鸣沙公司支付相应的货款时，才发现鸣沙公司已被市场监督管理部门查处。原来鸣沙公司根本就不存在，是自然人王鸣沙伪造了相关的文件、印章，以鸣沙公司的名义对外进行交易活动。此时，晨辉公司已交付的苹果仍存放在王鸣沙所租赁的仓库中。关于此案，下列说法中，表述正确的有（　　）。

A. 合同无效

B. 合同不成立

C. 晨辉公司可以要求王鸣沙承担责任

D. 王鸣沙应向晨辉公司返还10吨苹果

20. 甲委托乙前往丙厂采购男装，乙觉得丙生产的女装市场看好，便自作主张以甲的名义向丙订购。丙未问乙的代理权限，便与之订立了买卖合同。对此，下列哪些说法是正确的？（　　）

A. 甲有追认权　　　　B. 丙有催告权

C. 丙有撤销权　　　　D. 构成表见代理

21. 乙公司以国产牛肉为样品，伪称某国进口牛肉，与甲公司签订了买卖合同，后甲公司得知这一事实。此时恰逢某国流行疯牛病，某国进口牛肉滞销，国产牛肉价格上涨。关于此案，下列哪些说法是正确的？（　　）

A. 甲公司有权自知道样品为国产牛肉之日起1年

内主张撤销该合同

B. 乙公司有权自合同订立之日起1年内主张撤销该合同

C. 甲公司有权决定履行该合同，乙公司无权拒绝履行

D. 在甲公司决定撤销该合同前，乙公司有权按约定要求甲公司支付货款

22. 张某到王某家聊天，王某去厕所时张某帮其接听了刘某打来的电话。刘某欲向王某订购一批货物，请张某转告，张某应允。随后张某感到有利可图，没有向王某转告订购之事，而是自己低价购进了刘某所需货物，以王某名义交货并收取了刘某货款。关于张某将货物出卖给刘某的行为的性质，下列哪些说法是正确的？（　　）

A. 无权代理　　　　B. 无因管理

C. 不当得利　　　　D. 效力未定

23. 下列甲与乙签订的哪些合同有效？（　　）

A. 甲与乙签订商铺租赁合同，约定待办理公证后合同生效。双方未办理合同公证，甲交付商铺后，乙支付了第1个月的租金

B. 甲与乙签署股权转让协议，约定甲将其对丙公司享有的90％股权转让给乙，乙支付1亿元股权受让款。但此前甲已将该股权转让给丁

C. 甲与乙签订相机买卖合同，相机尚未交付，也未付款。后甲又出卖该相机与丙签订买卖合同

D. 甲将商铺出租给丙后，将该商铺出卖给乙，但未通知丙

24. 甲委托乙采购一批电脑，乙受丙诱骗高价采购了一批劣质手机。丙一直以销售劣质手机为业，甲对此知情。关于手机买卖合同，下列哪些表述是正确的？（　　）

A. 甲有权追认

B. 甲有权撤销

C. 乙有权以甲的名义撤销

D. 丙有权撤销

（三）不定项选择题

甲公司向乙公司订购奶粉一批，乙公司在订立合同时将国产奶粉谎称为进口奶粉。甲公司事后得知实情，恰逢国产奶粉畅销，甲公司有意继续履行合同，乙公司则希望将这批货物以更高的价格售于他人。若下列情形均发生于合同订立之日起1年内，请回答下

列问题：

1. 甲公司与乙公司之间的合同效力如何？（　　）

A. 无效　　　　　　　B. 有效

C. 效力未定　　　　　D. 可撤销

2. 如果甲公司向乙公司催告交货，那么合同效力如何？（　　）

A. 无效　　　　　　　B. 有效

C. 效力未定　　　　　D. 可撤销

3. 如果甲公司向乙公司预付货款，那么合同效力如何？（　　）

A. 无效　　　　　　　B. 有效

C. 效力未定　　　　　D. 可撤销

4. 如果甲公司向乙公司送交确认合同有效的通知，那么合同效力如何？（　　）

A. 无效　　　　　　　B. 有效

C. 效力未定　　　　　D. 可撤销

5. 如果乙公司以合同订立存在欺诈为由主张撤销，那么合同效力如何？（　　）

A. 无效　　　　　　　B. 有效

C. 效力未定　　　　　D. 可撤销

6. 如果乙公司与丙公司另行签订合同，将奶粉售于丙公司，并已经将奶粉交付给了丙公司。甲公司要求乙公司交付奶粉，遭到乙公司的拒绝。下列选项中，表述错误的是（　　）。

A. 甲公司可以要求丙公司返还奶粉

B. 甲公司可以要求乙公司承担违约责任

C. 甲公司可以要求乙公司承担缔约过失责任

D. 甲公司可以撤销与乙公司之间的合同

视频讲题

 简答题

1. 简述无效合同的特征。

2. 简述重大误解合同的构成条件。

3. 简述效力未定合同的特征。

4. 简述可撤销合同中的撤销权行使。

 材料分析题

甲因有事要长时间外出，临行前几天与乙约定，将甲未婚妻赠与其的一块价值15 000元的名贵手表交由乙保管，回来后请乙吃饭。几日后甲外出，同时将手表交至乙处。2个月后，因乙急需用钱，便以20 000元的价格将手表卖给丙，丙并不知道手表并非乙所有。在丙付款后，乙将手表交付给丙。手表当时的市场价格为17 000元。请回答下列问题：

（1）甲与乙之间订立保管合同的民事法律关系成立于何时？为什么？

（2）乙的行为应如何定性？其与丙之间的合同效力如何？为什么？

（3）丙是否可取得手表的所有权？为什么？

（4）若甲对乙提起诉讼，甲可以行使何种请求权？可以请求的金额是多少？为什么？

 论述题与深度思考题

1. 试述合同的有效条件。

2. 试述合同被确认无效或者被撤销的法律责任。

参考答案

名词解释与概念比较

1. 无效合同，是指因根本不具备合同的有效要件，自始就确定地当然不能发生法律效力的合同。

2. 效力未定合同和可撤销合同。

类型	效力未定合同	可撤销合同
定义	合同于成立时是否发生效力尚能确定，有待于其他行为或事实使之确定的合同	当事人在订立合同时，因意思表示有瑕疵，当事人一方享有撤销权，可行使撤销权请求法院或者仲裁机构对已经成立的合同予以撤销的合同
种类	（1）限制民事行为能力人依法不能独立订立的合同；（2）基于狭义无权代理而订立的合同	（1）因重大误解而订立的合同；（2）显失公平的合同；（3）因欺诈、胁迫而订立的合同；（4）因第三人误传而订立的合同

续表

类型	效力未定合同	可撤销合同
产生原因	主体资格和权能欠缺	意思表示不真实
效力状态	合同成立后，合同是有效还是无效处于不确定的状态	合同成立后、撤销前，合同有效
法律后果	合同是否有效取决于第三人的追认。第三人追认的，合同有效，否则合同无效	合同是否无效取决于撤销权人是否行使撤销权。撤销权人撤销合同的，合同归于无效

3. 未生效合同，是指合同虽然成立，但是尚不具备生效条件的合同。

4. 显失公平的合同，是指当事人一方利用对方处于危困状态、缺乏判断能力等情形，致使合同成立时显失公平的合同。

5. 合同无效和合同不成立。

类型	合同无效	合同不成立
定义	合同虽然已经成立，但因其在内容上违反了法律、行政法规的强制性规定和公序良俗而无法律效力的合同	当事人未就合同的主要条款达成合意
审查内容	主要就当事人合意的内容是否符合法律规定进行审查，属于价值判断	主要就当事人是否达成合意进行审查，属于事实判断
效力状态	无效合同不能通过解释的方法或履行行为使之转化为有效合同	在合同不成立的情况下，可以通过解释的方法或履行行为使合同成立
国家干预	实行国家干预，法院或仲裁机构应主动审查合同的效力	不实行国家干预，当事人未主张合同不成立的，法院或仲裁机构不必主动审查合同是否成立
法律后果	不仅会产生民事责任，也会产生行政责任甚至刑事责任	仅产生民事责任

选择题

（一）单项选择题

1. D

A、B、C 三项中的合同均为无效合同。D 项中的

为可撤销合同，甲在撤销权行使的法定期间经过后未撤销合同，从而使该合同成为确定有效的合同。故本题应选 D 项。

2. A

可撤销合同在被撤销之前其效力为有效，若被撤销，则溯及既往地归于无效。故本题应选 A 项。

3. B

A 项合同为有效合同，因为限制民事行为能力人可以签订纯获利益的合同。B 项合同为效力未定合同，因为限制民事行为能力人不能独立签订这类买卖合同。C 项合同为可撤销合同，属于因胁迫而订立的合同。D 项合同为可撤销合同，属于显失公平的合同。故本题应选 B 项。

4. D

《民法典》第 148 条规定："一方以欺诈手段，使对方在违背真实意思的情况下实施的民事法律行为，受欺诈方有权请求人民法院或者仲裁机构予以撤销。"甲公司的行为构成欺诈，合同为可撤销合同，乙企业可请求撤销合同，也可主张合同有效，追究甲公司的违约责任。故本题应选 D 项。

5. D

《民法典》第 502 条第 1 款规定："依法成立的合同，自成立时生效，但是法律另有规定或者当事人另有约定的除外"；第 2 款规定："依照法律、行政法规的规定，合同应当办理批准等手续的，依照其规定。未办理批准等手续影响合同生效的，不影响合同中履行报批等义务条款以及相关条款的效力。应当办理申请批准等手续的当事人未履行义务的，对方可以请求其承担违反该义务的责任。"这意味着，法律规定应当办理批准手续，属于存在法定生效条件的情形。故当事人没有办理批准手续，合同成立但是没有生效。故本题应选 D 项。

6. B

无效合同是自始就无效的合同，即从合同成立时就是无效的，而不是自法院确认时才无效。同时，无效合同是绝对、确定无效的合同。从内容上看，无效合同可以是全部无效或者部分无效。故本题应选 B 项。

7. C

可撤销合同是已经成立的合同，只是因当事人的意思表示有瑕疵而使当事人享有撤销权。但是，可撤销合同的效力是确定的，未撤销前是有效，只有在被

撤销后才自始无效。故本题应选 C 项。

8. C

依据《民法典》第 152 条的规定，在重大误解合同中，撤销权应当自当事人知道或者应当知道撤销事由之日起 90 日内行使。故本题应选 C 项。

9. C

A、B 两项为与王某年龄、智力相适应而订立的合同。D 项为纯获利益的合同。C 项合同与王某的年龄、智力不相适应，需要经过法定代理人的同意。故本题应选 C 项。

10. A

代理人在代理权消灭后，仍以被代理人的名义订立合同，为狭义无权代理，所订立合同为效力未定合同。故本题应选 A 项。

11. B

按照《民法典》第 504 条的规定，法人的法定代表人或者非法人组织的负责人超越权限订立的合同，除相对人知道或应当知道其超越权限外，该代表行为有效，订立的合同对法人或者非法人组织有效。故本题应选 B 项。

12. D

甲处于困境，为摆脱困境而被迫迎合乙作出违背真实意愿的意思表示。因此，双方的合同属于一方利用对方处于危困状态，使合同成立时显失公平，合同为可撤销合同。故本题应选 D 项。

13. C

参见本章单选题第 12 题分析。故本题应选 C 项。

14. D

按照最高人民法院《关于适用〈中华人民共和国民法典〉合同编通则若干问题的解释》第 17 条的规定，A、B、C 项合同都属于违背公序良俗的合同，而 D 项合同为效力未定合同。故本题应选 D 项。

15. A

可撤销合同一旦被撤销，即溯及既往地归于无效，即从合同订立时起不具有法律效力。故本题应选 A 项。

16. D

可撤销合同中的撤销权为形成权，其存续期间为除斥期间，属于不变期间，不适用诉讼时效的中止、中断、延长的规定。故 D 项当选。

17. A

依据《民法典》第 171 条的规定，无权代理的相对人可以催告被代理人自收到通知之日起 30 日内予以追认。故本题应选 A 项。

18. B

乙的行为属于欺诈。所谓欺诈，按照最高人民法院《关于适用〈中华人民共和国民法典〉总则编若干问题的解释》第 21 条的规定，指故意告知虚假情况，或者负有告知义务的人故意隐瞒真实情况，致使当事人基于错误认识作出意思表示。甲与乙的合同属于可撤销合同，甲为撤销权人。甲于 2020 年 9 月 8 日便知道了撤销事由，但直到 2021 年 9 月 20 日才要求乙退货，即要求撤销合同，此时已经超过了撤销权的 1 年的存续期间，撤销权经经消灭，所以甲不能撤销合同，合同继续有效，乙有权拒绝退货。故本题应选 B 项。

19. C

合同中关于争议解决方法的条款不会因为合同的无效而无效，C 项中的条款便属于此类条款。故本题应选 C 项。

20. B

甲公司的行为属于欺诈，所订立合同为可撤销合同。故本题应选 B 项。

21. C

A 项合同属于无权代理而订立的合同，为效力未定合同。B 项合同有效，当事人醉酒仍为完全民事行为能力人。C 项合同属于违反法律、行政法规的强制性规定的合同，为无效合同。D 项合同有效，双方的交易仍然是公平交易，一方所获得的利益仍在法律允许范围之内。故本题应选 C 项。

22. B

手表厂对于手表的材料负有告知义务，但却故意隐瞒真实情况，告知虚假情况，其行为构成欺诈，合同为可撤销合同。故本题应选 B 项。

23. C

乙没有代理权，却以甲的名义将甲的衣柜卖于丙，并且乙也没有使丙相信其有代理权的表象，因此，乙的行为构成狭义无权代理，合同效力未定。丙作为善意第三人，享有催告权，可以催告甲在 1 个月内予以追认。在合同中，不论乙是否已经交付标的物，都不会影响合同的效力。故本题应选 C 项。

24. D

构成胁迫，主要有以下几种情形：第一，手段不法，则不论其法律效果合法抑或非法，胁迫均为不法。

C 项属于此种情形。第二，手段合法，但所追求的法律后果非法。第三，手段和目的均合法，但结合起来因具有某种关联性而具有非法性。在 A 项与 B 项中，举报他人犯罪，不论他人是否犯罪，均非为不法，从法律效果来看，借款与购买藏獒也非为不法（若为赠与及低价购买，则追求的法律效果为不法，自然构成胁迫），所以，A、B 两项中的手段与目的均合法，但两者的关联为非法，构成胁迫。D 项中，手段与目的均合法，而甲意在回复自己所受损害，二者合法关联，非为胁迫。故本题应选 D 项。

25．A

行为人对行为的性质、对方当事人或者标的物的品种、质量、规格、价格、数量等产生错误认识，按照通常理解，如果不发生该错误认识，行为人就不会作出相应意思表示的，可以认定为重大误解。服装厂对于纺织厂所提供的样品存在错误认识，并造成较大损失，属于重大误解，双方的合同属于可撤销合同。故本题应选 A 项。

26．B

甲构成狭义无权代理，并欺诈乙公司。在前者，合同为效力未定合同；在后者，合同为可撤销合同。若乙公司追认，则补足代理权限，乙公司成为合同相对人，丙公司不能基于效力未定而通知乙公司撤销，但丙公司得基于受欺诈而请求撤销，只是应当向法院提出撤销请求。若乙公司不予追认，则效力未定合同归于无效，丙公司自然不能要求乙公司履行合同。在乙公司追认之前，作为善意相对人的丙公司可以通知乙公司撤销。故本题应选 B 项。

27．D

甲故意隐瞒事实真相，构成欺诈。合同为因欺诈而订立的合同，非为因重大误解而订立的合同。乙有权撤销合同，撤销权人无权请求变更合同。乙请求撤销合同的，合同归于无效，甲对此有过错，应承担缔约过失责任。故本题应选 D 项。

28．A

淫秽书籍系禁止流通物，以其为标的物的买卖合同因违反法律的强制性规定而无效。该淫秽书籍应予销毁，双方所取得的收益应收归国家所有。故本题应选 A 项。

29．D

按照《民法典》的规定，法人的法定代表人或者非法人组织的负责人超越权限订立的合同，除相对人知道或者应当知道其超越权限的以外，该代表行为有效，订立的合同对法人或非法人组织发生效力。公司章程中的规定限定了董事长任某的权限，若王某尽到了合理审查义务，该换车行为便有效。故本题应选 D 项。

30．A

A 项合同为可撤销合同，B 项合同中的免责条款无效，C 项合同无效，D 项合同为效力未定合同。故本题应选 A 项。

31．A

根据《民法典》第 505 条的规定，当事人超越经营范围订立的合同的效力，应当依照《民法典》的有关规定确定，不得仅以超越经营范围确认合同无效。本题中装修公司出售木地板、厨卫用具的行为并不违反《民法典》中有关民事法律行为和合同效力的规定，因此，属于有效法律行为。故本题应选 A 项。

32．D

行为人以本人的名义与第三人为民事行为，行为人虽无代理权，但有足以使第三人相信其有代理权的事实和理由，善意第三人与之实施行为，该行为后果由本人承担，此为表见代理。丙公司有理由相信乙有代理权，则乙的代理行为有效，甲公司承担法律后果。故本题应选 D 项。

33．D

甲 17 岁，为限制民事行为能力人，限制民事行为能力人能独立订立与其年龄、智力、精神健康状况相适应的合同。甲所订立的买卖合同符合甲的年龄、智力状况，合同有效。故本题应选 D 项。

34．B

乙对甲进行要挟，使甲产生恐惧而作出不真实的意思表示，构成胁迫。合同为可撤销合同。故本题应选 B 项。

35．C

"退款协议书"中双方的权利与义务明显违反公平、等价有偿原则，购房人意思表示不真实，构成显失公平，该合同为可撤销合同，购房人主张撤销合同的，法院应当支持。故本题应选 C 项。

36．D

甲乙之间的合同条款即便为格式条款，也不具备无效情形，也难谓显失公平，并且高考分数二本线的变化是情理之中，不构成情势变更。因此，该合同有

效。故本题应选 D 项。

37. A

虽然此种交易冠"赌"之名，但合同并非受法律禁止的赌博行为中的射幸合同。因为按照交易规则，潘某直接取得了所购原石的所有权。此种交易规则本身便含有购买者可能颗粒无收也可能获得巨额收益的可能性，当事人双方理解并予认可，因此并无重大误解，也无显失公平。此种交易规则本身也是公平的。故本题应选 A 项。

38. D

合同的撤销事由不包括认识错误，除非构成重大误解。按照最高人民法院《关于适用〈中华人民共和国民法典〉总则编若干问题的解释》第 19 条的规定，行为人对行为的性质以及对方当事人或者标的物的品种、质量、规格、价格、数量等产生错误认识，按照通常理解如果不发生该错误认识行为人就不会作出相应意思表示的，可以认定为重大误解。陈老伯对轨道交通产生的错误认识，难以认定构成重大误解。开发商销售经理的介绍不存在欺诈。合同无可撤销事由，为有效合同。故本题应选 D 项。

39. B

肖特 16 岁时具有完全民事行为能力，其在 7 岁时为无民事行为能力人，在 9 岁、15 岁时为限制民事行为能力人，限制民事行为能力人可以独立实施纯获利益的受赠行为，即订立赠与合同。无民事行为能力人不能独立实施民事法律行为，必须由法定代理人代理，否则该行为无效。因此，本题应选 B 项。

40. B

《民法典》第 149 条规定：第三人实施欺诈行为，使一方在违背真实意思的情况下实施的民事法律行为，对方知道或者应当知道该欺诈行为的，受欺诈方有权请求人民法院或者仲裁机构予以撤销。撤销权的行使时间应当为自知道或者应当知道撤销事由之日起 1 年内，自民事法律行为发生之日起 5 年内没有行使撤销权的，撤销权消灭。甲欺诈乙，齐某对此为明知，因此乙可以向齐某主张撤销买卖合同。因此，本题应选 B 项。

（二）多项选择题

1. AB

合同成立是合同生效的前提，合同没有成立，根本就谈不上合同是否生效，二者有密切联系。合同成立所着眼的是双方当事人是否形成合意的事实判断，而合同生效所着眼的是已成立的合同是否符合法律的价值判断。合同生效后会产生债权债务关系，合同成立后对当事人也有一定的拘束力，两者都具有法律意义。故本题应选 A、B 项。

2. BD

合同成立是合同生效的前提，合同没有成立，则合同不可能生效，但合同成立并不一定意味着合同生效。因此，合同成立与合同生效是有区别的。如果合同不成立，有可能产生缔约过失责任，若当事人已经作出履行，则应当各自返还。如果合同无效，不仅可能产生缔约过失责任、返还不当得利责任，还可能产生行政责任甚至刑事责任。故本题应选 B、D 项。

3. BCD

王某应当知道秦始皇兵马俑属于不能自由买卖的文物，纪念品商店所出售的系复制品，商店未予标明也未声明，不构成欺诈。因此，合同不属于因欺诈或重大误解所订立的合同，王某不享有撤销权。故本题应选 B、C、D 项。

4. AD

A 项格式条款为免责条款，违反《民法典》的规定，为无效条款。B 项中的格式条款不一定无效。C 项合同以欺诈手段订立，属于可撤销合同。D 项合同违背公序良俗，属于无效合同。故本题应选 A、D 项。

5. AD

A 项的合同属于狭义无权代理而订立的合同，为效力未定合同。B 项的合同为表见代理而订立的合同，为有效合同。C 项的合同属于因欺诈而订立的合同，为可撤销合同。D 项的合同为限制民事行为能力人依法不能独立订立的合同，为效力未定合同。故本题应选 A、D 项。

6. ABD

A 项的合同是普通的买卖合同，为有效合同。按照《民法典》第 504 条的规定，法人的法定代表人或者非法人组织的负责人超越权限订立的合同，除相对人知道或者应当知道其超越权限的以外，该代表行为有效，订立的合同对法人或非法人组织发生效力。由于乙公司对甲公司的越权行为不知情，因而 B 项的合同有效。C 项的合同以禁止流通物作为标的物，为无效合同。D 项的合同有效。老张捕获野鸡属于对无主动产的先占取得，因而取得了野鸡的所有权，其与老孙之间的买卖合同是有效的。故本题应选 A、B、D 项。

7. AD

A 项中，商场陈述虚假事实，将产自广东的相机标明为产自香港，为欺诈行为，因而小王与商场订立的买卖合同属于可撤销合同。B 项中，限制民事行为能力人签订依法不能独立订立的合同，此为效力未定的合同。C 项中，甲与乙双方签订的代孕合同违反了法律、行政法规的强制性规定，所订立合同为无效合同。D 项中，小刘陈述虚假事实，实施欺诈行为，所订立合同为可撤销合同。故本题应选 A、D 项。

8. ABD

限制民事行为能力人能够独立订立纯获利益的合同，以及与其年龄、智力、精神健康状况相适应的合同。其他合同，需要经其法定代理人追认方才有效，否则效力未定。A、B 两项的合同与限制民事行为能力人的年龄、智力、精神健康状况相适应，其可独立订立。C 项的合同为限制民事行为能力人不能独立订立的合同，需要经其法定代理人的追认，属于效力未定合同。D 项的合同属于纯获利益的合同，限制民事行为能力人能够独立订立。故本题应选 A、B、D 项。

9. BD

玉器店隐瞒手镯非新疆和田羊脂玉所造的事实，属于欺诈行为。因此，甲与玉器店的合同属于可撤销合同，甲享有撤销权。甲应于自知道或应当知道撤销事由之日起 1 年内行使撤销权，即自鉴定后 1 年内行使撤销权。可撤销合同中的撤销权受除斥期间的限制，而不受诉讼时效的限制。故本题应选 B、D 项。

10. ABCD

A、B、D 三项属于显失公平合同的特点，C 项为显失公平合同的性质。故本题应选 A、B、C、D 项。

11. ABCD

依据最高人民法院《关于适用〈中华人民共和国民法典〉合同编通则若干问题的解释》第 21 条的规定，本题应选 A、B、C、D 项。

12. BCD

限制民事行为能力人不能独立订立的合同为效力未定合同，能够独立订立的合同为有效合同，而虚假合同、恶意串通的合同以及违背公序良俗的合同一定无效。故本题应选 B、C、D 项。

13. ABCD

依据最高人民法院《关于适用〈中华人民共和国民法典〉合同编通则若干问题的解释》第 16 条的规定，本题应选 A、B、C、D 项。

14. ABC

当事人对行为的性质、对方当事人以及标的物的品种、质量、规格、价格、数量等发生错误认识的，可以认定为重大误解，而对合同的履行地点发生错误认识，则不构成重大误解。故本题应选 A、B、C 项。

15. ABCD

乙作为保管人，并不享有字画的所有权，但却将之卖给了丙，属于无权处分，该合同有效。但该合同不能履行，产生违约责任。另外，若丙系善意，符合善意取得的构成要件，便可善意取得字画所有权。从侵权的角度来看，乙的行为侵犯甲对字画的所有权，乙应当赔偿甲的损失。并且，乙因其行为而获利，但获利并无法律上的依据，因此乙构成不当得利，甲可要求乙返还不当得利。故本题应选 A、B、C、D 项。

16. ABC

A 项构成表见代理，合同有效，甲应受合同拘束，应履行该合同。B 项构成狭义无权代理，合同为效力未定合同。若被代理人甲追认的话，可以使之成为有权代理，效力未定合同成为有效的合同。追认的意思表示自到达相对人时生效，合同自订立时起生效。C 项涉及的是狭义无权代理中善意第三人丙的催告权，在丙催告的情况下，甲未作表示，视为拒绝追认，效力未定合同归于无效。D 项中丙明知乙无代理权，却仍与之订立合同，给甲造成损失的，丙与乙对甲应承担连带责任。故本题应选 A、B、C 项。

17. ABC

当事人就合同主要条款达成意思表示一致的，合同成立。当事人就合同主要条款未达成合意的，合同不成立。合同成立后，其是否生效取决于合同的内容是否符合法律的规定；合同如果不能成立，有可能发生民事责任。合同如果确认无效，则会产生民事责任、行政责任甚至刑事责任；当事人对合同是否成立发生争议的，法院可以通过合同解释的方法，探究当事人的真实意思，判断合同是否成立。而对于无效合同则不能通过合同解释的方法来使合同生效。故本题应选 A、B、C 项。

18. ACD

甲与丙的合同无效，因为该合同属于代理人与第三人恶意串通，损害被代理人的利益。甲与丁的合同属于效力未定合同，因为该合同系因狭义无权代理而订立的合同。作为善意相对人，丁可以在甲追认前撤销合同，并要求无权代理人乙承担责任。故本题应选A、C、D项。

19. BCD

由于鸣沙公司根本就不存在，而王鸣沙又并非合同当事人，所以该合同由于欠缺当事人而不具备成立要件。由于合同根本就不成立，因而更谈不上合同有效与否了。在这种情况下，王鸣沙的行为构成不当得利，应承担责任，向晨辉公司返还10吨苹果。故本题应选B、C、D项。

20. ABC

乙超越代理权，与丙订立合同，构成无权代理。丙应询问乙的代理权限，但丙未询问，乙的行为不具有使丙相信其有代理权的表象，不构成表见代理。因此，合同效力未定。甲可以追认合同为有效，而丙可以催告甲在1个月内予以追认。甲未作表示的，视为拒绝追认。合同被追认之前，善意相对人有撤销的权利，丙并不知乙无相应的代理权，为善意相对人，享有撤销权。故本题应选A、B、C项。

21. ACD

乙公司对甲公司实施欺诈行为，甲乙两公司之间的合同为可撤销合同，撤销权人为甲公司，乙公司不享有撤销权。甲公司有权自知道或应当知道撤销事由之日起1年内撤销合同。甲公司也可不行使撤销权，使合同继续有效，则甲乙两公司均应履行合同。可撤销合同在撤销前为有效，乙公司可要求甲公司履行合同、支付货款。故本题应选A、C、D项。

22. AD

张某无代理权，却以王某名义与刘某从事民事行为，构成无权代理，效力未定。张某的行为不符合无因管理、不当得利的要件，不发生无因管理、不当得利。故本题应选A、D项。

23. ABCD

A项中的租赁合同系附生效条件的合同，合同有效。B项中，甲系无权处分，该合同有效。C项中，甲拥有标的物所有权，与乙签订的买卖合同有效。在标的物交付前，甲仍然拥有所有权，与丙签订的买卖合同也有效。D项中，《民法典》第728条规定："出租人未通知承租人或者有其他妨害承租人行使优先购买权情形的，承租人可以请求出租人承担赔偿责任。但是，出租人与第三人订立的房屋买卖合同的效力不受影响。"故本题应选A、B、C、D项。

24. ABC

甲乙之间成立委托代理关系，代理人乙以被代理人甲的名义实施行为，相应的效果归于甲。乙的代理权限是采购电脑，乙购买手机超出代理权限，构成狭义无权代理，乙丙之间的合同效力未定，被代理人甲可以追认，也可以拒绝追认。丙为恶意，不享有撤销权。丙实施欺诈，所订立的合同为可撤销合同，相对人甲可以撤销合同，经授权，代理人乙可以甲的名义撤销。故本题应选A、B、C项。

（三）不定项选择题

1. D

乙公司实施欺诈行为，合同为可撤销合同，甲为撤销权人。故本题应选D项。

2. B

按照《民法典》第152条的规定，具有撤销权的当事人知道撤销事由后明确表示或者以自己的行为放弃撤销权的，撤销权消灭。甲公司催告交货，意味着以自己的行为放弃了撤销权，合同有效。故本题应选B项。

3. B

参见本章不定项选择题第2题的分析。故本题应选B项。

4. B

参见本章不定项选择题第2题的分析。故本题应选B项。

5. D

由于甲公司为受损害方，所以甲公司是撤销权人。乙公司并非撤销权人，其不能撤销合同，合同效力仍然存在瑕疵，为可撤销合同。故本题应选D项。

6. ACD

乙公司将奶粉卖给丙公司并已交付，丙公司已经取得奶粉的所有权，甲公司不能要求丙公司返还奶粉。甲公司要求乙公司交付奶粉意味着放弃了撤销权，合同确定有效，甲公司不能再主张撤销。同时，乙公司不能履行合同，构成违约，甲公司可以要求乙公司承担违约责任，而不是缔约过失责任。故本题应选A、C、D项。

简答题

1. 无效合同具有如下特征：（1）无效合同是严重欠缺合同有效要件的合同，即所欠缺的要件是从外观上就可以确定的，当事人不能补正。（2）无效合同是自始无效的合同，即从合同成立时起就是无效的。（3）无效合同是当然无效的合同，即无须经任何程序和无须任何人主张，合同就是无效的。（4）无效合同是确定无效的合同，即无效合同不仅自成立时起就不发生效力，其后也不会因其他行为的补正而发生效力。（5）无效合同是绝对无效的合同，即不仅人民法院和仲裁机构可依职权主动确认合同无效，而且任何当事人和利害关系人都可以主张合同无效。（6）无效合同可以是全部无效或者部分无效，但是合同部分无效，若不影响其他部分效力，则其他部分仍然有效。

2. 重大误解合同的构成条件包括：（1）当事人一方因过失对合同的重要事项产生了错误认识。所谓重要事项，是指有关合同性质，合同的当事人，合同标的物品种、质量、规格和数量等事项。（2）须当事人基于误解而订立合同，即合同的订立与当事人的错误认识之间有因果关系。（3）须所订立的合同使当事人一方遭受重大损失或者达不到合同的目的。如果基于当事人的误解所订立的合同并不会给当事人一方造成重大损失或者不会影响合同的目的，则不构成重大误解的合同。

3. 效力未定合同具有如下特征：（1）效力未定合同成立后，其效力处于不确定状态。效力未定合同欠缺合同的有效条件，因而于合同成立时还不能生效，但又不是当然无效，其有效还是无效处于不确定的状态。（2）效力未定合同可以通过一定的事实予以补正而有效。效力未定合同欠缺合同的有效条件，但是这种欠缺是非实质性的，可以通过一定的事实加以补正。效力未定合同一旦经过补正，即成为有效合同。（3）效力未定合同的效力只能通过当事人意思以外的事实加以补正。效力未定合同所欠缺的事项，不能由行为人自己的意思来补正，只能由他人的行为补正。

4. 可撤销合同中的撤销权行使应当遵循如下规则：（1）撤销权由意思表示不真实的一方当事人享有。（2）撤销权为形成权，撤销权人撤销的意思表示到达对方便生效，发生撤销的效果。如果对方对此表示异

议，则应通过诉讼或仲裁方式解决，但法院或仲裁机构只是确认撤销权的行使是否合法。（3）撤销权必须在规定的期限内行使。具有撤销权的当事人自知道或者应当知道撤销事由之日起在法定期间内没有行使撤销权，或者具有撤销权的当事人知道撤销事由后明确表示或者以自己的行为放弃撤销权的，撤销权消灭。撤销权人自合同订立之日起 5 年内未行使撤销权的，撤销权消灭。

材料分析题

（1）保管合同成立于标的物交付之时。因为保管合同为实践合同，合同的成立除要求双方当事人意思表示一致以外，还要求交付保管物。

（2）乙的行为构成无权处分。因为乙只是手表的保管者，没有权利转让手表。乙的行为构成无权处分，但是无权处分的事实并不影响买卖合同的成立、生效，若无法律规定的其他瑕疵，乙丙之间的买卖合同有效。

（3）丙能取得手表的所有权。因为丙为不知情的善意第三人且交付了相应的价款，获得了对手表的占有，构成善意取得，所以可以取得手表的所有权。

（4）甲可以行使的请求权包括违约责任请求权、侵权责任请求权、不当得利返还请求权。这是因为，乙的行为既构成违约行为，又构成侵权行为。同时，乙因其行为而获得不当利益并使甲因此而受有损失，构成不当得利。如果甲行使违约责任请求权，则可以主张的金额为 17 000 元。因为乙应当赔偿甲因乙的违约行为而受到的全部损失，依当时的市场价格计算，甲可以要求乙赔偿 17 000 元。如果甲行使侵权责任请求权，则可以主张的金额为 17 000 元。因为乙应当赔偿甲因乙的侵权行为而受到的全部损失，损失的计算应当依照手表当时的市场价格进行。如果甲行使不当得利返还请求权，则可以主张的金额为 20 000 元。因为乙为恶意，在返还不当得利时应以所获全部利益为准。

论述题与深度思考题

1. 合同的有效条件包括：（1）行为人具有相应的民事行为能力。合同作为民事法律行为，只有具备相应民事行为能力的人才有资格订立，不具有相应民事

行为能力的人所订立的合同不能发生效力。自然人订立合同的，原则上应当具有完全民事行为能力；限制民事行为能力人订立的纯获利益的合同或者与其年龄、智力、精神健康状况相适应的合同有效，订立的其他合同经法定代理人同意或者追认后有效。限制民事行为能力人订立的合同是否与其年龄、智力、精神健康状况相适应，可以从行为与本人生活相关联的程度，本人的智力、精神健康状况能否理解其行为并预见相应的后果，以及标的、数量、价款或者报酬等方面认定。法人订立合同的，也应当具有相应的民事行为能力。但是，法人订立合同的相应民事行为能力不能完全以经营范围为限。因此，当事人超越经营范围订立的合同是否有效，应当依据民事法律行为的有效条件进行认定，不得仅以超越经营范围确认合同无效。非法人组织虽然不具有法人资格，但是能够依法以自己的名义从事民事活动。法人的法定代表人或者非法人组织的负责人超过权限订立的合同，除相对人知道或者应当知道其超越权限外，该代表行为有效，订立的合同对法人或者非法人组织发生效力。（2）意思表示真实。意思表示真实就是行为人的效果意思与外部行为相一致。订约当事人双方的意思表示一致，合同即可成立，但是只有当事人的意思表示是真实的，合同才能有效。如果当事人的意思表示不真实，因其所表示的并非真实的效果意思，则不应使其不真实的效果意思发生效力。意思表示不真实说明当事人的意思表示有瑕疵，可以表现为意思与表示不一致，也可以表现为意思表示不自由。（3）违反法律、行政法规的强制性规定，不违背公序良俗。虽然合同是当事人自愿订立的，是当事人自主交易的法律形式，当事人可以自由地协商决定合同的内容，但是，当事人的自由不能超出法律的限制。因此，当事人订立合同的目的和约定的合同内容不得违反法律、行政法规的强制性规定，也不得违背公序良俗。

2. 合同被确认无效或被撤销的法律责任主要有：（1）不具有履行效力。无效合同自始不能发生效力，被撤销的合同也自合同成立时起就不具有法律效力。因此，无效的合同或者被撤销的合同自始就不具有履行效力，合同未履行的，不得履行。（2）返还财产。依合同履行的情况，返还财产有单方返还与双方返还之分。如果合同仅有一方履行，则发生单方返还；如果双方均履行了合同，则发生双方返还。返还财产，应以能够返还和有必要返还为前提。如果一方取得的财产已经不存在而不能返还，或者没有必要返还，则取得财产的一方不承担返还财产的责任，应向对方折价补偿。（3）赔偿损失。合同被确认无效或者被撤销的，有过错的一方应当赔偿对方因此所受到的损失；双方都有过错的，应当各自承担相应的责任。有过错的一方所承担的赔偿责任属于缔约过失责任，其应当赔偿对方因合同无效或者被撤销所受到的损失。（4）解决合同争议方法的条款有效。合同中约定解决争议的方法的条款是独立存在的，不受其他条款效力的影响。所以，合同被确认无效或者被撤销后，虽然合同不具有履行效力，但只要关于解决争议方法的条款不违法，则该条款仍然是有效的，对于当事人之间的争议仍应按合同中约定的方法解决。（5）其他法律后果。合同被确认无效或者被撤销后，当事人的行为涉嫌违法且未经处理，可能导致一方或者双方通过违法行为获得不当利益的，人民法院应当向有关行政管理部门提出司法建议。当事人的行为涉嫌犯罪的，应当将案件线索移送刑事侦查机关；属于刑事自诉案件的，应当告知当事人可以向有管辖权的人民法院另行提起诉讼。

第四章　合同的履行

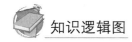 知识逻辑图

合同的履行
├─ 概念：债务人按照合同的约定或者法律的规定，全面地、正确地履行自己所承担的义务
├─ 性质
│　├─ 合同的基本法律效力
│　├─ 债务人所为的特定行为
│　├─ 给付行为与给付结果的统一
│　└─ 合同权利义务终止的一种原因
├─ 原则
│　├─ 全面履行原则：当事人应当按照合同约定全面履行自己的义务
│　├─ 适当履行原则：当事人应当按照合同的约定或者法律的规定适当地履行合同
│　├─ 协作履行原则：合同双方当事人不仅应履行自己的义务，而且应当协助对方履行义务
│　├─ 经济合理原则：合同的双方当事人应讲求经济效益，维护对方的利益
│　└─ 绿色原则：当事人在履行合同过程中，应当避免浪费资源、污染环境和破坏生态
├─ 履行规则
│　├─ 履行主体：履行合同债务和接受债务履行的人，包括履行人和履行受领人
│　├─ 履行标的：债务人应给付的内容，包括交付实物、支付货币、提供劳务等
│　├─ 履行地点：债务人履行债务和债权人接受履行的地方
│　├─ 履行期限：债务人履行债务和债权人接受履行的时间
│　├─ 履行方式：债务人履行义务的方法
│　└─ 履行费用：债务人履行合同所支出的费用
├─ 同时履行抗辩权
│　├─ 概念：双务合同的一方当事人在他方未为对待给付以前，拒绝履行自己的合同义务的权利
│　├─ 成立条件
│　│　├─ 当事人须因同一双务合同而互负债务
│　│　├─ 当事人双方互负的债务没有先后履行顺序且均已届清偿期
│　│　├─ 对方未履行债务或者履行债务不符合约定
│　│　└─ 对方的对待履行是可能的
│　└─ 效力：属于延期的抗辩权，不具有消灭对方请求权的效力，而仅产生使对方请求权延期的效力
└─ 先履行抗辩权
　　├─ 概念：双务合同中应当先履行债务的一方当事人没有履行债务的，后履行一方当事人拒绝履行自己的债务的权利
　　├─ 成立条件
　　│　├─ 当事人因双务合同互负债务
　　│　├─ 当事人一方须有先履行的义务
　　│　└─ 先履行一方到期未履行债务或者未适当履行债务
　　└─ 效力：属于延期的抗辩权，不具有消灭对方请求权的效力，只是暂时阻止先履行一方请求权的行使

```
              ┌                     ┌ 概念：双务合同中应当先履行债务的当事人有确切证据证明对方有丧失或者可能
              │                     │        丧失履行能力的情形时，中止履行自己债务的权利
              │        ┌ 不安抗辩权 ┤         ┌ 当事人须因双务合同互负债务
              │        │            │ 成立条件 ┤ 当事人一方须有先履行的义务且已届履行期
              │        │            │         │ 后履行债务一方有丧失或者可能丧失履行债务能力的情形
              │        │            │         └ 后履行的债务人没有对待给付或者未提供担保
              │        │            └ 效力：中止合同；通知对方；解除合同并可以请求对方承担违约责任
  合同的       │        │            ┌ 概念：在合同成立后，合同的基础条件发生了当事人无法预见的重大变化，继续履行
  履行        ┤        │            │        合同将对一方当事人产生显失公平的结果时，当事人可以再协商，或者请求人民
              │        │            │        法院或仲裁机构变更、解除合同
              │        │            │ 理论基础：诚信原则
              │        └ 情势变更    ┤         ┌ 合同订立的基础条件须发生了重大变化
              │                     │ 适用条件 ┤ 情势变更须发生在合同订立后、履行完毕前
              │                     │         │ 情势变更的发生须不可归责于当事人且当事人不可预见
              │                     │         └ 情势变更导致履行合同将会显失公平
              └                     └ 效力：重新协商；变更或者解除合同
```

名词解释与概念比较

1. 合同的履行
2. 全面履行原则
3. 适当履行原则
4. 情势变更
5. 同时履行抗辩权、先履行抗辩权与不安抗辩权

选择题

（一）单项选择题

1. 甲与乙订立合同，约定甲向乙交付 10 吨大蒜。乙收购完大蒜之后，甲的大蒜被人盗走，甲便交付了 10 吨大葱给乙。甲的这种行为主要违反了合同履行的哪种原则？（　　）

A. 全面履行原则　　　　B. 适当履行原则
C. 协作履行原则　　　　D. 经济合理原则

2. 按照合同约定，海赢公司应当在 6 个月内向辉正公司交付一批货物。在合同订立之后，辉正公司很快便搬迁了。海赢公司欲向辉正公司交付货物，却无法联系到辉正公司。辉正公司的这种行为主要违反了合同履行的哪种原则？（　　）

A. 全面履行原则　　　　B. 绿色原则

C. 协作履行原则　　　　D. 经济合理原则

3. 甲要修房子，需要一批砖。甲与乙订立合同，按照合同约定，乙应当在 3 天之内，运 1 万块砖到甲修房子的工地上。未料想乙的拖拉机坏了，于是乙便让丙用丙的拖拉机运了 1 万块砖到甲的工地上。对此，下列说法中，表述正确的是（　　）。

A. 丙是合同债务人

B. 丙是合同的履行主体，若履行不适当，应向甲承担违约责任

C. 乙是合同的履行主体，若履行不适当，应向甲承担违约责任

D. 乙是合同债务人，若丙履行不适当，乙应向甲承担违约责任

4. 如果债权人与债务人在合同中对于债务应当一次全部履行还是部分分期履行没有明确约定，按照《民法典》的规定，一般应当（　　）。

A. 按照债权人的意思来履行

B. 按照债务人的意思来履行

C. 部分分期履行

D. 一次全部履行

5. 在同一双务合同中，甲公司与乙公司互负对待给付义务，甲公司应依约先履行。甲公司在未履行的情况下便要求乙公司履行，乙公司拒绝向甲公司履行。乙公司所行使的权利为（　　）。

A. 撤销权　　　　　　　　B. 不安抗辩权

C. 先履行抗辩权　　　　　D. 请求权

6. 甲与乙公司签订的房屋买卖合同约定："乙公司收到首期房款后，向甲交付房屋和房屋使用说明书；收到二期房款后，将房屋过户给甲。"甲交纳首期房款后，乙公司交付房屋但未立即交付房屋使用说明书。甲以此为由行使先履行抗辩权而拒不支付二期房款。对此，下列哪一表述是正确的？（　　）

A. 甲的做法正确，因乙公司未完全履行义务

B. 甲不应行使先履行抗辩权，而应行使不安抗辩权，因乙公司有不能交付房屋使用说明书的可能性

C. 甲可主张解除合同，因乙公司未履行义务

D. 甲不能行使先履行抗辩权，因甲的付款义务与乙公司交付房屋使用说明书不形成主给付义务对应关系

7. 老王向老刘买了一台二手电脑，但没有约定付款与交货的先后次序，那么，应当如何确定老王与老刘履行义务的次序？（　　）

A. 老王先付款，老刘后交货

B. 老刘先交货，老王后付款

C. 必须确定先后次序，否则合同因不能确定债务履行顺序而归于无效

D. 一手交钱，一手交货，同时履行

8. 根据《民法典》的规定，因债务人提前履行而给债权人增加的费用，如何分担？（　　）

A. 由债务人承担

B. 由债权人承担

C. 由债务人与债权人按份承担

D. 如果不损害债权人的利益，由债权人承担

9. 甲公司与乙公司签订买卖合同，按照合同的约定，乙公司在收到甲公司交付的货物之后付款。此时，有传言称乙公司的董事长因为涉嫌刑事犯罪可能被抓，经过调查分析，甲公司确认了此项事实。乙公司的董事长为乙公司的创立人，甲公司担心在乙公司的董事长被抓之后，乙公司人心涣散，自己交货之后无法按照合同的约定得到货款，所以在债务履行期限届满后，甲公司未向乙公司交付货物，并提出只有在乙公司付款之后，自己才交付货物。甲公司的行为属于（　　）。

A. 行使先履行抗辩权的行为

B. 行使不安抗辩权的行为

C. 行使同时履行抗辩权的行为

D. 违约行为

10. 下列选项中，属于债务人适当履行的是（　　）。

A. 甲公司与乙运输公司在合同中对于运输路线约定不明，乙运输公司为多得运费，自行选择较远的一条路线

B. 甲公司雇用乙做清洁工，清扫办公室，乙生病，只好临时让丙清扫

C. 甲租赁乙的房屋，合同约定用途为居住，但甲却办起了商店

D. 甲将房屋出卖给乙，天降大雨，房屋地基受损，但甲并未进行修理便向乙交付了房屋

11. 甲与乙签订买卖合同。按照合同的约定，甲应在 5 月 5 日前向乙交付 100 吨纯净水，乙应在 5 月 5 日前向甲支付价款。甲未履行交付义务，即要求乙向其支付价款，乙可以基于（　　）而拒绝履行。

A. 先履行抗辩权　　　　　B. 先诉抗辩权

C. 同时履行抗辩权　　　　D. 不安抗辩权

12. 在没有债务履行先后顺序的双务合同中，同时履行抗辩权对于当事人的利益影响较大，其存在基础是（　　）。

A. 双务合同中双方权利与义务的对等性

B. 双务合同中当事人的债务履行没有顺序性

C. 债权债务关系对双务合同当事人的拘束力

D. 双务合同的牵连性

13. 老张向老王购买 2 000 千克小麦，合同对于履行顺序没有作出明确约定。老王的小麦今年歉收。老王向老张先交付了 1 500 千克，余下 500 千克待从别处购买后再交给老张，老张表示认可。老王要求老张支付 1 500 千克小麦的价款，但老张坚持分文不付，只有在另外的 500 千克小麦交付之后，自己才付全款。对于 1 500 千克小麦的价款支付问题，下列说法中，表述正确的是（　　）。

A. 老张的做法是正确的，因为其享有同时履行抗辩权

B. 老张的做法是正确的，因为老王的行为构成违约

C. 老张的做法是错误的，因为其不享有同时履行抗辩权

D. 老张的做法是错误的，其虽然享有同时履行抗辩权，但仍应支付相应的价款

14. 甲与乙的合同约定，甲应当在 2021 年 6 月 18 日到 2021 年 10 月 18 日之间分 5 次交货，乙应当在收

到货物之日起 3 日内支付相应的款项。2021 年 7 月 18 日，甲发觉乙的经营状况严重恶化，一旦甲将剩余的货物交付给乙，乙很可能不能付款。于是甲电话告知乙将中止供货，但乙根本不同意。直到 2021 年 10 月 19 日，甲仍未交付剩余的货物。对此，下列说法中，表述正确的是（　　）。

A. 甲享有同时履行抗辩权，所以可以中止供货

B. 甲应当严格遵守合同，履行合同约定的义务，继续供货

C. 乙可追究甲的违约责任

D. 如果甲能够提供确切证据证明乙的经营状况严重恶化，则其行为非为违约行为

15. 甲在乙经营的酒店进餐饮酒过度，离去时拒付餐费，乙不知甲的身份和去向。甲酒醒后回酒店欲取回遗忘的外衣，乙以甲未付餐费为由拒绝交还。对乙的行为应如何定性？（　　）

A. 是行使同时履行抗辩权

B. 是行使不安抗辩权

C. 是自助行为

D. 是侵权行为

视频讲题

16. 甲与乙订立合同，约定甲应于 2021 年 8 月 1 日交货，乙应于同年 8 月 7 日付款。7 月月底，甲发现乙财产状况恶化，没有付款能力，并且甲有确切证据予以证明，于是甲提出终止合同，但乙未允。基于上述因素，甲于 8 月 1 日未按约定交货。依据合同法原理，下列选项中，有关该案的正确表达是（　　）。

A. 甲有权不按合同约定交货，除非乙提供了相应的担保

B. 甲无权不按合同约定交货，但可以要求乙提供相应的担保

C. 甲无权不按合同约定交货，但可以仅先交付部分货物

D. 甲应按合同约定交货，如乙不支付货款可追究其违约责任

17. 甲公司与乙公司签订服装加工合同，约定乙公司支付预付款 1 万元，甲公司加工服装 1 000 套，3 月 10 日交货，乙公司 3 月 15 日支付余款 9 万元。3 月 10 日，甲公司仅加工服装 900 套，乙公司此时因濒临破产并致函甲公司表示无力履行合同。下列哪一说法是正确的？（　　）

A. 因乙公司已支付预付款，甲公司无权中止履行合同

B. 乙公司有权以甲公司仅交付 900 套服装为由，拒绝支付任何货款

C. 甲公司有权以乙公司已不可能履行合同为由，请求乙公司承担违约责任

D. 因乙公司丧失履行能力，甲公司可行使顺序履行抗辩权

18. 甲、乙订立一份价款为 10 万元的图书买卖合同，约定甲先支付书款，乙 2 个月后交付图书。甲由于资金周转困难只交付 5 万元，答应余款尽快支付，但乙不同意。2 个月后甲要求乙交付图书，遭乙拒绝。对此，下列哪一表述是正确的？（　　）

A. 乙对甲享有同时履行抗辩权

B. 乙对甲享有不安抗辩权

C. 乙有权拒绝交付全部图书

D. 乙有权拒绝交付与 5 万元书款价值相当的部分图书

19. 2021 年 5 月 6 日，甲公司与乙公司签约，约定甲公司于 6 月 1 日付款，乙公司 6 月 15 日交付"连升"牌自动扶梯。合同签订后 10 日，乙公司销售他人的"连升"牌自动扶梯发生重大安全事故，市场监督管理局介入调查。合同签订后 20 日，基于甲、乙、丙公司三方合意，丙公司承担付款义务。丙公司 6 月 1 日未付款。对此，下列哪一表述是正确的？（　　）

A. 甲公司有权要求乙公司交付自动扶梯

B. 丙公司有权要求乙公司交付自动扶梯

C. 丙公司有权行使不安抗辩权

D. 乙公司有权要求甲公司和丙公司承担连带债务

视频讲题

20. 下列表述中，哪一表述是正确的？（　　）

A. 合同生效后，法定代表人变动的，合同可以不

履行

B. 债权人分立、合并或者变更住所没有通知债务人的，债务人可以解除合同

C. 债务人或者第三人与债权人在债务履行期限届满后达成以物抵债协议，不存在影响合同效力情形的，该协议自当事人意思表示一致时生效

D. 债权虽然已经出质，但债权人的受领权不受影响

21. 甲经乙公司股东丙介绍购买乙公司矿粉，甲依约预付了 100 万元货款，乙公司仅交付部分矿粉，经结算欠甲 50 万元货款。乙公司与丙商议，由乙公司和丙以欠款人的身份向甲出具欠条。其后，乙公司未按期支付。关于丙在欠条上签名的行为，下列哪一选项是正确的？（　　）

A. 构成第三人代为清偿
B. 构成免责的债务承担
C. 构成并存的债务承担
D. 构成无因管理

22. 甲、乙双方约定，由丙每月代乙向甲偿还债务 500 元，期限 2 年。丙履行五个月后以自己并不对甲负有债务为由拒绝继续履行。甲遂向人民法院起诉，要求乙、丙承担违约责任。法院应如何处理？（　　）

A. 判决乙承担违约责任
B. 判决丙承担违约责任
C. 判决乙、丙连带承担违约责任
D. 判决乙、丙分别承担违约责任

（二）多项选择题

1. 甲与乙订立了技术合同，约定甲应当在约定期限内，向乙交付针对某特定类型病毒的杀毒软件。在履行合同的过程中，乙向甲提供的病毒特征不完整，甲又急着赶时间，最后导致甲交付的杀毒软件在使用过程中出现误杀无病毒文件的情况。甲与乙在合同履行中违反了什么原则？（　　）

A. 全面履行原则　　　B. 经济合理原则
C. 适当履行原则　　　D. 协作履行原则

2. 甲公司与乙公司在合同中约定，甲公司应于 2021 年 6 月 6 日先向乙公司交付货物，之后乙公司再向甲公司付款。因为甲公司仓库存储空间不足，其于 2021 年 5 月 9 日便向乙公司提出提前履行债务。对此，下列说法中，表述正确的有（　　）。

A. 经乙公司同意的，甲公司可以提前履行

B. 甲公司应当遵守合同约定，其履行时间不得早于 2021 年 6 月 6 日

C. 乙公司可以拒绝甲公司的提前履行

D. 如果不损害乙公司的利益，甲公司是可以提前履行的

3. 某市的甲、乙两公司依法签订了一份买卖合同，约定甲公司向乙公司提供钢材 1 500 吨，依规定执行国家定价。甲公司由于一时疏忽，交货时间比约定的晚了半个月。关于产品价格，下列说法中，表述正确的有（　　）。

A. 遇到价格上涨时，按原价格执行
B. 遇到价格上涨时，按新价格执行
C. 遇到价格下降时，按新价格执行
D. 遇到价格下降时，按原价格执行

4. 下列选项中，属于不安抗辩权的成立条件的有（　　）。

A. 双方当事人因双务合同而互负债务
B. 当事人一方须有先履行的义务且已届履行期
C. 后履行债务一方有丧失或有可能丧失履行能力的情形
D. 后履行的债务人没有对待给付或者未提供担保

5. 甲地的甲公司向乙地的乙公司购买一批成品门，两公司对于甲公司的付款地点和乙公司的交货时间没作明确约定，两公司也未能就此达成补充协议，根据合同有关条款或交易习惯也无法确定。对此，下列说法中，表述正确的有（　　）。

A. 甲公司应当在甲地付款给乙公司
B. 甲公司应当在乙地付款给乙公司
C. 乙公司可以随时向甲公司交货，但应当给甲公司必要的准备时间
D. 甲公司可以随时要求乙公司交货，但应当给乙公司必要的准备时间

6. 关于合同抗辩权，下列表述中正确的有（　　）。

A. 同时履行抗辩权、先履行抗辩权和不安抗辩权均出现在双务合同之中
B. 合同抗辩权的行使目的是对抗请求权
C. 抗辩权的行使可以使合同履行请求权归于消灭
D. 同时履行抗辩权的行使只能暂时延缓义务的履行

7. 下列选项中，关于先履行抗辩权的说法正确的有（　　）。

A. 任何合同中均可以产生先履行抗辩权

B. 只有双务合同方可产生先履行抗辩权

C. 合同债务的履行具有先后顺序

D. 后履行方因行使先履行抗辩权而致迟延履行的，不负迟延履行责任

8. 下列选项中，属于行使同时履行抗辩权的有（   ）。

A. 甲、乙、丙三方约定：丙向甲支付货款，由甲向乙购买钢材之后售于丙，丙可以直接请求乙向自己交付钢材。由于甲不向乙支付货款，乙便拒绝了丙提出的交付钢材的请求

B. 甲将汽车出卖给乙，乙应向甲支付 15 万元。乙又将其对甲请求交付汽车并转移所有权的债权让与给了丙。在丙向甲请求履行时，甲以乙未给付价款为由拒绝自己的履行

C. 甲将画卖给乙，乙应向甲支付 20 万元。丙承担了乙的债务，当甲向丙请求支付价款时，丙以甲未对乙交画为由拒绝自己的履行

D. 甲和乙向丙购买化肥，约定甲和乙负连带责任。甲将自己应支付的那部分货款交给了乙，由乙支付给丙，但乙却分文未付。当甲向丙请求交付化肥时，丙以货款未付为由拒绝交货

9. 下列行为中，符合合同履行规则的有（   ）。

A. 债务人履行时必须有完全民事行为能力，并不受履行行为性质的影响

B. 除法律规定、当事人约定或性质上必须由债务人本人履行的债务外，其他债务可以由第三人代替履行

C. 价款或者报酬不明确，又不能通过其他方法确定的，按照订立合同时履行地的市场价格履行

D. 合同履行费用的负担无约定或约定不明确，又不能通过其他方法确定的，由履行义务一方负担；因债权人原因增加的履行费用，由债权人负担

10. 甲于 2 月 3 日向乙借用一台彩电，乙于 2 月 6 日向甲借用了一部手机。到期后，甲未向乙归还彩电，乙因而也拒绝向甲归还手机。关于乙的行为，下列哪些说法是错误的？（   ）

A. 是行使同时履行抗辩权

B. 是行使不安抗辩权

C. 是行使留置权

D. 是行使抵销权

11. 某热电厂从某煤矿购煤 200 吨，约定交货期限为 2021 年 9 月 30 日，付款期限为 2021 年 10 月 31 日。9 月月底，煤矿交付 200 吨煤，热电厂经检验发现煤的含硫量远远超过约定标准，根据政府规定不能在该厂区燃烧。基于上述情况，热电厂的哪些主张有法律依据？（   ）

A. 行使先履行抗辩权

B. 要求煤矿承担违约责任

C. 行使不安抗辩权

D. 解除合同

12. 甲公司与乙公司签订商品房包销合同，约定甲公司将其开发的 10 套房屋交由乙公司包销。甲公司将其中 1 套房屋卖给丙，丙向甲公司支付了首付款 20 万元。后因国家出台房地产调控政策，丙不具备购房资格，甲公司与丙之间的房屋买卖合同不能继续履行。下列哪些表述是正确的？（   ）

A. 甲公司将房屋出卖给丙的行为属于无权处分

B. 乙公司有权请求甲公司承担违约责任

C. 丙有权请求解除合同

D. 甲公司只需将 20 万元本金返还给丙

视频讲题

13. 合同规定甲公司应当在 8 月 30 日向乙公司交付一批货物。8 月中旬，甲公司把货物运送到乙公司。此时乙公司有权如何处理？（   ）

A. 拒绝接收货物

B. 不接收货物并要求对方承担违约责任

C. 接收货物并要求对方承担违约责任

D. 接受货物并要求对方支付增加的费用

14. 甲公司与乙公司签订了生姜买卖合同，由甲公司向乙公司出售 100 吨生姜。后来，甲公司又与丙公司签订了生姜买卖合同，甲公司自丙公司处收购 120 吨生姜，合同约定丙公司直接向乙公司交付 100 吨生姜。随后，乙公司按照甲公司的指示，要求丙公司交付 100 吨生姜，但丙公司提出甲公司未付清款项，因此拒绝交付。下列说法正确的是（   ）。

A. 甲公司与丙公司的合同构成第三人代为履行

B. 甲公司与丙公司的合同构成向第三人履行

C. 对于乙公司而言，甲公司与丙公司的合同属于不真正利益第三人的合同

D. 乙公司有权要求丙公司交付

视频讲题

15. 甲向乙借款，并提供了丙、丁就各自房屋的连带共同抵押。债务清偿期届满后，甲逃跑无踪，未清偿任何债务，且甲未曾留下任何财产。由于丙系以婚房设定抵押，其为避免被乙拍卖婚房，因此向乙提出清偿全部债务。下列说法正确的是（ ）。

A. 乙有权请求丙或丁进行清偿

B. 乙有权拒绝丙的清偿

C. 丙清偿后，有权向丁进行相应的追偿

D. 丙清偿后，丙成为甲的债权人

16. 第三人对合同履行具有合法利益的，第三人有权向债权人代为履行，该第三人包括（ ）。

A. 保证人

B. 担保财产的受让人

C. 担保财产上的后顺位担保人

D. 担保财产的占有人

17. 情势变更可以发生的法律后果，包括（ ）

A. 重新协商　　　　B. 变更合同

C. 解除合同　　　　D. 撤销合同

18. 债务人可以提前履行的情形包括（ ）。

A. 债务人可以任意提前履行

B. 债务人提前履行不损害债权人利益

C. 债务人要求提前履行，债权人同意

D. 债权人请求债务人提前履行，债务人同意

（三）不定项选择题

甲公司和乙公司订立了买卖渔具的合同，按照合同约定，甲公司须于2021年2月9日之前交付一半货物，于2021年3月8日之前，交付全部货物。乙公司应当在收到甲公司交付的渔具之后3日之内付款。第一批渔具与货款的交付均依合同约定进行。2021年3月3日，甲公司查询发现乙公司的银行账户被法院冻结了，原因在于乙公司一直未能履行法院的生效判决。据此，甲公司便向乙公司提示了所查询的情况，通知乙公司将中止履行合同，剩余的渔具不再交付，要求乙公司提前支付全部货款，否则将解除合同。请回答下列问题：

1. 2021年3月9日，甲公司仍未交付剩余的渔具。甲公司的行为属于（ ）。

A. 违约行为

B. 行使先履行抗辩权的行为

C. 行使不安抗辩权的行为

D. 行使解除权的行为

2. 甲公司中止履行之后，（ ）。

A. 可以不再履行债务，合同自然归于无效

B. 乙公司提供相应担保的，甲公司应当恢复履行

C. 若乙公司提供了相应担保，甲公司中止履行的行为便构成违约

D. 若乙公司提前支付了货款，甲公司应当恢复履行

3. 乙公司可以作出何种行为，使甲公司必须继续履行合同？（ ）

A. 以书面形式拒绝甲公司的要求，请求其继续履行合同

B. 以其办公楼为甲公司的债权设定抵押担保

C. 寻找第三人为乙公司向甲公司提供保证

D. 先行支付全部货款

4. 在收到甲公司的通知之后，乙公司的状况没有发生改变，其未提供担保，也未提前支付货款，那么，（ ）。

A. 甲公司可以撤销合同

B. 甲公司可以解除合同并可以请求对方承担违约责任

C. 在合同被解除之前，甲公司仍然负有交付渔具的义务

D. 在合同被解除之前，乙公司仍然可以要求甲公司交付渔具

5. 如果甲公司并无确切证据证明乙公司会丧失履行能力，便通知乙公司中止履行合同，并要求乙公司提前支付全部货款。债务履行期限届满之后，甲公司未向乙公司交付剩余的渔具。对此，下列选项中，表述正确的是（ ）。

A. 乙公司可以基于合同债权，请求甲公司继续履行合同

B. 乙公司可以基于先履行抗辩权，要求甲公司按照合同约定先履行债务之后，其才支付货款

C. 乙公司可以解除合同

D. 乙公司可以追究甲公司的违约责任

 简答题

1. 简述不得代为履行的债务。

2. 简述同时履行抗辩权的成立条件。

3. 简述先履行抗辩权的成立条件。

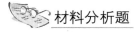 **材料分析题**

甲公司转产致使一台价值 1 000 万元的精密机床闲置。2021 年 5 月 9 日，甲公司的董事长与乙公司签订了一份精密机床转让合同。合同约定：精密机床作价 950 万元，甲公司于 2021 年 10 月 31 日前交货，乙公司在交货后 10 天内付清款项。除此之外，未作特别约定。乙公司在订立合同后想赚取差价，便另行寻找买家。2021 年 6 月 8 日，乙公司与丙公司订立了合同，将该台精密机床转让给了丙公司，价格为 980 万元，但未约定履行时间、顺序等事项。

甲公司在交货日前发现乙公司的经营状况严重恶化，过着朝不保夕的日子，于是便书面通知乙公司将拒绝交货，并要求乙公司提供担保，否则将解除合同，乙公司予以拒绝。2021 年 11 月 15 日，乙公司要求丙公司支付 980 万元，希望可借此周转资金，向甲公司作出支付，以便让甲公司交付精密机床，但丙公司却拒绝支付款项。2021 年 12 月 21 日，因为知道乙公司的经营状况进一步恶化，甲公司书面通知乙公司解除合同。

乙公司遂向法院起诉，要求法院判令甲公司继续履行合同。法院根据当事人所提供的证据查明：甲公司的公司章程规定，对精密机床的处置须经股东会同意，而在合同订立时，甲公司没有召开过股东会；没有证据证明乙公司知道甲公司的公司章程中存在上述规定；乙公司对外欠其他公司很多钱，经营状况极差。请回答下列问题：

（1）甲公司与乙公司之间转让精密机床的合同是否有效？为什么？

（2）甲公司在债务履行期限届满后未交付机床，其行为是否合法？为什么？

（3）丙公司拒绝向乙公司支付 980 万元，其行为是否合法？为什么？

（4）甲公司能否解除合同？为什么？

 论述题与深度思考题

1. 试述情势变更的适用条件。

2. 试述不安抗辩权的成立条件、行使方法和效力。

参考答案

 名词解释与概念比较

1. 合同的履行，是指债务人依照合同的约定或者法律的规定，全面地、正确地履行自己所承担的义务。

2. 全面履行原则，是指当事人应当依照合同约定全面履行自己的义务。

3. 适当履行原则，是指当事人应当按照合同的约定或法律的规定适当地履行合同。

4. 情势变更，是指在合同成立后，合同的基础条件发生了当事人无法预见的重大变化，继续履行合同将对一方当事人产生显失公平的结果时，当事人可以再协商，或者请求人民法院或仲裁机构变更、解除合同的法律制度。

5. 同时履行抗辩权、先履行抗辩权与不安抗辩权。

类型	同时履行抗辩权	先履行抗辩权	不安抗辩权
定义	当事人因双务合同互负债务且没有先后履行顺序，一方当事人在对方未为对待给付以前，拒绝履行自己的合同义务的权利	双务合同中应当先履行的一方当事人没有履行合同义务的，后履行一方当事人拒绝履行自己的合同义务的权利	在异时履行的合同中，应当先履行的一方有确切的证据证明对方在履行期限到来后，将不能或不会履行义务，则在对方没有履行或提供担保以前，有权暂时中止债务的履行
适用的合同类型	双务合同		
性质	延期抗辩权		
效力	对抗请求权，暂缓履行		
保护的主体	双方	后履行方	先履行方

续表

类型	同时履行抗辩权	先履行抗辩权	不安抗辩权
履行顺序	没有先后履行顺序	具有先后履行顺序	具有先后履行顺序
行使效果	使对方同时履行	使先履行方履行	先履行方中止履行

 选择题

（一）单项选择题

1. A

甲在履行合同时，应当按照合同所约定的标的履行，甲的行为违反了全面履行原则。故本题应选 A 项。

2. C

按照协作履行原则，债权人具有协助义务。债权人的住所地变更的，应当及时通知债务人，以便债务人能够正常履行债务。辉正公司的这种行为违反了协作履行原则。故本题应选 C 项。

3. D

甲乙为合同当事人，乙为债务人，第三人丙代替乙履行债务，丙是债务履行主体。根据合同的相对性原理，若第三人丙履行债务不适当，则应由债务人乙向债权人甲承担违约责任。故本题应选 D 项。

4. D

按照《民法典》第 531 条规定的精神，债权人可以拒绝债务人部分履行债务，因此，在一般情况下，债务人应当一次全部履行。故本题应选 D 项。

5. C

乙公司拒绝向甲公司履行，这符合先履行抗辩权的条件。故本题应选 C 项。

6. D

合同存在先后履行顺序，但乙公司交付房屋使用说明书系从给付义务，甲支付二期房款系主给付义务，二者不构成对待给付关系，甲不能行使先履行抗辩权。另，乙公司未交付房屋使用说明书并不表明其已经丧失或可能丧失债务履行能力，甲不享有不安抗辩权。乙公司的行为不构成根本违约，甲不享有法定合同解除权。故本题应选 D 项。

7. D

在未约定先后履行顺序的情况下，老王与老刘均享有请求对方履行的权利，也享有同时履行抗辩权，对方未履行，则自己可拒绝履行。在这种情况下，双方应当同时履行。故本题应选 D 项。

8. A

按照《民法典》第 530 条第 2 款的规定，债务人提前履行债务给债权人增加的费用，由债务人负担。故本题应选 A 项。

9. D

甲公司的行为具有行使不安抗辩权的表象，但是甲公司没有确切的证据可以证明，乙公司董事长被抓会使乙公司丧失或者可能丧失履行能力，不具备不安抗辩权的成立要件，因此，甲公司不享有不安抗辩权，其在债务履行期限届满之后仍不履行债务，构成违约。故本题应选 D 项。

10. B

A 项中，为实现合同目的，承运人乙运输公司应当按照经济合理的原则，选择较近的运输路线，故乙公司的履行不适当。B 项中，乙因生病而无法履行合同，让第三人代为履行，并无不适当之处。C 项中，甲应当按照合同约定使用房屋，其行为构成不适当履行，属于违约行为。D 项中，出卖人甲有义务交付完好无损的房屋，其交付地基受损的房屋，属于不适当履行。故本题应选 B 项。

11. C

甲、乙双方的义务均没有确定的履行期限，仅要求在 5 月 5 日前履行，因此，双方的义务没有先后履行顺序。在这种情况下，甲未履行交付义务，即要求乙向其支付价款，乙有权行使同时履行抗辩权。故本题应选 C 项。

12. D

在双务合同中，双方当事人互负对待给付义务，合同目的的实现有赖于债务人向债权人的履行，而双方互为债权人与债务人，双方的权利与义务具有对应性和交换性。因此，双方合同目的的实现是相互牵连的。如果一方不履行，会使另一方的债权无法实现。在这种情况下，不履行的一方也不能够要求另一方对其作出履行，因此，同时履行抗辩权的基础是双务合同的牵连性。故本题应选 D 项。

13. C

按照《民法典》第 525 条的规定，老张与老王应

当同时履行。虽然老王只交付了 1 500 千克小麦，但对于老王要求支付 1 500 千克小麦价款的请求，老张不享有同时履行抗辩权，老张应作出相应的履行，即支付 1 500 千克小麦的价款。如果老王要求老张支付 2 000 千克小麦的全款，老张可援引同时履行抗辩权，在老王另行交付 500 千克小麦之前，拒绝支付 500 千克小麦的价款。故本题应选 C 项。

14．D

按照《民法典》第 527 条的规定，在这种情况下，甲可以援引不安抗辩权，中止履行合同，并及时通知乙。在乙未恢复履行能力并且未提供适当担保的情况下，甲可以解除合同。甲因为行使不安抗辩权而不履行合同债务，若具有正当理由，则其行为不构成违约，乙自然不能追究甲的违约责任。故本题应选 D 项。

15．C

同时履行抗辩权、不安抗辩权只能产生于双务合同之中，双方当事人基于同一双务合同而互负对待给付义务。甲应付乙餐费的义务与乙应归还甲遗忘物的义务并非基于同一双务合同而产生。民法上的自助行为，是指民事主体的权利受到不法侵害，在情势紧迫来不及请求国家机关予以救济的情况下，依靠自己的力量，对他人的财产或自由实施扣押、拘束或其他相应措施的行为。甲拒付餐费便离开，乙的权益受损，其扣留甲遗忘物的行为是自助行为，并非侵权行为。故本题应选 C 项。

16．A

甲有确切证据证明乙有可能丧失了债务履行能力，甲可以行使不安抗辩权，拒绝交货。故本题应选 A 项。

17．C

甲乙之间的合同为有先后履行顺序的双务合同，甲为先履行方，乙为后履行方。甲公司部分履行，乙公司可行使先履行抗辩权拒绝支付相应的（100 套服装）货款。乙公司濒临破产，丧失债务履行能力，甲公司可行使不安抗辩权。乙公司丧失债务履行能力，构成预期违约之默示毁约，甲公司可行使违约责任请求权。故本题应选 C 项。

18．D

甲乙基于同一双务合同，具有先后履行顺序，在先履行方甲未适当履行时，后履行方乙可行使先履行抗辩权，拒绝相应的履行。故本题应选 D 项。

19．C

在第一份合同中，丙公司非为合同当事人，无权要求乙公司履行债务。在第二份合同中，三方达成债务承担协议，丙公司承担甲公司付款的债务，但丙公司只承担债务，而不享有债权，无权要求乙公司履行债务。乙公司只能要求丙公司付款，甲公司并无付款义务。付款方丙公司为先履行方，在丙公司付款之前，甲公司无权要求后履行方乙公司先履行。因为乙公司的自动扶梯发生重大安全事故，市场监督管理局已介入调查，乙公司具有丧失债务履行能力的可能性，所以先履行方丙公司可以行使不安抗辩权。故本题应选 C 项。

20．C

依据《民法典》的规定，合同生效后，当事人不得因姓名、名称的变更或者法定代表人、负责人、承办人的变动而不履行合同义务（第 532 条）；债权人分立、合并或者变更住所没有通知债务人，致使履行债务发生困难的，债务人可以中止履行或者将标的物提存（第 529 条）。依据最高人民法院《关于适用〈中华人民共和国民法典〉合同编通则若干问题的解释》第 27 条的规定，债务人或者第三人与债权人在债务履行期限届满后达成以物抵债协议，不存在影响合同效力情形的，该协议自当事人意思表示一致时生效。在债权已经出质的情况下，非经质权人同意，债权人不得受领。故本题应选 C 项。

21．C

由于丙只是出具欠条而未清偿，因而不构成第三人代为清偿。丙非债务人，但以欠款人身份出具欠条，构成债务承担，乙公司并未退出债权债务关系，因而构成并存的债务承担。丙基于与乙公司的商议而承担债务，不构成无因管理。故本题应选 C 项。

22．A

本题的考点是债的第三人代替履行。甲乙之间存在债的关系，乙也应当向甲履行债务。但经双方约定，乙的债务由丙代为履行，从而构成了第三人代替履行。《民法典》第 523 条规定："当事人约定由第三人向债权人履行债务，第三人不履行债务或者履行债务不符合约定的，债务人应当向债权人承担违约责任。"据此，在丙不履行债务的情况下应当由乙承担违约责任。故本题应选 A 项。

（二）多项选择题

1．CD

甲按照合同约定向乙交付了针对某特定类型病毒的杀毒软件，已经实际履行了合同。只是甲交付的软件存在瑕疵，属于不适当履行，甲的行为违反了适当履行原则。与此同时，甲制作杀毒软件，需要乙全面提供必要资料，但乙提供的病毒特征不完整，乙的行为违反了协作履行原则。故本题应选 C、D 项。

2. ACD

按照《民法典》第 530 条第 1 款的规定，债权人可以拒绝债务人提前履行债务，但提前履行不损害债权人利益的除外。因此，乙公司可以拒绝甲公司的提前履行，但若经乙公司同意，甲公司可以提前履行，由此给乙公司增加的费用，由甲公司负担。故本题应选 A、C、D 项。

3. AC

按照《民法典》第 513 条的规定，合同执行政府定价或者政府指导价的，在合同约定的交付期限内政府价格调整时，按照交付时的价格计价。逾期交付标的物的，遇价格上涨时，按照原价格执行；价格下降时，按照新价格执行。故本题应选 A、C 项。

4. ABCD

按照《民法典》第 527 条和第 528 条的规定，双方当事人因同一双务合同而互负债务，双方当事人履行债务有先后次序，后履行方已经丧失或有可能丧失履行能力，后履行方未为对待给付也未提供适当的担保，均属于不安抗辩权的成立条件。故本题应选 A、B、C、D 项。

5. BCD

按照《民法典》第 511 条的规定，履行地点不明确，给付货币的，在接受货币一方所在地履行；履行期限不明确的，债务人可以随时履行，债权人也可以随时要求履行，但是应当给对方必要的准备时间。因此，甲公司应当在乙地付款；甲公司、乙公司可以随时履行或者随时要求对方履行，但是应给对方必要的准备时间。故本题应选 B、C、D 项。

6. ABD

同时履行抗辩权、先履行抗辩权和不安抗辩权均适用于双务合同，单务合同不会产生这三种抗辩权，因为合同抗辩权产生的前提是双方当事人互负债务。合同抗辩权的行使是为了对抗债权人的履行请求权，不能使请求权消灭。合同抗辩权都是一时性的抗辩权，只能暂缓义务的履行，而不能使义务归于消灭。故本题应选 A、B、D 项。

7. BCD

只有在双务合同中，双方债务有先后履行顺序的，才能产生先履行抗辩权。因行使先履行抗辩权而迟延履行的，排除迟延履行违约责任的适用。故本题应选 B、C、D 项。

8. BCD

A 项中，享有同时履行抗辩权的前提是抗辩方与请求方基于同一双务合同互负对待给付义务，而乙与丙在合同中并不互负对待给付义务，所以 A 项不选。B 项中，甲乙基于同一双务合同互负对待给付义务，乙将债权让与给丙，那么债务人甲可以向受让人丙主张对让与人乙的抗辩，即乙未支付价款的，甲可以向丙行使同时履行抗辩权，拒绝履行。C 项中，甲乙基于同一双务合同互负对待给付义务，第三人丙承担了债务人乙的债务，丙可以向债权人甲主张乙对甲的抗辩，即甲未交付画的，丙可以向甲行使同时履行抗辩权，拒绝付款。D 项中，甲和乙对丙负连带债务，丙未收到货款，可对甲和乙行使同时履行抗辩权。故本题应选 B、C、D 项。

9. BCD

履行债务的行为可能是民事法律行为，也可能是事实行为，因而对履行主体的要求不同，并非必然要求其具有民事行为能力。债务的履行不具有专属性，可以由第三人代替履行，但按照法律规定、当事人约定或性质上必须由债务人本人履行的除外。按照《民法典》第 511 条的规定，价款或者报酬不明确，按照订立合同时履行地的市场价格履行；合同履行费用的负担无约定或约定不明确，由履行义务一方负担；因债权人原因增加履行费用的，由债权人负担。故本题应选 B、C、D 项。

10. ABCD

甲与乙之间存在两份分别以彩电、手机为标的物的借用合同，故甲与乙不可能享有同时履行抗辩权与不安抗辩权。在留置权中，债权人留置的动产应当与债权属于同一法律关系。占有的手机与其请求返还彩电的债权并不是产生于同一法律关系，乙不享有留置权。D 项中，甲与乙未就抵销事宜进行协商，若要行使抵销权，则只能行使法定抵销权，而法定抵销权的成立要求双方互负债务的标的物的种类、品质是相同的，但彩电与手机是不同的，故乙不享有法定抵销权。

故本题应选 A、B、C、D 项。

11. ABD

在有先后履行顺序的双务合同中，先履行一方履行债务不符合约定的，后履行一方有权拒绝其相应的履行要求，此为先履行抗辩权。煤矿履行义务不适当时，热电厂可以行使先履行抗辩权。煤矿的行为构成违约时，热电厂可要求其承担违约责任。煤矿交付的煤炭不仅未达到合同约定的质量标准，也未达到政府规定标准，导致热电厂订立合同的目的无法实现，构成根本违约，热电厂享有法定合同解除权，可解除合同。故本题应选 A、B、D 项。

12. BC

甲公司虽然与乙公司签订合同，将房屋交由乙公司包销，但甲公司仍拥有其所开发房屋的所有权，其将其中一套房屋卖给丙，非为无权处分，合同有效。后国家出台调控政策，导致甲公司与丙之间的买卖合同不能继续履行，这构成情势变更，丙可以请求解除合同。因在该合同履行中，双方均未违约，所以双方应当相互返还财产。甲公司应当将 20 万元本金与利息返还给丙。故本题应选 B、C 项。

13. AD

根据《民法典》第 530 条的规定，在债务人提前履行的情况下，除不损害债权人利益外，债权人有权拒绝。当然，债权人也可以接受履行并要求债务人支付增加的费用。故本题应选 A、D 项。

14. BC

《民法典》第 522 条规定了利益第三人的合同，其中第 1 款规定的是不真正利益第三人的合同，第 2 款规定的是真正利益第三人的合同。二者均属于向第三人履行，而非第三人代为履行。二者的区分关键在于第三人对债务人是否真正拥有权利（履行请求权与违约责任请求权）。甲丙公司间合同约定债务人丙公司向第三人乙公司交付，第三人并未真正取得对丙公司的权利，包括履行请求权与违约责任请求权，而只能接受丙公司的履行。而若甲丙公司间的合同约定乙公司有权直接请求丙公司交付，只要乙公司未在合理期限内拒绝，便构成真正利益第三人的合同，则乙公司有权请求丙公司交付，而丙公司也可以直接向乙公司提出基于甲丙公司合同的抗辩。故本题应选 B、C 项。

15. CD

丙、丁为抵押人，而非债务人，债权人只能在有

权实施抵押权时，就抵押物优先受偿，却无权直接请求抵押人进行清偿。这区别于保证债务。因此 A 项错误。按照《民法典》第 524 条第 1 款的规定，抵押人丙对履行甲的债务具有合法利益，有权代为履行，乙无权拒绝。因此 B 项错误。丙清偿后，按照《民法典》第 524 条第 2 款的规定，乙对甲的债权转让给了丙，因此 D 项正确。按照最高人民法院《关于适用〈中华人民共和国民法典〉有关担保制度的解释》第 13 条的规定，连带共同担保人应当按照比例分担向债务人不能追偿的部分，因甲逃跑且无财产，已无法追偿，因此丙清偿后有权向丁进行相应的追偿。因此 C 项正确。故本题应选 C、D 项。

16. ABC

依据最高人民法院《关于适用〈中华人民共和国民法典〉合同编通则若干问题的解释》第 30 条的规定，保证人、担保财产的受让人、担保财产上的后顺位担保人均属于对合同债务履行具有合法利益的第三人，而只有担保财产的合法占有人才为对合同债务履行具有合法利益的第三人。故本题应选 A、B、C 项。

17. ABC

依据《民法典》第 533 条的规定，在情势变更后，当事人可以重新协商；若协商不成，可以向人民法院或者仲裁机构申请变更或者解除合同，但不能撤销合同。故本题应选 A、B、C 项。

18. BCD

债务人应当按照合同履行期限履行债务，不能提前履行。但是，债务人提前履行不损害债权人利益，债务人要求提前履行而债权人同意、债权人请求债务人提前履行而债务人同意的情况下，债务人也可以提前履行。故本题应选 B、C、D 项。

（三）不定项选择题

1. C

乙公司的银行账户被冻结，并且长时间未能清偿对其他债权人的债务，这表明乙公司存在已经丧失或者可能丧失履行能力的情形，甲公司可以行使不安抗辩权，中止交付剩余的渔具。正当行使不安抗辩权而在债务履行期限届满之后仍不履行债务的，不构成违约。故本题应选 C 项。

2. BD

按照《民法典》第 527 条的规定，应当先履行债务的当事人行使了不安抗辩权的，可以中止履行债务，

但并不能导致合同无效。按照《民法典》第528条的规定，若乙公司提供了相应的担保或提前支付货款，则不安抗辩权的存在基础消失，甲公司应当恢复履行。因为甲公司先前中止履行是基于不安抗辩权，其行为不构成违约。故本题应选B、D项。

3. BCD

乙公司享有合同债权，可以请求甲公司继续履行合同，但因甲公司享有不安抗辩权，可以对抗请求权而不履行合同。在乙公司向甲公司提供了相应的担保或支付了全部货款的情况下，甲公司债权的实现不再存在危险，甲公司应恢复履行。故本题应选B、C、D项。

4. BCD

按照《民法典》第528条的规定，在甲公司中止履行后，乙公司在合理期限内未恢复履行能力并且未提供适当担保的，视为以自己的行为表明不履行主要义务，甲公司可以解除合同，并可以请求对方承担违约责任。在合同被解除之前，双方的债权债务关系仍然存在，因而先履行方甲公司仍然承担履行义务，后履行方乙公司仍然可以要求甲公司交付渔具。故本题应选B、C、D项。

5. ABD

甲公司不享有不安抗辩权，却在履行期限届满之后仍未完成履行，其行为构成违约，乙公司可以追究甲公司的违约责任。由于不具备合同解除权的产生条件，因而乙公司不能解除合同。乙公司作为债权人，可以请求甲公司继续履行合同，交付渔具。甲公司要求乙公司先行付款，对此，乙公司可以行使先履行抗辩权，要求甲公司按照合同约定先履行，然后自己才支付货款。故本题应选A、B、D项。

简答题

1. 第三人虽然对履行债务具有合法利益，但是如果具有下列三种情形，仍不得代为履行：（1）根据债务性质，债务只能由债务人履行的，第三人不能代为履行；（2）当事人约定债务只能由债务人履行的，第三人不能代为履行；（3）法律规定债务只能由债务人履行的，第三人也不能代为履行。

2. 同时履行抗辩权的成立须具备以下几个条件：（1）当事人须由双务合同双方互负债务。同时履行抗辩权的根据在于双务合同功能上的牵连性，当事人双方合同目的的实现均有赖于对方的履行，因而同时履行抗辩权适用于双务合同，而不适用于单务合同。（2）当事人双方互负的债务没有先后履行顺序且均已届清偿期。同时履行抗辩权的适用，是双方对待给付的交换关系的反映，并旨在使双方所负债务同时履行，双方享有的债权同时实现。所以，只有在对方的债务同时到期时，才能行使同时履行抗辩权。（3）对方未履行债务或履行债务不符合约定。一方向另一方请求履行债务时，须自己已为履行或提出履行，否则，另一方可行使同时履行抗辩权，拒绝履行自己的债务。（4）对方的对待履行是可能履行的。同时履行抗辩权制度旨在促使双方当事人同时履行其债务，在对方当事人的对待履行已不可能时，则同时履行的目的已不可能达到，不发生同时履行抗辩的问题。

3. 先履行抗辩权的成立须具备如下条件：（1）当事人因双务合同互负债务。只有在双务合同中当事人双方互负债务的，才能发生先履行抗辩权问题。（2）当事人一方须有先履行的义务。在一方负有先履行义务的情况下，先履行方应当先履行义务。（3）先履行的一方到期未履行债务或者未适用履行债务。先履行抗辩权是针对先履行一方的履行不符合合同规定而设定的，因此，只有先履行一方未履行债务或者未适当履行债务，后履行一方才有权拒绝其履行要求。

材料分析题

（1）甲公司与乙公司之间转让精密机床的合同有效。虽然甲公司的公司章程规定处置精密机床需要经过股东会同意，甲公司的董事长在未经股东会同意的情况下与乙公司订立转让精密机床的合同，超越了自己的权限，但乙公司并不知道甲公司的公司章程中存在这种规定。按照《民法典》第504条的规定，甲公司董事长与乙公司订立合同的行为有效，甲公司与乙公司的转让合同有效。

（2）甲公司的行为合法。甲公司与乙公司因双务合同互负债务，作为先履行方的甲公司有确切证据证明作为后履行方的乙公司的经营状况严重恶化，可能会丧失履行能力。按照《民法典》第527条的规定，甲公司可以援引不安抗辩权，通知对方中止履行。

（3）丙公司的行为合法。乙公司与丙公司因双务

合同互负债务，由于双方没有约定债务履行先后顺序，因而双方均可以随时要求对方履行。在乙公司未履行时，丙公司可以援引同时履行抗辩权，拒绝自己的履行。

（4）甲公司可以解除合同。在甲公司行使不安抗辩权、中止履行之后，乙公司在相当长的期限内未恢复履行能力并且也未提供适当担保，故甲公司可以解除合同。

 论述题与深度思考题

1. 情势变更的适用条件包括如下几项：（1）合同订立的基础条件须发生了重大变化。在情势变更中，情势是指合同成立的基础条件，如政治、经济和社会形势、物价、行政管理措施等。所谓重大变化，是指订立合同所依赖的基础条件发生了根本性变化，致使合同订立和存在的基础丧失。依据最高人民法院《关于适用〈中华人民共和国民法典〉合同编通则若干问题的解释》第32条第1款的规定，合同成立后，因政策调整或者市场供求关系异常变动等原因导致价格发生当事人在订立合同时无法预见的、不属于商业风险的涨跌，继续履行合同对于当事人一方明显不公平的，人民法院应当认定合同的基础条件发生了"重大变化"。但是，合同涉及市场属性活跃、长期以来价格波动较大的大宗商品以及股票、期货等风险投资型金融产品的除外。（2）情势变更须发生在合同订立后、履行完毕前。这是因为：如果情势变更在合同订立前已经发生，则当事人就会认识或者应当认识到这种发生的事实，此时的合同是以已经变更的事实为基础的，故不应允许当事人事后调整，只能使明知之当事人自担风险；而在合同履行完毕后，合同关系已经消灭，情势如何发生变化均与合同无关。（3）情势变更的发生须不可归责于当事人且当事人不可预见。所谓不可归责于当事人，是指情势变更与当事人无关，即是由不可抗力及其他意外事故造成的，双方当事人均无过错。同时，情势变更还须当事人不可预见。所谓当事人不可预见，是指当事人对情势变更是否发生不能确定地预知。（4）情势变更导致履行合同将会显失公平。在合同订立后，如果发生了情势变更，并导致继续履行合同会造成当事人之间的利益失衡，即对当事人一方明确不公平（显失公平），就应当适用情势变更，对当事人的利益予以补救。

2. 不安抗辩权的成立条件包括：（1）当事人双方须因双务合同互负债务。只有在双务合同中，当事人互负债务的，才能发生不安抗辩权问题。（2）当事人一方须有先履行的义务且已届履行期。当事人特别约定异时履行，一方在对方难以作出对待履行时，有权拒绝先作出履行。（3）后履行一方有丧失或者可能丧失履行债务能力的情形。只有在后履行一方有丧失或可能丧失履行债务的能力时，先履行一方才有通过不安抗辩权保护自己履行利益的必要。（4）后履行债务人没有对待给付或未提供担保。如果后履行一方已经为对待给付或提供了担保，则表明后履行一方具有履行能力，先履行一方就不能享有不安抗辩权。

不安抗辩权的行使方法：先履行一方若有确切证据证明后履行一方具有法律规定的不能或不会对待履行的事由以后，可以行使不安抗辩权，暂时中止合同的履行。

不安抗辩权的效力：先履行一方行使不安抗辩权的，可以对抗后履行一方的履行请求。中止履行之后，对方在合理期限内未恢复履行能力并未提供适当担保的，视为以自己的行为表明不履行合同的主要义务，中止履行的一方可以解除合同并可以请求对方承担违约责任。

第五章　合同的保全

 知识逻辑图

合同的保全
├─ 概念：债权人为防止债务人的财产不当减少而影响其债权实现，对合同关系之外的第三人所采取的保护债权的措施
├─ 特征
│　├─ 合同相对性的例外
│　├─ 债权的一种法定内容
│　└─ 目的在于维持债务人的责任财产
├─ 作用：对保障债权实现具有积极预防的作用
├─ 代位权
│　├─ 概念：当债务人怠于行使到期债权或者与该债权有关的从权利，从而影响到期债权实现时，债权人得以自己的名义通过诉讼方式代位行使债务人对于相对人（次债务人）权利之权利
│　├─ 性质
│　│　├─ 法定权利
│　│　├─ 实体法上的权利
│　│　├─ 债权人自己的权利
│　│　└─ 具有管理权的性质
│　├─ 成立条件
│　│　├─ 债务人须对相对人享有债权或者与该债权有关的从权利
│　│　├─ 债务人须怠于行使对相对人的到期债权或者与该债权有关的从权利
│　│　├─ 债务人的债务履行构成迟延
│　│　└─ 债权人须有保全债权的必要
│　├─ 权利行使
│　│　├─ 行使主体是债务人的全体债权人
│　│　├─ 债权人应以自己的名义行使代位权
│　│　├─ 债权人应以诉讼的方式行使代位权
│　│　└─ 债权人行使代位权以保全债权为必要限度
│　└─ 行使效力
│　　　├─ 对债务人的效力
│　　　├─ 对债务人的相对人的效力
│　　　└─ 对债权人的效力
└─ 撤销权
　　├─ 概念：当债务人实施减少其财产的行为而影响债权人的债权实现时，债权人为保全自己的债权，可以请求法院予以撤销的权利
　　└─ 性质
　　　　├─ 法定权利
　　　　├─ 实体法上的权利
　　　　├─ 兼具请求权和形成权的性质
　　　　└─ 债权人撤销权与合同撤销权不同

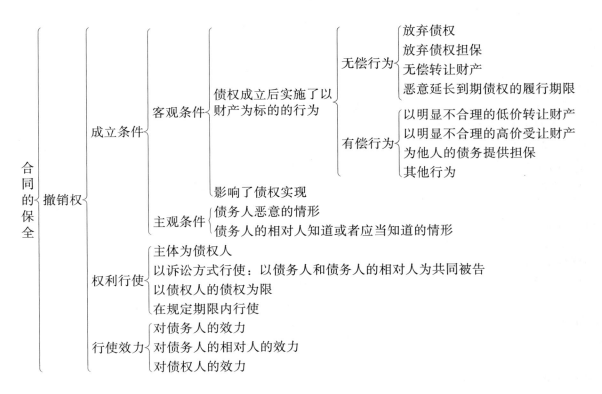

名词解释与概念比较

1. 合同的保全
2. 债权人的代位权
3. 债权人的撤销权

选择题

（一）单项选择题

1. 因债务人怠于行使其到期债权，对债权人造成损害的，债权人可以行使（　　）。
   A. 解除权　　　　　　B. 撤销权
   C. 代位权　　　　　　D. 抵销权

2. 债务人放弃其到期债权，致使债务人无法清偿债权人的债权，债权人可以行使（　　）。
   A. 解除权　　　　　　B. 撤销权
   C. 代位权　　　　　　D. 抵销权

3. 债务人所享有的下列权利中，可以被债权人代位行使的是（　　）。
   A. 债权　　　　　　　B. 人格权
   C. 身份权　　　　　　D. 著作权

4. 在代位权诉讼中，债务人的诉讼地位是（　　）。
   A. 原告
   B. 被告
   C. 有独立请求权的第三人
   D. 无独立请求权的第三人

5. 甲向乙借款 1 万元，到期没有偿还，而甲的经济状况十分糟糕，除下列权利外别无财产可供偿还。在符合条件的情况下，债权人乙可以代位行使的甲的权利是（　　）。
   A. 甲对其儿女的请求支付赡养费的权利
   B. 甲对其母的继承权
   C. 甲对其债务人所享有的偿还货款的请求权
   D. 甲因被第三人打伤而对第三人享有的损害赔偿请求权

6. 在债的保全制度中，撤销权行使的起算时间为（　　）。
   A. 债务人的行为发生之日
   B. 债权人应当知道撤销事由之日
   C. 债权人知道或应当知道撤销事由之日
   D. 合同生效之日

7. 在债的保全制度中，撤销权的最长存续时间为（　　）。

A. 1 年 　　　　　 B. 2 年

C. 4 年 　　　　　 D. 5 年

8. 2017 年 2 月 8 日，甲向乙借款 20 万元，约定于 2017 年 6 月 8 日前偿还。直到 2021 年 6 月 1 日，乙方才想起数年前甲向自己借过 20 万元至今未还，两人一直未曾联系过。于是乙找到甲要求其还钱，但甲生活困顿，无力偿还。6 月 22 日，乙发现甲的弟弟丙欠甲 10 万元，早已到期，但甲并未要求丙还钱。对此，下列说法，表述正确的是（　　）。

A. 乙可向丙行使债权

B. 乙可向丙行使代位权

C. 乙应当通过诉讼来向丙行使代位权

D. 乙不能行使代位权

9. 甲拥有一幅名画，市场价格为 20 万元。甲拥有的其他财产价值大约为 10 万元。甲欠乙赌债 50 万元，为逃避赌债，甲将名画以 2 万元的价格卖给了丝毫不懂画的丙。对此，下列选项中，表述正确的是（　　）。

A. 如果丙不知道甲欠债，那么乙不能行使撤销权

B. 只有在丙明知此买卖有害于债权的情况下，债权人才可行使代位权

C. 不管丙是否知道此买卖有害于债权人的债权，债权人均可行使撤销权

D. 债权人不能行使撤销权，因为其债权不合法

10. 下列选项中，关于合同保全制度的说法，错误的是（　　）。

A. 合同保全制度是合同相对性的例外

B. 合同保全制度只适用于金钱之债

C. 任何债权人只要符合合同保全制度的要求，均可行使相应的权利

D. 合同保全制度没有破除债的平等性

11. 甲公司于 2021 年 1 月欠乙公司货款 500 万元，在 2021 年 6 月 1 日届期无力清偿。2020 年 7 月 1 日，甲公司向丙公司赠送一套价值 50 万元的机器设备。2020 年 8 月 1 日，甲公司向丁基金会捐赠 50 万元现金。2021 年 12 月 1 日，甲公司向戊希望学校捐赠价值 100 万元的电脑。甲公司的 3 项赠与行为均尚未履行。对此，下列哪一选项是正确的？（　　）

A. 乙公司有权撤销甲公司对丙公司的赠与

B. 乙公司有权撤销甲公司对丁基金会的捐赠

C. 乙公司有权撤销甲公司对戊学校的捐赠

D. 甲公司有权撤销对戊学校的捐赠

12. 甲公司欠大量外债无力清偿，已进入破产程序。乙、丙、丁公司均为甲公司债权人，且资产状况均极为不良。下列选项中正确的是（　　）。

A. 乙公司的债权人的债权虽未到期，其有权行使代位权

B. 丙公司的债权人拥有足额的抵押担保，也可以行使代位权

C. 丁公司的债权人在向甲公司行使代位权时，甲公司可以向其行使对丁公司的抗辩

D. 以上均错误

13. 甲欠乙大量款项，甲对丙拥有债权，却怠于行使。乙对丙行使代位权，申请法院对丙名下一处房产采取了诉讼保全措施。丙另作为其他人的保证人，该处房产也被采取诉讼保全措施。在诉讼中，各方发现，该处房产上设有抵押。下列选项中正确的是（　　）。

A. 抵押权优先

B. 代位权行使优先

C. 保证债权行使优先

D. 以上均错误

14. 一般情形下，债务人以明显不合理的低价转让财产、以明显不合理的高价受让财产的判断标准是未达到交易时交易地的市场价格或者高于市场价格的（　　）。

A. 60％、30％

B. 70％、30％

C. 70％、20％

D. 70％、40％

（二）多项选择题

1. 下列选项中，属于债权人代位权的行使条件的有（　　）。

A. 债权人对债务人的债权合法、确定且已届清偿期

B. 债务人怠于行使其到期债权及其从权利

C. 债务人怠于行使权利的行为已经对债权人造成影响

D. 债务人的债权不是专属于债务人自身的债权

2. 在债务人的下列行为中，不能成为撤销权标的的有（　　）。

A. 公务员甲受工伤，但没有接受国家所支付的伤残补助金

B. 乙在路边捡到一个婴儿，便开始自己抚养

C. 丙与他人签订了一份买卖手枪的合同

D. 丁将其所有的一幅名贵字画赠给了他的弟弟

3. 下列关于债的保全中债权人撤销权的说法中，正确的有（　　）。

A. 撤销权具有形成权的性质

B. 撤销权应自债权人知道或者应当知道撤销事由之日起1年内行使

C. 撤销权的存续时间最长不得超过5年

D. 撤销权的行使目的在于避免债务人责任财产的不当减少

4. 甲是乙的债权人，乙是丙的债权人，甲与乙、乙与丙之间成立的均是金钱之债。根据债权人代位权原理，下列选项中，甲不可能对丙行使代位权的情形有（　　）。

A. 乙对甲的债务尚未到期

B. 乙对甲的债务已经届至履行期限但尚未届满

C. 丙对乙的债务尚未届至履行期限

D. 乙与丙均已陷入履行迟延

5. 下列选项中，正确的表述有（　　）。

A. 甲与乙做生意，甲因此赔了很多钱。甲的债权人可以撤销甲与乙的行为

B. 甲将其所有的一幅画卖给了乙，乙听说甲又与丙签订买卖该画的合同，而丙是知道甲已经将画卖给了乙的，乙可以撤销甲与丙之间的买卖合同

C. 甲欠很多人钱，一时间无法偿还。甲想，与其将钱还给外人，还不如给自己的亲戚，便把所余不多的钱赠给了亲戚。甲的债权人可以撤销甲的赠与行为

D. 甲欠很多人钱，一时间无法偿还。甲的朋友乙欠甲钱已经很久了，但一直拖着不还，甲也不想要这笔钱了。甲的债权人可以要求乙还钱

6. 甲欠乙7 000元。甲的生活十分困难，值钱的东西不多。履行期限届满后，甲在乙多次催促后，仍不能还钱。乙便威胁甲必须在20天之内还钱，否则法庭上见。第二天，甲便将价值4 000元的电脑以800元的价格卖给知情的丙，将空调赠与不知情的丁。后来，甲的行为被乙发现。对此，下列说法中，哪些是正确的？（　　）

A. 乙可书面通知甲、丙，撤销电脑买卖合同，自乙的通知到达时，电脑买卖合同即被撤销

B. 乙申请法院撤销甲、丁之间的赠与，应得到法

院的支持

C. 如乙向法院起诉请求撤销甲与丙的行为，其应以甲为被告，法院可以追加丙为第三人

D. 如法院支持了乙撤销甲与丙行为的请求，则乙为此支出的必要的律师费应由甲、丙承担

7. 债权人以对自己的债权造成损害为由，请求人民法院予以撤销债务人的下列哪些行为的，人民法院应予支持？（　　）

A. 债务人拒绝接受赠与的财产

B. 债务人怠于行使其到期债权

C. 债务人放弃其到期债权

D. 债务人无偿将财产赠与他人

8. 甲公司欠乙公司30万元，一直无力偿付，现丙公司欠甲公司20万元，已到期，但甲公司明示放弃对丙公司的债权。对甲公司的这一行为，乙公司可以采取以下哪些措施？（　　）

A. 行使代位权，要求丙公司偿还20万元

B. 请求人民法院撤销甲公司放弃债权的行为

C. 乙公司行使权利的必要费用可向甲公司主张

D. 乙公司应在知道或应当知道甲公司放弃债权2年内行使权利

9. 甲欠乙5 000元，乙多次催促，甲拖延不还。后乙告知甲必须在半个月内还钱，否则将起诉。甲立即将家中仅有的值钱物品，包括九成新电冰箱和彩电各一台以150元价格卖给知情的丙，被乙发现。对此，下列说法哪些是正确的？（　　）

A. 乙可书面通知甲、丙，撤销该买卖合同

B. 如乙发现之日为2021年5月1日，则自2022年5月2日起，乙不再享有撤销权

C. 如乙向法院起诉，应以甲、丙为共同被告

D. 如乙的撤销权成立，则乙为此支付的律师代理费、差旅费应由甲承担

10. 下列关于代位权与撤销权的说法中，正确的有（　　）。

A. 代位权的行使是为了使债务人的财产在应当增加而未增加的情况下予以增加

B. 撤销权的行使主要是为了避免债务人的财产不应减少而减少

C. 代位权与撤销权均是合同相对性的例外

D. 享有担保物权保障债权实现的债权人不享有代位权

视频讲题

11. 甲对乙享有 2021 年 8 月 10 日到期的 6 万元债权，到期后乙无力清偿。乙对丙享有 5 万元债权，清偿期已届满 7 个月，但乙未对丙采取法律措施。乙对丁还享有 5 万元人身损害赔偿请求权。后乙去世，无其他遗产，遗嘱中将上述 10 万元的债权赠与戊。对此，下列哪些选项是正确的？（   ）

A. 甲可向法院请求撤销乙的遗赠

B. 在乙去世前，甲可直接向法院请求丙向自己清偿

C. 在乙去世前，甲可直接向法院请求丁向自己清偿

D. 如甲行使代位权胜诉，行使代位权的诉讼费用和其他费用都应该从乙财产中支付

12. 甲无力对乙清偿债务。甲所实施的下列行为中，乙有权撤销的有（   ）。

A. 甲以 30 万元的价格购买丙的市价 20 万元的汽车

B. 甲放弃对丁还有 1 个月到期的债权

C. 甲对戊的债权已经到期，戊陷入困顿，甲同意戊延长 3 个月履行债务

D. 甲对己的债权拥有质押担保与保证担保，甲放弃保证担保

13. 甲公司对乙公司享有 5 万元债权，乙公司对丙公司享有 10 万元债权。如甲公司对丙公司提起代位权诉讼，则针对甲公司，丙公司的下列哪些主张具有法律依据？（   ）

A. 有权主张乙公司对甲公司的抗辩

B. 有权主张丙公司对乙公司的抗辩

C. 有权主张代位权行使中对甲公司的抗辩

D. 有权要求法院追加乙公司为共同被告

14. 甲欠乙 30 万元到期后，乙多次催要未果。甲与丙结婚数日后即办理离婚手续，在"离婚协议书"中约定将甲婚前的一处住房赠与知悉甲欠乙债务的丙，并办理了所有权变更登记。乙认为甲侵害了自己的权益，聘请律师向法院起诉，请求撤销甲的赠与行为，为此向律师支付代理费 2 万元。下列哪些选项是正确

的？（   ）

A. "离婚协议书"因恶意串通损害第三人利益而无效

B. 如甲证明自己有稳定工资收入及汽车等财产可供还债，法院应驳回乙的诉讼请求

C. 如乙仅以甲为被告，法院应追加丙为第三人

D. 如法院认定乙的撤销权成立，应一并支持乙提出的由甲承担律师代理费的请求

15. 下列选项可以成为代位权行使对象的有（   ）。

A. 债权　　　　　　　B. 抵押权

C. 保证债权　　　　　D. 抵销权

（三）不定项选择题

例 1：依照甲与乙之间的合同，甲向乙交付了货物，但乙迟迟未向甲支付合同约定的 20 万元货款，乙已经陷入履行迟延。此外，乙欠丙 30 万元，已经到期；乙欠丁 40 万元，尚未到期。经过查账，甲发现乙对戊享有 100 万元的债权，早已到期，但乙一直未行使债权。请回答下列问题：

1. 若甲向戊行使代位权，那么甲可以代位行使的债权数额是多少？（   ）

A. 20 万元　　　　　　B. 50 万元

C. 90 万元　　　　　　D. 100 万元

2. 丙看到甲行使代位权，因而也向戊行使代位权，那么丙可以代位行使的债权数额是多少？（   ）

A. 20 万元　　　　　　B. 30 万元

C. 90 万元　　　　　　D. 100 万元

3. 丁看到甲与丙均获得清偿，为避免将来自己的债权到期无法得到清偿，因而也向戊行使代位权。对此，下列表述中正确的是（   ）

A. 丁不能行使代位权

B. 丁可以代位行使的债权数额为 30 万元

C. 丁可以代位行使的债权数额为 40 万元

D. 丁可以代位行使的债权数额为 100 万元

4. 关于甲与丙的代位权行使，下列说法中正确的是（   ）。

A. 甲、丙必须提起诉讼，要求法院判令戊支付相应的款项

B. 甲、丙行使代位权的意思表示到达戊，戊即须支付相应的款项

C. 甲、丙所提起的代位权诉讼应由乙的住所地法院管辖

D. 甲、丙可自行受领戊的支付

5. 如果在代位权诉讼中，戊向法院主张，虽然其确实欠乙 100 万元，但基于其与乙之间的合同约定，乙应当向戊交付货物，双方没有约定先后履行顺序，且乙在履行期限届满后的很长时间里都未向其履行债务。对此，下列说法中，表述正确的是（　　）。

A. 戊对乙享有同时履行抗辩权

B. 戊可以向甲、丙主张其对乙的同时履行抗辩权

C. 戊不能向甲、丙主张其对乙的同时履行抗辩权

D. 戊可以拒绝向甲、丙进行支付

例 2：甲欠乙 20 万元，一直未还。甲做生意失败，经济状况极差，无力还钱。不过，甲拥有两套古书，市场价格分别为 10 万元、15 万元。此外，甲对丙还享有 10 万元的到期债权尚未行使。后来甲为了逃避对乙的债务，先以 5 000 元的价格将第一套古书卖给了知情的丁，随后又以 10 000 元的价格将第二套古书卖给了戊。戊目不识丁，丝毫不懂古书，买回来以后便以 1 500 元的价格卖给了己，己对此事是知情的，也知道甲的目的。根据合同法的规定，请回答下列问题：

6. 乙欲提起诉讼。对于乙可以选择的被告，下列说法正确的是（　　）。

A. 乙可以丙为被告　　　B. 乙可以甲为被告

C. 乙可以丁为被告　　　D. 乙可以戊为被告

7. 如果甲还欠老张 10 万元，也已到期，乙对丙提起了代位权诉讼。老张只想"搭便车"，未起诉丙。法院支持了乙的诉讼请求。对于丙支付的 10 万元，下列说法中，表述正确的是（　　）。

A. 由乙受领

B. 由老张受领

C. 由乙与老张平均分配

D. 由乙与老张按照 2：1 的比例分配

8. 乙在知道甲的行为之后，欲对甲提起诉讼，撤销甲与丁之间的买卖合同。对此，下列说法中，表述正确的是（　　）。

A. 乙可以行使撤销权

B. 乙不能行使撤销权

C. 乙应以甲为被告，以丁为第三人

D. 乙应以丁为被告，以甲为第三人

9. 乙在知道甲的行为之后，选择撤销甲与戊之间的买卖合同。对此，下列说法中，表述正确的是（　　）。

A. 乙能够撤销甲与戊之间的买卖合同，因为甲有恶意

B. 乙不能撤销甲与戊之间的买卖合同，因为戊没有恶意

C. 乙能够撤销甲与戊之间的买卖合同，因为己有恶意

D. 乙能够撤销甲与戊之间的买卖合同，因为甲以明显不合理的低价转让财产

10. 乙先是对丙提起了代位权诉讼，从丙处受领了 10 万元；又对甲提起诉讼，撤销了甲与丁之间的买卖合同。如果戊与丁一样知情，那么乙随后又提起诉讼，要求撤销甲与戊之间的买卖合同，其能否得到法院支持？（　　）

A. 能够得到支持，因为甲与戊之间的行为使甲的责任财产减少

B. 能够得到支持，因为甲与戊均具有损害债权的恶意

C. 不能得到支持，因为甲的责任财产已经足以清偿乙的债权

D. 不能得到支持，因为甲与戊之间的行为并未损害乙的债权

视频讲题

 简答题

1. 简述合同保全的特征。
2. 简述债权人代位权的性质。
3. 简述债权人代位权的行使对债务人发生的效力。

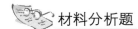 **材料分析题**

1. A 公司将新办公大楼工程发包给了 B 公司，双方约定：工程款为 2 000 万元，工期为 1 年，工程完工后结清全部工程款。合同签订后，B 公司雇请工人甲、乙等百余人开始施工。工程按期完工，B 公司将新大楼交给 A 公司使用，但 B 公司尚欠工人甲、乙等工资合计 56 万元。甲、乙等人多次向 B 公司催要未果，于

是向法院起诉了 B 公司，要求给付所欠工资。法院判决 B 公司败诉。但在判决执行过程中，B 公司的所有员工，包括其法定代表人均不见踪影。在查找 B 公司的财产过程中，甲、乙等人发现，A 公司尚欠 B 公司工程款 180 万元未付。A 公司称，之所以未付清工程款，是因为新大楼的工程质量存在问题。A 公司同时称，工程完工后双方只进行过一次结算，此后一年多，B 公司一直未向其主张过这笔工程款。甲、乙等人就 B 公司所欠的工程款向法院起诉了 A 公司。请回答下列问题：

（1）甲、乙等人起诉 A 公司所依据的是什么权利？

（2）甲、乙等人提起诉讼时，应当以谁的名义提出？

（3）甲、乙等人在诉讼中提出，要求 A 公司支付其欠 B 公司的全部 180 万元工程款。这种要求能否得到法院支持？为什么？

2. 甲与乙、丙签订了合同，按照合同约定，乙、丙于 2021 年 3 月 6 日之前，向甲交付 10 头耕牛，甲在 3 月 8 日之前支付 10 万元。同时合同还约定，乙、丙对甲的债权为按份债权，每人可受领 5 万元。不料甲在受领了 10 头耕牛之后，因牛突发疾病，甲为治疗牛的疾病耗资甚大，最后 10 头耕牛全部死亡。后乙、丙不断催促甲支付款项，甲心灰意冷，感觉对生活失去了希望。因为与乙的关系比较好，甲便从自己所余不多的钱中拿出 5 万元偿付给了乙，并叮嘱乙不要告诉丙。然后将所有剩下的钱，共计 3 万元赠给了他的弟弟。丙在知道这些情况之后，于 5 月 4 日找到乙，要求乙将所得的 5 万元平分，各得 2.5 万元，但被乙拒绝了。被乙拒绝之后，丙提起诉讼，请求法院撤销甲与乙的清偿行为。随后，丙又提起诉讼，请求法院撤销甲对其弟的赠与，要求甲弟直接向自己作出支付。丙又得知，在此之前，甲被他的朋友丁打伤，经过诉讼，法院判令丁于 2021 年 4 月 1 日之前，向甲赔偿 1 万元。但在诉讼后甲却心生悔意，想同丁恢复原有的关系，不再要求丁支付赔偿金。丙再次提起诉讼，要求代位行使甲对丁的权利，请求丁向自己支付 1 万元。请回答下列问题：

（1）乙拒绝丙的要求是否合法？为什么？

（2）丙请求法院撤销甲对乙的清偿行为是否应当得到支持？为什么？

（3）丙请求法院撤销甲对其弟的赠与行为，要求甲弟直接向自己作出支付，是否应当得到法院的支持？

为什么？

（4）丙能否代位行使甲对丁的权利？为什么？

视频讲题

 论述题与深度思考题

1. 试述债权人代位权的成立条件。

2. 试述债权人撤销权的成立条件。

参考答案

 名词解释与概念比较

1. 合同的保全，是指债权人为防止债务人的财产不当减少而影响其债权实现，对合同关系之外的第三人所采取的保护债权的一种法律措施。

2. 债权人的代位权，是指当债务人怠于行使到期债权或者与该债权有关的从权利，从而影响到期债权实现时，债权人得以自己的名义通过诉讼方式代位行使债务人对于相对人（次债务人）权利之权利。

3. 债权人的撤销权，是指当债务人实施减少其财产的行为而影响债权人的债权实现时，债权人为保全自己的债权，可以请求法院予以撤销的权利。

 选择题

（一）单项选择题

1. C

按照《民法典》第 535 条的规定，因债务人怠于行使其债权或者与该债权有关的从权利，影响债权人的到期债权实现的，债权人可以向人民法院请求以自己的名义代位行使债务人的债权及其从权利，即行使债权人代位权。故本题应选 C 项。

2. B

按照《民法典》第 538 条的规定，因债务人实施减少其财产的行为，影响债权人的债权实现的，债权

人可以请求人民法院撤销债务人的行为，即行使债权人撤销权。故本题应选 B 项。

3. A

债权人代位权是债权人以自己的名义代位行使债务人的债权。对于债务人的人格权、身份权、著作权，债权人均不能代位行使。故本题应选 A 项。

4. D

按照《民法典》第 535 条的规定，债务人在代位权诉讼中居于第三人的地位。债务人在代位权诉讼中，并没有独立的诉讼请求，故属于无独立请求权的第三人。故本题应选 D 项。

5. C

专属于债务人自身的债权不能成为代位权的标的。A、B、D 三项中关于赡养费、继承权、损害赔偿方面的权利均专属于债务人自身，债权人不能代位行使。故本题应选 C 项。

6. C

按照《民法典》第 541 条的规定，撤销权自债权人知道或者应当知道撤销事由之日起 1 年内行使。故本题应选 C 项。

7. D

按照《民法典》第 541 条的规定，撤销权自债权人知道或者应当知道撤销事由之日起 1 年内行使；自债务人的行为发生之日起 5 年内没有行使撤销权的，撤销权消灭。故本题应选 D 项。

8. D

基于债的相对性，乙自然不能向丙行使债权，可能行使的权利只能是代位权。但是，乙长时间未行使债权，致使诉讼时效期间早已届满，从而乙的债权成为自然债权，丧失了请求法院保护的权利。虽然乙仍可以要求甲清偿债务，但甲可以拒绝清偿。在这种情况下，乙不能行使代位权。故本题应选 D 项。

9. D

债权人行使撤销权的一个必要条件是债权人的债权须合法。赌博违反强制性规范，因赌博而产生的赌债不合法，所以，乙不能行使撤销权。故本题应选 D 项。

10. B

合同保全制度中的代位权与撤销权的行使均涉及第三人，是合同相对性的例外；金钱之债以及其他的合同之债，在符合条件时都可以适用合同保全制度；合同保全是债权的法定权能，在符合条件时，债权人均可按照合同保全制度的规定来保护自己的债权，没有破除债的平等性。故本题应选 B 项。

11. C

债务人陷入履行迟延，不能清偿，对他人进行捐赠，将进一步减少其清偿资力、害及债权，债权人可行使撤销权，以保全债权。但债权人得撤销的债务人行为须发生于债权成立之后，因而乙公司只能要求撤销甲公司对戊学校的捐赠。甲公司对戊希望学校的捐赠具有道德给付性质，赠与人甲公司不能行使任意撤销权。故本题应选 C 项。

12. C

代位权包括代位请求权与代位保全权，分别规定于《民法典》第 535 条与第 536 条，A 项属于代位保全权。丙公司的债权人可以基于抵押权而得到保护，不会存在影响债权人债权实现的情形，不满足代位权的行使条件。按照《民法典》第 535 条第 3 款的规定，相对人对债务人的抗辩，可以向债权人主张。故本题应选 C 项。

13. A

按照《民法典》第 537 条的规定，债务人对相对人的债权或者与该债权有关的从权利被采取保全、执行措施，或者债务人破产的，依照相关法律的规定处理。本题中，物权优先于债权，因此抵押权优先。而对于代位权人与保证债权人而言，二者的优先顺序应当依据民事诉讼法的相关规定进行判断，即按照采取诉讼保全措施的先后顺序确定。故本题应选 A 项。

14. B

一般情形下，债务人以明显不合理的低价转让财产的，应以转让价格未达到交易时交易地的市场价格的 70% 为判断标准；以明显不合理的高价受让财产的，应以转让价格高于交易时交易地的市场价格的 30% 为判断标准。故本题应选 B 项。

（二）多项选择题

1. ABCD

参见《民法典》第 535 条规定。本题应 A、B、C、D 项。

2. ABC

A 项中，伤残补助金具有人身性，债权专属于甲，不能被撤销。B 项中，乙的行为并不以财产为标的，并且其行为非为法律行为，不能被撤销。C 项中，合同本身无效，不存在被撤销的必要。D 项中，丁无偿转让财产的行为，可以被撤销。故本题应选 A、B、C 项。

3. ABCD

在性质上，撤销权一般被认为兼具形成权与请求权的双重性质。撤销权自债权人知道或者应当知道撤销事由之日起 1 年内行使；自债务人的行为发生之日起 5 年内没有行使撤销权的，该撤销权消灭。撤销权的行使目的在于保护债权人的利益，而这需要通过避免债务人责任财产的不当减少来实现。故本题应选 A、B、C、D 项。

4. ABC

债权人代位权的行使，要求债务人已经陷入履行迟延。乙的债务尚未到期，意味着乙不必向甲作出履行，甲自然不可能行使代位权。如果乙的债务已经到期但尚未届满，则在履行期限届满后乙能否向甲作出清偿尚不可知，即乙是否会无资力清偿甲的债权是不确定的，此时甲不能对丙行使代位权来满足自己的债权。如果丙对乙的债务尚未届至履行期限，则其不必向乙履行，甲也不能对丙行使代位权。故本题应选 A、B、C 项。

5. CD

A 项中，甲做生意赔钱属于正常的商业风险，且第三人乙也不存在恶意，甲的债权人不能撤销甲与乙的行为。B 项中，第一买受人不能以第二份买卖合同侵害债权为由而将之撤销。C 项中，债务人将其财产赠与第三人而害及债权，债权人可以撤销赠与，不必考虑第三人的主观心理状态。D 项的情形符合代位权的成立条件，债权人可以行使代位权，要求债务人的相对人履行债务。故本题应选 C、D 项。

6. BD

债权人撤销权的行使应当以诉讼的方式进行，而不能采取通知的方式。甲将空调赠与丁，即便丁不知情，乙也可以行使撤销权。甲以明显不合理的低价将电脑转让给知情的丙，丙具有恶意，乙可对甲、丙之间的买卖行为行使撤销权。在撤销权诉讼中，乙为原告，甲为被告，丙为共同被告。因为丙具有恶意，所以应当与甲一起分担乙支出的必要的律师费。故本题应选 B、D 项。

7. CD

A 项中，债务人所为的财产上的拒绝行为不得成为被撤销的对象，因为该行为一般不会使债务人的责任财产不当减少。B 项中，债权人可以行使代位权，但不能行使撤销权。C、D 两项中的行为可以被撤销。故本题应选 C、D 项。

8. BC

甲放弃对丙的到期债权，害及乙的债权，符合撤销权的成立条件，债权人可以请求人民法院撤销债务人的行为；债权人行使撤销权而支出的律师费、差旅费等必要费用由债务人负担；乙公司应在知道或应当知道甲公司撤销事由之日起 1 年内行使撤销权。故本题应选 B、C 项。

9. BCD

A 项中，债权人撤销权只能通过诉讼的方式行使，而不能采取通知的方式。B 项中，撤销权自债权人知道或者应当知道撤销事由之日起 1 年内行使，所以乙的撤销权存续期间截止到 2022 年 5 月 1 日，自 2022 年 5 月 2 日起乙便不再享有撤销权。C 项中，债权人乙为原告，甲、丙为共同被告。D 项中，债权人行使撤销权所支付的律师代理费、差旅费等属于必要费用，由债务人负担。故本题应选 B、C、D 项。

10. ABC

代位权与撤销权作为债的保全制度中的两种权利，其存在的主要目的是保障债务人的一般责任财产，进而保障债权的实现。代位权针对的是债务人的消极行为，主要目的是在债务人的财产应当增加而未增加的情况下，通过债权人向债务人的相对人代位行使债权人的权利，增加债务人的责任财产。撤销权针对的是债务人的积极行为，主要目的是在债务人的财产出现了不应减少而减少的情况时，撤销债务人的行为，使债务人的责任财产恢复到原有状态。代位权与撤销权的行使均涉及债权人、债务人以外的第三人，破除了合同的相对性，构成了合同相对性的例外。债的保全权能属于债权的法定权能，不论债权人是否享有担保物权，在符合条件时，债权人均可行使代位权和撤销权。故本题应选 A、B、C 项。

11. AB

乙对戊的遗赠害及甲的债权，债权人甲满足行使撤销权的条件。乙怠于行使对丙的到期债权，债权人甲满足对丙行使代位权的条件，可起诉要求丙进行清偿。虽乙怠于行使对丁的到期债权，但该债权具有人身专属性，不得代位行使。根据《民法典》第 535 条的规定，债权人行使代位权的必要费用，由债务人负担。诉讼费用为必要费用，而其他费用则不一定为必要费用。故本题应选 A、B 项。

12. ABD

债务人以明显不合理的高价受让他人财产或者为他人的债务提供担保，债权人可以申请法院撤销。按照《民法典》第538条的规定，债务人放弃债权或者放弃债权担保，或者恶意延长到期债权的履行期，对债权人造成损害的，债权人有权撤销。C项中，甲并非出于恶意，乙无权撤销。D项中，甲的债权虽拥有多项担保，但放弃一项也会令债权有无法完全实现的危险，故乙可以撤销。A、B、D项当选。

13. ABC

在代位权诉讼中，债务人的相对人可以向债权人主张对债务人的抗辩，因而丙公司有权主张乙公司对甲公司的抗辩。丙公司也可针对甲公司的权利瑕疵（如罹于时效）等进行抗辩。在代位权诉讼中，债务人的诉讼地位为第三人。故本题应选A、B、C项。

14. BD

本题涉及合同保全中撤销权的行使。甲的个人婚前住房仍属于甲，不在夫妻共同财产分割之列。"离婚协议书"通常包含子女抚养、共同财产分割等与身份关系相关的多种内容，但本题中难以仅以甲向丙赠与房产而认定"离婚协议书"整体系甲与丙恶意串通的结果。若甲对丙无偿转让财产，并且甲与丙均为恶意，则乙可以请求撤销这一行为，但并非撤销整个"离婚协议书"。乙列甲为被告，法院应追加丙为共同被告。乙行使撤销权的律师代理费、差旅费等必要费用由甲承担，第三人有过错的，应当适当分担。故本题应选B、D项。

15. ABC

按照《民法典》第535条的规定，债权或者与该债权有关的从权利，均可能成为代位权的行使对象。此中，从权利主要以担保权利为代表。由于抵销权并不属于从权利，并且其之行使也不会使代位权人的债权得到保障，因此不能成为代位权的行使对象。故本题应选A、B、C项。

（三）不定项选择题

1. A

代位权的行使范围以债权人的债权为限，即债权人自己的债权与被代位的债权数额上应当是相同或者大致相当的。因此，甲只能代位行使20万元的债权。故本题应选A项。

2. B

参见本章不定项选择题第1题分析。故本题应选B项。

3. A

由于债权人丁的债权尚未到期，在到期之后能否得到清偿尚属未知，不具备代位权的成立要件，因而丁不能行使代位权。故本题应选A项。

4. AD

根据《民法典》的规定，代位权须以诉讼的方式行使，不能采取通知的方式行使；代位权诉讼由被告（债务人的相对人）住所地法院管辖，即应由戊的住所地法院管辖；按照《民法典》第537条的规定，债权人向相对人提起的代位权诉讼经人民法院审理后认定代位权成立的，由相对人向债权人履行清偿义务。故本题应选A、D项。

5. ABD

由于乙、戊之间互负债务，且没有先后履行顺序，因而戊可以对乙的履行行使同时履行抗辩权。在代位权诉讼中，债务人的相对人对债务人的抗辩，可以向债权人主张，所以，戊可以向甲、丙主张其对乙所享有的同时履行抗辩权，拒绝进行支付。故本题应选A、B、D项。

6. ABCD

甲怠于行使对丙到期债权的行为给乙的债权造成损害，乙可以对相对人丙行使代位权，此时丙为被告。乙行使撤销权，应以甲为被告，丁、戊分别为共同被告。故本题应选A、B、C、D项。

7. A

按照《民法典》第537条的规定，债权人向债务人的相对人提起的代位权诉讼经人民法院审理后认定代位权成立的，由相对人向债权人履行清偿义务。因此，乙可以受领丙支付的10万元，老张无权要求受领。本题应选A项。

8. A

由于甲以明显不合理的低价将其财产转让给知情的丁，乙的债权无法实现，因而乙可以行使撤销权，撤销甲与丁之间的买卖合同。在撤销权诉讼中，乙应当以债务人甲为被告，以受让人丁为共同被告。故本题应选A项。

9. B

甲以明显不合理的低价转让财产，具有害及债权的恶意，但受让人戊却没有恶意，故撤销权不能成立。即使己有恶意，乙也不能以此为由来撤销与己无关的甲与戊之间的合同。债务人以明显不合理的高价收购他人财产，人民法院可以根据债权人的申请，参照《民法典》第539条的规定予以撤销。故本题应选B项。

10. CD

撤销权的行使目的是避免因债务人责任财产的减少使债权人的债权无法实现。乙已经对丙行使代位权，取得了10万元，使债权额降至10万元；乙又撤销了甲与丁之间的买卖合同，从而使第一套古书的所有权仍然归甲，甲的责任财产至少已有10万元。此时，甲的财产足以清偿乙的债权，不论甲与戊之间的买卖合同对第二套古书定价多少，均不会损害乙的债权，所以，乙撤销甲与戊之间买卖合同的请求不能得到支持。故本题应选C、D项。

 简答题

1. 合同的保全具有以下特征：（1）合同保全是合同相对性的一种例外。合同保全使合同对第三人发生了效力，从而突破了合同相对性。（2）合同保全是债权的一种法定内容。债权人代位权与撤销权无须当事人另行约定，合同债权人在享有债权的同时，即当然享有之。（3）合同保全的目的在于维持债务人的责任财产。合同保全属于合同的一般担保，并非以特定财产保障债权实现，因而合同保全虽然具有担保功能，但不同于担保物权等特别担保。

2. 债权人代位权具有如下性质：（1）债权人代位权是一种法定权利。债权人代位权是由法律直接规定的权利，不需要当事人特别约定。（2）债权人代位权是实体法上的权利。债权人代位权虽然只能通过诉讼方式行使，但是该权利并非诉讼法上的权利，其内容在于行使债务人的权利，以保持债务人的责任财产，是实体法上的权利。（3）债权人代位权是债权人自己的权利。债权人代位权是债权人以自己的名义行使债务人的权利，故属于债权人自己的权利，而不是债权人以债务人代理人的身份行使债务人的权利。（4）债权人代位权具有管理权的性质。债权人代位权是债权人以自己的名义行使债务人的权利，以行使债务人的权利为内容，因此，债权人代位权具有管理权的性质，属于广义的管理权。

3. 债权人代位权的行使对债务人发生的效力主要有：（1）诉讼时效中断。债权人提起代位权诉讼的，应当认定对债权人的债权和债务人的债权均发生诉讼时效中断的效力。（2）债权人行使代位权后，对于被

代位行使的权利，债务人的处分权能应受到限制。当然，对于超过债权人代位请求数额的债权部分，债务人仍有处分权能。（3）债务人负担行使代位权的必要费用。这是因为，债权人是代替债务人行使权利的，其直接受益者是债务人。

 材料分析题

1. （1）债权人代位权。甲、乙等人与B公司之间形成劳动合同关系，可以请求B公司支付劳动报酬。B公司对甲、乙等人履行迟延，又怠于行使对A公司的到期债权，甲、乙等债权人可以代位行使B公司对A公司的到期债权。

（2）甲、乙等人行使债权人代位权的，应当以自己的名义提起诉讼。

（3）不能得到支持。因为债权人行使代位权时，应以自己的债权为限，即甲、乙等原告只能就其享有的债权数额行使代位权，要求A公司进行支付。另外，由于大楼的质量存在问题，B公司的债务履行不适当，A公司对B公司享有抗辩权，A公司可以向甲、乙等人主张这种抗辩权。

2. （1）乙拒绝丙的要求是合法的。因为根据合同约定，乙与丙均是甲的债权人，各自享有5万元的债权。乙的债权已经到期，完全有权受领甲支付的5万元，因而乙可以拒绝丙的要求。

（2）不应当得到支持。清偿债务本属债务人应当履行的义务，乙也完全有权受领甲的给付。甲对乙的清偿行为并没有发生使甲的责任财产不应减少而减少的结果，因为甲的责任财产的存在本就是为了保障债权人债权的实现。甲的财产在其向乙作出清偿之后确实减少了，但这不属于不应减少而减少的情形。同时，从法律上看，甲和乙之间的行为并无不当。

（3）丙要求撤销甲对其弟的赠与应当得到法院支持。因为甲向其弟无偿转让财产，具有损害债权的恶意，给丙的债权造成了损害，丙可以撤销甲的赠与。但在撤销赠与之后，甲弟不应向丙作出支付，而应将其取得的3万元返还给甲，作为甲的责任财产，再由甲支付给丙。按照合同法的规定，代位权保障的是单独债权人的利益，即行使代位权的债权人的利益，债务人的相对人直接向代位权人给付。而撤销权保障的是全体债权人的利益，不应由撤销权人直接受领第三

人的给付。第三人给付的财产应加入债务人的责任财产之中，担保全体债权的实现。

（4）丙不能代位行使甲对丁的权利。因为甲对丁的权利属于人身伤害损害赔偿请求权，专属于甲，不能由丙代位行使。

 论述题与深度思考题

1. 债权人代位权的成立条件包括以下几项：（1）债务人须对相对人享有债权或者与该债权有关的从权利。债权人代位权属于涉及第三人的权利，如果债务人对于相对人没有债权或者与该债权有关的从权利，债权人自无代位权可言。由于债权人代位权的行使目的是增加债务人的责任财产，因而其标的必须是已经存在的债务人对相对人享有的债权或者与该债权有关的从权利。同时，债权人代位权是债权人代位行使债务人的权利，因此，凡专属于债务人自身的权利，不能成为债权人代位权的标的。（2）债务人须怠于行使对相对人的到期债权或者与该债权有关的从权利。只有在债务人怠于行使对相对人的到期债权或者与该债权有关的从权利时，债权人代位权才能成立。债务人怠于行使权利，是指债务人应行使且能行使而不行使其权利。所谓债务人应行使权利，是指债务人如不行使权利，则权利将有消灭或者丧失的可能。债务人不履行其对债权人的到期债务，又不以诉讼或者仲裁方式向相对人主张其享有的债权或者与该债权有关的从权利，致使债权人的到期债权未能实现的，可以认定为"债务人怠于行使其债权或者与该债权有关的从权利，影响债权人的到期债权实现"。（3）债务人的债务履行构成迟延。如果债务人的债务履行已构成迟延而其又无资力清偿债务，则债权人的债权就有不能实现的危险，此时债权人就有代位行使债务人的权利，以保全债权的必要。因此，债权人代位权的成立以债务人陷于债务履行迟延为必要条件。但是，为防止债务人权利的变更或者消灭而专为保全债务人权利的行为，虽然债务人履行未构成迟延，但是债权人也得行使代位权。这种权利通常被称为代位保存权。（4）债权人须有保全债权的必要。债权人有无保全债权的必要，应区分如下两种情形确定：对于不特定债权及金钱债权，应以债务人是否陷入无资力为判断标准；而对于特定债权或者其他与债务人资力无关的债权，则以有必要保全债权为已足，不论债务人是否陷于无资力。

2. 债权人撤销权的成立条件可分为客观条件与主观条件，并且因债务人所为的行为是否有偿而有所不同。（1）债权人撤销权成立的客观条件。债权人撤销权成立的客观条件为债务人实施了一定的行为，并影响债权人的债权实现。首先，债务人在债权成立后实施了以财产为标的的行为。债务人的行为须是在债权人的债权成立后实施的，于债权成立前已经存在的行为，不得作为撤销权的标的。同时，债务人实施的行为须以财产为标的。所谓以财产为标的的行为，是指对现有财产产生直接影响的行为。该行为既可以是无偿行为，也可以是有偿行为。无偿行为主要包括放弃债权、放弃债权担保、无偿转让财产、恶意延长到期债权的履行期限；有偿行为主要包括以明显不合理的低价转让财产、以明显不合理的高价受让财产、为他人的债务提供担保以及其他行为。其次，债务人的行为须影响债权人的债权实现。债务人的行为影响债权人的债权实现，是指债务人的行为足以减少其责任财产而使债权不能完全受清偿，即债务人减少了清偿资力而使债权人的债权不能得到完全满足。（2）债权人撤销权成立的主观条件。从债务人的角度来说，对于债务人实施的放弃债权、放弃债权担保、无偿转让财产等无偿处分财产权益的行为，以及以明显不合理的低价转让财产、以明显不合理的高价受让财产或者为他人的债务提供担保的，只要债务人实施了上述行为并影响债权人的债权实现的，债权人即可以行使撤销权。但是，债务人恶意延长其到期债权的履行期限，显然是以债务人"恶意"为条件，即债务人延长到期债权的履行期限，只有在恶意的情况下，才有可能成为撤销权的对象。从债务人的相对人的角度来说，在债务人实施放弃债权、放弃债权担保、无偿转让财产等无偿处分财产权益的行为时，并不要求其具有恶意。但是，在债务人以明显不合理的低价转让财产、以明显不合理的高价受让财产或者为他人的债务提供担保时，须"债务人的相对人知道或者应当知道该情形"，即要求债务人的相对人具有恶意。债务人的相对人的这种恶意应依行为实施时的情况认定，且这种恶意以债务人的相对人知道或者应当知道其所为的行为会影响债权人的债权实现为已足，无须与债务人有损害债权人的串通。

第六章　合同的变更和转让

 知识逻辑图

合同的变更和转让
├─ 合同的变更
│ ├─ 概念：广义的合同变更包括合同的主体、内容的变更，狭义的合同变更仅指合同内容的变更
│ ├─ 类型
│ │ ├─ 协议变更
│ │ ├─ 单方变更
│ │ └─ 裁判变更
│ ├─ 条件
│ │ ├─ 当事人须已存在合同关系
│ │ ├─ 合同内容须发生变化
│ │ ├─ 当事人须协商一致
│ │ └─ 依照规定办理批准等手续
│ └─ 效力
│   ├─ 当事人履行变更后的合同
│   ├─ 仅对未履行的部分发生效力
│   ├─ 按约定确定赔偿责任
│   └─ 对保证担保的效力
└─ 合同的转让
   ├─ 概念：在不改变合同内容的情形下，合同关系的一方当事人将合同的债权、债务全部或者部分地转让给第三人
   ├─ 特征
   │ ├─ 合同的转让属于合同主体的变更
   │ ├─ 合同的转让可以是债权或者债务转让，也可以是合同债权债务一并转让
   │ └─ 合同的转让并不导致合同关系的消灭
   └─ 债权转让
      ├─ 概念：债权人将自己在合同中享有的债权转让给第三人，由该第三人取得相让的债权
      ├─ 特征
      │ ├─ 债权的转让发生于合同债权人与第三人之间
      │ ├─ 债权的转让是债权的主体发生改变
      │ └─ 债权的转让可以是债权全部或者部分转让给第三人
      ├─ 条件
      │ ├─ 让与人享有债权
      │ ├─ 让与人享有有效的债权
      │ ├─ 债权须有可让与性
      │ ├─ 让与人与受让人应当就债权转让达成一致
      │ └─ 办理批准等手续
      └─ 效力
         ├─ 对内效力
         │ ├─ 债权转让于受让人
         │ ├─ 受让人取得与债权有关的从权利
         │ ├─ 让与人对转让的债权负瑕疵担保责任
         │ ├─ 让与人负有使受让人能够完全行使债权的从给付义务
         │ └─ 让与人承担债权转让的费用
         └─ 对外效力
            ├─ 通知债务人
            ├─ 债务人向受让人履行债务
            ├─ 债务人对让与人的抗辩可以向受让人主张
            ├─ 债务人可以向受让人主张抵销
            └─ 债权的双重让与

概念：在合同内容不变的情形下，债务人将其债务转移给第三人承担

特征
债务的转移发生于债务人与第三人之间
债务的转移是债务的主体发生变化
免责的债务承担和并存的债务承担

债务转移

免责的债务承担
概念：债务人将债务的全部或者部分转移给第三人，从而债务人免除全部或者部分债务的债务转移

条件
债务有效存在
债务具有可让与性
订立债务承担合同
经债权人同意
办理批准等手续

效力
承担全部债务或者部分债务
新债务人可以主张原债务人对债权人的抗辩
原债务人对债权人享有债权的，新债务人不得向债权人主张抵销
新债务人应当承担与主债务有关的从债务

并存的债务承担
概念：原债务人的债务并没有消灭，仅是新债务人加入债务关系成为新的债务人
效力：第三人与债务人约定加入债务并通知债权人，或者第三人向债权人表示加入债务，债权人未在合理期限内明确拒绝的，债权人可以请求第三人在其愿意承担的债务范围内和债务人承担连带债务

权利义务的概括转让
概念：合同当事人一方将其权利义务一并转让给第三人承受
合意概括转让：让与人和受让人订立合同权利义务一并转让协议
法定概括转让：基于法律的直接规定，由第三人取得合同当事人一方的地位，享受合权利并负担合同义务

合同的变更和转让 — 合同的转让

名词解释与概念比较

1. 合同的转让
2. 合同债权的转让
3. 合同债务的转移
4. 免责的债务承担
5. 并存的债务承担

选择题

（一）单项选择题

1. 关于合同的变更，下列选项中正确的是（　　）。
A. 狭义的合同变更指的是合同主体的变更
B. 合同变更发生在合同成立以后至履行完毕前
C. 当事人协商变更合同必须采取书面形式
D. 当事人即使对合同变更的内容约定不明确，也发生合同变更

2. 债务人将其债务全部转移给第三人的，根据《民法典》的规定，下列选项中，表述正确的是（　　）。
A. 将此情形通知债权人即可
B. 应当以书面形式通知债权人，否则不发生效力
C. 应当取得债权人的同意，否则不发生效力
D. 必须取得债权人书面同意，否则不发生效力

3. 若某公司发生分立或者合并，该公司原有的合同债权与合同债务（　　）。
A. 均归于消灭
B. 由变更后的公司享有债权、承担债务
C. 由上级主管部门确定承受债权与债务的主体
D. 根据对方当事人的选择来加以确定

4. 甲与乙订立了合同。随后，乙希望退出合同关系，但又担心甲不愿意，于是便找到了丙，与丙签订

合同，将自己在合同中的全部债权、债务均转移给丙。那么，乙与丙之间的合同（　　）。

　　A. 应当通知甲，方可生效

　　B. 应当取得甲的同意，方可生效

　　C. 不必通知甲，即可生效

　　D. 不必经甲同意，即可生效

　　5. 根据甲公司与乙公司之间的合同约定，甲公司向乙公司供应铁矿石，乙公司将之制作成钢坯。由于矿山资源渐渐枯竭，甲公司无法正常履行合同。丙公司尚欠甲公司很多钱，于是甲公司便想将其与乙公司之间的合同所确定的义务转移给丙公司，由丙公司向乙公司履行供应铁矿石的义务。如此一来，甲公司便不必继续向乙公司供应铁矿石，同时还可以收回对丙公司的债权。对此，甲公司可以通过何种方式实现目的？（　　）

　　A. 甲公司与丙公司签订债务承担合同，由丙公司承担甲公司对乙公司的债务

　　B. 甲公司与丙公司签订债务承担合同，然后通知乙公司

　　C. 甲公司与丙公司签订债务承担合同，取得乙公司的同意

　　D. 直接由丙公司向乙公司供应铁矿石

　　6. 债务承担可以分为免责的债务承担与并存的债务承担。下列选项中，属于两者共同之处的是（　　）。

　　A. 原债务人与新债务人一起对债权人承担债务

　　B. 原债务人均脱离债的关系

　　C. 原债务人均不脱离债的关系

　　D. 新债务人可以主张原债务人对债权人的抗辩

　　7. 债权人甲与第三人丙达成转让债权的协议，约定甲将其对乙的债权全部转让给丙，但甲与丙均未将债权转让的情形通知债务人乙。不知情的乙便向甲履行了债务，乙对甲的履行（　　）。

　　A. 无效　　　　　　B. 有效

　　C. 效力未定　　　　D. 可撤销

　　8. 甲与丙签订债权转让合同，将其对乙的债权转让给丙，随后甲通知了乙。对此，下列说法中，表述正确的是（　　）。

　　A. 甲随时可以撤销债权转让通知

　　B. 只有经过丙的同意，甲才能撤销债权转让通知

　　C. 只有经过乙的同意，甲才能撤销债权转让通知

　　D. 乙可以拒绝接受债权转让通知，仍然向甲作出

履行，消灭债务

　　9. 正鸣公司经营不力，外债累累，后经清偿，只剩对青瑶公司40万元债务尚未清偿。2021年8月22日，正鸣公司依法分立为正和公司与一鸣公司，并确定正和公司与一鸣公司按照1：3的比例分担对青瑶公司的债务。2021年9月1日，青瑶公司以对正鸣公司的40万元债权到期为由，要求正和公司与一鸣公司予以清偿。在正和公司清偿10万元之后，青瑶公司又要求正和公司清偿剩余的30万元，那么，（　　）。

　　A. 青瑶公司无权要求正和公司再清偿30万元

　　B. 所余30万元只能由一鸣公司来予以清偿，正和公司没有义务清偿

　　C. 正和公司与一鸣公司对40万元债务承担连带责任，因而正和公司在清偿10万元之后，仍有义务清偿剩余债务

　　D. 正和公司与一鸣公司应当按照事先约定的比例分担对青瑶公司的债务，因而青瑶公司无权要求正和公司再清偿30万元

　　10. 甲公司对外负债200万元，另有50万元的货款未予追回（欠款人为丁公司）。2021年3月，甲公司经全体股东同意分立为乙、丙两个公司，由乙公司承受原甲公司的全部债权、债务，并办理了变更登记与公告。同年4月，乙、丙两公司签订一协议，约定原由甲公司享有的对丁公司的50万元债权由丙公司享有。同年5月，丙公司向法院起诉丁公司要求归还50万元货款。以下有关该案的表述，正确的是（　　）。

　　A. 乙公司与丙公司之间的协议有效，丁公司应向丙公司偿还50万元货款

　　B. 乙公司与丙公司之间的协议无效，丙公司无权向丁公司追索货款

　　C. 乙公司与丙公司之间的协议有效，但不得对抗善意第三人，故丙公司无权向丁公司追索货款

　　D. 乙公司与丙公司之间的协议有效，但丁公司有权选择向乙公司或丙公司履行义务

　　11. 甲公司欠乙公司30万元。为了公司能够得到更好的发展，甲公司剥离不良资产，分立出一个丙公司。分立之后的甲公司与丙公司约定，由丙公司承担对乙公司的30万元债务。根据《民法典》的规定，乙公司应如何实现其债权？（　　）

　　A. 应当按照甲公司与乙公司间的合同约定，请求甲公司履行债务

B. 应当按照分立后的甲公司与丙公司间的合同约定，请求丙公司履行债务

C. 请求甲公司和丙公司对全部债务承担连带责任

D. 按照合同权利义务概括移转制度，应请求丙公司履行债务

12. 某区政府工业主管部门作出决定，把所属A公司的两个业务部分立出去再设B公司和C公司，并在决定中明确该公司以前所负的债务由新设的B公司承担。A公司原来欠李某货款5万元，现李某要求偿还。对此，应当如何处理？（　　）

A. 由B公司承担债务

B. 由A、B、C三个公司分别承担债务

C. 由A公司承担债务

D. 由A、B、C三个公司连带承担债务

13. 以下合同权利中，可以转让的权利是（　　）。

A. 诉讼时效期间届满的合同权利

B. 父亲请求儿女支付赡养费的权利

C. 剧院请求某著名演员登台演出的权利

D. 出卖人与买受人明确约定价款不得转让的债权

14. 下列选项中，关于合同权利义务概括移转的说法，错误的是（　　）。

A. 概括移转可以基于法律行为而产生，也可以基于法律规定而产生

B. 撤销权、解除权等形成权不能移转至第三人

C. 概括移转并非必须都要取得合同对方当事人的同意

D. 第三人取得了移转人的合同地位

15. 甲是房屋的所有人，其将房屋出租给乙。由于甲急需用钱，甲便将房屋卖给了丙。根据"买卖不破租赁"原则，乙仍然可以继续按照原合同的约定，使用房屋，其租赁权可以对抗丙。此时发生的是（　　）。

A. 债权让与

B. 债务承担

C. 合同权利义务的意定概括移转

D. 合同权利义务的法定概括移转

16. 甲公司分立为乙、丙两公司，约定由乙公司承担甲公司全部债务的清偿责任，丙公司继受甲公司全部债权。关于该协议的效力，下列哪一选项是正确的？（　　）

A. 该协议仅对乙、丙两公司具有约束力，对甲公

司的债权人并非当然有效

B. 该协议无效，应当由乙、丙两公司对甲公司的债务承担连带清偿责任

C. 该协议有效，甲公司的债权人只能请求乙公司对甲公司的债务承担清偿责任

D. 该协议效力未定，应当由甲公司的债权人选择分立后的公司清偿债务

17. 甲公司对乙公司享有10万元债权，乙公司对丙公司享有20万元债权。甲公司将其债权转让给丁公司并通知了乙公司，丙公司未经乙公司同意，将其债务转移给戊公司。如丁公司对戊公司提起代位权诉讼，戊公司下列哪一抗辩理由能够成立？（　　）

A. 甲公司转让债权未获乙公司同意

B. 丙公司转移债务未经乙公司同意

C. 乙公司已经要求戊公司偿还债务

D. 乙公司、丙公司之间的债务纠纷有仲裁条款约束

视频讲题

18. 甲将其对乙享有的10万元货款债权转让给丙，丙再转让给丁，乙均不知情。乙将债务转让给戊，得到了甲的同意。丁要求乙履行债务，乙以其不知情为由抗辩。对此，下列哪一表述是正确的？（　　）

A. 甲将债权转让给丙的行为无效

B. 丙将债权转让给丁的行为无效

C. 乙将债务转让给戊的行为无效

D. 如乙清偿10万元债务，则享有对戊的求偿权

19. 甲公司与乙银行签订借款合同，约定借款期限自2020年3月25日起至2021年3月24日止。乙银行未向甲公司主张过债权，直至2024年4月15日，乙银行将该笔债权转让给丙公司并通知了甲公司。2024年5月16日，丁公司通过公开竞拍购买并接管了甲公司。对此，下列哪一选项是正确的？（　　）

A. 因乙银行转让债权通知了甲公司，故甲公司不得对丙公司主张诉讼时效的抗辩

B. 甲公司债务的诉讼时效从2024年4月15日起中断

C. 丁公司债务的诉讼时效从 2024 年 5 月 16 日起中断

D. 丁公司有权向丙公司主张诉讼时效的抗辩

20. 甲向乙出借款项 100 万元，丙后来在乙的央求之下，向甲发出通知："本人愿意承担责任，从而使债权人甲不蒙受经济损失。"下列说法正确的是（　　）。

A. 丙的行为构成债务加入行为

B. 丙的行为构成保证

C. 若乙届期未清偿，则甲有权直接要求丙进行清偿

D. 若乙届期未清偿，则甲有权直接要求丙承担连带责任

视频讲题

（二）多项选择题

1. 下述权利中，可以由债权人转让给第三人的有（　　）。

A. 诉讼时效期间届满的债权

B. 基于可撤销合同而产生的债权

C. 雇主对雇员的权利

D. 不作为债权

2. 甲公司对乙公司享有 30 万元的债权，乙公司应于 2021 年 9 月 26 日至 9 月 30 日的期间内对甲公司进行清偿；同时甲公司通过有效的债务承担，承担了丁公司对乙公司的 20 万元债务，应于 2021 年 9 月 16 日至 9 月 25 日的期间内对乙公司进行清偿。甲公司于 2021 年 9 月 17 日与丙公司签订书面协议，转让了甲公司对乙公司的 30 万元债权。9 月 18 日，乙公司接到甲公司关于转让债权的通知后，即向丙公司主张 20 万元的抵销权。关于此案，下列说法中哪些是正确的？（　　）

A. 甲公司与丙公司之间的债权转让合同于 9 月 17 日生效

B. 甲公司与丙公司之间的债权转让合同经过乙公司的同意后方能生效

C. 乙公司接到债权转让通知后，负有向丙公司清偿 30 万元的义务

D. 甲公司于 2021 年 9 月 16 日可以向乙公司主张

抵销

3. 根据甲与乙之间的合同约定，甲应当向乙交货，乙应当向甲支付 10 万元，同时合同约定甲、乙享有的合同债权不得让与给第三人。但甲在交货之后，迟迟未得到货款。甲便以 9.5 万元的价格将其对乙的 10 万元债权转让给不知情的丙。对此，下列说法中，正确的有（　　）。

A. 甲与丙之间的合同无效

B. 甲与丙之间的合同有效

C. 丙可以取得甲对乙的 10 万元债权

D. 若甲所交货物存在质量问题，丙可以就相应的赔偿金向乙主张抵销

4. 甲与丙签订债权转让合同，将甲对乙的债权转让给丙。几天后，甲将此情形口头告诉了乙。后由于甲与丙产生了争议，甲便又通知乙，撤销先前的通知，而丙对此一无所知。对此，下列选项中，正确的有（　　）。

A. 若乙的债权与甲的债权是基于同一合同产生，乙可以向丙主张抵销

B. 甲以口头形式将债权转让通知给乙，可以发生效力

C. 甲撤销债权转让通知的行为不能发生效力

D. 若乙对甲享有债权，且乙的债权先于甲的债权到期，乙可以向丙主张抵销

5. 甲对乙享有 5 万元的债权。甲长久以来未请求乙履行债务，致使该债权的诉讼时效期间届满。甲与丙签订债权转让合同，将其债权让与给丙，并将此情形通知了乙。对此，下列选项中，正确的有（　　）。

A. 甲与丙的合同系以自然债权为转让对象，合同无效

B. 甲对丙负有瑕疵担保责任

C. 如果丙在签订合同之前，知道甲的债权已过诉讼时效，则甲不负瑕疵担保责任

D. 丙请求乙履行债务，乙可以拒绝履行

6. 老孙是老张的债权人，老刘为第三人，现欲由老刘为老张向老孙偿还债务，可以采取的方法有（　　）。

A. 老张与老刘签订债务承担合同，将债务全部转让给老刘

B. 老张与老刘签订债务承担合同，将债务部分转让给老刘

C. 老孙与老刘签订债务承担合同，将债务全部转

让给老刘

　　D. 老孙与老刘签订债务承担合同，将债务部分转让给老刘

　　7. 下述从属于主债权的权利，一般情况下可以随主债权的让与而移转于受让人的有（　　）。

　　A. 质权　　　　　　　B. 保证债权

　　C. 利息债权　　　　　D. 违约金债权

　　8. 乙公司欠甲公司 30 万元，债务早已到期，同时甲公司须在 2021 年 9 月 20 日清偿对乙公司的 20 万元货款。甲公司在同年 9 月 18 日与丙公司签订书面协议，转让其对乙公司的 30 万元债权。同年 9 月 24 日，乙公司在接到甲公司关于转让债权的通知后，便向丙公司主张 20 万元的抵销权。下列说法正确的有（　　）。

　　A. 甲公司与丙公司之间的债权转让合同于 9 月 24 日生效

　　B. 乙公司接到债权转让通知后，即负有向丙公司清偿 30 万元的义务

　　C. 乙公司于 9 月 24 日取得 20 万元的抵销权

　　D. 丙公司可以就 30 万元债务的清偿，要求甲公司和乙公司承担连带责任

视频讲题

　　9. 刘某欲将其对许某享有的债权转移给王某，该债权附有房产抵押并有其他专属于刘某自身的从权利。关于这一行为，下列表述哪些是正确的？（　　）

　　A. 刘某转让其债权，应当通知许某

　　B. 刘某转让其债权，该债权的有关从权利亦当然转移给王某

　　C. 由于房产抵押转让应当办理登记手续，因而只有在办理了房产抵押登记手续后，该债权转让行为才生效

　　D. 在债权转让后，如果刘某事前对许某履行债务不符合约定，许某可以对王某主张因刘某履行不符合约定所产生的抗辩

　　10. 关于合同权利和义务的概括移转，下列选项中正确的有（　　）。

　　A. 第三人概括承受了合同一方当事人的合同地位

　　B. 转移的是全部的合同权利义务

　　C. 通过合同方式来概括转移合同权利义务的，应当取得对方当事人的同意

　　D. 在企业的合并中可以发生合同权利义务的概括移转

　　11. 甲向乙借款 300 万元，于 2021 年 12 月 30 日到期，丁提供保证担保，丁仅对乙承担保证责任。后乙从甲处购买价值 50 万元的货物，双方约定 2022 年 1 月 1 日付款。2021 年 10 月 1 日，乙将债权让与丙，并于同月 15 日通知甲，但未告知丁。对此，下列哪些选项是正确的？（　　）

　　A. 2021 年 10 月 1 日债权让与在乙丙之间生效

　　B. 2021 年 10 月 15 日债权让与对甲生效

　　C. 2021 年 10 月 15 日甲可向丙主张抵销 50 万元

　　D. 2021 年 10 月 15 日后丁不再承担保证责任

　　12. 甲公司欠乙公司 1 000 万元，因甲公司与丙公司达成了某种合作关系，故丙公司通知乙公司其加入甲乙公司间的债务，在 300 万元范围内承担责任。下列选项正确的是（　　）。

　　A. 丙公司的行为属于债务加入

　　B. 丙公司的行为属于免责的债务承担

　　C. 丙公司与甲公司对乙公司承担 300 万元的按份债务，丙公司仅就 300 万元承担责任

　　D. 丙公司与甲公司对乙公司在 300 万元范围内承担连带债务

　　13. 甲因履行与乙的合同存在不当而对乙承担违约责任，双方确认甲应支付乙 2 万元，5 月前支付，逾期计算利息。后来甲逾期未予清偿，又将此债务转移给丙，并取得了乙的同意。不过，此前甲曾经出借给乙 3 000 元。下列选项正确的是（　　）。

　　A. 甲的此项债务属于因承担违约责任的债务，不得移转

　　B. 债务转移后，丙应当承担此笔 2 万元债务的利息

　　C. 债务转移后，丙有权向乙主张甲所拥有的抗辩

　　D. 债务转移后，丙可以向乙主张抵销 3 000 元

　　（三）不定项选择题

　　2021 年 1 月 2 日，甲公司与乙公司订立合同约定甲公司向乙公司交付 20 台电视机，乙公司向甲公司支付 10 万元。2 月 2 日，甲公司便要求乙公司支付 10 万

元，但乙公司以合同未约定履行顺序为由，拒绝支付10万元，除非甲公司交付20台电视机。甲公司急于周转资金，便于2月6日与丙公司订立合同，将其对乙公司的债权转让给丙公司。2月7日，甲公司告知乙公司债权转让的情形，乙公司通知甲公司其不接受甲公司与丙公司间的债权转让，因而不会向丙公司履行债务。

丙公司在知道乙公司的态度后，感觉合同的履行势必障碍重重，便放下此事，直到2024年3月2日，丙公司才想起此事。经过询问，丙公司得知甲公司已经对乙公司履行了债务，交付了20台电视机。但丙公司认为乙公司很可能仍不会向自己支付10万元，于是丙公司便于2024年4月2日与丁公司签订了合同，将债权转让给了丁公司，并于当日将此情形通知乙公司。请基于《民法典》的规定回答下列问题：

1. 2021年2月2日，乙公司向甲公司行使的是什么权利？（　　）

A. 抵销权　　　　　B. 同时履行抗辩权

C. 不安抗辩权　　　D. 先履行抗辩权

2. 乙公司表示不接受甲公司与丙公司间的债权转让，甲公司与丙公司所签订的债权转让合同是否有效？（　　）

A. 合同无效

B. 合同有效

C. 合同效力未定，除非取得乙公司的同意

D. 合同效力无法确定

3. 下列选项中，关于丙公司与丁公司间的债权转让合同的说法正确的是（　　）。

A. 合同有效

B. 合同无效

C. 合同效力未定，因为乙公司是否愿意履行债务尚不可知

D. 合同效力无法确定

4. 2024年4月3日，如果丁公司向乙公司提出了履行请求，那么（　　）。

A. 乙公司必须向丁公司作出履行，因为其为债务人

B. 乙公司可以拒绝履行，因为丁公司不是债权人

C. 乙公司可以向丁公司履行债务

D. 乙公司可以拒绝履行，因为其先前便不同意甲公司向丙公司转让债权

视频讲题

简答题

1. 简述合同变更的条件。

2. 简述合同债权转让的条件。

3. 简述免责的债务承担的条件。

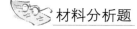材料分析题

2021年8月12日，食品公司与李某签订了买卖水果的合同，由李某向食品公司提供各种水果，双方约定了货物的质量、价格等条款。同年12月10日，食品公司分立为A、B两个公司，并且在分立协议中明确约定与李某的合同由A公司单独负责。据查，李某分别于2021年9月18日、10月16日给食品公司送货两批，价值分别为8 000元和6 700元。12月13日，李某又给A公司送了价值为2 800元的货物。12月18日，李某与A公司因货款问题发生争议，李某起诉至法院。试分析李某提供的三批货物的货款应由谁偿还。

论述题与深度思考题

试述合同债权转让的效力。

参考答案

名词解释与概念比较

1. 合同的转让，是指在不改变合同内容的情形下，合同关系的一方当事人将合同的债权、债务全部或者部分地转让给第三人。

2. 合同债权的转让，是指债权人将自己在合同中享有的债权转让给第三人，由该第三人取得相让的债权。

3. 合同债务的转移，是指在合同内容不变的情形

下，债务人将其债务转移给第三人承担。

4. 免责的债务承担，是指债务人将债务的全部或者部分转移给第三人，从而债务人免除全部或者部分债务的债务转移。

5. 并存的债务承担，是指原债务人的债务并没有消灭，仅是新债务人加入债务关系成为新的债务人。

 选择题

（一）单项选择题

1. B

合同变更有广义、狭义之分：广义的合同变更包括主体变更与内容变更；而狭义的合同变更指的是内容变更。合同变更通常指的是狭义的合同变更，即合同内容变更。合同变更只能发生在合同成立后到合同履行完毕之前，合同没有成立或履行完毕之后，不可能存在变更合同问题。不论当事人采取何种形式，只要就变更达成协议，便可以变更合同内容，不以书面形式为限。当事人对合同变更的内容约定不明确的，推定为未变更。故本题应选 B 项。

2. C

根据《民法典》第 551 条的规定，债务人将债务的全部或者部分转移给第三人的，应当经债权人同意。《民法典》第 552 条规定："第三人与债务人约定加入债务并通知债权人，或者第三人向债权人表示愿意加入债务，债权人未在合理期限内明确拒绝的，债权人可以请求第三人在其愿意承担的债务范围内和债务人承担连带债务。"故本题应选 C 项。

3. B

按照《民法典》第 67 条的规定，当事人订立合同后合并的，由合并后的法人行使合同权利，履行合同义务。当事人订立合同后分立的，除债权人和债务人另有约定的以外，由分立后的法人对合同的权利和义务享有连带债权，承担连带债务。也就是说，由变更后的当事人根据法律规定来享有债权、承担债务。故本题应选 B 项。

4. B

当事人一方经对方同意，可以通过概括移转的方式将自己在合同中的权利和义务一并转让给第三人。乙将其在与甲的合同中的全部权利、义务转移给丙，应当得到甲的同意。故本题应选 B 项。

5. C

债务人将其债务转移给第三人，应当经过债权人的同意。甲公司与丙公司签订债务承担合同，该合同需要经过乙公司的同意才能生效，发生债务承担的效果。故本题应选 C 项。

6. D

在免责的债务承担中，第三人取代原债务人的地位而承担全部的合同债务，债务人脱离合同关系。在并存的债务承担中，原债务人并不脱离合同关系，而是第三人加入合同关系中，与原债务人共同向债权人承担合同债务。不论是在免责的债务承担中还是在并存的债务承担中，债务人转移义务的，新债务人可以主张原债务人对债权人的抗辩。故本题应选 D 项。

7. B

甲与丙的债权转让合同可以生效，从而发生丙受让债权的结果，但由于乙未被通知债权转让，根据《民法典》第 546 的规定，该债权转让对乙不发生效力，乙对甲的履行仍有效。故本题应选 B 项。

8. B

按照《民法典》第 546 条第 2 款的规定，债权人转让权利的通知不得撤销，但经受让人同意的除外。因此，只有经过受让人丙的同意，甲才能够撤销债权转让通知。在债权转让中，债务人的意思不能决定债权转让合同的效力，债权人将债权转让情形通知债务人，债权转让即对债务人生效，债务人需要向受让人作出履行，以消灭债务。所以，若乙仍然向甲作出履行，则不能发生清偿的效力，其债务不能消灭。故本题应选 B 项。

9. C

正鸣公司发生分立后，其合同债权、债务均由分立后的正和公司与一鸣公司享有、承担。正和公司与一鸣公司约定按照 1∶3 的比例偿还债务，但这种约定在未经债权人青瑶公司同意的情况下不能对抗青瑶公司，因此，正和公司与一鸣公司对青瑶公司的债务承担连带责任。在正和公司清偿了 10 万元之后，青瑶公司仍然可以要求正和公司清偿剩余的 30 万元。当然，正和公司清偿完毕之后，可以按照其与一鸣公司之间的约定，要求一鸣公司分担自己应当清偿的份额。故本题应选 C 项。

10. C

甲公司分立为乙、丙两个公司，由乙公司承受全部的债权、债务，此时发生的是合同权利义务的法定概括移转。乙公司成为丁公司的债权人，丁公司应当向乙公司清偿。随后，乙公司与丙公司签订债权转让协议，让与对丁公司的50万元债权，但由于未将债权转让情形通知丁公司，因而虽然乙公司与丙公司的协议有效，丙公司成为丁公司的债权人，但债权转让对丁公司不生效，丁公司可以拒绝向丙公司偿还货款。故本题应选C项。

11. C

法人合并、分立的，由合并、分立后的法人行使债权、履行债务。甲公司派生分立出一个丙公司，并与之约定由丙公司承担对乙公司的30万元债务。按照《民法典》第67条的规定，除非债权人与债务人另有约定，否则甲公司与丙公司对乙公司承担连带债务，甲公司和丙公司均有义务清偿全部的30万元。故本题应选C项。

12. D

在债权人与债务人未作明确约定时，应由分立后的A、B、C三个公司对债权人承担连带债务。故本题应选D项。

13. A

B、C两项中的权利均属于依权利性质不得转让的权利，D项中的价款债权属于当事人约定不得转让的权利。A项中的权利虽然诉讼时效已经届满，但权利并不消灭，权利人仍有权将其转让。故本题应选A项。

14. B

合同权利义务的概括移转是合同一方当事人的合同权利义务一并让与第三人，第三人因而取得了合同当事人的地位，合同中的撤销权、解除权等均一并移转至第三人。概括移转可以基于法律行为如以签订合同的形式而发生，也可基于法律规定如法人的合并与分立而产生。在基于法律行为而发生时，概括移转需要取得对方当事人的同意，否则不能发生效力。而在基于法律规定而发生时，概括移转并不需要取得对方当事人的同意。故本题应选B项。

15. D

买受人丙在取得房屋所有权的同时，还承受了该房屋上原已存在的乙的租赁权，仍然需要履行原来的合同。也就是说，丙承受了甲在租赁合同中的地位，承受其全部的权利与义务，此时发生的是合同权利义务的概括移转。这种概括移转并非基于合同约定而产

生的，而是基于法律规定而产生的，为法定的概括移转。故本题应选D项。

16. A

当事人订立合同后分立的，除债权人和债务人另有约定的以外，由分立的法人对合同的权利和义务享有连带债权，承担连带债务。乙、丙两公司之间的协议有效，但基于合同相对性，其只约束乙、丙两公司，除非与甲公司的合同相对人另有约定，否则乙、丙两公司对外享有连带债权、承担连带债务。故本题应选A项。

17. B

甲公司将对乙公司的债权让与给丁公司，通知债务人乙公司才对乙公司生效，但不必获得乙公司同意，A项不选。丙公司将对乙公司的债务转移给戊公司，需经债权人乙公司同意才有效，未经同意的，戊公司不对丙公司的债权人乙公司承担债务，也不能成为代位权行使中的次债务人，B项当选。C项中，若乙公司已经要求戊公司偿还债务，则意味着乙公司同意丙、戊公司之间的债务承担，受让债权的丁公司可以对承担债务的戊公司行使代位权，戊公司无法就此提出抗辩。D项中，乙、丙公司间的仲裁条款只能约束乙、丙公司或乙、戊公司，不能约束甲公司、丁公司，戊公司也不能就此提出抗辩。故本题应选B项。

18. D

乙戊之间的债务承担行为得到了债权人甲的同意，债务承担有效，戊成为债务人。甲将债权让与给丙，丙再让与给丁，均为有效，丁成为债权人，但因未通知债务人，故该债权让与对债务人不生效。在通知债务人后，债务人对受让债权的人负清偿义务。若乙清偿债务，则构成代为清偿，对戊享有求偿权。故本题应选D项。

19. D

诉讼时效期间自权利人知道或应当知道权利受到侵害以及义务人之日起开始计算，乙银行债权的诉讼时效期间应当自债务人甲公司于债务履行期限届满而仍未清偿时起计算，即2021年3月25日。因此，至2024年4月15日乙银行债权让与之时，3年诉讼时效期间已经届满，无中断的余地。乙银行将债权让与通知于甲公司，债权让与对甲公司生效，丙公司成为债权人，但甲公司可以向受让人丙公司主张其对抗乙公司的抗辩，即可主张时效届满的抗辩。丁公司接管甲

公司，承担了甲公司的债务，其享有基于债务本身而产生的抗辩权，可以向债权人丙公司予以主张。故本题应选 D 项。

20. B

债务加入与保证极为相似，二者均使债权人取得了对第三人的权利。在前者，债权人可以要求债务加入人与债务人承担连带责任，在后者，在符合条件时，债权人可以要求保证人承担保证责任，二者均补充了债务人的信用。本题中，丙的通知的内容并不清晰，即对于究竟作出保证，还是作出债务加入，意思表示不清楚，但承担责任的意思表示却是清楚的。按照最高人民法院《关于适用〈中华人民共和国民法典〉有关担保制度的解释》第 36 条的规定，"第三人向债权人提供差额补足、流动性支持等类似承诺文件作为增信措施，具有提供担保的意思表示，债权人请求第三人承担保证责任的，人民法院应当依照保证的有关规定处理。第三人向债权人提供的承诺文件，具有加入债务或者与债务人共同承担债务等意思表示的，人民法院应当认定为民法典第五百五十二条规定的债务加入。前两款中第三人提供的承诺文件难以确定是保证还是债务加入的，人民法院应当将其认定为保证。"存疑应推定为保证。丙承担担保责任的意思是清楚的，应确定为保证。在对保证方式未作约定或约定不明时，应构成一般保证，而非连带责任保证。因此，丙成为一般保证人，若乙届期未清偿，丙拥有先诉抗辩权，甲不能要求丙进行清偿。故本题应选 B 项。

（二）多项选择题

1. AB

A 项中的债权，其诉讼时效虽然已经届满，但债权并没有消灭，仍有让与性，可以转让；B 项中的债权在合同被撤销之前有效，具有让与性，可以让与。C、D 两项中的权利基于合同性质，不得让与。故本题应选 A、B 项。

2. AC

甲公司与丙公司之间的债权转让合同于 2021 年 9 月 17 日订立，自成立之时便可生效，而不必取得乙公司的同意。乙公司于 2021 年 9 月 18 日接到债权转让的通知后，因该债权已届清偿期，乙公司应当向丙公司清偿 30 万元。甲公司经过债务承担，成为乙公司的债务人，甲公司对乙公司享有 30 万元的债权，乙公司对甲公司享有 20 万元的债权，这两种债权的给付标的相

同，只是各自的债权履行期不同。如果两公司的债权均已届清偿期限，则可相互抵销。D 项中，乙公司的债权于 2021 年 9 月 16 日已到期，但甲公司的债权未到清偿期限，因而乙公司可以向甲公司主张抵销，而甲公司不能向乙公司主张抵销。故本题应选 A、C 项。

3. BCD

《民法典》第 545 条第 2 款规定："当事人约定非金钱债权不得转让的，不得对抗善意第三人。当事人约定金钱债权不得转让的，不得对抗第三人。"本题中，基于甲与乙之间的合同约定，甲对乙的债权属于当事人特约不得转让的金钱债权。但这种约定只在甲乙之间具有约束力，而不能对抗第三人。甲与丙签订合同将该债权转让给丙，由于丙为第三人，因而该债权转让合同有效，丙可以取得甲对乙的 10 万元债权。按照《民法典》第 549 条的规定，债务人的债权与转让的债权是基于同一合同产生的，则债务人可以向受让人主张抵销。因此，若甲所交货物存在质量问题，丙可以就相应的赔偿金向乙主张抵销。故本题应选 B、C、D 项。

4. ABCD

《民法典》并未限定债权转让通知的形式，所以，甲以口头形式进行债权转让的通知，可以发生效力。在未得到受让人丙的同意的情况下，甲撤销债权转让通知的行为无效，乙仍然可以向丙履行债务。根据《民法典》第 549 条的规定，乙可以向丙主张抵销。故本题应选 A、B、C、D 项。

5. BCD

债权的诉讼时效期间虽然已经届满，但不影响债权的转让，因而甲与丙的债权转让合同有效。由于甲的债权已过诉讼时效，因而甲对丙负有瑕疵担保责任，在丙无法得到乙的履行时，应对丙承担责任。如果丙在签订合同之前就知道甲的债权已过诉讼时效而仍与甲签订了合同，则甲不必对丙承担瑕疵担保责任。由于丙受让的债权已过诉讼时效，因而乙可以诉讼时效期间届满为由，拒绝履行。故本题应选 B、C、D 项。

6. ABCD

A、B 两项中，债务人将债务移转给第三人，一个是免责的债务承担，一个是并存的债务承担，在取得债权人同意后，老刘便成为债务人。C、D 两项中，债权人将债务移转给第三人，除非债权人与债务人事先有禁止债务移转的特殊约定，否则不必经过债务人同

意便可生效。故本题应选 A、B、C、D 项。

7. ABCD

在债权让与的内部效力中，受让人取得与债权有关的从权利，但专属于债权人自身的除外。除非当事人有相反的约定，担保权（质权、抵押权、保证等）、违约责任请求权（利息债权、违约金债权等）等从权利会随同主债权转移于受让人。故本题应选 A、B、C、D 项。

8. BC

2021 年 9 月 18 日，甲公司与丙公司签订债权让与合同，将其对乙公司的 30 万元债权转让给丙公司，该合同不以通知乙公司为生效条件，甲公司与丙公司之间的合同于 9 月 18 日成立时生效。9 月 24 日，乙公司接到了债权转让通知，债权转让对乙公司生效，乙公司应向丙公司偿还 30 万元。乙公司对甲公司享有 20 万元的债权，履行期限为 9 月 20 日。乙公司要想以此债权对甲公司的债权进行抵销，乙公司的债权必须到期，所以，乙公司在 9 月 20 日取得对甲公司的抵销权。按照《民法典》第 549 条的规定，债务人接到债权转让通知时，债务人对让与人享有债权，并且债务人的债权先于转让的债权到期或者同时到期的，债务人可以向受让人主张抵销。9 月 24 日，乙公司可以向丙公司主张抵销权，抵销 20 万元。抵销之后，乙公司只需向丙公司支付 10 万元。对于不足的 20 万元，丙公司只能要求甲公司予以支付。因此，丙公司不能要求甲公司与乙公司承担连带责任。故本题应选 B、C 项。

9. AD

《民法典》第 547 条规定："债权人转让债权的，受让人取得与债权有关的从权利，但是该从权利专属于债权人自身的除外。受让人取得从权利不因该从权利未办理转移登记手续或者未转移占有而受到影响。"本题中，债权让与对债务人许某生效的前提是将债权转让的情形通知许某。房屋抵押权一并发生移转，即使未办理相应的登记手续。由于除抵押权外的其他从权利是专属于刘某自身的，因而不能随主债权转移给王某；债权让与行为是否发生效力与是否办理房产抵押登记手续无关；债务人许某可以向受让人王某主张其对原债权人刘某的抗辩。故本题应选 A、D 项。

10. ABCD

合同权利义务的概括移转是第三人取代合同一方当事人，成为新的当事人，其地位与被取代的当事人一样，其所承受的就是合同当事人地位。合同权利义务的概括移转应当转移合同中的全部权利、义务，只有如此才能称得上是合同地位的取代。通过合同方式发生概括移转时，应当取得合同对方当事人的同意。在企业的合并、分立中可以发生概括移转，这属于法定概括移转。故本题应选 A、B、C、D 项。

11. ABD

无特别约定的，债权让与合同成立便生效，通知债务人，才对债务人生效。根据《民法典》第 549 条的规定，债务人接到债权转让通知时，债务人对让与人享有债权，并且债务人的债权先于转让的债权到期或者同时到期的，债务人可以向受让人主张抵销。在 2021 年 10 月 15 日，甲与丙的债权均未到期，甲不能主张抵销。根据《民法典》第 696 条第 1 款的规定，债权人转让全部或者部分债权，未通知保证人的，该转让对保证人不发生效力。若通知保证人，则保证人继续对受让人承担保证责任。根据该条第 2 款的规定，保证人与债权人约定禁止债权转让，债权人未经保证人书面同意转让债权的，保证人对受让人不再承担保证责任。因丁仅对乙承担保证责任，这也构成禁止债权转让，故丁不再承担保证责任。故本题应选 A、B、D 项。

12. AD

按照《民法典》第 552 条的规定，丙公司的行为构成债务加入，即并存的债务承担。乙公司只能在丙公司愿意承担的 300 万元范围内，要求丙公司与甲公司承担连带债务。余下的 700 万元，与丙公司无关。故本题应选 A、D 项。

13. BC

违约责任请求权虽属债权，却不具有可让与性，违约责任也不具有可让与性，这与债的相对性有关。但甲乙已经确认支付金额，成为普通的债务，可以转让，因此 A 项错误。按照《民法典》第 554 条的规定，债务转移后，新债务人承担与主债务有关的从债务，因此 B 项正确。按照《民法典》第 553 条的规定，债务转移后，新债务人可以主张原债务人对债权人的抗辩，因此 C 项正确。不过，原债务人对债权人享有债权的，新债务人不得向债权人主张抵销，因为该债权与本次债务移转无关，否则的话，新债务人便取得了其不应取得的权利，即该债权仍然属于原债务人甲，丙不能进行抵销。故本题应选 B、C 项。

（三）不定项选择题

1. B

甲公司与乙公司基于同一双务合同，互为债权人，合同未约定先后履行顺序，甲公司未履行的，乙公司可以拒绝履行。因此，乙公司行使的是同时履行抗辩权。故本题应选 B 项。

2. B

债权让与合同的生效不以债务人的同意为条件，甲公司与丙公司所签订的债权转让合同符合有效条件，自成立之日起便生效。故本题应选 B 项。

3. A

合同有效，因为丙公司基于有效的债权转让而成为乙公司的债权人。乙公司是否愿意履行债务，与丙公司和丁公司之间债权转让合同的效力无关。故本题应选 A 项。

4. C

乙公司虽然先前不同意甲公司向丙公司转让债权，但债权转让的生效不以债务人同意为条件，所以丙公司取得了甲公司对乙公司的债权，随后其将债权转让给丁公司，使丁公司成为新的债权人。因此，乙公司不得以其先前之拒绝为由而不向丁公司作出履行。作为债务人，乙公司可以向丁公司履行债务，以消灭债务。故本题应选 C 项。

 简答题

1. 合同变更须具备以下条件：（1）当事人须已存在合同关系。合同的变更是改变合同的内容，因此，没有已经存在的合同关系，也就无所谓的合同的变更。在合同的变更中，已存在的合同关系应当是有效合同。（2）合同的内容须发生变化。合同的变更是合同的内容发生改变，因此，没有合同内容的改变，就不会有合同的变更。（3）当事人须协商一致。当事人变更合同的程序，适用合同订立的一般程序，即由一方提出变更合同的要约，另一方承诺。若双方就合同的某一事项的变更不能协商一致，则该项合同内容不能变更。（4）依照规定办理批准等手续。按照法律、行政法规的规定，合同的变更应当办理批准等手续的，当事人就合同的变更达成协议后，还应按照规定办理批准等手续，否则，不能发生变更的效力。

2. 合同债权转让须具备以下条件：（1）让与人须

享有债权。债权转让的标的是债权，因此，只有债权存在，才有转让的可能。（2）让与人须享有有效的债权。债权的转让以受让人取得债权为目的，只有债权有效，受让人才能有效受让取得。因此，让与人享有有效的债权是合同债权转让的基本前提。（3）债权须有可让与性。债权为财产权，原则上可以转让，但是债权也存在不可让与的情形，如根据债权性质不得转让的债权、按照当事人约定不得转让的债权、依照法律规定不得转让的债权等。（4）让与人与受让人就债权转让达成一致。让与人与受让人就债权转让达成一致，意味着让与人与受让人之间订立了债权转让合同。该合同须具备合同的一般有效条件，才能发生效力。（5）依照规定办理批准等手续。按照法律、行政法规的规定，债权的转让应当办理批准等手续的，当事人应当就债权的转让办理批准等手续。

3. 免责的债务承担须具备以下条件：（1）须债务有效存在。债务转移的标的是债务，因此，只有债务存在，才有转移的可能。（2）须债务具有可让与性。根据债务性质不得转移的债务、按照当事人约定不得转移的债务、依照法律规定不得转移的债务，均不具有可让与性，不能作为债务转移的标的。（3）须订立债务承担合同。债务承担合同有三种情形：一是由债务人与第三人订立债务承担合同，二是由债权人与第三人订立债务承担合同，三是由债务人、债权人与第三人三方共同订立债务承担合同。（4）须经债权人同意。在债权债务关系中，债务承担直接涉及债权人的债权能否得到实现。所以，债务的转移应经债权人同意。（5）依照法律、行政法规的规定，债务转移应当办理批准等手续的，应办理批准等手续。

材料分析题

食品公司于 12 月 10 日分立为 A、B 两个公司，在此之前，李某向食品公司分别提供了价值为 8 000 元和 6 700 元的货物。分立之后，李某向 A 公司提供了价值为 2 800 元的货物。李某在三个时间形成了三笔债权。按照《民法典》第 67 条的规定，当事人订立合同后分立的，除债权人和债务人另有约定的以外，由分立的法人对合同的权利和义务享有连带债权、承担连带债务。A、B 两公司关于食品公司与李某的合同由 A 公司单独负责的约定没有取得李某的同意，不能对抗李某。

所以，在食品公司分立之前的数额为 8 000 元和 6 700 元的两笔债务，应由 A、B 两公司承担连带责任，李某既可以向 A 公司，也可以向 B 公司提出履行请求。而李某于 12 月 13 日产生的数额为 2 800 元的债权发生于食品公司分立之后，应由其对方当事人即 A 公司清偿。

 论述题与深度思考题

合同债权转让会产生对内和对外两个方面的效力。

（1）债权转让的对内效力。债权转让的对内效力是对让与人和受让人的效力，主要有如下几种。1）债权由让与人转移于受让人。在债权转让生效后，让与人不再享有所转让的债权，而受让人即取得所受让的债权，直接成为债权人，得依约定向债务人主张债权。2）债权人转让债权的，受让人取得与债权有关的从权利，但是该从权利专属于债权人自身的除外。3）让与人对转让的债权负瑕疵担保责任。转让的债权有瑕疵使受让人利益受损害的，让与人应向受让人负赔偿责任。4）让与人负有使受让人能够完全行使债权的从给付义务。因此，让与人有义务向受让人交付与主张债权有关的文件，如债务人出具的借据、票据、账簿、合同书等；同时让与人应当通知与主张债权有关的事项，如履行期限、履行地点、履行方式等。5）让与人承担债权转让的费用。因债权转让增加的履行费用，应当由让与人负担（《民法典》第 550 条）。

（2）债权转让的对外效力。债权转让的对外效力是对债务人及第三人的效力，主要有如下几种。1）债权人转让债权，应当通知债务人。债权人转让债权，未经通知债务人的，该转让对债务人不发生效力。2）债务人应向受让人履行债务。债权的转让对债务人发生效力后，债务人不得向原债权人履行债务。3）债务人接到债权转让通知后，债务人对让与人的抗辩，可以向受让人主张。4）债务人可以向受让人主张抵销。有下列情形之一的，债务人可以向受让人主张抵销：其一，债务人接到债权转让通知时，债务人对让与人享有债权，且债务人的债权先于转让的债权到期或者同时到期；其二，债务人的债权与转让的债权是基于同一合同产生。5）债权双重转让的效力。债权双重转让的，债权转让均为有效。

第七章　合同权利义务的终止

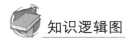

知识逻辑图

合同权利义务的终止
- 概念：合同当事人双方之间的权利义务于客观上不复存在
- 原因
  - 合同目的达到
  - 当事人的意思
  - 法律的直接规定
- 效力
  - 主债权债务消灭
  - 从权利消灭
  - 发生附随义务
  - 结算和清理条款的效力不受影响
  - 负债字据的返还
- 清偿
  - 概念：债务人按照合同的约定向债权人履行义务、实现债权目的的行为
  - 代物清偿
    - 概念：债务人以他种给付代替原定给付，债权人受领该给付而使合同关系消灭
    - 条件
      - 有债权债务存在
      - 以他种给付代原定给付
      - 代物清偿须经债权人同意
      - 债权人现实受领他种给付
    - 效力：合同关系终止
  - 清偿抵充
    - 概念：债务人对同一债权人负担数宗种类相同的债务，清偿人所提出的给付不足以清偿全部债务时，决定其清偿抵充何宗债务的制度
    - 条件
      - 债务人须对同一债权人负担数宗债务
      - 债务人负担的数宗债务的种类相同
      - 债务人所提出的给付不足以清偿全部债权
  - 方法
    - 约定抵充：当事人之间事先约定债务人的清偿系抵充何宗债务
    - 指定抵充：当事人一方以其意思指定清偿人的清偿应抵充的债务
    - 法定抵充：当事人未约定，也未指定清偿抵充方法时，依法律规定决定清偿人的清偿应抵充的债务
  - 顺序：实现债权的有关费用；利息；主债务
- 解除
  - 概念：在合同依法成立后而尚未全部履行前，当事人基于协商，或者法律规定或当事人约定，或者通过诉讼或仲裁而使合同关系归于消灭
  - 特征
    - 以当事人之间存在有效合同为前提
    - 合同的解除须具备一定的条件
    - 合同终止的原因

协议解除：在合同依法成立后而尚未全部履行前，当事人通过协商而解除合同

约定解除：在合同依法成立后而尚未全部履行前，当事人基于双方约定的事由行使解除权而解除合同

种类

法定解除：在合同依法成立后而尚未全部履行前，当事人基于法律规定的事由行使解除权而解除合同

裁判解除：法院或者仲裁机构基于裁决而解除合同

因不可抗力不能实现合同目的

在履行期限届满之前，当事人一方明确表示或者以自己的行为表明不履行主要债务

解除

法定条件

当事人一方迟延履行主要债务，经催告后在合理期限内仍未履行

当事人一方迟延履行债务或者有其他违约行为致使不能实现合同目的

法律规定的其他情形

程序

协议解除合同的程序：当事人通过订立一个新合同的办法，达到解除合同的目的

通知解除合同的程序：采取通知的方式，合同自通知到达对方时解除

效力

合同解除的溯及力

合同解除的赔偿责任

合同解除后的违约金责任

合同解除后的担保责任

概念：当事人双方相互负有给付义务，将两项债务相互充抵，使其相互在对等额内消灭

特征

抵销具有担保功能

抵销是单方行为

抵销不得附条件或者附期限

概念：在具备法律所规定的条件时，依当事人一方的意思表示所为的抵销

条件

双方互负有债务，互享有债权

双方债务的给付为同一种类

主动债权已届清偿期

双方的债务均为可抵销的债务

合同权利义务的终止

抵销

法定抵销

方法：当事人主张抵销的，应当通知对方

效力

双方的债权债务于抵销数额内消灭

抵销自抵销通知到达对方时发生效力

抵销的抵充

合意抵销

概念：依当事人双方的合意所为的抵销

方法：订立抵销合同

效力：消灭当事人之间同等数额的债权债务关系；改变法定抵销的条件

概念：债务人于债务已届履行期时，将无法给付的标的物提交给提存部门，以消灭合同债务的行为

条件

提存主体合格：提存人、提存部门、提存受领人

提存的合同有效且已届履行期

提存原因合法

提存客体适当

提存

效力

在债务人与债权人之间的效力：债权债务关系消灭

在提存人与提存部门之间的效力：提存人应当妥善保管提存物

在提存部门与债权人之间的效力：债权人有权请求提存部门交付提存物

合同权利义务的终止
├─ 免除
│ ├─ 概念：债权人免除债务人的债务而使债权债务部分或者全部终止的行为
│ ├─ 性质
│ │ ├─ 单方行为
│ │ ├─ 无偿行为
│ │ ├─ 不要式行为
│ │ └─ 无因行为
│ ├─ 条件
│ │ ├─ 债务免除的意思表示应向债务人为之
│ │ ├─ 债权人须具有处分能力
│ │ └─ 债务免除不得损害第三人的利益
│ └─ 效力：免除范围内债权债务消灭、从债务消灭
└─ 混同
   ├─ 概念：债权和债务同归于一人，而使债权债务终止的现象
   ├─ 特征
   │ ├─ 权利与义务的混同
   │ ├─ 事件
   │ └─ 基于债权债务的存在必有两个主体的观念
   ├─ 原因
   │ ├─ 概括承受：合同关系的一方当事人概括承受他方的债权债务
   │ └─ 特定承受：因债权转让或者债务承担而承受债权债务
   └─ 效力：债权债务关系、从债务消灭

名词解释与概念比较

1. 合同终止
2. 清偿
3. 代物清偿
4. 清偿抵充
5. 合同解除
6. 抵销
7. 法定抵销与合意抵销
8. 提存
9. 债务免除
10. 混同

选择题

（一）单项选择题

1. 合同权利义务的终止是指（　　）。

A. 合同的变更

B. 合同的消灭

C. 合同效力的暂时停止

D. 合同的解除

2. 李某于 2018 年 1 月向张某借款 1 000 元，约定 2019 年 1 月偿还。嗣后张某于 2019 年 1 月又向李某借款 1 000 元，约定 2 年后偿还。2021 年 1 月，李某向张某表示，各自都不用偿还债务了，张某表示同意。这产生的法律后果是（　　）。

A. 合同的变更

B. 合同的终止

C. 行使同时履行抗辩权

D. 合同的转移

3. 下列选项中，可以由第三人代替债务人清偿是（　　）。

A. 甲与乙之间的关于不许在甲家房前修建建筑物的协议

B. 甲与乙之间的演出合同

C. 甲与乙之间附有不得由第三人代为清偿的条款的合同

D. 甲与乙之间的借款合同

4. 胡某于 2018 年 3 月 10 日向李某借款 100 万元，期限 3 年。2021 年 3 月 30 日，双方商议再借 100 万元，期限 3 年。两笔借款均先后由王某保证，未约定保证方式和保证期间。李某未向胡某和王某催讨。胡某仅于 2022 年 2 月归还借款 100 万元。关于胡某归还的 100 万元，下列哪一表述是正确的？（　　）

A. 因 2018 年的借款已到期，故归还的是该笔借款

B. 因 2018 年的借款无担保，故归还的是该笔借款

C. 因 2018 年和 2021 年的借款数额相同，故按比例归还该两笔借款

D. 因 2018 年和 2021 年的借款均有担保，故按比例归还该两笔借款

5. 甲、乙两公司之间签订了房屋买卖合同，合同尚未得以履行，两公司便合并了，从而使甲、乙两公司的合同权利义务关系终止，这属于（　　）。

A. 免除　　　　　　　B. 解除

C. 混同　　　　　　　D. 抵销

6. 甲投资期货，于 2020 年 10 月向乙借款 10 万元，约定 1 年以后还本付息。1 年后，甲投资失败，根本无法偿还乙的借款，乙多次索要未果，甲、乙为此经常恶语相向。甲的父亲为了息事宁人，找到乙还了 10 万元。甲的父亲的行为属于（　　）。

A. 清偿抵充　　　　　B. 代为清偿

C. 债务承担　　　　　D. 代理清偿

7. 按照甲与商场间的合同，甲需要为商场制作数据库，以方便商场管理进货、客户名单以及商品入库等事务。甲如约向商场提供了数据库软件，则下列选项中，表述错误的是（　　）。

A. 甲的行为属于清偿

B. 甲的行为属于抵销

C. 甲的行为属于债务履行

D. 甲应遵循诚信原则，承担保守商场商业秘密的义务

8. 甲向乙借款 1 万元，而乙欠甲 3 万块砖。甲的债务于 2021 年 2 月 9 日到期，乙的债务于 2021 年 8 月 8 日到期。2021 年 2 月 10 日，甲与乙经过协商达成协议，两笔债务相抵，双方互不相欠。甲与乙的行为属于（　　）。

A. 清偿　　　　　　　B. 混同

C. 合意抵销　　　　　D. 法定抵销

9. 甲公司向乙公司催讨一笔已过诉讼时效期限的 10 万元货款。乙公司书面答复称："该笔债务已过时效期限，本公司本无义务偿还，但鉴于双方的长期合作关系，可偿还 3 万元。"甲公司遂向法院起诉，要求偿还 10 万元。乙公司接到应诉通知后，书面回函甲公司称："既然你公司起诉，则不再偿还任何货款。"下列哪一选项是正确的？（　　）

A. 乙公司的书面答复意味着乙公司需偿还甲公司 3 万元

B. 乙公司的书面答复构成要约

C. 乙公司的书面回函对甲公司有效

D. 乙公司的书面答复表明其丧失了 10 万元的时效利益

10. 甲商场与生产月饼的乙公司签订了月饼销售合同，合同约定乙公司在中秋节之前应当向甲商场交付 100 箱月饼，甲商场货到付款。由于市场对月饼的需求量极大，乙公司生产的月饼一直供不应求，因而一直未对甲商场供货。中秋节过后两天，乙公司向甲商场运送了 100 箱月饼，并要求甲商场按照合同约定立即付款。甲商场当即表示解除合同，并拒绝签收货物和付款。对此，下列说法中，正确的是（　　）。

A. 甲商场的行为不合法，因为乙公司只是迟延履行罢了

B. 甲商场的行为合法，因为其行使的是同时履行抗辩权

C. 甲商场的行为合法，因为乙公司的迟延履行行为致使合同目的不能实现

D. 甲商场的行为不合法，因为乙公司虽然迟延履行，但甲商场并未依法进行催告

11. 在下列情况中，可以解除合同的是（　　）。

A. 法人的法定代表人由甲变更为乙

B. 租赁期为五个月的口头租赁合同

C. 老王买老张收藏的字画，合同订立后，突发洪水，字画被毁坏

D. 合同订立之后，当事人一方发现对方当事人是限制民事行为能力人

12. 甲与乙签订合同，购买乙饲养的一头怀仔的母牛。但突遇山洪，母牛被水冲走。那么（　　）。

A. 只有甲享有合同解除权

B. 只有乙享有合同解除权

C. 甲乙均享有合同解除权

D. 解除权人应当提起诉讼，请求解除合同

13. 在合同生效之后，甲公司迟迟未履行主要债务，在乙公司数次催告之后，甲公司仍未履行，给乙公司造成巨大损失。那么，（　　）。

A. 乙公司只能要求甲公司承担违约责任，而不得解除合同

B. 乙公司只能解除合同，而不得要求甲公司承担违约责任

C. 乙公司只能在解除合同与要求甲公司承担违约

责任之中选择一个

D. 乙公司既可以解除合同，又可以要求甲公司承担违约责任

14. 下列情况中，允许行使法定抵销权的是（ ）。

A. 甲欠乙钱迟迟不还，乙因故打伤甲，乙以自己的债权抵销甲的损害赔偿请求权

B. 甲欠乙的10万元已经到期，但甲乙事先约定不得抵销

C. 未到期债权的权利人向到期债权的权利人主张抵销

D. 到期债权的权利人向未到期债权的权利人主张抵销

15. 甲与乙各欠对方1万元，且都已经到清偿期，现甲欲主张抵销，则甲应（ ）。

A. 将抵销的意思表示通知给乙

B. 不需要将抵销的意思表示通知给乙

C. 需要征得乙的同意才发生抵销的效力

D. 不需要征得乙的同意，也不必通知乙就发生效力

16. 下列哪种标的物可以直接提存（ ）。

A. 土地　　　　　B. 西瓜

C. 电视机　　　　D. 房屋

17. 甲与乙互负同种类债务，且都已届清偿期，现甲主张抵销，抵销何时生效？（ ）

A. 通知作出时生效

B. 如果通知是以邮寄方式寄出的，自信件寄出时生效

C. 如果通知是以邮寄方式寄出的，自信件到达时生效

D. 自乙了解通知的内容时生效

18. 合同解除引起的法律效力是（ ）。

A. 合同溯及既往地归于消灭

B. 合同面向将来继续有效

C. 尚未履行的应继续履行

D. 尚未履行的应停止履行

19. 下列关于债务免除的说法中，错误的是（ ）。

A. 债权人免除债务人的债务，不得损害第三人利益

B. 免除只能由债权人与债务人协商一致才可生效

C. 作出免除行为的债权人应具有完全民事行为能力

D. 债权人在作出免除的意思表示后，不得撤回

20. 根据《民法典》的规定，法定抵销权的行使（ ）。

A. 可以附条件

B. 可以附期限

C. 可以同时附条件和期限

D. 不得附任何条件或者期限

21. 老刘欠老王1000元钱，老王意外身故，但一直找不到老王唯一的继承人小王，老刘便提存了1000元钱。对此，下列选项中，错误的是（ ）。

A. 提存费用应当由小王负担

B. 提存机关将1000元钱存到银行，由此取得的利益归小王

C. 只有找到小王，小王到提存机关领取1000元钱，老刘的债务才消灭

D. 从提存之日起5年内仍然没有找到小王的，在扣除提存费用后，1000元钱归国家所有

22. 甲公司于10月4日到乙公司购买一批原料，当场提货并付款2.5万元。次日，甲公司因货物质量不合格，将这批原料退回乙公司，乙公司签收，但未退款。10月7日，甲公司到乙公司购买电器一批，价款2.8万元，提货时与乙公司约定2日内付款。2日期满，甲公司未付款，乙公司上门催收。甲公司认为前后债务相抵，只需支付3000元。双方发生争议，则下列对此案的处理意见中哪项是正确的？（ ）

A. 甲公司应先付给乙公司28000元，再请求乙公司退款25000元

B. 乙公司应先退给甲公司25000元，再请求甲公司付款28000元

C. 甲公司付给乙公司3000元，双方了结债务

D. 甲公司应付给乙公司14000元，待乙公司退款之后，再付给乙公司14000元

视频讲题

23. 债权人胡某下落不明，债务人沙某难以履行债务，遂将标的物提存。沙某将标的物提存以后，该标的物如果意外毁损、灭失，其损失应由谁承担？（ ）

A. 应由胡某承担

B. 应由沙某承担

C. 应由沙某与胡某共同承担

D. 应由提存机关承担

24. 关于合同解除的表述，下列哪一选项是正确的？（　　）

A. 赠与合同的赠与人享有任意解除权

B. 承揽合同的承揽人享有任意解除权

C. 没有约定保管期限的保管合同的保管人享有任意解除权

D. 中介合同的中介人享有任意解除权

25. 甲公司与乙公司签订并购协议："甲公司以1亿元收购乙公司在丙公司中51%的股权。若股权过户后，甲公司未支付收购款，则乙公司有权解除并购协议。"后乙公司依约履行，甲公司却分文未付。乙公司向甲公司发送一份经过公证的《通知》："鉴于你公司严重违约，建议双方终止协议，贵方向我方支付违约金；或者由贵方提出解决方案。"3日后，乙公司又向甲公司发送《通报》："鉴于你公司严重违约，我方现终止协议，要求你方依约支付违约金。"对此，下列哪一选项是正确的？（　　）

A. 《通知》送达后，并购协议解除

B. 《通报》送达后，并购协议解除

C. 甲公司对乙公司解除并购协议的权利不得提出异议

D. 乙公司不能既要求终止协议，又要求甲公司支付违约金

26. 甲和乙之间有借贷关系，后二人结婚。此时，甲、乙之间的债权债务可以因下列哪一情形而消灭？（　　）

A. 因混同而消灭

B. 因混合而消灭

C. 因结婚而消灭

D. 因免除而消灭

27. 乙在甲提存部门办好提存手续并通知债权人丙后，将2台专业相机、2台天文望远镜交甲提存。后乙另行向丙履行了提存之债，要求取回提存物。但甲提存部门的工作人员在检修自来水管道时因操作不当引起大水，致乙提存的物品严重毁损。对此，下列哪一选项是错误的？（　　）

A. 甲提存部门构成违约行为

B. 甲提存部门应承担赔偿责任

C. 乙有权主张赔偿财产损失

D. 丙有权主张赔偿财产损失

28. 甲与乙签订了买卖合同，由于甲逾期不履行合同，乙于2021年1月6日发出通知，通知载明："若甲在2021年2月11日前仍不履行合同，则合同于2021年2月12日零时解除。"通知发出之后甲仍未履行合同。乙于2021年2月3日发出通知解除合同。因甲无反应，故乙于2021年3月1日依约提起仲裁，2021年3月6日仲裁委员会向甲送达了仲裁申请书副本。2021年9月1日，仲裁委员会送达仲裁裁决，裁决合同解除。以上通知均同日到达。甲乙合同何日解除？（　　）

A. 2021年2月3日

B. 2021年2月12日

C. 2021年3月6日

D. 2021年9月1日

视频讲题

29. 在债务人的给付不足以清偿全部债务时，除当事人另有约定外，其清偿顺序为（　　）。

A. 主债务、利息、实现债权的有关费用

B. 主债务、实现债权的有关费用、利息

C. 利息、主债务、实现债权的有关费用

D. 实现债权的有关费用、利息、主债务

30. 在法律没有规定或者当事人没有约定合同解除权行使期限的情况下，解除权人应当在解除权人知道或者应当知道解除事由之日起（　　）内行使。

A. 60日　　　　　　B. 90日

C. 1年　　　　　　D. 3年

（二）多项选择题

1. 债务人向债权人进行债务的全部清偿，则下列选项中，正确的有（　　）。

A. 合同权利义务终止

B. 保证债务消灭

C. 债权人应当向债务人返还借据

D. 利息债权消灭

2. 关于清偿，下列选项中，错误的有（　　）。

A. 给付不足以清偿全部债务，应当按照主债务、

实现债权的有关费用、利息的顺序抵充

B. 于任何情况下，清偿均可以由债务人的代理人进行

C. 出质债权的债权人可以受领清偿

D. 代物清偿是一种物权关系

视频讲题

3. 甲欠乙 1 000 元钱，由于无力偿还，便与乙协商以交付 2 000 斤小麦来代替 1 000 元钱。乙表示同意，甲便向乙交付了 2 000 斤小麦。对此，下列选项中，正确的有（　　）。

A. 甲的行为属于清偿

B. 甲的行为属于清偿抵充

C. 甲的行为属于抵销

D. 甲的行为属于代物清偿

4. 甲与乙签订合同，约定如果甲的儿子今年考上大学，乙便赠与甲 2 万元。同时又约定，如果乙今年的庄稼收成不好，则不必赠与。合同订立后，甲的儿子考上了大学，但因天旱，乙的庄稼颗粒无收。甲要求乙履行赠与义务，但乙拒绝。对此，下列选项中正确的有（　　）。

A. 合同为附条件合同

B. 合同为附期限合同

C. 乙可以拒绝，其得行使约定解除权，解除合同，从而不必赠与 2 万元

D. 乙可以拒绝，其得行使法定解除权，解除合同，从而不必赠与 2 万元

5. 老王与酒楼订有供应山鸡的合同，每只山鸡 50 元，但合同未定期限。一段时间之后酒楼发现吃山鸡的客人非常少，便要求解除合同，老王也同意了。关于双方合同解除行为的溯及力问题，下列选项中，正确的有（　　）。

A. 有无溯及力由双方约定

B. 如果无约定的话，无溯及力

C. 如果无约定的话，有溯及力

D. 双方必须约定有无溯及力，否则无法确定

6. 甲公司与乙公司订立买卖钢锭的合同，按照约定：甲公司应分 4 批提供 4 000 吨钢锭，每次 1 000 吨；乙公司应当货到付款，共计 40 万元。在合同履行中，甲公司按照合同约定提供了 3 批钢锭，乙公司在第一次支付了 10 万元之后，因市场不景气，无法找到买家，便未再支付货款。甲公司便与乙公司协商解除合同，商定合同的解除具有溯及力。那么，（　　）。

A. 甲公司应停止供货

B. 乙公司不必再支付货款

C. 乙公司应当将 3 批钢锭返还给甲公司

D. 甲公司应当返还乙公司 10 万元

7. 小王是老王的儿子，因为要盖房子，小王借了老王 10 万元。老刘是老王的朋友，老刘向银行贷款，银行要求老刘提供担保。应老刘之请，老王以其对小王的 10 万元债权出质给银行，设定债权质权。后来，老王去世了，他将全部财产都留给了小王。由于老刘一直没有还钱，因而银行便找到小王，要行使质权，要求小王支付 10 万元。对此，下列选项中正确的有（　　）。

A. 债权人与债务人发生了混同

B. 小王不必支付，因为小王的债权人是老王，而老王去世了

C. 小王不必支付，因为小王并非老刘的担保人

D. 小王仍得支付，因为虽然发生了混同，但老王的债权已经出质，小王的债务不会因为混同而消灭

视频讲题

8. 甲对乙享有 10 万元到期债权，乙对丙也享有 10 万元到期债权，三方书面约定，由丙直接向甲清偿。对此，下列哪些说法是正确的？（　　）

A. 丙可以向甲主张其对乙享有的抗辩权

B. 丙可以向甲主张乙对甲享有的抗辩权

C. 若丙不对甲清偿，甲可以要求乙清偿

D. 若乙对甲清偿，则构成代为清偿

9. 甲与乙签订销售空调 100 台的合同，但当甲向乙交付时，乙以空调市场疲软为由，拒绝受领，要求甲返还货款。对此，下列说法哪些是正确的？（　　）

A. 甲可以向提存部门提存这批空调

B. 空调在向提存部门提存后，因遇火灾，烧毁 5 台，其损失应由甲承担

C. 提存费用应由乙支付

D. 若自提存之日起 5 年内乙不领取空调，则归甲所有

10. 李某向王某借款 10 万元，因无力偿还，由其兄李某某代为偿还。对此，下列表述中，正确的有（　　）。

A. 李某和王某之间的合同关系消灭，李某免除再向王某清偿的义务

B. 李某某向王某清偿的时候，王某不得拒绝受领

C. 李某某向王某清偿的时候，王某可以拒绝受领

D. 李某某清偿后可向李某求偿

11. 王某与张某签订销售 50 台电冰箱的合同，张某已经支付预付款。但当王某向张某交付时，张某以目前市场价格实在太低无从获利为由，拒绝受领，要求王某返还预付款。对此，下列说法中，哪些是错误的？（　　）

A. 王某可以提存这批电冰箱

B. 提存费用应由王某承担

C. 张某领取提存的电冰箱之时，王某对张某的债务消灭

D. 王某可以拍卖电冰箱，而提存价款

12. 根据《民法典》的规定，下列关于免除的说法中，正确的有（　　）。

A. 免除可以为全部免除，也可以为部分免除

B. 债权人的代理人在经过许可之后，可以债权人的名义免除债务人的债务

C. 只有经过债务人的同意，债权人才可以免除债务人的债务

D. 如果债权人资不抵债，无法清偿到期债务，则其债权人可以请求法院撤销债权人的债务免除行为

13. 窃贼在银行趁刘某取钱时，看到其密码。某日该窃贼翻墙进入刘某家中，盗走一张银行卡。随后，窃贼在自动取款机上以该卡取得 3 000 元。对此，下列选项中，正确的有（　　）。

A. 自动取款机的付款行为属于银行的债务清偿行为

B. 自动取款机的付款行为不属于银行的债务清偿行为

C. 银行应补偿刘某的损失

D. 刘某应向窃贼追偿

14. 甲对乙有三笔金钱债务，分别是 A 项 10 万元（2 月 1 日设立，4 月 1 日到期，无担保、无利息）、B 项 5 万元（2 月 1 日设立，4 月 10 日到期，拥有抵押担保，无利息）、C 项 5 万元（3 月 1 日设立，4 月 15 日到期，拥有保证担保，有利息）。5 月 1 日，甲向乙清偿 16 万元，但甲乙未指明如何进行清偿。对此，下列选项中正确的有（　　）。

A. 甲可以指定清偿哪几宗债务

B. 应当首先履行 A 项债务

C. 应当首先履行 B 项债务

D. 应当首先履行 C 项债务

15. 2021 年 8 月 8 日，玄武公司向朱雀公司订购了一辆小型客用汽车。2021 年 8 月 28 日，玄武公司按照当地政策取得本市小客车更新指标，有效期至 2022 年 2 月 28 日。2021 年年底，朱雀公司依约向玄武公司交付了该小客车，但未同时交付机动车销售统一发票、合格证等有关单证资料，致使玄武公司无法办理车辆所有权登记和牌照。关于上述购车行为，下列哪些说法是正确的？（　　）

A. 玄武公司已取得该小客车的所有权

B. 玄武公司有权要求朱雀公司交付有关单证资料

C. 如朱雀公司一直拒绝交付有关单证资料，玄武公司可主张购车合同解除

D. 朱雀公司未交付有关单证资料，属于从给付义务的违反，玄武公司可主张违约责任，但不得主张合同解除

视频讲题

（三）不定项选择题

根据甲公司与乙公司的合同约定，甲公司应向乙公司交付 10 吨木材，乙公司在收到木材后 3 日内支付 100 万元。根据乙公司与丙公司的合同约定，乙公司应向丙公司交付 100 台电脑，丙公司应支付 50 万元，但未约定先后履行顺序。在债务履行期限届至以后，甲公司、乙公司、丙公司均未履行自己的债务。后来，甲公司与丙公司签订债权让与合同，将其对乙公司的

100万元债权转让给了丙公司，并将该情形通知了乙公司，但乙公司不愿意向丙公司履行债务。

1. 关于乙公司支付100万元的债务，下列选项中，正确的是（ ）。

A. 乙公司应向甲公司履行

B. 乙公司应向丙公司履行

C. 乙公司应向甲公司主张先履行抗辩权

D. 乙公司应向丙公司主张先履行抗辩权

2. 关于乙公司交付100台电脑的债务，下列选项中，正确的是（ ）。

A. 乙公司应向丙公司履行

B. 乙公司应向甲公司履行

C. 如果丙公司未履行债务便要求乙公司履行债务，乙公司可以主张同时履行抗辩权

D. 乙公司可以主张不安抗辩权

3. 如果甲公司将木材交付给了乙公司，4天以后，乙公司向丙公司发出通知，要求抵销50万元，那么，下列选项中，正确的是（ ）。

A. 乙公司行使抵销权的行为合法

B. 乙公司行使抵销权的行为不合法

C. 丙公司也可以向乙公司发出通知，要求抵销50万元

D. 丙公司也可以向乙公司发出通知，要求抵销100万元

4. 如果乙公司与丙公司合并成丁公司，则下列选项中，正确的是（ ）。

A. 乙公司与丙公司间的合同关系消灭

B. 甲公司与乙公司间的合同关系消灭

C. 甲公司与丙公司间的合同关系消灭

D. 甲公司应向丁公司交付木材

5. 乙公司与丙公司随后又订立了新合同，由丙公司向乙公司出售图书。丙公司的债务尚未届至履行期限。则下列选项中，正确的是（ ）。

A. 丙公司可以其交付图书的债务向乙公司主张抵销交付电脑的债务

B. 乙公司交付电脑的债务与丙公司交付图书的债务不能实施法定抵销

C. 乙公司交付电脑的债务与丙公司交付图书的债务能实施法定抵销

D. 乙公司与丙公司可以协商电脑债务与图书债务的抵销事宜

视频讲题

简答题

1. 简述合同终止的原因。

2. 简述合同终止的效力。

3. 简述清偿抵充的成立条件。

4. 简述合同法定解除的条件。

5. 简述法定抵销的条件。

6. 简述法定抵销权的效力。

7. 简述提存的条件。

8. 简述债务免除的特征。

材料分析题

1. 某出版社发行新版《金庸全集》，甲购得一套。乙在甲处看到此书，感觉不错，但若自己前去购买，又嫌麻烦，便与甲协商转让事宜。2021年4月1日，甲乙签订合同，约定乙支付甲601元，而甲须于2021年4月6日前，交予乙一套《金庸全集》，除此之外无特别约定。当时乙便将600元交给了甲，甲便打算到时将其所购买的《金庸全集》交给乙即可。2021年4月2日，甲家因遭雷击引发火灾，致使置于书架之上的《金庸全集》被火烧毁。请回答下列问题：

（1）《金庸全集》被火烧毁之后，甲乙之间的合同效力如何？为什么？

（2）《金庸全集》被火烧毁之后，甲或乙能否单方解除合同？为什么？

（3）如果甲与乙当初在合同中明确约定，甲应将其所购买的那一套《金庸全集》交付给乙，那么在《金庸全集》被火烧毁之后，甲或乙能否单方解除合同？为什么？

2. 甲将房屋出租给乙，每年租金2万元。乙租赁房屋之后，开了一家商店，甲经常在乙处赊账。第一年过后，乙欠甲租金2万元，而甲欠乙货款1万元。双方均未清偿。请回答下列问题：

（1）甲能否向乙主张抵销？为什么？

（2）甲见乙资金周转不灵，一时也不能支付租金，便向乙称："再过 60 天，如果你的商店还办得下去的话，咱们之间的债便抵销 1 万元。"甲的抵销行为是否合法？为什么？

（3）如果甲出了车祸，之后神志不清，被宣告为限制民事行为能力人，那么其能否向乙主张抵销？为什么？

论述题与深度思考题

1. 试述合同解除的效力。

2. 试述提存的效力。

参考答案

名词解释与概念比较

1. 合同终止，是指合同当事人双方之间的权利义务于客观上不复存在。

2. 清偿，是指债务人按照合同的约定向债权人履行义务、实现债权目的的行为。

3. 代物清偿，是指债务人以他种给付代替原定给付，债权人受领该给付而使合同关系消灭。

4. 清偿抵充，是指债务人对同一债权人负担数宗种类相同的债务，清偿人所提出的给付不足以清偿全部债务时，决定其清偿抵充何宗债务的制度。

5. 合同解除，是指在合同依法成立后而尚未全部履行前，当事人基于协商，或者法律规定或当事人约定，或者通过诉讼或仲裁而使合同关系归于消灭的一种民事法律行为。

6. 抵销，是指当事人双方相互负有给付义务，将两项债务相互充抵，使其相互在对等额内消灭。

7. 法定抵销与合意抵销。

类型	法定抵销	合意抵销
性质	单方民事法律行为	双方民事法律行为
根据	法律直接规定	当事人之间的抵销合同
抵销对象	标的物种类、品质相同	不限于标的物种类、品质相同

续表

类型	法定抵销	合意抵销
债务履行期限	双方债务均已届履行期限，或未到期债务可主动抵销	双方同意即可，不必考虑债务是否已届履行期限
抵销程序	通知方式	订立合同
效力	债务在对等额内消灭	债务在对等额内消灭
是否可附条件、期限	不可以	可以

8. 提存，是指债务人于债务已届履行期限时，将无法给付的标的物提交给提存部门，以消灭合同债务的行为。

9. 债务免除，是指债权人免除债务人的债务而使债权债务部分或者全部终止的行为。

10. 混同，是指债权和债务同归于一人，从而使债权债务终止的现象。

选择题

（一）单项选择题

1. B

合同权利义务的终止是合同当事人双方的权利义务在客观上不复存在，指的是合同的消灭。合同的变更、合同效力的暂时停止并没有终止合同关系，合同的解除只是合同权利义务终止的一种原因。故本题应选 B 项。

2. B

李某与张某分别订有两份借款合同，彼此互为债权人、债务人，且合同标的物属于同一种类，均为金钱。2021 年 1 月，两个人的债务均到期，李某向张某所作的表示属于行使抵销权的行为，使双方的债权债务数额均消灭 1 000 元，从而使双方的借款合同消灭。故本题应选 B 项。

3. D

A 项中，不作为债务不得由第三人代为履行，也不宜由第三人代为履行。B 项中，演出合同确定的债务具有人身专属性，根据合同的性质，不得由第三人代为履行。C 项中，当事人之间存在不得由第三人代为清偿的特约，则债务人的债务不得由第三人代为履行。D 项中，第三人可以代替债务人履行还款义务。

故本题应选 D 项。

4. A

本案涉及的是清偿抵充，胡某向李某承担数笔同种类债务，其清偿不足以抵充全部债务，并且双方也未约定、指定所清偿的 100 万元抵充哪笔债务，根据《民法典》第 560 条的规定，应当优先抵充已到期的债务。2022 年 2 月，第一笔债务已经到期，第二笔债务未到期。因此，应当认定抵充 2018 年的借款。故本题应选 A 项。

5. C

本题中甲、乙两公司因签订房屋买卖合同互负债务、债务。现两公司合并为新的公司，新公司将原来买卖合同中甲、乙的权利义务全部承受，原合同关系终止。故本题应选 C 项。

6. B

清偿抵充出现于债务人对同一债权人负担同种数宗债务，其给付又不足以清偿全部债务而决定以其给付清偿何宗债务的场合。甲未将其债务移转于其父，不属于债务承担。交付 10 万元的行为非为法律行为，不形成代理，所以也不属于代理清偿。甲父的行为属于代为清偿，即第三人代替债务人向债权人作出清偿。故本题应选 B 项。

7. B

甲按照合同约定向商场作出给付，此为清偿，也为债务履行，而非抵销。甲的债务因清偿而消灭，使合同终止。按照《民法典》第 558 条的规定，合同的权利义务终止后，当事人应当遵循诚信原则，根据交易习惯履行通知、协助、保密、旧物回收等义务。因此，甲应当承担保密义务。故本题应选 B 项。

8. C

清偿是债务人向债权人进行给付，混同是债权债务同归一人。因此，甲与乙的行为不属于清偿、混同。甲、乙互以各自的债务进行充抵，使债权债务关系归于消灭，为抵销。甲、乙债务在标的物等方面均不相同，其抵销并非法定抵销，而是合意抵销。故本题应选 C 项。

9. A

乙公司的答复系意思表示，不符合要约的条件。最高人民法院《关于审理民事案件适用诉讼时效制度若干问题的规定》（2020 年修正）第 19 条第 1 款规定："诉讼时效期间届满，当事人一方向对方当事人作出同意履行义务的意思表示或者自愿履行义务后，又以诉讼时效期间届满为由进行抗辩的，人民法院不予支持。"根据乙公司的答复，乙公司愿意放弃 3 万元的时效利益，则乙公司应当偿还 3 万元，但乙公司仍可以时效届满为由拒绝偿还其余的 7 万元。因此，乙公司随后的回函否定之前的意思表示，不能产生效力。故本题应选 A 项。

10. C

乙公司向甲商场交付月饼为乙公司负担的主要债务，乙公司迟延履行债务，甲商场确实并未进行催告。然而按照常理，消费者大量购买月饼的时间是在中秋节之前以及中秋节当天。甲商场购买乙公司的月饼，目的就在于在中秋节前购入月饼，以便大量销售而获取利润。中秋节过后，乙公司才交付月饼，此时势必会造成月饼滞销，使甲商场订立合同的目的无法实现。因为乙公司的行为致使合同目的不能实现，所以，甲商场享有法定合同解除权，可以解除合同，其拒绝签收货物、拒绝付款的行为合法。故本题应选 C 项。

11. C

法定代表人的变更与合同的解除没有关系。租赁期在六个月以下，即便合同未采书面形式，也为定期租赁合同，不属于《民法典》第 563 条第 2 款规定的不定期合同，不能随时解除。字画因突发洪水而毁坏属于不可抗力造成的，从而造成合同不能履行而无法实现合同目的，当事人可以解除合同。合同一方当事人为限制民事行为能力人，合同效力未定，即使善意相对人撤销合同，也是行使撤销权而非解除权。故本题应选 C 项。

12. C

山洪暴发属于不可抗力，甲因而不能实现购买母牛的目的，乙因而不能实现以母牛换取金钱的目的，甲乙均享有合同解除权。解除权人解除合同的通知到达对方即发生解除的效力，而非必须通过诉讼方式行使解除权。故本题应选 C 项。

13. D

甲公司迟延履行主要债务，经乙公司数次催告仍不履行，乙公司享有法定合同解除权。《民法典》第 566 条第 2 款规定："合同因违约解除的，解除权人可以请求违约方承担违约责任，但是当事人另有约定的除外。"合同解除后，尚未履行的，终止履行；已经履行的，根据履行情况和合同性质，当事人可以要求恢复原状、采取其他补救措施，并有权要求赔偿损失。即解除合同的，并不妨碍请求损害赔偿。故本题应选D项。

14. D

《民法典》第568条第1款规定："当事人互负债务，该债务的标的物种类、品质相同的，任何一方可以将自己的债务与对方的到期债务抵销；但是，根据债务性质、按照当事人约定或者依照法律规定不得抵销的除外。"A项中，因故意实施侵权行为而产生的损害赔偿请求权禁止抵销，侵权人应承担赔偿责任，这是为了防止诱发侵权行为。B项中，当事人约定不得抵销的，可以认定该约定有效。C项中，未到期债权的权利人向到期债权的权利人主张抵销，无异于让对方放弃期限利益，因而不能抵销。D项中，到期债权的权利人向未到期债权的权利人主张抵销，是放弃自己的期限利益，因而可以抵销。故本题应选D项。

15. A

法定抵销权的行使只需将抵销的意思表示通知对方，意思表示到达对方便发生抵销的效力。故本题应选A项。

16. C

提存的标的物须为适于提存的物，土地、房屋等不动产不适于提存，西瓜等易腐易烂物不适于提存。对于不适于提存的标的物，债务人依法可以将之拍卖、变卖，向提存机关提存价款，以消灭债务。电视机适于提存，可以提存。故本题应选C项。

17. C

法定抵销权属于形成权，自意思表示到达对方时生效，发生抵销的效力。由于采取到达主义，因而抵销通知在作出之时，抵销并不生效。若抵销通知以邮寄方式作出，则应以信件到达对方时为生效的时间。故本题应选C项。

18. D

合同解除是否具有溯及力应根据具体情况具体看待，其不一定具有溯及力。合同解除后，合同权利义务关系终止，尚未履行的应当停止履行。故本题应选D项。

19. B

债权人免除债务人的债务，虽为债权人的权利，但该权利的行使不得损害第三人的利益。免除可以为单方行为，也可以为双方行为。免除为民事法律行为，

作出免除行为的债权人应具有完全民事行为能力。债权人一旦作出了免除债务的意思表示，即不得撤回。故本题应选B项。

20. D

按照《民法典》第568条第2款的规定，抵销不得附条件或者附期限。故本题应选D项。

21. C

根据《民法典》第573条、第574条的规定，对于因不可归责于老刘的原因而使老刘无法履行债务的情况，老刘可以提存1 000元钱。提存之日，老刘的债务消灭，提存费用由债权人的继承人小王负担。提存期间，提存标的物产生的孳息归债权人所有。债权人领取提存物的权利，自提存之日起5年内不行使而消灭，提存物扣除提存费用后归国家所有。故本题应选C项。

22. C

甲公司与乙公司的债务均已届至履行期限，种类相同，均为金钱之债，因此，甲公司与乙公司均享有法定抵销权。甲公司行使抵销权，抵销2.5万元，则甲公司再支付3 000元给乙公司即可。故本题应选C项。

23. A

债权人下落不明，债务人可以依法提存标的物。提存后，债权债务关系消灭，标的物毁损、灭失的风险由债权人承担。故本题应选A项。

24. C

《民法典》第658条规定："赠与人在赠与财产的权利转移之前可以撤销赠与。经过公证的赠与合同或者依法不得撤销的具有救灾、扶贫、助残等公益、道德义务性质的赠与合同，不适用前款规定。"A选项表述过于绝对。《民法典》第787条规定："定作人在承揽人完成工作前可以随时解除合同，造成承揽人损失的，应当赔偿损失。"《民法典》第899条第2款规定："当事人对保管期限没有约定或者约定不明确的，保管人可以随时请求寄存人领取保管物；约定保管期限的，保管人无特别事由，不得请求寄存人提前领取保管物。"据此可知，在没有约定保管期限的保管合同中，保管人享有任意解除权。《民法典》没有关于中介合同中的中介人享有任意解除权的规定，因此，D项错误。故本题应选C项。

25. B

合同解除权的行使需明确，《通知》含糊不明，不

存在明确的解除合同的意思表示，不能认定为行使合同解除权。《通报》的意思表示明确，系行使合同解除权，到达便生效，发生合同解除的效力，相对人对解除权的行使可以提出异议。合同解除权与要求支付违约金的违约责任请求权可以并用。故本题应选 B 项。

26．D

债的消灭事由中并无混合、结婚。甲乙虽结婚，却非混同，甲乙仍为二人，并非债权债务同归一人。四个选项中，甲乙之间的债权债务只可能因免除而消灭。故本题应选 D 项。

27．D

乙向甲提存部门提存后，提存物的所有权转移于丙，丙有权要求甲提存部门向其交付标的物。乙在提存后另行向丙履行了提存之债，乙有权取回提存物。此时，应视为未提存，提存物的所有权归属于乙，因而乙有权主张财产损失赔偿。而丙不再享有提存物的所有权，故丙无权主张财产损失赔偿。故本题应选 D 项。

28．B

按照《民法典》第 565 条的规定，当事人一方依法主张解除合同的，应当通知对方。合同自通知到达对方时解除；通知载明债务人在一定期限内不履行债务则合同自动解除，债务人在该期限内未履行债务的，合同自通知载明的期限届满时解除。对方对解除合同有异议的，任何一方当事人均可以请求人民法院或者仲裁机构确认解除行为的效力。当事人一方未通知对方，直接以提起诉讼或者申请仲裁的方式依法主张解除合同，人民法院或者仲裁机构确认该主张的，合同自起诉状副本或者仲裁申请书副本送达对方时解除。乙于 2021 年 1 月 6 日发出的逾期合同自动解除的通知有效。在 2021 年 2 月 3 日发出的解除通知，因并无解除权的存在情形而不能解除合同。合同应当在 2021 年 2 月 12 日零时自动解除。之后，乙提起仲裁，以及仲裁裁决送达，只是确认合同已经自动解除。故本题应选 B 项。

29．D

依据《民法典》第 561 条的规定，在债务人的给付不足以清偿全部债务时，除当事人另有约定外，其清偿顺序为：（1）实现债权的有关费用；（2）利息；（3）主债务。故本题应选 D 项。

30．C

依据《民法典》第 564 条的规定，在法律没有规定或者当事人没有约定合同解除权行使期限的情况下，解除权应当在解除权人知道或者应当知道解除事由之日起 1 年内行使。故本题应选 C 项。

（二）多项选择题

1．ABCD

清偿是合同权利义务终止的原因之一。保证债务、利息债权属于从权利义务，合同权利义务消灭的，从权利及义务也归于消灭。合同权利义务消灭的，债权人应向债务人返还负债字据。故本题应选 A、B、C、D 项。

2．ABCD

清偿可以由债务人、代理人、第三人进行。债务人的代理人进行清偿的，给付应为法律行为；如果是事实行为，则不能由代理人进行清偿，因为事实行为不得成为代理标的。如果债权已经出质，则债权人未经质权人同意不得受领。关于清偿抵充，按照《民法典》第 561 条的规定，债务人除履行主债外还应当支付利息和实现债权的有关费用，给付不足以清偿全部债务的，当事人可以约定抵充的顺序，无约定的，按照实现债权的有关费用、利息、主债务的顺序履行。代物清偿是一种合同关系，而不是一种物权关系。故本题应选 A、B、C、D 项。

3．AD

甲的行为属于清偿，甲通过给付行为使债务消灭。甲的清偿属于代物清偿而非清偿抵充，因为清偿抵充的前提是债务人对同一债权人负担同种数宗债务而其给付不足以清偿全部债务。甲以 2 000 斤小麦代替 1 000 元钱，给付种类不同，乙同意并受领了甲的给付，构成代物清偿，而不是清偿抵充和抵销。故本题应选 A、D 项。

4．AC

在合同订立时，甲的儿子能否考上大学尚不确定，因而合同为附条件合同。合同中约定了乙得解除合同的情形，即乙今年的庄稼收成不好。结果乙的庄稼颗粒无收，解除合同的情形成就，乙可以行使约定解除权，解除合同。故本题应选 A、C 项。

5．AB

合同双方当事人协议解除合同，可以约定解除有无溯及力。如无约定的，一时性合同的解除原则上有溯及力，继续性合同的解除原则上无溯及力。老王与

合同法练习题集（第六版）

酒楼的合同属于继续性的合同，所以如果无约定的话，合同的解除无溯及力。故本题应选 A、B 项。

6. ABCD

按照《民法典》第 566 条的规定，合同解除后，尚未履行的，终止履行；已经履行的，根据履行情况和合同性质，当事人可以要求恢复原状、采取其他补救措施。所以，甲公司与乙公司应停止合同履行，不必再供货、付款。同时，甲公司与乙公司应相互返还财产，以恢复原状。故本题应选 A、B、C、D 项。

7. AD

老王去世了，小王继承了老王的全部权利、义务，因而发生了债权与债务的混同。但由于老王的债权已经出质，按照《民法典》第 576 条的规定，在损害第三人利益时，合同权利义务不会因为混同而终止。虽然小王并非老刘的担保人，但由于小王继承了老王的义务，因而其应当向银行履行出质人的义务，使银行就出质债权得以实现银行的债权。由于小王本身就是出质债权的债务人，因而应当支付 10 万元。故本题应选 A、D 项。

8. ABD

甲乙丙三方的合同可认为是债务承担合同，即乙将其对甲的债务移转于丙，该债务承担取得了甲的同意。乙不必再向甲作出清偿，因为乙已经脱离了与甲的债权债务关系，所以丙不对甲清偿的话，甲也不能要求乙清偿。在债务转移的情况下，债务人对让与人的抗辩可以向受让人主张，受让人可以主张原债务人对债权人的抗辩。如果乙对甲作出清偿，则属于乙代丙向甲作出清偿，为代为清偿。故本题应选 A、B、D 项。

9. AC

债权人乙无正当理由拒绝受领标的物，债务人甲可以向提存部门提存 100 台空调。空调提存后，提存的费用以及提存物毁损、灭失的风险应由债权人乙承担。债权人领取提存物的权利自提存之日起 5 年内不行使而消灭，提存物扣除提存费用后归国家所有。故本题应选 A、C 项。

10. ABD

李某某代李某偿还债务，可以发生清偿的效果，使李某与王某之间的合同关系消灭，李某的债务自然也消灭了，不必再履行。第三人向债权人代为清偿，除非不利于债权人，否则债权人不得拒绝受领。第三

人代为清偿之后，对债务人取得代位求偿权，李某某可以向李某求偿。故本题应选 A、B、D 项。

11. BCD

债权人张某无正当理由而拒绝受领，债务人王某可以提存电冰箱，以消灭债务。提存后，王某的债务即消灭，而不是待张某领取电冰箱时才消灭，提存费用应由张某负担。虽然《民法典》第 570 条规定债务人可以拍卖或变卖标的物，提存所得价款，但前提是标的物不适于提存或者提存费用过高，而电冰箱并不符合这个条件，所以，王某不应拍卖电冰箱后提存价款。故本题应选 B、C、D 项。

12. ABD

债务免除的数额由债权人决定，可以为全部免除，也可以为部分免除。免除行为是民事法律行为，债权人可以授权代理人作出免除。免除行为是一种单方行为，无须取得债务人同意。D 项中，债权人的免除行为害及第三人的债权，第三人可基于债权人的撤销权，请求撤销该免除行为。故本题应选 A、B、D 项。

13. AD

根据刘某与银行之间的存款合同，刘某可以用银行卡及预设密码在自动取款机上提取现金。自动取款机为银行所设机器。在现状下，自动取款机只依银行卡及密码对债权人加以识别。窃贼利用银行卡及密码在自动取款机上操作，被视为债权的准占有人，自动取款机依指令支付现金，构成银行有效的债务清偿行为。因此，银行不应补偿刘某的损失，刘某应向窃贼追偿损失。故本题应选 A、D 项。

14. AB

数笔债务均已到期，甲的给付不足以清偿全部债务，甲可以指定抵充何宗债务。无约定、无指定的，按照《民法典》第 560 条的规定，优先履行对债权人缺乏担保或者担保最少的债务，即 A 项 10 万元。剩余部分优先履行债务负担较重的债务，即有利息负担的 C 项 5 万元。负担相同的，按照债务到期的先后顺序履行；到期时间相同的，按债务比例履行。故本题应选 A、B 项。

15. ABC

在无约定的情况下，动产自交付起转移所有权，因而玄武公司已取得车辆的所有权。交付车辆为主给付义务，交付单证为从给付义务，朱雀公司应当向玄武公司交付相关单证。车辆欠缺单证而无法办理登记、

挂牌，将导致玄武公司合同目的落空。如朱雀公司一直拒绝交付单证资料，则构成根本违约，玄武公司既可主张继续履行合同交付单证，也可行使法定合同解除权而解除合同。故本题应选 A、B、C 项。

（三）不定项选择题

1. BD

甲公司将其对乙公司的债权让与给丙公司，并通知了乙公司。虽然乙公司不愿意向丙公司履行债务，但债权转让仍对乙公司产生效力，乙公司应向受让人丙公司履行债务。同时，乙公司可以向丙公司主张其对甲公司的抗辩权。由于甲公司应先交付木材，但甲公司未交付，因而乙公司享有先履行抗辩权，乙公司可向丙公司主张先履行抗辩权。故本题应选 B、D 项。

2. AC

乙公司与丙公司之间的合同关系并未发生变化，乙公司应依约向丙公司履行债务。若丙公司未履行债务便要求乙公司履行，则乙公司可以主张同时履行抗辩权。不安抗辩权的产生条件之一是合同具有先后履行顺序，而乙公司与丙公司之间未约定合同履行顺序，因而不会产生不安抗辩权。故本题应选 A、C 项。

3. BC

在债权转让后，乙公司对丙公司享有 50 万元的债权，丙公司对乙公司享有 100 万元的债权。在甲公司将木材交给乙公司之后第四天，乙公司对甲公司的债务已经届至履行期限，而甲公司已将对乙公司的债权转让给了丙公司，即乙公司对丙公司交付 100 万元的债务已经到期。在乙公司与丙公司买卖电脑的合同中，丙公司对乙公司享有同时履行抗辩权，乙公司不交付电脑，则丙公司可拒绝付款。如果允许乙公司抵销的话，则无异于让丙公司放弃同时履行抗辩权。因此，乙公司行使抵销权的行为不合法，而丙公司却可以行使抵销权，但只能按照较小数额的债权抵销 50 万元。丙公司主动抵销之后，乙公司仍然需要履行交付 100 台电脑的债务与交付 50 万元的债务。故本题应选 B、C 项。

4. AD

乙公司与丙公司合并成丁公司，债权债务同归一人，即乙公司与丙公司的债权债务均归属于丁公司，对于乙公司与丙公司而言，发生了混同，乙公司与丙公司之间的合同关系消灭。对于甲公司与乙公司之间的合同关系而言，乙公司的债权债务概括移转给了丁公司，丁公司取代乙公司成为合同当事人，合同关系并不消灭，甲公司应向丁公司履行债务。同理，甲公司与丙公司之间的债权让与合同关系也不消灭。故本题应选 A、D 项。

5. BD

A、C 两项错误，错误的原因在于其不符合法定抵销的条件，因为双方给付义务的种类不同。即使丙公司在债务履行期限尚未届至的情况下，放弃期限利益而主张抵销，也是不可以的。但双方当事人却可以实施合意抵销，即使双方的给付义务的种类不同、一方债务尚未到期，只要双方达到合意，便可抵销债务。故本题应选 B、D 项。

 ## 简答题

1. 合同终止的原因主要包括：（1）基于合同目的达到而终止。当事人订立合同的目的是取得某种利益，而其利益的取得须通过债权的实现才能达到。而债权得到实现，合同也就终止。（2）基于当事人的意思而终止。合同当事人之间的权利义务关系，可依当事人的意思而终止。当事人的意思可以是当事人一方的意思表示，也可以是当事人双方的意思表示。（3）基于法律的直接规定而终止。虽然合同是当事人之间的权利义务关系，但是在法律直接规定合同终止情形时，合同也归于终止。

2. 合同终止的效力表现在：（1）当事人之间的债权债务消灭，债权人不再享有债权，债务人也不再负担债务。（2）债权的从权利消灭。债权债务终止时，债权的从权利同时消灭，但是法律另有规定或者当事人另有约定的除外。（3）合同终止后的附随义务。债权债务终止后，当事人应当遵循诚信原则，根据交易习惯履行通知、协助、保密、旧物回收等义务。这就是合同终止后的附随义务。（4）合同的终止不影响合同中结算和清理条款的效力。合同中的结算和清理条款等程序性内容，独立于实体性权利义务，因此，合同的权利义务关系终止，不影响合同中结算和清理条款的效力。

3. 清偿抵充的成立需要具备以下条件：（1）债务人须对同一债权人负担数宗债务。如果债务人对债权人仅负担一宗债务，即使其给付不能为全部清偿，也仅属于一部清偿，而不发生清偿抵充问题。（2）债务人负担的数宗债务的种类相同。若数宗债务给付的种类不同，当然应以给付的种类来确定清偿的为何宗债务，不能发生清偿抵充。只有在债务人负担的数宗债务的种类相同的情况下，才能发生清偿抵充问题。（3）债务人所提出的给付不足以清偿全部债权。虽然有数宗同种类给付的债务，但是清偿人提出的给付足以清偿全部债权的，则不发生清偿抵充。只有在债务人所提出的给付不足以清偿全部债权时，才产生清偿抵充问题。

4. 合同法定解除的条件包括如下几项：（1）因不可抗力致使不能实现合同目的。因不可抗力导致合同全部不能履行的，当事人可以解除合同；导致合同部分不能履行的，若合同目的无法实现，当事人也可以解除合同。（2）在履行期限届满之前，当事人一方明确表示或者以自己的行为表明不履行主要债务。（3）当事人一方迟延履行主要债务，经催告后在合理期限内仍未履行。（4）当事人一方迟延履行债务或者有其他违约行为致使不能实现合同目的。（5）法律规定的其他情形。

5. 法定抵销的条件包括：（1）须双方互负有债务，互享有债权。抵销以当事人双方相互享有对立的债权、负有对立的债务为前提。若当事人一方对另一方仅有债权而不负债务，或者仅负债务而不享有债权，就不会发生抵销问题。（2）须双方债务的给付为同一种类。双方债务的给付为同一种类，也就是债务人用以履行债务的标的物种类、质量相同。只有给付的种类相同时，当事人双方才有相同的经济目的，通过抵销才可满足当事人双方的利益需要。（3）须主动债权已届清偿期。在主动债权已届清偿期的情况下，被动债权未届清偿期的，主动债权的债权人主张抵销，相当于其放弃了期限利益。（4）须双方的债务均为可抵销的债务。法律规定不得抵销的债务、性质上不能抵销的债务、当事人约定不得抵销的债务不能抵销。

6. 法定抵销权为形成权，法定抵销权人通知对方抵销的，发生以下效力：（1）双方的债权债务于抵销数额内消灭。当事人双方的债务数额相等的，双方的债权债务全部消灭；双方的债务数额不等的，数额少的一方的债务全部消灭，另一方的债务在与对方债务相等的数额内消灭，其余额部分仍然存在，债务人就此余额部分仍负有清偿责任。（2）抵销自抵销通知到达对方时发生效力。当事人一方主张抵销，自通知到达对方时双方互负的主债务、利息、违约金或者损害

赔偿金等债务在同等数额内消灭。（3）抵销的抵充。行使抵销权的一方负担的数项债务种类相同，但是享有的债权不足以抵销全部债务，当事人因抵销的顺序发生争议的，可以参照《民法典》第560条关于清偿抵充的规定处理。

7. 提存的条件包括以下几项：（1）提存主体合格。提存涉及债务人、提存部门和债权人三方当事人，这三方当事人均须合格。（2）提存的合同有效且已届履行期限。提存的发生以有效的合同关系存在为前提，且合同已届履行期限。合同未届履行期限的，不得提存。（3）提存的原因合法。债务人有下列原因之一的，可以提存：债权人无正当理由拒绝受领标的物、债权人下落不明、债权人死亡未确定继承人或者丧失民事行为能力未确定监护人、法律规定的其他情形。（4）标的物适合于提存。标的物不适于提存或者提存费用过高的，债务人依法可以拍卖或变卖标的物，提存所得的价款。

8. 债务免除具有如下特征：（1）债务免除为一种单方行为。债权人只要向债务人作出债务免除的意思表示，债务即部分或者全部消灭，因此，债务免除是单方行为。（2）债务免除是一种无偿行为。债务免除是债权人消灭债务人的债务负担的行为，并不以债权人取得相应对价为条件，因此，免除为无偿行为。（3）债务免除是一种不要式行为。免除的意思表示无须特定的方式，书面、口头及其他形式均可。因此，免除是一种不要式行为。（4）债务免除是一种无因行为。债务免除依债权人免除债务的意思表示而发生效力，其原因如何，在所不问，属于一种无因行为。

 材料分析题

1.（1）甲乙之间的合同继续有效。因为《金庸全集》是种类物，不会因为被烧毁而造成甲、乙之间的合同无法履行，不会影响合同的效力。

（2）不可以。因为《金庸全集》是种类物，甲购买的那一套《金庸全集》被烧毁不会造成甲不能履行合同，不会导致合同目的落空，不会产生当事人的法定合同解除权，甲或乙自然不能单方行使解除权来解除合同。

（3）可以。因为基于甲乙的约定，合同的标的物非为种类物而是特定物。不可抗力的发生致使特定物

灭失，从而导致甲不能履行合同，不能向乙交付《金庸全集》，当事人订立合同的目的落空。双方当事人均享有法定解除权，均可单方行使解除权，解除合同。

2.（1）甲能够向乙主张抵销。甲与乙的债务均未约定履行期，甲、乙均可要求对方履行，或者向对方作出履行，其债务可以抵销。

（2）甲的抵销行为不合法。按照《民法典》第568条的规定，（法定）抵销不得附条件或者附期限。而甲的抵销是附有条件的，即"再过60天，乙的商店还办得下去"。

（3）甲不能向乙主张抵销。因为抵销权的行使是民事法律行为，要求抵销权人具有完全民事行为能力。甲成为限制民事行为能力人，行使抵销权需要经过甲的法定代理人的同意。

 论述题与深度思考题

1. 关于合同解除的效力，主要涉及以下四个问题。（1）合同解除的溯及力。合同解除是否具有溯及力，取决于两个方面：一是当事人是否请求。就是说，合同解除后，当事人可以要求恢复原状，也可以不要求恢复原状。是否恢复原状，完全取决于当事人的意志。二是合同的履行情况和合同性质。就是说，根据履行情况和合同性质能够恢复原状的，当事人可以要求恢复原状。根据合同的履行情况没有必要恢复原状的，当事人可以不要求恢复原状；如果根据合同的性质不可能恢复原状，则当事人不能要求恢复原状，只能采取其他补救措施。（2）合同解除的赔偿责任。在解除合同后，当事人有权要求赔偿损失。在合同协议解除和约定解除的情况下，应依当事人的约定确定赔偿责任。在合同因违约行为而解除的情况下，违约的一方

当事人应承担赔偿责任。在合同系因不可抗力而解除的情况下，当事人双方都不承担赔偿责任。（3）合同解除后的违约金责任。在合同约定有违约金条款时，该违约金条款不因合同解除而受影响。（4）合同解除后的担保责任。主合同解除后，担保人对债务人应当承担的民事责任仍应当承担担保责任，但是担保合同另有约定的除外。

2. 提存具有如下效力：（1）在债务人与债权人之间的效力。提存成立的，视为债务人在其提存范围内已经交付标的物。因此，提存后，债务人与债权人之间的合同关系即归消灭，债务人不再负清偿责任。标的物提存后，毁损、灭失的风险由债权人承担；提存期间，标的物的孳息归债权人所有；提存费用由债权人负担。标的物提存后，除债权人下落不明的以外，债务人应当及时通知债权人或者债权人的继承人、遗产管理人、监护人、财产代管人。（2）在提存人与提存部门之间的效力。提存成立后，提存部门有保管提存物的义务。提存部门应当采取适当的方法妥善保管提存物，以防毁损、变质。对不宜保存的、债权人到期不领取或者超过保管期限的提存物，提存部门可以拍卖，保存其价款。（3）在提存部门与债权人之间的效力。提存成立后，债权人不仅有受领提存物的权利，也有请求交付提存物的权利。债权人可以随时领取提存物，但是，债权人对债务人负有到期债务的，在债权人未履行债务或者提供担保之前，提存部门根据债务人的要求应当拒绝其领取提存物。债权人领取提存物的权利，自提存之日起5年内不行使而消灭，提存物扣除提存费用后归国家所有。但是，债权人未履行对债务人的到期债务，或者债权人向提存部门书面表示放弃领取提存物权利的，债务人负担提存费用后有权取回提存物。

第八章　违约责任

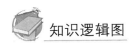知识逻辑图

违约责任
- 概念：合同当事人因违反合同义务所应承担的民事责任
- 特征
  - 以合同义务为基础
  - 财产责任
  - 可以由当事人约定
  - 具有相对性
- 与侵权责任的竞合
  - 概念：行为人实施的某一违法行为，同时具有违约行为和侵权行为的双重特征，从而在法律上导致了违约责任和侵权责任并存的现象
  - 处理：受损害方有权请求其承担违约责任或者侵权责任
- 归责原则
  - 概念：确定违约方的违约责任的根据或者准则
  - 作用：归责原则决定着违约责任的构成要件；决定着举证责任的内容
  - 体系：以无过错责任原则为主，兼采过错责任原则
- 构成条件
  - 概念：当事人承担违约责任须具备的条件
  - 特征
    - 以有效合同的存在为前提
    - 不同的违约责任形式有不同的构成条件
    - 具体合同的违约责任的构成有具体的特殊条件
  - 类型：一般构成条件与特殊构成条件
  - 违约行为
    - 概念：合同当事人没有按照合同约定履行合同义务的法律现象
    - 特征
      - 违约行为的主体为债务人
      - 违约行为所违反的义务具有多样性
      - 违约行为是一种单纯的客观现象
    - 分类
      - 预期违约与实际违约
      - 单方违约与双方违约
      - 当事人原因导致的违约与第三人原因导致的违约
    - 具体形态
      - 不履行合同义务
        - 拒绝履行
        - 不可能履行
      - 履行合同义务不符合约定
        - 数量上的不适当履行
        - 质量上的不适当履行
        - 履行地点的不适当履行
        - 履行方法、方式上的不适当履行
        - 履行期限上的不适当履行
- 免责事由
  - 概念：法律规定或者当事人约定的免除部分或者全部违约责任的条件
  - 分类：法定免责事由与约定免责事由
  - 具体情形
    - 不可抗力
    - 债权人的过错
    - 法律规定的其他情形

继续履行
- 概念：合同当事人一方不履行合同义务或者履行合同义务不符合约定时，应当承担的按合同约定履行合同的违约责任形式
- 特征
  - 按照合同约定的内容作出履行
  - 继续履行以债权人的请求为前提
  - 继续履行与其他违约责任形式可以并用
- 金钱债务的继续履行：未支付价款、报酬、租金、利息，或者不履行其他金钱债务
- 非金钱债务的继续履行
  - 债权人在合理期限内请求继续履行
  - 继续履行须有可能
  - 继续履行须有必要
  - 债务的标的须适于强制履行
- 合同的司法终止：法院或者仲裁机构根据当事人的请求终止合同权利义务关系

赔偿损失
- 概念：违约方赔偿因其违约而给对方造成的损失
- 特征
  - 普遍适用性
  - 并用性
  - 补偿性
- 适用条件
  - 违约行为
  - 一方受到损害
  - 损害与违约行为之间有因果关系
- 赔偿范围：实际损失、可得利益损失
- 限制规则
  - 合理预见规则
  - 减轻损失规则
  - 损益相抵规则
  - 过失相抵规则
- 损害赔偿额的计算：具体计算方法、抽象计算方法

支付违约金
- 概念：当事人依照合同约定或法律规定，在一方违反合同时向对方支付的一定数额的金钱
- 特征
  - 客体通常为金钱
  - 违约金主要基于当事人的约定而产生
  - 违约时发生支付的效力
- 分类：约定违约金与法定违约金、赔偿性违约金与惩罚性违约金
- 条件
  - 违约行为
  - 合同中须有关于违约金的约定或者法律中有关于违约金的规定
  - 违约方的违约行为属于应支付违约金的情形
- 调整：增加、适当有减少

定金责任
- 概念：为担保合同的订立、成立生效或者履行，依当事人双方的约定，一方预先向另一方交付的一定数额的金钱
- 特征
  - 债权的一种担保
  - 客体是金钱
  - 从属性
  - 要物性
  - 预先支付性

违约责任 — 责任形式

```
                            ┌ 订约定金：为保证正式订立合同而交付的定金
                            │ 成约定金：以定金的交付作为合同成立或者生效条件的定金
                     ┌ 种类 ┤
                     │      │ 解约定金：当事人为保留合同解除权而交付的定金
                     │      └ 违约定金：以违约损害赔偿为目的而设定的定金
                     │ 数额：不得超过主合同标的额的20％
                     │          ┌ 债务人不履行债务或者履行债务不符合约定
                     │ 适用条件 ┤ 债务人的违约行为须致使合同目的无法实现
                     │          └ 债务人的违约行为须不存在免责事由
              ┌定金责任┤      ┌ 预付效力：在债务人履行债务的情况下，定金应当抵作价款或者被收回
              │      │ 效力 ┤ 定金罚则：给付定金的一方无权请求返还定金，收受定金的一方
违约    责任形式┤      │      └                应当双倍返还定金
责任   ┤      │          ┌ 违约定金与违约金的关系：违约定金与违约金不能并用
              │      └ 相关关系┤ 违约定金与赔偿损失的关系：定金不足以弥补一方违约造成的损失的，
              │                └                对方可以请求赔偿超过定金数额的损失
              │      ┌ 概念：矫正合同不适当履行的责任形式
              └补救措施┤ 修理、更换、重作、退货、减少价款或者报酬
                     └ 履行数量、地点、方式的补救
```

 名词解释与概念比较

1. 违约责任
2. 预期违约与实际违约
3. 明示预期违约
4. 默示预期违约
5. 拒绝履行
6. 给付迟延
7. 违约金
8. 定金

选择题

（一）单项选择题

1. 宏辉演出公司与某演员签订了一份演出合同，出于与宏辉公司具有竞争关系的零点剧场的缘故，该演员在约定的时间并没有到宏辉公司指定的场所演出，而是到零点剧场演出了。宏辉公司可以要求（　　）承担违约责任。

A. 零点剧场

B. 演员

C. 零点剧场和演员

D. 零点剧场或演员

2. 张某与李某共有一台机器，各占50％的份额。双方共同将机器转卖获得10万元，约定张某和李某分别享有6万元和4万元；同时约定该10万元暂存李某账户，由其在3个月后返还给张某6万元。后该账户全部款项均被李某的债权人王某申请法院查封并执行，致李某不能按期返还张某款项。对此，下列哪一表述是正确的？（　　）

A. 李某构成违约，张某可请求李某返还5万元

B. 李某构成违约，张某可请求李某返还6万元

C. 李某构成侵权，张某可请求李某返还5万元

D. 李某构成侵权，张某可请求李某返还6万元

3. 下列关于违约金的说法，正确的是（　　）。

A. 合同因一方当事人违约而被解除的，违约金条款当然失去效力

B. 违约金责任与继续履行责任不能并用

C. 合同成立后即便不能生效，违约金条款也可以生效

D. 违约金责任与定金责任不能并用

4. 乙购买甲的一套房屋，已经支付1/3价款，双方约定余款待过户手续办理完毕后付清。后甲反悔，要求解除合同。乙不同意，并起诉要求甲继续履行合同，转移房屋所有权。对此，下列哪一选项是正确的？

（　　）

A. 合同尚未生效，甲应返还所受领的价款并承担缔约过失责任

B. 合同无效，甲应返还所受领的价款

C. 合同有效，甲应继续履行合同

D. 合同有效，法院应当判决解除合同、甲赔偿乙的损失

5. 甲公司向乙公司购买小轿车，约定于 7 月 1 日预付 10 万元，于 10 月 1 日预付 20 万元，于 12 月 1 日乙公司交车时付清尾款。甲公司按时预付第一笔款。乙公司于 9 月 30 日发函称因原材料价格上涨，需提高小轿车价格。甲公司于 10 月 1 日拒绝，等待乙公司答复未果后于 10 月 3 日向乙公司汇去 20 万元。乙公司当即拒收，并称甲公司迟延付款构成违约，要求解除合同。甲公司则要求乙公司继续履行。对此，下列哪一表述是正确的？（　　）

A. 甲公司不构成违约

B. 乙公司有权解除合同

C. 乙公司可行使先履行抗辩权

D. 乙公司可要求提高合同价格

6. 老张是一个养牛专业户，其与养牛场签订了供应小牛的合同，老张应向养牛场提供 20 头小牛。但在合同签订后，由于老张养的小牛生病，老张担心如果交付病牛的话会传染养牛场的牛，因而便与老王商量，由老王代为履行，向养牛场交付 20 头小牛。对此，下列选项中，正确的是（　　）。

A. 如果合同由老王履行的话，那么老张应当事先取得养牛场的同意才可以

B. 如果老王的履行不适当，那么养牛场应当向老王追究违约责任

C. 如果老王的履行不适当，那么养牛场应当向老张追究违约责任

D. 如果老王的履行不适当，养牛场可以自由选择老张或老王来追究违约责任

7. 甲、乙与丙就交通事故在交管部门的主持下达成调解协议书，由甲、乙分别赔偿丙 5 万元，甲当即履行。乙赔了 1 万元，余下 4 万元给丙打了欠条。乙到期后未履行，丙多次催讨未果，遂持调解协议书与欠条向法院起诉。下列哪一表述是正确的？（　　）

A. 本案属侵权之债

B. 本案属合同之债

C. 如丙获得工伤补偿，则乙可主张相应免责

D. 丙可要求甲继续赔偿 4 万元

8. 甲公司与乙公司签订买卖合同，由甲公司向乙公司提供一批货物，货物价格为 20 万元，并且这批货物必须妥善存储，否则就会变质。合同签订后，乙公司便开始寻找适合存储货物的仓库，初步选定了一个仓库，仓储费需要 1 000 元。在合同履行期限到来以后，乙公司准备与仓库的所有者订立仓储合同以便接收甲公司交付的货物，此时收到了甲公司的通知，得知甲公司经营陷入困顿，不可能向乙公司履行债务。此时，该批货物的市场价格已经升至 25 万元。于是，乙公司便解除与甲公司的合同。对此，下列选项中，正确的是（　　）。

A. 乙公司不能解除与甲公司的合同

B. 乙公司可以要求甲公司赔偿 25 万元

C. 乙公司可以要求甲公司赔偿 5 万元

D. 乙公司可以要求甲公司赔偿 4.9 万元

9. 小王要去签合同，为赶时间，搭乘一辆出租车。由于发生交通事故，出租车司机负全责，小王因而耽误了时间，没有签成合同，损失 2 万元。则下列选项中，正确的是（　　）。

A. 出租车司机应当赔偿小王 2 万元，只有如此才符合完全赔偿原则

B. 出租车司机不应赔偿小王 2 万元，因为超出了出租车司机订立合同时应当预见的范围

C. 出租车司机不应赔偿小王 2 万元，因为小王自己应当避免损失扩大

D. 出租车司机应当赔偿小王 2 万元，因为出租车司机对交通事故负全责

10. 甲向乙订购了一批干果，约定乙应于 2021 年 6 月 1 日之前将干果交给甲，否则承担 1 000 元的违约金。乙便从外地订购干果，准备交给甲，但外地的供货商货源不足，致使乙在 2021 年 6 月 1 日仍无法向甲交付干果，甲便向乙索要 1 000 元违约金。对此，下列选项中，正确的是（　　）。

A. 乙在向甲支付违约金后，不必再承担其他民事责任

B. 乙在向甲支付违约金后，便可以解除合同

C. 如果乙随后将干果交付给甲，便不必支付违约金

D. 乙在向甲支付违约金后，应当继续履行合同

11. 甲向乙订购了一批干果，约定乙应于 2021 年 6 月 1 日之前将干果交给甲，否则承担 1 000 元的违约金。乙便从外地订购干果，准备交给甲。外地的供货商将干果托运，但在托运过程中，山洪暴发，火车在数日内无法通行，致使乙在 2021 年 6 月 1 日无法向甲交付干果，甲便向乙索要 1 000 元违约金。对此，则下列选项中，正确的是（　　）。

A. 乙不必支付 1 000 元违约金，因为其对迟延履行并无过错

B. 乙不必支付 1 000 元违约金，因为不可抗力的发生，免除乙的违约责任

C. 外地的供货商需要向乙承担违约责任

D. 在外地的供货商向乙承担违约责任后，乙向甲承担违约责任

12. 甲向乙订购了一批干果，约定乙应于 2021 年 6 月 1 日之前将干果交给甲，否则承担 1 000 元的违约金。乙便向外地的供货商发送电子邮件，订购干果。按照乙与供货商的交易习惯，供货商收到电子邮件之后并不回复，而是直接向乙发货。然而网络服务商的服务器出现故障，导致乙的电子邮件并没有发到供货商处。最后，乙在 2021 年 6 月 1 日无法向甲交付干果，甲便向乙索要 1 000 元违约金。则下列选项中，正确的是（　　）。

A. 乙不必支付 1 000 元违约金，因为其对迟延履行并无过错

B. 乙不必支付 1 000 元违约金，因为其对电子邮件未发送到供货商处并无过错

C. 乙违约，需要向甲支付 1 000 元违约金

D. 乙的行为不属于违约行为

13. 甲向乙订购了一批干果，约定乙应于 2021 年 6 月 1 日之前将干果交给甲，否则承担 1 000 元的违约金。乙便向外地的供货商发送电子邮件，订购干果。然而网络服务商的服务器出现故障，导致乙的电子邮件并没有发到供货商处。2021 年 6 月 1 日，乙发现此问题，便重新发送电子邮件。供货商将干果办理托运，在托运过程中突遇山洪暴发，致使火车在数日内无法通行，乙无法向甲交付干果。甲便向乙索要 1 000 元违约金。则下列选项中，正确的是（　　）。

A. 乙不必支付 1 000 元违约金，因为其对迟延履行并无过错

B. 乙不必支付 1 000 元违约金，因为发生了不可抗力

C. 乙不必支付 1 000 元违约金，因为其不可能控制电子邮件的到达

D. 乙需要向甲支付 1 000 元违约金，因为不可抗力是在其迟延履行之后发生的

14. 甲公司向乙公司订购一批桌椅，合同中约定有违约金条款。乙公司内部管理不善，致使在合同履行期限届满后，桌椅仍然没有交到甲公司，不过甲公司一时也用不着这些桌椅。则下列选项中，错误的是（　　）。

A. 甲公司可以要求乙公司支付违约金

B. 甲公司可以要求乙公司赔偿损失

C. 甲公司可以要求乙公司继续履行合同

D. 甲公司不能要求乙公司赔偿损失

15. 甲乙签订一份买卖合同，约定违约方应向对方支付 18 万元违约金。后甲违约，给乙造成损失 15 万元。下列哪一表述是正确的？（　　）

A. 甲应向乙支付违约金 18 万元，不再支付其他费用或者赔偿损失

B. 甲应向乙赔偿损失 15 万元，不再支付其他费用或者赔偿损失

C. 甲应向乙赔偿损失 15 万元并支付违约金 18 万元，共计 33 万元

D. 甲应向乙赔偿损失 15 万元及其利息

16. 2020 年 5 月，张某从华丰商场购买了一台热水器。同年 6 月，该热水器因质量问题给张某造成了人身伤害。2021 年 10 月，张某向华丰商场提出交涉。双方协商未果，张某于同年 12 月向人民法院提起诉讼。张某有权请求华丰商场承担何种民事责任？（　　）

A. 仅有权请求华丰商场承担侵权责任

B. 仅有权请求华丰商场承担违约责任

C. 有权请求华丰商场承担侵权责任和违约责任

D. 只能在请求承担侵权责任或违约责任中选择其一

17. 甲将摄录自己婚礼庆典活动的仅有的一盘录像带交给个体户乙制作成 VCD 保存，乙的店铺因丙抽烟不慎而失火烧毁，导致录像带灭失。下列说法哪一个是正确的？（　　）

A. 甲可对乙提起违约之诉，并请求精神损害赔偿

B. 甲可对乙提起侵权之诉，并请求精神损害赔偿

C. 甲只能对丙提起侵权之诉，并请求精神损害

赔偿

　　D. 甲可对乙提起违约之诉或侵权之诉，不能请求精神损害赔偿

视频讲题

　　18. 甲公司与乙公司（建筑企业）于 2021 年 4 月签订一买卖合同，约定 2021 年 8 月 30 日由甲公司向乙公司提供建筑用水泥 100 吨。同年 5 月月初，甲公司所在地发生洪水灾害，甲公司未将灾情之事通知乙公司。同年 8 月月底，乙公司催促交货，甲公司未交。同年 9 月 30 日，甲公司发货，同时致函乙公司，表明因受水灾而致迟延交货事实。乙公司因延期收到水泥而影响工程进度，被发包方扣罚工程款 1 万元。有关该案的正确表述是（　　）。

　　A. 甲公司因不可抗力而迟延交货，对乙公司被扣罚的 1 万元损失不承担赔偿责任

　　B. 甲公司因不可抗力而迟延交货，对乙公司被扣罚的 1 万元只承担部分赔偿责任

　　C. 甲公司在取得主管机关有关灾情的证明后，免予承担赔偿乙公司 1 万元损失的责任

　　D. 由于甲公司未能及时通知乙公司不能按时交货，故应向乙公司承担 1 万元损失的赔偿责任

　　19. 甲公司在与乙公司协商购买某种零件时提出，该零件的工艺要求高，只有乙公司先行制造出符合要求的样品后，才能考虑批量购买。乙公司完成样品后，甲公司因经营战略发生重大调整，遂通知乙公司：本公司已不需此种零件，终止谈判。对此，下列哪一选项是正确的？（　　）

　　A. 甲公司构成违约，应当赔偿乙公司的损失

　　B. 甲公司的行为构成缔约过失，应当赔偿乙公司的损失

　　C. 甲公司的行为构成侵权行为，应当赔偿乙公司的损失

　　D. 甲公司不应赔偿乙公司的任何损失

　　20. 王某因多年未育前往某医院就医，经医院介绍 A 和 B 两种人工辅助生育技术后，王某选定了 A 技术并交纳了相应的费用，但医院实际按照 B 技术进行治疗。后治疗失败，王某要求医院返还全部医疗费用。对此，下列哪一选项是正确的？（　　）

　　A. 医院应当返还所收取的全部医疗费

　　B. 医院应当返还所收取的医疗费，但可以扣除 B 技术的收费额

　　C. 王某无权请求医院返还医疗费或赔偿损失

　　D. 王某无权请求医院返还医疗费，但是有权请求医院赔偿损失

　　21. 甲、乙双方约定，由丙每月代乙向甲偿还债务 500 元，期限 2 年。丙履行 5 个月后，以自己并不对甲负有债务为由拒绝继续履行。甲遂向法院起诉，要求乙、丙承担违约责任。对此，法院应如何处理？（　　）

　　A. 判决乙承担违约责任

　　B. 判决丙承担违约责任

　　C. 判决乙、丙连带承担违约责任

　　D. 判决乙、丙分担违约责任

　　22. 甲公司未取得商铺预售许可证，便与李某签订了"商铺认购书"，约定李某支付认购金即可取得商铺优先认购权，商铺正式认购时甲公司应优先通知李某选购。双方还约定了认购面积和房价，但对楼号、房型未作约定。李某依约支付了认购金。甲公司取得预售许可后，未通知李某前来认购，将商铺售罄。关于"商铺认购书"，下列哪一表述是正确的？（　　）

　　A. 无效，因甲公司未取得预售许可证即对外销售

　　B. 不成立，因合同内容不完整

　　C. 甲公司未履行通知义务，构成根本违约

　　D. 甲公司须承担继续履行的违约责任

　　23. 李某用 100 元从甲商场购买一只电热壶，使用时因漏电而致李某手臂灼伤，花去医药费 500 元。经查该电热壶是乙厂生产的。对此，下列哪一表述是正确的？（　　）

　　A. 李某可直接起诉乙厂要求其赔偿 500 元损失

　　B. 根据合同相对性原理，李某只能要求甲商场赔偿 500 元损失

　　C. 如李某起诉甲商场，则甲商场的赔偿范围以 100 元为限

　　D. 李某只能要求甲商场更换电热壶，500 元损失则只能要求乙厂承担

　　24. 甲与乙公司订立美容服务协议，约定服务期为半年，服务费在预收后逐次计扣，乙公司提供的协议格式条款中载明"如甲单方放弃服务，余款不退"（并

注明该条款不得更改）。协议订立后，甲依约支付5万元服务费。在接受服务1个月并产生费用8 000元后，甲感觉美容效果不明显，单方放弃服务并要求退款，乙公司不同意。甲起诉乙公司要求返还余款。对此，下列哪一选项是正确的？（　　）

A. 美容服务协议无效

B. "如甲单方放弃服务，余款不退"的条款无效

C. 甲单方放弃服务无须承担违约责任

D. 甲单方放弃服务应承担继续履行的违约责任

（二）多项选择题

1. 甲与乙签订合同，将其装修房屋完毕后剩余的涂料卖给乙。在合同签订后，装修公司内部管理出现了问题，导致甲的房屋迟迟没有装修完毕，因而甲也没有履行其与乙的合同。那么，下列选项中，错误的有（　　）。

A. 甲违约，乙可以要求甲承担违约责任

B. 乙不能要求甲承担违约责任，因为甲不能交付涂料没有过错

C. 甲没有免责理由，应向乙承担违约责任

D. 乙可以要求装修公司承担违约责任

2. 在判断违约金过分高于造成的损失时，应当以损失为基础，并兼顾如下因素（　　）。

A. 合同主体

B. 交易类型

C. 合同的履行情况

D. 当事人的过错程度、履约背景

3. 甲购买一辆汽车，在开回的路上，因刹车失灵而翻车受伤。在此情形下，他可以请求谁承担何种责任？（　　）

A. 请求商家承担违约责任

B. 请求厂家同时承担违约和侵权责任

C. 请求厂家承担侵权责任

D. 请求厂家承担侵权责任，同时请求商家承担违约责任

4. 王某买票乘坐某运输公司的长途车，开车的司机为钱某。长途车在行驶中与朱某驾驶的车辆相撞，致王某受伤。经认定，朱某对交通事故负全部责任。对此，下列哪些说法是正确的？（　　）

A. 王某可以向朱某请求侵权损害赔偿

B. 王某可以向运输公司请求违约损害赔偿

C. 王某可以向钱某请求侵权损害赔偿

D. 王某可以向运输公司请求侵权损害赔偿

5. 甲乙两公司依法签订了一份购销某产品的合同，该产品依规定须执行国家定价。在乙公司逾期交货的情况下，该产品的价格应如何执行？（　　）

A. 遇价格上涨时，按原价格执行

B. 遇价格上涨时，按新价格执行

C. 遇价格下降时，按新价格执行

D. 遇价格下降时，按原价格执行

6. 当事人一方不履行非金钱债务或履行非金钱债务不符合约定的，对方可以要求继续履行，但下列哪些情形除外？（　　）

A. 债权人在合理期限内未要求履行

B. 履行费用过高

C. 涉及人身的债务

D. 合同在事实上已不能履行

7. 老王与老丁签订合同，购买老丁的一处房屋，约定价格为15万元，老王用于订立合同以及准备履行合同的费用共计1 000元。后来老丁又将房屋卖给了老赵，并办理了房屋过户登记手续。老王急于寻找房屋居住，只好在老丁所售房屋的附近重新购买了一处房屋，花费了16万元。下列选项中正确的有（　　）。

A. 老王有权请求老赵搬出房屋

B. 老王能够解除与老丁的合同

C. 老王最多能够请求老丁赔偿1万元

D. 老王最多能够请求老丁赔偿1.1万元

视频讲题

8. 不可抗力属于违约责任的法定免责理由，下列选项中，属于不可抗力的有（　　）。

A. 山洪暴发

B. 海啸

C. 突然爆发的战争

D. 原油期货价格突然暴跌

9. 默示毁约是指在履行期限到来之前，一方当事人以自己的行为表示将在履行期限到来后不履行合同。以下选项中，哪些是表明将不履行合同的行为？（　　）

A. 抽逃资金以逃避债务

B. 丧失商业信誉

C. 转移财产

D. 经营状况严重恶化

10. 甲欠乙现金 5 万元，约定于 2021 年 6 月 21 日偿还。2021 年 4 月 11 日，甲便明确向乙表示，由于自己资金周转不灵，因而到时不能清偿。则下列选项中，正确的有（　　）。

A. 乙只能在 6 月 21 日后要求甲偿还债务

B. 乙可以在 6 月 21 日前要求甲承担违约责任

C. 乙不可以在 6 月 21 日前要求甲承担违约责任

D. 乙既可以在 6 月 21 日前，也可以于其后要求甲承担违约责任

11. 甲与乙签订房屋买卖合同，将一幢房屋卖于乙。双方同时约定，一方违约应支付购房款 35% 的违约金。但在交房前甲又与丙签订合同，将该房卖于丙，并与丙办理了过户登记手续。对此，下列说法中哪些是正确的？（　　）

A. 乙可以自己与甲签订的合同在先，主张甲与丙签订的合同无效

B. 乙有权要求甲收回房屋，实际履行合同

C. 乙不能要求甲实际交付该房屋，但可要求甲承担违约责任

D. 若乙要求甲支付约定的违约金，甲可以请求法院或仲裁机构予以适当减少

12. 甲演出公司与乙演员订立合同，按照合同约定，甲演出公司支付乙演员 4 万元，乙演员应当在 5 日后到丙剧场演出，否则需要支付甲演出公司 5 000 元违约金。但由于甲演出公司与乙演员先前的债务尚未了结，甲演出公司一直拖延，未向乙演员支付以往的演出费用，乙演员便未在丙剧场演出。则下列说法中，错误的有（　　）。

A. 丙剧场有权追究乙演员的违约责任

B. 甲演出公司有权要求乙演员支付违约金

C. 甲演出公司可以要求法院判令乙演员继续履行合同，在丙剧场演出

D. 乙演员可以行使同时履行抗辩权，除非甲演出公司付清以往的演出费用，否则便不在丙剧场演出

13. 合同当事人一方违约后，守约方要求其承担继续履行的违约责任，在下列哪些情况下，人民法院对守约方的请求不予支持？（　　）

A. 违约方所负债务为非金钱债务

B. 债务的标的不适于强制履行

C. 继续履行费用过高

D. 违约方已支付违约金或赔偿损失

14. 王某以 5 万元从甲商店购得标注为明代制品的瓷瓶一件，放置于家中客厅。李某好奇把玩，不慎将瓷瓶摔坏。经鉴定，瓷瓶为赝品，市场价值为 100 元，甲商店系知假卖假。对此，王某下列请求哪些是合法的？（　　）

A. 要求甲商店赔偿 15 万元

B. 要求甲商店赔偿 5 万元

C. 要求李某赔偿 5 万元

D. 要求李某赔偿 100 元

15. 孙女士于 2021 年 5 月 1 日从某商场购买一套化妆品，使用后皮肤红肿出疹，就医不愈、花费巨大。2022 年 4 月，孙女士多次交涉无果，遂将商场诉至法院。对此，下列哪些说法是正确的？（　　）

A. 孙女士可以要求商场承担违约责任

B. 孙女士可以要求商场承担侵权责任

C. 孙女士可以要求商场承担缔约过失责任

D. 孙女士可以要求撤销合同

（三）不定项选择题

例1：甲公司是房地产开发公司，在取得相关证照之后便预售十八层的商品房。2019 年 8 月 11 日，乙与甲公司签订了买卖合同，乙购买第十四层的东户。合同中约定："2020 年 10 月 8 日前，甲公司应当将验收合格的房屋交付给乙。""合同总价款 60 万元，分三次付清。乙应于合同订立之日交付甲公司 30 万元。2020 年 8 月 1 日，乙应交付甲公司 20 万元。房屋交付之日，乙应交付甲公司 10 万元。""合同订立之日，乙应当向甲公司交付 2 万元违约定金。""任何一方违约，均应向对方支付 3 万元违约金。"

合同订立后，乙如约交付了 30 万元以及 2 万元定金。2020 年 6 月 3 日，乙开始准备第二次付款，由于担心甲公司的工程进展不畅，便到甲公司的工地上去观察。乙发现甲公司的楼房只盖到了第六层，在 2020 年 10 月 8 日之前，根本不可能盖到第十四层。随后乙在报纸上看到了甲公司业绩滑坡、经营恶化的新闻。

1. 2020 年 6 月 3 日，乙（　　）。

A. 可以拒付剩余购房款

B. 可以通知甲公司解除合同

C. 必须通过诉讼，解除与甲公司的合同

D. 可以要求甲公司承担违约责任

2. 2020 年 8 月 1 日，甲公司要求乙支付 20 万元，遭乙拒绝，于是甲公司便要求乙支付 3 万元违约金。对此，下列选项中，正确的是（   ）。

A. 乙的行为构成违约，因为按照合同约定乙应当支付 20 万元，但乙未履行义务

B. 乙的行为合法，属于行使不安抗辩权的行为

C. 乙不应支付 3 万元违约金

D. 乙可以解除与甲公司的合同

3. 乙做事拖拖拉拉，自拒付剩余价款起便未再找甲公司。2020 年 10 月 9 日，乙找到甲公司，（   ）。

A. 乙可以拒付剩余款项

B. 乙可以要求甲公司支付违约金

C. 乙可以要求甲公司加快履行合同，争取早日交付房屋

D. 乙可以既要求甲公司支付违约金，又要求甲公司早日交付房屋

4. 到 2021 年 2 月 8 日，经过数次催促，乙发现甲公司的工程进度仍然是不紧不慢，楼房只盖到了第八层。乙无法再忍受下去了，准备另行购买商品房。下列选项中，正确的是（   ）。

A. 乙可以通知甲公司解除合同

B. 乙只能提起诉讼，要求解除与甲公司的合同

C. 乙可以要求甲公司支付违约金

D. 如果乙的实际损失为 8 万元的话，则乙可以要求法院调高违约金至 8 万元

5. 2021 年 2 月 8 日，乙通知甲公司解除合同，但经过数次协商，乙与甲公司无法就善后事宜达成一致意见。2021 年 3 月 8 日，乙只好向法院提起诉讼。2021 年 4 月 8 日，法院作出判决，宣布解除乙与甲公司的合同，2021 年 4 月 24 日判决生效。乙与甲公司的合同解除时间为（   ）。

A. 2021 年 2 月 8 日

B. 2021 年 3 月 8 日

C. 2021 年 4 月 8 日

D. 2021 年 4 月 24 日

6. 甲公司与乙的合同解除后，下列选项中，正确的是（   ）。

A. 合同解除具有溯及力

B. 合同解除没有溯及力

C. 甲公司应当向乙返还 30 万元

D. 合同应停止履行

7. 在诉讼中，法院查明乙的实际损失为 8 万元。若乙提出下列诉讼请求，应当得到法院支持的是（   ）。

A. 只请求甲公司双倍返还定金，即 4 万元

B. 只请求甲公司支付违约金 3 万元

C. 同时请求双倍返还定金、支付违约金，共计 7 万元

D. 请求法院判决甲公司赔偿 8 万元，并要求返还 2 万元定金

视频讲题

例 2：甲公司与乙公司签订了一份手机买卖合同，约定甲公司供给乙公司某型号手机 1 000 部，每部单价 1 000 元，乙公司支付定金 30 万元，任何一方违约应向对方支付合同总价款 30% 的违约金。合同签订后，乙公司向甲公司支付了 30 万元定金，并将该批手机转售给丙公司，每部单价 1 100 元，指明由甲公司直接交付给丙公司。但甲公司未按约定期间交货。请回答下列问题。

8. 关于返还定金和支付违约金，乙公司向甲公司提出请求，下列表述正确的是（   ）。

A. 请求甲公司双倍返还定金 60 万元并支付违约金 30 万元

B. 请求甲公司双倍返还定金 40 万元并支付违约金 30 万元

C. 请求甲公司双倍返还定金 60 万元或者支付违约金 30 万元

D. 请求甲公司双倍返还定金 40 万元或者支付违约金 30 万元

9. 关于甲公司违约时继续履行债务，下列表述中，错误的是（   ）。

A. 乙公司在请求甲公司支付违约金以后，就不能请求其继续履行债务

B. 乙公司在请求甲公司支付违约金的同时，还可请求其继续履行债务

C. 乙公司在请求甲公司继续履行债务以后，就不

能请求其支付违约金

D. 乙公司可选择请求甲公司支付违约金,或请求其继续履行债务

10. 关于甲、乙、丙公司之间违约责任的承担,下列表述中,正确的是（　　）。

A. 如乙公司未向丙公司承担违约责任,则丙公司有权请求甲公司向自己承担违约责任

B. 如乙公司未向丙公司承担违约责任,则丙公司无权请求甲公司向自己承担违约责任

C. 如甲公司迟延向丙公司交货,则丙公司有权请求乙公司承担迟延交货的违约责任

D. 如甲公司迟延向丙公司交货,则丙公司无权请求乙公司承担迟延交货的违约责任

 简答题

1. 简述违约责任的特征。
2. 简述违约行为的特征。
3. 简述拒绝履行的条件。
4. 简述给付迟延的条件。
5. 简述继续履行的特征。
6. 简述违约的赔偿损失的特征。
7. 简述违约金的特征。
8. 简述定金责任的特征。

 材料分析题

2021年2月,甲公司与乙公司订立了一份买卖20吨某型号钢锭的合同。按照合同约定,钢锭每吨1万元,合同总价款20万元,乙公司应当在2021年9月1日之前向甲公司提供钢锭。合同订立时,甲公司向乙公司预付10万元预付款和5万元定金,其余价款货到付清。如有违约,则违约方需要向对方支付合同总价款5%的违约金。合同订立后,甲公司交付10万元预付款与5万元定金。因钢材市场价格不断攀升,乙公司便与甲公司协商加价,但甲公司不同意。于是乙公司便不想履行与甲公司的合同了。履行期限届满后,乙公司未向甲公司交付钢锭。急于使用钢锭的甲公司不断派人催促乙公司履行合同,因而支出2 000元费用。后甲公司威胁乙公司,如果不履行合同,便将此事公之于众。乙公司考虑到自己的商业信用,便同意

继续履行合同。经过协商,双方同意于2021年11月1日之前将合同履行完毕。2021年10月6日,乙公司交付了10吨钢锭。2021年11月1日,钢锭价格已经上升至1.2万元/吨,乙公司便通知甲公司,拒绝交付剩下的钢锭。甲公司几次催促,但乙公司仍不履行,甲公司只好从丙公司购进了10吨钢锭,价格为1.2万元/吨。请回答下列问题:

(1) 甲公司能否请求乙公司交付剩下的10吨钢锭?为什么?

(2) 甲公司是否有权请求乙公司返还定金?为什么?

(3) 甲公司能否解除合同?为什么?

(4) 甲公司有权要求乙公司赔偿多少损失?为什么?

(5) 若乙公司向甲公司双倍返还了定金,甲公司能否再要求乙公司支付违约金?为什么?

(6) 若不考虑定金的问题,甲公司有权请求乙公司支付的违约金的数额是多少?为什么?

 论述题与深度思考题

1. 试述赔偿损失的限制规则。
2. 试述合同的司法终止。

参考答案

名词解释与概念比较

1. 违约责任,是指合同当事人因违反合同义务而承担的民事责任。

2. 预期违约与实际违约。

类型	预期违约	实际违约
定义	在履行期限到来之前,一方无正当理由明确表示其在履行期限到来后不履行合同,或者其行为表明在履行期限到来后将不履行合同	在履行期限到来后,当事人不履行或不完全履行合同义务

续表

类型	预期违约	实际违约
发生时间	合同履行期限到来之前	合同履行期限到来之后
侵害对象	期待的债权	现实的债权
表现形式	明示毁约、默示毁约	拒绝履行、迟延履行、不适当履行、部分履行、其他不完全履行行为

3. 明示预期违约，是指在合同履行期限届满之前，合同一方当事人无正当理由而明确肯定地向另一方表示将不履行合同义务。

4. 默示预期违约，是指在合同履行期限届满之前，合同一方当事人以自己的行为表明不履行合同义务。

5. 拒绝履行，是指合同债务人在合同履行期限届满后，没有正当理由而表示不履行合同。

6. 给付迟延，是指债务人在合同履行期限届满时能够履行合同而没有按期履行。

7. 违约金，是指当事人依照合同约定或者法律规定，在一方违反合同时向对方支付的一定数额的金钱。

8. 定金，是指为担保合同的订立、成立生效或者履行，依当事人双方的约定，一方预先向另一方交付的一定数额的金钱。

 选择题

（一）单项选择题

1. B

按照《民法典》第 593 条的规定，当事人一方因第三人的原因造成违约的，应当向对方承担违约责任。因此，即使是因零点剧场而造成该演员不能履行演出合同，违约责任也应当由该演员承担，而不涉及零点剧场，这是由合同关系的相对性所决定的。故本题应选 B 项。

2. B

张某与李某对按份共有物进行处分，并约定以 6：4 的比例分配所获价款，虽与原份额比例不同，但意思表示真实，合同有效。李某到期未支付 6 万元构成违约，而非侵权，张某可请求支付。故本题应选 B 项。

3. D

合同因一方当事人违约而被解除的，不能免除违约方支付违约金的责任。按照《民法典》第 585 条第 3 款的规定，违约金责任可以与继续履行责任并用。如果合同不能生效，则合同中违约金条款也不会发生效力。按照《民法典》第 588 条第 1 款的规定，违约金责任与定金责任不能并用，当事人只能选择适用其中的一种。故本题应选 D 项。

4. C

甲与乙订立了房屋买卖合同，合同已经开始履行，未办理过户手续不会影响购房合同的效力，所以合同有效。甲不享有法定合同解除权，在协议解除未果的情况下，合同继续有效，甲应当继续履行合同。故本题应选 C 项。

5. A

甲公司与乙公司间的买卖合同有先后履行顺序。原材料价格上涨，属于合同履行中正常的商业风险，由乙公司自行承担，乙公司无权变更合同价款。无正当理由违反合同约定的行为方构成违约行为，甲公司拒绝乙公司变更合同价款的要求，并等待乙公司答复，实属正常，虽构成逾期付款，却并非没有正当理由，因此甲公司并未违约。乙公司不符合先履行抗辩权的行使条件，也不存在合同解除权的产生情形，无权解除合同。故本题应选 A 项。

6. C

第三人代债务人向债权人作出履行，除非违反法律规定、当事人约定或者有违合同性质，否则债权人不得拒绝。第三人代为履行时，若履行不适当，债权人应向债务人追究违约责任，即养牛场应当向老张追究违约责任。故本题应选 C 项。

7. B

甲、乙、丙间的调解协议书对侵权损害赔偿作出约定，甲、乙向丙分别作出赔偿，属有效合同。本案因乙到期不履行而产生纠纷，属合同之债。不论丙是否获得工伤补偿，甲、乙均不能因此而免责。甲、乙应当按照合同约定向丙支付赔偿金。甲、乙间非为连带责任，甲在履行完毕之后，债务消灭。故本题应选 B 项。

8. D

甲公司履行不能，致使乙公司的合同目的无法实现，乙公司享有法定合同解除权，可以解除合同。乙公司还可以请求甲公司承担违约责任，赔偿损失，乙公司可以请求的数额是 4.9 万元。原因在于，甲公司

的违约使乙公司损失 5 万元（25 万元与 20 万元的价格差额），但乙公司因而却不必支付本应支付的 1 000 元仓储费。即乙公司因甲公司的违约行为，既有损失，又有收益，损益相抵，乙公司可以请求 4.9 万元的赔偿。故本题应选 D 项。

9. B

违约损害赔偿以完全赔偿为原则，即违约方应赔偿对方的全部损失，但完全赔偿原则存在限制性规则，如应当预见规则。由于小王并未向出租车司机作出声明，2 万元损失超出了出租车司机在订立合同时可预见到的或应当预见到的范围，因而出租车司机不应赔偿 2 万元。故本题应选 B 项。

10. D

违约金责任可以与继续履行责任等并用，因而乙支付了违约金，还应当继续履行合同。乙支付了违约金，并不会因而取得合同解除权。即便乙随后履行了合同，仍不能否定其迟延履行合同的事实，需要按照约定向甲支付违约金。故本题应选 D 项。

11. B

山洪暴发属于不可抗力，因不可抗力的发生而使一方当事人违约的，当事人免除违约责任。所以，供货商不必向乙承担违约责任，乙也不必向甲承担违约责任。故本题应选 B 项。

12. C

在《民法典》合同编中，除不可抗力而不履行合同外，当事人应当对其违约行为承担违约责任，一般不考虑违约方是否具有过错。乙的行为属于违约行为，又无免责理由，因而应向甲支付 1 000 元违约金。故本题应选 C 项。

13. D

虽然乙不可能控制电子邮件的到达，其对于电子邮件未如期到达供货商并无过错，但违约行为的构成不考虑当事人的主观状态，乙构成迟延履行。在乙迟延履行后才发生了不可抗力，乙不能因而免责，应当向甲支付违约金。故本题应选 D 项。

14. B

乙公司违约，需要向甲公司承担违约责任。甲公司可以要求乙公司继续履行合同，支付违约金。不过，甲公司不能要求乙公司赔偿损失，因为乙公司的违约行为没有给甲公司造成损失。违约金责任的承担不以造成损失为必要，但赔偿损失责任的承担则以造成损

失为必要。故本题应选 B 项。

15. A

赔偿损失与支付违约金的违约责任均为补偿性的，而非惩罚性的。当事人约定的违约金过分高于实际损失的，违约方可以请求调低。当事人约定的违约金超过造成损失的 30% 的，一般可以认定为"过分高于造成的损失"。18 万元的违约金并未高出 15 万元实际损失的 30%。因此，甲应当向乙支付违约金 18 万元，不必另行支付赔偿金。故本题应选 A 项。

16. D

华丰商场交付质量不合格的热水器构成违约，张某有权请求华丰商场承担违约责任。华丰商场提供的热水器质量不合格造成张某损害亦构成侵权，张某有权请求华丰商场承担侵权责任。此时，发生违约责任与侵权责任的竞合。根据《民法典》第 186 条的规定，张某有权要求华丰商场承担违约责任或者侵权责任，二者只能择一。故本题应选 D 项。

17. B

根据甲与乙之间的合同，乙应制作 VCD，但乙将录像带毁损，构成违约。第三人丙抽烟引发店铺失火，使录像带灭失，这不属于不可抗力，乙不存在免责事由，应当对甲承担违约责任。因此，甲可对乙提起违约之诉。由于合同法并不支持精神损害赔偿，因而甲对乙提起违约之诉时，不可以请求精神损害赔偿。此外，甲享有婚礼录像带的所有权，乙、丙的行为不仅侵犯了甲的所有权，而且使甲产生精神痛苦，乙、丙应承担侵权责任。所以，甲可对乙、丙提起侵权之诉，除请求赔偿录像带损失外，还可请求精神损害赔偿。故本题应选 B 项。

18. D

洪水灾害属于不可抗力，根据《民法典》第 590 条第 1 款的规定，甲公司因为不可抗力的发生而迟延履行，免除违约责任。但同时《民法典》第 590 条第 1 款规定：当事人一方因不可抗力不能履行合同的，应当及时通知对方，以减轻可能给对方造成的损失，并应当在合理期限内提供证明。甲公司在不可抗力发生之后不及时发出通知，致使乙公司损失 1 万元，甲公司应予赔偿。故本题应选 D 项。

19. D

甲公司与乙公司之间并不存在合同，所以不会产生违约责任，甲公司的行为也非侵权行为。甲公司

之所以不订立合同，是因为调整经营战略，甲公司对于合同未成立没有过错。所以，损失应由乙公司自行承担，这也是乙公司应当承担的商业风险。故本题应选 D 项。

20. A

王某与医院订立了医疗合同，其内容是医院以 A 技术为王某治疗，王某支付医疗费用。医疗合同中的给付指的是给付的内容而非给付的结果。因此，如果医院以 A 技术为王某治疗，即便治疗失败，医院也履行了自己的义务。然而医院却以 B 技术进行治疗，医院的行为构成违约，应当向王某承担违约责任。医院违反合同约定以 B 技术进行治疗，致使治疗失败，王某不能实现合同目的。因此，王某有权解除合同。在王某解除合同的情况下，王某有权请求医院返还全部医疗费。故本题应选 A 项。

21. A

按照《民法典》第 523 条的规定，当事人约定由第三人向债权人履行债务，第三人不履行债务或者履行债务不符合约定的，债务人应当向债权人承担违约责任。基于合同的相对性，甲乙之间的合同关系仅约束甲与乙，而不能约束丙。故本题应选 A 项。

22. C

甲公司与李某签订的"商铺认购书"为双方之间的合同，虽然甲公司未取得预售许可证，但不会影响该合同的效力。甲公司的主要义务是在正式预售商铺时通知李某，以便其行使优先认购权。甲公司未通知李某构成根本违约。商铺售罄，甲公司不能承担继续履行的违约责任。李某可解除合同，并要求赔偿损失。故本题应选 C 项。

23. A

在产品责任中，被侵权人可以向产品的生产者或销售者请求承担责任。因此，李某可以起诉甲商场或乙厂请求赔偿 500 元的全部损失。当然，若主张违约责任的话，李某只能向甲商场主张。李某起诉甲商场的，如果主张侵权责任请求权，可以要求赔偿 500 元，而不是 100 元。故本题应选 A 项。

24. B

美容服务协议并不存在无效情形，协议中的"如甲单方放弃服务，余款不退"格式条款免除了经营者的责任，排除了消费者的主要权利，该条款无效。美容服务协议有效，则甲方单方放弃服务需要承担相应

的违约责任，因甲已完成付款义务，其放弃服务不产生继续履行的违约责任。根据《消费者权益保护法》（2013 年修正）第 53 条的规定，经营者以预收款方式提供商品或者服务的，应当按照约定提供。未按照约定提供的，应当按照消费者的要求履行约定或者退回预付款；并应当承担预付款的利息、消费者必须支付的合理费用。故本题应选 B 项。

（二）多项选择题

1. ABCD

甲对乙履行债务的条件是房屋装修完毕，而甲的房屋并未装修完毕，因而甲未履行债务的行为不构成违约。买卖合同违约责任不采取过错归责，B 项中的因果关系错误。乙与装修公司之间不存在合同关系，不能产生违约责任。故本题应选 A、B、C、D 项。

2. ABCD

按照最高人民法院《关于适用〈中华人民共和国民法典〉合同编通则若干问题的解释》第 65 条的规定，当事人主张约定的违约金过分高于违约造成的损失，人民法院应当以《民法典》第 584 条规定的损失为基础，兼顾合同主体、交易类型、合同的履行情况、当事人的过错程度、履约背景等因素。故本题应选 A、B、C、D 项。

3. AC

甲因刹车失灵而遭受损失，既产生违约责任请求权，也产生侵权责任请求权，甲可以择一行使。因此，甲可以要求商家承担违约责任，或者要求厂家承担侵权责任。故本题应选 A、C 项。

4. AB

因朱某的过错而使王某受伤，王某对朱某享有侵权责任请求权，可以要求其赔偿。王某与运输公司之间存在运输合同，运输公司应安全、及时地将王某送至目的地，但运输公司未能将王某安全送至目的地，构成违约，王某对运输公司享有违约责任请求权，可以要求其赔偿。但王某无权要求钱某赔偿损失，因为钱某的行为属于执行运输公司职务的行为。故本题应选 A、B 项。

5. AC

参见《民法典》第 513 条。执行政府定价的合同，在一方违约时，要执行对其不利的价格。故本题应选 A、C 项。

6. ABCD

参见《民法典》第 580 条。故本题应选 A、B、C、D 项。

7. BD

老丁将房屋售于老赵，并已办理了过户手续，则老赵取得了房屋的所有权，老王无权请求老赵搬出房屋。老丁的行为构成违约，使老王订立合同的目的不能实现，老王能够解除与老丁的合同。老丁的违约行为致使老王损失了为订立合同及准备履行合同而支出的 1 000 元，并多花费 1 万元重新购买房屋。债权人请求债务人赔偿损失的范围包括积极损失与可得利益损失，1 000 元为积极损失，1 万元为可得利益损失，所以，老王最多能够请求老丁赔偿 1.1 万元。故本题应选 B、D 项。

8. ABC

不可抗力是不能预见、不能避免并不能克服的客观情况。某一事件构成不可抗力，必须同时具备这三个条件。原油期货价格突然暴跌，可能会影响某些合同的履行，但这属于市场风险，而非不可抗力。故本题应选 A、B、C 项。

9. ABCD

默示毁约的情形包括《民法典》第 527 条所规定的产生不安抗辩权的情形。故本题应选 A、B、C、D 项。

10. BD

甲的行为构成明示毁约，即在合同履行期限到来之前，明确表明将不履行合同。乙可以预期违约为由，在履行期限到来之前请求甲承担违约责任，也可以等到履行期限到来之后，以实际违约为由请求甲承担违约责任。故本题应选 B、D 项。

11. CD

甲与乙之间的合同、甲与丙之间的合同均有效，一方不能以自己的合同订立在先而主张订立在后的合同无效。在甲与乙签订合同中，乙虽然享有债权，但甲的房屋所有权已经转让于丙，乙不能要求甲收回房屋，但可以要求甲承担违约责任。根据《民法典》第 585 条的规定，约定的违约金过分高于造成的损失的，人民法院或者仲裁机构可以根据当事人的请求予以适当减少。由于双方约定的违约金为购房款的 35%，过分高于实际损失，甲可以请求法院或仲裁机构予以适当减少。故本题应选 C、D 项。

12. ACD

基于违约责任的相对性，丙剧场无权要求乙演员承担违约责任，而只能基于丙剧场与甲演出公司之间的合同，要求甲演出公司承担违约责任。乙演员对甲演出公司违约，甲演出公司有权要求乙演员支付 5 000 元违约金。具有人身性质的债务不得强制继续履行，所以法院不能判令乙演员继续履行合同，在丙剧场演出。乙演员对甲演出公司关于以往演出费用的债权与甲演出公司对乙演员关于到丙剧场演出的债权，并非基于同一双务合同而产生。因此，不能成立同时履行抗辩权。故本题应选 A、C、D 项。

13. BC

按照《民法典》第 580 条的规定，非金钱债务可以适用继续履行责任，但债务的标的不适于强制履行或者继续履行费用过高的，不得适用继续履行责任。违约金责任形式、赔偿损失责任形式均可以与实际履行责任形式并用。故本题应选 B、C 项。

14. ABD

甲商店与王某成立买卖合同关系，甲商店交付的货物不符合质量要求，王某可主张违约责任请求权，要求赔偿损失 5 万元。甲商店欺诈消费者王某，按照《消费者权益保护法》（2013 年修正）第 55 条的规定，王某也可以要求甲商店三倍赔偿，即 15 万元。李某侵犯王某的所有权，需要赔偿王某的损失。因瓷瓶市价 100 元，所以王某只能要求李某赔偿 100 元。故本题应选 A、B、D 项。

15. AB

商场交付的标的物有瑕疵，构成违约，孙女士可主张违约责任请求权。商场违反不得侵害他人的消极义务，其交付有瑕疵的标的物致害孙女士身体，构成侵权。孙女士可主张侵权责任请求权。数种权利发生竞合，孙女士可择一行使。故本题应选 A、B 项。

（三）不定项选择题

1. ABD

事实表明，到 2020 年 10 月 8 日甲公司根本不可能向乙交付验收合格的房屋，甲公司构成预期违约。根据《民法典》的规定，乙享有法定合同解除权，可以解除与甲公司的买卖合同。甲公司的行为构成预期违约中的默示毁约，即以其行为表明其在履行期限到来后将不可能履行合同，按照《民法典》第 578 条的规定，乙可以要求甲公司承担预期违约的违约责任。故本题应选 A、B、D 项。

2. BCD

甲公司与乙的合同为双务合同，乙负有先履行义务，但乙有确切证据证明在其履行义务之后，甲公司有可能丧失债务履行能力。因此，乙可以行使不安抗辩权，暂时中止履行，即拒付剩余购房款。乙的行为属于行使抗辩权的行为，阻碍违法性，非为违约行为，乙自然也就不应支付 3 万元违约金。由于甲公司不可能在履行期限到来之后履行债务，因而乙可以解除合同。故本题应选 B、C、D 项。

3. ABCD

2020 年 10 月 9 日，仍然符合不安抗辩权的行使条件，乙可以拒付剩余款项。该日，甲公司已经陷入履行迟延，需要向乙承担违约责任。按照合同约定，乙可以要求甲公司支付违约金。同时，乙也可以要求甲公司继续履行合同，早日交付房屋。违约金责任与继续履行责任可以并用。故本题应选 A、B、C、D 项。

4. ACD

按照《民法典》第 563 条的规定，当事人一方迟延履行主要债务，经催告后在合理期限内仍未履行的，对方当事人可以解除合同。乙可以通知的形式，解除与甲公司的合同。甲公司迟延履行，乙可以要求甲公司支付违约金。由于乙的实际损失远高于所约定的违约金，按照《民法典》第 585 条第 2 款的规定，约定的违约金低于造成的损失的，当事人可以请求人民法院或者仲裁机构予以增加，所以，乙可以请求法院调高违约金至实际损失的数目。故本题应选 A、C、D 项。

5. A

按照《民法典》第 565 条的规定，合同自解除通知到达对方时解除。对方对解除合同有异议的，任何一方当事人均可以请求人民法院或者仲裁机构确认解除行为的效力。法院、仲裁机构所确认的是当事人一方是否享有合同解除权，以及解除权的行使是否合法。如果确认合同解除权的行使合法，则合同解除的时间为解除通知到达对方的时间，所以，乙与甲公司的合同解除时间是 2021 年 2 月 8 日。故本题应选 A 项。

6. ACD

乙与甲公司的买卖合同为一时性的合同。一时性合同的解除原则上具有溯及力，合同尚未履行的，停止履行。因此，甲公司不必再向乙交付房屋，乙也不必再支付剩余的价款。合同已经履行的，应当相互返还财产。因此，甲公司应当向乙返还 30 万元。故本题应选 A、C、D 项。

7. ABD

根据定金罚则，交付定金方违约的，无权要求返还定金，收受定金方违约的，双倍返还定金。因此，乙请求甲公司双倍返还定金的诉讼请求应当得到支持。甲公司违约，按照合同约定，应当支付 3 万元违约金，虽然合同被解除，但不影响乙损害赔偿请求权的行使，乙请求支付 3 万元违约金的诉讼请求应当得到支持。根据合同法的规定，违约金与违约定金不能并用，所以，乙同时请求支付违约金、双倍返还定金的诉讼请求不能得到支持。乙的实际损失高于约定的违约金，乙可以请求法院调高违约金至实际损失数目。在合同解除后，乙可以请求甲公司返还已经支付的 2 万元定金，并支付赔偿金 8 万元。故本题应选 A、B、D 项。

8. D

合同标的额为 100 万元，甲乙两公司约定的定金为标的额的 30%，按照《民法典》第 586 条的规定，定金不得超过主合同标的额的 20%，超过部分不产生定金效力。因此，该合同中的定金应为 20 万元。乙公司已支付定金，发生定金效力。甲公司未交货，依定金罚则，乙公司可以要求双倍返还定金 40 万元。甲乙两公司未约定定金性质，定金应认定为违约定金。按照《民法典》第 588 条的规定，违约金与定金不能并用。故本题应选 D 项。

9. AC

违约金责任可以与继续履行责任并用，乙公司请求甲公司支付违约金之时或之后，可以请求甲公司继续履行债务。继续履行责任也可以与违约金责任并用，乙公司请求甲公司继续履行债务后，可以要求其支付违约金。两种违约责任可以并用，乙公司自然可以择一行使。故本题应选 A、C 项。

10. BC

甲公司对乙公司违约，乙公司对丙公司违约，均产生违约责任。基于合同的相对性，违约责任发生于合同相对双方之间，不论乙公司是否向丙公司承担违约责任，丙公司均不能向甲公司主张违约责任。若甲公司迟延履行，违约责任发生于丙公司与乙公司之间，则乙公司向丙公司承担迟延履行的违约责任。参见《民法典》第 593 条。故本题应选 B、C 项。

 **简答题**

1. 违约责任具有如下特征：（1）违约责任是以合同义务为基础的民事责任。违约责任以合同义务为基础的，是合同当事人违反合同义务的法律责任。所以，违约责任以有效合同的存在为前提。（2）违约责任是一种财产责任。违反合同的债务人要以一定的财产来矫正其违反合同的不良后果，使受损害的债权人的合法权益得到恢复或者补偿，以实现违约责任的目的。因此，违约责任是一种财产责任。（3）违约责任可以由当事人约定。合同当事人不仅可以约定合同义务，还可以约定违反合同义务的责任。（4）违约责任具有相对性。基于合同的相对性，违约责任也具有相对性，是违反合同的当事人一方向对方当事人承担的民事责任。

2. 违约行为具有如下特征：（1）违约行为的主体为债务人。在合同关系中，债务人负有按照约定履行合同的义务，若债务人不履行该义务，即构成违约行为。因此，违约行为的主体是债务人。（2）违约行为所违反的义务具有多样性。在违约行为中，债务人所违反的义务既包括当事人在合同中约定的义务，也包括合同没有约定但是按照法律规定当事人应当履行的义务；既包括给付义务，也包括附随义务。（3）违约行为是一种单纯的客观现象。违约行为是债务人不履行合同义务或者履行合同义务不符合约定的行为，并不涉及债务人的主观因素，因此，违约行为中并不包括当事人及第三人的过错。

3. 拒绝履行须具备以下条件：（1）须债务人有不履行合同的意思表示。如债务人没有不履行合同的意思表示，则可能会构成迟延履行，而不构成拒绝履行。（2）须合同有履行的可能。也就是说，只有在债务人有履行能力，有条件履行合同义务而又不履行时，才构成拒绝履行合同。如果债务人已无能力或者无条件履行合同义务，则构成合同的履行不能，而不属于拒绝履行。（3）须债务人无法定理由不履行。也就是说，只有在债务人不履行合同义务不符合法律要求的情形下，债务人的不履行合同义务才可构成拒绝履行行为。如果债务人有正当理由不履行合同义务，则其不履行合同义务并不能构成拒绝履行的违约行为。（4）须在合同履行期届满后不履行。当事人一方在合同履行期限届满前表示不履行合同义务的，为预期违约，而不为拒绝履行。因此，拒绝履行只能发生在合同履行期限届满之后。

4. 给付迟延应具备下列条件：（1）债务人违反了履行期限的规定。给付迟延不以债权人的催告为要件，只要履行期限届满，债务人未履行合同的，就可构成给付迟延。（2）债务人须能够继续履行合同。给付迟延只是在履行期限上不符合合同的规定，因此，债务人须能够继续履行合同。如果在履行期限届满后，债务人已不能履行合同义务，则构成不履行合同行为，而非给付迟延。（3）债务人须没有正当理由。如果债务人在履行期限届满后没有履行合同具有正当理由，则不构成给付迟延。（4）债务人须没有表示不履行合同义务。债务人在履行期限届满后表示不履行合同义务的，属于拒绝履行，而非给付迟延。只有债务人并未表示不履行合同义务，只是在履行期限届满时尚未履行的，才能构成给付迟延。

5. 继续履行具有如下特征：（1）继续履行是按照合同约定的内容作出履行。继续履行是在合同当事人一方违反合同的情况下所适用的一种违约责任形式，是对原合同债务的履行，而非履行一种新的债务。（2）继续履行以债权人的请求为前提。在违约方不履行合同时，对方可以要求解除合同并赔偿损失，也可以要求债务人承担继续履行的责任。是否继续履行对债权人具有直接利益关系，因此，违约方承担继续履行责任以债权人的请求为前提。（3）继续履行与其他违约责任形式可以并用。在违约方承担继续履行责任后，对方还有其他损失的，违约方应当赔偿损失。同时，在违约方不履行合同时，合同中约定有违约金、定金的，违约方承担继续履行责任后，不影响违约金责任、定金责任的适用。

6. 违约的赔偿损失具有如下特征：（1）普遍适用性。在违约责任中，当事人违反合同时，对于因债务人违约所造成的损害，在不能适用其他违约责任形式达到违约责任的目的时，都可以适用赔偿损失这一责任形式。因此，赔偿损失是最常见的违约责任形式，具有普遍适用性。（2）具有并用性。在违约责任中，赔偿损失责任不仅可以单独适用，也可以与其他责任形式同时适用。因此，赔偿损失具有并用性，即赔偿损失可以与继续履行、支付违约定金、采取其他补救措施同时适用。（3）具有补偿性。在违约责任中，赔偿损失是对受害的合同当事人因债务人违约所受到的损失的补偿。因此，赔偿的范围以违约所造成的损失为限。

7. 违约金具有如下特征：（1）违约金的客体通常为金钱。以金钱作为违约金最为常见，但是也不排除以金钱以外的其他给付为违约金的情形。（2）违约金主要基于当事人的约定而产生。当事人在订立合同时，可以在合同中约定违约金，即违约金条款。违约金条款也可以看成是违约金合同，在性质上属于从合同。这种合同不以违约金的实际交付为要件，属于诺成合同。（3）违约金于违约时发生支付的效力。约定或规定的违约金，在合同成立时并不发生履行的效力，只有在发生违约行为后，才具有履行的效力。

8. 定金具有如下特征：（1）定金是合同债权的一种担保。当事人可以约定一方向对方给付定金作为债权的担保，可见，定金是一种合同债权的担保。（2）定金的客体是金钱。定金的客体通常为金钱，当事人也可以约定用可代替物作为定金。（3）定金具有从属性。一般地说，定金与其所担保的合同之间形成主从关系。受担保的合同债权为主权利，定金权利为从权利，因而，定金具有从属性。（4）定金的成立具有要物性。只有交付了定金，定金才能成立。（5）定金具有预先支付性。定金是由一方当事人向对方交付的，而且是预先支付的。这是因为，定金是为担保合同而设定的，只有在合同成立生效或者履行之前，一方向另一方交付定金的，才能起到担保的作用。

材料分析题

（1）可以。因为乙公司违约，需要向甲公司承担违约责任。事实上，乙公司也是能够履行合同的，甲公司可以请求乙公司继续履行合同，交付剩下的10吨钢锭。虽然乙公司继续按照原定价格履行合同会使乙公司盈利减少，甚至遭受损失，但这是正常的商业风险。

（2）有权。因为当事人一方已经部分履行合同的，应当按照未履行部分所占合同约定内容的比例，适用定金罚则。

（3）可以。乙公司在履行期限届满后仍不履行主要债务，且经催告仍不履行，甲公司享有法定合同解除权，可以解除合同。

（4）2.2万元。违约方乙公司应赔偿甲公司的履行利益损失，包括积极损失与可得利益损失。甲公司在合同履行中，为催促乙公司履行合同而支出的2000元属于甲公司的积极损失。因乙公司未正常履行合同，甲公司每吨钢锭多支出2000元，购买了10吨钢锭，产生2万元可得利益损失。当然，如果因乙公司的迟延履行而给甲公司造成其他损失的话，乙公司也应赔偿。

（5）不能。按照《民法典》第588条的规定，当事人既约定违约金，又约定定金的，守约方只能选择适用其中之一。

（6）2.2万元。甲公司的实际损失为2.2万元，如果按照合同约定的5%来计算违约金的话，甲公司可以请求支付1万元违约金，这低于甲公司的实际损失。按照《民法典》第585条第2款的规定，甲公司可以请求法院或仲裁机构增加违约金至2.2万元。

论述题与深度思考题

1. 赔偿损失的限制规则主要有如下几项：（1）合理预见规则。合理预见规则，是指违反合同当事人承担的赔偿责任的范围，应以订立合同时违约方应当预见到的损失为限度。（2）减轻损失规则。减轻损失规则是指对因债权人一方的原因而扩大的损失，违约方不承担赔偿责任。当事人一方违约后，对方应当采取适当措施防止损失的扩大；没有采取适当措施致使损失扩大的，不得就扩大的损失要求赔偿。（3）损益相抵规则。损益相抵规则，是指债权人基于与损失发生的同一赔偿原因而受有利益时，其所能请求赔偿的数额应为从损失额中扣减其所受利益的差额。也就是说，依照损益相抵规则，违反合同的债务人一方仅就债权人因此所受的损失与所受利益之间的差额承担赔偿责任。（4）过失相抵规则。过失相抵规则，是指受害方对违约损失的发生亦有过失时，可以减轻或者免除违约方的赔偿责任。当事人一方违约造成对方损失，对方对损失的发生有过错的，可以减少相应的损失赔偿额，即在确定违约损失赔偿额时，违约方有权主张扣除非违约方也有过错造成的相应损失。

2. 依据《民法典》第580条第2款的规定，在当事人一方不履行非金钱债务或者履行非金钱债务不符合约定时，具备不能继续履行的情形，致使不能实现

目的的，人民法院或者仲裁机构可以根据当事人的请求终止合同权利义务关系，但是不影响违约责任的承担。合同不得请求继续履行场合的司法终止须具备如下条件：（1）非金钱债务不得请求继续履行。在如下三种情形下，当事人不能请求继续履行：法律上或者事实上不能履行、债务的标的不适于强制履行或者履行费用过高、债权人在合理期限内未请求履行。（2）不能实现合同目的。在债权人不能请求继续履行时，如果导致不能实现合同目的，则当事人订立合同的目的就无法达到，合同也就丧失了存在的意义，应当允许通过司法途径终止。（3）当事人向人民法院或者仲裁机构提出终止的请求。没有当事人的请求，人民法院或者仲裁机构不得主动终止双方的合同。合同的司法终止不同于合同解除，并不是赋予违约方以合同解除权，而仅是为了使当事人摆脱已经无法实现合同目的的合同的约束，不能适用合同解除的原理，同时司法终止不影响违约责任的承担。至于合同的终止时间，应当根据具体情况确定。依据最高人民法院《关于适用〈中华人民共和国民法典〉合同编通则若干问题的解释》第59条的规定，当事人一方请求终止合同关系的，人民法院一般应当以起诉状副本送达对方的时间作为合同权利义务关系终止的时间。根据案件的具体情况，以其他时间作为合同权利义务关系终止的时间更加符合公平原则和诚信原则的，人民法院可以以该时间作为合同权利义务关系终止的时间，但是应当在裁判文书中充分说明理由。

第九章　买卖合同

 知识逻辑图

买卖合同
- 概念：出卖人转移标的物的所有权于买受人，买受人支付价款的合同
- 特征
  - 出卖人交付标的物并转移所有权
  - 买受人支付价款
  - 有偿合同
  - 双务合同、诺成合同、不要式合同
- 分类
  - 一般买卖合同与特种买卖合同
  - 不动产买卖合同与动产买卖合同
  - 实时买卖合同与非实时买卖合同
  - 非竞价买卖合同与竞价买卖合同
  - 特定物买卖合同与种类物买卖合同
- 标的物：实物
- 内容：标的物的名称、数量、质量、价款、履行期限、履行地点和方式、包装方式、检验标准与检验期限和方法、结算方式、合同使用的文字及其效力
- 效力
  - 出卖人的义务
    - 交付标的物或者交付提取标的物的单证
    - 转移标的物的所有权
    - 物的瑕疵担保责任
    - 权利瑕疵担保责任
    - 回收标的物
  - 买受人的义务
    - 支付价款
    - 及时受领标的物
    - 及时检验标的物并通知出卖人
    - 代为保管
  - 标的物风险负担：交付主义
  - 利益承受：交付主义
- 特种买卖
  - 分期付款买卖：买受人将标的物的总价款在一定期限分不同期数向出卖人支付
  - 凭样品买卖：当事人约定一定的样品并以该样品决定标的物质量
  - 试用买卖：当事人双方约定在合同成立时出卖人将标的物交付于买受人试用，并以买受人在约定期限内认可标的物为生效条件
  - 所有权保留买卖：当事人在合同中约定，买受人未履行支付价款或者其他义务，标的物的所有权属于出卖人
  - 招标投标买卖：以招标投标的方式订立
  - 拍卖：以公开竞价的方式将标的物出卖给最高应价者

```
买              概念：当事人双方约定以货币以外的财物进行交换的合同
卖    互       种类：单纯互易与价值互易
合    易              交付标的物并转移标的物的所有权
同    合       效       对标的物负瑕疵担保责任
      同       力       补足价款
                        标的物风险负担及利益承受适用买卖合同的规定
```

 名词解释与概念比较

1. 买卖合同
2. 物的瑕疵担保
3. 权利的瑕疵担保
4. 买卖合同标的物风险
5. 分期付款买卖
6. 所有权保留买卖
7. 样品买卖
8. 试用买卖
9. 互易合同

 选择题

（一）单项选择题

1. 在下列选项中，可以成为买卖合同中的出卖人的是（　　）。

A. 本人的代理人

B. 法人的法定代表人

C. 委托人的中介人

D. 委托人的行纪人

2. 甲有件玉器，欲转让，与乙签订合同，约好 10 日后交货付款；第二天，丙见该玉器，愿以更高的价格购买，甲遂与丙签订合同，丙当即支付了 80% 的价款，约好 3 天后交货；第三天，甲又与丁订立合同，将该玉器卖给丁，并当场交付，但丁仅支付了 30% 的价款。后乙、丙均要求甲履行合同，诉至法院。对此，下列哪一表述是正确的？（　　）

A. 应认定丁取得了玉器的所有权

B. 应支持丙要求甲交付玉器的请求

C. 应支持乙要求甲交付玉器的请求

D. 第一份合同有效，第二、三份合同均无效

3. 在合同法上，下列选项中可以作为买卖合同的

视频讲题

标的物的是（　　）。

A. 暖水瓶　　　　　B. 纺织技术

C. 作品　　　　　　D. 人格权

4. 在分期付款买卖合同中，当买受人未支付到期价款的金额达到全部价款的（　　）时，出卖人可以要求买受人支付全部价款或解除合同。

A. 1/2　　　　　　B. 1/3

C. 1/4　　　　　　D. 1/5

5. 在招标投标买卖中，属于要约的是（　　）。

A. 招标　　　　　　B. 投标

C. 开标、验标　　　D. 评标、定标

6. 在拍卖中，属于要约的是（　　）。

A. 发布拍卖公告

B. 拍卖师在拍卖现场开始进行拍卖

C. 应买人应买

D. 拍卖师落槌确认买定者

7. 根据《民法典》的规定，标的物在订立合同之前已为买受人占有的，标的物的交付时间是（　　）。

A. 合同成立时

B. 合同生效时

C. 买受人支付价款时

D. 标的物交付时

8. 甲在乙的家里看到一本新出版的图书，便与乙商定以 60 元的价格购买，并且甲同意在乙看完之后再交给自己。这种标的物的交付方式属于（　　）。

A. 现实交付　　　　B. 简易交付

C. 占有改定　　　　D. 指示交付

9. 甲将一套住房租给乙使用，4 个月之后，甲与

乙协商，乙以 10 万元的价格购买该套住房。在该买卖合同中，住房的交付时间为（ ）。

A. 乙搬进房屋之时

B. 甲与乙的住房买卖合同生效之时

C. 乙第一次付款之时

D. 乙付清全部价款之时

10. 甲将自有的一辆摩托车出卖给乙，双方约定摩托车的价格为 6 000 元，交付时间为 2021 年 8 月 1 日，届时乙到甲的家中将摩托车骑走。但是乙的妻子生病，乙在 2021 年 8 月 1 日无法抽身到甲家骑走摩托车。2021 年 8 月 2 日，因为闪电击中甲家的电线，引发火灾，摩托车也被烧毁。则下列选项中，正确的是（ ）。

A. 2021 年 8 月 1 日视为摩托车已交付

B. 甲仍应向乙交付摩托车

C. 甲不必再向乙交付摩托车

D. 摩托车已被烧毁，乙不必再向甲付款

11. 乙公司向甲公司订购一批货物，合同约定 2021 年 6 月 2 日之前交货，交货方式为代办托运，送至某地交付承运人运输。但到了 2021 年 6 月 2 日，甲公司因为货源不足而无法向乙公司供货，在乙公司的数次催促之下，甲公司于 2021 年 7 月 1 日才将货物送至某地交付承运人运输。在运输过程中发生不可抗力，致使货物全部灭失。对此，下列选项中，正确的是（ ）。

A. 货物损失由乙公司承担

B. 货物损失由甲公司承担

C. 货物损失由甲、乙两家公司共同承担

D. 甲公司不对乙公司承担违约责任

12. 甲从乙处购进一批玉米，合同未约定交货地点，且无法确定。5 月 1 日，乙为甲代办托运运往 S 市。在运输过程中，甲与丙于 5 月 3 日签订合同，将该批玉米转让给丙，在 S 市火车站交货。5 月 5 日突发山洪，火车在运输途中出轨，玉米全部撒落在路基上。此笔损失应由谁承担?（ ）

A. 甲承担　　　　B. 乙承担

C. 丙承担　　　　D. 甲与丙分担

13. 甲购买一批货物，约定于 6 月 15 日提货，但其因没有安排好汽车而未能提货。6 月 16 日，出卖人的仓库遭雷击起火，货物被烧。对此，应如何确定货物损失的承担?（ ）

A. 出卖人，因为货物是在其控制之下

B. 出卖人，因为货物所有权没有转移

C. 买受人甲，因为他未按时提货

D. 双方分担，因为谁都没有过错

14. 8 月 3 日，杜某将自己家的电视机借给邻居刘某使用。几天后，杜某又买了一台新电视机，便与刘某商量将刘某所借的旧电视机卖给刘某。9 月 4 日，双方商定，杜某以 1 000 元的价格将旧电视机卖给刘某，9 月 10 日之前，刘某付清款项。但在 9 月 6 日，该电视机被雷电击坏。该电视机的损失，应由谁承担?（ ）

A. 杜某

B. 刘某

C. 杜某与刘某各承担一半

D. 根据双方的经济状况来确定由谁承担损失

15. 甲公司与乙公司签订合同，出售 10 吨桃子，约定甲公司将货物送至乙公司。甲公司与丙公司签订合同，由丙公司将桃子装车运到乙公司。丙公司派其员工丁开车送货，在运输过程中遭遇泥石流，丁的汽车被巨石打下公路，桃子全被压烂。对此，下列选项中，正确的是（ ）。

A. 损失由甲公司承担

B. 损失由乙公司承担

C. 损失由丙公司承担

D. 损失由丁承担

16. 甲公司与乙公司签订合同，出售 10 吨桃子，约定乙公司到甲公司处提货。乙公司与丙公司签订合同，由丙公司派人到甲公司将桃子装车运到乙公司。丙公司派其员工丁到甲公司将桃子装车，在运输过程中遭遇泥石流，丁的汽车被巨石打下公路，桃子全被压烂。对此，下列选项中，正确的是（ ）。

A. 损失由甲公司承担

B. 损失由乙公司承担

C. 损失由丙公司承担

D. 损失由丁承担

17. 甲公司购买乙公司的 5 吨香蕉，约定交付时间为 2021 年 8 月 12 日，交付地点为海岸码头。签订合同之后，乙公司积极寻找货源。随后，乙公司与丙公司签订了合同，约定丙公司向乙公司提供 5 吨香蕉，丙公司于 2021 年 8 月 12 日在海岸码头向甲公司交货即可。2021 年 8 月 12 日，丙公司将香蕉运到海岸码头，但找不到甲公司的员工，而乙公司也联系不上甲公司，便让员工将香蕉卸在了码头，同时向甲公司发传真告知此事。2 日后，香蕉全部腐烂。对此，下列选项中，正确的是（　　）。

  A. 香蕉腐烂的损失由甲公司承担

  B. 香蕉腐烂的损失由乙公司承担

  C. 香蕉腐烂的损失由丙公司承担

  D. 甲公司应向乙公司承担违约责任

18. 甲与乙订立了一份合同，约定甲供给乙狐皮围脖 200 条，总价 6 万元，但合同未规定狐皮围脖的质量标准和等级，也未封存样品。甲如期发货，乙验收后支付了货款。后乙因有 20 条围脖未能销出，便以产品质量不合格为由，向法院起诉，其诉讼代理人在审理过程中又主张合同无效。对此，下列选项中，正确的是（　　）。

  A. 合同不具备质量条款，合同未成立

  B. 合同不具备质量条款，合同无效

  C. 合同有效，但甲应承担违约责任

  D. 合同有效，甲不应承担违约责任

19. 甲、乙签订货物买卖合同，约定由甲代办托运。甲遂与丙签订运输合同，合同中载明乙为收货人。运输途中，因丙的驾驶员丁的重大过失发生交通事故，致货物受损，无法向乙按约交货。对此，下列哪种说法是正确的？（　　）

  A. 乙有权请求甲承担违约责任

  B. 乙应当向丙要求赔偿损失

  C. 乙尚未取得货物所有权

  D. 丁应对甲承担责任

20. 某商场在促销活动期间贴出醒目告示："本商场家电一律试用 20 天，满意者付款。"王某从该商场搬回冰箱一台，试用期满后退回，商场要求其支付使用费 100 元。对此，下列哪一种说法是正确的？（　　）

  A. 王某不应支付使用费，因为双方没有约定使用费

  B. 王某应支付使用费，因为其行为构成了不当得利

  C. 王某应支付按冰箱平均寿命折算的使用费

  D. 王某应与商场分摊按冰箱平均寿命折算的使用费

21. 自然人甲在淘宝网上购买乙公司所销售的名为阿里通的网络电话卡，在甲付款完毕后，乙公司向甲发送了一个账号与相应的密码，甲可凭此账号与密码登录某网络站点提取阿里通网络电话卡的充值卡号与密码。甲于第二天登录该站点，提取了充值卡号与密码，第三天进行了充值操作。关于乙公司对甲的交付，下列选项中，正确的是（　　）。

  A. 交付时间为甲付款完毕的时间

  B. 交付时间为甲收到乙公司所发送的账号与密码的时间

  C. 交付时间为甲提取充值卡号与密码的时间

  D. 交付时间为甲完成充值操作的时间

22. 甲将自己收藏的一幅名画卖给乙，乙当场付款，约定 5 天后取画。丙听说后，表示愿出比乙高的价格购买此画，甲当即决定卖给丙，约定第二天交货。乙得知此事，诱使甲 8 岁的儿子从家中取出此画给自己。该画在由乙占有期间，被丁盗走。此时该名画的所有权属于下列哪个人？（　　）

  A. 甲   B. 乙

  C. 丙   D. 丁

23. 周某从迅达汽车贸易公司购买了 1 辆车，约定周某试用 10 天，试用期满后 3 天内办理登记过户手续。试用期间，周某违反交通规则将李某撞成重伤。现周某困难，无力赔偿。关于李某受到的损害，下列哪一表述是正确的？（　　）

  A. 因在试用期间该车未交付，李某有权请求迅达公司赔偿

  B. 因该汽车未过户，不知该汽车已经出卖，李某有权请求迅达公司赔偿

  C. 李某有权请求周某赔偿，因周某是该汽车的使用人

  D. 李某有权请求周某和迅达公司承担连带赔偿责任，因周某和迅达公司是共同侵权人

24. 甲将自己的电脑卖给乙，双方约定电脑卖给乙后仍然由甲使用一个月。乙是通过哪种交付方法取得电脑所有权的？（　　）

  A. 现实交付   B. 占有改定

  C. 指示交付   D. 简易交付

25. 甲、乙外出游玩，向丙借相机一部，用毕甲将相机带回家。丁到甲家见此相机，执意要以 3 000 元买下，甲见此价高于市价，便隐瞒实情表示同意，并将相机交付于丁。不久，丁因手头拮据又向乙以 2 000 元兜售该相机。乙见此相机眼熟，便向丁询问，丁如实相告，乙遂将之买下。此时，谁拥有该相机的所有权？（　　）

A. 甲　　　　　　　B. 乙

C. 丙　　　　　　　D. 丁

26. 甲将一辆汽车以 15 万元卖给乙，乙付清全款，双方约定 7 日后交付该车并办理过户手续。丙知道此交易后，向甲表示愿以 18 万元购买，甲当即答应并与丙办理了过户手续。乙起诉甲、丙，要求判令汽车归己所有，并赔偿因不能及时使用汽车而发生的损失。现乙、丙均要求汽车归自己所有，那么，下列哪一种请求可以得到支持？（　　）

A. 归乙所有，甲、丙应赔偿乙的损失

B. 归乙所有，乙只能请求甲承担赔偿责任

C. 归丙所有，但甲应赔偿乙的损失

D. 归丙所有，但丙应赔偿乙的损失

27. 甲将其 1 辆汽车出卖给乙，约定价款 30 万元。乙先付了 20 万元，余款在 6 个月内分期支付。在分期付款期间，甲先将汽车交付给乙，但明确约定付清全款后甲才将汽车的所有权移转给乙。嗣后，甲又将该汽车以 20 万元的价格卖给不知情的丙，并以指示交付的方式完成交付。对此，下列哪一表述是正确的？（　　）

A. 在乙分期付款期间，汽车已经交付给乙，乙即取得汽车的所有权

B. 在乙分期付款期间，汽车虽然已经交付给乙，但甲保留了汽车的所有权，故乙不能取得汽车的所有权

C. 丙对甲、乙之间的交易不知情，可以依据善意取得制度取得汽车所有权

D. 丙不能依甲的指示交付取得汽车所有权

28. 甲将某物出售于乙，乙转售于丙，甲应乙的要求，将该物直接交付于丙。下列哪一说法是错误的？（　　）

A. 如仅甲乙之间买卖合同无效，则甲有权向乙主张不当得利返还请求权

B. 如仅乙丙之间买卖合同无效，则乙有权向丙主张不当得利返还请求权

C. 如甲乙之间以及乙丙之间买卖合同均无效，甲无权向丙主张不当得利返还请求权

D. 如甲乙之间以及乙丙之间买卖合同均无效，甲有权向乙、乙有权向丙主张不当得利返还请求权

29. 甲为出售一台挖掘机分别与乙、丙、丁、戊签订买卖合同，具体情形如下：2021 年 3 月 1 日，甲胁迫乙订立合同，约定货到付款；4 月 1 日，甲与丙签订合同，丙支付 20％的货款；5 月 1 日，甲与丁签订合同，丁支付全部货款；6 月 1 日，甲与戊签订合同，甲将挖掘机交付给戊。上述买受人均要求实际履行合同，就履行顺序产生争议。关于履行顺序，下列哪一选项是正确的？（　　）

A. 戊、丙、丁、乙

B. 戊、丁、丙、乙

C. 乙、丁、丙、戊

D. 丁、戊、乙、丙

30. 庞某有一辆名牌自行车，在借给黄某使用期间，达成转让协议，黄某以 8 000 元的价格购买该自行车。次日，黄某又将该自行车以 9 000 元的价格转卖给了洪某，但约定由黄某继续使用 1 个月。关于该自行车的归属，下列哪一选项是正确的？（　　）

A. 庞某未完成交付，该自行车仍归庞某所有

B. 黄某构成无权处分，洪某不能取得自行车所有权

C. 洪某在黄某继续使用 1 个月后，取得该自行车所有权

D. 庞某既不能向黄某，也不能向洪某主张原物返还请求权

（二）多项选择题

1. 甲、乙约定卖方甲负责将所卖货物运送至买方乙指定的仓库。甲如约交货，乙验收并收货，但甲未将产品合格证和原产地证明文件交给乙。乙已经支付 80％的货款。交货当晚，因山洪暴发，乙仓库内的货物全部毁损。下列哪些表述是正确的？（　　）

A. 乙应当支付剩余 20％的货款

B. 甲未交付产品合格证与原产地证明，构成违约，但货物损失由乙承担

C. 乙有权要求解除合同，并要求甲返还已支付的 80％货款

D. 甲有权要求乙支付剩余的 20％货款，但应补交已经毁损的货物

2. 孙某从摩托车销售商处购买了一辆二手摩托车，不过此辆摩托车的刹车存在问题。对此，下列选项中，正确的有（　　）。

A. 销售商向孙某交付摩托车、转移摩托车的所有权为销售商的主给付义务

B. 孙某向销售商支付合同约定的价款为孙某的主给付义务

C. 销售商向孙某交付相关说明文件以及证件是销售商的从给付义务

D. 销售商向孙某说明摩托车刹车存在问题是销售商的附随义务

3. 2021 年 8 月 6 日，老刘将自家的一头耕牛借给老孙使用。8 月 16 日，老孙向老刘提出以 5 000 元的价格买下耕牛，老刘同意了。但在老孙付款之前，耕牛因为误饮有毒的水而死亡。在老刘要求付款时，老孙予以拒绝。对此，下列说法中，正确的有（　　）。

A. 耕牛意外死亡的风险由老刘承担，老孙不需要向老刘付款

B. 耕牛意外死亡的风险由老孙承担，老孙仍需要向老刘付款

C. 因耕牛没有交付，买卖合同没有生效

D. 耕牛的交付时间是买卖合同生效之时

4. 2021 年 9 月 1 日，甲与乙签订租赁合同，甲将其一套临街的房屋租给乙使用，后来乙将之改为店铺。2022 年 9 月 1 日，甲又与乙签订买卖合同，将房屋出售给乙，价款为 50 万元。在乙支付了 25 万元之后，甲一直没有拿房产证办理房屋过户登记手续。下列选项中正确的有（　　）。

A. 在买卖合同中，房屋交付时间为 2022 年 9 月 1 日

B. 因双方未办理房屋过户登记手续，买卖合同未生效

C. 乙可以行使同时履行抗辩权，拒绝支付剩余款项

D. 2022 年 9 月 1 日后，房屋毁损、灭失的风险由乙承担

5. 甲公司购买乙公司 10 吨猕猴桃，每吨 4 000 元。乙公司派车送货，在卸下货物之后便离开了。甲公司随后发现乙公司交付的实际上是 15 吨猕猴桃。对此，下列选项中，正确的有（　　）。

A. 甲公司可以接收多交付的 5 吨猕猴桃，按照每吨 4 000 元支付价款

B. 甲公司必须在得到乙公司同意后再接收多交付的 5 吨猕猴桃

C. 甲公司可以拒绝接收多交付的 5 吨猕猴桃

D. 若甲公司拒绝接收多交付的 5 吨猕猴桃，应当及时通知乙公司

6. 甲公司与乙公司签订合同，由甲公司向乙公司提供 100 台热水器，双方只是约定了价格，对于交付时间与地点均未明确约定。8 月 12 日，甲公司将 100 台热水器办理了托运手续，运送给乙公司。车辆在途中遭遇洪水，80 台热水器被水冲走，只有 20 台热水器运到了乙公司。乙公司发现 20 台热水器在使用时均会出现水流带电的情况。对此，下列选项中，正确的有（　　）。

A. 甲公司可以随时向乙公司作出履行，只要给其留出必要的准备时间即可

B. 乙公司可以随时要求甲公司履行，只要给其留出必要的准备时间即可

C. 甲公司需要再向乙公司提供 80 台热水器

D. 乙公司可以就 20 台不合格的热水器向甲公司追究违约责任

7. 海利公司从章毅公司购进一批布料，双方约定：海利公司购买羊毛布料 100 匹，章毅公司交付的布料应当符合其提供的布料样品的质量，该样品上标为纯羊毛布料，双方封存了样品。随后，章毅公司向海利公司交付了 100 匹羊毛布料，海利公司收到布料以后经过核对，与样品一致，于是便将这批布料加工为成品女装销售，标称为纯羊毛。在销售中，有购买者向海利公司退货，经质监部门鉴定，布料的羊毛含量仅为 70%，不符合纯羊毛布料的标准。于是，海利公司向法院提起诉讼。对此，下列选项中，正确的有（　　）。

A. 章毅公司提供的布料与样品一致，其行为不构成违约

B. 章毅公司提供的布料虽然与样品一致，但仍然构成违约

C. 海利公司可以要求章毅公司承担物的瑕疵担保责任

D. 如果章毅公司存在欺诈行为，在法定期间之内，海利公司有权撤销该买卖合同

8. 小张看中小刘画的一幅油画，便与小刘签订合同。双方约定合同价款为 1 万元，自合同签订时起，油画的所有权归小张。但 3 天后，突发火灾，小刘的房屋被烧，油画也付之一炬。对此，下列选项中，错误的有（　　）。

A. 小张可以要求小刘交付油画

B. 小张仍然应当向小刘支付 1 万元

C. 小刘应向小张承担违约责任

D. 小张不必向小刘支付 1 万元

9. 2021年1月甲以分期付款的方式向乙公司购买潜水设备一套，价值10万元，约定首付2万元，余款分三期付清，分别为2万元、3万元、3万元，全部付清前乙公司保留所有权。甲收货后付了首付和第一期款，第二期款迟迟未付。2021年8月甲以2万元将该设备卖给职业潜水员丙。下列哪些选项是正确的？（　　）

A. 乙可以解除合同，要求甲承担违约责任

B. 乙解除合同后可以要求甲支付设备的使用费

C. 乙可以请求丙返还原物，但须支付丙2万元购买费用

D. 丙返还潜水设备后可以要求甲承担违约责任

视频讲题

10. 甲向乙购买一台大型设备，因疏忽，在合同中未约定检验期。设备运回后，甲即组织人员进行检验，未发现质量有问题，于是投入使用。至第三年，设备出现故障，经反复查找，发现设备关键部位的质量瑕疵。按照该设备的说明书，其质量保证期为5年。对此，下列判断中，哪些是错误的？（　　）

A. 买受人在合理期限内未通知出卖人标的物质量不合格，故标的物质量应视为合格

B. 买受人在收到标的物之日起2年内未通知出卖人标的物有瑕疵，故标的物质量应视为合格

C. 该设备有质量保证期5年的规定，故出卖人仍应承担责任

D. 双方未约定质量检验期限，都存在过错，应分担责任

11. 甲乙签订水果购销合同，约定由甲方送货，甲与丙签订运输合同，如期发运价值10万元的水果一车。丙在送货途中遇洪水冲垮公路，被迫绕道，迟延到达，导致水果有轻微的腐烂现象。乙方以逾期交货和货物不符合合同约定为由拒收货物且拒付货款。丙多次与乙交涉无果，却发现水果腐烂迅速扩大，当即决定以6万元价格将水果就地处理。对此，下列选项哪些是正确的？（　　）

A. 水果价值减少的损失应由甲承担

B. 水果价值减少的损失应由丙承担

C. 丙为就地处理水果的费用应向乙要求偿付

D. 丙为就地处理水果的费用应向甲要求偿付

12. 在以下哪些情况下，可以认定出卖人适当履行了交付标的物的义务？（　　）

A. 标的物未交付，但依照合同约定交付了提取标的物的单证

B. 标的物未交付，但依照合同约定交付了标的物的所有权证书

C. 标的物已交付，但合同约定的有关单证和资料尚未交付

D. 标的物已交付，但合同约定在买受人付清价款前，出卖人保留标的物的所有权

13. 在以下哪些情况下，买受人应当承担标的物毁损、灭失的风险？（　　）

A. 标的物已运抵交付地点，买受人因标的物质量不合格而拒绝接受

B. 出卖人已经将标的物发运，即将到达约定的交付地点

C. 合同约定在标的物所在地交货，约定时间已过，买受人仍未前往提货

D. 买受人下落不明，出卖人将标的物提存

14. 甲乙签订了一份试用买卖电视机的合同，但没有约定试用期。之后，双方对是否购买标的物也没有达成协议。对此，下列选项中，正确的有（　　）。

A. 试用买卖合同没有约定试用期的，应适用3个月的试用期

B. 试用买卖合同没有约定试用期的，如果不能按照合同法的规定加以确定，可由出卖人单方确定

C. 试用期限届满，买受人未表示是否购买的，视为同意购买

D. 试用期限，买受人没有对质量提出异议的，则应当购买标的物

15. 甲公司向乙公司购买一台大型机器设备，按照双方的合同约定，因设备的生产与安装十分复杂，乙公司分5批向甲公司提供部件以及相应的说明文件。合同订立后，乙公司向甲公司陆续交付设备部件。甲公司在收到第三批部件之后，经过安装、检测，发现该批部件存在严重问题，会使整台设备无法安全运行。对此，下列选项中，正确的有（　　）。

A. 合同标的物为数物，因乙公司交付的标的物不

合格，甲公司可以就全部标的物解除与乙公司的合同

B. 甲公司可以就第三批标的物解除与乙公司的合同

C. 甲公司可以就第三、四、五批标的物解除与乙公司的合同

D. 甲公司可以就全部标的物解除与乙公司的合同

16. 老王以 900 元的价格购买老张的一头母牛用于耕地，在老王到老张家牵牛的时候，发现母牛产下不久的一头小牛始终不愿离开母牛，老王只好又多拿出了 300 元购买小牛。回家之后，老王发现母牛肚子里还怀着一只小牛，牵回来的小牛患有严重的疾病，无法治愈。对此，下列选项中，错误的有（　　）。

A. 母牛另产一头小牛，该小牛应归老张

B. 母牛另产一头小牛，该小牛应归老王

C. 母牛为主物，小牛为从物

D. 因小牛患有严重疾病，老王可以就母牛与小牛解除与老张的合同

17. 甲将其自用的一台电脑以 5 000 元的价格卖给乙，后来又以 5 500 元价格卖给丙，之后又以 6 000 元的价格卖给丁。乙、丙、丁都要求甲交付电脑。对此，下列选项中，正确的是（　　）。

A. 若甲自行选择向某个买受人交付，则该买受人可取得所有权

B. 若丙已经受领了甲向其交付的电脑，则乙有权要求丙返还电脑

C. 若均未交付，买受人均已付款，但丙最先付款，则甲应当将电脑交付给丙

D. 若均未交付，也未支付价款，则甲应当向乙交付电脑

18. 甲登录乙公司所设购物网站，甲购买了乙公司在该网站销售的打印机一台，双方只约定了打印机的购买价格与付款方式。甲付款后，乙公司将完好无损的崭新打印机装箱后交由快递公司运送给甲。运输途中，快递公司的车辆遭遇飓风而失踪。对此，下列选项中，错误的是（　　）。

A. 甲有权要求乙公司重新再交付一台打印机

B. 甲有权要求快递公司赔偿一台打印机

C. 损失应当由甲承担

D. 损失应当由乙公司承担

19. 甲与乙达成了买卖合同，双方约定甲将其拥有的一辆高级轿车卖给乙，乙应在 3 年内分 6 次共付 120 万元给甲，在乙付款完毕前，甲保留轿车的所有权。并且，乙在付款完毕前，应当保持轿车的良好使用状态。对此，下列选项中，正确的是（　　）。

A. 若乙始终未付款，则甲可以要求取回轿车

B. 若乙经常以该轿车运输海鲜，使车辆腐蚀，则甲可以要求取回轿车

C. 若甲有权取回轿车，但因乙的不当使用使轿车价值减损巨大，甲有权要求乙赔偿损失

D. 若乙将轿车卖于丙，丙已善意取得所有权，则甲不能要求取回轿车

20. 下列关于试用买卖的说法，正确的是（　　）。

A. 在无特约的情况下，买受人在试用期间内支付了部分价款，视为同意购买

B. 双方未约定使用费，买受人拒绝购买后，出卖人有权按照市场价格要求支付使用费

C. 试用期间内，买受人未经出卖人许可便将标的物出租于他人，视为同意购买

D. 试用期间，由出卖人承担标的物意外毁损、灭失的风险

21. 喜好网球和游泳的赵某从宏大公司购买某小区商品房一套，交房时发现购房时宏大公司售楼部所展示的该小区模型中的网球场和游泳池并不存在。经查，该小区设计中并无网球场和游泳池。下列哪些选项是正确的？（　　）

A. 赵某有权要求退房

B. 赵某如要求退房，有权请求宏大公司承担缔约过失责任

C. 赵某如要求退房，有权请求宏大公司双倍返还购房款

D. 赵某如不要求退房，有权请求宏大公司承担违约责任

视频讲题

22. 曾某购买某汽车销售公司的轿车一辆，总价款 20 万元，约定分 10 次付清，每次 2 万元，每月的第一天支付。曾某按期支付 6 次共计 12 万元后，因该款汽车大幅降价，曾某遂停止付款。下列哪些表述是正确

的？（　　）

A. 汽车销售公司有权要求曾某一次性付清余下的8万元价款

B. 汽车销售公司有权通知曾某解除合同

C. 汽车销售公司有权收回汽车，并且收取曾某汽车使用费

D. 汽车销售公司有权收回汽车，但不退还曾某已经支付的12万元价款

23. 甲公司借用乙公司的一套设备，在使用过程中不慎损坏一关键部件，于是甲公司提出买下该套设备，乙公司同意出售。双方还口头约定在甲公司支付价款前，乙公司保留该套设备的所有权。不料在支付价款前，甲公司生产车间失火，造成包括该套设备在内的车间所有财物被烧毁。对此，下列哪些选项是正确的？（　　）

A. 乙公司已经履行了交付义务，风险责任应由甲公司负担

B. 在设备被烧毁时，所有权属于乙公司，风险责任应由乙公司承担

C. 设备虽然已经被烧毁，但甲公司仍然需要支付原定价款

D. 双方关于该套设备所有权保留的约定应采用书面形式

24. 周某以6 000元的价格向吴某出售一台电脑，双方约定5个月内付清货款，每月支付1 200元，在全部价款付清前电脑所有权不转移。合同生效后，周某将电脑交给吴某使用。其间，电脑出现故障，吴某将电脑交周某修理，但周某修好后以6 200元的价格将该电脑出售并交付给不知情的王某。对此，下列哪些说法是正确的？（　　）

A. 王某可以取得该电脑所有权

B. 在吴某无力支付最后1个月的价款时，周某可行使取回权

C. 如吴某未支付到期货款达1 800元，则周某可要求其一次性支付剩余货款

D. 如吴某未支付到期货款达1 800元，则周某可要求解除合同，并要求吴某支付一定的电脑使用费

（三）不定项选择题

例1：甲有4匹马要卖掉，便对乙说："你先牵回去试用1个月，满意的话你就买下，价款5 000元"。乙牵回了4匹马，未付款。根据民法原理，请回答下列问题：

1. 假设马1在试用期间于某日放养时被洪水冲走，该损失应由谁承担？（　　）

A. 甲　　　　　　　　B. 乙

C. 甲和乙　　　　　　D. 甲或乙

2. 假设马2在试用期间生下了一匹小马，该小马应归谁所有？（　　）

A. 甲　　　　　　　　B. 乙

C. 甲和乙　　　　　　D. 甲或乙

3. 假设马3在试用期间逃出马圈，偷吃了邻人丙家的谷子。谷子价值50元。对于该损失，应由谁承担？（　　）

A. 甲　　　　　　　　B. 乙

C. 甲或乙　　　　　　D. 甲和乙

4. 假设试用期间乙将马4卖于丁，乙与丁之间买卖合同属于（　　）。

A. 有效合同　　　　　B. 无效合同

C. 效力未定的合同　　D. 可撤销合同

5. 假设在试用买卖期间，甲又将该4匹马卖给戊，作价5 000元，甲向戊说明了与乙之间试用买卖的情况。对此，下列选项中，正确的是（　　）。

A. 甲与戊之间的合同已成立，但未生效

B. 甲与戊之间的合同已成立，且生效

C. 甲与戊之间的合同是附条件合同

D. 甲与戊之间的合同是附期限合同

6. 假设试用买卖期限届满，乙决定购买该4匹马，但5天前甲与戊又签订了一份买卖合同，将该4匹马卖给戊，现戊由于不能取得该4匹马，欲起诉甲，依照法律，戊可以向甲主张何种责任？（　　）

A. 主张缔约过失责任

B. 主张违约责任

C. 主张赔偿损失

D. 主张继续履行合同

例2：甲继承了一套房屋，在办理产权登记前将房屋出卖并交付给乙，办理产权登记后又将该房屋出卖给丙并办理了所有权移转登记。丙受丁胁迫将房屋出卖给丁，并完成了移转登记。丁旋即将房屋出卖并移转登记于戊。请回答下列问题：

7. 在办理产权登记前，关于甲对房屋的权利状态，下列选项中，表述正确的是（　　）。

A. 甲已经取得了该房屋的所有权

B. 甲对该房屋的所有权不能对抗善意第三人

C. 甲出卖该房屋未经登记不发生物权效力

D. 甲可以出租该房屋

8. 关于甲、乙、丙三方的关系，下列选项中，表述正确的是（　　）。

A. 甲与乙之间的房屋买卖合同因未办理登记而无效

B. 乙对房屋的占有是合法占有

C. 乙可以诉请法院宣告甲与丙之间的房屋买卖合同无效

D. 丙已取得该房屋的所有权

9. 关于戊的权利状态，下列选项正确的是（　　）。

A. 戊享有该房屋的所有权

B. 戊不享有该房屋的所有权

C. 戊原始取得该房屋的所有权

D. 戊继受取得该房屋的所有权

视频讲题

例3：甲有一块价值1万元的玉石。甲与乙订立了买卖该玉石的合同，约定价金11 000元。由于乙没有带钱，甲未将该玉石交付于乙，约定3日后乙到甲的住处付钱取玉石。随后甲又向乙提出，再借用玉石把玩几天，乙表示同意。隔天，知情的丙找到甲，提出愿以12 000元购买该玉石，甲同意并当场将玉石交给丙。丙在回家路上遇到债主丁，向丙催要9 000元欠款甚急，丙无奈，将玉石交付于丁抵偿债务。后丁将玉石丢失被戊拾得，戊将其转卖给己。根据上述事实，请回答下列问题：

10. 关于乙对该玉石所有权的取得和交付的表述，下列选项中，正确的是（　　）。

A. 甲、乙的买卖合同生效时，乙直接取得该玉石的所有权

B. 甲、乙的借用约定生效时，乙取得该玉石的所有权

C. 由于甲未将玉石交付给乙，因而乙一直未取得该玉石的所有权

D. 甲通过占有改定的方式将玉石交付给了乙

11. 关于丙、丁对该玉石所有权的取得问题，下列

说法中，正确的是（　　）。

A. 甲将玉石交付给丙时，丙取得该玉石的所有权

B. 甲、丙的买卖合同成立时，丙取得该玉石的所有权

C. 丙将玉石交给丁时，丁取得该玉石的所有权

D. 丁不能取得该玉石的所有权

12. 关于该玉石的返还问题，下列说法正确的是（　　）。

A. 戊已取得了该玉石的所有权，原所有权人无权请求返还该玉石

B. 该玉石的真正所有权人请求己返还该玉石不受时间限制

C. 该玉石的真正所有权人可以在戊与己的转让行为生效之日起2年内请求己返还该玉石

D. 该玉石的真正所有权人可以在知道或者应当知道该玉石的受让人己之日起2年内请求己返还该玉石

例4：甲公司与乙公司约定，由甲公司向乙公司交付1吨药材，乙公司付款100万元。乙公司将药材转卖给丙公司，并约定由甲公司向丙公司交付，丙公司收货后3日内应向乙支付价款120万元。

张某以自有汽车为乙公司的债权提供抵押担保，未办理抵押登记。抵押合同约定："在丙公司不付款时，乙公司有权就出卖该汽车的价款实现自己的债权。"李某为这笔货款出具担保函："在丙公司不付款时，由李某承担保证责任。"丙公司收到药材后未依约向乙公司支付120万元，乙公司向张某主张实现抵押权，同时要求李某承担保证责任。

张某见状，便将其汽车赠与刘某。刘某将该汽车作为出资，与钱某设立丁酒店有限责任公司，并办理完出资手续。

丁公司员工方某驾驶该车接送酒店客人时，为躲避一辆逆行摩托车，将行人赵某撞伤。方某自行决定以丁公司名义将该车放在戊公司维修，为获得维修费的8折优惠，方某以其名义在与戊公司相关的庚公司为该车购买一套全新坐垫。汽车修好后，方某将车取走交丁公司投入运营。戊公司要求丁公司支付维修费，否则对汽车行使留置权，丁公司回函请宽限一周。庚公司要求丁公司支付坐垫费，丁公司拒绝。请回答下列问题：

13. 关于乙公司与丙公司签订合同的效力，下列表述正确的是（　　）。

A. 效力未定

B. 为甲公司设定义务的约定无效

C. 有效

D. 无效

14. 关于乙公司要求担保人承担责任，下列表述中，正确的是（　　）。

A. 乙公司不得向丙公司和李某一并提起诉讼

B. 李某对乙公司享有先诉抗辩权

C. 乙公司应先向张某主张实现抵押权

D. 乙公司可以选择向张某主张实现抵押权或者向李某主张保证责任

15. 在刘某办理出资手续后，关于汽车所有权人，下列选项中，正确的是（　　）。

A. 乙公司　　　　　B. 张某

C. 刘某　　　　　　D. 丁公司

16. 关于对赵某的损害应承担侵权责任的主体，下列选项正确的是（　　）。

A. 方某　　　　　　B. 钱某和刘某

C. 丁公司　　　　　D. 摩托车主

17. 关于汽车维修合同，下列表述中，正确的是（　　）。

A. 方某构成无因管理

B. 方某构成无权代理

C. 方某构成无权处分

D. 方某构成表见代理

18. 关于坐垫费和维修费，下列表述中，正确的是（　　）。

A. 方某应向庚公司支付坐垫费

B. 丁公司应向庚公司支付坐垫费

C. 丁公司应向戊公司支付维修费

D. 戊公司有权将汽车留置

 简答题

1. 简述买卖合同的特征。

2. 简述出卖人的义务。

3. 简述买受人的义务。

4. 简述互易合同的效力。

 材料分析题

1. 甲与乙订立了一份卖牛合同，合同约定甲向乙交付 5 头牛，分别为牛 1、牛 2、牛 3、牛 4、牛 5，总价款为 1 万元；乙向甲交付定金 3 000 元，余下款项由乙在半年内付清。双方还约定，在乙向甲付清牛款之前，甲保留该 5 头牛的所有权。甲向乙交付了该 5 头牛。根据合同法及相关法律回答下列问题：

（1）假设在牛款付清之前，牛 1 被雷电击死，该损失由谁承担？为什么？

（2）假设在牛款付清之前，牛 2 生下一头小牛，该小牛由谁享有所有权？为什么？

（3）假设在牛款付清之前，牛 3 踢伤丙，丙花去医药费和误工损失共计 1 000 元，则该损失应由谁承担？为什么？

（4）假设在牛款付清之前，乙与丁达成一项转让牛 4 的合同，在向丁交付牛 4 之前，该合同的效力如何？为什么？

（5）假设在牛款付清之前，丁不知甲保留了此牛的所有权，乙与丁达成一项转让牛 4 的合同，作价 2 000 元且将牛 4 交付丁。丁能否据此取得该牛的所有权？为什么？

（6）假设在牛款付清之前，乙将牛 5 租与戊，租期 3 个月，租金 200 元。该租赁协议是否有效？

（7）合同中的定金条款效力如何？为什么？

2. 案情：2021 年 1 月 10 日，自然人甲为创业需要，与自然人乙订立借款合同，约定甲向乙借款 100 万元，借款期限 1 年，借款当日交付。2021 年 1 月 12 日，双方就甲自有的 M 商品房又订立了一份商品房买卖合同，其中约定：如甲按期偿还对乙的 100 万元借款，则本合同不履行；如甲到期未能偿还对乙的借款，则该借款变成购房款，甲应向乙转移该房屋所有权；合同订立后，该房屋仍由甲占有使用。

2021 年 1 月 15 日，甲用该笔借款设立了 S 个人独资企业。为扩大经营规模，S 企业向丙借款 200 万元，借款期限 1 年，丁为此提供保证担保，未约定保证方式；戊以一辆高级轿车为质押并交付，但后经戊要求，丙让戊取回使用，戊又私自将该车以市价卖给不知情的己，并办理了过户登记。

2021 年 2 月 10 日，甲因资金需求，瞒着乙将 M 房屋出卖给了庚，并告知庚其已与乙订立房屋买卖合同一事。2021 年 3 月 10 日，庚支付了全部房款并办理完变更登记，但因庚自 3 月 12 日出国访学，为期 4 个月，双方约定庚回国后交付房屋。

2021年3月15日,甲未经庚同意将M房屋出租给知悉其卖房给庚一事的辛,租期2个月,月租金5 000元。2021年5月16日,甲从辛处收回房屋的当日,因雷电引发火灾,房屋严重毁损。根据甲卖房前与某保险公司订立的保险合同(甲为被保险人),某保险公司应支付房屋火灾保险金5万元。2021年7月13日,庚回国,甲将房屋交付给了庚。

2022年1月16日,甲未能按期偿还对乙的100万元借款,S企业也未能按期偿还对丙的200万元借款,现乙和丙均向甲催要。

问题:

(1)就甲对乙的100万元借款,如乙未起诉甲履行借款合同,而是起诉甲履行买卖合同,应如何处理?请给出理由。

(2)就S企业对丙的200万元借款,甲、丁、戊各应承担何种责任?为什么?

(3)甲、庚的房屋买卖合同是否有效?庚是否已取得房屋所有权?为什么?

(4)谁有权收取M房屋2个月的租金?为什么?

(5)谁应承担M房屋火灾损失?为什么?

(6)谁有权享有M房屋火灾损失的保险金请求权?为什么?

视频讲题

3. 2019年1月6日,甲自拍卖行购得由著名画家王某所绘《仿苍莽幽翠图》(该画系仿张大千先生名作《苍莽幽翠图》所作,为王某倾力之作),甲当初的购买价格为10万元。甲购得该画之后,深恐被窃,因而在2020年2月6日与乙签订保管合同,约定保管期间为3年,除此之外无特别约定。2020年3月6日,甲将此画交于乙,由乙进行保管。此时,该画的市场价格已达12万元。2021年4月6日,乙急需用钱,在乙变卖家产之后,仍是不足,因而只得于2021年5月6日,与丙签订合同,以自己的名义,将其所保管的《仿苍莽幽翠图》以18万元的价格售于丙,而丙并不知此画非乙所有。同日,乙与丙钱货两清。当时《仿苍莽幽翠图》的市场价格为14万元。事后,乙将此事

告知甲,希望得到甲的同意,但甲对乙的行为非常不满,坚决不同意。请回答下列问题:

(1)甲与乙之间签订的保管合同于何时成立?为什么?

(2)乙将《仿苍莽幽翠图》售于丙,该行为如何定性?为什么?

(3)乙与丙之间的合同效力如何?为什么?

(4)甲能否基于债权人撤销权而撤销乙与丙之间的合同?为什么?

(5)丙能否取得《仿苍莽幽翠图》的所有权?为什么?

(6)甲能否对丙主张《仿苍莽幽翠图》的所有权?为什么?

(7)对甲来说,乙的行为会侵犯其何种权利?为什么?

4. 甲公司委派业务员张某去乙公司采购大蒜,张某持盖章空白合同书以及采购大蒜授权委托书前往。

甲、乙公司于2021年3月1日签订大蒜买卖合同,约定由乙公司代办托运,货交承运人丙公司后即视为完成交付。大蒜总价款为100万元,货交丙公司后甲公司付50万元货款,货到甲公司后再付清余款50万元。双方还约定,甲公司向乙公司交付的50万元货款中包含定金20万元,如任何一方违约,需向守约方赔付违约金30万元。

张某发现乙公司尚有部分绿豆要出售,认为时值绿豆销售旺季,遂于2021年3月1日擅自决定与乙公司再签订一份绿豆买卖合同,总价款为100万元,仍由乙公司代办托运,货交丙公司后即视为完成交付。其他条款与大蒜买卖合同的约定相同。

2021年4月1日,乙公司按照约定将大蒜和绿豆交给丙公司,甲公司将50万元大蒜货款和50万元绿豆货款汇付给乙公司。按照托运合同,丙公司应在10天内将大蒜和绿豆运至甲公司。

2021年4月5日,甲、丁公司签订以120万元价格转卖大蒜的合同。4月7日因大蒜价格大涨,甲公司又以150万元价格将大蒜卖给戊公司,并指示丙公司将大蒜运交戊公司。4月8日,丙公司运送大蒜过程中,因突发山洪大蒜全部毁损。戊公司因未收到货物而拒不付款,甲公司因未收到戊公司货款而拒绝支付乙公司大蒜尾款50万元。

后绿豆行情暴涨,丙公司以自己名义按130万元

价格将绿豆转卖给不知情的己公司，并迅即交付，但尚未收取货款。甲公司得知后，拒绝追认丙公司行为，要求己公司返还绿豆。请回答下列问题：

（1）大蒜运至丙公司时，所有权归谁？为什么？

（2）甲公司与丁、戊公司签订的转卖大蒜的合同的效力如何？为什么？

（3）大蒜在运往戊公司途中毁损的风险由谁承担？为什么？

（4）甲公司能否以未收到戊公司的大蒜货款为由，拒绝向乙公司支付尾款？为什么？

（5）乙公司未收到甲公司的大蒜尾款，可否同时要求甲公司承担定金责任和违约金责任？为什么？

（6）甲公司与乙公司签订的绿豆买卖合同效力如何？为什么？

（7）丙公司将绿豆转卖给己公司的行为法律效力如何？为什么？

（8）甲公司是否有权要求己公司返还绿豆？为什么？

论述题与深度思考题

1. 试述出卖人瑕疵担保责任的构成。
2. 试述买卖合同中的标的物风险负担规则。

参考答案

名词解释与概念比较

1. 买卖合同，是指出卖人转移标的物所有权于买受人，买受人支付价款的合同。

2. 物的瑕疵担保，是指出卖人应保证标的物的质量符合约定或者法律规定的要求。

3. 权利的瑕疵担保，是指出卖人应当保证标的物的所有权转移于买受人，第三人不能对标的物主张任何权利。

4. 买卖合同标的物风险，是指在合同订立后标的物因不可归责于任何一方的事由而毁损、灭失时，价金风险（对待给付风险）由何方负担。

5. 分期付款买卖，是指买受人将标的物的总价款在一定期限分不同期数向出卖人支付的买卖。

6. 所有权保留买卖，是指当事人在合同中约定，

买受人未履行支付价款或者其他义务，标的物的所有权属于出卖人的买卖。

7. 样品买卖，是指当事人约定一定的样品并以该样品决定标的物质量的买卖。

8. 试用买卖，是指当事人双方约定在合同成立时出卖人将标的物交付于买受人试用，并以买受人在约定期限内认可标的物为生效条件的买卖。

9. 互易合同，是当事人双方约定以货币以外的财物进行交换的合同。

选择题

（一）单项选择题

1. D

在为本人、法人对外签订合同时，本人的代理人、法人的法定代表人均非以自己的人格进行民事法律行为，其并非合同当事人，自然也就不是出卖人。按照中介合同的约定，中介人主要是向委托人报告订立合同的机会或者提供订立合同的媒介，而不能以自己的名义为委托人订立合同。行纪人可以成为买卖合同的出卖人，行纪人对该合同直接享有权利、承担义务。故本题应选 D 项。

2. A

根据最高人民法院《关于审理买卖合同纠纷案件适用法律问题的解释》第 6 条的规定，出卖人就同一普通动产订立多重买卖合同，在买卖合同均有效的情况下，买受人均要求实际履行合同的，应当按照以下情形分别处理：先行受领交付的买受人请求确认所有权已经转移的，人民法院应予支持；均未受领交付，先行支付价款的买受人请求出卖人履行交付标的物等合同义务的，人民法院应予支持；均未受领交付，也未支付价款，依法成立在先合同的买受人请求出卖人履行交付标的物等合同义务的，人民法院应予支持。在本题中，三份合同均无无效情形，均为有效。丁已受领玉器，由其取得所有权。甲对乙、丙构成不能履行，承担违约责任。故本题应选 A 项。

3. A

合同法中的买卖合同是以有形物作为标的物的。因此，暖水瓶可以成为买卖合同的标的物。纺织技术、作品等属于具有无形性的知识产品，应当通过签订技术转让合同、著作权转让合同来进行转让，这类合同

不属于合同法意义上的买卖合同。人格权不具有财产性，不能成为买卖的对象。故本题应选 A 项。

4. D

参见《民法典》第 634 条。另外，按照最高人民法院《关于审理买卖合同纠纷案件适用法律问题的解释》第 26 条的规定，若出卖人保留所有权，买受人已经支付标的物总价款的 75％以上，出卖人主张取回标的物的，人民法院不予支持。故本题应选 D 项。

5. B

在招标投标买卖中，招标属于要约邀请，投标属于要约，定标属于承诺。故本题应选 B 项。

6. C

在拍卖中，拍卖表示（包括发布拍卖公告以及拍卖师在拍卖现场开始进行拍卖）属于要约邀请，应买人作出应买的意思表示属于要约，卖定（包括拍卖师落槌确认买定者）属于承诺。故本题应选 C 项。

7. B

依据《民法典》第 226 条的规定，动产物权设立和转让前，权利人已经占有该动产的，物权自法律行为生效时发生效力。故本题应选 B 项。

8. C

出卖人向买受人交付标的物，买受人间接占有标的物，出卖人直接占有标的物，这种交付方式为占有改定。此外，《民法典》第 228 条规定：动产物权转让时，当事人又约定由出让人继续占有该动产的，物权自该约定生效时发生效力。故本题应选 C 项。

9. B

根据最高人民法院《关于审理商品房买卖合同纠纷案件适用法律若干问题的解释》第 8 条第 1 款的规定，对房屋的转移占有，视为房屋的交付使用，但当事人另有约定的除外。本题中，虽然在甲、乙买卖合同生效前，乙已经居住于该住房内，但是自甲、乙买卖合同生效时，才认为是房屋的移转占有之时，即住房的交付时间。故本题应选 B 项。

10. C

甲并未将摩托车交付给乙，而未交付的原因是乙因其妻子生病而没有在约定的时间提货。按照《民法典》第 605 条的规定，因买受人的原因致使标的物未按照约定的期限交付的，买受人应当自违反约定时起承担标的物毁损、灭失的风险。因此，从 2021 年 8 月 1 日起，摩托车毁损、灭失的风险由甲转移至乙。此时，甲享有摩托车所有权，但摩托车毁损、灭失的风险是由乙承担的。所以，甲不必再向乙交付摩托车，且不必承担违约责任，而乙却仍然需要向甲付款。故本题应选 C 项。

11. B

按照《民法典》第 590 条的规定，在当事人迟延履行后发生不可抗力而使其不能履行合同的，不能免除违约责任。另参考《民法典》第 605 条对于买受人违约的风险负担规定，在甲公司违约之后所发生的货物毁损、灭失的风险，应由违约方承担。故本题应选 B 项。

12. C

双方未约定交付地点，也无法确定交付地点，根据《民法典》第 607 条第 2 款的规定，乙为甲代办托运，货交承运人便转移风险。故乙于 5 月 1 日将货物交给承运人时，风险便转移于甲。根据《民法典》第 606 条的规定，甲与丙签订路货买卖合同，从合同成立时起，即 5 月 3 日，货物风险转移于丙。所以，玉米毁损、灭失的风险应由丙承担。故本题应选 C 项。

13. C

在买卖合同中，在未约定动产标的物所有权以及风险转移时间的情况下，均自交付时起由出卖人处转移于买受人。甲应于 6 月 15 日提货，但因甲自身原因而未能提货。按照《民法典》第 605 条的规定，此笔损失应由买受人甲承担。D 项是错误的，因为确定标的物风险的负担，其前提一般是双方当事人对于标的物毁损、灭失不具有可归责性。当事人双方均无过错，不能构成双方分担的理由。故本题应选 C 项。

14. B

本题中的交付方式为简易交付，9 月 4 日为电视机的交付时间。因此，从此时起，由刘某承担电视机的风险。故本题应选 B 项。

15. A

甲公司与乙公司约定的货物交付方式是送货上门，虽然甲公司已经将货物交给承运人，但仍未完成对乙公司的交付义务，所以，货物的风险仍然由甲公司承担。甲公司与丙公司之间存在运输合同，丙公司的员工丁翻车，责任由丙公司承担，但丙公司可以不可抗力为由免予承担违约责任。所以，货物损失由甲公司承担。故本题应选 A 项。

16. B

甲公司与乙公司约定的货物交付方式是上门提货，乙公司与丙公司之间存在运输合同，丙公司的员工丁将货物从甲公司装车拉走，甲公司完成了对乙公司的交付义务，风险转移至乙公司。因丁的行为所产生的责任由丙公司承担，丙公司可以不可抗力为由免予承担违约责任。所以，货物损失由乙公司承担。故本题应选 B 项。

17. A

相对于甲公司与乙公司之间的合同关系，丙公司为第三人，其代乙公司向甲公司作出履行，甲公司应予接受。出卖人按照约定将标的物置于交付地点，买受人违反约定没有收取的，按照《民法典》第 608 条的规定，标的物毁损、灭失的风险自违反约定时起由买受人承担。甲公司未受领给付，不必向乙公司承担违约责任，由其自负损失即可。故本题应选 A 项。

18. D

按照《民法典》第 620 条和第 621 条的规定，买受人在收到出卖人交付的标的物后，应及时检验。当事人约定检验期限的，买受人应当在检验期限内将标的物的数量或者质量不符合约定的情形通知出卖人；当事人没有约定检验期限的，买受人应当在发现或者应当发现标的物的数量或者质量不符合约定的合理期限内通知出卖人。买受人怠于通知的，标的物质量视为合格。乙在收货后销售围脖，并未通知甲围脖质量不合格，则不论围脖质量是否合格，均视为合格，甲不应承担违约责任。此外，合同未约定质量条款，根据合同法的规定可以补充质量条款，确定标的物的质量标准，合同不会因此在效力上有瑕疵。故本题应选 D 项。

19. B

甲为乙代办托运，货交第一承运人，标的物所有权与风险负担转移至乙，因此乙取得了货物所有权，而甲也履行了自己的交付义务。货物受损，并非由于意外毁损、灭失的风险，而是因承运人造成的。因此乙不能请求甲承担违约责任，违约责任存在于甲与丙之间。乙已经取得货物所有权，因丙的原因而令货物毁损，此属侵权，乙有权要求丙赔偿损失。故本题应选 B 项。

20. A

商场与王某之间的合同属于试用买卖合同，该种合同是以买受人在试用期间内认可购买标的物为生效条件的。也就是说，王某在试用期满后将冰箱退回商场意味着买受人拒绝购买标的物，则试用买卖合同不生效，王某没有义务向商场支付使用费。同时，王某的行为也不构成不当得利，因为王某基于试用买卖合同而取得的利益具有合法的原因。故本题应选 A 项。

21. B

按照《民法典》第 512 条第 2 款的规定，电子合同的标的物为采用在线传输方式交付的，合同标的物进入对方当事人指定的特定系统且能够检索识别的时间为交付时间。按照最高人民法院《关于审理买卖合同纠纷案件适用法律问题的解释》第 2 条的规定，标的物为无须以有形载体交付的电子信息产品，当事人对交付方式约定不明确，且依照《民法典》第 510 条的规定仍不能确定的，买受人收到约定的电子信息产品或者权利凭证即为交付。因此，应当以甲收到乙公司所发送的账号与密码的时间作为交付时间。故本题应选 B 项。

22. A

甲乙达成买卖合同，乙虽已付款，但名画尚未交付，因此，名画所有权并未移转，仍然归甲。甲丙达成买卖合同，但名画亦未交付，因此，所有权仍归甲。乙诱使甲子取画交予乙，此非甲出于自己的意思移转名画的占有，因此，这非为交付。乙虽占有名画，但所有权仍未移转。丁盗取名画，自不能取得所有权。因此，名画所有权仍然归甲。故本题应选 A 项。

23. C

周某与讯达公司之间成立试用买卖合同，迅达公司已经将汽车交付给了周某，A 项错误。试用买卖合同只有试用人同意购买方才生效，所以汽车并未出卖，B 项错误。按照《民法典》第 1209 条的规定，机动车的所有人与使用人并非同一人，所造成李某的损失，应首先由保险公司在机动车强制保险责任限额范围内予以赔偿；不足部分，由机动车使用人承担赔偿责任；机动车所有人对损害的发生有过错的，承担相应的赔偿责任。迅达公司并无过错，也不是共同侵权人，不承担赔偿责任，D 项错误。故本题应选 C 项。

24. B

占有改定之交付，由买受人取得标的物的间接占有，以代替标的物直接占有。故本题应选 B 项。

25. B

甲的行为构成无权处分，但甲丁间的合同有效，

而甲因欠缺处分权，故不能履行，不过丁为善意，基于善意取得而取得所有权。因丁拥有相机的所有权，即便乙对相关情况明知，丁乙之间的买卖合同也为有效。因此，乙取得相机的所有权。故本题应选B项。

26. C

甲将汽车分别出卖给乙、丙，属于一物二卖。依据最高人民法院《关于审理买卖合同纠纷案件适用法律问题的解释》第7条的规定，丙取得了汽车的所有权。同时，甲不能履行与乙之间的合同，甲应承担赔偿责任，但乙与丙并不存在合同关系，丙也没有侵犯乙的权利，丙对乙不存在赔偿责任。故本题应选C项。

27. B

乙对甲分期付款，甲保留所有权。即便甲已经将汽车交付给乙，由乙占有，但在分期付款期间，甲仍然拥有汽车的所有权，乙不能取得汽车的所有权。甲一物二卖，将汽车又卖给丙，不构成无权处分，不会发生善意取得。甲丙的合同虽然有效，但按照最高人民法院《关于审理买卖合同纠纷案件适用法律问题的解释》第7条的规定，丙不能依甲的指示交付取得汽车所有权。故本题应选B项。

28. C

甲应乙的要求，将该物直接交付于丙，对甲乙而言，为债务人甲向债权人乙的履行（受领）辅助人丙履行，此对甲乙发生效力。对乙丙而言，甲的交付构成债务人乙的履行辅助人甲向债权人丙履行，此对乙丙发生效力。如仅甲乙之间的买卖合同无效，乙受领给付无正当理由，构成不当得利，则乙应当向甲返还原物，而非丙应向甲返还原物。即甲有权向乙主张不当得利返还请求权。如仅乙丙间的买卖合同无效，丙受领给付无正当理由，丙构成不当得利，乙有权向丙主张不当得利返还请求权。如甲乙之间以及乙丙之间的买卖合同均无效，则甲有权向乙、乙有权向丙主张不当得利返还请求权。若两份合同均无效，丙受领甲的给付无正当理由，对甲构成不当得利，甲有权向丙主张不当得利返还请求权。故本题应选C项。

29. A

最高人民法院《关于审理买卖合同纠纷案件适用法律问题的解释》第6条、第7条分别针对普通动产与特殊动产。按照《道路交通安全法》的规定，机动车必须同时满足三个条件：一是以动力装置驱动或牵引，二是上道路行驶，三是轮式车辆。因此挖掘机不

属于机动车，应属于普通动产，适用最高人民法院《关于审理买卖合同纠纷案件适用法律问题的解释》第6条的规定。按照最高人民法院《关于审理买卖合同纠纷案件适用法律问题的解释》第6条的规定，出卖人就同一普通动产订立多重买卖合同，在买卖合同均有效的情况下，买受人均要求实际履行合同的，应当按照以下情形分别处理：（1）先行受领交付的买受人请求确认所有权已经转移的，人民法院应予支持；（2）均未受领交付，先行支付价款的买受人请求出卖人履行交付标的物等合同义务的，人民法院应予支持；（3）均未受领交付，也未支付价款，依法成立在先合同的买受人请求出卖人履行交付标的物等合同义务的，人民法院应予支持。故本题应选A项。

30. D

转让协议成立时，庞某与黄某完成了简易交付，自行车所有权转移至黄某。黄某与洪某以占有改定方式进行交付，洪某以间接占有方式占有自行车，取得所有权。故本题应选D项。

（二）多项选择题

1. AB

甲、乙双方未约定标的物风险转移时间，因此，标的物风险应当自交付时起转移。甲未将产品合格证与原产地证明交付给乙，构成违约，但并不影响标的物风险的转移。交付之后，标的物风险由乙承担，标的物因山洪而毁损，损失由乙承担。当初甲未交付产品合格证与原产地证明，乙可行使先履行抗辩权，拒付部分款项。甲乙均不存在解除权的产生情形。甲可以要求乙继续支付，但不必补交毁损货物。故本题应选A、B项。

2. ABCD

主给付义务是指合同关系所固有、必备，直接影响到合同当事人订立合同的目的的义务。主给付义务能够确定合同的类型。销售商与孙某各自的主给付义务分别是交付标的物及转移所有权、支付约定价款。从给付义务是指依附于主给付义务具有补助主给付义务功能的义务。销售商向孙某交付相关说明文件以及证件是销售商的从给付义务，目的在于补助实现主给付义务。销售商向孙某说明摩托车刹车存在问题是销售商基于诚实信用原则而产生的附随义务，目的在于保护债权人。故本题应选A、B、C、D项。

3. BD

在买卖合同签订之前，老孙已经占有耕牛。按照《民法典》第 226 条的规定，动产物权设立和转让前，权利人已经依法占有该动产的，物权自法律行为生效时发生效力。因此，耕牛的交付时间为老刘与老孙之间的买卖合同生效的时间。在双方未作其他约定的情况下，自老刘与老孙意思表示达成一致时起，合同成立并生效。耕牛因误饮有毒的水而死亡，属于不可归责于老刘、老孙的意外损失。由于耕牛已经交付给老孙，因而耕牛意外死亡的风险由老孙承担。老孙在耕牛死亡之后，仍然需要向老刘付款。故本题应选 B、D 项。

4. ACD

在买卖合同签订之前，虽然乙已经占有房屋，根据最高人民法院《关于审理商品房买卖合同纠纷案件适用法律若干问题的解释》第 8 条第 1 款规定，对房屋的移转占有视为房屋的交付使用，因此，2022 年 9 月 1 日为买卖合同标的物的交付时间。在当事人未作特别约定的情况下，未办理房屋过户登记手续，不影响房屋买卖合同的生效。甲与乙基于同一双务合同互负债务，无先后履行顺序。因此，甲未办理过户登记手续，乙可以行使同时履行抗辩权而拒绝付款。房屋于 2022 年 9 月 1 日交付给乙，因而房屋的风险负担亦转移于乙。故本题应选 A、C、D 项。

5. ACD

按照《民法典》第 629 条的规定，乙公司多交付标的物的，甲公司可以接收或者拒绝接收多交付部分。若甲公司接收多交付的 5 吨猕猴桃，则应按照原定价格支付价款；甲公司拒绝接收多交付部分的，应当及时通知乙公司。按照最高人民法院《关于审理买卖合同纠纷案件适用法律问题的解释》第 3 条的规定，买受人可以代为保管其所拒绝接收的多交部分标的物，保管的合理费用应由出卖人承担。故本题应选 A、C、D 项。

6. ABD

当事人对履行时间未作约定的，债权人可以随时要求履行，债务人可以随时作出履行，但应给对方必要的准备时间。甲公司与乙公司未对交付地点作出约定，甲公司将货物交给第一承运人，货物毁损、灭失的风险便转移给乙公司。因此，乙公司应当承担 80 台热水器被洪水冲走的损失，甲公司不必再提供。按照《民法典》第 611 条的规定，标的物毁损、灭失的风险

由买受人承担的，不影响因出卖人履行义务不符合约定，买受人要求其承担违约责任的权利。故本题应选 A、B、D 项。

7. BCD

样品买卖合同除适用通常的买卖合同规则之外，还适用样品买卖合同的特别规则。按照《民法典》第 636 条的规定，凭样品买卖的买受人不知道样品有隐蔽瑕疵的，即使交付的标的物与样品相同，出卖人交付的标的物的质量仍然应当符合同种物的通常标准。所以，章毅公司交付的 100 匹布料应当符合纯羊毛布料的标准，其履行在质量上不适当，构成违约，海利公司可以要求章毅公司承担物的瑕疵担保责任。如果章毅公司隐瞒事实真相，则构成欺诈，海利公司在撤销权存续期间内可以行使撤销权，撤销合同。故本题应选 B、C、D 项。

8. ABC

合同生效后，油画并未交付，因此，油画的风险由小刘承担。由于油画的风险由小刘承担，因而油画被烧毁的损失由小刘承担，那么小张不必再向小刘履行付款义务。由于合同标的物为特定物，灭失以后发生合同的履行不能，因而小张无权要求小刘继续履行，小刘可以不可抗力为由免予承担违约责任。故本题应选 A、B、C 项。

9. ABD

按照《民法典》第 634 条的规定，分期付款的买受人未支付到期价款的金额达到全部价款的 1/5，经催告后在合理期限内仍未支付到期价款的，出卖人可以要求买受人支付全部价款或者解除合同。出卖人解除合同的，可以向买受人要求支付该标的物的使用费。甲未支付的到期价款超过总价款的 1/5，因而乙享有法定合同解除权，可以解除合同，并追究甲的违约责任，要求甲支付使用费。在甲付清全部款项前，乙仍对潜水设备享有所有权。甲在没有取得潜水设备所有权的情况下，将该设备出卖于丙，甲的行为构成了无权处分，甲丙合同为有效，但不能履行。并且，丙为职业潜水员，则应知价格过低，其非为善意，无法善意取得所有权。因此乙可以请求丙返还，而丙可向甲要求承担违约责任，返还购买费用 2 万元。故本题应选 A、B、D 项。

10. ABD

按照《民法典》第 621 条第 2 款的规定，当事人没

有约定检验期限的，买受人应当在发现或者应当发现标的物的数量或者质量不符合约定的合理期限内通知出卖人。买受人在合理期限内未通知或者自标的物收到之日起 2 年内未通知出卖人的，视为标的物的数量或者质量符合约定，但对标的物有质量保证期的，适用质量保证期，不适用该 2 年的规定。由于该设备的保质期为 5 年，故出卖人仍应承担责任。当事人未约定质量检验期，不能认为有何过错，不应分担责任。故本题应选 A、B、D 项。

11. AD

甲负责送货，甲将货物交付给丙运输仍未完成对乙的交付义务，货物的所有权与风险均归属于甲。因此，甲应承担因不可抗力造成的水果腐烂的损失。承运人丙可以不可抗力为由，免予承担违约责任，不必负担水果的损失。丙因处理水果而支出的费用，只能要求甲偿付，这是由合同的相对性所决定的。故本题应选 A、D 项。

12. AD

A 项中，标的物虽然没有实际交付，但出卖人依照合同约定交付了提取标的物的单证的，适当履行了交付义务。B 项中，出卖人仅交付了所有权证书，并不会发生所有权转移，没有完成交付义务。C 项中，出卖人没有按照约定交付有关单证和资料的，不能认定出卖人适当履行了交付义务。D 项中，法律允许出卖人保留标的物所有权。因此，保留标的物所有权并不妨碍标的物的交付。故本题应选 A、D 项。

13. CD

A 项中，出卖人承担风险。B 项中，出卖人未完成交付，仍由其承担风险。C 项中，因买受人的原因致使标的物不能如期交付的，买受人应当自违反约定之日起承担标的物毁损、灭失的风险。D 项中，出卖人提存标的物，标的物的风险由买受人承担。故本题应选 C、D 项。

14. BC

按照《民法典》第 637 条和第 638 条的规定，试用买卖合同中的试用期限应按照当事人约定、协议补充、合同解释的顺序加以确定，仍不能确定的，由出卖人确定。试用期限届满，买受人未作出是否购买的意思表示，视为同意购买。试用期限，买受人没有对质量提出异议的，并不表示买受人同意购买。故本题应选 B、C 项。

15. BCD

乙公司分批交付，但合同标的物为一物，而非数物，5 批部件非为独立物。按照《民法典》第 633 条的规定，乙公司的第三批交付不合格，致使合同目的整体无法实现，甲公司可以就标的物的全部来解除合同。第三批交付不合格，使嗣后的交付也无意义，甲公司可以就第三批，或者第三、四、五批标的物解除合同。如何解除合同，由甲公司自行选择。故本题应选 B、C、D 项。

16. ACD

按照《民法典》第 630 条的规定，母牛在交付之后产生的孳息应当归买受人老王所有。主物是指能独立发挥效用的物，从物是指不能独立发挥效用、依附于主物并发挥辅助作用的物。母牛与小牛之间不存在这种主物与从物的关系，而为独立的两物。小牛患有严重疾病，使老王购买小牛的合同目的不能实现，老王可以就小牛解除合同，但不能就母牛解除合同。故本题应选 A、C、D 项。

17. ACD

甲与乙、丙、丁分别签订的买卖合同均有效，按照最高人民法院《关于审理买卖合同纠纷案件适用法律问题的解释》第 6 条的规定，出卖人就同一普通动产订立多重买卖合同，在买卖合同均有效的情况下，买受人均要求实际履行合同的，应当按照以下情形分别处理：先行受领交付的买受人请求确认所有权已经转移的，人民法院应予支持；均未受领交付，先行支付价款的买受人请求出卖人履行交付标的物等合同义务的，人民法院应予支持；均未受领交付，也未支付价款，依法成立在先合同的买受人请求出卖人履行交付标的物等合同义务的，人民法院应予支持。对此需要区别于该解释第 7 条所规定的特殊动产多重买卖合同的履行。故本题应选 A、C、D 项。

18. ABD

按照《民法典》第 603 条以及最高人民法院《关于审理买卖合同纠纷案件适用法律问题的解释》第 8 条的规定，在甲与乙公司无另行约定的情况下，乙公司将货物交由非买卖合同当事人的快递公司托运给甲，乙公司将货物交给快递公司后，货物意外毁损、灭失的风险由甲承担。因此，快递公司在运输途中遭遇不可抗力而令货物灭失，损失应当由甲承担。乙公司货交承运人时，货物所有权已经转移至甲，甲可以侵权为由要求快递公司赔偿，但快递公司可以不可抗力为由进行抗辩。故本题应选 A、B、D 项。

19. ABCD

按照《民法典》第 642 条和最高人民法院《关于审理买卖合同纠纷案件适用法律问题的解释》第 26 条的规定，若乙未按约定付款、未按约定完成特定条件、作出不当处分等而对甲造成损害，则甲有权取回轿车。若善意取得人丙已经取得轿车的所有权，则甲不能取回轿车，而只能要求乙赔偿。故本题应全选。

20. ACD

参见《民法典》第 638 条第 2 款、第 639 条。试用期间内，标的物意外毁损、灭失的风险应由出卖人而不是买受人承担。故本题应选 A、C、D 项。

21. ABD

按照最高人民法院《关于审理商品房买卖合同纠纷案件适用法律若干问题的解释》第 3 条的规定，商品房的销售广告和宣传资料为要约邀请，但是出卖人就商品房开发规划范围内的房屋及相关设施所作的说明和允诺具体确定，并对商品房买卖合同的订立以及房屋价格的确定有重大影响的，构成要约。该说明和允诺即使未载入商品房买卖合同，亦应当为合同内容，当事人违反的，应当承担违约责任。宏大公司重大违约，导致赵某订立合同的目的不能实现，赵某拥有合同解除权，其可解除合同、要求退房。若赵某解除合同，因宏大公司虚假宣传，则赵某可要求宏大公司承担缔约过失责任，赔偿信赖利益损失。赵某也可不行使合同解除权，而请求宏大公司承担违约责任，赔偿损失。故本题应选 A、B、D 项。

22. ABC

分期付款的买受人未支付到期价款的金额达到全部价款的 1/5 的，出卖人可以要求买受人支付全部价款或者解除合同。出卖人解除合同的，双方相互返还财产，出卖人可以向买受人要求支付该标的物的使用费。故本题应选 A、B、C 项。

23. AC

双方达成买卖合同，合同生效之时便为设备交付之时，此为简易交付。虽然乙公司保留所有权，但在双方无特别约定的情况下，风险责任在设备交付时便转移给甲公司。因此，虽然设备被烧毁，但甲公司仍然需要支付原定价款。合同法未规定所有权保留应采取书面形式。故本题应选 A、C 项。

24. ACD

周某与吴某间存在保留所有权的分期付款买卖合同。按照最高人民法院《关于审理买卖合同纠纷案件适用法律问题的解释》第 26 条的规定，当吴某支付了前四个月的货款时，付款超过总价款的 75%，周某不可行使取回权。吴某未付的 1 800 元超过了总价款的 20%，按照《民法典》第 634 条的规定，周某可要求吴某一次性支付剩余价款或解除合同，若解除合同，周某可以要求吴某支付使用费，并按照当地同类标的物的租金标准确定具体数额。周某拥有电脑所有权，将电脑出卖并交付给王某，王某取得电脑所有权。故本题应选 A、C、D 项。

（三）不定项选择题

1. A

试用买卖合同在无约定的情况下，标的物因不可归责于出卖人、试用人的原因而毁损、灭失的风险由出卖人承担。洪水暴发属于不可抗力，马被洪水冲走，不可归责于乙。因此，损失应由马的所有人甲承担。故本题应选 A 项。

2. A

在试用买卖合同中，标的物的孳息应归属于作为标的物所有人的出卖人。故本题应选 A 项。

3. B

按照《民法典》第 1245 条的规定，饲养的动物造成他人损害的，动物饲养人或者管理人应当承担侵权责任。在侵权发生时，试用人乙是马的管理人，故乙应当承担赔偿责任。故本题应选 B 项。

4. A

在试用期间内，马的所有权归于甲，乙并没有处分权，乙的行为构成无权处分，但合同有效。按照《民法典》第 597 条的规定，乙未取得 4 匹马的处分权，不能转移马的所有权，丁有权解除合同并请求乙承担违约责任。故本题应选 A 项。

5. AC

甲与乙之间的试用买卖合同已经成立，但未生效，甲仍对 4 匹马享有所有权，有权将该 4 匹马出卖于戊，双方的合同成立。甲向戊说明了与乙之间试用买卖的情况，因乙还没有决定是否购买 4 匹马，故甲与戊之间的买卖合同还没有生效。而该合同能否生效，则取决于乙在试用期届满后是否购买 4 匹马。如果试用期届满后乙拒绝购买 4 匹马，则甲能够履行合同，将 4

匹马的所有权转移给戊，否则甲不能履行合同。因此，甲与戊之间的买卖合同为附生效条件的合同。故本题应选A、C项。

6. BC

本题与上题的一个关键区别在于，戊并不清楚甲乙间的买卖关系，因此甲与戊之间的买卖合同成立并生效，而非附生效条件的合同。由于乙已经决定购买马，且马已在乙处，甲不能履行，戊在事实上已不可能取得马的所有权了，因而戊不能要求甲继续履行合同。戊可以追究甲的违约责任，要求其赔偿损失。甲与戊之间的合同已经生效，戊不能要求甲承担缔约过失责任。故本题应选B、C项。

7. ACD

《民法典》第230条规定："因继承取得物权的，自继承开始时发生效力。"《民法典》第232条规定："处分依照本节规定享有的不动产物权，依照法律规定需要办理登记的，未经登记，不发生物权效力。"故本题应选A、C、D项。

8. BD

《民法典》第215条规定："当事人之间订立有关设立、变更、转让和消灭不动产物权的合同，除法律另有规定或者当事人另有约定外，自合同成立时生效；未办理物权登记的，不影响合同效力。"乙基于其与甲之间的房屋买卖合同对房屋进行占有，系合法占有。甲在办理了登记手续后，又将房屋出卖给丙，构成一物二卖。甲拥有房屋所有权，一物二卖的两个合同均为有效。因丙已经办理了过户登记手续，故丙取得房屋所有权。乙应当腾退房屋，向甲主张违约责任。故本题应选B、D项。

9. AD

虽然丙丁之间的合同因胁迫而为可撤销合同，但房屋已办理了过户登记手续，丁为房屋所有权人，其将房屋出卖给戊，并办理了过户登记手续，则戊取得房屋所有权。戊取得所有权并非基于不动产的善意取得，而是基于买卖合同。因此，戊为继受取得，而非原始取得。因为，丁为房屋所有权人，其将房屋出卖给戊并非无权处分，不发生善意取得。故本题应选A、D项。

10. C

《民法典》第224条规定："动产物权的设立和转让，自交付时发生效力，但是法律另有规定的除外。"

由于甲始终未向乙交付，因而乙一直未取得所有权。故本题应选C项。

11. AC

如上题，甲一直拥有所有权，甲与丙达成买卖合意并交付，即使丙非为善意，也不构成恶意串通损害第三人利益，合同并不存在无效情形，丙基于交付而取得所有权。丙丁达成代物清偿协议，以玉石抵顶债务，合同有效，丁基于交付而取得所有权。故本题应选A、C项。

12. D

戊拾得遗失物，不能取得所有权。《民法典》第312条规定："所有权人或者其他权利人有权追回遗失物。该遗失物通过转让被他人占有的，权利人有权向无处分权人请求损害赔偿，或者自知道或者应当知道受让人之日起二年内向受让人请求返还原物；但是，受让人通过拍卖或者向具有经营资格的经营者购得该遗失物的，权利人请求返还原物时应当支付受让人所付的费用。权利人向受让人支付所付费用后，有权向无处分权人追偿。"遗失物的真正所有权人自知道或者应当知道受让人之日起2年内向受让人请求返还原物。故本题应选D项。

13. C

若认定1吨药材为种类物，合同自然有效。若认定1吨药材为特定物，即专指甲公司的1吨药材，乙丙公司约定由甲公司向丙公司交付，乙公司的行为系出卖将来取得所有权之物，双方意思表示明确，合同有效。乙丙公司约定由甲公司向丙公司交付，这虽然对甲公司没有约束力，但在乙丙公司之间为有效。故本题应选C项。

14. BD

李某承担一般保证责任，因为只有在丙公司不付款时，才由李某承担保证责任。认定丙公司是否构成"不付款"，需乙公司先行采取诉讼或仲裁等手段，李某对乙公司享有先诉抗辩权。因一般保证纠纷而提起诉讼，债权人可以先诉债务人，胜诉并强制执行仍未受全部清偿的，再起诉一般保证人。但债权人也可以将债务人、一般保证人作为共同被告，由法院在判决中确定先由债务人进行清偿，强制执行仍未全部清偿的，再由一般保证人承担责任，因此A项错误，B项正确。按照《民法典》第392条的规定，乙公司的债权既有张某的物的担保又有李某的人的担保，债权人可以就物的担保实现债权，也可以要求保证人承担保证责任。故本题应选 B、D 项。

15. D

本题抵押属于动产抵押，未经登记，不得对抗善意第三人。抵押人可以转让抵押物，无须取得抵押权人同意，通知即可，但抵押权不受影响。因此，乙公司对汽车拥有抵押权，但不能对抗善意第三人。而按照《民法典》第 401 条对流押条款的规定，即使存在流押条款，抵押权仍然有效，只是抵押物不能直接归抵押权人所有，而只能就变价优先受偿。丁公司取得汽车时为善意，乙公司不能对抗，因此丁公司为汽车所有权人。故本题应选 D 项。

16. D

方某的行为构成紧急避险。因紧急避险而造成损害的，由引起险情发生的人承担民事责任。故本题应选 D 项。

17. AB

汽车为丁公司所有，方某为丁公司职工，其将汽车撞坏，并无过错，不承担维修汽车的义务，方某为丁公司的利益而维修汽车的行为构成无因管理。无因管理中，管理人可以本人名义进行管理。方某以丁公司名义维修，因方某未取得丁公司授权，又没有代理权的表象，所以构成狭义的无权代理。方某的行为不构成无权处分，无权处分应以无处分权人的名义进行。故本题应选 A、B 项。

18. AC

方某以自己的名义向庚公司购买坐垫，合同关系存在于方某与庚公司之间，方某应向庚公司付款。丁公司之回函表明丁公司认可汽车维修，构成无权代理行为事后的本人追认，汽车维修合同约束丁公司与戊公司，丁公司应支付维修费。从无因管理的角度来看，因无因管理而产生的债务，应由本人即丁公司承担。由于汽车已经开走，戊公司不占有汽车，不符合留置权的产生情形，因而戊公司无权留置。故本题应选 A、C 项。

 简答题

1. 买卖合同具有如下特征：（1）买卖合同是出卖人交付标的物并转移所有权的合同。在买卖合同中，买受人订立合同的目的在于取得标的物的所有权，因

此，只有出卖人交付标的物并转移标的物的所有权，才能实现买受人的这一目的。（2）买卖合同是买受人支付价款的合同。在买卖合同中，出卖人订立合同的目的在于通过转移标的物的所有权而取得价款，因此，买受人须向出卖人支付价款。（3）买卖合同是有偿合同。在买卖合同中，买受人以支付价款为取得财产所有权的代价，而出卖人以转移标的物所有权为取得价款的代价，双方存在互为对价关系，因此，买卖合同是有偿合同。（4）买卖合同是双务合同、诺成合同、不要式合同。在买卖合同中，出卖人负有转移标的物所有权的义务，而买受人负有支付价款的义务，即双方负有对待给付的义务，因此，买卖合同属于双务合同。买卖合同自出卖人与买受人就关于标的物、价款等有关事项意思表示一致时即可成立，一般也无须采取特定的方式，因而买卖合同是诺成合同、不要式合同。

2. 出卖人的义务主要包括：（1）交付标的物或者交付提取标的物的单证。出卖人应当按照约定的时间、地点、质量、数量等交付标的物，并交付提取标的物的单证。（2）转移标的物的所有权。买卖合同以转移标的物的所有权为目的，因此，出卖人负有转移标的物所有权归买受人的义务。（3）物的瑕疵担保责任。出卖人须保证出卖的标的物符合质量要求，此即为物的瑕疵担保义务。出卖人违反这一义务的，应当承担相应的法律后果，即为物的瑕疵担保责任。（4）权利瑕疵担保责任。出卖人应当保证标的物的所有权转移于买受人，第三人不能对标的物主张任何权利。出卖人违反这一义务的，应承担相应的法律后果，此即为权利瑕疵担保责任。（5）按照法律规定或者合同约定回收标的物。依照法律、行政法规的规定或者按照当事人的约定，标的物在有效使用年限届满后应予回收的，出卖人负有自行或者委托第三人对标的物予以回收的义务。

3. 买受人的义务主要包括：（1）支付价款。支付价款是买受人的主要义务，买受人应当按照约定的数额和方式、地点、时间等支付价款。（2）及时受领标的物。买受人对于出卖人按照约定条件交付的标的物负有受领的义务，否则，应负受领迟延的违约责任。（3）及时检验标的物并通知出卖人。买受人在收到标的物时，应当在约定的检验期限内检验；没有约定检验期限的，应当及时检验。（4）代为保管。买受人的

保管义务发生于出卖人不按约定交付标的物而买受人拒绝接受的场合。

4. 互易合同的效力主要有：（1）按照合同的约定向对方交付标的物并转移标的物的所有权。当事人未在约定期限内履行交付义务的，应承担违约责任。（2）当事人相互对其应交付的标的物负瑕疵担保责任。互易合同的各方均应担保其交付的标的物符合约定的质量，并能将其所有权完全移转给对方。在标的物存在质量瑕疵或者权利瑕疵时，当事人应负瑕疵担保责任。（3）当事人间的互易为补足价款互易的，负补足价款义务的一方应按照约定的时间和地点补足应交的价款。当事人不履行其补足价款义务的，应承担违约责任。（4）互易合同的标的物风险负担及利益承受，适用买卖合同的规定。

材料分析题

1. （1）损失由乙承担。甲虽然保留了牛的所有权，但因甲与乙没有约定牛毁损、灭失的风险负担问题，所以，牛毁损、灭失的风险自甲将牛交付于乙时由乙负担。

（2）该小牛应由乙享有所有权。按照《民法典》第630条的规定，标的物在交付之前产生的孳息归出卖人所有，交付之后产生的孳息归买受人所有。甲虽然享有牛2的所有权，但因牛2已经交付于乙，所以，牛2所生小牛应归乙所有。

（3）该损失应由乙承担。按照《民法典》第1245条的规定，饲养的动物造成他人损害的，动物饲养人或者管理人应当承担侵权责任；但是，能够证明损害是因被侵权人故意或者重大过失造成的，可以不承担或者减轻责任。乙是牛3的管理人，因牛3造成的他人损失，乙应承担责任。

（4）该合同有效。甲保留牛4的所有权，在乙未付清牛款之前，乙对牛4并不享有所有权。因此，乙将牛4出卖于丁属于无权处分，按照《民法典》第597条的规定，该合同有效。

（5）丁可以取得牛的所有权。丁作为善意受让人，已支付了相应的价款并取得牛4的占有，构成了善意取得，故可以取得牛4的所有权。

（6）该租赁协议有效。在乙付清牛款之前，牛5的所有权虽然属于甲，但乙基于买卖合同对牛5享有

使用收益权。因此，乙有权将牛5出租，并获取相应的租金收益。

（7）定金条款部分无效。按照《民法典》第586条第2款的规定，定金的数额由当事人约定，但不得超过主合同标的额的20%，超过部分不产生定金的效力。主合同标的额为1万元，而合同约定的定金为3000元，超过了20%的限制，故超过部分不具有定金的效力。

2. （1）按照最高人民法院《关于审理民间借贷案件适用法律若干问题的规定》第23条的规定，当事人以签订买卖合同作为民间借贷合同的担保，借款到期后借款人不能还款，出借人请求履行买卖合同的，人民法院应当按照民间借贷法律关系审理。当事人根据法庭审理情况变更诉讼请求的，人民法院应当准许。按照民间借贷法律关系审理作出的判决生效后，借款人不履行生效判决确定的金钱债务，出借人可以申请拍卖买卖合同标的物，以偿还债务。就拍卖所得的价款与应偿还借款本息之间的差额，借款人或者出借人有权主张返还或补偿。因此，乙应当起诉甲履行借款合同，判决生效后，甲若不履行，乙可以申请拍卖房屋，就二者差额，甲、乙有权主张返还或补偿。

（2）根据《民法典》第686条第2款的规定，当事人在保证合同中对保证方式没有约定或者约定不明确的，按照一般保证承担保证责任。据此，保证方式约定不明的，按一般保证处理。丁承担一般保证责任。戊以轿车设定质押，但后取回，即丙丧失对质押物的占有，则质权消灭，戊不承担担保责任。甲设立个人独资企业，按照《个人独资企业法》的规定，个人独资企业财产不足以清偿债务的，甲应当以其个人的其他财产予以清偿。

（3）甲、庚的房屋买卖合同有效。甲一房二卖，两份买卖合同均为有效。庚办理了变更登记，则取得了房屋所有权。

（4）甲。庚已取得房屋所有权，但在交付前甲对房屋的占有仍为有权占有，有权收取孳息。甲辛之间的租赁合同为有效，甲可以收取作为孳息的房屋租金。

（5）甲。因无特别约定，在甲向庚交付房屋之前，应由甲承担房屋意外毁损灭失的风险。

（6）庚。按照《保险法》第49条的规定，保险标的转让的，保险标的的受让人承继被保险人的权利和义务。庚已经取得了房屋所有权，也就承继了保险合

同中的地位，有权获得保险金。

3.（1）甲与乙之间的保管合同成立于 2020 年 3 月 6 日。保管合同属于实践合同，合同自当事人交付保管物时成立。甲于 2020 年 3 月 6 日将《仿苍莽幽翠图》交付给乙保管，因而保管合同成立于 2020 年 3 月 6 日。

（2）乙的行为属于无权处分。乙只是《仿苍莽幽翠图》的保管人，而不是所有人。因此，乙将所保管的《仿苍莽幽翠图》出卖于丙的行为属于无权处分行为。

（3）乙与丙之间的合同有效。乙出卖《仿苍莽幽翠图》构成了无权处分，该合同有效。

（4）不能。在债权人撤销权中，只有债务人处分了自己的财产而损害债权人的债权时，债权人才能行使撤销权。乙作为债务人处分了甲的财产，不符合债权人行使撤销权的条件。因此，甲不能行使债权人撤销权。

（5）丙可以取得所有权。丙是善意第三人，不知乙没有处分权，且丙以市场价格购买《仿苍莽幽翠图》并取得占有，符合善意取得的构成要件。因此，丙可以取得《仿苍莽幽翠图》的所有权。

（6）不能。因为丙已经基于善意取得制度而取得了《仿苍莽幽翠图》的所有权，而甲已经丧失了对《仿苍莽幽翠图》的所有权。

（7）乙的行为会侵犯甲的所有权以及债权。甲享有《仿苍莽幽翠图》的所有权，乙未经所有权人甲同意，将《仿苍莽幽翠图》出售给丙，使甲丧失了对《仿苍莽幽翠图》的所有权，乙的行为侵犯了甲的所有权。此外，基于甲与乙之间的保管合同，乙有义务将保管的《仿苍莽幽翠图》返还给甲，但乙不能返还，从而构成违约，乙侵犯了甲基于保管合同而享有的债权。

4.（1）所有权归甲公司。双方约定货交丙公司即视为完成交付，动产自交付时起转移所有权。

（2）均有效。大蒜在交付之前，甲公司仍有所有权，享有处分权。出卖人就同一标的物订立的多重买卖合同，合同的效力相互之间是不排斥的。只是，若本题中大蒜为特定物，这是没有问题的；但若大蒜为种类物，则甲公司与丁、戊公司间的合同不涉及所谓的处分权问题。

（3）戊公司。甲、戊公司之间的合同订立于 4 月 7 日，为路货买卖，标的物意外毁损灭失的风险自合同成立时即 4 月 7 日起便转移至戊公司。

（4）不能。基于合同相对性，戊公司与甲乙公司之间的合同无关，甲公司不能以戊公司的行为为由，拒绝向乙公司履行债务。

（5）不能。违约金与定金不能并用，乙公司只能择一。

（6）有效。业务员张某持有采购大蒜的授权委托书，而无采购绿豆的授权委托书。虽张某持有盖有公章的空白合同书，但乙公司应当知道张某没有得到甲公司采购绿豆的授权。因此，张某与乙公司订立采购绿豆的合同，构成无权代理，合同效力未定。但甲公司将绿豆款付给乙公司，表明甲公司追认，则合同有效。

（7）有效。丙公司没有绿豆的处分权，却以自己的名义将绿豆卖给己公司，构成无权处分，该合同有效。

（8）不能。因为丙公司已经将绿豆交付给己公司，合同价格合理，己公司为善意，符合动产善意取得的要件，己公司取得绿豆的所有权。虽然己公司未付款，但付款并非动产善意取得的要件。

论述题与深度思考题

1. 出卖人的瑕疵担保责任包括物的瑕疵担保责任和权利的瑕疵担保责任。（1）物的瑕疵担保责任。物的瑕疵担保是指出卖人应保证标的物的质量符合约定或者法律规定的要求。出卖人违反这一义务，即产生物的瑕疵担保责任。该责任属于无过错责任，其成立须具备以下条件：第一，标的物须存在瑕疵。标的物存在瑕疵，即标的物的质量不合格，既包括不符合约定的质量要求，也包括不符合依照法律规定确定的质量标准。第二，标的物瑕疵须于交付时存在。标的物瑕疵可以是在买卖合同成立时就存在的，也可以是在买卖合同成立后才存在的。但是无论如何，标的物瑕疵须于交付时业已存在。第三，买受人须于买卖合同订立时不知标的物有瑕疵。若买受人于买卖合同订立时已经知道标的物存在瑕疵，则表明买受人自愿承担标的物瑕疵的风险，故不成立物的瑕疵担保责任。第四，买受人须于规定的期间内就标的物瑕疵通知出卖人。买受人怠于通知的，视为标的物质量合格，不产生物的瑕疵担保责任。（2）权利的瑕疵担保责任。权利的瑕疵担保是指出卖人应当保证标的物的所有权转移于买受人，第三人不能对标的物主张任何权利。出卖人违反这一义务，即产生权利瑕疵担保责任。该责任属于无过错责任，其构成须具备以下条件：第一，出卖人转移的所有权须存在瑕疵。所谓权利瑕疵，是指第三人对标的物有合法的权利主张。第二，权利瑕疵须于买卖合同成立时存在。只有在买卖合同成立时权利即存在瑕疵的，出卖人才负有权利瑕疵担保责任。至于权利瑕疵的发生是否因出卖人的原因所致，对权利瑕疵担保责任的成立并无影响。第三，买受人须不知有权利瑕疵的存在。买受人订立合同时知道或者应当知道第三人对买卖的标的物享有权利的，应视为买受人自愿承担这种风险，出卖人不负权利瑕疵担保责任。第四，买卖合同成立后权利瑕疵未能消除。买卖合同成立时虽然存在权利瑕疵，但其后权利瑕疵消除的，不会影响买受人取得标的物的完全所有权，权利瑕疵担保责任也就不能成立。

2. 买卖合同中的标的物的风险负担是指在合同订立后标的物因不可归责于任何一方的事由而毁损、灭失时，价金风险（对待给付风险）由何方负担。依据《民法典》第 604 条的规定，除法律另有规定或者当事人另有约定外，标的物毁损、灭失的风险，在交付之前由出卖人承担，交付之后由买受人承担。基于标的物风险负担转移的交付主义，风险负担问题应当遵循如下特殊规则：（1）因买受人的原因致使标的物不能按照约定的期限交付的，买受人应当自违反约定时起承担标的物毁损、灭失风险。（2）出卖人出卖交由承运人运输的在途标的物，除当事人另有约定外，毁损、灭失的风险自合同成立时起由买受人承担。（3）出卖人按照约定将标的物运送至买受人指定地点并交付给承运人后，标的物毁损、灭失的风险由买受人承担；没有约定交付地点或者约定不明确，依据《民法典》第 603 条第 2 款第 1 项的规定，标的物需要运输的，出卖人将标的物交付给第一承运人后，标的物毁损、灭失的风险由买受人承担。（4）出卖人按照约定或者依据《民法典》第 603 条第 2 款第 2 项的规定将标的物置于交付地点，买受人违反约定没有收取的，标的物毁损、灭失的风险自违反约定时起由买受人承担。（5）出卖人按照约定未交付有关标的物的单证和资料的，不影响标的物毁损、灭失风险的转移。（6）因标的物不符合质量要求致使不能实现合同目的，买受人拒绝接受标的物或者解除合同的，标的物毁损、灭失的风险由出卖人承担。（7）当事人对风险负担没有约定，标的物为种类物，出卖人未以装运单据、加盖标记、通知买受人等可识别的方式清楚地将标的物特定于买卖合同，买受人有权主张不负担标的物毁损、灭失的风险。

第十章　供用电、水、气、热力合同

知识逻辑图

供用电、水、气、热力合同
- 概念：供方向用方供电、水、气、热力，用方为此支付价款的合同
- 特征
  - 主体一方具有特殊性
  - 标的物具有特定性
  - 内容具有公用性
  - 形式具有格式性
  - 履行具有连续性
  - 诺成性、双务性、有偿性
- 法律适用：参照适用供用电合同的有关规定
- 供用电合同
  - 概念：供电人向用电人供电，用电人支付电费的合同
  - 内容：供电的方式、质量、时间，用电容量、地址、性质、计量方式，电价、电费的结算方式，供用电设施的维护责任
  - 效力
    - 供电人的义务
      - 及时、安全、合格供电
      - 因故中断供电时应通知用电人
      - 因自然灾害等原因断电时应及时抢修
    - 用电人的义务
      - 按时交付电费
      - 按照规定安全、节约和计划用电
      - 保持用电设施的安全

名词解释与概念比较

1. 供用电、水、气、热力合同
2. 供用电合同

选择题

（一）单项选择题

1. 老王乔迁新居，与供电公司签订了供用电合同，但合同对于履行地点与履行方式没有明确约定。对此，下列选项中，正确的是（　　）。

A. 供电公司应当将电线架设到老王家中

B. 供电公司应当将电线架设到老王家的电线入口处

C. 老王应当自己从供电公司架设电线

D. 供电公司负责安装全部的供电设施，包括将老王家中的电线安装好

视频讲题

2. 某日雷雨天气，闪电击中供电公司的线路，引发电压瞬间上升，致使某用户家中的电视机被电流击坏。对此，下列选项中，正确的是（　　）。

A. 供电公司应当向用户承担违约责任

B. 供电公司应当向用户承担侵权责任

C. 闪电击中线路属于不可抗力，供电公司不必承

担用户的损失

D. 供电公司应当负责维修用户被击坏的电视机

3. 下列表述中，不属于供用电、水、气、热力合同的特殊性是（ ）。

A. 合同具有公用性

B. 合同具有格式性

C. 合同具有连续性

D. 合同具有无偿性

4. 小张在装修新房时，为自己方便而装设了多台大功率家电，在使用过程中，引起电流不稳，热水器被毁。对此，下列选项中，正确的是（ ）。

A. 损失应当由供电公司承担

B. 损失应当由小张自己承担

C. 损失应当由热水器的生产者承担

D. 损失应当由热水器的销售者承担

5. 甲搬进新居后找到供电公司要求供电，双方签订了合同。由于甲工作繁忙，忘记了交电费，供电公司便对甲家中止供电。对此，下列选项中，错误的是（ ）。

A. 供电公司的行为合法，因为供电公司享有同时履行抗辩权

B. 供电公司的行为不合法，因为其应先催告

C. 甲逾期不向供电公司交电费，应赔偿供电公司的损失

D. 因供电公司中止供电而造成甲的损失，供电公司应予赔偿

（二）多项选择题

1. 小王到自来水公司申请供水，双方签订了供用水的合同。根据我国合同法的规定，这种合同属于（ ）。

A. 有偿合同　　　　B. 双务合同

C. 诺成合同　　　　D. 要式合同

2. 某工厂设立以后，与天然气公司签订合同，由天然气公司提供天然气。根据《民法典》的规定，下列选项中，正确的是（ ）。

A. 该种合同属于无名合同

B. 该种合同属于有名合同

C. 该种合同属于一时性合同

D. 在法律适用上，该种合同可以参照供用电合同的规定

3. 小王在结婚之后搬进了新房，便找到热力公司，要求冬季供暖。对此，下列选项中，正确的是（ ）。

A. 热力公司不得拒绝与小王签订供用热力合同

B. 价格应当执行统一定价

C. 开始供热与结束供热的时间一般也应执行统一标准

D. 所签订的合同一般是格式合同

4. 九华公司在未接到任何事先通知的情况下突然被断电，遭受重大经济损失。下列哪些情况下供电公司应承担赔偿责任？（ ）

A. 因供电设施检修而中断供电

B. 为保证居民生活用电而拉闸限电

C. 因九华公司违法用电而中断供电

D. 因电线被超高车辆挂断而断电

视频讲题

5. 某日暴发山洪，自来水公司的水管被冲毁，造成埠岚小区断水。小区内的一家工厂被迫停工。因自来水公司内部管理不善，数日内无人过问此事，工厂数次联系自来水公司维修管道，自来水公司均置之不理。对此，下列选项中，正确的有（ ）。

A. 山洪暴发当日引发的工厂损失，自来水公司不必赔偿

B. 山洪暴发当日引发的工厂损失，自来水公司应予赔偿

C. 工厂因断水而引发的全部损失，自来水公司均应赔偿

D. 山洪暴发后，因自来水公司未及时抢修而造成工厂停工的损失，自来水公司应予赔偿

6. 因夏季用电较多，供电公司电力不足。经过申请，政府决定实施限电，优先保障居民生活用电，供电公司据此开始限制工业用电。对此，下列选项中，正确的有（ ）。

A. 如果供电公司电力充足便不会限电，所以供电公司的行为属于违约行为

B. 供电公司限制工业用电，必须将供电、停电的时间等通知工业用电用户

C. 供电公司限制工业用电，用户负有容忍义务

D. 供电公司限制工业用电，则用户可以行使抗辩权，拒绝支付先前的电费

7. 甲公司与小区业主吴某订立了供热合同。因吴某要出国进修半年，向甲公司申请暂停供热未果，遂拒交上一期供热费。下列哪些表述是正确的？（　　）

A. 甲公司可以直接解除供热合同

B. 经催告吴某在合理期限内未交费，甲公司可以解除供热合同

C. 经催告吴某在合理期限内未交费，甲公司可以中止供热

D. 甲公司可以要求吴某承担违约责任

（三）不定项选择题

甲公司在某区设厂，与供电公司签订了供用电合同。在合同签订后，甲公司决定再上一台大功率设备，以实现更高的生产效率，但未通知供电公司。设备安装好之后，甲公司发现合同提供的用电容量不足以运行该设备，因而便在邻近的乙公司的电力接收点边私接了一个接收点，使电流在进入乙公司线路后又进入甲公司的线路。乙公司并未发觉此事。某日，乙公司检查设备，便将自己的电力接收点关闭，致使甲公司的一台设备被电流烧毁。甲公司不知此事，却以为供电公司察觉到自己私接线路，甲公司怀恨在心，便不再缴纳电费。供电公司数次催缴，甲公司均置之不理。请回答下列问题：

1. 关于甲公司在与供电公司签订合同后新上设备并运行该设备，下列选项中，正确的是（　　）。

A. 甲公司的行为属于侵权行为

B. 甲公司的行为属于违约行为

C. 甲公司的行为属于正当行为

D. 甲公司应当与供电公司协商变更合同

2. 甲公司在乙公司的电力接收点边私接接收点，以满足自己的需要，这种行为（　　）。

A. 侵犯了乙公司的所有权

B. 侵犯了供电公司的所有权

C. 侵犯了乙公司对供电公司的债权

D. 不构成侵权

3. 甲公司的设备被电流烧毁，这笔损失应由谁承担？（　　）

A. 甲公司

B. 乙公司

C. 供电公司

D. 乙公司与供电公司

4. 甲公司拒绝交纳电费，供电公司数次催交，甲公司仍不交纳，下列选项中正确的是（　　）。

A. 供电公司履行了催告义务

B. 供电公司可以按照国家相关规定中止对甲公司供电

C. 甲公司应向供电公司承担违约责任

D. 供电公司可以解除与甲公司的合同

简答题

1. 简述供用电、水、气、热力合同的特征。
2. 简述供电人的主要义务。

材料分析题

甲与供电公司签订了供用电合同。因供电公司线路检修而经常出现电压不稳的现象，但供电公司在检修线路前并未通知甲。某日，甲在看电视的时候，电视机突然被电流击损。甲在知道供电公司检修线路导致电压不稳的情况之后，便找到供电公司，要求其赔偿损失，但供电公司并不理会甲的要求。于是，甲便不再交纳电费。供电公司几经催促，甲书面通知供电公司，称供电公司不赔偿电视机的损失，便行使同时履行抗辩权，拒绝交纳电费。之后，供电公司开始给甲家断电。甲从供电公司设在甲家楼旁边的供电设备上私接了一条线，给家中通电。请回答下列问题：

（1）甲的电视机损失是否应当由供电公司赔偿？为什么？

（2）甲是否可以行使同时履行抗辩权？为什么？

（3）供电公司给甲家断电是否合法？为什么？

（4）甲私接电线的行为如何定性？为什么？

参考答案

 名词解释与概念比较

1. 供用电、水、气、热力合同，是指供方向用方提供电、水、气、热力，用方为此支付价款的合同。

2. 供用电合同，指的是供电人向用电人供电，用

电人支付电费的合同。

选择题

（一）单项选择题

1. B

按照《民法典》第650条的规定，供用电合同的履行地点，按照当事人约定；当事人没有约定或者约定不明确的，供电设施的产权分界处为履行地点。老王家的电线入口处为供电设施的产权分界处，其内的电线属于老王所有，其外的则不属于老王所有。因此，供电公司应当将电线架设到老王家的电线入口处。老王家电线入口之外的线路等供电设施应由供电公司安装。故本题应选B项。

2. C

供电公司应当安全供电，但闪电击中线路属于不可抗力，供电公司可以此为由免予承担违约责任。用户的电视机被电流击坏，用户自己承担损失。故本题应选C项。

3. D

供用电、水、气、热力合同具有公用性、格式性、连续性等特点，而这种合同属于有偿合同，具有有偿性。故本题应选D项。

4. B

按照《民法典》第655条的规定，用电人应当按照国家有关规定和当事人的约定安全用电。小张自己装设多台大功率家电，引发电流不稳，击毁热水器，损失自负。故本题应选B项。

5. A

按照《民法典》第654条的规定，用电人应当按照国家有关规定和当事人的约定及时交付电费。用电人逾期不交付电费的，应当按照约定支付违约金。经催告用电人在合理期限内仍不交付电费和违约金的，供电人可以按照国家规定的程序中止供电。故本题应选A项。

（二）多项选择题

1. ABC

供用电、水、气、热力合同为双务、有偿、诺成合同。《民法典》并未规定这些合同需要具备一定的形式，因而这些合同为不要式合同。故本题应选A、B、C项。

2. BD

供用气合同在我国《民法典》中有明确规定，属于有名合同。天然气公司需要持续供气，工厂需要持续支付费用，而不能一次性给付，合同属于继续性合同。按照《民法典》第656条的规定，供用水、气、热力合同可以参照供用电合同的规定。故本题应选B、D项。

3. ABCD

供用电、水、气、热力的企业一般是公用企业，供用人负有强制缔约的义务，不得拒绝与相对人订立合同。合同一般均执行国家或者相应地域的统一标准，包括价格、供热期间等。供用电、水、气、热力合同的相对人广泛，供用人一般使用格式合同，而相对人选择的余地也是非常小的。故本题应选A、B、C、D项。

4. ABCD

按照《民法典》第652条的规定，供电人因供电设施计划检修、临时检修、依法限电或者用电人违法用电等原因，需要中断供电时，应当按照国家有关规定事先通知用电人。未事先通知用电人中断供电，造成用电人损失的，应当承担赔偿责任。因此，A、B、C三项正确。D项中，超高车辆挂断电线断电并非不可抗力，而只是意外事故，供电公司不能以此为由而免责，应当向九华公司承担违约责任，赔偿损失。在赔偿损失之后，供电公司可以追究车主的侵权责任。故本题应选A、B、C、D项。

5. AD

山洪暴发属于不可抗力，由此造成工厂断水而引起损失，自来水公司不必赔偿。按照《民法典》第653条的规定，因自然灾害等原因断电，供电人应当按照国家有关规定及时抢修。未及时抢修，造成用电人损失的，应当承担赔偿责任。供用水合同应参照适用供用电合同的相关规定，因此，对于因自来水公司未及时抢修管道而造成工厂停工的损失，自来水公司应予赔偿。故本题应选A、D项。

6. BC

供电公司依法限电的，虽然其不能按照与用户的合同约定供电，但并不构成违约行为，用户对于限电负有法定的容忍义务。由于供电公司的限电行为不构成违约，因而用户也不能拒绝支付先前的电费。故本题应选B、C项。

7. CD

《民法典》第 656 条规定：供用水、供用气、供用热力合同，参照适用供用电合同的有关规定。《民法典》第 654 条规定：用电人应当按照国家有关规定和当事人的约定及时支付电费。用电人逾期不支付电费的，应当按照约定支付违约金。经催告用电人在合理期限内仍不支付电费和违约金的，供电人可以按照国家规定的程序中止供电。据此，甲公司可以要求吴某承担违约责任，经催告而吴某仍不交付供热费的，甲公司可以中止供热，但不能解除合同。故本题应选 C、D 项。

（三）不定项选择题

1. BD

甲公司超出供电合同约定的用电容量用电，属于违约行为，其应当在与供电公司协商变更合同之后，取得新的用电容量，以便运行新设备。故本题应选 B、D 项。

2. A

在无约定的情况下，供电公司与用电人供电设施的产权分界处为供电合同履行地点。因此，供电公司提供的电流在进入乙公司电力接收点之后，所有权便归乙公司。甲公司在乙公司的电力接收点边私接接收点，使电流在进入乙公司线路后又进入甲公司线路，其行为侵犯了乙公司的所有权。故本题应选 A 项。

3. A

用电人应当按照国家有关规定和当事人约定安全用电，供电公司与乙公司的行为并无不当之处，甲公司因私接电力接收点而使财产受损，损失自负。故本题应选 A 项。

4. ABC

按照《民法典》第 654 条的规定，用电人应当按照国家有关规定和当事人的约定及时支付电费。用电人逾期不支付电费的，应当按照约定支付违约金。经催告用电人在合理期限内仍不支付电费和违约金的，供电人可以按照国家规定的程序中止供电。供电公司的催告义务为法定义务，但供电公司履行了催告义务，甲公司仍不交纳，则供电公司可以中止供电。甲公司应当向供电公司承担违约责任。由于供电公司并未取得法定合同解除权，因而不能单方解除与甲公司的合同。故本题应选 A、B、C 项。

 简答题

1. 供用电、水、气、热力合同具有以下特征：（1）合同主体一方具有特殊性。供用电、水、气、热力合同的供方即供电方、供水方、供气方、供热力方，只能是依法取得供电、水、气、热力营业资格的企业；而用方既可以是自然人，也可以是法人或者非法人组织，并没有限制。（2）合同标的物具有特定性。供用电、水、气、热力合同的标的物为电、水、气、热力，是生产和生活的必需品。（3）合同内容具有公用性。供方所提供的电、水、气、热力的消费对象是社会一般公众，其以满足社会一般公众的生活和生产需求为目的。（4）合同形式具有格式性。这类合同一般采用由供方单方拟定的格式条款，用方一般只能决定是否同意订立合同，而不能改变合同的相关内容。（5）合同履行具有连续性。电、水、气、热力的供应与使用是连续的，供方须连续地供电、水、气、热力，用方须按期地支付相应的价款，属于继续性合同。（6）合同具有诺成性、双务性、有偿性。供电、水、气、热力合同自当事人双方达成一致的协议时起就成立生效，不以供方的实际供电、水、气、热力为生效条件。合同成立后，当事人双方均负有一定义务，享有一定权利，双方的权利义务具有对应性。任何一方从对方处取得利益，均须向对方支付相应的财产代价。因此，供用电、水、气、热力合同为诺成合同、双务合同、有偿合同。

2. 供电人的主要义务包括：（1）及时、安全、合格供电。供电人未按照国家规定的供电标准和约定安全供电，造成用电人损失的，应当承担损害赔偿责任。（2）因故中断供电时应通知用电人。如因故需要中断供电的，供电人应提前通知用电人，以使其做好准备。因此，供电人因供电设施计划检修、临时检修、依法限电或者用电人违法用电等原因，需要中断供电时，应当按照国家有关规定事先通知用电人。供电人未事先通知用电人中断供电，造成用电人损失的，应当承担损害赔偿责任。（3）因自然灾害等原因断电时应及时抢修。自然灾害属于不可抗力，因自然灾害等原因致使供电人不能供电的，免除供电人的不履行合同的责任。但是，在发生自然灾害后，当事人应当采取积极措施，以最大限度地减少因自然灾害所造成的损失。

因此，因自然灾害等原因断电，供电人应当按照国家有关规定及时抢修。未及时抢修，造成用电人损失的，应当承担损害赔偿责任。

材料分析题

（1）甲的电视机损失应当由供电公司赔偿。按照《民法典》第652条的规定，供电公司检修线路应当事先通知甲，以便甲作出必要准备。供电公司未经通知便检修线路，给甲造成损失，供电公司应向甲承担违约责任，赔偿电视机损失。

（2）甲不能行使同时履行抗辩权。同时履行抗辩权必须基于同一双务合同而产生，当事人双方互负债权、债务，彼此之间具有牵连性。甲对供电公司享有供电请求权与赔偿电视机损失的违约责任请求权，供电公司对甲享有支付电费请求权。供电请求权与支付电费请求权之间构成具有牵连性的对待给付，而违约责任请求权与支付电费请求权不构成对待给付，甲不能行使同时履行抗辩权，拒绝交付电费。

（3）供电公司的断电行为合法。按照《民法典》第654条的规定，经供电人催告，用电人在合理期限内仍不支付电费的，供电人可以按照国家规定的程序中止供电。

（4）甲私接电线的行为是侵权行为。供电公司设在甲家楼边的供电设备所有权归供电公司，电力所有权也归供电公司。甲未经许可私接线路，侵犯了供电公司对供电设备的所有权，以及供电公司对电力的所有权。

第十一章　赠与合同

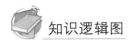 知识逻辑图

赠与合同

概念：赠与人将自己的财产无偿给予受赠人，受赠人表示接受赠与的合同

特征
- 转移财产权利的合同
- 单务合同、无偿合同
- 诺成合同、不要式合同

分类
- 一般赠与合同与特种赠与合同
- 现实赠与合同与非现实赠与合同
- 具有公益、道德义务性质的赠与合同与不具有公益、道德义务性质的赠与合同

效力
- 交付赠与财产并转移所有权
- 赠与人的瑕疵担保责任
  - 赠与的财产有瑕疵的，赠与人在附义务的限度内承担与出卖人相同的瑕疵担保责任
  - 赠与人故意不告知赠与财产瑕疵或者保证无瑕疵，造成受赠人损失的，应当就受赠人因该赠与财产的瑕疵所受损害负赔偿责任

撤销
- 任意撤销
  - 概念：在赠与财产的权利转移之前，赠与人得基于自己的意思而撤销赠与
  - 限制
    - 赠与财产的权利已经转移的，赠与人不得撤销赠与
    - 对于经过公证的赠与合同，赠与人不得撤销
    - 对于具有救灾、扶贫、助残等公益、道德义务性质的赠与合同，不得任意撤销
- 法定撤销
  - 概念：在具备法定事由时，有撤销权的人撤销赠与
  - 赠与人的法定撤销：行使期限为 1 年
  - 赠与人的继承人或者法定代理人的法定撤销：行使期限为 6 个月

不再履行：赠与合同生效后赠与人的经济状况显著恶化，严重影响其生产经营或者家庭生活时，赠与人可以不再履行赠与义务

附义务赠与合同
- 概念：使受赠人负担一定义务的赠与合同
- 特征：受赠人负有一定的义务
- 受赠人应按照合同的约定履行义务：若受赠人不履行其负担的义务，则赠与人有权要求效力行，或者撤销赠与合同
- 赠与人应负一定的瑕疵担保责任：附义务的赠与，赠与的财产有瑕疵的，赠与人在附义务的限度内承担与出卖人相同的责任

 名词解释与概念比较

1. 赠与合同
2. 附义务赠与合同

 选择题

（一）单项选择题

1. 下列选项中正确的是（　　）。

A. 赠与合同是单方民事法律行为

144

B. 赠与合同是双方民事法律行为

C. 赠与合同是实践合同

D. 赠与合同是要式合同

2. 小王将一支录音笔赠给了小刘。小刘拿走之后，发现录音笔在播放时，经常出现卡顿的现象。小刘便要求小王更换一台录音笔。对此，下列选项中，正确的是（　　）。

A. 小王应当更换，因为录音笔存在瑕疵

B. 小王不应当更换，即便录音笔存在瑕疵

C. 小王应当负责修理录音笔

D. 小王可以要求小刘归还录音笔

3. 赵某将一匹易受惊吓的马赠给李某，但未告知此马的习性。李某在用该马拉货的过程中，雷雨大作，马受惊狂奔，将行人王某撞伤。下列哪一选项是正确的？（　　）

A. 应由赵某承担全部责任

B. 应由李某承担责任

C. 应由赵某与李某承担连带责任

D. 应由李某承担主要责任，赵某也应承担一定的责任

4. 老王新买了一台电视机，便将用过1年的旧电视机赠与了弟弟，老王担心弟弟嫌电视机旧，拍胸脯保证该电视机绝无问题。弟弟将电视机带回家，某日电视机的显像管突然爆炸，将一面镜子炸毁。对此，下列选项中，错误的是（　　）。

A. 老王应当负责修理电视机

B. 老王应当赔偿弟弟的损失

C. 因为电视机存在缺陷，电视机的生产者应当赔偿损失

D. 因为是无偿赠与，所以老王不必承担责任

5. 甲将其父去世时留下的毕业纪念册赠与其父之母校，赠与合同中约定该纪念册只能用于收藏和陈列，不得转让。但该大学在接受乙的捐款时，将该纪念册馈赠给乙。对此，下列哪一选项是正确的？（　　）

A. 该大学对乙的赠与无效，乙不能取得纪念册的所有权

B. 该大学对乙的赠与无效，但乙已取得纪念册的所有权

C. 只有经甲同意后，乙才能取得纪念册的所有权

D. 该大学对乙的赠与有效，乙已取得纪念册的所有权

6. 甲将财产赠与乙，双方签订了赠与合同，同时约定乙应履行一定的义务。乙担心甲不交付财产，便与甲到公证处公证了赠与合同。合同履行期限届满后，甲果然没有将财产交付给乙，那么乙（　　）。

A. 可以要求甲履行，因为赠与合同已经生效，甲应履行合同

B. 甲可以撤销合同，如甲撤销合同，乙不可以要求甲履行

C. 只有在自己履行了义务之后才能要求甲履行

D. 如果请求甲履行，甲可以行使同时履行抗辩权拒绝履行

7. 姜娟买了一个新排球，便向姜兰表示愿意将旧排球送给她，姜兰也接受了。几日后，姜娟又告诉姜兰，她改变主意了，不想把排球给姜兰了，并且她已经把排球给了姜敏。对此，下列选项中，正确的是（　　）。

A. 姜娟与姜兰间的赠与合同未采取书面形式，合同不能成立

B. 姜娟与姜兰间的赠与合同已经成立，但未生效

C. 姜娟的行为构成违约

D. 姜娟不必对姜兰承担违约责任

8. 某公司在民政部门主办的大型赈灾义演晚会上，当众宣布向民政部门设立的救灾基金捐赠100万元。事后，该公司迟迟未支付捐款。对此，下列选项中，正确的是（　　）。

A. 此项捐赠允诺没有法律约束力，但该公司背信行为应受舆论谴责

B. 此项捐赠允诺没有法律约束力，但对于该公司以虚假允诺骗取宣传报道的行为，民政部门可给予行政处罚

C. 此项捐赠允诺有法律约束力，但该公司有权在支付捐款之前予以撤销

D. 此项捐赠允诺有法律约束力，该公司无权撤销，受赠人有权要求支付捐款

9. 周某与林某协议离婚时约定，孩子归女方林某抚养，周某每年给付1万元抚养费。离婚后，因林某将孩子由周姓改林姓，周某就停止给付抚养费。因这一年年景不好，周某就将卖粮仅得的1万元捐献给了希望工程，自己出去打工了。林某能请求法院撤销该赠与吗？（　　）

A. 不能，因为赠与物已经交付

B. 不能，因为是公益性捐赠

C. 不能，因为周某处分的是自己的合法财产

D. 能，因为周某逃避法定义务进行赠与

10. 一个女孩不幸患上白血病，但始终坚持与病魔斗争，感动了许多人，大家纷纷捐款给该女孩，女孩将捐款人的姓名以及捐款数目一一记录。由于女孩当时并不具备骨髓移植的条件，因而便把这笔钱转赠给了临床的一个同样患白血病的男孩，男孩用这笔钱做了骨髓移植手术。对此，下列选项中，正确的是（　　）。

A. 女孩转赠捐款的行为无效

B. 男孩愿意接受女孩的转赠，赠与合同成立并生效

C. 如果向女孩捐款的人同意转赠行为，则女孩与男孩的赠与合同有效

D. 如果向女孩捐款的人不同意转赠行为，则女孩与男孩的赠与合同无效

11. 神牛公司在 H 省电视台主办的赈灾义演募捐现场举牌表示向 S 省红十字会捐款 100 万元，并指明此款专用于 S 省 B 中学的校舍重建。事后，神牛公司仅支付 50 万元。对此，下列哪一选项是正确的？（　　）

A. H 省电视台、S 省红十字会、B 中学均无权请求神牛公司支付其余 50 万元

B. S 省红十字会、B 中学均有权请求神牛公司支付

C. S 省红十字会有权请求神牛公司支付其余 50 万元

D. B 中学有权请求神牛公司支付其余 50 万元

视频讲题

12. 甲将 300 册藏书送给乙，并约定乙不得转让给第三人，否则甲有权收回藏书。其后甲向乙交付了 300 册藏书。对此，下列哪一说法是正确的？（　　）

A. 甲与乙的赠与合同无效，乙不能取得藏书的所有权

B. 甲与乙的赠与合同无效，乙取得了藏书的所有权

C. 甲与乙的赠与合同为附条件合同，乙不能取得

藏书的所有权

D. 甲与乙的赠与合同有效，乙取得了藏书的所有权

（二）多项选择题

1. 甲公司员工魏某在公司年会抽奖活动中中奖，依据活动规则，公司资助中奖员工子女次年的教育费用，如员工离职，则资助失效。对此，下列哪些表述是正确的？（　　）

A. 甲公司与魏某成立附条件赠与

B. 甲公司与魏某成立附义务赠与

C. 如魏某次年离职，甲公司无给付义务

D. 如魏某次年未离职，甲公司在给付前可撤销资助

2. 甲有一个侄子乙，甲表示将其一处房产赠与乙，乙表示愿意接受。后来乙发现甲曾经欺侮过乙的父母，一日便借酒壮胆，以刀刺甲。甲虽经抢救，仍成了植物人，毫无意识。对此，下列选项中正确的有（　　）。

A. 甲可以撤销对乙的赠与

B. 甲的继承人可以撤销赠与

C. 甲的法定代理人可以撤销赠与

D. 即便房产已经办理了过户登记手续，乙也需要返还

3. 甲曾表示将赠与乙 5 000 元资助其建房，且已实际交付给乙 2 000 元。后乙在与甲之子丙的一次纠纷中，将丙打成重伤。对此，下列选项中，正确的有（　　）。

A. 丙可以撤销其父对乙的赠与

B. 甲可以撤销对乙的赠与

C. 丙应在被殴伤 6 个月内行使撤销权

D. 甲有权要求乙返还已赠与的 2 000 元

4. 甲与乙签订赠与合同，甲将一台电视机赠与乙，但乙应将其房屋出租给丙使用。合同签订后，甲将电视机交付给了乙，乙却未将房屋出租给丙使用。对此，下列选项中，正确的有（　　）。

A. 甲对赠与合同享有法定撤销权

B. 甲可以要求乙返还电视机

C. 甲在知道乙未将房屋出租给丙使用后不置可否，2 年后甲要求乙返还电视机，乙不必返还

D. 甲与乙间的赠与合同属于附义务赠与合同

5. 郭某意外死亡，其妻甲怀孕 2 个月。郭某父亲乙与甲签订协议："如把孩子顺利生下来，就送十根金

条给孩子。"当日乙把8根金条交给了甲。孩子顺利出生后，甲不同意由乙抚养孩子，乙拒绝交付剩余的2根金条，并要求甲退回8根金条。对此，下列哪些选项是正确的？（　　）

A. 孩子为胎儿，不具备权利能力，故协议无效

B. 孩子已出生，故乙不得拒绝赠与

C. 8根金条已交付，故乙不得要求退回

D. 2根金条未交付，故乙有权不交付

6. 甲公司与某希望小学签订赠与合同，决定捐赠给该小学价值2万元的钢琴两台，后甲公司的法定代表人更换，不愿履行赠与合同。对此，下列哪些说法是错误的？（　　）

A. 赠与合同属于单务法律行为，故甲公司可以反悔，且不承担违约责任

B. 甲公司尚未交付设备，故可撤销赠与

C. 希望小学有权要求甲交付钢琴

D. 若甲公司以书面形式通知希望小学不予赠与，则甲公司不再承担责任

7. 甲欠乙20万元到期无力偿还，其父病故后遗有价值15万元的住房1套，甲为唯一继承人。乙得知后与甲联系，希望以房抵债。甲便对好友丙说："反正这房子我继承了也要拿去抵债，不如送给你算了。"二人遂订立赠与协议。对此，下列哪些说法是错误的？（　　）

A. 乙对甲的行为可行使债权人撤销权

B. 乙可主张赠与协议无效

C. 乙可代位行使甲的继承权

D. 丙无权对因受赠房屋瑕疵造成的损失请求甲赔偿

视频讲题

（三）不定项选择题

老王是一家电脑公司的董事长，其在一次赈灾晚会上向灾区捐赠20万元以及10台电脑。之后，老王自己测试10台电脑的稳定性，由于办公室里的电源插座不足，老王便将10台电脑的电源线全插在两个插座上，电脑全被烧毁。在负责赈灾工作的机构要求老王交付10台电脑时，老王便托出实情，不想交付电脑了。老王在陆续支付了10万元之后，公司破产，老王的经济状况每况愈下，实在无法再支付剩下的10万元，否则老王无法维持日常生计。然而，负责赈灾工作的机构找到老王，要求其再支付10万元，否则将提起诉讼。请回答下列问题：

1. 老王是否需要交付赠与的10台电脑？（　　）

A. 老王不必交付，因为10台电脑已经毁损，构成履行不能

B. 老王应当交付，因为电脑属于种类物，不会构成履行不能

C. 老王享有任意撤销权，一旦撤销赠与合同，老王自然不必交付10台电脑了

D. 老王应当交付，其并不享有任意撤销权，负责赈灾工作的机构可以要求老王履行

2. 老王又重新买了10台电脑，交付给了负责赈灾工作的机构，在转交给灾区以后，发现电脑在运行中，硬盘经常出现故障。对此，下列选项中，正确的是（　　）。

A. 老王应当负责修理电脑

B. 老王应当负责更换电脑

C. 老王应当承担赔偿损失的责任

D. 老王不必承担修理、更换、赔偿损失等责任

3. 老王在支付了10万元之后，经济状况出现问题，是否需要再支付剩下的10万元？（　　）

A. 老王可以不再支付，其在剩下的10万元交付之前，可以行使任意撤销权来撤销合同

B. 老王可以不再支付，其在剩下的10万元交付之前，可以行使法定撤销权来撤销合同

C. 老王可以不再支付，其可以行使穷困抗辩权

D. 如果老王行使穷困抗辩权，那么其可以要求返还已支付的10万元

 简答题

1. 简述赠与合同的特征。

2. 简述赠与合同任意撤销的限制。

 **材料分析题**

崔某为个体户，长期在外经商。2021年5月初，

崔某返回家乡时发现街道幼儿园的房屋年久失修，且拥挤不堪，便主动提出捐款 100 万元为街道幼儿园盖一栋小楼，但街道幼儿园同时也必须为此投入一笔配套资金。街道幼儿园当即表示同意。同年 5 月 25 日，崔某又与街道幼儿园协商确定资金到位时间与开工时间，崔某提出其捐款将在 9 月底到位，在此之前请街道幼儿园做好开工准备，包括准备必要的配套资金。同年 7 月初，街道幼儿园开始将其原有的 5 间平房拆除，并于 7 月底找到一家信用社贷款 50 万元，期限为 1 年。同年 9 月初，街道幼儿园找到崔某催要捐款，崔某提出因其生意亏本暂时无力捐款。街道幼儿园提出可减少捐款，但崔某表示仅能捐出数万元。双方不能达成协议，街道幼儿园遂向法院提起诉讼，要求崔某履行义务。崔某辩称双方并没有签订书面合同，他没有义务捐款。请回答下列问题：

（1）崔某与街道幼儿园之间的合同属于何类型的合同？为什么？

（2）崔某称双方没有签订书面合同，其没有义务捐款，是否合法？为什么？

（3）崔某是否可以不履行给付 100 万元的义务？为什么？

参考答案

名词解释与概念比较

1. 赠与合同，是指赠与人将自己的财产无偿给予受赠人，受赠人表示接受赠与的合同。

2. 附义务赠与，是指使受赠人负担一定义务的赠与合同。

 选择题

（一）单项选择题

1. B

赠与属于合同的一种，为双方民事法律行为。赠与合同是诺成、不要式合同，而不是实践合同、要式合同。故本题应选 B 项。

2. B

在赠与合同中，除非法律另有规定，赠与人一般不承担瑕疵担保义务。小王赠与小刘的录音笔存在瑕疵，小王不必承担瑕疵担保责任。因此，小王不必更换、修理录音笔。小王在交付录音笔之后，录音笔的所有权便归小刘，小王不能撤销合同，自然也就无权要求小刘归还录音笔。故本题应选 B 项。

3. B

马撞伤王某，这属于特殊侵权行为中的动物侵权，王某所受的损失应当由马的所有人或管理人赔偿。因此，责任应当由李某承担。不过，在李某承担责任之后，如果能够证明赵某故意不告知马存在瑕疵，李某可以要求赵某承担赔偿责任。故本题应选 B 项。

4. D

虽然赠与人一般不承担瑕疵担保义务，但如果赠与人保证赠与标的物没有瑕疵从而造成受赠人损失的，赠与人应当承担瑕疵担保责任。所以，老王应当负责修理电视机、赔偿弟弟的损失。因产品存在缺陷而造成受害人损失的，电视机的生产者应当赔偿损失。故本题应选 D 项。

5. D

甲与学校之间的赠与合同虽然作出禁止转让纪念册的特约，但该特约对于善意第三人没有约束力，不能对抗第三人。因此，大学与乙的赠与合同有效，乙可以取得纪念册的所有权。故本题应选 D 项。

6. A

赠与人在赠与财产的权利转移之前可以任意撤销赠与，但经过公证的赠与合同，赠与人不得撤销。因此，甲不能撤销赠与合同。甲与乙之间的赠与合同属于附义务的赠与合同，赠与人应当先履行赠与义务，然后受赠人再履行所附义务。因此，甲不能行使同时履行抗辩权，乙可以要求甲先履行合同。故本题应选 A 项。

7. D

赠与合同并非要式合同，不能以合同未采取书面形式为由而认定合同不成立。赠与合同成立后，赠与人享有任意撤销权。姜娟在赠与合同成立后，告知姜兰其改变主意，并将排球送给了姜敏，这意味着姜娟撤销了赠与合同。这是赠与人行使撤销权的行为，并不构成违约。因此，姜娟不必对姜兰承担违约责任。故本题应选 D 项。

8. D

公司在晚会上当众宣布捐款，构成要约，民政部门举办晚会的用意本就是接受捐赠救灾区，其明确

的接受要约或者默示接受要约的意思表示构成承诺，赠与合同成立并生效。具有扶贫、救灾性质的赠与合同不可任意撤销。因此，公司应当履行赠与合同，受赠人也可要求其作出履行。故本题应选 D 项。

9. D

A 项错误，因为赠与标的物虽然已经交付，但并不意味着没有撤销的可能。B 项错误，虽然按照《民法典》第 660 条的规定，赠与具有公益性质的，不能撤销，但只是意味着赠与人即周某不能撤销赠与。C 项错误，因为即使周某处分自己的财产，也不意味着该行为不能撤销。D 项正确，因为按照《民法典》第 538 条的规定，债务人无偿转让财产害及债权，债权人可以请求法院撤销债务人的行为。故本题应选 D 项。

10. B

女孩接受众人的捐款，即取得了捐款的所有权，有权处分该捐款，而无须征得捐款人的同意。因此，女孩将捐款赠与给男孩，赠与合同有效。故本题应选 B 项。

11. C

神牛公司与 S 省红十字会之间成立赠与合同，虽然神牛公司指定捐款用途，但基于合同相对性，S 省 B 中学以及 H 省电视台均无权要求神牛公司履行合同。根据《民法典》第 660 条的规定，具有救灾、扶贫等社会公益、道德义务性质的赠与合同或者经过公证的赠与合同，赠与人在赠与财产的权利转移之前不能撤销赠与。因此，S 省红十字会有权要求神牛公司继续履行赠与合同。故本题应选 C 项。

12. D

甲乙之间成立赠与合同。赠与合同为诺成合同，无其他约定的，合同成立即生效。甲将赠与物交付给乙，乙便取得赠与物的所有权。甲乙的约定并非决定合同效力的条件，而是赠与合同所附消极义务。故本题应选 D 项。

（二）多项选择题

1. AC

甲公司与魏某间成立赠与合同，活动规则构成合同内容。依活动规则，公司应当支付魏某子女次年教育费用，但若魏某离职，则不必支付。条件是决定合同效力的附款，活动规则的这一规定决定了赠与合同的失效，构成赠与合同的解除条件，A 项正确，C 项正确。在附义务赠与合同中，受赠人的义务构成合同一部分，但并非赠与的对价，B 项错误。根据《民法典》第 660 条的规定，D 项错误。故本题应选 A、C 项。

2. BCD

甲成了植物人，即无民事行为能力人，自己不能作出撤销赠与的意思表示。按照《民法典》第 664 条的规定，因受赠人的违法行为致使赠与人死亡或者丧失民事行为能力的，赠与人的继承人或者法定代理人可以撤销赠与。因此，甲丧失民事行为能力而未死亡，甲的法定代理人可以撤销赠与。甲的法定代理人行使法定撤销权的，即使房屋已经办理了过户登记手续，乙也应当返还房产。故本题应选 B、C、D 项。

3. BD

按照《民法典》第 663 条的规定，受赠人乙严重侵害了赠与人甲的儿子丙，甲享有法定撤销权，有权撤销赠与合同。丙虽是受害人，但不享有甲乙赠与合同中的法定撤销权，只有在满足《民法典》第 664 条规定的情形时，丙才可以作为赠与人的继承人，有权撤销赠与合同。甲一旦撤销赠与合同，则合同溯及既往地归于无效，乙应将已受领的 2 000 元返还给甲。故本题应选 B、D 项。

4. ABCD

甲与乙之间的赠与合同约定，甲赠与乙电视机，而乙应将其房屋出租给丙。可见，乙取得赠与的电视机，应当履行将房屋出租给丙的义务。因此，这种合同属于附义务赠与合同。按照《民法典》第 663 条的规定，在附义务赠与合同中，受赠人乙不履行赠与合同的义务，赠与人甲享有法定撤销权，可以撤销合同，要求乙返还电视机。赠与人的法定撤销权应当自知道或应当知道撤销原因之日起 1 年内行使，甲在知道撤销事由 2 年后已不再享有撤销权，乙不必返还电视机。故本题应选 A、B、C、D 项。

5. BC

本赠与合同系附生效条件的为第三人设定权利的合同，合同有效。孩子出生，条件成就，赠与合同生效。赠与人在转移财产权利前可任意撤销赠与，但具有道德义务性质的赠与合同，不得任意撤销。因为孩子已出生，所以乙不得拒绝赠与，10 根金条均应交付。赠与标的物交付的，不能任意撤销赠与合同而要求返还，而乙也不拥有行使法定撤销权的理由。因此，乙不能要求退回 8 根金条。故本题应选 B、C 项。

6. ABD

赠与合同是单务民事法律行为，但这并不意味着甲公司可以反悔且不承担违约责任。甲公司与希望小学签订的赠与合同具有社会公益性质，甲公司不享有任意撤销权，不论其是否以书面形式作出通知。甲公司不履行赠与合同的，希望小学可要求其履行。故本题应选 A、B、D 项。

7. CD

继承权具有人身专属性，不得成为代位权的对象，乙不能代位行使甲的继承权。因债务人甲向丙无偿转让财产，对债权人乙造成损害，乙可以请求法院撤销甲与丙之间的赠与合同。按照《民法典》第 154 条的规定，甲与丙恶意串通签订赠与合同，损害第三人乙的利益，乙可以主张赠与合同无效。在赠与合同中，赠与人并不是绝对不承担赠与物的瑕疵担保义务。如果赠与人故意不告知瑕疵或者保证无瑕疵，造成受赠人损失的，赠与人应当承担损害赔偿责任。因此，D 项过于绝对，是错误的。故本题应选 C、D 项。

（三）不定项选择题

1. BD

电脑属于种类物而非特定物，一般不会构成履行不能。虽然在赠与标的物所有权转移之前，赠与人享有任意撤销权，但具有救灾、扶贫等社会公益、道德义务性质的赠与合同或者经过公证的赠与合同的赠与人，不享有任意撤销权。因此，老王不能撤销赠与合同，受赠人可以要求老王继续履行合同。故本题应选 B、D 项。

2. D

按照《民法典》第 662 条的规定，赠与的财产有瑕疵的，赠与人不承担责任，除非赠与人故意不告知瑕疵或者保证无瑕疵。老王重新购买的电脑有瑕疵，老王并不知情，不存在故意不告知瑕疵的情形，同时老王并没有保证电脑无瑕疵，所以老王不必承担责任。故本题应选 D 项。

3. C

老王订立的赠与合同具有社会公益性质，其不享有任意撤销权，不能撤销合同。老王的情况也不属于行使赠与合同法定撤销权的情形，老王也不享有法定撤销权。按照《民法典》第 666 条的规定，赠与人的经济状况显著恶化，严重影响其生产经营或者家庭生活的，可以不再履行赠与义务。老王的情况属于可以行使穷困抗辩权的情形，不必再支付剩下的 10 万元。

但是，这种抗辩权面向将来发生效力，并无溯及力。因此，老王不能要求返还已支付的 10 万元。故本题应选 C 项。

 简答题

1. 赠与合同具有以下特征：（1）赠与合同为转移财产权利的合同。赠与合同以赠与人将其财产给予受赠人，受赠人接受赠与的财产为内容。因此，赠与合同为转移财产所有权的合同。（2）赠与合同为单务合同、无偿合同。赠与人负担将财产转移给受赠人的义务，而受赠人并不负担对待给付义务。相对于赠与人转移财产权利来说，受赠人一方仅享有权利。赠与人将财产给予受赠人，受赠人取得赠与物无须偿付任何代价，因此，赠与合同为单务合同、无偿合同。（3）赠与合同为诺成合同、不要式合同。赠与合同自当事人意思表示一致时成立，不以赠与财产的交付为成立条件，因此，赠与合同为诺成合同。就赠与合同的形式而言，法律并未要求采取特定的形式，因此，赠与合同为不要式合同。

2. 赠与合同的任意撤销须受以下限制：（1）赠与财产的权利已经转移的，赠与人不得撤销赠与。赠与人撤销赠与，只能于赠与财产的权利转移之前进行，实际上是拒绝履行赠与合同的义务。（2）对于经过公证的赠与合同，赠与人不得撤销。这是因为，赠与合同于合同成立后经公证机关公证，充分表明当事人作出赠与的意思表示是相当慎重的，当事人自应信守其诺言而不得任意撤销。（3）对于具有救灾、扶贫、助残等公益、道德义务性质的赠与合同，不得任意撤销。具有救灾、扶贫、助残等性质的赠与合同是为了社会公益事业，而具有道德义务性质的赠与合同往往出于当事人间的特殊情感，对于这些赠与合同若许可赠与人任意撤销，则与赠与的目的相悖，与社会道义不符，所以，赠与人不得任意撤销。

 **材料分析题**

（1）附义务赠与合同。崔某无偿赠与 100 万元给街道幼儿园，双方成立了赠与合同。街道幼儿园有义务投入配套资金，故该合同为附义务赠与合同。

（2）不合法。因为赠与合同为不要式合同，崔某与街道幼儿园之间的赠与合同未采取书面形式，并不妨碍赠与合同的成立生效，崔某有义务支付 100 万元。

（3）不可以。按照《民法典》第 658 条的规定，赠与人在赠与财产权利转移前可以撤销赠与，但具有救灾、扶贫等社会公益、道德义务性质的赠与合同或者经过公证的赠与合同不得撤销。崔某向街道幼儿园捐款用于盖楼，应认定该赠与合同具有社会公益的性质。因此，崔某不得撤销赠与合同，应当向街道幼儿园履行支付 100 万元捐款的义务。崔某若要不履行赠与义务的唯一可能是按照《民法典》第 666 条规定的条件行使解除权。

第十二章　借款合同

借款合同

概念：借款人向贷款人借款，到期返还借款并支付利息的合同

特征
- 贷款人包括金融机构和自然人
- 以货币为标的物
- 以转移货币所有权为目的

内容：借款种类、币种、用途、金额、利率、还款期限和还款方式

金融机构借款合同

概念：以金融机构为贷款人的借款合同

特征
- 诺成合同
- 一般为有偿合同
- 双务合同
- 要式合同

订立
- 金融机构不得向关系人发放信用贷款
- 贷款人应当对借款人的借款用途等情况进行严格审查
- 借款人提供与借款有关的业务活动和财务状况的真实情况
- 借款人提供相应的担保

效力
- 贷款人的义务：按照合同的约定按时向贷款人提供借款
- 借款人的义务
  - 按照合同约定的时间和数额收取借款
  - 接受贷款人的检查监督并向贷款人提供必要的资料
  - 按照合同约定的借款用途使用借款
  - 按合同约定的还款期限和方式及时偿还借款
  - 按期支付利息

自然人间借款合同

概念：合同双方都是自然人的借款合同

特征
- 主体为自然人
- 实践合同
- 可以是有偿合同，也可以是无偿合同
- 不要式合同

效力：参照金融机构借款合同

 名词解释与概念比较

1. 借款合同
2. 金融机构借款合同
3. 自然人间借款合同

 选择题

（一）单项选择题

1. 方某、李某、刘某和张某签订借款合同，约定："方某向李某借款 100 万元，刘某提供房屋抵押，张某

提供保证。"除李某外，其他人都签了字。刘某先把房本交给了李某，承诺过几天再作抵押登记。李某交付100万元后，方某到期未还款。对此，下列哪一选项是正确的？（　　）

　　A. 借款合同不成立

　　B. 方某应返还不当得利

　　C. 张某应承担保证责任

　　D. 刘某无义务办理房屋抵押登记

视频讲题

2. 甲从银行贷款10万元用于购车，银行按照合同约定将10万元现金交付给了甲。对此，下列说法中，正确的是（　　）。

　　A. 10万元现金的所有权归属于甲

　　B. 10万元现金的所有权归属于银行

　　C. 甲可用10万现金购买房屋

　　D. 将来甲返还给银行的应当是银行当初交付给甲的10万元

3. 下列选项中，不宜用于借款合同的担保是（　　）。

　　A. 抵押担保　　　　　　B. 定金担保

　　C. 质押担保　　　　　　D. 保证担保

4. 张某为办养猪场向王某借款1万元，没有约定利息。2年后，养猪场获利。张某归还借款时，王某要求其支付1 000元利息，为此双方发生争议。张某应否支付利息？（　　）

　　A. 张某不必支付利息

　　B. 张某应按照银行存款利率支付利息

　　C. 张某应按照银行贷款利率支付利息

　　D. 张某应在不超过银行存款利率4倍的范围内支付利息

5. 甲欠丙800元到期无力偿还，乙替甲还款，并对甲说："这800元就算给你了。"甲称将来一定奉还。事后甲还了乙500元。后二人交恶，乙要求甲偿还余款300元，甲则以乙已送自己800元为由要求乙退回500元。下列哪种说法是正确的？（　　）

　　A. 甲应再还300元

　　B. 乙应退回500元

　　C. 乙不必退回甲500元，甲也不必再还乙300元

　　D. 乙应退还甲500元及银行存款同期利息

6. 三水公司的经营每况愈下，便向银行贷款，银行要求其提供公司财务状况报表，三水公司只得伪造报表。银行经过审核，决定借款给三水公司，并与三水公司达成了口头协议。在书面合同签订之前，银行偶然得知了三水公司的经营状况，便拒绝签订合同，同时要求三水公司赔偿银行为此而支出的费用。对此，下列选项中，正确的是（　　）。

　　A. 借款合同为不要式合同，三水公司与银行间的借款合同成立并生效

　　B. 银行可以要求三水公司承担违约责任

　　C. 银行可以要求三水公司承担侵权责任

　　D. 银行可以要求三水公司承担缔约过失责任

7. 甲、乙因合伙经商向丙借款3万元，甲于约定时间携带3万元现金前往丙家还款，丙因忘却此事而外出，甲还款未果。甲返回途中，将装有现金的布袋夹放在自行车后座，路经闹市时被人抢夺，不知所终。对此，下列哪一选项是正确的？（　　）

　　A. 丙仍有权请求甲、乙偿还3万元借款

　　B. 丙丧失请求甲、乙偿还3万元借款的权利

　　C. 丙无权请求乙偿还3万元借款

　　D. 甲、乙有权要求丙承担此款被抢夺的损失

（二）多项选择题

1. 咏文向银行借款10万元用于购车，约定借款期为5年，届时咏文应当向银行支付13万元。因人民币持续升值，咏文便想提前还款，在第二年便找到银行要求提前还款。对此，下列选项中，正确的有（　　）。

　　A. 咏文应当向银行支付13万元

　　B. 咏文应当按照实际借款的期间计算利息

　　C. 银行可以拒绝咏文的提前还款

　　D. 银行不得拒绝咏文的提前还款

2. 老王与老刘口头协商，老王借给老刘6万元，每年的利率为3%。老王在把钱交给老刘的时候，便先把第一年的1 800元利息扣掉，只交给老刘5.82万元。对此，下列选项中，错误的有（　　）。

　　A. 老王与老刘间的借款合同标的额为6万元

　　B. 老王与老刘间的借款合同标的额为5.82万元

　　C. 老王可以要求老刘提供担保

　　D. 既然老刘需要支付利息，那么老王便不可以要

求老刘提供担保

3. 下列 4 份借款合同，双方对支付利息的期限均无约定，事后亦不能达成补充协议，依照《民法典》的规定，借款人支付利息的义务应当如何履行？（　　）

A. 甲合同的约定借款期限为 6 个月，则应当在返还借款时一并支付利息

B. 乙合同的约定借款期限为 1 年，则应当每满 6 个月时支付一次利息

C. 丙合同的约定借款期限为 30 个月，则应当分别在满 12 个月、24 个月和第 30 个月时支付利息

D. 丁合同的约定借款期限为 50 个月，则应当分别在满 12 个月、24 个月、36 个月和第 50 个月时支付利息

4. 甲与乙结婚后因无房居住，于 2017 年 8 月 1 日以甲个人名义向丙借 100 万元购房，约定 5 年后归还，未约定是否计算利息。后甲外出打工与人同居。2021 年 4 月 9 日，法院判决甲与乙离婚，家庭财产全部归乙。对此，下列哪些说法是错误的？（　　）

A. 借期届满后，丙有权要求乙偿还 100 万元及利息

B. 借期届满后，丙只能要求甲偿还 100 万元

C. 借期届满后，丙只能要求甲和乙分别偿还 50 万元

D. 借期届满后，丙有权要求甲和乙连带清偿 100 万元及利息

5. 公民甲与乙书面约定甲向乙借款 5 万元，未约定利息，也未约定还款期限。对此，下列说法哪些是正确的？（　　）

A. 借款合同自乙向甲提供借款时生效

B. 乙有权随时要求甲返还借款

C. 乙可以要求甲按银行同期同类贷款利率支付利息

D. 经乙催告，甲仍不还款，乙有权主张逾期利息

视频讲题

6. 老赵自己开了一家养鸡场，苦于资金不足无法扩大规模，因而从镇上的信用社贷款 5 万元。按照合同约定，贷款期限为 3 年，老赵应将 5 万元全部投入养鸡场中去。老赵拿到 5 万元之后，发现鸡蛋价格急剧下降，于是不想把钱投到养鸡场里去了，否则会赔钱。老赵便用这笔钱开了一家养猪场。对此，下列选项中，正确的有（　　）。

A. 老赵应对信用社承担违约责任

B. 信用社可以提前收回借款

C. 未满 3 年，信用社不得收回借款

D. 信用社可以解除合同

7. 自然人甲与乙签订了年利率为 30％、为期 1 年的 1 000 万元借款合同。后双方又签订了房屋买卖合同，约定："甲把房屋卖给乙，房款为甲的借款本息之和。甲须在一年内以该房款分 6 期回购房屋。如甲不回购，乙有权直接取得房屋所有权。"乙交付借款时，甲出具收到全部房款的收据。后甲未按约定回购房屋，也未把房屋过户给乙。因房屋价格上涨至 3 000 万元，甲主张偿还借款本息。下列哪些选项是正确的？（　　）

A. 甲、乙之间是借贷合同关系，不是房屋买卖合同关系

B. 应在不超过一年期贷款市场报价利率 4 倍以内承认借款利息

C. 乙不能获得房屋所有权

D. 因甲未按约定偿还借款，应承担违约责任

8. 下列选项中，表述错误的有（　　）。

A. 借款合同应当采取书面形式，否则不能发生效力

B. 贷款人在将借款交付给借款人时可以预先在本金中扣除约定利息

C. 贷款人未按约定日期、数额提供借款，造成借款人损失的，应当赔偿借款人的损失

D. 在任何情况下，贷款人均有权检查借款的使用情况

9. 甲与乙均为自然人。2020 年 6 月 1 日，甲与乙签订了一个借款合同，合同约定甲向乙借款 5 万元，甲在 2021 年 8 月 1 日之前必须偿还全部借款，合同没有约定是否支付利息。2020 年 6 月 2 日，乙将 5 万元交给了甲，但直到 2021 年 9 月 1 日，甲也没有还钱。下列选项中正确的有（　　）。

A. 甲与乙的借款合同自 2020 年 6 月 1 日起成立

B. 甲与乙的借款合同自 2020 年 6 月 2 日起成立

C. 甲于借款期满时没有还钱，乙有权要求甲支付自借款合同成立开始计算的利息

D. 甲于借款期满时没有还钱，乙有权要求甲支付逾期利息

（三）不定项选择题

甲乙均为自然人。甲向乙借了 20 万元。由于乙的事务繁忙，在将 20 万元现金交给甲之后，忘记了签订书面借款合同。请回答下列问题：

1. 关于甲与乙之间的借款合同，下列选项中正确的是（　　）。

A. 合同并未成立

B. 合同并未生效

C. 合同已经成立

D. 合同已经生效

2. 甲与乙之间的借款合同于何时生效？（　　）

A. 甲要求乙借钱时

B. 乙同意借款时

C. 甲与乙的意思表示达成一致时

D. 乙将钱交付给甲时

3. 甲是否需要向乙支付利息？（　　）

A. 需要，否则乙将钱存在银行里也可以得到利息

B. 需要，否则显失公平

C. 不需要，因为甲与乙并未约定利息

D. 是否需要，取决于将来乙要求甲偿还时是否要求支付利息

4. 对于偿还借款，下列选项中正确的是（　　）。

A. 甲可以随时向乙偿还

B. 乙可以催告借款人在合理期限内偿还

C. 如果乙下落不明，甲可以提存 20 万元

D. 第三人可以代替甲向乙偿还借款

5. 乙资金周转不灵，便要求甲在 2 个月内偿还 20 万元，但过了半年，甲也没有偿还，则下列选项中，正确的是（　　）。

A. 乙可以要求甲支付银行同期存款利息

B. 乙可以要求甲支付逾期利息

C. 乙可以要求甲承担违约责任

D. 乙可以要求甲支付双倍利息

 简答题

1. 简述金融机构借款合同的效力。

2. 简述金融机构借款合同与自然人间借款合同的区别。

 材料分析题

小张要盖房子，但资金不足，便向老刘提出借款。2021 年 10 月 6 日，双方达成口头协议，老刘借给小张 4 万元，借款期限为 5 年，年利率为 4%。10 月 12 日，双方签订了书面合同，约定老刘借给小张 4 万元，借款期限为 5 年，借款用途为盖房子，但没有约定利息。10 月 18 日，老刘将 4 万元交给了小张。请回答下列问题：

（1）小张与老刘间的合同何时生效？为什么？

（2）如果老刘没有将 4 万元交给小张，小张是否有权要求老刘交付？为什么？

（3）老刘是否可以要求小张支付利息？为什么？

（4）若小张将所借的 4 万元用于购车，老刘享有什么权利？为什么？

参考答案

 名词解释与概念比较

1. 借款合同，是指借款人向贷款人借款，到期返还借款并支付利息的合同。

2. 金融机构借款合同，是指以金融机构为贷款人的借款合同。

3. 自然人间借款合同，是指合同双方都是自然人的借款合同。

选择题

（一）单项选择题

1. C

根据《民法典》第 490 条的规定，虽然李某未签字，但其履行了合同的主要义务，并且对方也接受，借款合同成立并生效。《民法典》第 679 条规定：自然人之间的借款合同，自贷款人提供借款时成立。方某基于借款合同受领对方给付，不构成不当得利。借款合同包含有保证条款，张某签字，则张某承担保证责任。借款合同包含有抵押条款，刘某作为抵押人，应当与李某共同申请办理抵押登记，以履行设定抵押权的合同义务。故本题应选 C 项。

2. A

在借款合同中，贷款人将金钱交付给借款人，借款人取得了金钱的所有权。《民法典》第673条规定："借款人未按照约定的借款用途使用借款的，贷款人可以停止发放借款、提前收回借款或者解除合同。"依据该规定，借款人应当按照合同约定的用途使用借款，不得擅自改变贷款用途。合同期满后，甲应当向银行返还本金以及相应的利息，但金钱是种类物，甲只需要交付10万元即可，不必返还当初银行交给甲的10万元。故本题应选A项。

3. B

按照《民法典》第388条的规定，设立担保物权，应当按照本法和其他法律的规定订立担保合同。担保合同包括抵押合同、质押合同和其他具有担保功能的合同。定金担保不宜用于借款合同，因为借款合同的目的就在于借款，若要求借款人支付定金，无异于减少借款数目。故本题应选B项。

4. A

按照《民法典》第680条第2款的规定，自然人之间的借款合同对支付利息没有约定的，视为没有利息。因此，张某不必支付利息。故本题应选A项。

5. A

乙代甲向丙作出清偿，使甲与丙之间的债权债务关系消灭，但乙可向甲进行追偿。乙对甲说"这800元就算给你了"，构成赠与合同中的要约，甲称将来一定奉还，即拒绝要约，甲与乙之间的赠与合同并未成立。甲与乙之间实际上成立了借款合同。因此，甲在偿还了500元之后，还应再偿还300元。故本题应选A项。

6. D

《民法典》第668条第1款规定，借款合同应当采用书面形式，但是自然人之间借款另有约定的除外。金融机构借款合同为要式合同，应当采取书面形式。因此，三水公司与银行之间的借款合同并未成立，银行不能要求三水公司承担违约责任。同时，银行也不能要求三水公司承担侵权责任。三水公司故意违反如实申报的法定义务，造成银行信赖利益受损，银行可以要求三水公司承担缔约过失责任。故本题应选D项。

7. A

甲、乙对丙负有连带偿还责任。在借款合同中，没有类似于买卖合同中的风险规则。故本题应选A项。

（二）多项选择题

1. BD

按照《民法典》第677条的规定，借款人提前返还借款的，除当事人另有约定外，应当按照实际借款的期间计算利息。因此，银行不得拒绝咏文的提前还款，咏文应按照实际借款的期间计算利息，而不必支付13万元。故本题应选B、D项。

2. AD

按照《民法典》第670条的规定，借款的利息不得预先在本金中扣除。利息预先在本金中扣除的，应当按照实际借款数额返还借款并计算利息。贷款人可以要求借款人提供担保，不论借款人是否需要支付利息。故本题应选A、D项。

3. AC

按照《民法典》第674条的规定，借款人应当按照约定的期限支付利息。对支付利息的期限没有约定或者约定不明确，依照《民法典》第510条的规定仍不能确定，借款期间不满1年的，应当在返还借款时一并支付；借款期间1年以上的，应当在每届满1年时支付，剩余期间不满1年的，应当在返还借款时一并支付。故本题应选A、C项。

4. ABCD

按照《民法典》第680条第2款的规定，借款合同对支付利息没有约定的，视为没有利息。因此，贷款人丙只能请求支付100万元本金，而不能请求支付利息，A、D两项错误。甲虽以个人名义借款，却是为了夫妻共同生活而购买房屋。因此，该债务属于夫妻共同生活所负债务，应共同偿还，丙有权要求甲与乙对100万元承担连带清偿责任，B、C两项错误。故本题应选A、B、C、D项。

5. ABD

按照《民法典》第679条的规定，自然人之间的借款合同，自贷款人提供借款时生效。因此，A项正确。按照《民法典》第675条的规定，借款人应当按照约定的期限返还借款。对借款期限没有约定或者约定不明确，依据该法第510条的规定仍不能确定的，借款人可以随时返还；贷款人可以催告借款人在合理期限内返还。因此，甲可以随时向乙偿还，乙可以随时要求甲偿还，B项正确。按照《民法典》第680条的规定，借款合同对利息没有约定的，视为没有利息。借款合同对支付利息约定不明确，当事人不能达成补充协议的，按照当地或者当事人的交易方式、交易习惯、市场利率等因素确定利息；自然人之间借款的，视为没有利息。因此，C项错误。按照《民法典》第676条的规定，借款人未按照约定的期限返还借款的，应当按照约定或者国家有关规定支付逾期利息。D项正确。故本题应选A、B、D项。

6. ABD

老赵违反合同约定使用借款，构成违约，应对信用社承担违约责任。按照《民法典》第673条的规定，借款人未按照约定的借款用途使用借款的，贷款人可以停止发放借款、提前收回借款或者解除合同。故本题应选A、B、D项。

7. ABCD

按照最高人民法院《关于审理民间借贷案件适用法律若干问题的规定》第23条的规定，当事人以签订买卖合同作为民间借贷合同的担保，借款到期后借款人不能还款，出借人请求履行买卖合同的，人民法院应当按照民间借贷法律关系审理。当事人根据法庭审理情况变更诉讼请求的，人民法院应当准许。按照民间借贷法律关系审理作出的判决生效后，借款人不履行生效判决确定的金钱债务，出借人可以申请拍卖买卖合同标的物，以偿还债务。就拍卖所得的价款与应偿还借款本息之间的差额，借款人或者出借人有权主张返还或补偿。因此，乙应当起诉甲履行借款合同，判决生效后，甲若不履行，乙可以申请拍卖房屋，就二者差额，甲、乙有权主张返还或补偿。因此，甲、乙所签订的房屋买卖合同实际上是借款合同的担保，甲未如期偿还借款，应承担违约责任，故选项A与D正确。乙自然不可能取得房屋所有权，故C项正确。此外，还可能按照抵押合同处理。《民法典》第146条第1款规定，行为人与相对人以虚假的意思表示实施的民事法律行为无效。因当事人双方其实并不存在真实的买卖意思，买卖为虚假，合同可以认定为无效。《民法典》第146条第2款规定，以虚假的意思表示隐藏的民事法律行为的效力，依照有关法律规定处理。双方所隐藏的行为为房屋抵押合同，按照抵押合同的相应规定处理。由于不动产抵押实行登记生效，因此抵押权无效。并且，《民法典》第401条规定，在存在流押条款的情况下，只能就抵押财产优先受偿，而不能由抵押权人取得所有权。在借款合同中，根据最高人民法院《关于审理民间借贷案件适用法律若干问题

的规定》第25条的规定，出借人请求借款人按照合同约定支付利息的，人民法院应予支持，但是双方约定的借款利率超过合同成立时一年期贷款市场报价利率4倍的除外。因此，选项B正确。故本题应选A、B、C、D项。

8. ABD

参见《民法典》第668条、第670～672条。本题应选A、B、D项。

9. BD

自然人间借款合同为实践合同。因此，甲、乙之间借款合同的成立时间为借款的交付时间即2020年6月2日。借款合同对支付利息没有约定的，视为没有利息。借款合同对支付利息约定不明确，自然人之间借款的，视为没有利息。借款人未按照约定的期限返还借款的，应当按照国家有关规定支付逾期利息。故本题应选B、D项。

（三）不定项选择题

1. CD

自然人之间的借款合同为不要式合同，并非必须采取书面形式。乙已经履行了自己的义务，交给甲20万元，甲也接受了20万元。因此，借款合同成立并生效。故本题应选C、D项。

2. D

自然人之间的借款合同，自贷款人向借款人交付款项时生效。故本题应选D项。

3. C

借款合同对支付利息没有约定的，视为没有利息。故本题应选C项。

4. ABCD

当事人对借款期限没有约定或者约定不明确，应按照《民法典》第510条规定加以确定，仍不能确定的，借款人可以随时返还，贷款人可以催告借款人在合理期限内返还。债权人下落不明的，债务人可以提存标的物，以消灭债权债务关系。在借款合同中，第三人可以成为履行主体，代替借款人向贷款人偿还借款。故本题应选A、B、C、D项。

5. BC

乙可以催告甲在合理期限内返还，甲仍不偿还，构成违约，乙可以要求甲承担违约责任。借款合同对支付利息没有约定的，视为没有利息。但借款人未按照约定的期限返还借款的，应当按照国家有关规定支

付逾期利息。故本题应选 B、C 项。

简答题

1. 金融机构借款合同的效力表现为贷款人与借款人的义务。贷款人的主要义务是按照合同的约定按时向借款人提供借款。贷款人未按照约定的日期、数额提供借款，造成借款人损失的，应当赔偿损失。同时，贷款人提供给借款人的借款金额应当符合合同中约定的数额，而不得从中预先扣除借款利息。借款人的主要义务有：（1）按照合同约定的时间和数额收取借款。借款人未按照约定的日期、数额收取借款的，应当按照约定的日期、数额支付利息。（2）接受贷款人的检查监督并向贷款人提供必要的资料。为保证贷款人能够按时收回借款，借款合同可以约定贷款人有权对借款的使用情况进行监督，要求借款人向贷款人提供财务会计报表等资料。（3）按照合同约定的借款用途使用借款。借款人未按照约定的借款用途使用借款的，贷款人可以停止发放借款、提前收回借款或者解除合同。（4）按合同约定的还款期限和方式及时偿还借款。借款人未按照约定的期限返还借款的，应当按照约定或者国家有关规定支付逾期利息。（5）按期支付利息。借款人不仅应按照约定的数额支付利息，而且应在约定的期限内支付利息。借款人未按规定期限支付利息的，应负违约责任。

2. 金融机构借款合同与自然人间借款合同主要有如下区别：（1）金融机构借款合同为要式合同，而自然人间借款合同为不要式合同。（2）金融机构借款合同为诺成合同，而自然人间借款合同为实践合同。（3）金融机构借款合同为一般有偿合同；而自然人间借款合同可以是有偿的，也可以是无偿的，一般是无偿合同。（4）金融机构借款合同为双务合同，而自然人间借款合同为单务合同，只有借款人负有义务，贷款人提供贷款属于合同成立要件，而非贷款人的给付义务。

材料分析题

（1）小张与老刘间的借款合同于 2021 年 10 月 18 日生效。因为自然人之间的借款合同自贷款人提供借款时生效。

（2）小张没有权利要求老刘交付。因为自然人间的借款合同自贷款人提供借款时生效，若老刘不向小张交付 4 万元，小张与老刘之间的借款合同不能生效。既然合同不生效，小张就不享有债权，也就不能要求老刘交付 4 万元。

（3）老刘不能要求小张支付利息。借款合同对支付利息没有约定的，视为没有利息。借款合同对支付利息约定不明确，自然人之间借款的，视为没有利息。虽然老刘与小张在先前订立的口头合同中约定了利息，但在双方随后订立的书面合同中并没有约定利息，签订在后的书面合同是对口头合同的变更，应当依照书面合同来确定老刘与小张之间的债权债务关系，所以，老刘不能要求小张支付利息。

（4）老刘有权提前收回借款或者解除合同。按照《民法典》第 673 条的规定，借款人未按照约定的借款用途使用借款的，贷款人可以停止发放借款、提前收回借款或者解除合同。

第十三章　保证合同

保证合同 ┬ 概念：为保障债权的实现，保证人和债权人约定，当债务人不履行到期债务或者发生
　　　　　　　当事人约定的情形时，保证人履行债务或者承担责任的合同

特征 ┬ 从属性
　　　├ 相对独立性
　　　└ 无偿性、单务性、要式性

成立 ┬ 保证合同采取书面形式
　　　├ 保证人具备保证能力
　　　└ 保证人具有明确、真实的承担保证责任的意思表示

方式：一般保证、连带责任保证

效力 ┬ 保证范围：有限保证、无限保证
　　　├ 保证人与债权人之间的关系 ┬ 债权人的权利：请求保证人承担保证责任
　　　│　　　　　　　　　　　　　└ 保证人的权利 ┬ 享有主债务人享有的抗辩权
　　　│　　　　　　　　　　　　　　　　　　　　├ 基于一般债务人的地位而享有的权利
　　　│　　　　　　　　　　　　　　　　　　　　├ 保证人的专属抗辩权
　　　│　　　　　　　　　　　　　　　　　　　　└ 保证人拒绝承担保证责任的权利
　　　├ 保证人与债务人之间的关系：保证人的追偿权
　　　├ 责任免除和消灭 ┬ 保证期间届满
　　　│　　　　　　　　├ 未经保证人书面同意而加重主债务的债的变更
　　　│　　　　　　　　├ 债权人违反债权禁止转让的约定而转让债权
　　　│　　　　　　　　├ 债务人未经保证人书面同意而转移主债务
　　　│　　　　　　　　└ 债权人放弃或者怠于行使权利致使主债务人的财产不能被执行
　　　└ 特殊保证合同 ┬ 最高额保证合同：保证人与债权人约定，就债权人与主债务人之间在一定
　　　　　　　　　　　│　　　　　　　　　　期间内连续发生的债权预定最高限额，由保证人承担保
　　　　　　　　　　　│　　　　　　　　　　证责任的合同
　　　　　　　　　　　└ 共同保证合同：按份共同保证合同、连带共同保证合同

 名词解释与概念比较

1. 保证合同
2. 一般保证
3. 最高额保证
4. 先诉抗辩权

5. 连带共同保证

 选择题

（一）单项选择题

1. 关于保证，下列说法错误的是（　　）。

A. 保证合同是主债权债务合同的从合同

B. 保证具有从属性

C. 保证具有独立性

D. 只要债务人履行期届满未完成清偿，债权人便有权要求保证人承担责任

2. 甲向乙出借 10 万元，要求乙提供担保。乙找到了丙，丙对甲说："如果乙不能还款的话，我来还。"甲未置可否。下列选项中正确的是（　　）。

A. 丙的行为构成债务加入

B. 保证不成立

C. 丙的行为构成保证行为

D. 丙的行为构成债务承担行为

3. 下列选项中，不可以成为担保人的是（　　）。

A. 某市政府经国务院批准为使用国际经济组织贷款进行转贷的保证人

B. 某私立医院为另一私立医院提供连带责任保证

C. 某居民委员会为其成员贷款提供保证

D. 某公立幼儿园为职工建房，以该房设定抵押

视频讲题

4. 甲、乙双方拟订的借款合同约定：甲向乙借款 11 万元，借款期限为 1 年。乙在签字之前，要求甲为借款合同提供担保。丙应甲要求同意担保，并在借款合同保证人一栏签字，保证期间为 1 年。甲将有担保签字的借款合同交给乙。乙要求从 11 万元中预先扣除 1 万元利息，同时将借款期限和保证期间均延长为 2 年。甲应允，双方签字，乙依约将 10 万元交付给甲。下列哪一表述是正确的？（　　）

A. 丙的保证期间为 1 年

B. 丙无须承担保证责任

C. 丙应承担连带责任保证

D. 丙应对 10 万元本息承担保证责任

5. 俞某因资金周转，向江海银行借贷 50 万元，姜某提供保证担保，但未约定保证方式。两个月后俞某又借贷 20 万元，并告知姜某，姜某未置可否。下列说法错误的是？（　　）

A. 姜某对银行享有先诉抗辩权

B. 俞某对银行的抗辩权，姜某对银行也享有

C. 姜某就银行对俞某的 70 万元债权承担保证责任

D. 姜某就银行对俞某的 50 万元债权承担保证责任

6. 下列选项中，成立连带责任保证的是（　　）。

A. 甲对乙书面承诺，丙对乙不能清偿的债务由甲清偿，乙不置可否

B. 甲打电话给乙，声称丙若不对乙履行债务，则由甲履行

C. 甲、丁共同与乙签订合同，约定若丙对乙不能清偿债务，则由甲、丁清偿

D. 甲与乙签订合同，约定若丙在债务履行期届满时仍未对乙履行，则由甲履行

7. 甲公司与乙公司达成还款计划书，约定在 2021 年 7 月 30 日归还 100 万元，8 月 30 日归还 200 万元，9 月 30 日归还 300 万元。丙公司对三笔还款提供保证，约定保证方式为连带责任保证，未约定保证期间。后甲公司同意乙公司将三笔还款均顺延 3 个月，丙公司对此不知情。乙公司一直未还款，甲公司仅于 2022 年 3 月 15 日要求丙公司承担保证责任。关于丙公司保证责任，下列哪一表述是正确的？（　　）

A. 丙公司保证担保的主债权为 300 万元

B. 丙公司保证担保的主债权为 500 万元

C. 丙公司保证担保的主债权为 600 万元

D. 因延长还款期限未经保证人同意，丙公司不再承担保证责任

8. 下列选项中，正确的是（　　）。

A. 债务人下落不明的，一般保证人不得行使先诉抗辩权

B. 债权人对债务人向法院提出破产申请的，一般保证人不得行使先诉抗辩权

C. 在一般保证中，债权人需要在保证期间内要求保证人承担保证责任，否则保证责任免除

D. 债务人放弃抗辩的，保证人仍可向债权人主张

9. 张某从甲银行分支机构乙支行借款 20 万元，李某提供保证担保。李某和甲银行又特别约定，如保证人不履行保证责任，债权人有权直接从保证人在甲银行及其支行处开立的任何账户内扣收。届期，张某、李某均未还款，甲银行直接从李某在甲银行下属的丙支行账户内扣划了 18 万元存款用于偿还张某的借款。下列哪一表述是正确的？（　　）

A. 李某与甲银行关于直接在账户内扣划款项的约

定无效

　　B. 李某无须承担保证责任

　　C. 乙支行收回 20 万元全部借款本金和利息之前,李某不得向张某追偿

　　D. 乙支行应以自己的名义向张某行使追索权

　　10. 甲欠乙 10 万元,丙向乙提供保证。保证合同约定保证合同的效力独立于甲、乙间的主合同,主合同若失去效力,丙仍然需要就主合同无效的法律后果承担保证责任。后来,甲、乙间的主合同被撤销。下列说法中正确的是（　　）。

　　A. 保证合同有效

　　B. 保证合同无效

　　C. 保证合同可撤销

　　D. 保证合同效力未定

（二）多项选择题

　　1. 关于保证担保的范围,下列选项正确的是（　　）。

　　A. 主债权　　　　　　B. 主债权的利息

　　C. 违约金　　　　　　D. 损害赔偿金

　　2. 甲的债权之上,存在乙的保证,随后丙、丁又共同向甲提供保证,并且约定丙、丁可相互追偿,并约定了比例。下列选项正确的是（　　）。

　　A. 乙、丙、丁均属一般保证人

　　B. 丙、丁构成按份共同保证

　　C. 乙、丙、丁构成连带共同保证

　　D. 乙、丙、丁构成按份共同保证

　　3. 根据甲公司的下列哪些"承诺（保证）函",如乙公司未履行义务,甲公司应承担保证责任?（　　）

　　A. 承诺:"积极督促乙公司还款,努力将丙公司的损失降到最低。"

　　B. 承诺:"乙公司向丙公司还款,如乙公司无力还款,甲公司愿代为清偿。"

　　C. 保证:"乙公司实际投资与注册资金相符。"实际上乙公司实际投资与注册资金不符

　　D. 承诺:"指定乙公司与丙公司签订保证合同。"乙公司签订了保证合同但拒不承担保证责任

　　4. 甲公司向乙银行借款 100 万元,丙、丁以各自房产分别向乙银行设定抵押,戊、己分别向乙银行出具承担全部责任的担保函,承担保证责任。下列哪些表述是正确的?（　　）

　　A. 乙银行可以就丙或者丁的房产行使抵押权

　　B. 丙承担担保责任后,可向甲公司追偿,也可要求丁清偿其应承担的份额

　　C. 乙银行可以要求戊或者己承担全部保证责任

　　D. 戊承担保证责任后,可向甲公司追偿,也可要求己清偿其应承担的份额

　　5. 甲为某集团公司分公司的负责人。甲以私人名义向乙借款 100 万元,乙要求甲在借款合同保证人处加盖该分公司的公章并签字提供担保,甲告诉乙,集团公司规定分公司提供担保应由董事会同意,但乙仍执意坚持,未经董事会同意,甲按乙的要求在保证人处签字并加盖该公司公章。后甲到期不能偿还借款,乙请求分公司承担保证责任。对此,下列表述正确的是（　　）。

　　A. 可以分公司的财产先承担担保责任

　　B. 可以分公司的财产先承担赔偿责任

　　C. 分公司无财产的,某集团公司应承担担保责任

　　D. 分公司无财产的,某集团公司应承担赔偿责任

　　6. 甲公司从乙公司采购 10 袋菊花茶,约定:"在乙公司交付菊花茶后,甲公司应付货款 10 万元。"丙公司提供担保函:"若甲公司不依约付款,则由丙公司代为支付。"乙公司交付的菊花茶中有 2 袋经过硫黄熏蒸,无法饮用,价值 2 万元。乙公司要求甲公司付款未果,便要求丙公司付款 10 万元。下列哪些表述是正确的?（　　）

　　A. 如丙公司知情并向乙公司付款 10 万元,则丙公司只能向甲公司追偿 8 万元

　　B. 如丙公司不知情并向乙公司付款 10 万元,则乙公司会构成不当得利

　　C. 如甲公司付款债务诉讼时效已过,丙公司仍向乙公司付款 8 万元,则丙公司不得向甲公司追偿

　　D. 如丙公司放弃对乙公司享有的先诉抗辩权,仍向乙公司付款 8 万元,则丙公司不得向甲公司追偿

视频讲题

　　7. 甲公司与乙公司签订连续借款合同,向乙公司出借款项。乙公司以其自有房屋向甲公司提供 100 万元的最高额抵押,并办理了登记手续。之后,丙向甲

公司提供连带责任保证，该保证为最高额保证，限额为80万元。之后，丁以其一幅名贵字画向甲公司提供质押。最终债权确定为300万元。乙公司无力偿还借款，下列说法正确的是（　　）。

A. 甲公司必须先行使抵押权

B. 甲公司必须先行使质权，因为质权优先于抵押权

C. 甲公司可以自行选择行使何种权利

D. 丙公司最高承担80万元的责任

8. 5月1日，甲出借给乙、己二人共10万元，乙与己承担连带债务，丙为连带责任保证人。8月1日，甲、乙、己三人协商，确定乙承担2万元债务，己承担8万元债务。10月1日，甲将债权转让给丁。10月3日，乙将债务转让给戊。相关情形均通知了丙。还款期满后，无任何清偿。下列选项错误的是（　　）。

A. 丙是戊的保证人

B. 乙的债务转让行为无效

C. 丁可以要求丙承担保证责任

D. 丁成为债权人，债权为按份债权

9. 关于保证，下列选项正确的是（　　）。

A. 同一债务有两个连带责任保证人，债权人在保证期间对其中一个保证人主张权利的，效力及于另一保证人

B. 债务人欺诈保证人，使保证人与债权人签订了保证合同，但债权人不知道的，保证合同有效

C. 债务人对债权人享有抵销权的，保证人可以行使

D. 保证人被债权人欺诈的，保证人可以撤销保证合同

10. 甲为债权人，乙为债务人，丙为保证人，2022年1月1日为债务履行期届满之日，此外无其他约定。下列选项中正确的是（　　）。

A. 保证期间截止于2022年7月1日

B. 若丙的保证属一般保证，甲需要在保证期间内对乙起诉或仲裁，强制执行仍未受全部清偿之日起，需要在3年之内要求丙承担责任，否则丙不再承担保证责任

C. 若丙的保证属连带责任保证，甲需要在保证期间内请求丙承担责任，自请求承担责任之日起开始计算保证债务3年的诉讼时效期间

D. 丙对乙的追偿权利不受时效限制

（三）不定项选择题

2021年5月1日，甲公司向乙公司签订借款合同，出借款项100万元，年利率10%，还款期截止于2022年5月1日，但要求乙公司提供担保。乙公司找到丙公司，丙公司欠乙公司50万元，乙公司说若丙公司代偿，则进行相应的抵销。丙公司于2021年6月1日向甲公司出具承诺函："若乙公司到期不能还款，则由本公司代还。"同日，甲公司向乙公司支付了90万元，而将10万元利息预先扣除。7月1日，乙公司发现甲公司不放心，便主动提出愿意再多支付2万元利息，甲公司表示认可，并提出将还款期延后2个月，乙公司也表示认可。

但是，甲公司发现乙公司经营情况不是很好，便于2021年8月1日将该债权转让给丁公司，并于2021年8月4日将此情况告知了乙公司、丙公司，但乙公司、丙公司表示坚决反对，不同意转让。乙公司为表明还款诚意，找到戊公司。2021年8月3日甲公司收到了戊公司出具的承诺函："我公司愿意加入甲乙两公司的债务，在20万元的范围内承担责任。"甲公司收到后，对丁公司说，将对戊公司的权利也一并转让给丁公司。

2022年，因市场急剧变化，乙公司陷入困顿，在还款期届满后无力偿还借款。回答下列问题。

1. 下列关于丙公司责任承担的说法正确的是（　　）。

A. 丙公司承担连带责任保证

B. 丙公司承担一般保证

C. 丙公司就债权本金承担责任的范围是100万元

D. 丙公司可以在抵销50万元后向甲公司承担责任

2. 关于丁公司是否取得了甲公司对乙公司、丙公司的权利，下列说法正确的是（　　）。

A. 丁公司取得了甲公司对乙公司的债权，本息合计92万元

B. 丁公司取得了甲公司对丙公司的保证债权，本息合计92万元

C. 因乙公司反对，故丁公司不能取得甲公司对乙公司的债权

D. 因丙公司反对，故丁公司不能取得甲公司对丙公司的保证债权

3. 2022年1月1日，丁公司因反复找乙公司还款，而乙公司不予归还，便要求丙公司还款。下列说法正

确的是（　　）。

A. 由于乙公司到期不能还款，因此丙公司应当依约归还

B. 丙公司不应归还，因为丙公司不是债务人

C. 丙公司不应归还，因为保证期间已经届满

D. 丙公司只应承担 70 万元的责任

4. 由于丙公司也不还款，因此丁公司找戊公司还款。下列说法正确的是（　　）。

A. 戊公司应当还 20 万元

B. 戊公司应当还 22 万元

C. 戊公司不必承担责任

D. 戊公司应当与乙公司承担连带责任

5. 2021 年 4 月 1 日，乙公司法定代表人发现无法还款后，干脆丢下公司逃跑，谁也找不到；法定代表人也没有任何财产。在这种情况下，下列说法正确的是（　　）。

A. 丙公司丧失了先诉抗辩权

B. 丙公司有权要求在戊公司承担了 20 万元责任后才承担责任

C. 丁公司应当先对乙公司提起诉讼或仲裁，不能直接要求丙公司承担责任

D. 丁公司可以将乙公司与丙公司一并起诉

  简答题

1. 简述保证合同的特征。

2. 简述保证合同的成立条件。

3. 简述保证人的专属抗辩权。

材料分析题

2019 年 10 月 18 日，郑某在某汽车品牌店购买豪华汽车一辆，双方签署"买卖合同"，汽车价格为 440 万元，首期付款为 220 万元。余款则通过按揭贷款方式由某行王县支行支付，以汽车办理两年期抵押贷款，约定年利率为 12%。2019 年 10 月 18 日，郑某与某行王县支行另行签署了"汽车抵押类贷款合同"，办理了抵押登记，并由康达公司在"贷款合同""担保人"一栏签名盖章。

2019 年 10 月 19 日，利达公司与某行王县支行签署"保证合同"，约定对郑某的借款承担一般保证责任。"保证合同"第 14 条约定："本合同请由甲乙双方法定代表人或法定代表人授权的代理人签名并加盖公章后生效。"但该"保证合同"仅由利达公司法定代表人陆某私下签名并未加盖公司公章。在知道担保的情况下，利达公司事后并不认可。

2019 年 10 月 20 日，顺达公司单方向某行王县支行出具了一份"贷款担保承诺函"，注明"郑某在贵行申请汽车按揭贷款，我公司愿意为其提供担保，当郑某丧失偿债能力不能按期还款时，则由我公司负责还款"。

2020 年 11 月 20 日，郑某与某行王县支行协商对贷款年利率进行了调整，降为 10%。

2022 年 3 月 18 日，某行王县支行对主债务人郑某提起诉讼并胜诉，但郑某欠债较多，除某豪华汽车以外并无可供执行的财产。

2022 年 4 月 18 日，某行王县支行又对顺达公司和康达公司提起诉讼，要求其对起诉郑某后胜诉判决书所确定的本金和利息承担保证责任。

顺达公司抗辩理由一：2020 年 11 月 20 日，郑某与某行王县支行对贷款利率进行了调整，但并未经过本公司同意。

顺达公司抗辩理由二：我公司单方向某行王县支行出具了"贷款担保承诺函"，并不是双方合意的结果，且已经过了保证期间。

康达公司抗辩理由一：某行王县支行应首先将郑某的某豪华汽车进行拍卖或变卖，不足部分才能要求本公司承担责任。

康达公司抗辩理由二：某行王县支行要求本公司承担保证责任，但已过了保证期间，本公司依法不应当承担保证责任。

诉讼中，某行王县支行又申请增加利达公司为共同被告。

请回答下列问题：

（1）顺达公司抗辩理由一是否成立？

（2）顺达公司抗辩理由二是否成立

（3）康达公司抗辩理由一是否成立？

（4）康达公司抗辩理由二是否成立？

（5）利达公司是否需要承担担保责任？

 论述题与深度思考题

1. 试述保证合同的从属性。

2. 试述保证责任免除和消灭的事由。

参考答案

 名词解释与概念比较

1. 保证合同，是指为保障债权的实现，保证人和债权人约定，当债务人不履行到期债务或者发生当事人约定的情形时，保证人履行债务或者承担责任的合同。

2. 一般保证，是指当事人在保证合同中约定，只有在债务人不能履行债务时，保证人才承担保证责任的保证。

3. 最高额保证，保证人与债权人约定，就债权人与主债务人之间在一定期间内连续发生的债权预定最高限额，由保证人承担保证责任的保证。

4. 先诉抗辩权，是指保证人于债权人未就债务人的财产强制执行而无效果前，对债权人得拒绝承担保证责任的权利。

5. 连带共同保证，是指各保证人约定均对全部主债务承担连带保证责任或者保证人与债权人之间没有约定所承担保证份额的共同保证。

 选择题

（一）单项选择题

1. D

保证从属于主债权债务关系，保证合同为从合同，但其也具有独立性，不同于主债权债务关系。在一般保证中，保证人拥有先诉抗辩权。故本题应选 D 项。

2. B

债务加入需要行为人有明确的加入债务或者与债务人共同承担债务的意思表示（参见最高人民法院《关于适用〈中华人民共和国民法典〉有关担保制度的解释》第 36 条第 2 款），并且不必采用书面形式。第三人通知债权人债务加入或者作出保证，债权人接受并未提出异议，债务加入便可成立。丙并没有作出债务加入的意思，其意思在于保证，并且属于一般保证。不过，按《民法典》第 685 条的规定，保证合同应当采取书面形式，因丙以口头方式作出保证，保证合同不成立。故本题应选 B 项。

3. C

按照《民法典》第 683 条的规定，A 项可以设立合法的保证。B 项中，私立医院并不以公益为目的，可以设立保证。C 项中，居委会不可以成为保证人。按照最高人民法院《关于适用〈中华人民共和国民法典〉有关担保制度的解释》第 5 条的规定，居民委员会、村民委员会提供担保的，人民法院应当认定担保合同无效，但是依法代行村集体经济组织职能的村民委员会，依照村民委员会组织法规定的讨论决定程序对外提供担保的除外。D 项中，按照最高人民法院《关于适用〈中华人民共和国民法典〉有关担保制度的解释》第 6 条的规定，以公益为目的的非营利性学校、幼儿园、医疗机构、养老机构等，通常不可提供担保，但可以以教育设施、医疗卫生设施、养老服务设施和其他公益设施以外的不动产、动产或者财产权利设立担保物权。故本题应选 C 项。

4. B

按照《民法典》第 685 条第 1 款的规定，保证合同的书面性可以表现为主合同中的保证条款。本题中，丙先签字，之后甲、乙签字，由于甲签字的合同对保证条款作出了实质性变更，甲的签字构成反要约，丙未接受，因此在甲、丙的保证合同关系中，保证关系不成立，而甲、乙的借款关系仍然成立。借款合同不得将利息预先扣除，否则按照扣除后的金额确定本金，因此甲、乙借款关系有效，本金为 10 万元。故本题应选 B 项。

5. C

对保证方式约定不明的，为一般保证，存在先诉抗辩权，A 项正确。保证人享有主债务人对债权人的抗辩，B 项正确。未经保证人书面同意加重债务的，保证人对加重的部分不承担保证责任，C 项错误，D 项正确。故本题应选 C 项。

6. D

按照《民法典》第 685 条第 2 款、第 687 条第 1 款的规定，A 项中成立一般保证。B 项中，因保证需要采用书面形式，故不成立保证。C 项中，甲、丁成立共同保证，对乙而言，为一般保证。D 项中，甲、乙所做约定的结果是，只要丙期限届满未履行，甲便承担责任，此属连带责任，为连带责任保证。故本题应选 D 项。

7. A

未约定保证期间的，保证期间为债务履行期满后 6 个月。在一般保证中，债权人应当在保证期间内对债务人提起诉讼或仲裁（或对债务人、保证人一并提起诉讼或申请仲裁）；在连带责任保证中，债权人应当在保证期间内要求保证人承担保证责任，否则保证责任免除。按照《民法典》第 695 条第 2 款的规定，甲公司、乙公司未经保证人丙公司书面同意而变更主债务履行期，保证期间不受影响。因此，三项债务的保证期间分别为 7 月 30 日、8 月 30 日、9 月 30 日后的 6 个月。甲公司仅于 2022 年 3 月 15 日要求丙公司承担保证责任，此时前两项债务的保证责任的保证期间已届满，因此丙公司仅就最后一项债务承担保证责任。故本题应选 A 项。

8. D

A 项中，还要具备无财产可供执行，方得行使先诉抗辩权。B 项中，还要法院受理债务人破产案件，方得行使先诉抗辩权。C 项中，债权人应当在保证期间内对债务人提起诉讼或仲裁（或对债务人、保证人一并提起诉讼或申请仲裁）。D 项正确，参见《民法典》第 701 条。故本题应选 D 项。

9. D

李某与甲银行之间成立保证合同，该合同并不存在违法的内容，因此，李某与甲银行关于直接在账户内扣划款项的约定应为有效。在债务人不履行债务的情况下，李某作为保证人应当承担保证责任。甲银行直接从李某在甲银行下属的丙支行账户内扣划了 18 万元存款用于偿还张某的借款，即意味着保证人李某承担了保证责任。在此情况下，李某有权向债务人张某追偿，与乙支行是否收回 20 万元的全部借款本息无关。乙支行、丙支行都是甲银行的分支机构，属于非法人组织，有权以自己的名义从事民事活动，因此，乙支行应以自己的名义向张某行使追索权。但要注意的是，按照《民法典》第 700 条的规定，李某追偿时享有债权人对债务人的权利，但不得损害债权人的利益，因此李某的追偿不得妨碍银行行使剩余部分的债权。故本题应选 D 项。

10. B

最高人民法院《关于适用〈中华人民共和国民法典〉有关担保制度的解释》第 2 条第 1 款规定："当事人在担保合同中约定担保合同的效力独立于主合同，或者约定担保人对主合同无效的法律后果承担担保责任，该有关担保独立性的约定无效。主合同有效的，有关担保独立性的约定无效不影响担保合同的效力；主合同无效的，人民法院应当认定担保合同无效，但是法律另有规定的除外。"主合同被撤销而溯及既往地归为无效，担保合同也随之无效。故本题应选 B 项。

（二）多项选择题

1. ABCD

参见《民法典》第 691 条的规定，本题应选 A、B、C、D 项。

2. AC

保证方式约定不明的，为一般保证，A 项正确。丙、丁仅约定可相互追偿，对外仍承担全部责任，二人成立连带共同保证，均向甲承担全部责任，对内彼此之间存在份额。承担责任之后，丙、丁可以向债务人追偿，就不能向债务人追偿的部分，丙、丁还可相互追偿。B 项错误。乙、丙、丁均对甲承担全部责任，为连带共同保证，C 项正确，D 项错误。不过需要注意的是，乙与丙、丁不存在份额或追偿关系，乙与丙、丁属于不真正连带共同保证。乙若承担了保证责任，只能向债务人追偿，而不能向丙、丁追偿。而丙、丁之间可相互追偿，属于真正的连带共同保证。参见《民法典》第 699 条与最高人民法院《关于适用〈中华人民共和国民法典〉有关担保制度的解释》第 13 条。故本题应选 A、C 项。

3. BC

A 项承诺中，甲公司并没有明确的保证意思表示，不构成保证。B 项承诺中，甲公司有明确的承担保证责任的意思表示，构成保证。C 项保证中，甲保证乙公司的实际投资与注册资金相符，这属于对注册资金的担保，也可以构成保证。D 项中，甲公司只是指定乙公司与丙公司签订保证合同，自己并没有明确的保证意思表示，不构成保证。故本题应选 B、C 项。

4. AC

本题情形属混合担保。丙、丁为抵押人。戊、己的担保函属增信措施，按照最高人民法院《关于适用〈中华人民共和国民法典〉有关担保制度的解释》第 36 条第 1 款的规定，为保证，且属一般保证，戊、己分别承担一般保证责任。按照《民法典》第 392 条对混合担保的规定，既有物的担保，又有人的担保，在对实现方式没有约定的情况下，担保权人拥有选择权，可自行选择实现方式，承担了责任的担保人可向债务人追偿。因此乙银行可选择对丙、丁、戊、己行使权利。A项、C项正确。按照最高人民法院《关于适用〈中华人民共和国民法典〉有关担保制度的解释》第13条的规定，数个担保人之间无意思联络，承担了担保责任的担保人只能向债务人追偿，而不能要求其他担保人分担。因此B项、D项错误。故本题应选A、C项。

5. BD

公司对外提供担保，应当按照《公司法》或公司章程等规定的程序进行。按照最高人民法院《关于适用〈中华人民共和国民法典〉有关担保制度的解释》第7条、第11条的规定，乙明知甲超越代表权限，也明知分公司提供担保的条件，其非为善意，担保合同无效。按照最高人民法院《关于适用〈中华人民共和国民法典〉有关担保制度的解释》第11条、第17条的规定，公司的分支机构对外提供担保，相对人非为善意，第三人提供的担保合同无效，不会产生担保责任，但并非担保人便一定无责，此时应当按照是否存在缔约过失责任进行判断，而缔约过失责任采取的是过错归责。债权人与担保人均有过错的，担保人承担的赔偿责任不应超过债务人不能清偿部分的1/2。就本题选项而言，担保合同无效，便不会产生担保责任，A、C项错误，而B、D项均指向赔偿责任，也就是说剩余两个选项均认为担保人存在过错，产生赔偿责任。按照《民法典》第74条的规定，分公司不具有法人资格，可以从事民事活动，但不能独立承担责任，可以分公司的财产先承担责任，在其财产不足时由其母公司承担责任。当然也可以认为甲、乙均为明知，且存在损害分公司利益的恶意，分公司并无过错，那么便不会产生赔偿责任。故本题应选B、D项。

6. ABC

丙公司出具担保函，具有保证的意思，且丙公司具有只要甲公司不付款便由丙公司付款的意思，不具有债务人应当先承担责任的意思表示（参见最高人民法院《关于适用〈中华人民共和国民法典〉有关担保制度的解释》第25条第2款），属连带责任保证，不享有先诉抗辩权，D项错误。乙公司债务履行不适当，甲公司拥有先履行抗辩权，可以拒绝相应的履行，即甲公司应当支付8万元。丙公司对此知情的，应支付8万元，若其放弃抗辩仍支付10万元，则2万元属于非债清偿，不属于不当得利，且丙公司只能在其因履行保证债务使债务人免责的范围内向甲公司追偿，即为8

万元。若丙公司对此不知情，其多付的2万元不属于非债清偿，乙公司构成不当得利，应向丙公司返还2万元。如果主债务诉讼时效已过，甲公司不必履行，若丙公司履行，丙公司不能向甲公司追偿。A、B、C项正确。对此，可参见最高人民法院《关于适用〈中华人民共和国民法典〉有关担保制度的解释》第3条第2款的规定，即"担保人承担的责任超出债务人应当承担的责任范围，担保人向债务人追偿，债务人主张仅在其应当承担的责任范围内承担责任的，人民法院应予支持；担保人请求债权人返还超出部分的，人民法院依法予以支持"。故本题应选A、B、C项。

7. AD

按照《民法典》第392条的规定，在混合担保中，债权人对第三人提供的担保，不论是人的担保，还是物的担保，均可自行选择行使何种权利。但是若既有债务人提供的物的担保，又有第三人提供的担保，债权人应当先就债务人的物的担保实现债权，因此甲公司必须先行使抵押权，选项A正确，选项B错误，选项C错误。甲公司在实现抵押权之后，最多可以实现100万元的债权，其可就剩余部分向丙、丁主张。丙在最高额80万元的额度内承担保证责任，选项D正确。故本题应选A、D项。

8. ABD

甲、乙、己三人协商，将连带债务转为按份债务，为有效。这一行为并不会加重债务，不影响丙的保证责任，丙继续为乙、己的连带责任保证人。债权转让无须经过债务人、保证人同意，因此甲的债权转让有效，丁成为债权人。所谓按份之债、连带之债，针对的是当事人一方为数人的情况。丁为唯一的债权人，为简单之债，无按份、连带一说。而对于乙、己或己、戊而言，债务为按份债务。因此D项错误。按照《民法典》第697条第1款的规定，甲未经保证人丙书面同意，允许债务人乙转让债务，丙不再对乙的2万元承担保证责任。因此，乙的债务转让行为有效，B项错误。戊成为债务人，但是丙仅是己的保证人，而不是戊的保证人，A项错误。丁作为10万元的债权人，可以要求丙承担8万元的保证责任，C项正确。故本题应选A、B、D项。

9. BD

在选项A的共同保证中，债权人对某一保证人的行为的效力并不当然及于其他保证人。参见最高人民

法院《关于适用〈中华人民共和国民法典〉有关担保制度的解释》第29条。A项错误。在选项B中，保证合同具有相对独立性，按照《民法典》第149条的规定，合同若因一方受第三人欺诈而订立，对方知道或应当知道的，受欺诈方得请求撤销。因债权人不知道，故保证合同仍然有效。B项正确。在选项C中，按照《民法典》第702条的规定，债务人对债权人享有抵销权或撤销权的，保证人可以在相应范围内拒绝承担保证责任，但不是保证人可以行使抵销权或撤销权，抵销权、撤销权仍应由债务人自行决定是否行使。C项错误。在选项D中，按照《民法典》第148条的规定，保证合同因欺诈而订立的，保证人意思表示不真实，合同可撤销。D项正确。故本题应选B、D项。

10. ABC

在选项A中，对保证期间约定不明的，为主债务履行期届满之日起6个月。按照《民法典》第202条的规定，以月为单位计算期间的，到期月的对应日为期间的最后一日，即自2022年1月1日起满6个月，为2022年1月1日至7月1日。A项正确。按照《民法典》第694条的规定，在选项B中，对于一般保证，债权人需要先在保证期间内对债务人起诉或申请仲裁（保证期间便失去作用），并在胜诉后强制执行仍未受全部清偿时，开始计算保证的3年诉讼时效期间，逾期不对保证人主张权利的，保证债务罹于时效。B项正确。在选项C中，由于债权人可以直接要求连带责任保证人承担责任，而不受到先诉抗辩权的限制，因此其需要在保证期间内行使权利，否则期间届满，保证责任消灭。从债权人请求保证人承担保证责任之日起，开始计算保证债务的3年诉讼时效期间。C项正确。在选项D中，保证人承担保证责任后，取得债权人对债务人的权利，有权向债务人追偿，此权利受到3年诉讼时效的限制。D项错误。故本题应选A、B、C项。

（三）不定项选择题

1. B

丙公司的承诺函指明承担责任的前提是乙公司到期不能还款，而非不还款，即有先由乙公司承担责任的意思，此属一般保证。甲、乙公司的借款合同以实际出借的款项为准，即借款金额应为90万元，保证范围不得超出主债权债务，因此丙公司应就90万元承担保证责任。丙公司与乙公司存在委托关系，丙公司对抗乙公司的权利，不能向债权人甲公司主张。因此，B项正确。故本题应选B项。

2. A

债权转让无须取得债务人同意，丁公司取得了甲公司对乙公司的债权，通知乙公司后便对乙公司生效，主债权转移的，从权利一并转移，因此丁公司取得了本金90万元、利息2万元的债权，A项正确，C项错误。丙公司的承诺函并未禁止债权转让，即便丙公司对债权转让表示反对也不会影响保证债权的一并转让，因此甲公司对丙公司的保证债权也移转于丁公司，D项错误。不过，甲、乙公司未经丙公司书面同意，加重债务，加重部分对保证人不产生效力，丙公司的保证债务为90万元，则丁公司取得的保证债权也为90万元，B项错误。故本题选A项。

3. C

丙公司的保证为一般保证，拥有先诉抗辩权。保证期间无约定，则为2021年5月1日后6个月。丁公司未在6个月内向乙公司提起诉讼或仲裁，则丙公司不再承担保证责任。因此，仅C项正确。故本题应选C项。

4. C

戊公司向甲公司作出债务加入意思表示时，甲公司已经将债权转让给了丁公司，甲公司不再是债权人。虽然戊公司在甲公司通知乙公司之前作出债务加入意思表示，但甲公司通知只是令债权转让对乙公司发生效力，债权仍已于8月1日转让。因此戊公司的债务加入无效，甲公司也不可能将此权利转让给丁公司。因此戊公司不必承担责任。故本题应选C项。

5. CD

债务人是乙公司，而非乙公司的法定代表人，即便法定代表人下落不明，丙公司也仍然拥有先诉抗辩权。A项错误。戊公司不构成债务加入，B项错误。假设戊公司构成债务加入，在20万元的范围内，与乙公司向丁公司承担连带责任。但按照《民法典》第697条第2款的规定，第三人加入债务的，保证人的保证责任不受影响。因此丙公司仍然需要就90万元承担责任。鉴于丙公司拥有先诉抗辩权，丁公司应当先对乙公司提起诉讼或仲裁，按照最高人民法院《关于适用〈中华人民共和国民法典〉有关担保制度的解释》第26条第2款的规定，一般保证中，债权人一并起诉债务人和保证人的，人民法院可以受理，但是在作出判决时，除有《民法典》第 687 条第 2 款但书规定的情形外，应当在判决书主文中明确，保证人仅对债务人财产依法强制执行后仍不能履行的部分承担保证责任。因此，C、D 项正确。故本题应选 C、D 项。

 简答题

1. 保证合同具有如下主要特征：（1）保证合同具有从属性。这主要体现在：保证合同是主债权债务合同的从合同、保证的范围与强度从属于主债务的范围与强度、保证债权随主债权的转移而转移、保证人的保证债务随主债务人债务的存在而于保证期限内存在、保证债务随主债务的消灭而消灭。（2）保证合同具有相对独立性。这主要表现在：保证合同约定的债务的范围可以与主债务的范围不同、保证人享有独立的抗辩权、主债务人与债权人之间的诉讼判决的效力不当然及于保证人、保证合同无效不影响主合同的效力。（3）保证合同具有无偿性、单务性、要式性。保证人的保证债务不以从债权人处取得一定财产权利为条件，债权人也无须支付任何代价而对保证人享有保证债权。在保证合同当事人双方之间，只有保证人一方负担义务而不享有权利，而债权人一方只享有权利而不负担任何义务。因此，保证合同具有无偿性、单务性。此外，保证合同需要以书面形式订立，具有要式性。

2. 保证合同的成立须具备如下条件：（1）保证合同应当采取书面形式。保证合同可以是单独订立的书面合同，也可以是主债权债务合同中的保证条款。第三人单方以书面形式向债权人作出保证的，债权人接受且未提出异议的，保证合同成立。（2）保证人应当具备保证能力。保证能力是民事主体充当保证人的能力，这是保证的主体资格要件。具有代为清偿债务能力的法人、非法人组织或者自然人，可以作为保证人。（3）保证人应当具有明确、真实的承担保证责任的意思表示。保证人应当明确表示承担保证责任，同时保证人关于保证的意思表示必须真实，否则，保证人不承担保证责任。

3. 保证人的专属抗辩权为先诉抗辩权。先诉抗辩权又称检索抗辩权，是指保证人于债权人未就债务人的财产强制执行而无效果前，对债权人得拒绝承担保证责任的权利。虽然保证人享有先诉抗辩权，但是在法律规定的情况下，保证人不得行使之。依据《民法典》第 687 条第 2 款的规定，有下列情形之一的，保证人不得行使先诉抗辩权：（1）债务人下落不明，且无财产可供执行；（2）人民法院已经受理债务人破产案件；（3）债权人有证据证明债务人的财产不足以履行全部债务或者丧失履行债务能力；（4）保证人书面放弃先诉抗辩权。

材料分析题

（1）顺达公司抗辩理由一不成立。债权人和债务人未经保证人书面同意，减轻债务的，保证人仍然应该对变更后的债务承担担保责任。本案中，年利率的下调属于债务的减轻，所以保证人仍然要承担保证责任。

（2）顺达公司抗辩理由二不成立。第三人单方面以书面形式向债权人出具保证承诺函，债权人接受且没有提出异议的，保证合同成立。该承诺函具有债务人先承担责任的意思，保证属一般保证。本案中，顺达公司出具的"贷款担保承诺函"，某行王县支行没有提出异议，保证成立。双方对保证期间并无约定，保证期间应为主债务履行期届满后 6 个月。主债务履行期届满日为 2021 年 10 月 18 日，保证期间截止于 2022 年 4 月 18 日，王县支行于 2022 年 3 月 18 日便对主债务人郑某提起诉讼，因此顺达公司不能主张保证期间届满的抗辩。

（3）康达公司抗辩理由一成立。康达公司以担保人名义在主合同中签章，保证通过主合同中的保证条款的方式订立，对保证方式未作约定，保证为一般保证。由于债务人提供了自己的汽车作为担保，按照《民法典》第 392 条对混合担保的规定，债权人应当先就债务人提供的物的担保实现债权，因此王县支行应该先行使抵押权实现债权，对汽车进行拍卖或变卖，就变价受偿，不足的，才能要求其他担保人承担责任。

（4）康达公司抗辩理由二不成立。康达公司为一般保证人，保证期间为债务履行期限届满之日起 6 个月。本案中，保证期间截止于 2022 年 4 月 18 日，此前王县支行已经起诉债务人，并强制执行而未受全部清偿。康达公司仍应承担保证责任。

（5）不承担担保责任。利达公司所签署的合同对于合同的生效约定了条件，由于未加盖公章，始终未满足生效条件，因此合同不生效，利达公司不承担担保责任。

论述题与深度思考题

1. 保证合同的从属性主要表现在以下方面：（1）保证合同是主债权债务合同的从合同。保证合同是为担保主债权债务合同而订立的，只有主债权债务合同存在，保证合同才有意义。主合同有效的，有关保证独立性的约定无效不影响保证合同的效力；主合同无效的，保证合同无效，但是法律另有规定的除外。保证合同被确认无效后，债务人、保证人、债权人各自有过错的，应当根据其过错各自承担相应的民事责任。（2）保证的范围与强度从属于主债务的范围与强度，不得大于或者强于主债务的范围与强度。（3）保证债权随主债权的转移而转移，保证人原则上在原担保的范围内承担保证责任。（4）保证人的保证债务随主债务人债务的存在而于保证期限内存在。因此，主债务人转移主债务的，除保证人明确表示对债务转移承担保证责任外，保证人的保证债务消灭。（5）保证债务随主债务的消灭而消灭。主债务因清偿等原因消灭的，保证债务当然也就消灭；主债务因合同解除而消灭的，保证债务也应当消灭。

2. 保证责任免除和消灭的事由主要有如下几项：（1）保证期间届满。保证期间是保证责任的存续期间，因此，在保证期间内，债权人未请求保证人履行保证债务的，保证人免除保证责任。（2）未经保证人书面同意而加重主债务的债的变更。基于保证合同的从属性，债权人和债务人未经保证人书面同意，协商变更主债权债务合同内容，减轻债务的，保证人仍对变更后的债务承担保证责任；加重债务的，保证人对加重的部分不承担保证责任。（3）债权人违反债权禁止转让的约定而转让债权。债权人转让全部或者部分债权，未通知保证人的，该转让对保证人不发生效力。保证人与债权人约定禁止债权转让，债权人未经保证人书面同意转让债权的，保证人对受让人不再承担保证责任。（4）债务人未经保证人书面同意而转移主债务。债权人未经保证人书面同意，允许债务人转移全部或者部分债务的，保证人对未经其书面同意转移的债务不再承担保证责任，但是债权人和保证人另有约定的除外。（5）债权人放弃或者怠于行使权利致使主债务人的财产不能被执行。一般保证的保证人在主债务履行期限届满后，向债权人提供债务人可供执行财产的真实情况，债权人放弃或者怠于行使权利致使该财产不能被执行的，保证人在其提供可供执行财产的价值范围内不再承担保证责任。

第十四章 租赁合同

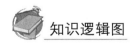知识逻辑图

租赁合同 {
　概念：出租人将租赁物交付承租人使用、收益，承租人支付租金的合同
　特征 {
　　转移财产使用权的合同
　　诺成合同、双务合同、有偿合同
　　临时性合同
　　继续性合同
　　合同终止后承租人须返还原物
　}
　分类 {
　　动产租赁合同与不动产租赁合同
　　定期租赁合同与不定期租赁合同
　　一般租赁合同与特殊租赁合同
　}
　形式：租赁期限 6 个月以上的，应当采用书面形式。当事人未采用书面形式的，视为不定期租赁
　内容：租赁物的名称、数量、用途、租赁期限、租金及支付方式、租赁物维修
　出租人的义务 {
　　交付租赁物并在租赁期限内保持租赁物符合约定的用途
　　瑕疵担保责任
　　维修租赁物
　　负担税负及返还费用
　　在合同终止时接受租赁物、返还押金或者担保物
　}
　承租人的义务 {
　　按照约定的方式和范围对租赁物为使用、收益
　　妥善保管租赁物
　　不得擅自改善或者增设他物
　　支付租金
　　不得随意转租
　　返还租赁物
　}
　特殊效力 {
　　租赁物所有权变动后合同的效力
　　承租人的优先购买权
　　房屋承租人的共同居住人的继续租赁权
　　承租人的优先承租权
　}
　终止：原因与效力
}

名词解释与概念比较

1. 租赁合同
2. 转租
3. 承租人的优先购买权

选择题

（一）单项选择题

1. 甲与乙口头协商，甲将房屋出租给乙使用，租赁期为 2 年。对此，下列选项中，正确的是（　　）。

A. 租赁合同的租赁期为 2 年

B. 租赁合同的租赁期为 6 个月

C. 租赁合同为不定期租赁

D. 租赁合同不成立，因为租赁物为房屋，应当采取书面形式

2. 明华公司与老赵签订了租赁合同，承租老赵临街的一套房屋，租赁期为 30 年。对此，下列选项中，正确的是（ ）。

A. 租赁合同租赁期为 30 年

B. 租赁合同为不定期租赁

C. 租赁合同租赁期为 20 年

D. 租赁合同无效

3. 甲将房屋租给乙，在租赁期内未通知乙就把房屋出卖并过户给不知情的丙。乙得知后劝丙退出该交易，丙拒绝。关于乙可以采取的民事救济措施，下列哪一选项是正确的？（ ）

A. 请求解除租赁合同，因甲出卖房屋未通知乙，构成重大违约

B. 请求法院确认买卖合同无效

C. 主张由丙承担侵权责任，因丙侵犯了乙的优先购买权

D. 主张由甲承担赔偿责任，因甲出卖房屋未通知乙而侵犯了乙的优先购买权

4. 甲与乙订立房屋租赁合同，约定租期 5 年。半年后，甲将该出租房屋出售给丙，但未通知乙。不久，乙以其房屋优先购买权受侵害为由，请求法院判决甲、丙之间的房屋买卖合同无效。对此，下列哪一表述是正确的？（ ）

A. 甲出售房屋无须通知乙

B. 丙有权根据善意取得规则取得房屋所有权

C. 甲侵害了乙的优先购买权，但甲、丙之间的合同有效

D. 甲出售房屋应当征得乙的同意

5. 张某于 2021 年 1 月向何某租住一套房屋，租期 1 年。半年后何某出国。租期届满，何某并未作任何表示。2022 年 3 月何某归来，要求张某立即搬出。对此，下列选项哪个是正确的？（ ）

A. 双方没有续订合同，租赁关系消灭

B. 次年 1 至 3 月，双方存在无偿合同关系

C. 自次年 1 月起，原合同应视为续订 1 年

D. 自次年 1 月起，该合同转变为不定期租赁

6. 小刘租老张的牛耕地，因牛患病，在耕地时，牛意外死亡。对此，下列选项中，正确的是（ ）。

A. 小刘要对老张承担违约责任

B. 小刘要对老张承担侵权责任

C. 小刘要对老张承担损害赔偿责任

D. 老张自己承担损失

7. 房屋所有权人刘某与张某签订为期 10 年的房屋租赁合同，将房屋租给张某居住。1 年以后，刘某将房屋卖给霍某，霍某要求张某搬出房屋。霍某的这种要求是否有法律依据？（ ）

A. 有依据，因为霍某取得房屋所有权后，可以对之进行自主支配，当然有权要求张某退出其房屋

B. 无依据，因为设定在先的债权的效力优先于设定在后的物权

C. 无依据，因为张某取得租赁权在先，根据买卖不破租赁原则，张某可对抗霍某在后取得的所有权

D. 有依据，因为根据物权优先于债权的原则，霍某取得的房屋所有权优先于张某通过合同取得的租赁权

8. 甲租赁了乙的房屋用于居住，因又找到了新的房屋，甲便将乙的房屋租给了丙。根据《民法典》的规定，下列选项中，错误的是（ ）。

A. 如果甲没有经过乙的同意，则甲与丙的租赁合同无效

B. 如果甲没有经过乙的同意，则乙可以解除与甲的租赁合同

C. 如果甲没有经过乙的同意，则甲的转租行为构成违约

D. 如果因为乙不同意，而使丙无法使用房屋，则丙可以要求甲承担违约责任

9. 小王有急事要办，小刘表示他刚把摩托车加满了油，愿意给小王用。两人口头协议，小王租用小刘的摩托车，小王将事情处理完毕即交还摩托车，租金 100 元。对此，下列选项中，正确的是（ ）。

A. 两人的租赁合同无效

B. 合同为定期租赁合同

C. 小王应当支付 100 元租金

D. 小王在返还摩托车时，有义务将摩托车加满油

10. 甲与乙签订运输合同，由甲为乙运输存放在丙处的货物。甲与丙签订租赁合同，租用丙的汽车为乙运输货物，租期 3 年，每年的租金为 2 万元。1 年过

后，丙数次要求甲支付租金，但甲置之不理。对此，下列选项中，错误的是（　　）。

A. 甲应当在租赁期每满1年时支付租金

B. 丙可以要求甲承担违约责任

C. 丙可以解除合同

D. 丙可以扣留货物，以要求甲支付租金

11. 孙某与李某签订房屋租赁合同，李某承租后与陈某签订了转租合同，孙某表示同意。但是，孙某在与李某签订租赁合同之前，已经把该房租给了王某并已交付。李某、陈某、王某均要求继续租赁该房屋。对此，下列哪一表述是正确的？（　　）

A. 李某有权要求王某搬离房屋

B. 陈某有权要求王某搬离房屋

C. 李某有权解除合同，要求孙某承担赔偿责任

D. 陈某有权解除合同，要求孙某承担赔偿责任

12. 甲以某商铺作抵押向乙银行借款，抵押权已登记，借款到期后甲未偿还。甲提前得知乙银行将起诉自己，在乙银行起诉前将该商铺出租给不知情的丙，预收了1年租金。半年后经乙银行请求，该商铺被法院委托拍卖，由丁竞买取得。对此，下列哪一选项是正确的？（　　）

A. 甲与丙之间的租赁合同无效

B. 丁有权请求丙腾退商铺，丙有权要求丁退还剩余租金

C. 丁有权请求丙腾退商铺，丙无权要求丁退还剩余租金

D. 丙有权要求丁继续履行租赁合同

视频讲题

（二）多项选择题

1. 小丽在租了老张的房屋之后，嫌房屋太闷，找来工人加宽窗户，并对房屋加以装饰，老张对此十分不满。下列选项中，正确的有（　　）。

A. 作为承租人，小丽有权改造房屋

B. 老张应当向小丽支付房屋改造费用

C. 老张可以要求小丽将房屋恢复原状

D. 老张可以要求小丽赔偿损失

2. 老王带着家人迁居到一个新的地方，因没有房子住，便租了老孙的一套房屋。搬进去以后，老王发现一到下雨天，房屋便漏雨严重。老王要求老孙赶快把房子修好，但老孙认为应当由老王自己出资修理。老王只得自己掏钱将房屋修好。对此，下列选项中，正确的有（　　）。

A. 老王有权要求老孙修理房屋

B. 房屋的修理费用应当由老王承担

C. 房屋的修理费用应当由老孙承担

D. 老王既然已经自己掏钱修理房屋，便应认定其自愿修理，不能要求老孙支付修理费

3. 甲与乙签订了一份租赁合同。合同约定，在甲父死亡后，甲将房屋租给乙居住。这一合同的性质应如何认定？（　　）

A. 既未成立，也未生效

B. 已成立，但未生效

C. 是附条件合同

D. 是附期限合同

4. 甲将其临街房屋和院子出租给乙作为汽车修理场所。经甲同意，乙先后两次自费扩建多间房屋作为烤漆车间。乙在又一次扩建报批过程中发现，甲出租的全部房屋均未经过城市规划部门批准，属于违章建筑。对此，下列哪些选项是正确的？（　　）

A. 租赁合同无效

B. 因甲、乙对于扩建房屋都有过错，应分担扩建房屋的费用

C. 因甲未告知乙租赁物为违章建筑，乙可解除租赁合同

D. 乙可继续履行合同，待违章建筑被有关部门确认并影响租赁物使用时，再向甲主张违约责任

5. 冯某与张某口头约定将一处门面房租给张某，租期2年，租金每月1000元。合同履行1年后，张某向冯某提出能否转租给翁某，冯某表示同意。张某遂与翁某达成租期1年、月租金1200元的口头协议。翁某接手后，擅自拆除了门面房隔墙，冯某得知后欲收回房屋。对此，下列选项哪些是错误的？（　　）

A. 冯某与张某之间的租赁合同为不定期租赁

B. 张某将房屋转租后，冯某有权按每月1200元向张某收取租金

C. 冯某有权要求张某恢复原状或赔偿损失

D. 冯某有权要求翁某承担违约责任

6. 10月6日，甲与乙达成口头协议，甲将自己的牛租给乙耕地。10月7日，乙到甲家中将牛牵走。10月10日，乙又与甲商量以1 000元的价格将牛买下，甲同意。对此，下列选项中，正确的有（　　）。

A. 甲与乙之间的租赁合同于10月6日成立

B. 甲与乙之间的租赁合同于10月7日生效

C. 甲与乙之间的买卖合同于10月10日生效

D. 乙于10月7日取得了牛的所有权

7. 甲公司租了乙的一栋破旧的楼房，合同约定甲公司要在该楼房内建起一个大型的现代化商场，年租金为50万元，租期为20年。合同签订后，甲公司派工程队进入楼房，大张旗鼓地改造楼房。乙看到楼房被弄得面目全非，十分不忍，便告知甲公司解除合同，要求甲公司赔偿损失。对此，下列选项中，正确的有（　　）。

A. 甲公司的行为构成违约，应当向乙承担违约责任

B. 甲公司按照合同约定使用租赁物，虽使租赁物受到损耗，但不构成违约

C. 乙可以解除合同

D. 乙不能解除合同

8. 乙租了甲一台电冰箱使用，甲告诉乙电冰箱有毛病，要正常使用的话，必须购买电源稳压器，否则会出问题的。乙使用电冰箱一段时间之后发觉并没有什么问题，便将甲的警告抛于脑后。某日，供电公司在未事先通知的情况下检修线路，导致电压不稳，电冰箱被毁，乙放在冰箱里的名贵海参全部腐烂。对此，下列选项中，正确的有（　　）。

A. 乙可以要求甲承担瑕疵担保责任

B. 乙可以要求供电公司赔偿损失

C. 乙应当赔偿甲的损失

D. 甲作为出租人，应当承担电冰箱意外毁损的风险，因而应由甲自己承担电冰箱的损失

9. 下列情形中，当事人可以解除租赁合同的有（　　）。

A. 承租人未按照约定的方法或者租赁物的性质使用租赁物致使租赁物受到损失

B. 经出租人同意，承租人转租房屋

C. 因不可归责于承租人的事由而致租赁物部分灭失从而不能实现租赁合同的目的

D. 不定期租赁合同

10. 甲急于找房子住。甲不顾乙的房子属于危房，急切之下与乙达成口头协议，约定甲以每年2 000元的价格租赁乙的房屋，租期为3年。对此，下列选项中，正确的有（　　）。

A. 租赁期限为3年

B. 租赁期限为不定期

C. 虽然甲在订立合同之前知道房子是危房，但其仍可以此为由随时解除合同

D. 乙可以随时解除合同，但应在合理期限之前通知甲

11. 甲将自己的一套房屋租给乙住，乙又擅自将房屋租给丙住。丙是个飞镖爱好者，因练飞镖而将房屋的墙面损坏。下列哪些选项是正确的？（　　）

A. 甲有权要求解除与乙的租赁合同

B. 甲有权要求乙赔偿墙面损坏造成的损失

C. 甲有权要求丙搬出房屋

D. 甲有权要求丙支付租金

12. 丁某将其所有的房屋出租给方某，方某将该房屋转租给唐某。对此，下列哪些表述是正确的？（　　）

A. 丁某在租期内基于房屋所有权可以对方某主张返还请求权，方某可以基于其与丁某的合法的租赁关系主张抗辩权

B. 方某未经丁某同意将房屋转租，并已实际交付给唐某租用，则丁某无权请求唐某返还房屋

C. 如丁某与方某的租赁合同约定，方某未经丁某同意将房屋转租，丁某有权解除租赁合同，则在合同解除后，其有权请求唐某返还房屋

D. 如丁某与方某的租赁合同约定，方某未经丁某同意将房屋转租，丁某有权解除租赁合同，则在合同解除后，在丁某向唐某请求返还房屋时，唐某可以基于与方某的租赁关系进行有效的抗辩

13. 甲、乙签订协议，约定甲租用乙的房屋10年，租金每年1万元，甲可以转租。第二年，甲将该房屋转租给丙，租期3年，租金每年1.5万元。后因乙经营不善，房屋被法院拍卖还债，丙购得该房屋。现甲、丙对两份租赁合同的履行产生争议，下列哪些选项是正确的？（　　）

A. 本案适用买卖不破租赁原则

B. 本案不适用买卖不破租赁原则

C. 丙有权主张将转租合同的租金变更

D. 甲有权要求丙继续履行转租合同

14. 甲公司将自己所有的 10 台机器出租给了乙公司，乙公司未经其同意，将其低价出售给知情的丙公司，丙公司又将其出租给丁公司。丁公司对上述交易过程完全不了解。对此，下列哪些选项是正确的？（　　）

A. 丙、丁之间的租赁合同有效

B. 甲公司有权请求丁公司返还机器，并且无须补偿其任何损失

C. 甲公司有权请求丁公司返还机器，但是应补偿其损失

D. 甲公司无权请求丁公司返还机器，但是丁公司应当补偿甲公司的损失

15. 居民甲将房屋出租给乙，乙经甲同意对承租房进行了装修并转租给丙。丙擅自更改房屋承重结构，导致房屋受损。对此，下列哪些选项是正确的？（　　）

A. 无论有无约定，乙均有权于租赁期满时请求甲补偿装修费用

B. 甲可请求丙承担违约责任

C. 甲可请求丙承担侵权责任

D. 甲可请求乙承担违约责任

视频讲题

16. 居民甲经主管部门批准修建了一排临时门面房，核准使用期限为 2 年，甲将其中一间租给乙开餐馆，租期 2 年。期满后未办理延长使用期限手续，甲又将该房出租给了丙，并签订了 1 年的租赁合同。因租金问题，发生争议。对此，下列哪些选项是正确的？（　　）

A. 甲与乙的租赁合同无效

B. 甲与丙的租赁合同无效

C. 甲无权将该房继续出租给丙

D. 甲无权向丙收取该年租金

17. 甲将房屋出租给乙，后经甲同意，乙将房屋转租给丙。在丙使用房屋期间，乙下落不明，未向甲支付租金。下列说法错误的是（　　）。

A. 甲有权要求丙支付租金

B. 甲有权拒绝丙向其支付租金

C. 对于甲而言，这构成选择之债，其有权选择请求乙或丙支付租金

D. 因乙下落不明，丙失去租赁权

18. 柳某欲出租房屋，于 2021 年 5 月与孟某签订合同 A，租期 1 年，孟某随即入住。2021 年 9 月柳某又与马某签订合同 B，租期 1 年，柳某与马某办理了备案登记手续。请问下列哪些选项是正确的？（　　）

A. 孟某因合法占有而具有优先权

B. A 合同虽然未经备案登记，但仍然有效

C. A 合同因成立在先而有优先权

D. B 合同因备案而具有优先权

（三）不定项选择题

例 1：甲将其所有的房屋出租给乙，双方口头约定租金为每年 5 万元，乙可以一直承租该房屋，直至乙去世。房屋出租后的第二年，乙为了经营酒店，经甲同意，对该房屋进行了装修，共花费 6 万元。一天晚上，一辆失控的汽车撞到该房屋，致使其临街的玻璃墙毁损，肇事司机驾车逃逸，乙要求甲维修，甲拒绝，乙便自行花费 1 万元予以维修。现甲、乙发生纠纷，均欲解除合同，但就如何解除意见不一。请回答下列问题。

1. 该租赁合同的性质如何？（　　）

A. 附解除条件的合同

B. 附延缓条件的合同

C. 附始期的合同

D. 附终期的合同

2. 对于乙对房屋的装修费用，若甲、乙达不成协商一致，应如何处理？（　　）

A. 由乙无条件拆除，费用由乙自理

B. 装修物归甲所有，且甲无须支付费用

C. 装修物归甲所有，且甲应当支付全部装修费用

D. 若装修物可以拆除则拆除，不能拆除的，按照法律规定处理

3. 对于乙对玻璃墙的维修及其费用应如何处理？（　　）

A. 由甲承担维修费用

B. 由乙承担维修费用

C. 由甲乙分担维修费用

D. 由甲承担大部分维修费用，由乙承担小部分维修费用

4. 若本案中双方未约定租赁期限，甲、乙双方又

无法就租赁期限协议补充,下列关于合同解除的何种说法是正确的?（　　）

A. 甲无权随时解除合同

B. 甲可以随时解除租赁合同,但应在合理期限之前通知乙

C. 乙可以随时解除租赁合同

D. 若合同解除,则乙仍应支付解除之前实际租赁期限的租金

例2:顺风电器租赁公司将一台电脑出租给张某,租期为2年。在租赁期间内,张某谎称电脑是自己的,分别以市价与甲、乙、丙签订了三份电脑买卖合同并收取了三份价款,但张某把电脑实际交付给了乙。后乙的这台电脑丢失被李某拾得,因暂时找不到失主,李某将电脑出租给王某获得很高收益。王某租用该电脑时出了故障,遂将电脑交给康成电脑维修公司维修。王某和李某就维修费的承担发生争执。康成公司因未收到修理费而将电脑留置,并告知王某如7天内不交费,将变卖电脑抵债。李某听闻后,于当日潜入康成公司偷回电脑。请回答下列问题。

5. 关于张某与甲、乙、丙的合同效力,下列选项正确的是（　　）。

A. 张某非电脑所有权人,其出卖为无权处分,与甲、乙、丙签订的合同无效

B. 张某是合法占有人,其与甲、乙、丙签订的合同有效

C. 乙接受了张某的交付,取得电脑所有权

D. 张某不能履行对甲、丙的合同义务,应分别承担违约责任

6. 如乙请求李某返还电脑和所获利益,下列说法正确的是（　　）。

A. 李某向乙返还所获利益时,应以乙所受损失为限

B. 李某应将所获利益作为不当得利返还给乙,但可以扣除支出的必要费用

C. 乙应以所有权人身份而非不当得利债权人身份请求李某返还电脑

D. 如李某拒绝返还电脑,需向乙承担侵权责任

7. 关于康成公司的民事权利,下列说法正确的是（　　）。

A. 王某在7日内未交费,康成公司可变卖电脑并自己买下电脑

B. 康成公司曾享有留置权,但当电脑被偷走后,丧失留置权

C. 康成公司可请求李某返还电脑

D. 康成公司可请求李某支付电脑维修费

 简答题

1. 简述租赁合同的特征。

2. 简述出租人的义务。

3. 简述承租人的义务。

4. 简述转租与租赁权让与的区别。

 材料分析题

1. 2018年3月1日,甲与乙就房屋出租订立了书面合同。甲将其房屋租给乙使用,租期3年,租金每年7 000元。3年之后,乙仍然居住在房屋之中,而甲也没有表示反对。2021年8月1日,经过甲许可,乙与丙达成口头协议,将房屋转租给了丙,租期以后再说,租金每年9 000元。丙与妻子搬进了房屋。2022年2月1日,雷雨交加,房屋的一面墙壁被大水冲垮。甲、乙、丙三人均不愿自己拿钱修理房屋,争吵不休。最终,丙只得自己雇人将房屋修好,丙为此支付了1 000元。经过此事,甲感到十分伤心,向乙、丙表示将把房屋卖出去,乙与丙则表示随甲的便。2022年5月1日,甲与丁签订买卖合同,将房屋卖给了丁,同日办理了过户登记手续。请回答如下问题:

（1）乙与丙的租赁期限如何确定?为什么?

（2）甲、乙、丙是否享有法定合同解除权?为什么?

（3）丙应当向甲还是乙支付租金?为什么?

（4）房屋修理费用最终应由谁承担?为什么?

（5）如果丙与妻子搬进房屋不久后,丙去世,丙妻可否继续居住?为什么?

（6）甲将房屋卖给丁,甲与乙、乙与丙之间的租赁合同效力如何?为什么?

（7）丁是否可以通过某种方式,要求丙搬出房屋?为什么?

2. 2021年1月1日,甲与乙口头约定,甲承租乙的一套别墅,租期为5年,租金一次付清,交付租金后即可入住。洽谈时,乙告诉甲屋顶有漏水现象。为

了尽快与女友丙结婚共同生活,甲对此未置可否,付清租金后与丙入住并办理了结婚登记。

入住后不久别墅屋顶果然漏水,甲要求乙进行维修,乙认为在订立合同时已对漏水问题提前作了告知,甲当时并无异议,仍同意承租,故现在乙不应承担维修义务。于是,甲自购了一批瓦片,找到朋友开的丁装修公司免费维修。丁公司派工人更换了漏水的旧瓦片,同时按照甲的意思对别墅进行了较大装修。更换瓦片大约花了 10 天时间,装修则用了 1 个月,乙不知情。更换瓦片时,一名工人不慎摔伤,花去医药费数千元。

2021 年 6 月,由于新换瓦片质量问题,别墅屋顶出现大面积漏水,造成甲一万余元财产损失。

2022 年 4 月,甲遇车祸去世,丙回娘家居住。半年后丙返回别墅,发现戊已占用别墅。原来,2020 年 12 月甲曾向戊借款 10 万元,并亲笔写了借条,借条中承诺在不能还款时该别墅由戊使用。在戊向乙出示了甲的亲笔承诺后,乙同意戊使用该别墅,将房屋的备用钥匙交付于戊。

请回答下列问题:

(1)甲、乙之间租赁合同的期限如何确定?理由是什么?

(2)别墅维修及费用负担问题应如何处理?理由是什么?

(3)甲、丁之间存有什么法律关系?其内容和适用规则如何?摔伤工人的医药费用、损失应如何处理?理由是什么?

(4)别墅装修问题应如何处理?理由是什么?

(5)甲是否有权请求乙赔偿因 2021 年 6 月屋顶漏水所受损失?理由是什么?

(6)丙可否行使对别墅的承租使用权?理由是什么?

(7)丙应如何向戊主张自己的权利?理由是什么?

视频讲题

论述题与深度思考题

试述承租人的优先购买权。

参考答案

名词解释与概念比较

1. 租赁合同,是指出租人将租赁物交付承租人使用、收益,承租人支付租金的合同。

2. 转租,是指承租人不退出租赁合同关系,而将租赁物出租给次承租人使用、收益。

3. 承租人的优先购买权,是指在租赁合同存续期间,于出租人出卖租赁物时,承租人在同等条件下所享有的优先购买租赁物的权利。

选择题

(一)单项选择题

1. A

按照《民法典》第 707 条的规定,租赁期限 6 个月以上的,应当采用书面形式。当事人未采用书面形式,无法确定租赁期限的,视为不定期租赁。本题中,虽然合同采用口头形式,但可以确定租赁期为 2 年。故本题应选 A 项。

2. C

按照《民法典》第 705 条的规定,租赁合同中约定的租赁期限不得超过 20 年,超过 20 年的,超过部分无效。因此,明华公司与老赵约定的租赁期超过 20 年并不会导致合同无效,只是超过 20 年的部分约定无效,租赁期限应为 20 年。故本题应选 C 项。

3. D

房屋所有人未通知承租人便将房屋出卖,侵害了承租人的优先购买权。按照《民法典》第 728 条的规定,出租人未通知承租人或者有其他妨害承租人行使优先购买权情形的,承租人可以请求出租人承担赔偿责任。但是,出租人与第三人订立的房屋买卖合同的效力不受影响。因此,乙只能请求由甲承担赔偿责任。根据买卖不破租赁原则,乙仍有权继续按照合同约定使用房屋。故本题应选 D 项。

4. C

承租人乙拥有优先购买权,出租人甲出卖房屋应当在出卖之前的合理期限内通知承租人乙,但无须征得其同意。甲的行为侵害了乙的优先购买权,乙可以要求甲予以赔偿，但不能主张甲、丙之间的合同无效。甲系有权处分，丙取得房屋所有权不是基于善意取得规则。故本题应选C项。

5. D

按照《民法典》第734条的规定，何某与张某虽然没有续订合同，但租赁合同并不消灭，自次年1月开始，何某与张某的租赁合同成为不定期租赁合同，合同仍然按照原来约定的内容发生效力。故本题应选D项。

6. D

按照《民法典》第710条的规定，承租人按照约定的方法或者根据租赁物的性质使用租赁物，致使租赁物受到损耗的，不承担赔偿责任。同时，按照《民法典》第729条的规定，出租人承担租赁物意外毁损、灭失的风险，因此，老张自己承担牛意外死亡的损失，小刘不必承担责任。故本题应选D项。

7. C

按照《民法典》第725条的规定，租赁物在承租人按照租赁合同占有期限内发生所有权变动的，不影响租赁合同的效力，即买卖不破租赁。刘某与张某的房屋租赁关系设定于刘某与霍某的买卖关系成立之前，虽然霍某取得了房屋所有权，但仍受原租赁合同的约束。此时发生合同权利义务的概括移转，霍某取代刘某成为租赁合同中的出租人。故本题应选C项。

8. A

在未经出租人同意的情况下，承租人转租的，转租人与次承租人的租赁合同有效。因乙不同意转租，丙无法使用房屋，丙可以要求甲承担违约责任。按照《民法典》第716条的规定，甲未经乙的同意转租构成违约，乙可以解除与甲的租赁合同。故本题应选A项。

9. C

两人达成口头租赁合同，不存在无效情形，合同有效，小王应当按照合同约定支付100元租金。按照双方约定，租赁期结束为小王将事情处理完毕时，因约定不清，应认定其为不定期租赁。小王使用摩托车，肯定会使汽油减少，这属于租赁物的正常损耗，小王没有义务将摩托车加满油再返还给小刘。故本题应选C项。

10. D

按照《民法典》第721条的规定，对支付租金的期限没有约定或者约定不明确，依据《民法典》第510条的规定仍不能确定，租赁期限1年以上的，承租人应当在每届满1年时支付租金。甲拒绝支付租金，构成违约，丙可以要求甲承担违约责任。按照《民法典》第722条的规定，甲无正当理由不支付租金，丙可以请求其在合理期限内支付；甲逾期不支付的，丙可以行使法定合同解除权，解除合同。债权人留置的动产，应当与债权属于同一法律关系。货物归乙所有，不符合留置权的成立条件，丙不能扣留货物，否则构成侵权。故本题应选D项。

11. C

出租人孙某与承租人王某间的租赁合同有效，承租人李某与次承租人陈某间的转租合同经过出租人孙某同意，发生效力。根据最高人民法院《关于审理城镇房屋租赁合同纠纷案件具体应用法律若干问题的解释》第5条的规定，出租人就同一房屋订立数份租赁合同，在合同均有效的情况下，承租人均主张履行合同的，法院按照下列顺序确定履行合同的承租人：（1）已经合法占有租赁房屋的；（2）已经办理登记备案手续的；（3）合同成立在先的。王某已经有权占有房屋，李某与陈某无法基于租赁合同请求王某搬离。因租赁合同履行不能，合同目的落空，李某拥有法定合同解除权，可以解除合同，并要求相对人孙某承担违约责任。同理，陈某可以解除与李某的合同，并要求相对人李某承担违约责任，但陈某与孙某间不存在合同关系，其不能要求孙某承担违约责任。故本题应选C项。

12. C

商铺虽已抵押，但抵押人仍可将商铺出租，租赁合同并不存在无效情形，合同有效。按照《民法典》第405条的规定，抵押权设立前，抵押财产已经出租并转移占有的，原租赁关系不受该抵押权的影响。本题中，抵押权设定于租赁权之前。因此，租赁权无法对抗抵押权，乙银行可以实现抵押权，拍卖房屋，而不必顾虑租赁的存在。问题在于丁竞买取得房屋所有权，按照《民法典》第725条对于买卖不破租赁的规定，此买卖发生于租赁之后，丙可否以租赁权对抗丁的所有权？商铺为不动产，登记可以成立抵押权并对抗善意第三人，但对因抵押权实现而通过拍卖方式取得商铺的丁而言，其之所有权与丙的租赁权何者更优？按照最高人民法院《关于审理城镇房屋租赁合同纠纷案件具体应用法律若干问题的解释》第 14 条的规定，房屋在出租前已设立抵押权，因抵押权人实现抵押权发生所有权变动的，或房屋在出租前已被法院依法查封的，租赁权不能对抗买受人的所有权。丁便有权请求丙腾退，丙只能要求甲承担违约责任、退还剩余租金。故本题应选 C 项。

（二）多项选择题

1. CD

按照《民法典》第 715 条的规定，承租人经出租人同意，可以对租赁物进行改善或者增设他物。承租人未经出租人同意，对租赁物进行改善或者增设他物的，出租人可以请求承租人恢复原状或者赔偿损失。故本题应选 C、D 项。

2. AC

按照《民法典》第 712 条的规定，除当事人另有约定外，出租人承担租赁物的维修义务。因此，老孙应当修理房屋。按照《民法典》第 713 条的规定，老王在房屋需要维修时可以要求老孙在合理期限内维修。因老孙未履行维修义务，老王可以自行维修，维修费用由老孙承担。故本题应选 A、C 项。

3. BD

甲父死亡是一个将来肯定会发生的事实，因此，甲与乙之间的租赁合同属于附生效期限的合同。甲与乙意思表示达成一致时，合同成立，但因生效期限未到，合同不生效。故本题应选 B、D 项。

4. AB

最高人民法院《关于审理城镇房屋租赁合同纠纷案件具体应用法律若干问题的解释》第 2 条规定："出租人就未取得建设工程规划许可证或者未按照建设工程规划许可证的规定建设的房屋，与承租人订立的租赁合同无效。但在一审法庭辩论终结前取得建设工程规划许可证或者经主管部门批准建设的，人民法院应当认定有效。"因此，租赁合同为无效。既然合同无效，便谈不上合同履行与解除。甲故意隐瞒与合同订立有关的重要事实，应当承担缔约过失责任，而乙对于未报批便扩建房屋也有过错。因此，甲乙应当分担扩建费用。故本题应选 A、B 项。

5. ABD

租赁期限 6 个月以上的，应当采用书面形式。当事人未采用书面形式，无法确定租赁期限的，视为不定期租赁。本题中，虽然合同采取口头形式，但可以

确定租赁期，因此仍为定期租赁合同，A 项错误。基于合同的相对性，张某应向冯某交付约定的租金，翁某应向张某交付约定的租金，B 项错误。按照《民法典》第 716 条的规定，在经出租人同意转租的情况下，次承租人造成租赁物损失的，承租人应当赔偿损失。因此，冯某有权要求张某赔偿损失，但无权要求翁某赔偿损失，C 项正确、D 项错误。故本题应选 A、B、D 项。

6. AC

租赁合同是不要式合同。因此，甲与乙于 10 月 6 日达成口头协议，合同即成立并生效。租赁合同是诺成合同，不以标的物的交付作为成立要件或生效要件。买卖合同于签订之日即 10 月 10 日生效，由于在买卖合同生效时，乙已经占有了标的物，因而乙于 10 月 10 日取得了牛的所有权。故本题应选 A、C 项。

7. BD

按照《民法典》第 710 条的规定，承租人按照约定的方法或者根据租赁物的性质使用租赁物，致使租赁物受到损耗的，不承担赔偿责任。合同中虽然没有约定甲公司可以改造楼房，但在一栋破旧楼房中建立大型现代化商场，势必需要从根本上改造楼房。因此，根据对合同目的以及相关条款的解释，甲公司改造楼房的行为并不构成违约，不必承担违约责任。对此，乙不能享有法定合同解除权，不能解除合同。故本题应选 B、D 项。

8. BC

由于甲事先告诉了乙电冰箱有瑕疵，而乙仍然租赁了电冰箱，甲不必承担瑕疵担保责任。虽然出租人甲应承担电冰箱意外毁损、灭失的风险，但乙没有妥善保管电冰箱而导致电冰箱毁损，乙应赔偿甲的损失。供电公司未事先通知检修线路而导致乙受到损失，乙可以违约为由，要求供电公司赔偿损失。故本题应选 B、C 项。

9. ACD

参见《民法典》第 711、716、729、730 条的规定，本题应选 A、C、D 项。

10. AC

租赁期限在 6 个月以上的租赁合同应采用书面形式，当事人未采用书面形式，无法确定租赁期限的，视为不定期租赁。在定期租赁合同中，当事人双方无正当理由不能解除合同。租赁物危及承租人的安全或

者健康的，即使承租人订立合同时明知该租赁物质量不合格，承租人仍然可以随时解除合同。故本题应选A、C项。

11. ABC

乙将房屋擅自转租给丙，出租人甲对承租人乙拥有法定合同解除权。承租人应正当使用租赁物，墙面损坏，系乙因第三人丙而对甲违约，基于合同相对性，乙应向甲承担违约责任，之后再向丙追偿。甲作为房屋所有权人，有权要求丙搬离房屋。甲、丙之间不存在合同关系，甲无权要求丙支付租金。故本题应选A、B、C项。

12. AC

丁某拥有房屋所有权，但基于丁某与方某之间的租赁合同，占有权能分离，方某可以租赁关系进行抗辩。方某未经同意便将房屋转租给唐某，不论房屋是否已实际交付给唐某，丁某均可基于房屋所有权请求唐某返还房屋，唐某不能以租赁关系对丁某进行抗辩。丁某拥有合同解除权，可解除与方某的租赁合同。故本题应选A、C项。

13. AD

房屋先租后卖的，可以适用买卖不破租赁原则，租赁物在租赁期间发生所有权变动，不影响租赁合同的效力。第一份租赁合同、第二份转租合同均继续有效。虽丙又取得了房屋所有权，但转租合同仍然有效，丙不能单方主张变更租金，甲也有权要求丙继续履行合同。也即丙应向甲每年支付1.5万元，甲应向丙每年支付1万元。故本题应选A、D项。

14. AB

乙公司无权处分，丙公司为恶意，不能基于善意取得而取得机器的所有权。丙公司将机器出租给丁公司，虽然丙公司无所有权，但租赁合同的有效并不以出租人拥有所有权为必要。因此，丙、丁之间的租赁合同有效。甲公司仍然拥有机器的所有权，可以要求占有人丁公司返还，并无须补偿。若甲公司要求丁公司返还，会造成丙公司无法对丁公司履行债务，丁公司得向丙公司主张违约责任请求权。故本题应选A、B项。

15. CD

根据《民法典》第715条的规定，乙的装修行为经甲同意而非为违约行为、侵权行为，故应为附合之添加行为。按照最高人民法院《关于审理城镇房租赁合同纠纷案件具体应用法律若干问题的解释》第10条的规定，承租人经出租人同意装饰装修，租赁期间届满时，承租人请求出租人补偿附合装饰装修费用的，不予支持，但当事人另有约定的除外。因此，A项错误。乙经甲同意的转租行为有效，甲乙、乙丙之间的租赁合同均为有效。丙的行为构成侵权行为、违约行为，所有人甲可向丙主张侵权责任，但由于甲、丙之间不存在合同关系，甲不能向丙主张违约责任。在乙的租赁期满后，应当向甲返还符合约定使用方式或按照租赁物性质的使用方式使用后的房屋。因第三人丙的行为致房屋受损，乙无法返还正常的房屋。乙需要向甲承担违约责任，丙向乙承担违约责任。故本题应选C、D项。

16. BCD

甲、乙租赁合同合法有效。根据最高人民法院《关于审理城镇房屋租赁合同纠纷案件具体应用法律若干问题的解释》第3条第2款的规定，租赁期限超过临时建筑的使用期限，超过部分无效。但在一审法庭辩论终结前经主管部门批准延长使用期限的，人民法院应当认定延长使用期限内的租赁期间有效。因房屋未办理延期手续，甲无权将房屋出租给丙，甲丙间租赁合同无效，则甲无权向丙收取租金。故本题应选B、C、D项。

17. ABCD

转租经甲同意，为有效，丙属次承租人，但丙与甲间并不存在合同关系，因此甲无权请求丙支付租金，A项错误。按照《民法典》第524、719条，丙有权代乙向甲支付租金，甲无权拒绝丙的代为履行。丙代为履行后，可抵充其对乙的租金，B项错误。选择之债规定在《民法典》第515、516条，指的是相同债权人、债务人的债权债务关系中，标的有多项，而债务人只需要履行其中一项，C项错误。乙、丙之间的转租有效，不因乙下落不明而失去效力，D项错误。故本题应选A、B、C、D项。

18. AB

按照《民法典》第706条的规定，租赁合同未办理登记备案手续的，不影响合同效力。按照最高人民法院《关于审理城镇房屋租赁合同纠纷案件具体应用法律若干问题的解释》第5条的规定，出租人就同一房屋订立数份租赁合同，在合同均有效的情况下，承租人均主张履行合同的，人民法院按照下列顺序确定履行合同的承租人：（1）已经合法占有租赁房屋的；（2）已经办理登记备案手续的；（3）合同成立在先的。因此 A、B 项正确。故本题应选 A、B 项。

（三）不定项选择题

1. D

甲与乙的租赁合同约定了效力附款，即乙去世。乙去世的事实定会发生，只是时间不定，该附款为期限而非条件。由于该期限是合同效力消灭的期限，因而该期限为终期而非始期。故本题应选 D 项。

2. D

按照《民法典》第 715 条的规定，承租人经出租人同意，可以对租赁物进行改善或者增设他物。按照最高人民法院《关于审理城镇房屋租赁合同纠纷案件具体应用法律若干问题的解释》第 8 条的规定，承租人经出租人同意装饰装修，租赁期间届满或者合同解除时，除当事人另有约定外，未形成附合的装饰装修物，可由承租人拆除。因拆除造成房屋毁损的，承租人应当恢复原状。其第 9 条规定，承租人经出租人同意装饰装修，合同解除时，双方对已形成附合的装饰装修物的处理没有约定的，人民法院按照具体情形分别处理。故本题应选 D 项。

3. A

出租人应当在租赁期间内保持租赁物符合约定的用途，并承担维修义务。甲拒绝维修，乙自费修理，维修费用由甲承担。故本题应选 A 项。

4. BD

按照《民法典》第 730 条的规定，当事人对租赁期限没有约定或者约定不明确，依据本法第 510 条的规定仍不能确定的，视为不定期租赁。当事人可以随时解除合同，但是应当在合理期限之前通知对方。因此 A、C 项错误，B 项正确。甲、乙租赁合同解除的，应面向将来发生效力，对于在合同解除前已经履行的部分，甲仍可要求乙支付租金，D 项正确。故本题应选 B、D 项。

5. BCD

根据《民法典》第 311 条的规定，张某虽非所有人，但其无权处分而订立的买卖合同并非无效，而为有效。张某将电脑交付给乙，乙符合善意取得的要件，取得电脑所有权。张某对甲、丙构成履行不能，应当承担违约责任。故本题应选 B、C、D 项。

6. BD

李某拾得遗失物，其之出租获益构成不当得利。按照《民法典》第 987 条的规定，李某的获益大于乙的损失，李某明知得利无合法依据，为恶意，则其之利益返还应以所获利益为准，即返还原物并返还孳息，不过可以扣除所支出的必要费用。乙可以主张基于所有权的物权请求权，也可以主张不当得利返还请求权，要求返还电脑。若李某拒绝返还电脑，构成所有权侵权，应承担侵权责任，返还电脑并赔偿损失。故本题应选 B、D 项。

7. BC

王某与康成公司成立承揽合同关系，按照《民法典》第 447 条、第 453 条的规定，债务人王某不履行到期债务，债权人康成公司可以留置已经合法占有的电脑，在无约定时，留置权人应当给债务人 60 日以上履行债务的期限，逾期未履行的，可以协商折价或拍卖、变卖。康成公司指定的 7 日过短。康成公司因丧失占有而丧失留置权。康成公司有权占有电脑，李某偷回电脑，根据《民法典》第 462 条的规定，康成公司可以请求侵占人返还原物。康成公司应当向相对人王某请求支付维修费。故本题应选 B、C 项。

 简答题

1. 租赁合同具有以下特征：（1）租赁合同是转移财产使用权的合同。租赁合同是以承租人取得对租赁物的使用、收益权为目的的，因此，承租人所取得的仅是租赁物的使用、收益的权利。（2）租赁合同为诺成合同、双务合同、有偿合同。租赁合同自当事人双方意思表示一致时起就成立，故为诺成合同。租赁合同成立生效后，当事人双方都既负有一定义务，也享有一定权利，双方的权利义务具有对应性，故为双务合同。租赁合同当事人的任何一方从对方处取得利益，均须支付一定的代价，故为有偿合同。（3）租赁合同是临时性合同。在租赁合同中，出租人只是将其财产的使用、收益权临时而非永久地转让给承租人，因此，租赁合同具有临时性的特征。（4）租赁合同是继续性合同。在租赁合同中，承租人要实现对物的使用、收益的目的，有赖于出租人在租赁期限内持续不断地履行合同义务。因此，租赁合同为继续性合同。（5）租赁合同终止后承租人须返还原物。租赁合同是转移财产使用权的合同，且具有临时性，因此，在租赁合同终止后，承租人须将原物返还给出租人，而不能以其他物代替原物返还。

2. 出租人的义务主要包括：（1）交付租赁物并在租赁期限内保持租赁物符合约定的用途。出租人不仅应在交付租赁物时保持其合于合同约定的使用、收益状态，而且应当在租赁期限保持租赁物合于约定的使用、收益状态。（2）瑕疵担保责任。出租人的瑕疵担保责任是出租人在租赁期限保持租赁物符合用途的义务的具体内容，包括物的瑕疵担保责任与权利瑕疵担保责任。（3）维修租赁物。除当事人另有约定外，出租人应当履行租赁物的维修义务。（4）负担税负及返还费用。当租赁物有税负等负担时，出租人应当承担租赁物的税负负担。对于承租人为租赁物支出的有益费用和必要费用，出租人也有偿还的义务。（5）在合同终止时接受租赁物、返还押金或者担保物。在租赁合同终止，承租人返还租赁物时，出租人应当及时接受租赁物。出租人收有押金或者其他担保物的，应当返还押金或者担保物。

3. 承租人的义务主要包括：（1）按照约定的方式和范围对租赁物为使用、收益。租人在依租赁合同取得对租赁物的使用、收益的权利的同时，负有按照约定的方法对租赁物为使用、收益的义务。（2）妥善保管租赁物。承租人作为租赁物的占有人，应当妥善保管租赁物，因保管不善造成租赁物毁损、灭失的，应当承担损害赔偿责任。（3）不得擅自改善或者增设他物。在租赁期限内，承租人使用租赁物，应当尽量保持租赁物的原状，不得擅自对租赁物进行改善或者增设他物。（4）支付租金。租金为承租人使用租赁物的代价，因此，支付租金是承租人的主要义务。（5）不得随意转租。承租人只有经出租人同意，才有权将租赁物转租；未经出租人同意的，承租人不得将租赁物转租第三人。（6）返还租赁物。由于租赁合同是转移财产使用权的合同，因此，在租赁合同终止时，承租人应当将租赁物返还给出租人，且返还的租赁物应当符合按照约定或者租赁物的性质使用后的状态。

4. 转租与租赁权让与的区别在于：（1）在法律性质上，转租系承租人与次承租人之间成立新的租赁合同，而租赁权让与为权利的转让。（2）在法律关系上，在转租中，承租人对出租人享有租赁权，次承租人对承租人享有租赁权。在租赁权让与中，承租人退出租赁关系，不再享有租赁权。（3）在取得方法上，在转租中，次承租人租赁权的取得属于设定的取得。在租赁权让与中，受让人租赁权的取得属于移转的取得。（4）在法律关系的内容上，在转租中，次承租人对承租人租金的支付一般分期进行，出租人、承租人之间的合同内容与承租人、次承租人之间的合同内容可以不同。在租赁权让与中，受让人对作为让与人的承租人，一般须一次性给付对价，受让人取代承租人，租赁合同内容不变。

材料分析题

1.（1）乙与丙的租赁期限是不定期。因为双方以口头方式订立租赁合同，且无法确定租赁期。

（2）甲、乙、丙均享有法定合同解除权。甲与乙的租赁合同已经到期，租赁期间届满，承租人继续使用租赁物，出租人没有提出异议的，原租赁合同继续有效，但租赁期限为不定期。乙与丙的租赁也属于不定期租赁。在不定期租赁中，当事人均享有法定合同解除权，可以随时解除合同，只是应当在合理期限之前通知对方。

（3）丙应当向乙支付租金。因为合同具有相对性，丙应向其合同相对人乙履行债务。

（4）房屋修理费用最终应由甲承担。房屋墙壁被大水冲垮，不可归责于任何一方当事人，不构成当事人一方的违约，而应当依据风险负担规则加以处理。在租赁合同中，出租人应当承担租赁物意外毁损、灭失的风险。就乙与丙的合同而言，乙承担风险，就甲与乙的合同而言，甲承担风险。所以，丙可以要求乙修理房屋，而乙可以要求甲修理房屋。房屋修理义务最终落于甲处。因此，甲应当承担房屋修理费用。

（5）丙妻可以继续居住。虽然丙妻并非租赁合同的当事人，但按照《民法典》第732条的规定，承租人在房屋租赁期限内死亡的，与其生前共同居住的人或者共同经营人可以按照原租赁合同租赁该房屋。

（6）甲与乙、乙与丙之间的租赁合同继续有效。根据买卖不破租赁原则，在租赁期间，出租人出卖租赁物的，租赁权可以对抗新所有权人。

（7）可以。房屋新所有人丁取代原所有人甲成为租赁合同的当事人。因租赁合同为不定期租赁，只要丁在合理期限之前通知乙，丁便可将租赁合同解除。然后，丁再基于所有权而要求丙搬离房屋。

2. （1）甲、乙之间的租赁为定期租赁。虽然甲、乙双方以口头方式订立超过6个月期限的租赁合同，但租赁期可以确定，因此为定期租赁。

（2）租赁合同中，除另有约定外，由出租人承担维修义务。因此，即便甲在订立租赁合同时明知别墅漏水，乙也应当维修别墅，并承担维修费用。甲无维修义务，却维修别墅，构成无因管理，在甲、乙之间成立无因管理之债，乙应当向甲返还费用。按照《民法典》第713条的规定，因维修而影响甲使用别墅大约10天，乙应当相应减少租金或者延长租期。

另外，瓦片质量有问题，若使乙受损，作为无因管理人的甲尽到了适当管理的义务，并无过错，不向乙承担赔偿责任。甲找丁公司免费维修，因无费用，不能要求乙返还。这可视为无因管理中管理人的自我牺牲，是其甘愿为无因管理行为付出的代价。

（3）甲、丁之间存在无名合同，可以适用《民法典》合同编"通则"中的规定，以及最相接近的有名合同的规定。摔伤工人的医药费用、损失应由丁公司承担，因为丁公司为工人的雇主。雇员在从事雇佣活动中遭受人身损害，雇主应当承担赔偿责任。

（4）乙可以要求甲恢复原状或赔偿损失。根据《民法典》第715条的规定，承租人经出租人同意，可以对租赁物进行改善或者增设他物。承租人未经出租人同意，对租赁物进行改善或者增设他物的，出租人可以请求承租人恢复原状或者赔偿损失。

（5）无权。在甲、乙之间，甲因其自行购买的瓦片有质量问题而受损，应自行承担损失。就其损失，甲可以向瓦片销售者主张违约责任、产品质量侵权责任，或向瓦片生产者主张侵权责任。

（6）可以。根据《民法典》第732条的规定，承租人在房屋租赁期限内死亡的，与其生前共同居住的人或者共同经营人可以按照原租赁合同租赁该房屋。

（7）要求戊返还原物、腾出别墅。因为丙可以按照原租赁合同租赁别墅，拥有租赁权。戊对别墅的使用是基于债权，而具有物权性质的租赁权优于债权。

 论述题与深度思考题

承租人的优先购买权是指在租赁合同存续期间，于出租人出卖租赁物时，承租人在同等条件下所享有的优先购买租赁物的权利。承租人优先购买权属于形成权，只需有承租人购买租赁物的意思表示，即可形成与出租人之间的买卖关系，而无须有出租人同意出卖给承租人的意思表示。因此，承租人行使优先购买权，须具备如下条件：（1）须出租人在租赁期限内出卖租赁物。出租人不出卖出租房屋的，承租人无所谓的优先购买权；承租人只能在租赁合同存续期间主张优先购买权。若租赁合同已经终止，则承租人不再享有优先购买权。（2）须在同等条件下行使。所谓"同等条件"，是指承租人与其他购买人在购买租赁物的价格、付款期限和方式等方面的条件相同。（3）须在合理期限内行使。承租人的优先购买权只能在合理期限内行使，超合理期限的，则承租人的优先购买权消灭。出租人未通知承租人或者有其他妨害承租人行使优先购买权情形的，承租人可以请求出租人承担赔偿责任。但是，出租人与第三人订立的房屋买卖合同的效力并不受影响。可见，承租人的优先购买权仅具有债权效力，而不具有物权效力。应当指出，虽然承租人享有优先购买权，但是房屋按份共有人行使优先购买权或者出租人将房屋出卖给近亲属的，承租人不得行使优先购买权。

第十五章　融资租赁合同

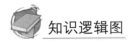 **知识逻辑图**

融资租赁合同
- 概念：出租人根据承租人对出卖人、租赁物的选择，向出卖人购买租赁物，提供给承租人使用，承租人支付租金的合同
- 特征
  - 出租人依照承租人的要求购买租赁物
  - 出租人对租赁物无瑕疵担保责任
  - 承租人于租赁关系终止后享有选择权
  - 出租人为专营融资租赁业务的租赁公司
  - 诺成合同、双务合同、有偿合同、要式合同
  - 具有担保功能
- 合同认定：结合标的物的性质、价值、租金的构成以及当事人的合同权利义务进行认定
- 合同内容：租赁物的名称、数量、规格、技术性能、检验方法，租赁期限，租金构成及其支付期限和方式、币种，租赁期限届满后租赁物的归属等
- 合同无效：当事人以虚构租赁物的方式订立融资租赁合同的，应认定为无效
- 效力
  - 出租人的义务
    - 按照承租人的要求订立买卖合同购买租赁物
    - 保证承租人对租赁物的占有和使用
    - 协助承租人向出卖人索赔
    - 例外情况下的瑕疵担保责任
  - 承租人的义务
    - 按时接受出卖人交付的租赁物
    - 按照约定支付租金
    - 保管和维修租赁物
    - 租赁物致人损害的赔偿责任
    - 合同终止时返还租赁物
  - 出卖人的义务
    - 向承租人交付租赁物
    - 租赁物的瑕疵担保责任
  - 租赁物归属
    - 租赁物归承租人所有
    - 租赁物归出租人所有
- 合同解除
  - 事由：双方当事人解除合同的事由、当事人一方解除合同的事由
  - 后果
    - 赔偿损失
    - 收回租赁物
    - 损失补偿

 名词解释与概念比较

融资租赁合同

 选择题

（一）单项选择题

1. 甲、乙双方达成一份协议，其要点为：甲方按

照乙方指定的型号和技术要求购进一套设备；甲方将设备交付乙方租赁使用，设备所有权属于甲方；乙方按期交纳租金；租赁期满，设备归乙方所有。按照《民法典》，此协议属于哪一种合同？（　　）

    A. 融资租赁合同

    B. 财产租赁合同

    C. 买卖合同

    D. 租买合同

2. 在融资租赁合同中，因出卖人不履行义务而产生索赔的权利，（　　）。

    A. 承租人可以行使

    B. 承租人不可以行使

    C. 经出卖人同意，承租人可以行使

    D. 若出卖人、出租人、承租人事先有约定，承租人可按照约定行使

3. 按照融资租赁合同的约定和承租人的要求与选择，出租人选定了租赁设备，并交付给了承租人使用，但在使用中发现设备存在质量问题。对此，下列选项中，正确的是（　　）。

    A. 承租人可以要求出租人承担违约责任

    B. 承租人可以要求出租人承担瑕疵担保责任

    C. 承租人可以要求出卖人承担瑕疵担保责任

    D. 承租人自己承担损失，不能要求出租人或出卖人承担责任

4. 甲按照乙的要求，选择了出卖人丙，签订了融资租赁合同，从丙处购买了一套机器设备，出租给乙使用。丙向乙交付了设备。设备存在瑕疵，在使用过程中，致路人丁人身受到伤害。对此，下列选项中，正确的是（　　）。

    A. 乙应当向丙支付价款

    B. 丁应当要求甲赔偿损失

    C. 丁应当要求乙赔偿损失

    D. 乙可以要求甲赔偿损失

视频讲题

5. 甲与乙签订了一份租赁合同，约定甲向乙出租某型号的机器。随后，甲又与丙签订买卖合同，从丙处购买该种型号的机器。对此，下列选项中，正确的是（　　）。

    A. 乙可以请求丙向自己交付机器

    B. 丙应当向甲交付机器

    C. 丙应当向乙交付机器

    D. 丙将机器交付给乙之后，乙承担机器意外损毁、灭失的风险

6. 甲公司急需一种设备，苦于资金不足，便找到从事融资租赁业务的乙公司，说明了自己的要求，签订了融资租赁合同。乙公司派自己的专业人员，找到了丙公司，与之签订了买卖合同。按照约定，丙公司将设备交付给了甲公司。甲公司向乙公司、丙公司提交了验收合格通知书，则下列选项中，错误的是（　　）。

    A. 甲公司应当向丙公司支付货款

    B. 甲公司应当向乙公司支付租金

    C. 甲公司与乙公司之间的合同应采取书面形式

    D. 丙公司向甲公司交付设备，完成了自己的交付义务

7. 在融资租赁合同中，承租人在使用租赁设备的过程中，设备发生故障。因此，承租人便请求出卖人与出租人修理，但出卖人与出租人均拒绝修理，则下列选项中，正确的是（　　）。

    A. 应由出卖人修理租赁物

    B. 应由出租人修理租赁物

    C. 应由承租人修理租赁物

    D. 应由出租人与出卖人共同修理租赁物

8. 在一批汽车的融资租赁合同中，承租人甲公司进入破产程序，出租人乙公司主张租赁物不属于破产财产的，下列哪一理由是正当的？（　　）

    A. 出租人对租赁物享有涤除权

    B. 出租人对租赁物享有所有权，并且已做登记

    C. 出租人对租赁物享有抗辩权

    D. 出租人对租赁物享有请求权

（二）多项选择题

1. 下列关于融资租赁合同的说法中，正确的有（　　）。

    A. 出卖人应按照约定向承租人交付租赁物

    B. 出卖人对租赁物不承担瑕疵担保责任

    C. 出租人对租赁物通常不承担瑕疵担保责任

    D. 承租人领取了租赁物，应当及时检验

2. 甲根据乙的选择，向丙购买了一台大型设备，

出租给乙使用。乙在该设备安装完毕后，发现不能正常运行。对此，下列哪些判断是正确的？（ ）

A. 乙可以基于设备质量瑕疵而直接向丙索赔

B. 甲不对乙承担违约责任

C. 乙应当按照约定支付租金

D. 租赁期满后由乙取得该设备的所有权

3. 融资租赁合同纠纷案件的当事人应包括哪些人？（ ）

A. 出租人

B. 承租人

C. 法院根据案件情况决定的供货人

D. 标的物保险人

4. 下列关于融资租赁物所有权归属的说法中，正确的有（ ）。

A. 在融资租赁合同存续期间，出租人享有租赁物的所有权

B. 出租人和承租人可以约定租赁期满租赁物的归属

C. 当事人对租赁期满租赁物归属没有约定的，租赁物所有权归出租人

D. 因承租人原因致使合同无效，出租人表示不必返还的，租赁物所有权归承租人

5. 在签订融资租赁合同之后，承租人从出卖人处接受了某设备。合同约定承租人可以直接向出卖人行使索赔的权利。在正常使用中，因设备出现故障而使承租人的职工受到伤害。该职工愤怒之下，用锤头砸坏了设备。对此，下列选项中，正确的有（ ）。

A. 职工就其所受损失可以要求承租人赔偿

B. 承租人可就其职工所受损失要求出卖人承担责任

C. 承租人应当基于侵权责任赔偿出租人的设备损失

D. 职工应当基于违约责任赔偿出租人的设备损失

6. 在签订融资租赁合同之后，因租赁设备出现故障，承租人要求出租人修理，但出租人拒绝，承租人便拒绝支付租金。经出租人数次催告，承租人仍然拒绝支付月租金。对此，下列选项中，正确的有（ ）。

A. 应由承租人自己负责修理租赁设备

B. 承租人应当继续支付租金

C. 出租人可以解除合同

D. 出租人可以要求承租人支付全部租金

7. 甲融资租赁公司与乙公司签订融资租赁合同，约定乙公司向甲公司转让一套生产设备，转让价为评估机构评估的市场价200万元，再租给乙公司使用2年，乙公司向甲公司支付租金300万元。合同履行过程中，因乙公司拖欠租金，甲公司诉至法院。对此，下列选项是正确的？（ ）

A. 甲公司与乙公司之间为资金拆借关系

B. 甲公司与乙公司之间为融资租赁合同关系

C. 甲公司与乙公司约定的年利率超过法定借贷利率上限的部分无效

D. 甲公司已取得生产设备的所有权

8. 甲、乙、丙三人签订合伙协议并开始经营，但未取字号，未登记，也未推举负责人。其间，合伙人与顺利融资租赁公司签订融资租赁合同，租赁淀粉加工设备一台，约定租赁期限届满后设备归承租人所有。合同签订后，出租人按照承租人的选择和要求向设备生产商丁公司支付了价款。如租赁期间因设备自身原因停机，造成承租人损失，则下列说法正确的是？（ ）

A. 出租人应减少租金

B. 应由丁公司修理并赔偿损失

C. 承租人向丁公司请求承担责任时，出租人有协助义务

D. 出租人与丁公司承担连带责任

视频讲题

（三）不定项选择题

甲公司需要使用某型号的设备，在经过市场考察之后，与乙公司口头达成了融资租赁合同。双方约定由乙公司调查卖方的信用、技术能力，选择出卖方；设备由出卖方向甲公司交付。乙公司与丙公司有着良好的合作关系，便选择了丙公司的一套设备，与丙公司签订了买卖合同，购买设备，双方约定丙公司向甲公司交付设备。丙公司依照合同约定，将设备交付给了甲公司。甲公司使用设备一段时间之后，因设备存在瑕疵，发生故障，无法正常使用。请回答下列

问题：

1. 甲公司与乙公司之间的合同效力如何？（　　）

A. 不成立　　　　　　　B. 成立

C. 无效　　　　　　　　D. 有效

2. 在设备存在瑕疵时，下列选项中，正确的是（　　）

A. 甲公司不能要求乙公司承担瑕疵担保责任

B. 甲公司可以要求乙公司承担瑕疵担保责任

C. 甲公司不能要求丙公司承担瑕疵担保责任

D. 甲公司可以要求丙公司承担瑕疵担保责任

3. 在设备存在瑕疵时，关于甲公司支付租金的义务，下列选项中，正确的是（　　）。

A. 在乙公司向甲公司赔偿损失之前，甲公司可以拒付租金

B. 在丙公司向甲公司赔偿损失之前，甲公司可以拒付租金

C. 甲公司不能拒绝支付租金

D. 甲公司能够拒绝支付租金

4. 若甲公司在使用租赁设备的过程中，因山洪暴发冲走了设备。对此，下列选项中，正确的是（　　）。

A. 损失由甲公司承担

B. 损失由乙公司承担

C. 损失由丙公司承担

D. 甲公司仍应向乙公司支付租金

5. 如果甲公司一直拒绝支付租金，在几经催促之后，甲公司仍不支付租金。对此，下列选项中，正确的是（　　）。

A. 乙公司可以要求甲公司支付合同约定的全部租金

B. 乙公司可以解除与甲公司的合同

C. 乙公司可以在解除合同之后，收回租赁设备

D. 乙公司可以要求甲公司赔偿损失

 简答题

1. 简述融资租赁合同的特征。

2. 简述承租人支付租金的义务。

 **材料分析题**

甲公司需要乙公司生产的一套精密成套设备，双方找丙公司商议，由丙公司购买并直接租给甲公司。甲、乙、丙公司三方签订了如下合同：（1）由丙公司付给乙公司货款 500 万元；（2）乙公司负责将精密成套设备运送给甲公司；（3）甲公司承租该设备，期限为 10 年，每年租金为 60 万元。该合同由甲、乙、丙公司的法定代表人签字，甲、乙、丙公司加盖了合同专用章。

合同签订后，乙公司按约定将设备交付给甲公司。甲公司收到设备后，经过调试，开始使用设备，但在使用过程中，闪电击中电线，使设备损坏。请回答下列问题：

（1）甲、乙、丙公司之间的合同属于哪种合同？

（2）若乙公司交付的设备质量不符合要求，则甲公司可否向乙公司追究责任？

（3）甲公司在使用设备的过程中，因闪电击中电线而令设备受损，损失应由谁承担？

（4）甲公司在使用过程中部分部件需要维修，该维修费用应由谁承担？

（5）租赁期满，设备所有权归属于谁？

 论述题与深度思考题

试述融资租赁合同中租赁物的瑕疵担保责任。

参考答案

 名词解释与概念比较

融资租赁合同，是指出租人根据承租人对出卖人、租赁物的选择，向出卖人购买租赁物，提供给承租人使用，承租人支付租金的合同。

 **选择题**

（一）单项选择题

1. A

参见《民法典》第 735 条。故本题应选 A 项。

2. D

出卖人与出租人直接产生债权债务关系，出卖人不履行义务，应由出租人行使索赔权利。但按照《民法典》第 741 条的规定，出租人、出卖人、承租人可

以约定，出卖人不履行买卖合同义务的，由承租人行使索赔的权利。承租人行使索赔权利的，出租人应当协助。故本题应选 D 项。

3. C

《民法典》第 747 条规定，租赁物不符合约定或者不符合使用目的的，出租人不承担责任。但是，承租人依赖出租人的技能确定租赁物或者出租人干预选择租赁物的除外。故本题应选 C 项。

4. C

在融资租赁合同中，出租人应向出卖人交付价款，承租人向出租人交付租金。《民法典》第 749 条规定，承租人占有租赁物期间，租赁物造成第三人人身损害或者财产损失的，出租人不承担责任。对丁而言，乙为侵权行为人，丁应当要求乙赔偿损失。甲是按照乙的要求而选择了出卖人与租赁物，甲不对乙承担违约责任。故本题应选 C 项。

5. B

甲乙之间的租赁合同、甲丙之间的买卖合同是两个独立的合同关系，并不构成融资租赁合同。根据甲与丙之间的买卖合同，出卖人丙应当向买受人甲履行交付义务，乙无权请求丙向自己交付机器。但丙可以作为甲的债务（向乙交付租赁物）履行辅助人，直接将机器交付给乙。根据甲与乙之间的租赁合同，出租人甲承担租赁物意外损毁、灭失的风险。故本题应选 B 项。

6. A

甲、乙、丙之间成立融资租赁合同关系。按照《民法典》第 736 条的规定，融资租赁合同应当采用书面形式。甲公司作为承租人，应当向出租人支付租金。出卖人丙公司按照约定将设备交付给甲公司，履行了买卖合同中的交付义务。故本题应选 A 项。

7. C

设备在使用中发生故障，而不是设备本身存在瑕疵。因此，出卖人不必承担瑕疵担保责任。租赁物的承租人应当履行占有租赁物期间的维修义务。因此，应由承租人自己修理设备。故本题应选 C 项。

8. B

在融资租赁合同中，出租人对租赁物享有所有权，但未经登记，不得对抗善意第三人。即只有在已做登记的情况下，租赁物才不属于破产财产，可以产生对抗效力。故本题应选 B 项。

（二）多项选择题

1. ACD

出卖人按照约定向承租人交付标的物，承租人享有与受领标的物有关的买受人的权利。因此，承租人负有及时检验租赁物的义务，有权要求出卖人对租赁物承担瑕疵担保责任，但承租人一般无权要求出租人承担瑕疵担保责任。故本题应选 A、C、D 项。

2. ABC

按照《民法典》第 747 条的规定，出租人甲是根据承租人乙的选择从丙处购买设备的，设备存在瑕疵，甲不对乙承担违约责任或瑕疵担保责任，乙可以向出卖人丙索赔，甲应当协助乙。尽管设备存在瑕疵，但因甲不负瑕疵担保责任，故乙不得拒绝支付租金。按照《民法典》第 757 条的规定，在无约定的情况下，租赁期满后，设备所有权属于出租人甲。故本题应选 A、B、C 项。

3. ABC

在融资租赁合同中，出租人与承租人是相对主要的当事人，因为在融资租赁交易实践中，往往是出租人与承租人先订立融资性租赁合同，然后出租人再根据合同约定去选择出卖人与标的物，签订买卖合同。因此，法院可以根据案件情况决定出卖人为当事人。如果就租赁物的保险而产生纠纷，往往属于保险合同纠纷，而不是融资租赁合同纠纷。故本题应选 A、B、C 项。

4. ABCD

按照《民法典》第 757 条～第 759 条的规定，在租赁期内，租赁物的所有权归属出租人。租赁期届满后，按照出租人与承租人的约定来确定租赁物的所有权归属，没有约定或约定不明，按照《民法典》第 510 条的规定仍不能确定的，所有权归出租人。按照《民法典》第 760 条的规定，融资租赁合同无效，但仍可按照双方约定确定租赁物归属。因承租人原因致使合同无效，出租人不请求返还或者返还后会显著降低租赁物效用的，租赁物的所有权归承租人，由承租人给予出租人合理补偿。故本题应选 A、B、C、D 项。

5. AB

职工与承租人具有劳动合同关系或劳务合同关系，职工正常履行职务遭受伤害，可以请求承租人承担赔偿责任。因出卖人交付的设备存在缺陷，出卖人应当承担违约责任，承租人可以按照约定向出卖人索赔，其中就包括承租人赔偿职工的损失。职工砸坏设备，实施了侵权行为，该行为并非履行职务的行为，因此，承租人不承担侵权赔偿责任，而应由职工承担侵权赔偿责任。在租赁期间，承租人承担保管义务，因设备被毁损，承租人因第三人的原因而对出租人构成违约，应赔偿出租人的损失。故本题应选 A、B 项。

6. ABCD

按照《民法典》第 750 条的规定，在承租人占有租赁物期间，出租人不承担修理义务，而应由承租人修理租赁设备，承租人无理由拒付租金。按照《民法典》第 752 条的规定，承租人经催告后在合理期限内仍不支付租金的，出租人可以请求支付全部租金；也可以解除合同，收回租赁物。故本题应选 A、B、C、D 项。

7. BD

甲、乙两公司的协议所约定的是售后回租，属于融资租赁合同关系，不能认定为借贷关系或者说资金拆借关系。按照《民法典》第 746 条的规定，除当事人另有约定外，融资租赁合同应当按照出租人的大部分成本或者全部成本与合理利润来确定租金，不能认为不可超过法定借贷利率上限。乙公司以占有改定方式交付标的物，甲公司取得标的物所有权。故本题应选 B、D 项。

8. BC

按照《民法典》第 739 条的规定，出租人根据承租人的选择而与丁公司订立买卖合同、支付价款，承租人享有与受领标的物有关的买受人的权利，其中包括物的瑕疵担保责任。因此，应由丁公司承担修理责任，损失也应当由丁公司赔偿。因此 B 项正确。需要注意的是，承租人可以要求丁公司承担瑕疵担保责任，因此有权要求丁公司修理。但除非三方约定可由承租人行使索赔的权利，否则承租人应当要求出租人赔偿损失，由出租人要求出卖人丁公司承担违约责任，赔偿损失。由于丁公司系承租人所选择，因此出租人有权收取的租金不受影响。因此 A 项错误。在承租人有权向出卖人索赔时，出租人有协助义务，故 C 项正确。需要注意的是，C 项正确的前提是承租人有权向出卖人索赔，而这又以三方约定承租人行使索赔的权利为前提，但这一点在本题中并未出现。瑕疵担保责任由丁公司承担，不由出租人承担，因此 D 项错误。故本题应选 B、C 项。

（三）不定项选择题

1. BD

按照《民法典》第 490 条的规定，法律、行政法规规定或者当事人约定采用书面形式订立合同，当事人未采用书面形式但一方已经履行主要义务，对方接受的，该合同成立。因此，甲、乙之间的融资租赁合同虽然未采用书面形式，但因甲公司已经接受设备并加以使用，故合同成立并生效。故本题应选 B、D 项。

2. BC

按照《民法典》第 747 条的规定，租赁物不符合约定或者不符合使用目的的，出租人不承担责任。但是，承租人依赖出租人的技能确定租赁物或者出租人干预选择租赁物的除外。本题中，甲公司信赖乙公司的技能而选定了出卖人、租赁物，因此，甲公司可以要求乙公司承担瑕疵担保责任。由于甲公司与丙公司不存在合同关系，也不存在《民法典》第 741 条规定的关于索赔权的三方约定，因此甲公司不能要求丙公司承担瑕疵担保责任。故本题应选 B、C 项。

3. D

出租人乙公司对承租人甲公司承担瑕疵担保责任。出卖人丙公司对甲公司的交付属于第三人代为履行，后果存在于甲、乙公司之间。因乙公司履行交付义务不适当，甲公司可拒绝相应的履行，即行使同时履行抗辩权。因此甲公司有权拒绝支付租金。故本题应选 D 项。

4. AD

按照《民法典》第 751 条的规定，承租人占有租赁物期间，租赁物毁损、灭失的，出租人有权请求承租人继续支付租金，但是法律另有规定或者当事人另有约定的除外。因此，甲公司应承担设备被冲走的损失，且仍应向乙公司支付租金。故本题应选 A、D 项。

5. ABCD

按照《民法典》第 752 条的规定，承租人应当按照约定支付租金。承租人经催告后在合理期限内仍不支付租金的，出租人可以请求支付全部租金；也可以解除合同，收回租赁物。违约责任请求权与合同解除权并存，融资租赁合同解除后，并不影响乙公司请求甲公司赔偿损失的权利。故本题应选 A、B、C、D 项。

简答题

1. 融资租赁合同具有如下特征：（1）出租人依照

承租人的要求购买租赁物。在融资租赁合同中，出租人必须按照承租人的要求购买租赁物，出租人的购置租赁物的行为与出租租赁物的行为是联系在一起的，共同构成融资租赁关系的内容。（2）出租人对租赁物无瑕疵担保责任。在融资租赁合同中，由于出租人仅是依承租人的指示和要求去筹措资金购买租赁物，因此，除承租人依赖出租人的技能确定租赁物或者出租人干预选择租赁物的情况外，出租人对租赁物不符合约定或者不符合使用目的不承担责任。（3）承租人于租赁关系终止后享有选择权。在融资租赁合同中，当事人可以约定租赁期限届满后租赁物的归属，承租人既可以按照约定支付租赁物残余的价值购买租赁物而取得其所有权，也可以将租赁物返还给出租人。因此，承租人于融资租赁合同终止后享有选择权。（4）出租人为专营融资租赁业务的租赁公司。融资租赁合同是以融资为目的，以融物为手段的合同，因此，出租人必须是经营融资租赁业务的租赁公司这种特殊主体。（5）融资租赁合同为诺成合同、双务合同、有偿合同、要式合同。（6）具有担保功能。在融资租赁合同中，出租人对租赁物享有所有权，这种所有权构成对租金的一种担保。但是，出租人对租赁物的所有未经登记，不得对抗善意第三人。

2. 在融资租赁期限内，承租人应当按照合同约定向出租人支付租金，这是承租人的基本义务。除当事人另有约定的以外，融资租赁合同的租金应当根据购买租赁物的大部分或者全部成本以及出租人的合理利润确定。可见，融资租赁合同的租金不同于租赁合同的租金，它不是承租人使用租赁物的对价，而是出租人向承租人提供融资的对价，出租人是通过收取租金的形式来收回其向出卖人购买租赁物所支付的价款的。因此，承租人支付租金的义务，以承租人通知出租人收到租赁物为生效条件，而不以承租人实际使用租赁物为条件。另外，承租人对出卖人行使索赔权利，不影响其履行支付租金的义务；但是，承租人依赖出租人的技能确定租赁物或者出租人干预选择租赁物的，承租人可以请求减免相应租金。除法律另有规定或者当事人另有约定外，承租人占有租赁物期间，租赁物毁损、灭失的，出租人有权请求承租人继续支付租金。承租人应当按照约定支付租金。承租人经催告在合理期限内仍不支付租金的，出租人可以要求支付全部租金；也可以解除合同，收回租赁物。

材料分析题

（1）甲、乙、丙公司之间的合同为融资租赁合同。融资租赁合同是出租人根据承租人对出卖人、租赁物的选择，向出卖人购买租赁物，提供给承租人使用，承租人支付租金的合同。甲公司为承租人，乙公司为出卖人，丙公司为出租人。

（2）甲公司可以向乙公司追究责任。按照《民法典》第747条的规定，租赁物不符合约定或者不符合使用目的的，出租人不承担责任。但是，承租人依赖出租人的技能确定租赁物或者出租人干预选择租赁物的除外。在甲、乙、丙公司之间的合同中并不存在这种除外的情形。因此，出租人丙公司对租赁物瑕疵不承担责任，而应由出卖人乙公司承担瑕疵担保责任。

（3）损失应由甲公司承担。在融资租赁合同中，在承租人占有租赁物期间，承租人承担租赁物毁损、灭失的风险。

（4）维修费用应由甲公司承担。按照《民法典》第750条的规定，承租人应当履行占有租赁物期间的维修义务。因此，因维修租赁物而支出的费用，应由承租人甲公司承担。

（5）设备所有权归属丙公司。按照《民法典》第757条的规定，甲公司与丙公司未对租赁设备在租赁期满后的所有权归属作出约定，则设备所有权归属出租人丙公司。

论述题与深度思考题

在融资租赁合同中，租赁物的瑕疵担保责任是指租赁物不符合约定条件时，应由哪一方主体承担责任。在融资租赁合同中，出卖人是向承租人交付租赁物并由承租人验收租赁物，出卖人和租赁物也是由承租人选择、确定的，因此，在出卖人交付的租赁物不符合合同的约定时，出卖人应当承担瑕疵担保责任。如出卖人交付的租赁物虽不符合约定的条件但不影响使用，承租人愿意继续使用的，可以要求减少价金；若出卖人交付的租赁物不能使用，则承租人可以根据情况要求出卖人予以修理或者更换；如出卖人交付的租赁物无法实现合同的目的，承租人可以要求解除合同并要求赔偿损失。但是，在例外情况下，出租人也要承担瑕疵担保责任，即在承租人依赖出租人的技能确定租赁物或者出租人干预选择租赁物的情况下，出租人应承担瑕疵担保责任。租赁物不符合融资租赁合同的约定且出租人实施了下列行为之一，承租人有权要求出租人承担相应的责任：（1）出租人在承租人选择出卖人、租赁物时，对租赁物的选定起决定作用的；（2）出租人干预或者要求承租人按照出租人意愿选择出卖人或者租赁物的；（3）出租人擅自变更承租人已经选定的出卖人或者租赁物的。

第十六章　保理合同

保理合同
- 概念：应收账款债权人将现有的或者将有的应收账款转让给保理人，保理人提供资金融通、应收账款管理或者催收、应收账款债务人付款担保等服务的合同
- 特征
  - 保理人具有特定性
  - 以应收账款转让为前提
  - 构造具有复合性
  - 具有担保功能
  - 要式合同
- 分类
  - 国内保理合同与国际保理合同
  - 有追索权保理合同与无追索权保理合同
  - 单保理合同与双保理合同
  - 公开型保理合同与隐蔽型保理合同
- 内容：业务类型、服务范围、服务期限、基础交易情况、应收账款信息、保理融资或者服务报酬及支付方式
- 效力
  - 对保理人的效力
    - 向应收账款债务人发出转让的通知
    - 按照约定向债权人提供保理服务
    - 按照约定向债权人支付保理融资款
    - 有追索权保理合同中享有追索权
    - 无追索权保理合同中有权向债务人主张应收账款债权
    - 应收账款重复转让时享有清偿顺序权
  - 对债权人的效力
    - 接受保理人的保理服务
    - 按照约定的时间和方式将应收账款转让给保理人
    - 有追索权的保理人返还在扣除保理融资款本息和相关费用后剩余的款项
    - 承担债权转让人的义务
    - 向保理人交付其与债务人之间的基础交易合同相关数据并支付必要的费用
  - 对债务人的效力：虚构应收账款作为转让标的，债务人不得以应收账款不存在为由对抗保理人

名词解释与概念比较

1. 保理合同
2. 无追索权保理
3. 有追索权保理

选择题

（一）单项选择题

1. 甲公司对丙银行谎称，甲公司与乙公司之间存在买卖合同关系，并与丙银行订立保理合同，将对乙公司的"应收账款债权"转让给丙银行，乙公司对该

合同予以确认。现丙银行请求乙公司支付价款，乙公司以与甲公司之间并不存在买卖关系为由拒绝。对此，下列选项中，正确的是（　　　）。

A. 乙公司有权拒绝支付价款

B. 乙公司应当支付价款

C. 若丙银行知情，乙公司有权拒绝支付价款

D. 若丙银行不知情，乙公司有权拒绝支付价款

2. 在下列类型的保理合同中，由保理人承担全部风险的是（　　　）。

A. 明保理

B. 暗保理

C. 有追索权的保理

D. 无追索权的保理

3. 甲公司与保理商订立保理合同，将甲公司对乙公司的应收账款债权转让给保理商，下列选项正确的是（　　　）。

A. 必须由保理商通知乙公司

B. 必须由甲公司通知乙公司

C. 保理商通知乙公司的，应当表明其保理人的身份

D. 保理商通知乙公司的，不需要提供其他资料

4. 甲公司与乙公司订立了买卖合同，于2021年1月9日将一批货物出售给乙公司，货值2 000万元。合同约定乙公司收货后于2022年8月9日付款。甲公司资金紧张，交货后便与丙银行订立了无追索权的保理合同，丙银行提供相应的资金融通。保理合同签订后，甲公司、丙银行未将之告知乙公司。下列选项正确的是（　　　）。

A. 丙银行取得对乙公司的权利，不以通知乙公司为必要

B. 因一些货物存在瑕疵，乙公司与甲公司协商同意退货300万元，但丙银行对乙公司拥有的债权仍为2 000万元

C. 乙公司在收到通知后，即便乙公司拥有同时履行抗辩权，也不能向丙银行行使

D. 乙公司进入破产程序，丙银行在破产程序中未受清偿的部分，可以要求甲公司偿还

视频讲题

（二）多项选择题

1. 甲公司与乙银行签订了保理合同。根据《民法典》的规定，这种合同属于（　　　）。

A. 有偿合同　　　　　B. 双务合同

C. 诺成合同　　　　　D. 要式合同

2. 甲公司与乙公司签订了保理合同。根据我国《民法典》的规定，关于保理合同的内容应当包括（　　　）。

A. 业务类型、服务范围、服务期限

B. 交易基础合同情况

C. 应收账款信息、保理融资款

D. 服务报酬及其支付方式

3. 甲公司因与丙公司订立"钢材买卖合同"对丙公司享有总额为3 678万元的货款债权，于2021年3月1日到期。之后，甲公司与乙银行订立"有追索权国内保理合同"约定："①乙向甲提供3 000万元保理融资款，受让甲公司基于'钢材买卖合同'对丙公司享有的3 678万元应收账款债权。②乙向甲提供的保理融资款的到期日为2021年6月1日。"保理融资款到期，乙银行未足额收到丙公司支付的3 678万元账款。对此，下列选项中，正确的是（　　　）。

A. 乙银行有权请求丙公司继续支付

B. 乙银行无权请求丙公司继续支付

C. 乙银行有权请求甲公司回购乙银行受让的应收账款

D. 乙银行无权请求甲公司回购乙银行受让的应收账款

视频讲题

4. 甲公司向乙公司出售一批汽车，因乙公司资金不足，故乙公司找到丙公司签订了融资租赁合同，由丙公司向甲公司购买汽车后出租给乙公司。乙公司按月向丙公司支付租金。之后，丙公司将对乙公司的租金债权转让给丁公司，丁公司向丙公司支付了对价。丁公司要求乙公司支付。下列说法正确的是（　　　）。

A. 丙公司与丁公司之间构成保理合同关系

B. 丙公司与丁公司之间不构成保理合同关系

C. 丁公司成为乙公司的债权人

D. 丁公司向丙公司提供了资金融通

5. 应收账款债权人与保理人订立了保理合同，保理人对之进行了登记。登记的意义在于（　　）

A. 使保理关系生效

B. 使保理人取得优先顺位

C. 阻止其他人善意取得

D. 使债权转让生效

（三）不定项选择题

甲公司对乙公司享有应收账款债权 100 万元。1日，甲公司与 A 银行订立保理合同，通知了乙公司。3日，甲公司与 B 公司订立质押合同，将债权出质给 B 公司，办理了质押登记。5日，甲公司与 C 银行订立保理合同，办理了保理登记。7日，甲公司与 D 公司订立债权让与合同，将债权转让给 D 公司，但未通知乙公司。10 日，甲公司与 E 公司订立债权让与合同，将债权转让给 E 公司，通知了乙公司。现乙公司的债务到期。回答下列问题。

1. 关于甲公司与 B 公司间的质押，下列说法正确的是（　　）。

A. 质权设立

B. 甲公司将债权转让给了 B 公司

C. 需要将此行为通知乙公司

D. 不可以设立质权

2. 如果本题仅存在甲公司与 A 银行、C 银行间的保理，而不存在其他行为。下列说法正确的是（　　）。

A. A 银行的保理设立在前，优于 C 银行

B. C 银行的保理登记在前，优于 A 银行

C. A 银行的保理无效，因为未办理登记

D. C 银行的保理无效，因为未通知乙公司

3. 关于 A 银行、B 公司、C 银行、D 公司、E 公司的受偿顺位，下列说法正确的是（　　）。

A. C 银行优先于 B 公司

B. E 公司优先于 C 银行

C. D 公司优先于 E 公司

D. A 银行优先于 D 公司

 简答题

1. 简述保理合同的特征。

2. 简述公开型保理与隐蔽型保理的区分及其意义。

 材料分析题

甲公司对乙公司享有应收账款债权 100 万元，1年后到期。甲公司与丙银行订立保理合同约定，甲公司将对乙公司的应收账款债权，以 80 万元的价格转让给丙银行。保理合同订立后，丙银行向甲公司支付债权受让金 80 万元，并在乙公司的债务到期时请求乙公司偿还了 100 万元。经查，丙银行支付的价金利息为 8 万元，办理保理业务所花费用为 2 万元。请根据材料回答下列问题：

1. 如果甲公司与丙银行在保理合同中约定，若乙公司到期不向丙银行偿还债务，丙银行可要求甲公司返还融资款。

（1）乙公司向丙银行所偿还的 100 万元，如何处理？

（2）此时，丙银行获得的利益是什么？

（3）如果乙公司到期不向丙银行偿还债务，丙银行如何起诉？

（4）如果丙银行请求甲公司承担追索责任，甲公司在承担追索责任后，应怎么办？

2. 如果甲公司与丙银行在保理合同中并未约定，若乙公司到期不向丙银行偿还债务，丙银行可向甲公司追索。

（1）乙公司向丙银行所偿还的 100 万元，如何处理？

（2）此时，丙银行获得的利益是什么？

参考答案

名词解释与概念比较

1. 保理合同，是指应收账款债权人将现有的或者将有的应收账款转让给保理人，保理人提供资金融通、应收账款管理或者催收、应收账款债务人付款担保等服务的合同。

2. 无追索权保理，是指应收账款在无商业纠纷等情况下无法得到清偿的，由保理人承担应收账款的坏账风险的保理。

3. 有追索权保理，是指在应收账款到期无法从债务人处收回时，保理人可以向债权人反转让应收账款、要求债权人回购应收账款或者归还融资本息的保理。

选择题

（一）单项选择题

1. C

按照我国《民法典》第763条的规定，如果丙银行与甲公司订立保理合同时，明知甲公司对乙公司并不享有债权即虚构应收账款的，乙公司可以拒绝支付价款。其他情况，乙公司不得对抗丙公司。故本题应选C项。

2. D

明保理与暗保理是基于保理人是否将债权转让的事实通知债务人的分类，与债权实现的风险无关。在有追索权的保理中，保理人无法从债务人处得到偿还的，还可以向债权人主张，而在无追索权的保理中，保理人不能再向债权人主张，若债务人偿还能力低，保理人的风险极大。故本题应选D项。

3. C

《民法典》第546条并未限制债权转让时由谁通知债务人。按照《民法典》第764条的规定，保理人向应收账款债务人发出应收账款转让通知的，应当表明保理人身份并附有必要凭证。

4. A

甲公司将债权转让给了丙银行，该债权转让生效后，丙银行便取得了对乙公司的债权，不以通知乙公司为必要。但该债权转让若要对乙公司产生效力，便需要通知乙公司。因此A项正确。在保理关系中，有关于债权转让的内容，保理合同部分没有特别规定的，适用《民法典》关于债权转让的规定。在债权转让中，债务人可以向受让人主张对转让人的抗辩，因此C项错误。按照《民法典》第765条的规定，应收账款债务人接到应收账款转让通知后，应收账款债权人与债务人无正当理由协商变更或者终止基础交易合同，对保理人产生不利影响的，对保理人不发生效力。本题中，并未通知债务人乙公司，因此甲、乙公司的行为对丙银行产生效力，债权变为1 700万元。因此B项错误。甲公司与丙银行间的保理属于无追索权的保理，丙银行只能向债务人主张债权。因此D项错误。故本题应选A项。

（二）多项选择题

1. ABCD

保理合同为双务、有偿、诺成、要式合同。故本

题应选A、B、C、D项。

2. ABCD

按照《民法典》第762条第1款的规定，保理合同的内容一般包括业务类型、服务范围、服务期限、基础交易合同情况、应收账款信息、保理融资款或者服务报酬及其支付方式等条款。故本题应选A、B、C、D项。

3. AC

甲公司与乙银行间的保理属于有追索权的保理。按照《民法典》第766条的规定，在有追索权的保理中，保理人可以向债务人主张权利，也可以债权人主张权利。因此乙银行有权请求丙公司继续支付，A项正确，B项错误。在保理人向债权人主张权利时，可以要求其返还保理融资款本息或者要求回购应收账款债权，C项正确，D项错误。故本题应选A、C项。

4. BC

构成保理合同关系，除必须要存在应收账款转让之外，还要具备资金融通、应收账款管理或催收等服务的至少一项。本题中，丁公司受让丙公司的债权，支付对价，这只是普通的债权转让，不存在资金融通服务。因此，丙公司与丁公司之间仅构成债权转让，而不构成保理合同，丁公司成为乙公司的债权人。故本题应选B、C项。

5. BC

应收账款债权人向保理人转让债权，债权转让的生效不以登记为必要。登记，也不是保理合同的生效条件。按照《民法典》第768条的规定，登记主要是使登记的保理优于未登记的保理以及登记在先的保理优于登记在后的保理。故本题应选B、C项。

（三）不定项选择题

1. A

甲公司与B公司间的行为属于设立权利质权即应收账款债权质权，按照《民法典》第440、445条的规定，办理出质登记时质权设立，A项正确，D项错误。甲公司与B公司间只是设立了质权，B公司成为质权人，并不存在债权转让的行为，甲公司仍为债权人，也不需要通知乙公司，B项、C项错误。故本题应选A项。

2. B

所有保理均以债权转让为前提，债权转让不以登记为生效条件，也不以通知债务人为生效条件，而仅以通知债务人作为对债务人生效的条件。因此C项、D

项错误。A银行与C银行的保理均为有效，按照《民法典》第768条的规定，就同一应收账款设立了多个保理的，已经登记的保理优于未登记的保理。因此B项正确。故本题应选B项。

3. D

按照最高人民法院《关于适用〈中华人民共和国民法典〉有关担保制度的解释》第66条第1款的规定，同一应收账款同时存在保理、应收账款质押和债权转让，当事人主张参照《民法典》第768条的规定确定优先顺序的，人民法院应予支持。按照《民法典》第768条所规定的优先顺序，B公司与C银行均办理了登记，但B公司登记在前，因此B公司优先于C银行，A项错误。E公司受让债权在后，因此B项错误。就D公司与E公司而言，应当按照通知顺序确定二者的顺位，因此E公司优先于D公司，C项错误。A银行设立在前且通知在前，优先于D公司，D项正确。本题中，B公司登记处于最前，为最优。各主体的优先顺序应为B公司、C银行、A银行、E公司、D公司。故本题应选D项。

 简答题

1. 保理合同具有如下特征：（1）保理合同中的保理人具有特定性。在保理合同中，保理人是依照国家规定，经主管部门批准开展保理业务的保理公司、商业银行，其他组织或者个人不得开展保理业务。（2）保理合同是以应收账款转让为前提的合同。在保理合同中，其必备要素是应收账款的转让。如果没有这个要素，保理合同就不能成立。（3）保理合同的构造具有复合性。保理合同并不是单一的法律关系，而是由两种以上的法律关系所构成的，其法律构造为"应收账款转让＋"。因此，仅有应收账款的转让，无法成立保理合同。（4）保理合同是具有担保功能的合同。在保理业务中，保理人可以提供付款担保，在债务人不付款时，保理人向债权人承担担保责任。（5）保理合同为要式合同，应当采用书面形式，故为要式合同。

2. 根据应收账款转让的事实是否通知债务人，保理可以分为公开型保理与隐蔽型保理。公开型保理又称明保理，是指保理人应将应收账款转让的事实通知债务人的保理；隐蔽型保理又称暗保理，是指在保理合同签订后的合理期限内，保理人未将应收账款转让的事实通知债务人的保理。这种区分的主要意义在于，债务人履行债务的对象不同。在公开型保理中，因应收账款转让的事实已经通知债务人，故债务人应向保理人履行债务；而在隐蔽型保理中，因应收账款转让的事实并没有通知债务人，故仍由债权人继续实现债权，相关款项仅在债权人与保理人之间清算。

材料分析题

1. 当甲公司与丙银行在保理合同中约定，如果乙公司到期不向丙银行偿还债务，丙银行可要求甲公司返还融资款时，双方间的保理为有追索权的保理。

（1）乙公司向丙银行所偿还的100万元应当扣除保理融资款本息和相关费用共90万元，就剩余的10万元，丙银行应当返还给甲公司。

（2）丙银行获得的利益是80万元融资款的利息8万元。

（3）如果乙公司到期不向丙银行偿还债务，丙银行可以起诉甲公司或乙公司，或将二者一并起诉，法院应当受理。

（4）如果丙银行请求甲公司承担追索责任，甲公司在承担追索责任后，可以请求乙公司履行债务。

2. 当甲公司与丙银行在保理合同中并未约定，如果乙公司到期不向丙银行偿还债务，丙银行可向甲公司追索时，双方间的保理为无追索权的保理。

（1）乙公司向丙银行所偿还的100万元，均归属丙银行。

（2）丙银行在扣除保理融资款本息和相关费用后，就剩余的10万元，无须返还给甲公司。此时，丙银行获得的利益除80万元融资款的利息8万元外，还获得利益10万元。

第十七章　承揽合同

 **知识逻辑图**

承揽合同
- 概念：承揽人按照定作人的要求完成工作，交付工作成果，定作人给付报酬的合同
- 特征
  - 以一定工作的完成为目的
  - 定作物具有特定性
  - 承揽人应以自己的风险独立完成工作
  - 诺成合同、双务合同、有偿合同、不要式合同
- 种类：加工合同、定作合同、修理合同、复制合同、测试合同、检验合同
- 内容：承揽的标的、数量、质量、报酬，承揽方式，材料的提供，履行期限，验收标准和方法
- 效力
  - 承揽人的义务
    - 按照约定完成工作
    - 按合同约定提供材料或者接受定作人提供的材料
    - 保密义务和通知义务
    - 接受定作人必要的监督检验
    - 交付所完成的工作成果
    - 工作成果的瑕疵担保责任
    - 共同承揽人的连带责任
  - 定作人的义务
    - 协助义务
    - 受领并验收承揽人完成的工作成果
    - 支付报酬、材料费等费用
    - 中途变更合同的赔偿责任
  - 风险负担
    - 工作成果的风险负担：交付主义
    - 材料的风险负担：所有人承担主义
- 终止
  - 因当事人协议而终止
  - 因定作人的任意解除而终止
  - 因当事人一方严重违约被解除而终止

 名词解释与概念比较

1. 承揽合同
2. 加工合同
3. 定作合同

 选择题

（一）单项选择题

1. 根据《民法典》的规定，下列表述中，不正确的是（　　）。

A. 承揽合同应当采用书面形式

B. 承揽人应当以自己的工作完成主要工作

C. 承揽合同中的定作物具有特定性

D. 承揽人对其完成的工作成果向定作人承担瑕疵担保责任

2. 方某为送汤某生日礼物，特向余某定作一件玉器。订货单上，方某指示余某将玉器交给汤某，并将订货情况告知汤某。玉器制好后，余某委托朱某将玉器交给汤某，朱某不慎将玉器碰坏。对此，下列哪一表述是正确的？（　　）

A. 汤某有权要求余某承担违约责任

B. 汤某有权要求朱某承担侵权责任

C. 方某有权要求朱某承担侵权责任

D. 方某有权要求余某承担违约责任

3. 根据《民法典》的规定，承揽人应当对定作人负担相应的保密义务，承揽人的此项义务为（　　）。

A. 给付义务　　　　B. 主给付义务

C. 从给付义务　　　　D. 附随义务

4. 下列关于承揽人在履行承揽合同中的行为，哪一项构成违约？（　　）

A. 承揽人发现定作人提供的图纸不合理，立即停止工作并通知定作人，因等待答复，未能如期完成工作

B. 承揽人发现定作人提供的材料不合格，遂自行更换为自己确认合格的材料

C. 承揽人未征得定作人同意，将其承揽的辅助工作交由第三人完成

D. 因定作人未按期支付报酬，承揽人拒绝交付工作成果

5. 老张的汽车被撞坏了，老张便将汽车送到修理厂大修。因汽车的车门毁坏严重，修理厂无法修理，便将车门送至某钣金厂进行修理。对此，下列选项中，正确的是（　　）。

A. 修理厂构成违约，因为其未经许可便将修理工作交由第三人完成

B. 修理厂不构成违约，因为其未将主要工作交由第三人完成

C. 老张可以要求修理厂承担违约责任

D. 老张将汽车交给修理厂时，汽车所有权转移至修理厂

6. 甲新建了四间大瓦房，雇乙到新建房中工作，甲按月向乙支付报酬。按照甲的指示，乙做好了新房

的全部家具。甲与乙之间的合同属于（　　）。

A. 买卖合同　　　　B. 承揽合同

C. 雇佣合同　　　　D. 委托合同

7. 小王将购买的布料交给裁缝，将之加工成一件连衣裙，价格为 50 元，此外双方未作其他约定。对此，下列选项中，错误的是（　　）。

A. 裁缝可以行使同时履行抗辩权，在小王支付 50 元之前，不进行加工工作

B. 小王要求裁缝交付加工好的连衣裙，在小王付款之前，裁缝可以拒绝交付连衣裙

C. 剩余的布料，所有权归属于小王

D. 裁缝将布料加工成连衣裙之后，小王拒绝付款的，裁缝可以留置连衣裙

视频讲题

8. 甲公司找到乙工厂，定作一个模具，期限为 7 天，价款为 2 万元。乙工厂按照甲公司提供的图纸开始磨制时，发现缺少一个关键参数，乙公司便停止磨制工作，传真通知甲公司。由于甲公司联络人员的失误，一直未将此事告知主管人员，因而甲公司未提供缺少的关键参数。合同履行期限满，乙工厂无法提供模具。对此，下列选项中，错误的是（　　）。

A. 甲公司的行为构成违约

B. 乙工厂的行为构成违约

C. 甲公司未履行其协助义务

D. 乙工厂适当履行了自己的义务

9. 甲到首饰店定制一对耳环，约定价格为 2 000 元，6 月 6 日甲到首饰店领取耳环。由于甲事务繁忙，甲在约定时间未到首饰店领取耳环。6 月 8 日，首饰店旁边的商店起火，致使首饰店被烧毁大半，甲定制的耳环也被烧毁了。对此，下列选项中，正确的是（　　）。

A. 6 月 6 日为耳环的交付时间

B. 耳环已经烧毁，甲不必向首饰店支付 2 000 元

C. 首饰店保管不善，甲可以要求首饰店赔偿损失

D. 甲仍然需要向首饰店支付 2 000 元

10. 甲将摩托车交给汽修厂修理，约定修理费为

200 元，6 月 6 日甲到汽修厂领取摩托车。因甲事务繁忙，甲在约定时间未到汽修厂领取摩托车。6 月 8 日，小偷到汽修厂盗窃，将甲的摩托车盗走。对此，下列选项中，错误的是（　　）。

A. 甲可以要求汽修厂承担违约责任

B. 甲可以要求小偷承担侵权责任

C. 甲承担风险，应当自行承担摩托车损失

D. 汽修厂保管不善，甲可以要求汽修厂赔偿损失

11. 甲借用乙的山地自行车，刚出门就因莽撞骑行造成自行车链条断裂，甲将自行车交给丙修理，约定修理费 100 元。乙得知后立刻通知甲解除借用关系并告知丙，同时要求丙不得将自行车交给甲。丙向甲核实，甲承认。自行车修好后，甲、乙均请求丙返还。对此，下列哪一选项是正确的？（　　）

A. 甲有权请求丙返还自行车

B. 丙如将自行车返还给乙，必须经过甲当场同意

C. 乙有权要求丙返还自行车，则在修理费未支付时，丙就自行车享有留置权

D. 如乙要求丙返还自行车，则即使修理费未付，丙也不得对乙主张留置权

（二）多项选择题

1. 老刘的电视机坏了，老刘将电视机交给甲修理铺修理。因甲修理铺很忙，便将电视机交给了乙修理铺修理。对此，下列选项中，正确的有（　　）。

A. 老刘与甲修理铺之间不存在合同关系

B. 老刘与乙修理铺之间不存在合同关系

C. 老刘可以解除与甲修理铺的合同

D. 甲修理铺应就乙修理铺的修理工作向老刘负责

2. 下列合同中，属于承揽合同的有哪几种？（　　）

A. 检验合同　　　　B. 测试合同

C. 复制合同　　　　D. 修理合同

3. 何女士提供三块木料给某家具厂定制一个衣柜，开工不久何女士觉得衣柜样式不够新潮，遂要求家具厂停止制作。家具厂认为这是个无理要求，便继续使用剩下两块木料，按原定式样做好了衣柜。对此，下列说法哪些是正确的？（　　）

A. 家具厂应赔偿由此给何女士造成的损失

B. 何女士应支付全部约定报酬

C. 何女士应支付部分报酬

D. 何女士应支付全部约定报酬和违约金

视频讲题

4. 在承揽合同中，定作物和原材料意外灭失的风险责任，应当由谁承担？（　　）

A. 在合同履行期间内定作物意外灭失的，由承揽人承担风险，承揽人丧失报酬请求权

B. 在合同履行期间内原材料意外灭失的，由原材料所有人承担风险

C. 在合同履行期间内原材料意外灭失的，如果原材料由承揽人提供，由定作人付款，则除法律或合同另有规定外，由定作人承担风险

D. 因定作人而迟延接受定作物的，迟延期间定作物意外灭失的风险由定作人承担

5. 育才中学委托利达服装厂加工 500 套校服，约定材料由服装厂采购，学校提供样品，取货时付款。为赶时间，利达服装厂私自委托恒发服装厂加工 100 套。育才中学按时前来取货，发现恒发服装厂加工的 100 套校服不符合样品要求，遂拒绝付款。利达服装厂则拒绝交货。对此，下列哪些说法是正确的？（　　）

A. 育才中学可以利达服装厂擅自外包为由解除合同

B. 如育才中学不支付酬金，利达服装厂可拒绝交付校服

C. 如育才中学不支付酬金，利达服装厂可对样品行使留置权

D. 育才中学有权要求恒发服装厂承担违约责任

6. 老王将家庭生活拍成录像，将录像带交给了数码冲印店，要求将录像带复制出 10 张 VCD 格式的光盘。数码冲印店购买了 10 张光盘，准备复制录像带。由于门口的自来水管网爆裂，店内的许多物品被水冲毁，其中包括录像带与光盘。对此，下列选项中，错误的有（　　）。

A. 数码冲印店应当赔偿老王的录像带损失

B. 老王应当赔偿数码冲印店的光盘损失

C. 老王应当按照约定向数码冲印店支付报酬

D. 老王有权要求数码冲印店按照约定交付复制好的 10 张光盘

7. 甲将一块黄金交给金店，要求金店将黄金打造成一条项链。对此，下列选项中，正确的有（　　）。

A. 甲将黄金交付给金店，发生所有权的转移

B. 金店完成工作后，将项链交付给甲，发生所有权的转移

C. 如果金店按照约定在项链上嵌入一颗十分贵重的钻石，金店将项链交付给甲，则发生所有权的转移

D. 金店谎称黄金全部用完，将剩余的黄金据为己有，既构成违约，也构成侵权

8. 小海新婚，在村里的木匠处定制了一套桌椅，但小海在使用桌椅时发现裂缝。对此，下列选项中，正确的有（　　）。

A. 小海可以要求木匠承担违约责任

B. 小海可以要求木匠承担缔约过失责任

C. 小海可以要求木匠承担侵权责任

D. 小海可以要求木匠承担瑕疵担保责任

（三）不定项选择题

甲公司与乙公司签订了加工合同，合同约定甲公司向乙公司提供含钒钢材、铸铁以及零部件，乙公司按照甲公司的设计图纸将之加工成为5台某型号的设备，合同履行期限为60天，价款为50万元。合同签订后，甲公司将材料以及设备图纸交付给了乙公司。乙公司因订单较多，便将其中的一部分铸铁交给了丙公司，要求其按照要求将铸铁融化后，制成特定形状。乙公司又将其中一部分材料交给了丁公司，要求丁公司按照图纸加工出2台设备。

1. 乙公司未经许可，将一部分工作交由丁公司完成，则下列选项中，正确的有（　　）。

A. 甲公司可以追究乙公司的违约责任

B. 甲公司可以解除与乙公司的合同

C. 甲公司可以追究乙公司的瑕疵担保责任

D. 乙公司就丁公司加工的2台设备向甲公司负责

2. 乙公司将一部分铸铁交给丙公司进行加工，则下列选项中，正确的有（　　）。

A. 甲公司可以追究乙公司的违约责任

B. 甲公司可以解除与乙公司的合同

C. 甲公司可以追究乙公司的瑕疵担保责任

D. 乙公司就丙公司制成特定形状的铸铁向甲公司负责

3. 乙公司在生产了一台设备之后才发现设备无法正常运转，经过检测发现甲公司提供的钢材并非合同约定的含钒钢材，硬度不够。对此，下列选项中，正确的是（　　）。

A. 甲公司构成违约

B. 乙公司构成违约

C. 甲公司可以要求乙公司赔偿损失

D. 甲公司可以要求甲公司赔偿损失

4. 乙公司在加工过程中发现甲公司的设计存在缺陷，照之加工会使设备的运行不稳定。乙公司便通知甲公司，要求甲公司作进一步指示，但甲公司未予理会。对此，下列选项中，正确的是（　　）。

A. 乙公司若因而无法在60天内交付5台设备，则不构成履行迟延

B. 不论如何，只要乙公司未在60天内交付5台设备，便构成违约

C. 乙公司若仍按原设计交付给甲公司5台设备，则即便设备无法正常运行，也不构成违约

D. 若因甲公司怠于答复而致乙公司受损，则甲公司应予以赔偿

5. 在合同履行期间内，甲公司更改原设计图纸，要求乙公司按照新设计进行加工。对此，下列选项中，正确的是（　　）。

A. 甲公司不可以单方面修改设计

B. 乙公司必须接受甲公司的要求

C. 乙公司可不予理会，仍按原设计进行加工

D. 乙公司按照新设计进行加工的，可以要求甲公司赔偿损失

6. 在加工过程中，乙公司发现甲公司必须再提供关键参数，因而向甲公司提出了要求，但甲公司担心泄露技术秘密，便不理睬乙公司的要求。对此，下列选项中，正确的是（　　）。

A. 甲公司有协助乙公司完成工作的义务

B. 乙公司只能自行完成，不得要求甲公司协助

C. 甲公司拒绝协助，乙公司因而在履行期限届满后无法交付设备的，不构成违约

D. 甲公司始终不提供参数，乙公司可以解除合同

 简答题

1. 简述承揽合同的特征。

2. 简述承揽合同中承揽人的主要义务。

3. 简述承揽合同中定作人的主要义务。

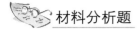 **材料分析题**

甲公司有 300 立方米的木材要加工成家具，乙公司与丙公司一起找到甲公司，三方签订了合同。该合同约定：乙公司与丙公司将 300 立方米的木材加工成家具，合同履行期限为 50 天，报酬为 60 万元。乙公司与丙公司也签订了一份合同，约定乙公司负责 200 立方米，丙公司负责 100 立方米，所取得的价款以及所承担的责任也照此比例处理。在加工过程中，乙公司工作人员抽烟，导致 60 立方米的木材被全部烧毁。合同履行期限满后，乙公司与丙公司将全部木材加工成了家具，但乙公司交付的数量不足。甲公司要求乙公司与丙公司连带赔偿损失，丙公司拒绝承担责任。三方无法协商一致，甲公司要求丙公司交付家具，丙公司提出，甲公司不交付价款，自己便拒绝交付家具。甲公司索性便通知丙公司解除合同。请回答下列问题：

（1）乙公司工作人员抽烟，致使 60 立方米木材被烧毁，如何定性？

（2）木材被烧毁，能否适用风险负担规则加以处理？为什么？

（3）乙公司与丙公司是否应当对甲公司承担连带责任？为什么？

（4）丙公司赔偿了甲公司的损失，是否可以向乙公司追偿？为什么？

（5）丙公司能否在甲公司交付价款之前拒绝交付家具？为什么？

（6）甲公司能否解除合同？为什么？

 论述题与深度思考题

试述承揽合同的工作成果所有权与风险负担规则。

参考答案

 名词解释与概念比较

1. 承揽合同，是指承揽人按照定作人的要求完成工作、交付工作成果，定作人支付报酬的合同。

2. 加工合同，是指承揽人以自己的力量，按照定作人的要求，用定作人提供的原材料，为定作人加工成成品，定作人接受该成品并支付报酬的合同。

3. 定作合同，是指承揽人用自己的原材料和技术，按照定作人的要求为定作人制作成品，定作人接受该成品并支付报酬的合同。

 选择题

（一）单项选择题

1. A

承揽合同是不要式合同，并非必须采用书面形式。故本题应选 A 项。

2. D

方某与余某成立承揽合同中的定作合同，承揽人自行提供原材料，原材料以及制成的玉器所有权归于余某，余某应当依约交付完好的玉器，转移所有权。余某与朱某成立委托合同关系，受托人朱某在执行受托事务中因过失而将标的物毁损，余某因第三人而无法将玉器交付汤某，基于合同相对性，余某应当向方某承担违约责任。故本题应选 D 项。

3. D

承揽人承担的保密义务并非给付义务，而是基于诚实信用原则产生的附随义务。故本题应选 D 项。

4. B

承揽人未经定作人同意而更换定作人提供的材料，构成违约行为。即使更换为合格的材料，也不构成抗辩事由。A、C、D 三项符合《民法典》第 776、773、783 条的规定。故本题应选 B 项。

5. B

按照《民法典》第 773 条的规定，承揽人可以将其承揽的辅助工作交由第三人完成。车门修理工作并非主要工作。因此，修理厂将车门修理工作交由钣金厂完成，不构成违约。汽车所有权自始至终归属于老张，老张将汽车交付给修理厂，不发生所有权的转移。故本题应选 B 项。

6. C

甲与乙的合同不属于买卖合同、委托合同。甲、乙之间的合同具有持续性，乙按照甲的指示工作，范围不定，乙只需要提供劳务即可，不必提交工作成果。因此，甲与乙的合同不属于承揽合同，而是雇佣合同。故本题应选 C 项。

7. A

承揽合同的目的是交付工作成果，承揽人应当首先开始工作，此项给付与定作人支付报酬之间不构成对待给付，不能成立同时履行抗辩权。不过，承揽人交付工作成果与定作人支付报酬之间构成对待给付，可以成立同时履行抗辩权，在小王付款之前，裁缝可以主张同时履行抗辩，拒绝交付连衣裙。布料是由小王提供的，布料以及加工好的连衣裙的所有权自始归小王。按照《民法典》第783条的规定，定作人未向承揽人支付报酬或者材料费等价款的，承揽人对完成的工作成果享有留置权或者有权拒绝交付。故本题应选A项。

8. B

定作人协助承揽人完成工作属于法定义务，甲公司未提供缺少的关键参数，构成义务的不履行。乙工厂在发现缺少参数时，及时通知了甲公司，适当履行了自己的义务，不存在违约行为。故本题应选B项。

9. D

6月6日只是约定的耳环交付时间，而非实际的交付时间。在承揽合同中，承揽人提供材料的，在工作成果交付给定作人之前，承揽人承担工作成果意外毁损、灭失的风险。承揽合同中有关风险负担的问题，可以适用买卖合同中的风险负担规则。因此，甲违反约定，未在约定时间领取工作成果，甲自违反约定之日起承担工作成果意外毁损、灭失的风险。耳环被烧毁属于意外事故，并非首饰店保管不善。因此，甲应当承担耳环的损失，并且还需要向首饰店支付约定价款。故本题应选D项。

10. C

汽修厂保管不善，导致甲的摩托车被偷，汽修厂无法向甲交付摩托车，甲可以要求汽修厂承担违约责任，也可以要求小偷承担侵权责任。按照《民法典》第784条的规定，承揽人应当妥善保管定作人提供的材料以及完成的工作成果，因保管不善造成毁损、灭失的，应当承担赔偿责任。因此，甲可以要求汽修厂赔偿损失。甲自始享有摩托车的所有权，承担摩托车意外毁损的风险，但风险规则的适用前提是损失的发生不可归责于双方当事人，而小偷盗走摩托车，可归责于汽修厂。故本题应选C项。

11. C

乙拥有自行车的所有权，甲乙之间存在合同关系。甲莽撞骑行造成自行车受损，构成重大违约，乙拥有合同解除权，其通知甲解除合同，则甲乙间合同关系终止，甲不能基于合同而占有自行车。在丙已经知悉甲并非自行车所有人也非合法占有人的情况下，丙不能将自行车返还给甲，甲也无权请求返还。乙作为所有人，有权要求丙返还自行车，丙应当返还，而不必经甲同意。丙善意占有自行车，在未付修理费的情况下，丙有权留置自行车。另外，甲与丙间的承揽合同并不会因为甲乙间的合同解除而失去效力，从这一点，甲其实有权依据承揽合同而要求丙返还自行车。但在甲乙均请求返还时，物权优先于债权，即乙基于所有权而请求之返还优于甲基于债权而请求之返还，所以丙应当向乙返还。故本题应选C项。

（二）多项选择题

1. BCD

承揽合同为不要式合同，老刘与甲修理铺之间存在口头承揽合同，但老刘与乙修理铺之间不存在合同关系。按照《民法典》第772条的规定，承揽人将其承揽的主要工作交由第三人完成的，应当就该第三人完成的工作成果向定作人负责；未经定作人同意的，定作人也可以解除合同。故本题应选B、C、D项。

2. ABCD

检验合同、测试合同、复制合同、修理合同均属于具体的承揽合同类型。故本题应选A、B、C、D项。

3. AC

按照《民法典》第777条的规定，定作人中途变更承揽工作的要求，造成承揽人损失的，应当赔偿损失。由此，定作人何女士有权单方变更合同。何女士要求停止制作，即使承揽人家具厂认为何女士的要求不合理，也应当停止工作，而不能仍按原定式样加工衣柜，否则要赔偿给何女士造成的损失。按照《民法典》第781条的规定，何女士可以选择请求家具厂承担修理、重作、减少报酬、赔偿损失等违约责任。因此，何女士不必支付全部报酬，不过仍要按照约定向家具厂支付在要求停止制作之前的报酬。故本题应选A、C项。

4. ABD

在承揽合同中，材料、工作成果的风险一般是由所有权人承担的。A项中，定作物是定作合同的标的物，由承揽人依约提供，所有权归属于承揽人，由承揽人承担风险。B项中，原材料在合同履行期间发生意外灭失的，应由原材料所有人（定作人或承揽人）承担风险。C项中，承揽人为材料所有权人，应承担材料意外毁损、灭失的风险。D项中，定作物所有权归属于承揽人，交付时起移转给定作人，因定作人而未领取的，在迟延期间，由定作人承担风险。故本题应选A、B、D项。

5. ABC

承揽人利达服装厂未经定作人育才中学同意，将主要工作交给第三人恒发服装厂完成，育才中学可以解除合同。育才中学支付酬金与利达服装厂交付校服之间构成对待给付，可以成立同时履行抗辩权。因此，育才中学不支付酬金，利达服装厂可主张同时履行抗辩权，拒绝交付校服。按照《民法典》第783条的规定，育才中学不支付酬金，利达服装厂对完成的工作成果享有留置权或者有权拒绝交付。由于材料是由利达服装厂采购的，材料、校服的所有权均归属于利达服装厂，因而利达服装厂只可对样品行使留置权。育才中学与第三人恒发服装厂之间不存在合同关系，不能要求其承担违约责任。故本题应选A、B、C项。

6. ABCD

自来水管网爆裂属于意外事故。录像带所有权自始归属于老王，老王作为所有人，承担录像带意外毁损、灭失的风险。数码冲印店提供光盘，其享有光盘的所有权，承担光盘意外毁损、灭失的风险。因此，发生意外事故使录像带与光盘毁损，所有人自行承担损失。因标的物毁损，数码冲印店已不可能复制录像带，合同履行不能，老王不能要求数码冲印店继续履行，也不必向数码冲印店支付报酬，当事人可以解除合同。故本题应选A、B、C、D项。

7. CD

黄金由甲提供，黄金以及项链的所有权自始归甲，交付不发生所有权的转移。如果金店按照约定在项链上嵌入一颗十分贵重的钻石，则钻石成为项链的主要部分，金店作为钻石的提供者取得项链的所有权，项链的交付使所有权发生转移。甲享有黄金的所有权，金店应基于承揽合同将剩余材料返还给甲，金店拒绝交付剩余黄金构成违约，同时也侵犯了甲的所有权。故本题应选C、D项。

8. AD

木匠的行为不构成侵权，因而小海不能要求木匠承担侵权责任。由于小海与木匠之间存在有效的合同

关系，因而小海不能要求木匠承担缔约过失责任。木匠的行为构成违约，违反了瑕疵担保义务，小海可以要求木匠承担违约责任，而瑕疵担保责任是违约责任的一种。故本题应选A、D项。

（三）不定项选择题

1. ABD

加工制成设备属于乙公司的主要工作，未经甲公司许可，乙公司将主要工作交由第三人完成，构成违约。故本题应选A、B、D项。

2. D

按照《民法典》第773条的规定，乙公司将辅助工作交由第三人完成，不构成违约，甲公司不享有法定合同解除权，但乙公司应当就丙公司完成的工作成果向甲公司负责。故本题应选D项。

3. ABCD

按照《民法典》第775条的规定，定作人提供材料的，定作人应当按照约定提供材料。承揽人对定作人提供的材料应当及时检验，发现不符合约定时，应当及时通知定作人更换、补齐或者采取其他补救措施。甲公司提供的钢材不符合约定，乙公司也未尽到及时检验的法定义务，最后发生损失，构成了双方违约。在双方违约的情况下，应当根据双方的过错程度来确定各自的责任。故本题应选A、B、C、D项。

4. ACD

按照《民法典》第776条的规定，承揽人发现定作人提供的图纸或者技术要求不合理的，应当及时通知定作人。因定作人怠于答复等造成承揽人损失的，应当赔偿损失。乙公司虽然在履行期限届满后无法交付5台设备，但其有正当原因，因而不构成违约。甲公司不理会乙公司的通知，乙公司依原设计加工设备，即便设备存在瑕疵，乙公司也不构成违约。故本题应选A、C、D项。

5. D

按照《民法典》第777条的规定，定作人中途变更承揽工作的要求，造成承揽人损失的，应当赔偿损失。甲公司有权单方面修改设计，但乙公司并非必须接受。若乙公司认为甲公司的更改存在问题，应当停止工作，及时通知甲公司，但却不可仍按原设计进行加工工作，否则要赔偿甲公司的损失。乙公司按照新设计加工，由此遭受的损失，可以要求甲公司赔偿。故本题应选D项。

6. ACD

按照《民法典》第778条的规定，承揽工作需要定作人协助的，定作人有协助的义务。定作人不履行协助义务致使承揽工作不能完成的，承揽人可以催告定作人在合理期限内履行义务，并可以顺延履行期限；定作人逾期不履行的，承揽人可以解除合同。故本题应选A、C、D项。

 简答题

1. 承揽合同具有以下特征：（1）承揽合同以一定工作的完成为目的。定作人订立合同的目的是取得承揽人完成的一定工作成果，因此，承揽人须依照定作人的要求完成一定的工作。（2）承揽合同的定作物具有特定性。定作物是不能通过市场购买的，只能由承揽人依定作人的要求通过自己的劳动技能来完成。（3）承揽人应以自己的风险独立完成工作。承揽人需要以自己的人力、设备和技术力量等条件独立地完成工作，不得擅自将承揽的主要工作交由第三人完成。（4）承揽合同是诺成合同、双务合同、有偿合同。承揽合同自当事人双方意思表示一致时即可成立生效，当事人双方的义务具有对应性，任何一方从另一方处取得利益均应支付对价，因此，承揽合同为诺成合同、双务合同、有偿合同。

2. 承揽人的义务主要包括：（1）按照约定完成工作。承揽人不仅应当在约定的期限内完成承揽工作，而且应当以自己的设备、技术、劳力完成工作的主要部分。（2）按合同约定提供材料或者接受定作人提供的材料。合同约定由承揽人提供材料的，承揽人应当按照约定选用材料，并接受定作人检验；合同约定由定作人提供材料的，承揽人应当及时接受并检验定作人交付的材料。（3）保密义务和通知义务。承揽人应当按照定作人的要求保守秘密，并在法律规定的情形下负有通知义务。（4）接受定作人必要的监督检验。承揽人在工作期间，应当接受定作人必要的监督检验。（5）交付所完成的工作成果。承揽人完成工作的，应当向定作人交付工作成果，并提交必要的技术资料和有关质量证明。（6）工作成果的瑕疵担保责任。承揽人所完成的工作成果不符合合同中约定的质量标准和要求的，承揽人应负瑕疵担保责任。（7）共同承揽人的连带责任。如合同中没有另外约定，共同承揽人对定作人负连带责任。

3. 定作人的义务主要包括：（1）协助义务。在承揽合同中，承揽工作需要定作人协助的，定作人有协助的义务。（2）受领并验收承揽人完成的工作成果。定作人的受领既包括定作人接受承揽人交付的工作成果，也包括在承揽人无须实际交付时定作人对承揽人所完成的工作成果的承认。（3）支付报酬、材料费等费用。定作人应向承揽人支付报酬，并应支付材料费及其他有关费用。定作人未向承揽人支付报酬或者材料费等价款的，承揽人对完成的工作成果享有留置权或者有权拒绝支付，但是当事人另有约定的除外。（4）中途变更合同的赔偿责任。在承揽工作过程中，定作人有权中途变更承揽工作的要求，但是变更承揽工作的要求造成承揽人损失的，应当承担赔偿责任。

材料分析题

（1）乙公司工作人员的行为构成侵权，侵犯了甲公司对木材的所有权，由于行为发生在执行职务期间，因而乙公司应对此承担侵权责任。同时，乙公司有保管木材的义务，其保管不善，构成违约。侵权责任请求权与违约责任请求权发生竞合，甲公司可以择一行使。

（2）不能。因为风险负担规则的适用前提是风险的发生不可归责于当事人双方。木材是因乙公司工作人员的过错而被烧毁的，可以归责于乙公司，应由乙公司承担赔偿责任。

（3）应当承担连带责任。按照《民法典》第786条的规定，除非当事人另有约定，否则共同承揽人对定作人承担连带责任。乙公司与丙公司是共同承揽人，与甲公司并未作不承担连带责任的约定，而乙公司与丙公司之间的约定也不能对抗甲公司。因此，乙公司与丙公司对甲公司应当连带承担违约责任。

（4）可以。丙公司在承担了连带责任之后，可以按照合同约定向乙公司追偿。

（5）可以。根据《民法典》第783条的规定，甲公司拒绝支付价款的，丙公司可以对家具行使留置权或者有权拒绝交付，从而可以拒绝交付家具。

（6）不能。虽然《民法典》第787条授予定作人任意合同解除权，但解除权的行使应当是在承揽人完成工作成果之前。乙公司与丙公司已完成工作成果，甲公司不得行使解除权将合同解除。

论述题与深度思考题

承揽工作成果所有权的转移主要有以下几种情况：（1）定作人提供材料由承揽人加工的，如定作物为动产，工作成果的所有权归定作人，当事人无须进行所有权的转移。（2）由承揽人自己提供材料，定作物为动产的，工作成果的所有权归承揽人，当事人之间须进行工作成果所有权的转移。（3）由双方提供材料，定作物为动产的，若定作人提供的材料为工作成果的主要部分，则工作成果的所有权归定作人，当事人之间无须进行工作成果所有权的转移；若承揽人提供的材料为工作成果的主要部分，则工作成果的所有权归承揽人，当事人之间须进行工作成果所有权的转移。（4）定作物为不动产的，不论材料为何方提供，定作物的所有权均由定作人取得。

承揽合同中的风险负担是指在承揽工作完成过程中，工作成果或者当事人提供的材料因不可归责于当事人任何一方的原因而毁损、灭失的，应由何方负担损失问题。因此，承揽合同中的风险负担主要包括工作成果的风险负担和材料的风险负担两个方面。（1）工作成果的风险负担。在承揽合同中，工作成果的风险负担应区分以下两种情况：其一，承揽的工作成果应当实际交付的，工作成果的风险在交付前由承揽人负担，在交付后由定作人负担，当事人另有约定或者法律另有规定的除外。其二，承揽的工作成果无须实际交付的，工作成果的风险在完成前由承揽人负担，在完成后由定作人负担，当事人另有约定或者法律另有规定的除外。（2）材料的风险负担。在承揽合同中，材料的风险负担遵循所有权人负担风险的规则，即由材料所有人承担材料的风险。因此，承揽人提供材料的，材料的风险由承揽人负担。定作人提供材料的，若当事人约定由承揽人给付费用或者价款，则材料的所有权自交付给承揽人时起转移于承揽人，承揽人应当负担材料的风险；若当事人未约定承揽人就定作人提供的材料支付费用或者价款，则材料的所有权仍归定作人，定作人应当负担材料的风险。

第十八章　建设工程合同

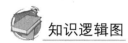知识逻辑图

概念：承包人进行工程建设，发包人支付价款的合同

特征
- 标的物具有特定性
- 主体具有限定性
- 管理具有特殊性
- 形式具有要式性

订立
- 国家重大建设工程合同，应当按照国家规定的程序和国家批准的投资计划、可行性研究报告等文件订立
- 建设工程合同若必须采取招标投标的方式订立，其招标投标活动应当依照有关法律的规定公开、公平、公正进行
- 建设工程合同可以采取总承包或者分承包的方式订立

建设工程合同

勘察、设计合同
- 概念：发包人或者总承包人与勘察人、设计人之间订立的，由勘察人、设计人完成一定的勘察、设计工作，发包人或者总承包人支付价款的合同
- 效力
  - 发包人的义务
    - 按照约定提供开展勘察、设计所需的基础资料和文件
    - 按照约定提供必要的协作条件
    - 按照约定接受勘察、设计成果并支付勘察、设计费用
    - 维护勘察、设计成果
  - 勘察人、设计人的义务
    - 按照合同约定按期完成勘察、设计工作
    - 提交勘察、设计成果并对勘察、设计成果负瑕疵担保责任
    - 按合同约定完成协作的事项

施工合同
- 概念：发包人与承包人订立的关于工程的建筑与安装的合同
- 内容：工程范围、建设工期、中间交工工程的开工和竣工时间、工程质量、工程造价、技术资料的交付时间、材料和设备供应责任、拨款和结算、竣工验收、质量保修范围和质量保证期、相互协作等条款
- 效力
  - 发包人的义务
    - 做好施工前的准备工作，按照约定提供材料、设备、技术资料
    - 为承包人提供必要的条件
    - 组织工程验收
    - 接受建设工程并支付工程价款
  - 承包人的义务
    - 做好开工前的准备工作
    - 按照约定时间开工
    - 接受发包人的必要监督
    - 按期按质完工并及时交付建设工程
    - 建设工程的质量保修义务
    - 对建设工程合理使用期限内的质量安全负担保责任
- 无效的原因与处理
- 解除的情形与后果

建设工程合同

监理合同

概念：建设工程合同中的发包人与监理人订立的，监理人对承包人的勘察、设计、施工质量进行全面监督，发包人为此支付报酬的合同

形式与内容：书面形式

效力：适用委托合同的规定

 名词解释与概念比较

1. 建设工程合同
2. 建设工程合同与承揽合同
3. 勘察、设计合同
4. 施工合同
5. 监理合同

 选择题

（一）单项选择题

1. 下列关于建设工程合同性质的选项中，不正确的是（　　）。

A. 有偿合同　　　　B. 诺成合同
C. 要式合同　　　　D. 实践合同

2. 下列关于建设工程的转包与分包的说法中，错误的是（　　）。

A. 分包应当经过发包人的同意
B. 建设工程主体结构的施工应由承包人自行完成，不得交给其他人完成
C. 承包人不得将其承包的全部建设工程转包给第三人
D. 在取得许可的情况下，分包人可以将承包的工程再分包

3. 甲公司与乙公司签订建设工程施工合同，将一项工程发包给乙公司，但乙公司并没有相应的施工资质。该施工合同的效力状态如何？（　　）

A. 合同有效　　　　B. 合同无效
C. 合同效力未定　　D. 合同可撤销

4. 建设工程合同的承包人行使建设工程人价款优先受偿权的期限为（　　），自建设工程竣工之日或者建设工程合同约定的竣工之日起计算。

A. 3 个月　　　　B. 6 个月
C. 1 年　　　　　D. 18 个月

5. 甲公司是房地产开发商，将一幢商品楼承包给

了乙公司。在大楼建设完成之后，甲公司迟迟不支付款项，但正常发售商品房。购房者在支付了全部款项并办理了房屋过户登记手续之后，搬进新房。乙公司要求购房者搬离，因为其对大楼享有价款优先受偿权。对此，下列选项中，正确的是（　　）。

A. 乙公司不享有价款优先受偿权
B. 乙公司的价款优先受偿权不能对抗购房者的所有权
C. 购房者可以要求甲公司承担权利的瑕疵担保责任
D. 购房者可以要求甲公司承担违约责任

视频讲题

6. 开发商将楼房建设工程发包给了施工人，施工人在建设中使用了不合格的建筑材料，购房者入住以后，墙壁倒塌，砸伤了购房者。对此，下列选项中，错误的是（　　）。

A. 购房者可以要求开发商承担违约责任
B. 购房者可以要求开发商承担侵权责任
C. 购房者可以要求施工人承担违约责任
D. 购房者可以要求施工人承担侵权责任

7. 施工人甲公司在施工过程中，使用了不合格的水泥。发包人乙公司草草验收并接收了工程，但乙公司随后发现墙皮经常脱落。对此，下列选项中，正确的是（　　）。

A. 乙公司已经验收，因而不能要求甲公司承担责任
B. 乙公司已经验收，因而不能以不合格为由拒付工程款
C. 乙公司可以要求甲公司承担侵权责任
D. 甲公司可以拒绝修理

8. 甲公司想承接一项工程，因工程建设资质不够，

便同乙公司商量，由乙公司与发包人订立施工合同，但实际上仍由甲公司进行施工。乙公司与发包人订立的合同效力如何？（　　）

　　A. 有效　　　　　　　B. 无效

　　C. 效力未定　　　　　D. 可撤销

　　9. 甲公司将工程发包给乙公司，但乙公司迟迟未竣工。对此，下列选项中，正确的是（　　）。

　　A. 若乙公司逾期完工，则甲公司可以解除合同

　　B. 若已经完成的主体工程不合格，则甲公司可以解除合同

　　C. 若乙公司未经甲公司同意将工程分包，则甲公司可以解除合同

　　D. 即使甲公司对此具有过错，甲公司也可以要求乙公司承担全部责任

　　10. 甲公司将工程发包给乙公司之后，经甲公司同意，乙公司与丙公司签订分包合同，将一部分工程交给了丙公司，但丙公司完成的那部分工程质量不合格。对此，下列选项中，错误的是（　　）。

　　A. 分包合同有效

　　B. 乙公司不必为丙公司完成的工程向甲公司负责

　　C. 丙公司不必为乙公司完成的工程向甲公司负责

　　D. 就丙公司完成的工程，乙公司与丙公司向甲公司承担连带责任。

　　11. 甲公司与没有建筑施工资质的某施工队签订合作施工协议，由甲公司投标乙公司的办公楼建筑工程，施工队承建并向甲公司交纳管理费。中标后，甲公司与乙公司签订建筑施工合同。工程由施工队负责施工。办公楼竣工验收合格交付给乙公司。乙公司尚有部分剩余工程款未支付。下列哪一选项是正确的？（　　）

　　A. 合作施工协议有效

　　B. 建筑施工合同属于效力未定的合同

　　C. 施工队有权向甲公司主张工程款

　　D. 甲公司有权拒绝支付剩余工程款

　　（二）多项选择题

　　1. 甲公司与乙公司口头订立了建设工程施工合同。之后，甲公司向乙公司支付了首期款，乙公司开始施工。对此，下列选项中，正确的有（　　）。

　　A. 甲公司与乙公司之间的合同不成立，因为未采取书面形式

　　B. 甲公司与乙公司之间的合同成立

　　C. 甲公司与乙公司之间的合同已经生效

　　D. 甲公司与乙公司之间的合同无效，因为未采取书面形式

　　2. 发包人甲公司将工程发包给乙公司。随后，乙公司在未告知甲公司的情况下，与丙公司签订合同，将其中一部分工程交给丙公司完成。对此，下列选项中，正确的有（　　）。

　　A. 乙公司与丙公司之间的合同无效

　　B. 甲公司可以解除与乙公司的合同

　　C. 如果丙公司具有相应的建设施工资质，则乙公司与丙公司之间的合同有效

　　D. 在未经甲公司许可的情况下，乙公司不得将承包的工程分包给丙公司

　　3. 市政府要修建市政大楼，根据相关规定，大楼的修建应当采取招标投标方式。在招标投标活动进行一段时间之后，市政府便终止了招标投标，直接与该市建设集团签订了施工合同。对此，下列选项中，正确的有（　　）。

　　A. 招标投标活动应当遵循公开、公平、公正的原则

　　B. 市政府与建设集团签订的合同效力未定

　　C. 市政府与建设集团签订的合同无效

　　D. 市政府与建设集团签订的合同有效

　　4. 甲大学与乙公司签订建设工程施工合同，由乙为甲承建新教学楼。经甲同意，乙将主体结构的施工分包给丙公司。后整个教学楼工程验收合格，甲向乙支付了部分工程款，乙未向丙支付工程款。对此，下列哪些表述是错误的？（　　）

　　A. 乙、丙之间分包合同有效

　　B. 甲可以撤销与乙之间的建设工程施工合同

　　C. 丙可以乙为被告诉请支付工程款

　　D. 丙可以甲为被告诉请折价补偿，但法院应当追加乙为第三人

　　5. 甲公司将一项工程发包给了乙公司，则下列选项中，正确的有（　　）。

　　A. 甲公司可以委托监理人对工程进行检查、监督

　　B. 在任何情形下，甲公司均有权检查、监督乙公司的工程施工活动

　　C. 乙公司在施工中造成路人伤害的，甲公司应为此承担责任

　　D. 甲公司应按照约定提供原材料、设备等，否则乙公司得要求其承担违约责任

6. 甲公司从乙公司处承包了一项工程，在施工过程中，甲公司要将隐蔽工程予以隐蔽，便通知乙公司前来检查，但乙公司一直没有派人检查。甲公司只得停工等待乙公司前来检查。最终工程超出约定工期仍未完工，乙公司损失惨重。对此，下列选项中，正确的有（　　）。

A. 甲公司可以顺延工程竣工日期

B. 甲公司可以要求乙公司赔偿停工损失

C. 乙公司可以要求甲公司赔偿损失

D. 乙公司应当自行承担损失

7. 甲公司要在某块土地上建设游乐场，与乙公司签订了合同，由乙公司对土地进行勘察，并进行建筑设计。乙公司因业务繁忙，在勘察土地之后无法在约定期限内向甲公司提交设计图。对此，下列选项中，正确的有（　　）。

A. 甲公司可以要求乙公司减收费用

B. 甲公司可以要求乙公司继续履行合同，提交设计图

C. 甲公司可以要求乙公司赔偿损失

D. 甲公司要求乙公司减收费用，便不得再要求赔偿损失

8. 甲公司将工程发包给了乙公司，乙公司完成了工程。后因乙公司欠缺相应的资质，合同被确认为无效。对此，下列选项中，正确的有（　　）。

A. 如果工程经验收合格，甲公司应当折价补偿

B. 合同无效，甲公司不必支付合同约定的价款

C. 如果工程经验收不合格，修复后验收合格，则承包人承担修复费用

D. 如果工程经验收不合格，修复后验收合格，则发包人承担修复费用

9. 甲公司将一工程发包给乙建筑公司，经甲公司同意，乙公司将部分非主体工程分包给丙建筑公司，丙公司又将其中一部分分包给丁建筑公司。后丁公司工作失误致使工程不合格，甲公司欲索赔。对此，下列哪些说法是正确的？（　　）

A. 上述工程承包合同均无效

B. 丙公司在向乙公司赔偿损失后，有权向丁公司追偿

C. 甲公司有权要求丁公司承担民事责任

D. 法院可收缴丙公司由于分包已经取得的非法所得

10. 甲公司与乙公司签订建设工程施工合同，将工程发包给乙公司施工，约定乙公司垫资1 000万元，未约定垫资利息。甲公司、乙公司经备案的中标合同中工程造价为1亿元，但双方私下约定的工程造价为8 000万元，均未约定工程价款的支付时间。7月1日，乙公司将经竣工验收合格的建设工程实际交付给甲公司，甲公司一直拖欠工程款。关于乙公司，下列哪些表述是正确的？（　　）

A. 1 000万元垫资应按工程欠款处理

B. 有权要求甲公司支付1 000万元垫资自7月1日起的利息

C. 有权要求甲公司支付1亿元

D. 有权要求甲公司支付1亿元自7月1日起的利息

视频讲题

11. 甲房地产开发公司开发一个较大的花园公寓项目，作为发包人，甲公司将该项目的主体工程发包给了乙企业，签署了建设工程施工合同。乙企业一直未取得建筑施工企业资质。现该项目主体工程已封顶完工。就相关合同效力及工程价款，下列哪些说法是正确的？（　　）

A. 该建设工程施工合同无效

B. 因该项目主体工程已封顶完工，故该建设工程施工合同不应认定为无效

C. 若该项目主体工程经竣工验收合格，则乙企业可参照合同约定请求甲公司折价补偿

D. 该项目主体工程经竣工验收不合格，经修复后仍不合格的，乙企业不能主张参照工程价款折价补偿

12. 2021年1月2日，大象公司和众森公司签订了一份建筑工程施工合同，但大象公司无资质。工程验收合格后，众森公司以大象公司无资质为由抗辩，大象公司起诉主张工程价款以及建筑工程优先受偿权。关于本案，下列说法正确的有？（　　）

A. 大象公司应在6个月内主张建筑物优先受偿权

B. 大象公司有权主张建筑物优先受偿权

C. 大象公司主张的建筑物优先受偿权不包括违

约金

D. 众森公司应参照合同约定的工程价款折价补偿大象公司

（三）不定项选择题

2021年2月，甲公司与乙公司签订施工合同，约定由乙公司为甲公司建房一栋。乙公司与丙公司签订"内部承包协议"，约定由丙公司承包建设该楼房并承担全部经济和法律责任，乙公司收取甲公司支付的工程价款总额5％的管理费。丙公司实际施工至主体封顶。2024年4月，乙公司向法院起诉请求甲公司支付拖欠工程款并解除施工合同。甲公司辩称乙公司起诉时已超过诉讼时效，要求法院驳回乙的诉讼请求。请回答下列问题：

1. 下列关于乙与丙签订的"内部承包协议"的说法，何者正确？（　　）

A. 该协议为转包合同，有效

B. 该协议为转包合同，无效

C. 该协议为分包合同，有效

D. 该协议为违法分包合同，无效

2. 若乙享有合同解除权，下列关于合同解除的说法，何者正确？（　　）

A. 乙起诉请求解除合同时已超过诉讼时效

B. 乙起诉请求解除合同时未超过诉讼时效

C. 乙起诉请求解除合同不适用诉讼时效规定

D. 乙起诉请求解除合同适用特殊诉讼时效规定

3. 下列关于丙在本案中的诉讼地位的说法，何者正确？（　　）

A. 可以作为原告以甲为被告提起诉讼

B. 法院应将其追加为共同原告

C. 法院应将其追加为共同被告

D. 可以作为无独立请求权的第三人申请参加诉讼

4. 下列说法何者正确？（　　）

A. 乙有权对讼争楼房折价或拍卖的价款优先受偿

B. 乙无权对讼争楼房折价或拍卖的价款优先受偿

C. 丙有权对讼争楼房折价或拍卖的价款优先受偿

D. 丙无权对讼争楼房折价或拍卖的价款优先受偿

 简答题

1. 简述建设工程合同的特征。

2. 简述建设工程价款优先受偿权行使的一般规则。

 材料分析题

1. 甲建筑工程公司与乙学校签订了一份建筑6层综合实验楼的建设工程合同，约定：甲包工包料，乙在工程完工后支付工程款。合同订立后，甲将实验楼的施工任务包给了丙工程队，乙方驻工地代表发现后未加阻止。工程完工后，甲乙双方对实验楼进行验收，发现实验楼的多数水管漏水，很多房间没有接通电源，部分房间的地板出现裂缝。于是，乙要求甲返工，并赔偿损失。甲认为，实验楼已经包给丙施工，乙知道并未加以制止，应视为同意。因此，实验楼质量不合格的责任应由丙工程队承担。同时，甲认为，工程已经完工，乙应当按照合同约定支付工程款，否则将拍卖该工程以行使优先受偿权。请回答以下问题：

（1）甲将实验楼的施工任务包给丙的行为是何种性质的行为，是否合法？

（2）甲应否对实验楼的质量不合格承担责任？为什么？

（3）乙能否解除合同？为什么？

（4）若甲仅将实验楼的水电工程包给丙且经过了乙的同意，则这种行为是否合法？在此情况下，实验楼质量不合格的责任应由谁承担？

（5）甲能否就实验楼行使优先受偿权？为什么？

2. A房地产公司（以下简称A公司）与B建筑公司（以下简称B公司）达成一项协议，由B公司为A公司承建一栋商品房。合同约定，标的总额6 000万元，8个月交工，任何一方违约，按合同总标的额20％支付违约金。合同签订后，为筹集工程建设资金，A公司用其建设用地使用权作抵押向甲银行贷款3 000万元，乙公司为此笔贷款承担保证责任，但对保证方式未作约定。

B公司未经A公司同意，将部分施工任务交给丙建筑公司施工，该公司由张某、李某、王某三人合伙出资组成。施工中，工人刘某于高空处不慎掉落手中的砖头，将路过工地的行人陈某砸成重伤，陈某为此花去医药费5 000元。

A公司在施工开始后即进行商品房预售。丁某购买了1号楼101号房屋，预交了5万元房款，约定该笔款项作为定金。但不久，A公司又与汪某签订了一份合同，将上述房屋卖给了汪某，并在房屋竣工后将该

合同法练习题集（第六版）

房的产权证办理给了汪某。汪某不知该房已经卖给丁某的事实。

汪某入住后，全家人出现皮肤瘙痒、流泪、头晕目眩等不适症状。经检测，发现室内甲醛等化学指标严重超标。但购房合同中未对化学指标作明确约定。

因A公司不能偿还甲银行贷款，甲银行欲对A公司开发的商品房行使抵押权。

请回答以下问题：

（1）若B公司延期交付工程半个月，A公司以此提起仲裁，要求支付合同总标的额20％即1 200万元违约金，你作为B公司的律师，拟提出何种请求以维护B公司的利益？依据是什么？

（2）对于陈某的损失，应由谁承担责任？如何承担责任？为什么？

（3）对于陈某的赔偿，应当适用何种归责原则？依据是什么？

（4）对于乙公司的保证责任，其性质应如何认定？理由是什么？

（5）若甲银行行使抵押权，则其权利标的是什么？甲银行如何实现自己的抵押权？

（6）丁某在得知房屋卖给汪某后，向法院提起诉讼，要求A公司履行合同交付房屋，其主张应否得到支持？为什么？

（7）汪某现欲退还房屋，要回房款。你作为汪某的代理人，拟提出何种请求维护汪某的利益？依据是什么？

（8）如果A公司不能向B公司支付工程款，则B公司可对A公司提出什么请求？

参考答案

名词解释与概念比较

1. 建设工程合同，是指承包人进行工程建设，发包人支付价款的合同。

2. 建设工程合同与承揽合同。

类型	建设工程合同	承揽合同
定义	承包人进行工程建设，发包人支付价款的合同	承揽人按照定作人的要求完成工作、交付工作成果，定作人给付报酬的合同

续表

类型	建设工程合同	承揽合同
合同标的物	一般为基本建设工程	一般非为基本建设工程
合同主体	承包人应具备相应的资质	一般没有资格限制
合同管理	具有较强的国家管理性	一般不具有国家管理性
合同形式	要式合同	不要式合同
法律适用	法律对建设工程合同没有规定的，适用承揽合同的有关规定	

3. 勘察、设计合同，是指发包人或者总承包人与勘察人、设计人之间订立的，由勘察人、设计人完成一定的勘察、设计工作，发包人或者总承包人支付价款的合同。

4. 施工合同，是指发包人与承包人订立的关于工程的建筑与安装的合同。

5. 监理合同，是指建设工程合同中的发包人与监理人订立的，监理人对承包人的勘察、设计、施工质量进行全面监督，发包人为此支付报酬的合同。

选择题

（一）单项选择题

1. D

建设工程合同为双务、有偿、诺成、要式合同。故本题应选D项。

2. D

按照《民法典》第791条第2款、第3款的规定，总承包人或者勘察、设计、施工承包人经发包人同意，可以将自己承包的部分工作交由第三人完成。第三人就其完成的工作成果与总承包人或者勘察、设计、施工承包人向发包人承担连带责任。承包人不得将其承包的全部建设工程转包给第三人或者将其承包的全部建设工程支解以后以分包的名义分别转包给第三人。禁止承包人将工程分包给不具备相应资质条件的单位。禁止分包单位将其承包的工程再分包。建设工程主体结构的施工必须由承包人自行完成。故本题应选D项。

3. B

按照最高人民法院《关于审理建设工程施工合同纠纷案件适用法律问题的解释（一）》第 1 条的规定，承包人未取得建筑施工企业资质或者超越资质等级的，施工合同无效。故本题应选 B 项。

4. D

按照最高人民法院《关于审理建设工程施工合同纠纷案件适用法律问题的解释（一）》第 41 条的规定，承包人应当在合理期限内行使建设工程价款优先受偿权，但最长不得超过 18 个月，自发包人应当给付建设工程价款之日起算。故本题应选 D 项。

5. B

按照《民法典》第 807 条的规定，承包人乙公司对大楼享有法定优先权，就其所建设的大楼保障其债权的优先受偿。消费者交付购买商品房的全部或者大部分款项后，承包人就该商品房享有的工程价款优先受偿权不得对抗买受人。基于甲公司与购房者之间的房屋买卖合同，甲公司的义务就是交付房屋、转移房屋所有权，甲公司已经履行了义务。因此，购房者不能要求其承担违约责任。由于乙公司的优先权不能对抗购房者的所有权，因而购房者也不能要求甲公司承担权利的瑕疵担保责任。故本题应选 B 项。

6. C

开发商交付的房屋存在瑕疵，既构成违约，又构成侵权，购房者可以选择要求开发商承担违约责任或者侵权责任。按照《民法典》第 802 条的规定，因承包人的原因致使建设工程在合理使用期限内造成人身和财产损失的，承包人应当承担赔偿责任。购房者与施工人之间不存在合同关系，不能要求其承担违约责任，只能要求其承担侵权责任。故本题应选 C 项。

7. B

乙公司已经验收并接收了工程，甲公司作为施工人的义务已经履行，乙公司应当付款。按照《民法典》第 801 条的规定，因施工人的原因致使建设工程质量不符合约定的，发包人有权请求施工人在合理期限内无偿修理或者返工、改建。故本题应选 B 项。

8. B

根据最高人民法院《关于审理建设工程施工合同纠纷案件适用法律问题的解释（一）》第 1 条的规定，没有资质的实际施工人借用有资质的建筑施工企业名义的，所订立的施工合同无效。故本题应选 B 项。

9. C

参见《民法典》第 806 条、最高人民法院《关于审理建设工程施工合同纠纷案件适用法律问题的解释（一）》第 1 条。故本题应选 C 项。

10. B

按照《民法典》第 791 条的规定，在经发包人同意的情况下，承包人可以将承包工程中的一部分工作交给第三人完成，第三人就其完成的工作成果与承包人向发包人承担连带责任。因此，分包合同有效，丙公司需要就其完成的工程与乙公司一起向甲公司承担连带责任，但丙公司不必为乙公司完成的工程向甲公司承担责任。故本题应选 B 项。

11. C

施工队欠缺资质，挂靠甲公司（借用资质），挂靠协议以及因挂靠而借用甲公司名义签订的建设工程施工合同无效。本题中，施工队成为最高人民法院《关于审理建设工程施工合同纠纷案件适用法律问题的解释（一）》第 44 条中的实际施工人，可以要求发包人甲公司支付工程款。

（二）多项选择题

1. BC

建设工程合同为要式合同，应当采取书面形式。但按照《民法典》第 490 条的规定，法律、行政法规规定或者当事人约定采用书面形式订立合同，当事人未采用书面形式但一方已经履行主要义务，对方接受的，该合同成立。因此，甲公司与乙公司间的合同成立并已生效。故本题应选 B、C 项。

2. ABD

按照《民法典》第 791 条的规定，总承包人或者勘察、设计、施工承包人经发包人同意，可以将自己承包的部分工作交由第三人完成。因此，未经甲公司许可，乙公司不得对外分包。按照最高人民法院《关于审理建设工程施工合同纠纷案件适用法律问题的解释（一）》第 1 条、《民法典》第 806 条的规定，承包人违法分包建设工程的行为无效，发包人有权解除建设工程施工合同。因此，无论丙公司是否具有相应的资质，乙公司与丙公司之间的合同无效，甲公司有权解除与乙公司的施工合同。故本题应选 A、B、D 项。

3. AC

按照《民法典》第 790 条的规定，建设工程的招标投标活动，应当依照有关法律的规定公开、公平、

公正进行。按照最高人民法院《关于审理建设工程施工合同纠纷案件适用法律问题的解释（一）》第1条的规定，建设工程必须进行招标，否则建设工程施工合同无效。故本题应选A、C项。

4．ABD

按照《民法典》第791条的规定，建设工程主体结构的施工必须由承包人自行完成。因此，乙公司将工程的主体结构工程分包给丙公司，即使甲大学同意，分包合同也无效。甲大学与乙公司间的合同为有效合同，甲大学不能撤销该合同。按照《民法典》第793条的规定，建设工程施工合同无效，但建设工程经竣工验收合格，可以参照合同关于工程价款的约定折价补偿承包人。因此，丙公司可以要求乙公司折价补偿。丙公司与甲大学之间不存在合同关系，丙公司不能请求甲大学折价补偿。故本题应选A、B、D项。

5．AD

发包人应当按照合同约定履行协助等义务，如提供原材料、设备等。按照《民法典》第796条和第797条的规定，发包人可以委托监理人对工程进行监理。发包人只有在不妨碍承包人正常作业的情况下，才可以随时对作业进度、质量进行检查。承包人在施工过程中致人损害的，构成侵权，应自行承担责任。故本题应选A、D项。

6．ABD

按照《民法典》第798条和第804条的规定，隐蔽工程在隐蔽以前，承包人应当通知发包人检查。发包人没有及时检查的，承包人可以顺延工程日期，并有权要求赔偿停工、窝工等损失。因发包人的原因致使工程中途停建、缓建的，发包人应当采取措施弥补或者减少损失，赔偿承包人因此造成的停工、窝工、倒运、机械设备调迁、材料和构件积压等损失和实际费用。乙公司受到损失是因为其未及时检查而导致甲公司顺延工期，甲公司并未构成违约，损失由乙公司自行承担。故本题应选A、B、D项。

7．ABC

按照《民法典》第800条的规定，勘察、设计违约的，勘察人、设计人应当继续完善勘察、设计，减收或者免收勘察、设计费并赔偿损失。因此，乙公司减收费用之后，不能免除其赔偿责任。故本题应选A、B、C项。

8．AC

参见《民法典》第793条的规定，本题应选A、C项。

9．BCD

甲、乙签订的合同是建设工程合同，乙作为总承包人，在经发包人甲同意的情况下，可以将部分非主体工程分包给丙。因此，甲乙的建设工程合同、乙丙的分包合同都是有效的。丙作为分包人将其承包的工程再分包给丁，是不符合法律规定的，双方的合同是无效的，法院可以收缴丙由于分包取得的非法所得。由于丁完成的建设工程不合格，因而丙应就此向乙承担赔偿责任，并有权向丁公司追偿。依最高人民法院《关于审理建设工程施工合同纠纷案件适用法律问题的解释（一）》第15条的规定，因建设工程质量发生争议的，发包人可以以总承包人、分包人和实际施工人为共同被告提起诉讼。这就意味着发包人甲有权要求实际施工人丁承担赔偿责任。故本题应选B、C、D项。

10．ABCD

按照最高人民法院《关于审理建设工程施工合同纠纷案件适用法律问题的解释（一）》第25条的规定，当事人对垫资没有约定的，按照工程欠款处理；当事人对垫资利息没有约定，承包人请求支付利息的，不予支持。按照该解释第2条的规定，当事人就同一建设工程另行订立的建设工程施工合同与经过备案的中标合同实质性内容不一致的，应当以备案的中标合同作为结算工程价款的根据。因此，甲公司与乙公司的工程造价应为1亿元。按照该解释第27条的规定，利息从应付工程价款之日计付，建设工程已实际交付的，应付款时间为交付之日。因此，甲公司应自7月1日起支付工程款。甲公司拖欠工程款，乙公司有权要求其支付1亿元自7月1日起的利息。乙公司有权要求甲公司支付1 000万元垫资自7月1日起的利息，而不能要求甲公司支付1 000万元垫资自垫资之日至7月1日的利息。故本题应选A、B、C、D项。

11．ACD

按照最高人民法院《关于审理建设工程施工合同纠纷案件适用法律问题的解释（一）》第1条的规定，承包人乙企业无相应资质，所签订建设工程施工合同无效，即使该工程已竣工、验收。建设工程施工合同无效，但是建设工程经验收合格的，可以参照合同关于工程价款的约定折价补偿承包人。按照《民法典》第793条的规定，建设工程竣工验收不合格，修复后仍不合格的，承包人无法请求参照工程款的约定折价补偿。故本题应选 A、C、D 项。

12. BCD

按照最高人民法院《关于审理建设工程施工合同纠纷案件适用法律问题的解释（一）》第 1 条的规定，大象公司无资质，建设工程施工合同无效。按照《民法典》第 793 条的规定，虽然合同无效，但建设工程验收合格，可以参照合同关于工程价款的约定折价补偿承包人，D 项正确。按照《民法典》第 807 条的规定，大象公司作为承包人，享有建设工程价款优先受偿权，B 项正确。按照最高人民法院《关于审理建设工程施工合同纠纷案件适用法律问题的解释（一）》第 40、41 条的规定，这一权利应当在 18 个月内行使，自发包人应当给付建设工程价款之日起算，A 项错误。建筑物优先受偿权的范围是建设工程的价款，不包括利息、违约金、损害赔偿金等，C 项正确。故本题应选 B、C、D 项。

（三）不定项选择题

1. B

转包与分包的区别在于，转包是承包人将其承包的全部工程均交给第三人完成，而分包是承包人只将一部分工程交给第三人完成。按照《民法典》第 791 条的规定，承包人不得将其承包的全部建设工程转包给第三人。转包合同是无效合同，而分包合同在符合规定时是有效的。故本题应选 B 项。

2. C

解除权属于形成权，不适用民法上诉讼时效的规定。故本题应选 C 项。

3. D

丙与甲不存在合同关系，因而丙不能作为原告来起诉甲。乙公司起诉甲公司，丙公司与甲公司之间不存在共同性的权利义务关系，诉讼标的不具有同一性或者必须合一确定的牵连性，即不成立必要共同诉讼。因此，丙公司不应作为共同原告，也不应作为共同被告。由于丙公司与本案的处理具有法律上的利害关系，甲公司与乙公司之间的诉讼结果会影响丙公司的权利义务，因而丙公司可以作为无独立请求权的第三人参加诉讼。故本题应选 D 项。

4. AD

按照《民法典》第 807 条的规定，发包人未按照约定支付价款的，承包人可以催告发包人在合理期限内支付价款。发包人逾期不支付的，除按照建设工程

的性质不宜折价、拍卖的以外，承包人可以与发包人协议将该工程折价，也可以请求人民法院将该工程依法拍卖。建设工程的价款就该工程折价或者拍卖的价款优先受偿。乙公司与甲公司之间存在合同关系，而丙公司与甲公司之间不存在合同关系。故本题应选 A、D 项。

 简答题

1. 建设工程合同具有如下特征：（1）建设工程合同的标的物具有特定性。只有承包基本建设工程，才能成立建设工程承包合同，为建造个人住宅而订立的合同只能为承揽合同，而不为建设工程合同。（2）建设工程合同的主体具有限定性。发包人一般为建设工程的建设单位，即投资建设该项工程的单位，承包人只能是具有从事勘察、设计、建筑、安装任务资格的法人。（3）建设工程合同的管理具有特殊性。基于建设工程的特殊地位和作用，国家对建设工程合同实行严格的监督和管理制度。从合同的签订到合同的履行，从资金的投放到最终的成果验收，都受到国家的严格的管理和监督。（4）建设工程合同的形式具有要式性。建设工程合同应当采取书面形式，为要式合同。

2. 建设工程价款优先受偿权包括如下主要规则：（1）建设工程价款优先受偿权优于抵押权和其他债权；（2）装饰装修工程具备折价或者拍卖条件，装饰装修工程的承包人有权请求工程价款就该装饰装修工程折价或者拍卖的价款优先受偿；（3）建设工程质量合格的，承包人有权请求其承建工程的价款就工程折价或者拍卖的价款优先受偿；（4）未竣工的建设工程质量合格，承包人有权请求其承建工程的价款就其承建工程部分折价或者拍卖的价款优先受偿；（5）建设工程价款优先受偿的范围依照国务院有关行政主管部门关于建设工程价款范围的规定确定，但是不包括逾期支付建设工程价款的利息、违约金、损害赔偿金等；（6）承包人应当在合理期限内行使建设工程价款优先受偿权，但是最长不得超过 18 个月，自发包人应当给付建设工程价款之日起算；（7）发包人与承包人约定放弃或者限制建设工程价款优先受偿权，损害建筑工人利益的，发包人无权根据该约定主张承包人不享有建设工程价款优先受偿权；（8）建设工程价款优先受偿权的实现包括两种方式：一是通过发包人与承包人之间的协议，二是通过人民法院对建设工程进行拍卖。

材料分析题

1.（1）甲将综合楼的施工任务包给丙的行为属于转包。转包是指施工单位以营利为目的，将承包的工程转给其他施工单位，自己不对工程承担法律责任的行为。甲将自己承包的建设实验楼的施工任务全部包给丙，构成转包行为。按照《民法典》第791条的规定，承包人不得将其承包的全部建设工程转包给第三人。因此，转包行为是违法行为。即使乙知道后没有加以制止，转包行为也是不合法的。

（2）甲应当对实验楼的质量不合格承担责任。甲是建设工程合同中的承包人，而丙与乙并不存在合同关系。甲将实验楼的施工任务转包给丙，属于违约行为。因此，甲应就实验楼的质量不合格向乙承担责任。

（3）乙有权解除合同。按照《民法典》第806条的规定，承包人将承包建设的工程转包的，发包人可以请求解除建设工程合同。因此，在甲转包的情况下，乙有权解除合同。

（4）甲仅将实验楼的水电工程包给丙的行为属于分包。分包是指经发包人同意后，依法将其承包的部分工程交给第三人完成的行为。甲将水电工程分包给丙后，经过了乙的同意。因此，该分包行为合法。按照《民法典》第791条的规定，在合法分包的情况下，第三人就其完成的工作成果与施工承包人向发包人承担连带责任。因此，丙应当与甲对实验楼的工程质量承担连带责任。

（5）甲不能行使优先受偿权。按照《民法典》第807条的规定，发包人未按照约定支付工程款，且经催告后在合理期限内仍未支付的，除根据建设工程的性质不宜折价、拍卖外，承包人可以就建设工程折价、拍卖的价款优先受偿其建设工程款。学校建设的综合实验楼属于公益设施，在性质上属于不宜折价、拍卖的建设工程。因此，甲不能就实验楼行使优先受偿权。

2.（1）请求仲裁机构降低违约金。根据《民法典》第585条的规定，约定的违约金过分高于造成的损失的，人民法院或者仲裁机构可以根据当事人的请求予以适当减少。当事人约定的违约金超过造成损失的30%的，一般可以认定构成"过分高于造成的损失"。

（2）损失由丙建筑公司承担。B公司与丙建筑公司之间存在建设工程合同，因施工而造成的第三人损失，应由丙建筑公司自行承担。按照《民法典》第1191条的规定，工人刘某系丙建筑公司的工作人员，刘某的职务行为造成第三人损失，该损失应由用人单位即丙建筑公司承担。用人单位承担侵权责任后，可以向有故意或重大过失的工作人员追偿。

（3）无过错责任原则。刘某从事高空作业，在空中掉落砖头，此为高度危险作业侵权，而不是高空抛物或高空坠物侵权，依《民法典》第1240条的规定，应进行无过错归责。

（4）一般保证。根据《民法典》第686条的规定，乙公司与甲银行未就保证方式进行约定，则按照一般保证承担责任。

（5）建设用地使用权。A公司以建设用地使用权设定抵押担保，后来在该建设用地上增设建筑物，增设建筑物并非抵押物。不过，根据房地一体原则，抵押权人甲银行在实现抵押权时，可将建设用地使用权、建筑物一并处分，但无权就处分建筑物所得价款优先受偿（参见《民法典》第417条、最高人民法院《关于适用〈中华人民共和国民法典〉有关担保制度的解释》第51条的规定）。

（6）不能。A公司一物二卖，因其拥有房屋处分权，其与丁某、汪某分别订立的房屋买卖合同均为有效。汪某已经办理登记手续，取得房屋所有权。A公司对丁某履行不能，构成违约，丁某可主张违约责任请求权，但不能要求A公司继续履行合同、交付房屋。因为A公司履行不能，其不符合承担继续履行责任的要件。

（7）行使法定合同解除权。A公司所交付房屋的化学指标严重超标，有损居住人的身体健康，A公司重大违约，致使汪某的合同目的不能实现，汪某拥有法定合同解除权。

（8）B公司可行使违约责任请求权，要求A公司履行合同、支付价款。根据《民法典》第579条的规定，A公司应当继续履行。B公司也可行使建设工程价款优先受偿权，根据《民法典》第807条的规定，作为承包人的B公司可以与发包人协议将该工程折价，也可以请求人民法院将该工程依法拍卖，就该工程折价或者拍卖的价款优先受偿。

第十九章 运输合同

 知识逻辑图

运输合同
├─ 概念：承运人将旅客或者货物从起运地点运输到约定地点，旅客、托运人或者收货人支付票款或者运输费用的合同
├─ 特征
│ ├─ 标的是运送行为
│ ├─ 双务、有偿合同
│ ├─ 一般为诺成合同
│ ├─ 一般为格式合同
│ └─ 一般具有缔约强制性
├─ 分类
│ ├─ 旅客运输合同和货物运输合同
│ ├─ 铁路、公路、航空等运输合同
│ ├─ 单式运输合同和多式联运合同
│ └─ 国内运输合同和国际运输合同
├─ 客运合同
│ ├─ 概念：承运人将旅客及其行李从起运地点运送到约定地点，旅客支付票款的合同
│ ├─ 特征
│ │ ├─ 运送的对象是旅客，旅客同时又是客运合同的主体
│ │ ├─ 采用客票的形式
│ │ ├─ 包括旅客行李运送的内容
│ │ └─ 旅客得自行解除
│ ├─ 成立：承运人向旅客出具客票
│ ├─ 生效：检票时
│ ├─ 效力
│ │ ├─ 旅客的义务
│ │ │ ├─ 按规定支付票款
│ │ │ ├─ 持有效客票乘坐
│ │ │ ├─ 按照约定限量和品类要求携带行李
│ │ │ ├─ 不得携带危险物品及其他违禁品
│ │ │ └─ 服从承运人的指挥并不得损坏运输设施
│ │ └─ 承运人的义务
│ │   ├─ 按照约定完成旅客的运送
│ │   ├─ 重要事项的告知义务
│ │   ├─ 尽力救助旅客
│ │   ├─ 保证旅客的人身安全
│ │   └─ 妥善保管旅客行李
│ └─ 变更、解除：旅客原因、承运人原因
└─ 货运合同
   ├─ 概念：承运人将货物从起运地点运送到约定地点，托运人或者收货人支付运输费用的合同
   └─ 特征
      ├─ 运送对象是货物
      ├─ 货运合同往往有第三人参加
      └─ 合同履行以货物交付收货人为终点

```
                                                              ┌ 支付运输费用等费用
                                                              │ 如实申报货物事项
                                           ┌ 托运人的义务 ───┤ 办理审批检验手续
                                           │                  │ 按约定的方式包装货物
                                           │                  │ 危险物品的包装和警示义务
                                           │                  └ 中止、变更、解除合同的赔偿责任
                        ┌ 货运合同 ─ 效力 ─┤                  ┌ 按约定完成货物的运送
                        │                  │ 承运人的义务 ───┤ 及时通知收货人提货
                        │                  │                  └ 保证货物的安全
                        │                  │                  ┌ 支付运费及其他费用
                        │                  └ 收货人的义务 ───┤ 及时提货
          运                                                   └ 检验货物
          输
          合     ┤     概念：由多式联运经营人以两种以上不同的运输方式将货物从起运地点运输到约定地点，
          同                       托运人支付运输费用的合同
                        │          ┌ 主体为多式联运经营人与托运人
                        │    特征 ─┤ 承运人以相互衔接的不同运送手段承运
                        │          └ 托运人一次交费并使用同一运送凭证
                        │                     ┌ 概念：证明多式联运合同以及证明多式联运经营人接管货物并负责按照
                        └ 多式联运合同 ─┤ 多式联运单据 ┤       合同条款交付货物的单据
                                       │            └ 种类：可转让单据、不可转让单据
                                       │          ┌ 多式联运经营人负责履行或者组织履行多式联运合同
                                       └ 特殊效力 ┤ 多式联运经营人与区段承运人的责任约定
                                                  │ 托运人对多式联运经营人的过错赔偿责任
                                                  └ 多式联运经营人的赔偿责任和责任限额
```

名词解释与概念比较

1. 运输合同
2. 客运合同
3. 货运合同
4. 运输合同与承揽合同
5. 运输合同与委托合同
6. 多式联运单据

选择题

（一）单项选择题

1. 两个以上承运人以同一种运输方式将货物运至约定地点，托运人支付运费的货物运输合同是（　　）。

A. 单式联运合同　　　　　B. 多式联运合同

C. 单一运输合同　　　　　D. 多方运输合同

2. 以运输的对象为标准，可以将运输合同分为（　　）。

A. 客运合同和货运合同

B. 铁路运输合同和公路运输合同

C. 单一运输合同和联运合同

D. 水上运输合同和海上运输合同

3. 甲医药公司与乙运输公司订立了一份运输合同，要求乙公司将价值 100 万元的药品运往丙公司。因乙公司的车辆当天全部外出，乙公司遂委托个体运输户张某代运，并约定了运费。由于当天下大雨，张某不能按时赶到，就宿于某旅馆。旅馆有车库，但张某为省钱，将车停在河堤旁。当晚山洪暴发，冲倒车辆，致使药品损失大半。对于甲公司的损失，应当如何处理？（　　）

A. 由乙运输公司和张某承担按份责任

B. 由乙运输公司赔偿

C. 由张某赔偿

D. 由乙运输公司和张某承担连带责任

4. 甲公司将一批货物卖给了乙公司，交货地点为乙公司所在地。甲公司将货物交给丙运输公司，由丙公司将货物运送至乙公司。在运输途中发生不可抗力，致使货物全部损坏。那么，这笔损失应由谁承担?（   ）

A. 甲公司   B. 乙公司

C. 丙公司   D. 甲公司与丙公司

5. 甲公司要运送一批货物给收货人乙公司，甲公司法定代表人丙电话联系并委托某汽车运输公司运输。汽车运输公司安排本公司司机刘某驾驶。运输过程中，因刘某的过失发生交通事故，致货物受损。乙公司因未能及时收到货物而发生损失。现问：乙公司应向谁要求承担损失?（   ）

A. 甲公司   B. 丙

C. 刘某   D. 汽车运输公司

视频讲题

6. 某商店与某运输公司签订了一份运输合同，由运输公司将一批瓷器从唐山运往北京，商店派一名押运员同行。途中停车吃饭，司机与押运员两人喝了一瓶酒，饭后继续上路。因饮酒及劳累，司机要求押运员代其开车，押运员亦没有推辞。在一个转弯处，因车速较快，不慎翻车，车上的瓷器全部毁损。对于该瓷器毁损，应当由谁承担责任?（   ）

A. 商店承担责任

B. 运输公司承担责任

C. 商店与运输公司分担责任

D. 司机与押运员分担责任

7. 某食品加工厂在外地购得鲜肉10吨，急需运回厂里加工。5月10日，该加工厂与某火车站签订一份货物运输合同。合同约定：火车站于5月11日将这批肉用快车发送，4天内运到目的地。但因车站计划不周，5月11日未能成行。5月12日，当地发生铁路塌方，因而火车又耽搁了3日。最后这批肉在5月19日运抵目的地，但此时肉开始腐烂。食品加工厂要求火车站赔偿，火车站以不可抗力为抗辩理由，拒绝赔偿。此案中，食品加工厂的损失应由（   ）。

A. 火车站负担

B. 食品加工厂负担

C. 火车站承担主要责任，食品加工厂承担次要责任

D. 食品加工厂承担主要责任，火车站承担次要责任

8. 在单式联运合同中，单式联运经营人和参加单式联运的区段承运人对托运人的责任是（   ）。

A. 各自承担相应的责任

B. 单式联运区段承运人负责

C. 单式联运经营人负责

D. 联运经营人与区段实际承运人承担连带责任

9. 由于航空公司的售票系统出现问题，持有普通舱机票的乘客发现机票所指明座位已经有人乘坐。但普通舱已经客满，航空公司便把该名乘客安排到更加舒适的商务舱乘坐。对此，下列选项中正确的是（   ）。

A. 乘客应当向航空公司补足普通舱与商务舱的差价

B. 航空公司构成违约

C. 乘客构成违约

D. 服务标准提高了，航空公司可以加收票款

10. 甲公司将货物卖给了乙公司，随后，甲公司与丙公司订立合同，由丙公司将货物运送给乙公司，货到后支付运费。在运输途中，丙公司的车辆遭遇山洪暴发，车辆与货物全损。丙公司应向谁要求支付运费?（   ）

A. 甲公司

B. 乙公司

C. 甲公司与乙公司

D. 丙公司不能要求支付运费

11. 甲公司和乙公司在前者印制的标准格式"货运代理合同"上盖章。"货运代理合同"第4条约定："乙公司法定代表人对乙公司支付货运代理费承担连带责任。"乙公司法定代表人李红在合同尾部签字。后双方发生纠纷，甲公司起诉乙公司，并要求此时乙公司的法定代表人李蓝承担连带责任。关于李蓝拒绝承担连带责任的抗辩事由，下列哪一表述能够成立?（   ）

A. 第4条为无效格式条款

B. 乙公司法定代表人未在第4条处签字

C. 乙公司法定代表人的签字仅代表乙公司的行为

D. 李蓝并未在合同上签字

（二）多项选择题

1. 甲公司将货物卖给了乙公司。甲公司与丙公司签订运输合同，由丙公司将货物交付给乙公司。某日，甲公司将货物送到丙公司，丙公司组织车辆运输。在运输途中，驾驶员抽烟导致货物被烧毁。下列选项中，表述正确的有（　　）。

A. 甲公司可以追究丙公司的违约责任

B. 乙公司可以追究丙公司的违约责任

C. 甲公司可以追究丙公司的侵权责任

D. 乙公司可以追究丙公司的侵权责任

2. 钱某系某私营企业老板，2021 年 6 月 5 日晨 7 点 30 分对招手停下来的出租车司机王某说："我欲去某宾馆签约，必须 8 点半以前赶到，否则我将损失 10 万元。"司机王某说："时间没问题，你放心吧！"后因王某绕道加油耽误了时间又遇上班高峰期堵车，上午 9 点钟才将钱某送到指定地点。钱某签约未成而向王某起诉要求赔偿 10 万元。经查，王某为个体司机；钱某签约不成，造成利润损失 10 万元属实。本案中，下列哪些表述是错误的？（　　）

A. 钱某的 10 万元损失是直接损失，王某应赔偿

B. 钱某的 10 万元损失是预期的间接损失，王某应赔偿

C. 王某应按其过错的程度分担钱某的 10 万元损失

D. 王某因自己的过错造成对方损失，应退还乘车费，但不承担赔偿责任

3. 甲公司委托乙公司通过公路从烟台运输一批货物到北京。乙公司先将货物运至济南，再交由丙公司以汽车运输至北京。下列说法中，正确的有（　　）。

A. 乙公司对从烟台到济南再到北京的全程运输承担责任

B. 如果能证明甲公司的货物损失发生在济南至北京途中，则甲公司可以要求丙公司承担赔偿责任

C. 甲公司的货物损失发生在济南至北京途中，甲公司仅能向乙公司要求赔偿

D. 甲公司的货物损失发生在济南至北京途中，甲公司可以要求乙、丙公司承担连带赔偿责任

4. 一辆公共汽车在正常运行时被一辆违章行驶的货车撞上，造成乘客王某受伤。关于王某损失的赔偿问题，下列表述中，错误的是（　　）。

A. 王某可以要求公交公司全部赔偿

B. 王某可以要求公交公司和货车车主承担连带责任

C. 王某不能直接要求货车车主赔偿

D. 王某可以分别要求公交公司和货车车主全部赔偿

5. 根据《民法典》的规定，在运输过程中发生旅客伤亡的，应如何确定赔偿责任？（　　）

A. 应由承运人承担损害赔偿责任

B. 伤亡如果是因旅客自身健康原因而造成的，承运人不承担损害赔偿责任

C. 承运人如能证明伤亡是旅客自己的故意、重大过失造成的，则不承担损害赔偿责任

D. 承运人对无票旅客一律不承担损害赔偿责任

6. 在货物运输合同中，承运人有安全运输义务。但在承运人证明出现下列哪些情形时，其可以不承担货物毁损灭失的赔偿责任？（　　）

A. 不可抗力

B. 意外事故

C. 货物本身的自然性质或者合理损耗

D. 因托运人、收货人的过错而造成的

7. 根据《民法典》的规定，承运人对运输过程中发生的下列哪些旅客伤亡事件不承担赔偿责任？（　　）

A. 一旅客因制止扒窃行为被歹徒刺伤

B. 一旅客在客车正常行驶过程中突发心脏病身亡

C. 一失恋旅客在行车途中吞服安眠药过量致死

D. 一免票乘车婴儿在行车途中因急刹车而受伤

视频讲题

8. 因飞机发生机械故障而不能正常起飞，航空公司向旅客表示，若改乘座位稍紧的飞机，可以马上起飞，虽然乘坐条件差一些，但仍能保障安全。若改乘条件好一些的飞机，则要补足 500 元的差价。对此，下列选项中，表述正确的有（　　）。

A. 旅客有权解除合同，要求航空公司返还票款

B. 旅客有权要求航空公司承担违约责任

C. 旅客如果选择条件差一些的飞机，则有权要求航空公司减收票款

D. 旅客如果选择条件好一些的飞机，则应当补足差价

9. 甲在火车上吸烟，周围的乘客几次劝阻，甲置若罔闻，最后导致车厢起火，甲被烧伤，几名邻近乘客的物品也被烧毁。下列选项中，表述正确的有（　　）。

A. 甲有权要求承运人赔偿损失

B. 甲无权要求承运人赔偿损失

C. 乘客可以要求承运人赔偿损失

D. 乘客可以要求甲赔偿损失

10. 在下列哪些情况下，承运人对旅客负有救助义务？（　　）

A. 旅客突发心脏病

B. 孕妇分娩

C. 旅客被歹徒刺伤大流血

D. 旅客下汽车后摔伤

（三）不定项选择题

甲公司将一批货物卖给了丙公司，双方未约定交货地点。甲公司与乙公司签订运输合同，由乙公司运送给丙公司。乙公司在运输过程中，丙公司与丁公司签订了买卖合同，由丁公司买下该批货物。应丙公司之请，甲公司临时通知乙公司，要求乙公司将货物改送到丁公司处。请回答下列问题：

1. 乙公司是否应当将货物改送到丁公司处？（　　）

A. 不应当，双方应当遵守合同约定

B. 甲与乙必须达成补充协议，否则乙可将货物仍送到丙公司

C. 如果甲公司的通知发生在乙公司将货物送给丙公司之后，则乙公司不必改送货物

D. 如果甲公司的通知发生在乙公司将货物送给丙公司之前，则乙公司应当改送货物

2. 乙公司通知其驾驶员，将货物改送到丁公司处，因而多支出费用 2 000 元。这笔费用应由谁承担？（　　）

A. 甲公司　　　　　　B. 乙公司

C. 丙公司　　　　　　D. 丁公司

3. 如果驾驶员在将货物运送到丁公司的过程中，遇到山洪暴发，货物全损。这笔损失应由谁承担？（　　）

A. 甲公司　　　　　　B. 乙公司

C. 丙公司　　　　　　D. 丁公司

4. 乙公司在将货物运送到丁公司的过程中，驾驶员疲劳驾驶，发生翻车事故，货物受损。这笔损失应由谁承担？（　　）

A. 甲公司　　　　　　B. 乙公司

C. 丙公司　　　　　　D. 丁公司

5. 如上题所设，谁有权要求乙公司赔偿货物损失？（　　）

A. 甲公司　　　　　　B. 丙公司

C. 丁公司　　　　　　D. 甲公司与丙公司

6. 乙公司将货物运送到丁公司所在地，通知丁公司前来提货，但在数日内根本无法联系到丁公司。下列选项中，表述正确的是（　　）。

A. 丁公司不前来提货，乙公司可以抛弃货物

B. 乙公司应当暂时保管货物

C. 乙公司可以提存货物

D. 丁公司前来提货时，乙公司有权要求丁公司支付货物保管费

7. 乙公司将货物运送到丁公司所在地，丁公司前往提货。因与丙公司的衔接出现了问题，丁公司拒付运费、保管费。下列选项中，表述正确的是（　　）。

A. 乙公司应当将货物交给丁公司

B. 乙公司得就运费而留置货物

C. 乙公司得就保管费而留置货物

D. 乙公司可拒绝交付货物

简答题

1. 简述运输合同的特征。

2. 简述客运合同的特征。

3. 简述承运人的主要义务。

4. 简述货运合同的特征。

5. 简述托运人的主要义务。

6. 简述多式联运合同的特征。

7. 简述多式联运合同的特殊效力。

材料分析题

王某乘坐客车公司长途客车从北京返回家乡。车辆在高速公路行驶途中，王某走到司机身边，说自己急着上厕所，要求停车。司机告诉他说，高速公路上不准停车。王某不听，突然上前抓住方向盘向右猛打，导致客车失控，冲断护栏后翻入近 3 米深的沟内。所幸无人死亡，但造成 8 名乘客受伤。请回答下列问题：

（1）李某是受伤乘客之一，因翻车，李某购买的价值 2 300 元的水晶餐具全部被毁。李某为疗伤花费医药费 3 690 元。李某以违反运输合同为由，向法院起诉

客车公司。请问客车公司应否赔偿李某支出的医药费？为什么？客车公司应否赔偿李某携带的餐具毁损的损失？为什么？

（2）张某是另一受伤乘客，他因与司机熟识，客车售票员同意他免票乘车，张某为疗伤支出医药费4 100元。张某以违反运输合同为由，向法院起诉客车公司。请问客车公司应否赔偿张某支出的医药费？为什么？

（3）乘客陈某在事故中受伤，他是在客车中途停车时，趁售票员不注意偷偷上车的，事故发生前，售票员多次要求无票乘客买票，陈某没有购买车票。陈某为疗伤支出医药费3 120元。陈某也以违反运输合同为由，向法院起诉客车公司。请问客车公司应否赔偿陈某支出的医药费？为什么？

（4）李某、张某、陈某是否可以要求王某赔偿损失？为什么？

视频讲题

参考答案

名词解释与概念比较

1. 运输合同，是指承运人将旅客或者货物从起运地点运输到约定地点，旅客、托运人或者收货人支付票款或者运输费用的合同。

2. 客运合同，是指承运人将旅客及其行李从起运地点运送到约定地点，旅客支付票款的合同。

3. 货运合同，是指承运人将货物从起运地点运送到约定地点，托运人或者收货人支付运输费用的合同。

4. 运输合同与承揽合同。

类型	运输合同	承揽合同
定义	承运人将旅客或者货物从起运地点运输到约定地点，由旅客、托运人或者收货人支付票款或者运输费用的合同	承揽人按照定作人的要求完成工作、交付工作成果，定作人给付报酬的合同

续表

类型	运输合同	承揽合同
合同标的	承运人的运送行为	承揽人提交工作成果
合同标的物	货物、行李等已存在的标的物	承揽人需要对工作物进行加工等
标的物所有权转移	不发生货物所有权转移	有时会发生工作成果所有权转移
风险负担	风险由托运人承担	风险可能由定作人或承揽人承担

5. 运输合同与委托合同。

类型	运输合同	委托合同
定义	承运人将旅客或者货物从起运地点运输到约定地点，旅客、托运人或者收货人支付票款或者运输费用的合同	委托人和受托人约定，一方委托他方处理事务，他方承诺为其处理事务的合同
合同标的	承运人的运送行为	受托人处理委托事务的行为
提供劳务的形式	承运人以自己的名义、费用进行运输	受托人一般以委托人的名义和费用处理委托事务
涉及的法律关系	除与收货人外，承运人一般不与第三人发生关系	受托人与第三人发生关系
合同的性质	原则上一般为诺成合同；有偿合同	诺成合同；可以是有偿合同，也可以是无偿合同

6. 多式联运单据，是指证明多式联运合同以及证明多式联运经营人接管货物并负责按照合同条款交付货物的单据。

选择题

（一）单项选择题

1. A

两个以上的承运人以同一运输方式所进行的联运为单式联运，两个以上的承运人以两种以上不同的运输方式所进行的联运为多式联运。故本题应选A项。

2. A

依据运输对象的不同，运输合同可以被分为旅客运输合同与货物运输合同。铁路运输合同和公路运输合同、水上运输合同和海上运输合同的区分标准是运输工具，单一运输合同和联运合同的区分标准是运输方式。故本题应选 A 项。

3. B

甲公司与乙公司之间存在运输合同，乙公司应当及时、安全地将药品送到指定地点。乙公司与张某之间存在委托合同，张某应当执行受托事务，及时、安全地将药品送到指定地点。虽然发生了不可抗力，但是因张某的过错而使药品毁损，按照《民法典》第593条的规定，当事人一方因第三人的原因造成违约的，应当向对方承担违约责任。因此，乙公司因张某的原因造成药品损失而构成违约，应当由乙公司赔偿甲公司的损失。张某应向乙公司承担违约责任，赔偿损失。故本题应选 B 项。

4. A

甲公司负有交付货物的义务，而交付地点为乙公司的所在地。甲公司将货物交给丙公司运输，而在丙公司将货物交付给乙公司之前，不可抗力导致货物全部损坏。在这种情况下，货物的风险负担并没有发生转移，仍应由甲公司承担。故本题应选 A 项。

5. A

由于甲公司要运送货物给收货人乙公司，因而交货地点应为乙公司的所在地。甲公司与汽车运输公司之间存在运输合同关系，而乙公司与汽车运输公司之间不存在运输合同关系。因此，乙公司不能要求汽车运输公司承担责任。而丙是甲公司的法定代表人、刘某是汽车运输公司的工作人员。因此，乙公司也不能要求他们承担责任。本题中的货物受损及乙公司没有及时收到货物而发生的损失，都是因汽车运输公司的过错造成的。按照《民法典》第593条的规定，当事人一方因第三人的原因造成违约的，应当向对方承担违约责任。因此，甲公司应当向乙公司承担违约责任，赔偿乙公司的损失。故本题应选 A 项。

6. B

运输公司有义务将货物安全、及时地运送到约定地点，运输公司未尽到此义务，并且没有法定的免责理由，应对商店承担违约责任。故本题应选 B 项。

7. A

火车站没有按照约定时间发运货物，构成迟延履行。在火车站违约后发生不可抗力的，不能免除车站的违约责任。故本题应选 A 项。

8. D

参见《民法典》第834条的规定，本题应选 D 项。

9. B

乘客没有违约。航空公司不能按照合同约定提供座位，构成违约。航空公司提高服务标准，将乘客安排至商务舱，按照《民法典》第821条的规定，航空公司不得加收票款。故本题应选 B 项。

10. D

按照《民法典》第835条的规定，货物在运输过程中因不可抗力灭失，未收取运费的，承运人不得请求支付运费；已经收取运费的，托运人可以请求返还。故本题应选 D 项。

11. D

该合同第4条并非加重相对人责任，并无格式条款无效的理由。格式条款的生效并不需要在格式条款处签字，在合同上签字即可；该合同第4条涉及的是乙公司法定代表人的个人行为，李红签字，即表明李红个人的同意，对李红个人生效。但李红的个人行为对李蓝的个人不生效力。故本题应选 D 项。

（二）多项选择题

1. AC

甲公司与丙公司之间存在运输合同，丙公司应当安全、及时地将货物送到乙公司。丙公司未履行自己的义务，构成违约，甲公司可以追究丙公司的违约责任。而乙公司与丙公司之间不存在合同关系，不能追究丙公司的违约责任。甲公司与丙公司签订运输合同，由丙公司将货物交付给乙公司。因此，交货地点应为乙公司所在地。因丙公司并没有将货物交付给乙公司，货物的所有权仍属于甲公司，所以，甲公司可以追究丙公司的侵权责任，而乙公司不能追究丙公司的侵权责任。故本题选 A、C 项。

2. AD

钱某签约未成受损10万元为可得利益损失、间接损失。按照完全赔偿原则，司机王某应当赔偿钱某的全部损失，并且这也不违反应当预见规则，因为钱某上车时已经说明了若司机王某违约则会给其造成的损失。不过，王某以获得车费的代价承担10万元的损失，有违合同公平，王某应按其过错的程度分担钱某的 10 万元损失。故本题应选 A、D 项。

3. ABD

按照《民法典》第 834 条的规定，两个以上承运人以同一运输方式联运的，与托运人订立合同的承运人应当对全程运输承担责任。损失发生在某一运输区段的，与托运人订立合同的承运人和该区段的承运人承担连带责任。故本题应选 A、B、D 项。

4. BCD

公交公司有义务安全地将王某送到约定地点，但公交公司违反此项义务，王某可以追究公交公司违约责任，要求其赔偿损失。货车车主的行为构成侵权，应当赔偿王某的损失。王某可以选择向公交公司行使违约责任请求权，或向货车车主行使侵权责任请求权，但不能分别要求二者全部赔偿，这违反了完全赔偿原则。由于公交公司汽车正常行驶，公交公司的行为只是违约而非侵权，因而公交公司与货车车主没有承担连带责任的基础。因此，王某不能要求他们承担连带责任。故本题应选 B、C、D 项。

5. ABC

按照《民法典》第 823 条的规定，承运人应当对运输过程中旅客的伤亡承担赔偿责任，但是，伤亡是旅客自身健康原因造成的或者承运人证明伤亡是旅客故意、重大过失造成的除外。这一规定也适用于按照规定免票、持优待票或者经承运人许可搭乘的无票旅客。故本题应选 A、B、C 项。

6. ACD

按照《民法典》第 832 条的规定，承运人对运输过程中货物的毁损、灭失承担赔偿责任，但是承运人证明货物的毁损、灭失是因不可抗力、货物本身的自然性质或者合理损耗以及托运人、收货人的过错造成的，不承担赔偿责任。但是，意外事故不是免责事由。故本题应选 A、C、D 项。

7. BC

在运输合同中，承运人应当对运输过程中旅客的伤亡承担损害赔偿责任，但伤亡是旅客自身健康原因造成的或者承运人证明伤亡是旅客故意、重大过失造成的除外。A 项中，承运人未履行保障旅客安全的义务，应承担责任。B 项中，旅客因自身健康原因而死亡，承运人不承担责任。C 项中，旅客自杀，承运人不承担责任。D 项中，婴儿属于按照规定免票的旅客，承运人应承担责任。故本题应选 B、C 项。

8. ABC

参见《民法典》第 821 条的规定，本题应选 A、B、C 项。

9. BCD

按照《民法典》第 824 条的规定，在运输过程中旅客随身携带物品毁损、灭失，承运人有过错的，应当承担赔偿责任。对于邻近甲的乘客所受到的损失，承运人未能阻止甲吸烟，具有过错，应当承担违约责任，赔偿乘客的损失。甲违反一般注意义务，致使邻近乘客受到损失，甲应当承担侵权责任。对于甲所受到的损失，承运人没有过错，因而甲应自行承担损失，无权要求承运人赔偿。故本题应选 B、C、D 项。

10. ABC

参见《民法典》第 822 条的规定，本题应选 A、B、C 项。

（三）不定项选择题

1. CD

按照《民法典》第 829 条的规定，在乙公司将货物运送到丙公司之前，甲公司有权要求乙公司将货物改送给其他人。故本题应选 C、D 项。

2. A

乙公司与甲公司存在合同关系，与丙公司、丁公司不存在合同关系，其只能要求甲公司赔偿损失。按照《民法典》第 829 条的规定，托运人可以要求承运人变更收货人，但是应赔偿承运人因此而受到的损失。故本题应选 A 项。

3. D

甲公司与丙公司未约定交货地点，因而甲公司将货物交付给承运人乙公司时，货物所有权以及风险均转移至丙公司。丙公司与丁公司签订货物买卖合同，则自合同成立之时起，货物所有权以及风险均转移至丁公司。货物在运往丁公司的过程中遭遇不可抗力而受损，此时货物风险的承担者是丁公司。因此，这笔损失应由丁公司承担。故本题应选 D 项。

4. B

驾驶员疲劳驾驶而致货物受损，承运人乙公司应当承担违约责任，赔偿货物损失。故本题应选 B 项。

5. AC

承运人乙公司未适当履行义务，应当向合同相对方当事人甲公司承担违约责任。货物所有权已经转移到丁公司，丁公司可以所有权被乙公司侵犯为由，要

求乙公司承担侵权责任。因此，甲公司与丁公司均可以要求乙公司赔偿损失。丙公司既非运输合同当事人，又非货物所有权人。因此，无权要求乙公司赔偿损失。故本题应选 A、C 项。

6. BCD

乙公司将货物运送到指定地点后，应及时通知丁公司提货，丁公司应当及时提货。在丁公司提货前，乙公司应当妥善保管货物，所支出的保管费应由丁公司支付。按照《民法典》第 837 条的规定，乙公司可以提存货物。故本题应选 B、C、D 项。

7. BCD

按照《民法典》第 836 条的规定，托运人或者收货人不支付运费、保管费或者其他费用的，承运人对相应的运输货物享有留置权，但当事人另有约定的除外。故本题应选 B、C、D 项。

 简答题

1. 运输合同具有如下特征：（1）运输合同的标的是运送行为。运输合同的标的并不是旅客或者货物，而是承运人的运送行为。（2）运输合同是双务、有偿合同。运输合同成立后，双方当事人均负有义务。承运人承担运送旅客、货物的义务，旅客、托运人或者收货人应当支付票款或者运输费用，因此，运输合同是双务、有偿合同。（3）运输合同一般为诺成合同。客运合同一般自承运人向旅客出具客票时成立，货运合同自双方意思表示一致时成立，因此，运输合同是诺成合同。（4）运输合同一般为格式合同。客运合同的客票、货运合同的货运单及提单等都是统一印制的，运费也是统一规定的，托运人、旅客只有是否与承运人订立运输合同的自由，因此，运输合同一般为格式合同。（5）运输合同一般具有缔约强制性。从事公共运输的承运人不得拒绝旅客、托运人通常、合理的运输要求。可见，运输合同一般具有缔约强制性。

2. 客运合同具有如下特征：（1）客运合同运送的对象是旅客，旅客同时又是客运合同的主体。在客运合同中，旅客具有双重身份，既是客运合同的运送对象，又是客运合同的主体。（2）客运合同采用客票的形式。客运合同属于格式合同，其表现形式为客票。客票既是客运合同的书面形式，是旅客要求承运人运送的凭证，也是一种有价证券。（3）客运合同包括旅

客行李运送的内容。客运合同的运送对象不限于旅客，通常情况下还包括旅客的行李。（4）客运合同是旅客得自行解除的合同。在客运合同成立后生效前，旅客可以任意解除合同，不必征得承运人的同意。

3. 承运人的义务主要包括：（1）按照约定完成旅客的运送。承运人应当按照有效客票记载的时间、班次和座位号，按照约定的或者通常的运输路线将旅客及其行李运送到约定地点。（2）重要事项的告知义务。承运人应当严格履行安全运输义务，及时告知旅客安全运输应当注意的事项。（3）尽力救助旅客。在运输过程中，承运人应当尽力救助患有急病、分娩、遇险的旅客。（4）保证旅客的人身安全。在运输过程中，承运人负有保证旅客人身安全的义务，应当将旅客安全运送到约定地点。（5）妥善保管旅客行李。承运人对于旅客随身携带的行李和交付托运的行李，负有妥善保管的义务。

4. 货运合同具有以下特征：（1）货运合同的运送对象是货物。货运合同不同于客运合同之处在于：货运合同的运送对象是货物，而客运合同的运送对象是旅客。（2）货运合同往往有第三人参加。托运人既可以是为自己的利益托运货物，也可以是为第三人的利益托运货物；既得以自己为收货人，也得以第三人为收货人。在托运人与收货人不一致的情况下，货运合同就涉及第三人。（3）货运合同的履行以货物交付收货人为终点。在货运合同中，承运人将货物运送到目的地，其履行义务并不能完结，承运人只有将货物交付给收货人，其义务的履行才告完毕。

5. 托运人的义务主要包括：（1）支付运输费用等费用。托运人应当按照合同约定的数额、时间、地点、方式等支付运输费用。（2）如实申报货物事项。托运人办理货物运输时，应当向承运人准确表明收货人的名称或者姓名或者凭指示的收货人，货物的名称、性质、重量、数量，收货地点等有关货物运输的必要情况。（3）办理审批检验手续。托运人托运的货物，需要办理审批、检验手续的，托运人应当按照规定办理有关手续，并将有关文件提交承运人。（4）按约定的方式包装货物。为保证货物的安全，托运人应当按照约定的方式包装货物。（5）危险物品的包装和警示义务。托运人托运危险物品时，为保证货物和运输工具的安全，应当妥善包装，并作出警示标志。（6）中止、变更、解除合同的赔偿责任。托运人在承运人将货物

交付收货人之前，有权中止运输、变更到达地点或者将货物交给其他收货人，但是造成承运人损失的，托运人负有赔偿责任。

6. 多式联运合同具有以下特征：（1）多式联运合同的主体为多式联运经营人与托运人。所谓多式联运经营人，是指本人或者委托他人以本人名义与托运人订立多式联运合同的当事人。（2）多式联运合同的承运人以相互衔接的不同运送手段承运。多式联运合同的承运人为二人以上，且承运人须以不同的运输方式承运货物。同时，多个承运人的不同运输方式须相互衔接，即各区段的运输连接成为一个整体，都是完成全程运输不可缺少的一个部分，各区段的承运人的运输都是对整个运输合同的履行。（3）托运人一次交费并使用同一运送凭证。在多式联运合同中，虽然承运人为二人以上，但是各承运人只能作为一个整体与托运人订立合同。托运人只需一次交费，承运人只需出具一份运送凭证。因此，多式联运合同是一个合同，而不是数个合同的组合。

7. 多式联运合同的特殊效力主要表现在如下方面：（1）多式联运经营人负责履行或者组织履行多式联运合同。其对全程运输享有承运人的权利，承担承运人的义务。（2）多式联运经营人可以与参加多式联运的各区段承运人就多式联运合同的各区段运输约定相互之间的责任，但是该约定不影响多式联运经营人对全程运输承担的义务。（3）因托运人托运货物时的过错造成多式联运经营人损失的，即使托运人已经转让多式联运单据，托运人仍然应当承担赔偿责任。（4）货物的毁损、灭失发生于多式联运的某一运输区段的，多式联运经营人的赔偿责任和责任限额，适用调整该区段运输方式的有关法律规定。

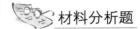材料分析题

（1）客车公司应当赔偿李某支出的医药费。按照《民法典》的相关规定，承运人应当对运输过程中旅客的伤亡承担赔偿责任，但是伤亡是旅客自身健康原因造成的或者承运人证明伤亡是旅客故意、重大过失造成的除外；在运输过程中，旅客自带物品毁损、灭失，承运人有过错的，应当承担赔偿责任。可见，《民法典》对于承运人造成旅客伤亡的违约责任采取严格责任原则，对于承运人造成旅客财产损失的违约责任采取过错责任原则。李某在运输过程中受伤，并不是李某故意、重大过失造成的。因此，客车公司应当赔偿李某的医药费损失。但李某的餐具损失是由王某的过错造成的，客车公司不负赔偿责任。

（2）客车公司应当赔偿张某支出的医药费。客车售票员许可张某免票乘车，这种行为发生于售票员履行职务的过程中。因此，张某属于《民法典》第823条第2款规定的经承运人许可搭乘的无票旅客，客车公司应当对张某在运输过程中的人身损害承担损害赔偿责任。

（3）客车公司不必赔偿陈某支出的医药费。因为陈某系偷偷上车，其在多次被要求买票的情况下，仍不购买车票，与客车公司之间不存在合同关系。因此，客车公司不必对陈某承担违约责任。由于客车公司已经尽到了自己的注意义务，只是因为第三人的行为而使陈某受伤，因而客车公司也不应对陈某承担侵权责任。

（4）李某、张某、陈某均可以要求王某赔偿损失。因为王某违反注意义务，侵犯他人的人身权以及财产权并存在过错，应当对受害人承担侵权责任。

第二十章 技术合同

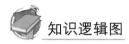 知识逻辑图

技术合同
- 概念：当事人就技术开发、转让、许可、咨询或者服务订立的确立相互权利义务的合同
- 特征
  - 标的是技术成果
  - 主体具有限定性
  - 诺成合同、双务合同、有偿合同
  - 受多重法律调整
- 内容：项目名称，标的的内容、范围和要求，履行的计划、地点和方式，技术信息和资料的保密，技术成果的归属和收益的分成办法，验收标准和方法，名词和术语的解释
- 价款、报酬或者使用费的支付方式：采取一次总算、一次总付或者一次总算、分期支付的方式　采取提成支付或者提成支付附加预付入门费的方式
- 成果的权利归属及相关权益
  - 职务技术成果的权利归属
  - 非职务技术成果的权利归属
  - 完成技术成果人的相关权利
- 无效的特别规定：非法垄断技术或者侵害他人技术成果的技术合同无效
- 技术开发合同
  - 概念：当事人之间就新技术、新产品、新工艺、新品种或者新材料及其系统的研究开发所订立的合同
  - 特征
    - 标的是具有创造性的技术成果
    - 当事人共同承担风险
    - 要式合同
  - 效力
    - 委托开发合同的效力
      - 委托人的义务
        - 按合同约定支付研究开发经费和报酬
        - 按约定提供技术资料
        - 提出研究开发要求，完成协作事项
        - 按期接受研究开发成果
      - 研究开发人的义务
        - 制定和实施研究开发计划
        - 合理使用研究开发经费
        - 按期完成开发工作并交付开发成果
        - 提供有关的技术资料和必要的技术指导
    - 合作开发合同的效力
      - 按照约定进行投资
      - 按照合同约定的分工参与研究开发工作
      - 协作配合研究开发工作
  - 风险责任与技术成果的归属

```
                        ┌ 技术转让合同：合法拥有技术的权利人将现有特定的专利、专利申请、
                  ┌ 概念┤              技术秘密的相关权利让与他人所订立的合同
                  │     └ 技术许可合同：合法拥有技术的权利人，将现有特定的专利、技术秘
                  │                    密的相关权利许可他人实施、使用所订立的合同
     技术转让合同和│     ┌ 技术转让和许可使用的是现有技术成果
     技术许可合同  ┤ 特征┤ 合同的目的在于取得技术成果的相关权利
                  │     └ 要式合同
                  │     ┌ 专利权转让合同和专利权实施许可合同的效力
                  │ 效力┤ 专利申请权转让合同的效力
                  │     └ 技术秘密转让合同和技术秘密许可合同的效力
                  └ 后续改进的技术成果归属：有约定的，按照约定；无约定且无法确定的，
                                          归改进方
                  ┌ 概念：当事人一方以技术知识为另一方就特定技术项目提供可行性论证、
                  │       技术预测、专题技术调查、分析评价报告等而订立的合同
技               │ 特征：标的是技术性劳务成果、不要式合同
术               │        ┌ 委托人│阐明咨询的问题，提供技术背景材料及有关技术资料
合  技术咨询合同 ┤        │ 的义务│按期接受受托人的工作成果，支付报酬
同               │        │       │对受托人提出的咨询报告和意见有保密的义务
                  │ 效力 ┤        ┌按照合同约定如期完成咨询报告或者解答问题
                  │        │ 受托人 │提出的咨询报告达到合同约定的要求
                  │        │ 的义务 │对委托人提供的技术资料和数据有保密的义务
                  │        └        └支付相关费用
                  ┌ 概念：当事人一方以技术知识为另一方解决特定技术问题所订立的合同
                  │ 特征：以解决特定技术问题为目的、不要式合同
     技术服务合同 ┤        ┌ 委托人│按照约定提供服务条件，完成配合事项
                  │        │ 的义务│按期接受受托人的工作成果并支付报酬
                  │        │       ┌完成服务项目，解决技术问题，保证工作质量
                  │        │ 受托人│妥善保管委托人提供的技术资料、数据、样品，承担保密义务
                  │        └ 的义务└支付有关费用
     技术咨询合同和技术服务合同的技术成果归属：分情况分别归受托人或者委托人
```

 名词解释与概念比较

1. 技术合同
2. 技术开发合同
3. 技术转让合同
4. 技术咨询合同
5. 技术服务合同

 选择题

（一）单项选择题

1. 甲公司与乙公司签订了技术开发合同，但双方对于技术研究开发中的风险责任未作约定，事后也不能通过合同的补充性规则确定，那么风险应由谁承担？（　　）

A. 委托人

B. 研究开发人

C. 委托人与研究开发人连带承担

D. 委托人与研究开发人合理分担

2. 小王是甲公司的职员，主要负责公司对外宣传工作，小王在业余时间自己进行研究，发明了一项技术。甲公司知道之后，与乙公司签订合同，将此项技术转让给了乙公司。下列说法中正确的是（　　）。

A. 甲、乙公司的合同有效

B. 甲、乙公司的合同无效

C. 甲公司拥有该项技术成果的转让权

D. 乙公司取得了该项技术成果的权利

3. 甲公司与乙公司签订了技术合作开发合同，意在开发一种新材料。在合同履行过程中，甲公司在国家知识产权局网站上见到该种新材料已经被人申请了专利权，并公布了详细的技术资料。甲公司便想解除技术合作开发合同。对此，下列选项中，表述正确的是（　　）。

A. 甲公司应当遵守合同，不得解除合同

B. 甲公司只能与乙公司协商，否则不得解除合同

C. 甲公司可以解除合同

D. 乙公司能够解除合同，甲公司不能解除合同

4. 某研究所与某工厂签订了"节能热水器"技术转让合同，由研究所向工厂转让"节能热水器"的全部图纸及一个样品。合同未约定后续技术成果的分享办法。一年以后，研究所又对"节能热水器"进行了改造，研制成"高效节能热水器"。对于该改进后的热水器技术，下列哪一表述是正确的？（　　）

A. 该工厂有权与某研究所分享该改进后的热水器技术

B. 该工厂有权无偿使用该改进后的热水器技术

C. 该工厂在某研究所转让改进后的热水器技术时，在同等条件下有优先受让权

D. 该工厂无权分享该改进后的热水器技术

5. 根据《民法典》的规定，因技术进出口合同争议而提起诉讼的期限为（　　）。

A. 1 年　　　　B. 2 年

C. 4 年　　　　D. 6 年

6. 甲公司向乙公司转让了一项技术秘密。技术转让合同履行完毕后，经查该技术秘密是甲公司通过不正当手段从丙公司获得的，但乙公司对此并不知情，且支付了合理对价。对此，下列哪一表述是正确的？

（　　）

A. 技术转让合同有效，但甲公司应向丙公司承担侵权责任

B. 技术转让合同无效，甲公司和乙公司应向丙公司承担连带责任

C. 乙公司可在其取得时的范围内继续使用该技术秘密，但应向丙公司支付合理的使用费

D. 乙公司有权要求甲公司返还其支付的对价，但不能要求甲公司赔偿其由此受到的损失

视频讲题

7. 甲公司委托乙公司开发一种浓缩茶汁的技术秘密成果，未约定成果使用权、转让权以及利益分配办法。甲公司按约定支付了研究开发费用。乙公司按约定时间开发出该技术秘密成果后，在没有向甲公司交付之前，将其转让给丙公司。对此，下列哪种说法是正确的？（　　）

A. 该技术秘密成果的使用权只能属于甲公司

B. 该技术秘密成果的转让权只能属于乙公司

C. 甲公司和乙公司均享有该技术秘密成果的使用权和转让权

D. 甲公司和乙公司均不享有该技术秘密成果的使用权和转让权

8. 甲公司与乙公司签订了技术咨询合同，由乙公司负责对甲公司的一项技术项目提供分析评价。甲公司将该技术项目相关资料交给乙公司，乙公司在分析评价的过程中，利用甲公司的资料进行研究，开发出一项新的技术成果。在当事人没有另外约定的情况下，该项技术成果属于（　　）。

A. 甲公司

B. 乙公司

C. 甲公司与乙公司共有

D. 国家

9. 甲公司与乙公司就某项技术的研究开发签订了技术委托开发合同，乙公司指派其工作人员丙负责开发该项技术。经过研究开发，丙完成了该技术成果。在当事人没有另外约定的情况下，该技术成果的专利

申请权属于（　　）。

 A. 甲公司   B. 乙公司

 C. 丙   D. 乙公司与丙

10. 甲公司拥有一项技术秘密，乙公司希望使用该项技术。因此，两公司签订了技术实施许可合同。甲公司向乙公司提供了其采取了保密措施的技术资料。对此，下列选项中，表述错误的是（　　）。

 A. 甲公司应当保证自己是该项技术的合法拥有者

 B. 甲公司应当保证乙公司能够实施该项技术

 C. 乙公司在合同履行过程中应当保守技术秘密

 D. 乙公司在合同履行完毕后，可以向第三人披露该项技术

11. 甲公司与乙公司签订一份技术开发合同，未约定技术秘密成果的归属。甲公司按约支付了研究开发经费和报酬后，乙公司交付了全部技术成果资料。后甲公司在未告知乙公司的情况下，以普通使用许可的方式许可丙公司使用该技术，乙公司在未告知甲公司的情况下，以独占使用许可的方式许可丁公司使用该技术。对此，下列哪一说法是正确的？（　　）

 A. 该技术成果的使用权仅属于甲公司

 B. 该技术成果的转让权仅属于乙公司

 C. 甲公司与丙公司签订的许可使用合同无效

 D. 乙公司与丁公司签订的许可使用合同无效

12. 甲公司与乙公司签订一份专利实施许可合同，约定乙公司在专利有效期限内独占实施甲公司的专利技术，并特别约定乙公司不得擅自改进该专利技术。后乙公司根据消费者的反馈意见，在未经甲公司许可的情形下对专利技术做了改进，并对改进技术采取了保密措施。对此，下列哪一说法是正确的？（　　）

 A. 甲公司有权自己实施该专利技术

 B. 甲公司无权要求分享改进技术

 C. 乙公司改进技术侵犯了甲公司的专利权

 D. 乙公司改进技术属于违约行为

13. 甲、乙两公司约定：甲公司向乙公司支付 5 万元研发费用，乙公司完成某专用设备的研发生产后双方订立买卖合同，将该设备出售给甲公司，价格暂定为 100 万元，具体条款另行商定。乙公司完成研发生产后，却将该设备以 120 万元卖给丙公司，甲公司得知后提出异议。对此，下列哪一选项是正确的？（　　）

 A. 甲、乙两公司之间的协议系承揽合同

 B. 甲、乙两公司之间的协议系附条件的买卖合同

 C. 乙、丙两公司之间的买卖合同无效

 D. 甲公司可请求乙公司承担违约责任

（二）多项选择题

1. 甲公司希望开发一项新技术，便与乙设计院联系。经过沟通，双方在口头上达成了一致，甲公司预付 20 万元，提供材料，由乙设计院负责开发新技术，合同总价款 100 万元。随后，乙设计院开始组织人员，准备按照甲公司的要求开发新技术，并催促甲公司依约提供材料，并支付预付款，但甲公司一直拒绝履行。对此，下列选项中，表述正确的有（　　）。

 A. 甲公司的行为构成违约

 B. 甲公司的行为不构成违约

 C. 甲公司应当履行

 D. 甲公司可以不履行

2. 张一委托张二开发一项新技术，张一按照合同约定提供了项目启动资金以及必要的资料。虽然张二努力研究开发新技术，最终却因为遇到无法克服的技术困难失败了，在合同履行期限满后，无法提供技术成果。对此，下列选项中，表述错误的有（　　）。

 A. 张二构成违约

 B. 张二需要向张一承担违约责任

 C. 张一有权要求张二赔偿损失

 D. 张一与张二应当合理分担损失

3. 甲公司与乙公司签订了技术委托开发合同，约定由乙公司为甲公司研究开发一项新技术。在合同履行过程中，甲公司提供了技术资料以及资金。因乙公司在研究开发工作中遇到了技术难题，便向甲公司提出，希望甲公司另行提供新的技术资料。甲公司却认为乙公司完全可以自行克服该难题，便未另行提供技术资料。乙公司认为自己虽然能够攻克难题，但成本太大，便停止了工作，不再进行研究开发。合同履行期限满后，乙公司不能向甲公司提供符合约定的技术成果。下列选项中，表述正确的有（　　）。

 A. 甲公司构成违约

 B. 乙公司构成违约

 C. 乙公司应当向甲公司承担违约责任

 D. 甲公司与乙公司应合理分担因难题未被克服而导致的研究开发工作失败的损失

4. 甲公司委托乙公司就甲公司原有产品的生产方法进行改进，乙公司依约完成了改进工作。随后，乙

公司将取得的技术成果交付给了甲公司，并向国家知识产权局申请获得方法发明专利权。下列选项中，表述正确的有（　　）。

A. 专利申请权归乙公司

B. 专利申请权归甲公司

C. 若乙公司获得了专利权，则甲公司使用该项技术需要取得乙公司的许可，但不必支付报酬

D. 甲公司应当依法实施该方法发明专利

5. 召驰公司与锌业公司签订了技术合作开发合同，共同研究开发金属锌的制作技术，经过研究开发，完成了一项产品发明。对此，下列选项中，表述正确的有（　　）。

A. 该发明的申请专利的权利应当按照当事人的约定确定归属

B. 在当事人无约定的情况下，该发明的申请专利的权利属于两公司共有

C. 召驰公司转让专利申请权的，锌业公司在同等条件下享有优先受让权

D. 召驰公司认为将发明作为技术秘密来加以使用更恰当，拒绝申请专利，则锌业公司不得将之申请为专利

6. 老王的一项技术成果经申请获得了专利权，但被他人向国家知识产权局提起了无效宣告程序。随后老王就该项取得专利权的技术与辉戈公司签订了专利权转让合同，转让价款为 10 万元。2 年之后，该项专利权被宣告为无效。经过诉讼，法院维持了无效决定。对此，下列选项中，表述正确的有（　　）。

A. 老王与辉戈公司之间的专利权转让合同自始无效

B. 老王可以解除合同

C. 辉戈公司可以解除合同

D. 辉戈公司可以要求老王返还部分专利转让费

视频讲题

7. 甲研究所与刘某签订了一份技术开发合同，约定由刘某为甲研究所开发一套软件。3 个月后，刘某按约定交付了技术成果，甲研究所未按约定支付报酬。因没有约定技术成果的归属，双方发生争执。对此，下列哪些选项是正确的？（　　）

A. 申请专利的权利属于刘某，但刘某无权获得报酬

B. 申请专利的权利属于刘某，且刘某有权获得约定的报酬

C. 如果刘某转让专利申请权，甲研究所享有以同等条件优先受让的权利

D. 如果刘某取得专利权，甲研究所无权实施该专利

8. 甲公司非法窃取竞争对手乙公司最新开发的一项技术秘密成果，与丙公司签订转让合同，约定丙公司向甲公司支付一笔转让费后拥有并使用该技术秘密。乙公司得知后，主张甲、丙之间的合同无效，并要求赔偿损失。对此，下列哪些说法是正确的？（　　）

A. 如丙公司不知道或不应当知道甲公司窃取技术秘密的事实，则甲、丙之间的合同有效

B. 如丙公司为善意，则有权继续使用该技术秘密，乙公司不得要求丙公司支付费用，只能要求甲公司承担责任

C. 丙公司如明知甲公司窃取技术秘密的事实仍与其订立合同，则不得继续使用该技术秘密，并应当与甲公司承担连带赔偿责任

D. 不论丙公司取得该技术秘密权时是否为善意，该技术转让合同均无效

（三）不定项选择题

甲公司委托乙公司发明一种新型的日光灯，乙公司在与甲公司签订合同之后，派其负责日光灯开发工作的人员丙主持该项工作。经过研究开发，丙发明了一种新型的日光灯。同时，乙公司的另一工作人员丁在业余时间自行搜索资料进行研究，也发明了一种达到甲公司要求的新型日光灯，而丁并未利用甲公司与乙公司提供的资料与技术。

1. 丙完成的发明创造的申请专利的权利归属于谁？（　　）

A. 甲公司　　　　B. 乙公司

C. 丙　　　　　　D. 乙公司与丙共有

2. 丁完成的发明创造的申请专利的权利归属于谁？（　　）

A. 甲公司　　　　B. 乙公司

C. 丁　　　　　　D. 乙公司与丁共有

3. 乙公司欲将对丙完成的发明创造的专利申请权转让出去，下列选项中，表述错误的是（ ）。

A. 专利申请权只能转让给甲公司

B. 未经丙同意，乙公司不得转让专利申请权

C. 未经甲公司同意，乙公司不得转让专利申请权

D. 在转让价格等条件相同的情况下，甲公司有优先受让的权利

4. 如果乙公司就丙完成的发明创造申请获得了专利权，专利权归属于谁？（ ）

A. 甲公司   B. 乙公司

C. 丙   D. 乙公司与丙共有

 ## 简答题

1. 简述技术合同的特征。

2. 简述技术开发合同的特征。

3. 简述技术开发合同的技术成果归属确定。

4. 简述技术合作开发合同当事人的主要义务。

 ## 材料分析题

甲公司想生产一种麻醉注射泵，便找到乙公司，双方签订了技术委托开发合同，约定由甲公司向乙公司提供技术资料，由乙公司组织专家进行研发，2 年之内向甲公司提供符合甲公司所提出的技术要求的麻醉注射泵。如果遭遇不能克服的技术困难，乙公司无法完成合同，则甲公司只向乙公司支付实际支出费用的一半。合同总价款 100 万元，合同生效后，甲公司向乙公司预付 20 万元。乙公司不得将甲公司提供的技术资料提供给第三人。如果研发成功，则乙公司不得向第三人转让或者许可第三人使用麻醉注射泵的生产技术。合同签订 1 年之后，甲公司检查乙公司的工作进程时，认为乙公司在合同履行期间内应当会研发成功，便与丙公司签订了买卖合同，约定 1 年之后，甲公司以每台 5 000 元的价格向丙公司出售 1 000 台麻醉注射泵，违约金为 6 万元。但是，乙公司在研发中遇到了目前技术条件无法克服的技术困难，于是便停止了工作，当时乙公司已经耗资 60 万元。虽然乙公司知道甲公司与丙公司签订了买卖合同，但乙公司并未通知甲公司。对于乙公司遇到技术困难一无所知的甲公司又与丁公司签订了买卖合同，约定 1 年之后，甲公司以

每台 5 000 元的价格向丁公司出售 1 000 台麻醉注射泵，违约金为 10 万元。乙公司在合同履行期限届满后未能完成研发，无法向甲公司提供技术成果。与此同时，丙公司与丁公司均要求甲公司履行合同，否则应支付违约金。请回答下列问题：

（1）乙公司遇到无法克服的技术困难而不能完成研发，能否要求甲公司支付其实际耗资 60 万元？为什么？

（2）甲公司向丙公司支付 6 万元违约金后，甲公司能否就该损失要求乙公司赔偿？为什么？

（3）甲公司向丁公司支付 10 万元违约金后，甲公司能否就该损失要求乙公司赔偿？为什么？

（4）如果乙公司研发成功，那么甲公司是否可以使用该技术？为什么？

参考答案

 ### 名词解释与概念比较

1. 技术合同，是指当事人就技术开发、转让、许可、咨询或者服务订立的确立相互权利和义务的合同。

2. 技术开发合同，是指当事人之间就新技术、新产品、新工艺、新品种和新材料及其系统的研究开发所订立的合同。

3. 技术转让合同，是指合法拥有技术的权利人，将现有特定的专利、专利申请、技术秘密的相关权利让与他人所订立的合同。

4. 技术咨询合同，是指当事人一方以技术知识为另一方就特定技术项目提供可行性论证、技术预测、专题技术调查、分析评价报告等而订立的合同。

5. 技术服务合同，是指当事人一方以技术知识为另一方解决特定技术问题所订立的合同。

 ### 选择题

（一）单项选择题

1. D

按照《民法典》第 858 条第 1 款的规定，在技术开发合同履行过程中，因出现无法克服的技术困难，致使研究开发失败或者部分失败的，该风险由当事人约定；当事人没有约定或者约定不明确，依照《民法典》

第510条的规定仍不能确定的，风险由当事人合理分担。故本题应选D项。

2. A

小王所发明的技术并非职务发明，因此，技术的转让权、使用权以及专利申请权等权利均归属于小王自己。甲公司转让他人技术，构成无权处分，合同有效，但不能履行，乙公司不能取得对技术的权利。故A项正确，当选。

3. C

按照《民法典》第857条的规定，作为技术开发合同标的的技术已经由他人公开，致使技术开发合同的履行没有意义的，当事人可以解除合同。因此，甲公司与乙公司均享有法定合同解除权，可以解除合同。故本题应选C项。

4. D

按照《民法典》第875条的规定，当事人可以按照互利的原则，在合同中约定实施专利、使用技术秘密后续改进的技术成果的分享办法。没有约定或者约定不明确，依照《民法典》第510条的规定仍不能确定的，一方后续改进的技术成果，其他各方无权分享。故本题应选D项。

5. C

按照《民法典》第594条，因国际货物买卖合同和技术进出口合同争议提起诉讼或者申请仲裁的期限为4年。故本题应选C项。

6. C

《民法典》第850条规定："非法垄断技术或者侵害他人技术成果的技术合同无效。"因此，甲、乙公司间的合同无效。故A项不选。最高人民法院《关于审理技术合同纠纷案件适用法律若干问题的解释》第12条规定："根据民法典第八百五十条的规定，侵害他人技术秘密的技术合同被确认无效后，除法律、行政法规另有规定的以外，善意取得该技术秘密的一方当事人可以在其取得时的范围内继续使用该技术秘密，但应当向权利人支付合理的使用费并承担保密义务。当事人双方恶意串通或者一方知道或者应当知道另一方侵权仍与其订立或者履行合同的，属于共同侵权，人民法院应当判令侵权人承担连带赔偿责任和保密义务，因此取得技术秘密的当事人不得继续使用该技术秘密。"因此，选项C正确。选项B中，技术转让合同无效虽然正确，但因乙公司为善意，不能与甲公司承担连带责任，故B项不选。在选项D中，因甲公司的过错而致合同无效，乙公司可以要求甲公司返还价款，并承担缔约过失责任，D项不选。故本题应选C项。

7. C

按照《民法典》第861条的规定，委托开发或者合作开发完成的技术秘密成果的使用权、转让权以及收益的分配办法，由当事人约定。没有约定或者约定不明确，依照《民法典》第510条的规定仍不能确定的，在没有相同的技术方案被授予专利权前，当事人均有使用和转让的权利，但委托开发的研究开发人不得在向委托人交付研究开发成果之前，将研究开发成果转让给第三人。因此，甲公司与乙公司对技术秘密成果均有使用权与转让权。故本题应选C项。

8. B

按照《民法典》第885条的规定，技术咨询合同、技术服务合同履行过程中，受托人利用委托人提供的技术资料和工作条件完成的新的技术成果，属于受托人，当事人另有约定的，从其约定。因此，甲公司与乙公司可以事后协商该项技术成果的归属；没有约定的，由乙公司取得。故本题应选B项。

9. B

丙是乙公司的工作人员，被指派从事技术研究开发工作，所完成的发明创造为职务技术成果。按照《民法典》第859条的规定，委托开发完成的发明创造，除当事人另有约定外，申请专利的权利属于研究开发人。因此，丙的职务技术成果的专利申请权属于乙公司。故本题应选B项。

10. D

参见《民法典》第870条、第871条的规定，本题应选D项。

11. D

《民法典》第861条规定，委托开发或者合作开发完成的技术秘密成果的使用权、转让权以及收益的分配办法，由当事人约定。没有约定或者约定不明确，依照《民法典》第510条的规定仍不能确定的，在没有相同技术方案被授予专利权前，当事人均有使用和转让的权利，但委托开发的研究开发人不得在向委托人交付研究开发成果之前，将研究开发成果转让给第三人。按照最高人民法院《关于审理技术合同纠纷案件适用法律若干问题的解释》第20条的规定，《民法典》第861条所称"当事人均有使用和转让的权利"，包括当事人均有不经对方同意而自己使用或者以普通使用许可的方式许可他人使用技术秘密，并独占由此所获利益的权利。当事人一方将技术秘密成果的转让权让与他人，或者以独占或排他使用许可的方式许可他人使用技术秘密，未经对方当事人同意或者追认的，应当认定该让与或者许可行为无效。故本题应选D项。

12. B

在独占许可中，被许可人有权在指定的时间和地域范围内排斥包括许可人在内的任何人实施专利技术。因此，甲公司不能自己实施该专利技术。在技术合同中，限制当事人一方在合同标的技术基础上进行新的研究开发或者限制其使用所改进的技术，构成《民法典》第850条中的非法垄断技术或者《民法典》第864条中的限制技术竞争和技术发展的约定，应认定当事人的这一约定无效。甲公司与乙公司的约定便属于这种情形。按照《民法典》第875条的规定，当事人在合同中对实施专利、使用技术秘密后续改进的技术成果的分享办法没有约定或者约定不明确的，依照《民法典》第510条的规定仍不能确定的，一方后续改进的技术成果，其他各方无权分享。因此，甲公司无权要求分享乙公司的改进技术。故本题应选B项。

13. D

甲、乙两公司的合同属于技术开发合同，双方于该合同中约定再另行签订买卖合同，其中包含了买卖合同预约。此合同并非承揽合同，也非附条件的买卖合同。乙公司为设备所有人，与丙公司签订的买卖合同不存在无效事由，为有效。乙公司违反合同约定，应当向甲公司承担违约责任。故本题应选D项。

（二）多项选择题

1. BD

按照《民法典》第851条的规定，技术开发合同为要式合同，应当采取书面形式。甲公司与乙设计院订立的合同为口头合同，并且一方也没有履行主要义务。因此，合同不能成立。因甲公司与乙设计院之间不存在合同关系，故甲公司的行为便不构成违约，甲公司可以不履行合同。当然，如果甲公司对造成乙设计院的损失具有过错的话，应当承担缔约过失责任。故本题应选B、D项。

2. ABC

按照《民法典》第858条的规定，技术开发合同履行过程中，因出现无法克服的技术困难，致使研究

开发失败或者部分失败的，该风险由当事人约定。没有约定或者约定不明确，依照《民法典》第510条的规定仍不能确定的，风险由当事人合理分担。据此，张二虽然开发失败，但并不构成违约，不必承担违约责任。张二开发失败，属于在合同订立之时已存在的风险变成了现实。对于张一与张二受到的损失，在双方没有约定风险责任分担的情况下，应由双方合理分担。故本题应选A、B、C项。

3. BC

在乙公司能够自行克服技术难题的情况下，因合同并未作出甲公司应另行提供技术资料的约定，所以，不论乙公司支出成本多大，均属于履行自己的研究开发义务。甲公司不另行提供技术资料不构成违约，而乙公司停止工作，导致在合同履行期限届满后无法向甲公司提供技术成果，构成违约，其应当承担违约责任。乙公司所遇到的技术难题不属于《民法典》第858条所规定的无法克服的技术难题，因此，不能按照风险负担规则来分担损失。故本题应选B、C项。

4. AD

按照《民法典》第859条的规定，委托开发完成的发明创造，除法律另有规定或者当事人另有约定的以外，申请专利的权利属于研究开发人。研究开发人取得专利权的，委托人可以依法实施该专利。研究开发人转让专利申请权的，委托人享有以同等条件优先受让的权利。因此，在双方未作约定的情况下申请专利的权利以及经申请而获得的专利权均属于乙公司。甲公司可以依法实施该专利。《民法典》对于如何依法实施专利，未做规定，而由其他相应的法律进行规定。故本题应选A、D项。

5. ABCD

按照《民法典》第860条的规定，合作开发完成的发明创造的申请专利的权利，首先应由当事人约定权利归属，没有约定的，由当事人共有。当事人一方转让其共有的专利申请权的，其他各方享有以同等条件优先受让的权利。合作开发的当事人一方不同意申请专利的，另一方不得申请专利。故本题应选A、B、C、D项。

6. BCD

按照《专利法》第47条第1款、第2款的规定，专利权被宣告无效，尽管专利权溯及既往地归于无效，但这对已经履行的专利权转让合同并不具有追溯力。

因此，专利权转让合同并不会因专利权被宣告无效而归于无效。专利权已不存在，与专利权相关的义务履行不能，可能导致当事人订立合同的目的无法实现，在这种情况下产生法定合同解除权，即可以解除合同，但通常不需要返还专利权转让费。按照《专利法》第47条第3款的规定，若不返还专利权转让费明显违反公平原则的，应当全部或者部分返还。由于在老王转让专利权之前已经存在他人申请宣告专利权无效的情形，老王对此明知，因此若不返还专利权转让费，明显违反公平原则，老王应予全部或部分返还。故本题应选B、C、D项。

7. BC

在技术委托开发合同中，委托人应当依约支付报酬。在甲研究所与刘某未约定技术成果归属的情况下，根据《民法典》第859条、《专利法》第8条的规定，专利申请权归研究开发人刘某。研究开发人取得专利权的，委托人可以依法实施该专利。研究开发人转让专利申请权的，委托人享有以同等条件优先受让的权利。故本题应选B、C项。

8. CD

《民法典》第850条规定："非法垄断技术或者侵害他人技术成果的技术合同无效。"不论丙公司是否知道或者应当知道甲公司窃取技术秘密，该合同因侵害了乙公司的技术成果而无效。因此，A项错误，D项正确。按照最高人民法院《关于审理技术合同纠纷案件适用法律若干问题的解释》第12条的规定，若丙公司为善意，其可在其取得时的范围内继续使用该技术秘密，但应当向乙公司支付合理的使用费并承担保密义务。当事人双方恶意串通或者一方知道或应当知道另一方侵权仍与其订立或者履行合同的，属于共同侵权，法院应当判令侵权人承担连带赔偿责任和保密义务。因此，取得技术秘密的当事人不得继续使用该技术秘密。B项错误，C项正确。故本题应选C、D项。

（三）不定项选择题

1. B

丙利用单位提供的物质条件与资料完成的发明创造属于职务技术成果。甲公司与乙公司之间存在技术委托开发合同，在未约定所完成技术成果申请专利的权利的归属的情况下，权利属于乙公司。故本题应选B项。

2. C

丁虽然是乙公司的工作人员，但其是利用自己的业余时间自行研究的，未利用乙公司的物质条件和资料。因此，丁所完成的发明创造为非职务发明创造，申请专利的权利属于发明创造人丁。故本题应选C项。

3. ABC

乙公司是专利申请权人，其转让专利申请权无须征得甲公司、丙的同意。同时，乙公司转让专利申请权，甲公司享有以同等条件优先受让的权利，但该专利申请权并不是只能转让给甲公司。故本题应选A、B、C项。

4. B

专利申请权人申请获得的专利权归属于申请人，即乙公司。故本题应选B项。

 简答题

1. 技术合同具有如下特征：（1）技术合同的标的是技术成果。技术成果有专利技术成果和非专利技术成果、生产技术成果和非生产技术成果、职务技术成果和非职务技术成果之分。（2）技术合同的主体具有限定性。在技术合同中，当事人中通常至少一方是能够利用自己的技术力量从事技术开发、技术转让、技术服务或者技术咨询的法人、非法人组织或者自然人。（3）技术合同是诺成合同、双务合同、有偿合同。技术合同因当事人双方意思表示一致而成立，不以交付标的物为成立条件；技术合同成立后，当事人双方都负有一定的义务，双方的权利与义务是相对应的；当事人取得权利，必须付出一定的对价。因此，技术合同是诺成合同、双务合同、有偿合同。（4）技术合同受多重法律调整。技术合同是技术领域中技术成果的交换和使用关系的反映，体现为一种债权债务关系，因此，技术合同受《民法典》合同编调整。同时，由于技术合同的标的是技术成果，因此，技术合同还受其他与保护技术成果有关的法律规范的调整。

2. 技术开发合同具有如下特征：（1）技术开发合同的标的是具有创造性的技术成果。技术开发合同的技术成果是在订立合同时尚没有掌握、不存在的成果，而不是已有的科技成果，它只有经过研究开发的创造性科技活动才能取得。（2）技术开发合同的当事人共同承担风险。如果研究开发的课题在现有技术水准下具有足够的难度，即使研究开发人作了最大的努力，也可能失败或者部分失败。这种失败属于技术开发合同的风险，应由研究开发双方共同承担。当然，当事人也可以约定风险责任的承担。（3）技术开发合同是要式合同。技术开发合同应当采用书面形式，为要式合同。

3. 技术开发合同的技术成果归属，应依下列情形加以确定：（1）在委托开发合同中，委托开发完成的发明创造，除法律另有规定或者当事人另有约定外，申请专利的权利属于研究开发人。研究开发人取得专利权的，委托人可以免费实施该专利；研究开发人转让专利申请权的，委托人享有以同等条件优先受让的权利。（2）在合作开发合同中，合作开发完成的发明创造，除当事人另有约定的以外，申请专利的权利属于合作开发的当事人共有；当事人一方转让其共有的专利申请权的，其他各方享有以同等条件优先受让的权利。合作开发的当事人一方声明放弃其共有的专利申请权的，可以由另一方单独申请或者由其他各方共同申请。申请人取得专利权的，放弃专利申请权的一方可以免费实施该专利。合作开发的当事人一方不同意申请专利的，另一方或者其他各方不得申请专利。（3）在委托开发合同和合作开发合同中，完成的技术秘密成果的使用权、转让权以及利益的分配办法，由当事人约定。没有约定或者约定不明确的，依据《民法典》第510条的规定，当事人协议补充；不能达成补充协议的，按照合同相关条款或者交易习惯确定；仍不能确定的，在没有相同技术方案被授予专利权前，当事人均有使用和转让的权利。但是，委托开发的研究开发人不得在向委托人交付研究开发成果之前，将研究开发成果转让给第三人。

4. 在技术合作开发合同中，当事人负有如下主要义务：（1）按照约定进行投资。合作各方应当按照合同约定的时间、地点、方式等进行投资。所谓投资，是指当事人以资金、设备、材料、试验条件、技术情报资料、专利权、非专利技术成果等对研究开发项目所作的投入。采取资金以外的形式进行投资的，应当折算成相应的金额，明确当事人在投资中所占的比例。（2）按照合同约定的分工参与研究开发工作。合作各方参与研究开发工作，包括按照约定的计划和分工进行或者分别承担设计、工艺、试验、试制等研究开发工作。（3）协作配合研究开发工作。合作开发活动，由于各方都参与开发，因此，特别需要合作各方的协作配合。

 材料分析题

（1）不能。按照甲公司与乙公司的合同约定，乙公司遇到无法克服的技术困难而不能完成研发工作时，甲公司应依约向乙公司支付实际支出费用的一半。该约定有效。乙公司实际支出费用共60万元，而甲已经预付20万元，因此，甲公司应当向乙公司再支付10万元。

（2）不能。按照《民法典》第858条第1款的规定，甲公司与乙公司对于遇到技术困难而无法完成合同的风险没有作出十分明确的约定，则甲公司与乙公司应当合理分担风险。甲公司在乙公司尚未完成研发工作的情况下便与丙公司订立合同，届时因不能履行合同须向丙公司支付违约金的风险属于应由甲公司自行承担的风险。因此，甲公司不能要求乙公司承担此笔损失。

（3）可以。按照《民法典》第858条第2款的规定，乙公司在已经发现遭遇技术困难可能导致研究开发失败的情况下，应当及时通知甲公司，并采取适当措施减少损失。乙公司没有及时通知并采取适当措施，致使损失扩大，其应当就扩大的损失承担责任。如果乙公司通知了甲公司，则甲公司不会与丁公司订立合同。因此，甲公司可以就向丁公司支付的10万元违约金，要求乙公司赔偿。

（4）可以。虽然合同中对于甲公司是否可以使用该技术未作约定，但按照《民法典》第861条的规定，甲公司享有使用权。

第二十一章　保管合同

知识逻辑图

知识逻辑图

保管合同
- 概念：保管人保管寄存人交付的保管物，并返还该物的合同
- 特征
  - 标的是保管行为
  - 一般为实践合同、不要式合同
  - 可以是有偿合同，也可以是无偿合同
  - 保管物包括动产和不动产
- 分类
  - 有偿保管合同与无偿保管合同
  - 规则保管合同与不规则保管合同
  - 视为保管合同
- 效力
  - 保管人的义务
    - 给付保管凭证
    - 妥善保管保管物
    - 亲自保管标的物
    - 不得擅自使用或者使第三人使用保管物
    - 危险通知的义务
    - 返还保管物
  - 寄存人的义务
    - 支付保管费及其他费用
    - 保管物情况的告知义务
    - 贵重物品的声明义务

名词解释与概念比较

1. 保管合同
2. 消费保管合同
3. 保管凭证

选择题

（一）单项选择题

1. 王某外出，便同刘某商量，由刘某暂时保管一张存折，刘某同意了，但存折并没有交付。对此，下列选项中，表述正确的是（　　）。

A. 王某与刘某之间存在有效的合同关系

B. 王某与刘某之间的合同不成立，因为存折尚未交付

C. 王某与刘某的合同无效

D. 王某与刘某的合同效力未定，因为尚未交付存折

2. 在无偿保管合同中，保管人对保管物的毁损、灭失承担赔偿责任的前提是（　　）。

A. 保管人有故意或者重大过失

B. 保管人有具体轻过失

C. 保管人有抽象轻过失

D. 保管人有过错

3. 甲将一条项链交给某银行，由银行放入保管箱，随后银行向甲出具了一份无记名的保管凭证。甲又与乙签订买卖合同，将该项链卖给了乙。甲将银行出具的保管凭证交给了乙。对此，下列选项中，表述正确的是（　　）。

A. 甲仍享有项链的所有权

B. 甲应将项链从银行取回并交付给乙

C. 甲已经履行了交付义务

D. 甲对乙的交付方式为占有改定

4. 贾某因装修房屋，把一批古书交朋友王某代为保管，王某将古书置于床下。一日，王某楼上住户家水管被冻裂，水流至王某家，致贾某的古书严重受损。对此，下列说法哪一个是正确的？（　　）

A. 王某具有过失，应负全部赔偿责任

B. 王某具有过失，应给予适当赔偿

C. 此事对王某而言属不可抗力，王某不应赔偿

D. 王某系无偿保管且无重大过失，不应赔偿

5. 旅客韩玉投宿蓝天饭店，办好住宿手续后，将一只装有 3 万元现金和其他物品的密码箱寄存在饭店的服务总台，当班服务员清点了物品。第二天下午，韩玉凭取物牌去取密码箱，发现已被他人领走，韩玉要求饭店赔偿全部损失，饭店拒绝，遂起纠纷。对此案的正确处理结果是（　　）。

A. 保管合同成立，饭店应赔偿韩玉全部损失

B. 保管合同成立，饭店应承担主要损失，韩玉个人承担部分损失

C. 保管合同不成立，饭店酌情给予韩玉补偿

D. 保管合同无效，饭店酌情给予韩玉补偿

视频讲题

6. 老王交给老张 1 吨西瓜，由老张保管。在西瓜搬到老张家的仓库之后，老张发现自家的仓库顶棚已经漏了，并且天气预报近几日将接连下雨。老张便联系老王，但无法找到老王。在快要下雨时，老张自己做主，将西瓜搬到了老孙家的仓库。老孙忘记锁上仓库的门，导致西瓜被人偷走。对此，下列选项中，表述正确的是（　　）。

A. 老张将西瓜搬到老孙家的仓库的行为构成违约

B. 老王可以要求老张承担违约责任，赔偿损失

C. 老王可以要求老孙承担违约责任，赔偿损失

D. 老王只能找到小偷，要求其赔偿损失

7. 小王将 3 台电视机放到小刘家中，由小刘保管，保管费用为 600 元。某晚风雨交加，小刘的房子地势较低而被水淹，电视机进水损坏。对此，下列选项中，表述正确的是（　　）。

A. 小王可以要求小刘承担侵权责任

B. 小王可以要求小刘承担违约责任

C. 小王和小刘应当分担电视机的损失

D. 小王不能要求小刘赔偿损失

8. 老王外出，便把一头母牛交给邻居小刘保管、照料。老王走后 3 日，母牛产出一头小牛。对此，下列选项中，表述错误的是（　　）。

A. 小刘应当向老王返还母牛

B. 小刘应当向老王返还小牛

C. 小刘应当向老王返还母牛及小牛

D. 小刘应当将取得的母牛及小牛的所有权返回给老王

9. 小王临时将摩托车放在小孙家中，由小孙保管，保管费为 100 元。几日后，小王前来提车，小孙索要保管费，小王说最近手头不宽绰，过几日再给，小孙便不让小王提车。对此，下列选项中，表述错误的是（　　）。

A. 小王构成违约

B. 小王提车时便应交付保管费

C. 小孙不让提车，构成侵权

D. 小孙可以留置摩托车

10. 老王养了一匹马，老张养了一群马，老王托老张照管他的马。某日，老张把马匹全部赶到一片草地上吃草，未料想有人前日给庄稼喷洒农药时，也将草地喷了一遍农药。马因此全都病倒了。对此，下列选项中，表述正确的是（　　）。

A. 老张应当向老王承担违约责任

B. 老张应当向老王承担侵权责任

C. 老张除非能够证明自己没有故意或重大过失，否则要赔偿老王的损失

D. 老王除非能够证明老张具有故意或重大过失，否则不能要求老张赔偿损失

（二）多项选择题

1. 甲长时间外出经商，因担心房屋无人看管，便与乙商量，由乙看管房屋，每月支付给乙 400 元。甲将房屋钥匙交给乙后，便经商去了。对此，下列选项中正确的有（　　）。

A. 甲与乙之间存在保管合同关系

B. 甲与乙之间不存在保管合同关系，因为合同标

的物为不动产

C. 甲与乙之间的合同自双方意思表示达到一致时成立

D. 甲与乙之间的合同自甲向乙交付钥匙时成立

2. 甲将一条项链交给某银行，由银行放入保管箱，随后银行向甲出具了一份无记名的保管凭证。对此，下列选项中，正确的有（　　）。

A. 保管凭证即为甲与银行之间的合同书

B. 保管凭证能够证明甲已经将保管物交付给了银行

C. 保管凭证能够证明甲与银行之间的保管合同已经成立

D. 若甲将保管凭证转让给了乙，则乙可持保管凭证要求银行交付项链

3. 6 月 1 日，甲与乙签订了保管合同，由乙为甲保管一份重要文件，合同价款为 500 元，合同中约定自双方意思表示达成一致时，合同成立。6 月 6 日，甲将文件交给了乙。对此，下列选项中，正确的有（　　）。

A. 甲与乙之间的保管合同于 6 月 1 日成立

B. 甲与乙之间的保管合同于 6 月 6 日成立

C. 甲与乙之间的保管合同于 6 月 1 日生效

D. 甲与乙之间的保管合同于 6 月 6 日生效

4. 小王将一个木箱交给小刘保管，保管费为 20 元，小王告诉小刘在数日内便取走木箱。木箱中有几斤西红柿，但小王并未告诉小刘。小刘将木箱放在自家的衣帽间中。数日后，西红柿腐烂，汁液流出木箱，将小刘衣帽间里的衣服弄脏。对此，下列选项中，正确的有（　　）。

A. 小王应当在交付木箱时告诉小刘木箱中有西红柿

B. 小王的行为构成违约

C. 小刘应当赔偿小王受到的损失

D. 小王应当赔偿小刘受到的损失

5. 甲欲将一部分货物寄存在乙处，为此向吴律师咨询。根据《民法典》的规定，吴律师的以下意见中，哪些是正确的？（　　）

A. 甲在交付货物前有权解除合同

B. 甲、乙双方没有约定保管费，乙有权依交易习惯请求甲支付

C. 乙可以根据情况改变保管场所或方法

D. 在有第三人对甲寄存的货物主张权利时，除依法对保管物采取保全或执行措施外，乙应当履行向甲返还寄存的货物的义务

6. 甲遗失其为乙保管的迪亚手表，为偿还乙，甲窃取丙的美茄手表和 4 000 元现金。甲将美茄手表交予乙，因美茄手表比迪亚手表便宜 1 000 元，甲又从 4 000 元中补偿乙 1 000 元。乙不知甲盗窃情节。乙将美茄手表赠与丁，又用该 1 000 元的一半支付某自来水公司水费，用另一半购得某商场一件衬衣。对此，下列哪些说法是正确的？（　　）

A. 丙可请求丁返还手表

B. 丙可请求甲返还 3 000 元、请求自来水公司和商场各返还 500 元

C. 丙可请求乙返还 1 000 元不当得利

D. 丙可请求甲返还 4 000 元不当得利

视频讲题

7. 甲将一份重要文件交给乙，由乙负责保管，并约定了保管费用。因甲被诉诸法院，对方要求法院采取证据保全措施，法院找到乙，宣布对其保管的甲的文件采取证据保全措施，取走了该文件。对此，下列选项中，正确的有（　　）。

A. 乙应当将法院采取证据保全措施的情况及时通知甲

B. 乙应当向甲返还其保管的文件

C. 乙不必向甲返还其保管的文件

D. 甲应当向乙支付保管费

8. 甲将一批货物交给乙保管。因甲找到了买家，便想提前领取货物，卖给买家。对此，下列选项中，正确的有（　　）。

A. 如果没有约定保管期限的话，则甲可以随时向乙提出领取货物

B. 如果没有约定保管期限的话，则乙可以随时要求甲领取货物

C. 如果约定有保管期限的话，则甲不能随时向乙提出领取货物

D. 如果约定有保管期限的话，则乙不能随时要求

甲领取货物

（三）不定项选择题

甲的未婚妻给了甲一块手表作为定情信物，价格为 500 元，甲视之如命。甲欲离家远行，临行前找到乙，要求乙妥善保管手表，乙表示同意。第二日，甲将手表交给了乙，自己便远行去了。1 个月以后，因为乙的弟弟丙要考试且无手表，乙便将手表借给丙用。丙在考试时，不慎将手表掉在地上，表壳受损。乙看到受损的手表后想，反正也不能向甲交代了，不如将手表卖了赚钱。乙便以 500 元的价格将手表卖给了丁，丁付款后拿走手表，却不知这块手表是甲的。请回答下列问题：

1. 关于甲与乙之间的合同，下列选项中，正确的是（　　）。

A. 甲与乙之间存在消费保管合同关系

B. 甲与乙之间存在保管合同关系

C. 甲与乙之间的合同成立于乙同意之时

D. 甲与乙之间的合同成立于乙收到手表之时

2. 乙将手表借给丙使用，丙将手表摔坏。对此，下列选项中，正确的是（　　）。

A. 乙的出借行为构成违约

B. 乙的出借行为构成侵权

C. 丙的行为对甲构成违约

D. 丙的行为对甲构成侵权

3. 乙将手表卖给了丁，下列选项中，正确的是（　　）。

A. 乙的行为构成无权处分

B. 乙与丁的合同有效，据此丁取得手表的所有权

C. 乙与丁的合同效力未定，丁不能基于合同而取得手表的所有权

D. 丁取得了手表的所有权

4. 甲回来以后，知道了事情真相，大发雷霆，则下列选项中，正确的是（　　）。

A. 甲可以向乙追究违约责任

B. 甲可以向乙追究侵权责任

C. 甲可以向丙追究侵权责任

D. 甲可以要求丁返还手表

5. 甲坚决要求乙赔偿损失，那么，乙与丁之间的买卖合同效力如何？（　　）

A. 有效　　　　　　B. 无效

C. 效力未定　　　　D. 可撤销

 简答题

1. 简述保管合同的特征。

2. 简述保管人的义务。

3. 简述寄存人的义务。

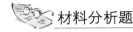 **材料分析题**

甲有两头母牛，分别交给乙与丙照管，期限为 1 年。甲与乙的保管合同为有偿保管合同，甲与丙的保管合同为无偿保管合同。乙在照管过程中，牛生下一头小牛。丙在照管过程中，未经甲同意将牛借给丁耕田。某日，乙买来草料喂牛，正好碰见丙也在喂牛，便给了丙一些草料，丙用这些草料喂了牛。由于草料有毒，两头牛均被毒死。乙与丙都未想到草料中会有毒。请回答下列问题：

（1）甲与乙、丙之间的保管合同何时成立？为什么？

（2）乙所照管的母牛生下小牛，小牛所有权属于谁？为什么？

（3）1 年期限未到，甲能否要求返还母牛？为什么？

（4）丙能否将牛借给丁耕田？为什么？

（5）乙照管的牛死亡，甲能否要求乙赔偿损失？

（6）丙照管的牛死亡，甲能否要求丙赔偿损失？

参考答案

 名词解释与概念比较

1. 保管合同，是指保管人保管寄存人交付的保管物，并返还该物的合同。

2. 消费保管合同，是指保管物为可代替物并转移保管物所有权的保管合同。

3. 保管凭证，是指保管人在收到保管物时向寄存人给付的表示已收到保管物的一种凭证。

 选择题

（一）单项选择题

1. B

保管合同为实践合同，王某与刘某之间就保管存

折达成意思表示一致，但在存折交付之前，合同不成立，自然也就不能生效。故本题应选 B 项。

2. A

按照《民法典》第 897 条的规定，保管期内，因保管人保管不善造成保管物毁损、灭失的，保管人应当承担赔偿责任，但是，无偿保管人证明自己没有故意或者重大过失的，不承担赔偿责任。故本题应选 A 项。

3. C

保管凭证是领取保管物的一种凭证，因而乙可以持保管凭证请求银行交付项链。对甲而言，甲以指示交付而非占有改定的方式履行了自己的交付义务，即出卖人将请求第三人交付标的物的权利让与买受人。在无约定的情况下，动产所有权自交付时起转移。因此，乙已经取得了项链的所有权。故本题应选 C 项。

4. D

按照《民法典》第 897 条的规定，保管期内，因保管人保管不善造成保管物毁损、灭失的，保管人应当承担赔偿责任。但是，无偿保管人证明自己没有故意或者重大过失的，不承担赔偿责任。贾某与王某的保管合同为无偿保管合同，且王某对于古书严重受损没有故意或者重大过失，故王某不必赔偿贾某的损失。故本题应选 D 项。

5. A

根据《民法典》第 888 条的规定，寄存人到保管人处从事购物、就餐、住宿等活动，将物品存放在指定场所的，视为保管，但是当事人另有约定或者另有交易习惯的除外。韩玉已经将保管物交付给蓝天饭店，保管合同成立并生效。韩玉交付蓝天饭店保管的系贵重物品，蓝天饭店的当班服务员知道物品情况，应当采取妥善的保管措施。韩玉有权要求蓝天饭店返还保管物，在其不能返还时，可以要求蓝天饭店赔偿全部损失。故本题应选 A 项。

6. B

在紧急情况下，老张无法通知老王，为了老王的利益而改变保管场所，不构成违约。老王可以要求小偷赔偿损失，也可以要求老张赔偿损失。老张在将西瓜搬到老孙家的仓库以后，仍然应当注意妥善保管，老孙忘记锁门，可以认为老张的保管行为存在重大过失，老张应当赔偿老王的损失。老王与老孙之间并不存在合同关系，老王不能要求老孙承担违约责任。故

本题应选 B 项。

7. D

小王与小刘之间的保管合同为有偿保管合同。在有偿保管合同中，因保管人保管不善造成保管物毁损、灭失的，保管人应当承担赔偿责任。天降大雨使小刘的房子被淹应属于不可抗力，而不可抗力导致电视机毁损的，小刘不构成违约，不必承担违约责任。小刘的行为也不构成侵权，不必承担侵权责任。在保管合同中，寄存人承担保管物意外毁损、灭失的风险。因此，小王应当自行承担损失。故本题应选 D 项。

8. D

保管物以及保管物所生孳息均归寄存人，因此，小刘应当向老王返还母牛、小牛。保管合同并不转移保管物的所有权。故本题应选 D 项。

9. C

小孙履行了保管义务，小王应当在领取保管物的同时支付保管费，其拒绝支付保管费，构成违约。除当事人另有约定的以外，寄存人未按照约定支付保管费的，保管人对保管物享有留置权，小孙可以留置摩托车。故本题应选 C 项。

10. C

老张对于老王的马误食毒草而病倒，只有在老张有重大过失时，才承担违约责任。老张的行为也不构成侵权，不必承担侵权责任。D 项错误的原因在于，即便老王不能证明老张具有故意或重大过失，老张也不一定就不必赔偿损失。如果老王不能证明老张存在故意或重大过失，老张自己也不能证明自己没有故意或重大过失，则老张还是需要承担赔偿责任的。故本题应选 C 项。

（二）多项选择题

1. AD

虽然保管合同的标的物通常是动产，但现行法并未限定保管合同的标的物只能是动产。甲与乙的合同符合保管合同的特点，为保管合同。保管合同为实践合同，自交付保管物时成立。甲向乙交付房屋钥匙意味着甲将房屋交付于乙，合同成立。故本题应选 A、D 项。

2. BCD

保管凭证不是保管合同的形式，而只是保管合同成立的一种证明。保管凭证不仅可以作为保管物已经交付的证明，还可以作为领取保管物的依据。保管凭

证如果是不记名的，则谁持有保管凭证，谁就有权领取保管物。故本题应选 B、C、D 项。

3. AC

按照《民法典》第 890 条的规定，保管合同自保管物交付时成立，但是当事人另有约定的除外。可见，在当事人无约定的情况下，保管合同为实践合同。甲与乙约定保管合同自双方意思表示达成一致时成立。因此，这种保管合同为诺成合同。在无另外约定的情况下，合同成立时便生效。因此，甲与乙之间的保管合同于 6 月 1 日成立并生效。故本题应选 A、C 项。

4. ABD

按照《民法典》第 893 条的规定，寄存人交付的保管物有瑕疵或者根据保管物的性质需要采取特殊保管措施的，寄存人应当将有关情况告知保管人。寄存人未告知，致使保管物受损失的，保管人不承担赔偿责任；保管人因此受损失的，除保管人知道或者应当知道且未采取补救措施外，寄存人应当承担赔偿责任。西红柿易腐烂，小王在交付木箱时负有告知义务。小王因没有告知而构成违约，应当赔偿小刘受到的损失。故本题应选 A、B、D 项。

5. BD

保管合同一般为实践合同，因此，在货物没有交付前，保管合同还没有成立，自无解除合同问题。按照《民法典》第 889 条的规定，当事人对保管费没有约定或者约定不明确，首先应依《民法典》第 510 条的规定加以确定，若仍不能确定，则视为无偿保管。因此，乙可以依交易习惯来请求甲支付保管费。按照《民法典》第 892 条的规定，除紧急情况或者为维护寄存人利益外，保管人不得擅自改变保管场所或者方法。按照《民法典》第 896 条的规定，第三人对保管物主张权利的，除依法对保管物采取保全或者执行措施外，保管人应当履行向寄存人返还保管物的义务。故本题应选 B、D 项。

6. AD

甲因遗失保管物而无法返还保管物，所以与乙达成新合同，交付其他手表及 1 000 元差额，该合同有效。甲交付给乙的美茄手表系盗赃物，根据《民法典》第 311 条的规定，乙并未善意取得所有权，丙仍拥有美茄手表的所有权。乙将美茄手表无偿赠与丁，构成无权处分，其履行不能，丁不能基于合同或善意取得而取得手表所有权，因此，丙可基于所有权而请求丁

返还手表。甲因对丙实施侵权行为而不当得利，丙可主张侵权责任请求权或不当得利返还请求权，请求甲赔偿全部损失或返还不当得利，故该 4 000 元应全额返还。现金具有占有即所有的特点，甲窃得 4 000 元即拥有 4 000 元纸币的所有权，基于侵权赔偿或返还不当得利，甲可另行返还 4 000 元，而非原来的 4 000 元纸币。自来水公司与商场未对丙实施侵权行为，也不构成不当得利，其取得的甲所交付的 500 元纸币为合法所得，不必对丙返还。甲交付给乙的 1 000 元，系两种手表间的差额，乙并不构成对丙的不当得利，不必向丙返还。故本题应选 A、D 项。

7. ACD

按照《民法典》第 896 条的规定，第三人对保管物主张权利的，除依法对保管物采取保全或者执行措施外，保管人应当履行向寄存人返还保管物的义务。第三人对保管人提起诉讼或者对保管物申请扣押的，保管人应当及时通知寄存人。因此，乙应向甲及时通知相关情况。由于法院已经采取强制措施，取走文件，乙也就不必向甲返还文件，且乙不构成违约，但甲仍然应履行合同义务，向乙支付相应的保管费用。故本题应选 A、C、D 项。

8. ABD

按照《民法典》第 899 条的规定，寄存人可以随时领取保管物。当事人对保管期限没有约定或者约定不明确的，保管人可以随时请求寄存人领取保管物；约定保管期限的，保管人无特别事由，不得请求寄存人提前领取保管物。故本题应选 A、B、D 项。

（三）不定项选择题

1. BD

消费保管合同的保管物为种类物，且会发生所有权的转移。甲与乙之间的合同为普通保管合同，不转移保管物的所有权。保管合同为实践合同，成立于保管物实际交付之时。因此，甲与乙之间的保管合同成立于乙收到手表之时。故本题应选 B、D 项。

2. ABD

按照《民法典》第 895 条的规定，除甲、乙另有约定外，乙作为保管人，自己不得使用保管物，也不得允许第三人使用保管物。甲、乙并未作出相关约定。因此，乙的行为构成违约。乙未经手表所有权人许可，将手表出借给第三人使用，构成侵权。丙与甲不存在合同关系，不构成违约，但其将甲的手表摔坏，构成

侵权。故本题应选 A、B、D 项。

3. AD

乙对手表无处分权，却将手表卖给丁，其行为属于无权处分，合同有效，而非效力未定。但不论合同效力如何，丁均不能基于合同而取得手表的所有权。丁为善意第三人，不知道手表并非乙所有，并以市价购得手表，符合善意取得的构成要件，丁可以基于善意取得而取得手表的所有权。故本题应选 A、D 项。

4. ABC

乙的行为既是违约，又是侵权，甲可以选择行使违约责任请求权或者侵权责任请求权。丙的行为构成侵权。丙损坏了手表，应向甲承担侵权责任。丁已经基于善意取得而取得了手表的所有权，甲不能要求丁返还手表。故本题应选 A、B、C 项。

5. A

《民法典》第 597 条第 1 款规定："因出卖人未取得处分权致使标的物所有权不能转移的，买受人可以解除合同并请求出卖人承担违约责任。"可见，出卖人处分他人之物所订立的合同是有效合同。只是手表所有权是否发生转移于丁，要看是否符合善意取得的构成要件。若买受人丁善意取得手表所有权，原权利人甲有权请求乙人承担违约责任或者侵权责任；若买受人丁不能依据善意取得制度取得手表所有权，原权利人甲则依法取回标的物所有权，买受人丁可以根据实际情况，因履行不能无法达到合同目的，可以请求解除买卖合同，进而要求无权处分人乙承担违约责任，或者直接要求无权处分人乙承担违约责任。故本题应选 A 项。

 简答题

1. 保管合同具有如下特征：（1）保管合同的标的是保管行为。保管合同订立的直接目的是由保管人保管物品，而非由保管人获得保管物品的所有权或者使用权，因此，保管合同的标的是保管人的保管行为。（2）保管合同一般为实践合同、不要式合同。保管合同自保管物交付时成立，但是当事人另有约定的除外，故保管合同一般为实践合同。保管合同并不要求当事人采取特定的形式，因此，保管合同是不要式合同。（3）保管合同可以是有偿合同，也可以是无偿合同。保管合同是否为有偿合同，依当事人的约定而定。

（4）保管物包括动产和不动产，但是通常为动产。

2. 保管人的义务主要包括：（1）给付保管凭证。除另有交易习惯外，寄存人向保管人交付保管物的，保管人应当给付保管凭证。（2）妥善保管保管物。保管合同是以物品的保管为目的的，因此，妥善保管保管物是保管人的主要义务。（3）亲自保管标的物。除当事人另有约定外，保管人不得将保管物转交第三人保管。（4）不得擅自使用或者使第三人使用保管物。除当事人另有约定外，保管人不得擅自使用或者使第三人使用保管物。（5）危险通知的义务。在第三人对保管人提起诉讼或者对保管物申请扣押时，保管人应当及时通知寄存人。（6）返还保管物。保管合同是转移保管物占有权的合同，并不涉及保管物的所有权转移问题。因此，保管人负有返还保管物的义务。

3. 寄存人的义务主要包括：（1）支付保管费及其他费用。有偿保管合同中，寄存人应按照约定的期限向保管人支付保管费。保管合同无论有偿或者无偿，保管人为保管物品而支出了其他必要费用的，寄存人有义务予以偿还。（2）保管物情况的告知义务。寄存人交付的保管物有瑕疵或者根据保管物的性质需要采取特殊保管措施的，寄存人应当将有关情况告知保管人。（3）贵重物品的声明义务。寄存人寄存货币、有价证券或者其他贵重物品的，应当向保管人声明，由保管人验收或者封存。

材料分析题

（1）甲与乙、丙的保管合同均于交付母牛时成立。因为除当事人另有约定外，保管合同为实践合同，于保管物交付时成立。

（2）小牛的所有权属于甲。因为在保管合同中，保管物的所有权一直属于原所有权人，保管物所生孳息的所有权也属于保管物所有权人。

（3）可以。因为不论是否约定有保管期限，寄存人均可随时领取保管物。

（4）不能。因为保管人应当妥善保管保管物，不得擅自使用或许可第三人使用保管物。丙未经甲同意，许可丁使用牛耕田，属于违约行为。

（5）不可以。甲与乙的保管合同为有偿保管合同，因保管不善造成保管物毁损、灭失的，应当承担赔偿责任。乙在买草料以及喂牛的时候不知道也不应当知道草料有毒。因此，保管人已经尽了相当的注意义务，履行了妥善保管义务。故乙对牛的死亡没有过失，甲不能要求乙赔偿损失。

（6）不可以。甲与丙的保管合同为无偿保管合同，因保管人故意或重大过失造成保管物毁损、灭失的，应当承担赔偿责任。丙不知道也不应当知道草料有毒，对牛的死亡没有故意或重大过失。因此，甲不能要求丙赔偿损失。

第二十二章　仓储合同

知识逻辑图

仓储合同
- 概念：保管人储存存货人交付的仓储物，存货人支付仓储费的合同
- 特征
  - 保管人是从事仓储保管业务的人
  - 仓储物为动产
  - 诺成合同、双务合同、有偿合同、不要式合同
- 法律适用：法律没有规定，适用保管合同的规定
- 仓单
  - 概念：保管人在收到仓储物时向存货人签发的表示收到一定数量的仓储物的有价证券
  - 内容：存货人的名称或者姓名和住所；仓储物的品种、数量、质量、包装及其件数和标记；仓储物的损耗标准；储存场所；储存期限；仓储费；仓储物已经办理保险的，其保险金额、期间以及保险人的名称；填发人、填发地点和填发时间
  - 性质
    - 要式证券
    - 背书证券
    - 物权证券
    - 文义证券
    - 记名证券
    - 无因证券
  - 效力
    - 提取仓储物的效力
    - 转移仓储物的效力
    - 以仓单出质的效力
- 效力
  - 保管人的义务
    - 出具仓单、入库单等凭证
    - 验收仓储物
    - 妥善保管仓储物
    - 同意存货人或者仓单持有人检查仓储物或者提取样品
    - 通知和催告的义务
    - 返还仓储物
  - 存货人的义务
    - 按照合同约定交存仓储物入库
    - 支付仓储费及其他必要费用
    - 按时提取仓储物

名词解释与概念比较

1. 仓储合同
2. 仓单
3. 仓储合同与保管合同

选择题

（一）单项选择题

1. 下列选项中，并非仓储合同的特点的是（　　　）。

A. 仓储合同为诺成合同

B. 仓储合同为要式合同

C. 仓储合同为有偿合同

D. 仓储合同为有名合同

2. 刘荣将一批货物交由仓库储存，仓库收到货物以后，向刘荣出具一张纸条，上书："今收到刘荣交由我仓库储存的货物20件。"该纸条为（　　）。

A. 保管合同　　　　　　B. 仓储合同

C. 仓单　　　　　　　　D. 收条

3. 甲将其持有的一张由某仓储公司签发的仓单合法转让给了乙，则下列选项中，错误的是（　　）。

A. 甲只需要将仓单交付给乙即可

B. 不仅需要在仓单上背书，还需要将仓单交付给乙

C. 受让仓单后，乙成为仓单所载仓储物的所有权人

D. 乙有权向仓储公司提出检查仓单所载仓储物

4. 6月9日，甲与乙就由乙为甲存储一批货物达成了口头协议，6月11日，甲将货物交付给乙存储，6月12日，乙向甲出具了仓单。下列关于甲与乙之间的仓储合同的说法中，正确的是（　　）。

A. 合同成立于6月9日

B. 合同成立于6月11日

C. 合同成立于6月12日

D. 合同生效于6月11日

5. 在仓储合同中，保管人对仓储物的毁损、灭失承担赔偿责任的前提是（　　）。

A. 故意　　　　　　　　B. 重大过失

C. 无过错　　　　　　　D. 保管不善

6. 老刘要外出，与邻居老王说好，由老王照料老刘的一件物品。老刘与老王之间的合同为（　　）。

A. 保管合同　　　　　　B. 仓储合同

C. 委托合同　　　　　　D. 承揽合同

视频讲题

7. 若存货人与保管人在仓储合同中没有约定储存期间，则下列选项中，错误的是（　　）。

A. 双方可以就储存期间达成补充协议

B. 可以通过合同解释来加以确定

C. 存货人可以随时领取仓储物，但应给保管人必要的准备时间

D. 保管人无权随时要求存货人领取仓储物

8. 甲公司与乙公司签订了仓储合同，约定5日后，甲公司将10吨大米运送到乙公司，由乙公司存储。乙公司马上清理仓库，并拒绝了几家公司的存货要求。但4日后，甲公司通知乙公司，由于大米只有2吨，因而不用乙公司存储了。对此，下列选项中，正确的是（　　）。

A. 乙公司可以追究甲公司的违约责任

B. 乙公司可以追究甲公司的侵权责任

C. 乙公司可以追究甲公司的缔约过失责任

D. 乙公司自行承担损失

9. 存货人与保管人约定的储存期为2个月。储存期届满后，存货人仍然没有提取仓储物，则下列选项中，错误的是（　　）。

A. 存货人应当凭仓单提取仓储物

B. 保管人可以通知存货人及时提取仓储物

C. 经催告后，存货人仍不提取仓储物的，保管人可以抛弃仓储物

D. 经催告后，存货人仍不提取仓储物的，保管人可以提存仓储物

10. 甲公司与乙公司约定的仓储合同存储期为100天，仓储费为2万元。甲公司在第50天便要求提取仓储物。对此，下列选项中，正确的是（　　）。

A. 甲公司不能提前提取仓储物

B. 乙公司可以拒绝甲公司的提取要求

C. 乙公司应当按照实际仓储日期收取仓储费，即1万元

D. 乙公司应当按照原来的约定收取仓储费，即2万元

（二）多项选择题

1. 甲公司将一批炸药交给乙仓库，由其存储。则下列选项中，正确的有（　　）。

A. 乙仓库必须具有相应的保管条件

B. 甲公司应当向乙仓库说明所存储的是炸药

C. 乙仓库收取炸药之后，应当向甲公司交付仓单

D. 若乙仓库在订立合同之后才发现甲公司存储的是炸药，则乙仓库可以拒收

2. 甲公司将货物交给保管人存储，保管人收到货物之后，向甲公司签发了仓单。下列选项中，正确的

有（　　）。

A. 仓单为物权凭证

B. 仓单是文义证券，依据证券上所记载内容来确定权利义务

C. 仓单上应当记明存货人为甲公司

D. 若甲公司将仓单遗失，则其可以启动公示催告程序，请求法院宣告仓单失效

3. 甲公司将由某仓库签发的一张仓单转让给乙公司，那么，（　　）。

A. 甲公司需要在仓单上背书

B. 保管人应在仓单上签章

C. 乙公司可持仓单要求提取货物

D. 乙公司可以仓单出质

4. 下列选项中，关于保管合同和仓储合同的关系的说法中，正确的有（　　）。

A. 保管合同通常为实践合同，仓储合同为诺成合同

B. 保管合同可以是有偿合同，也可以是无偿合同；仓储合同为有偿合同

C. 仓储合同可以适用《民法典》关于保管合同的有关规定

D. 保管合同中的寄存人可以随时领取保管物，而仓储合同中的存货人不可以

5. 甲公司将一批具有腐蚀性的货物交由乙公司存储，但未声明货物具有腐蚀性。乙公司并未拆开货物包装查看，便将货物放入仓库。数日后，甲公司的这批货物将周围的货物腐蚀，并且很快将危及其他货物。对此，下列选项中，正确的有（　　）。

A. 乙公司应当及时通知甲公司

B. 乙公司可以要求甲公司赶快处置货物

C. 乙公司可以紧急处置甲公司的货物

D. 甲公司可以要求乙公司赔偿损失

视频讲题

6. 存货人在储存期满后，要求提取货物，保管人要求存货人按照约定支付仓储费，存货人拒绝支付。对此，下列选项中正确的有（　　）。

A. 保管人可以向存货人主张同时履行抗辩权

B. 保管人可以留置仓储物

C. 保管人构成违约

D. 存货人构成违约

7. 关于保管合同和仓储合同，下列哪些说法是错误的？（　　）

A. 二者都是有偿合同

B. 二者都是实践合同

C. 寄存人和存货人均有权随时提取保管物或仓储物而无须承担责任

D. 因保管人保管不善造成保管物或仓储物毁损、灭失的，保管人承担严格责任

（三）不定项选择题

朱某原是大鹏公司的采购员，已辞职。某日，朱某接到大鹏公司的进出口业务代理商某粮油进出口公司业务员的电话，称该公司代理进口的3 000吨特级糖蜜因买主某食品厂急需资金而欲低价转卖，大鹏公司如有意购买，务于晚饭前回复。朱某紧接着就打电话找大鹏公司经理，经理正出差，要晚上才回来。朱某赶到粮油公司，说货物大鹏公司要了。粮油公司不知朱某已辞职，就与其签了合同，并说糖蜜存放在仓库，你们把货款和仓储费付清，我们把仓单背书给你。朱某当晚带着已签好的一式两份合同和糖蜜的样品，找到大鹏公司的经理，经理看了合同和样品后，在合同上签了字，并要朱某第二天到公司去盖章。大鹏公司将钱款付清后，拿着仓单到仓库提货，在验货时发现是一级糖蜜，就未取货。原来粮油公司怕大鹏公司不能及时付款，把那批特级糖蜜给了别人。这批一级糖蜜原本进口时也是特级，口岸验收时商检局发现货物有轻度污染，就给降了一级，由特级改为一级。请回答下列问题：

1. 朱某与粮油公司签订合同时，其行为性质应如何认定？（　　）

A. 属于有权代理

B. 属于无权代理

C. 属于表见代理

D. 属于间接代理

2. 某粮油进出口公司与大鹏公司所作的糖蜜交易属于何种类型的合同？（　　）

A. 委托合同　　　　　　B. 买卖合同

C. 行纪合同　　　　　　D. 间接代理合同

3. 大鹏公司取得仓单后，获得何种当事人资格？
（　　）

A. 存货人

B. 仓单持有人

C. 仓储合同受让人

D. 货物受领人

4. 如大鹏公司起诉粮油进出口公司，则大鹏公司依法可以提出何种主张？（　　）

A. 解除合同，并要求对方承担违约责任

B. 受领交付，但要求按一级品价格付款并请求对方承担违约责任

C. 主张因受欺诈合同无效

D. 主张因受欺诈撤销合同

简答题

1. 简述仓储合同的特征。

2. 简述仓单的性质。

3. 简述仓储合同中保管人的义务。

材料分析题

2021 年 2 月 1 日，甲公司与乙公司订立仓储合同，将一批货物存储在乙公司的仓库里，存储期为 12 个月，仓储费为 1 万元。2021 年 2 月 3 日，乙公司收到货物，便向甲公司签发了仓单。随后，甲公司与丙公司签订买卖合同，甲公司需要依约向丙公司支付 30 万元，由于甲公司资金周转不灵，便将该仓单折价 30 万元，于 2021 年 6 月 1 日依法转让给了丙公司。2021 年 8 月 1 日，丙公司持仓单要求乙公司交付货物。乙公司提出该批货物的仓储费并未支付，从而拒绝交付货物。2021 年 8 月 4 日，丙公司向乙公司支付了 1 万元仓储费，取走货物。2021 年 9 月 1 日，甲公司经过诉讼，将其与丙公司之间的买卖合同撤销。甲公司便主张乙公司向丙公司交付货物是无效的，要求乙公司赔偿损失。请回答下列问题：

（1）甲公司与乙公司之间的仓储合同何时成立？为什么？

（2）甲公司将仓单依法转让给丙公司，需要具备什么条件？

（3）2021 年 8 月 1 日，乙公司可否拒绝向丙公司交

付货物？为什么？

（4）乙公司是否需要向甲公司赔偿损失？为什么？

参考答案

名词解释与概念比较

1. 仓储合同，是指保管人储存存货人交付的仓储物，存货人支付仓储费的合同。

2. 仓单，保管人在收到仓储物时向存货人签发的表示收到一定数量的仓储物的有价证券。

3. 仓储合同与保管合同。

类型	仓储合同	保管合同
定义	保管人储存存货人交付的仓储物，存货人支付仓储费的合同	保管人保管寄存人交付的保管物，并返还该物的合同
保管人资格	保管人是从事仓储保管业务的人	保管人没有资格的要求
合同成立时间	仓储合同自保管人与存货人意思表示一致时成立	保管合同自保管物交付时成立，但是当事人另有约定的除外
合同性质	诺成、双务、有偿、不要式合同	原则上为实践合同；可以是有偿合同，也可以是无偿合同；双务、不要式合同
合同凭证	签发仓单	给付保管凭证
是否签发仓单	涉及仓单的流转问题	没有仓单的流转问题

选择题

（一）单项选择题

1. B

仓储合同是诺成合同、有偿合同、有名合同、不要式合同。故本题应选 B 项。

2. D

刘荣与仓库之间存在仓储合同关系，但该收条不符合合同书的条件，不是合同。仓单为要式证券，仓单格式以及其所载事项具有严格规定。仓库所出具的纸条不符合仓单的要求，并非仓单，只能看作是一张

收条。故本题应选 D 项。

3. A

仓单为要式证券，要式证券的转让一般为要式行为，甲需要背书并交付仓单。按照《民法典》第 910 条的规定，仓单的背书转让还需要有保管人的签名或盖章。故本题应选 A 项。

4. A

仓储合同是诺成合同、不要式合同，自双方当事人意思表示一致时成立。按照《民法典》第 905 条的规定，仓储合同自保管人和存货人意思表示一致时成立。因此，甲与乙之间的仓储合同于 6 月 9 日成立并生效。故本题应选 A 项。

5. D

根据《民法典》第 917 条的规定，储存期内，因保管不善造成仓储物毁损、灭失的，保管人应当承担赔偿责任。故本题应选 D 项。

6. A

老刘与老王之间的合同不属于委托合同、承揽合同。在仓储合同中，保管人是从事仓储保管业务的人。老王并不具有从事仓储保管业务的资格，不能成为仓储合同中的保管人。因此，老刘与老王之间的合同为保管合同。故本题应选 A 项。

7. D

按照《民法典》第 914 条的规定，当事人对储存期限没有约定或者约定不明确的，存货人或者仓单持有人可以随时提取仓储物，保管人也可以随时请求存货人或者仓单持有人提取仓储物，但应当给予必要的准备时间。故本题应选 D 项。

8. A

仓储合同为诺成合同，甲公司与乙公司签订合同之日，合同成立并生效。甲公司违约，致乙公司受损，乙公司可以追究甲公司的违约责任。故本题应选 A 项。

9. C

按照《民法典》第 916 条的规定，储存期限届满，存货人或者仓单持有人不提取仓储物的，保管人可以催告其在合理期限内提取，逾期不提取的，保管人可以提存仓储物。故本题应选 C 项。

10. D

按照《民法典》第 915 条的规定，存货人有权提前提取仓储物，但存货人提前提取仓储物的，不减收仓储费。因此，乙公司有权收取仓储费 2 万元。故本题应选 D 项。

（二）多项选择题

1. ABCD

按照《民法典》第 906 条的规定，保管人储存易燃、易爆、有毒、有腐蚀性、有放射性等危险物品的，应当具备相应的保管条件。甲公司储存易燃、易爆的危险物品，应当向乙仓库说明该物品的性质，提供有关资料。否则，保管人可以拒收仓储物。故本题应选 A、B、C、D 项。

2. ABCD

仓单为要式证券、背书证券、物权证券、文义证券、记名证券、无因证券。仓单因遗失或者被盗等而灭失的，持有人可以申请法院启动公示催告程序，作出除权判决，宣告仓单失效。故本题应选 A、B、C、D 项。

3. ABCD

按照《民法典》第 910 条的规定，仓单是提取仓储物的凭证。存货人或者仓单持有人在仓单上背书并经保管人签名或者盖章的，可以转让提取仓储物的权利。仓单持有人可以通过背书转让的方式转让仓单，但应由保管人签章。乙公司受让仓单以后，可以再行转让，可以向仓库提示仓单要求提货，还可以将仓单出质，设立权利质权。故本题应选 A、B、C、D 项。

4. ABC

仓储合同是一种特殊的保管合同，因而在《民法典》合同编对仓储合同没有规定时，可以适用保管合同的有关规定。保管合同原则上是实践合同，而仓储合同是诺成合同。保管合同可以是有偿的，也可为无偿的，是否有偿取决于当事人的约定，而仓储合同是有偿合同。在保管合同与仓储合同中，寄存人与存货人均可以随时领取保管物、仓储物。故本题应选 A、B、C 项。

5. ABC

按照《民法典》第 913 条的规定，保管人发现入库仓储物有变质或者其他损坏，危及其他仓储物的安全和正常保管的，应当催告存货人或者仓单持有人作出必要的处置。因情况紧急，保管人可以作出必要的处置，但是，事后应当将该情况及时通知存货人或者仓单持有人。因为甲公司事先没有告知仓储物的情况，乙公司未采取相应措施进行存储，乙公司不必赔偿甲公司的损失，而甲公司需要赔偿乙公司的损失。故本题应选 A、B、C 项。

6. ABD

支付仓储费与交付仓储物构成对待给付，双方当事人的债务履行没有先后顺序，存货人拒绝支付仓储费，保管人可以行使同时履行抗辩权。存货人拒绝支付仓储费构成违约，保管人行使抗辩权而拒绝交付仓储物，不构成违约。寄存人未按照约定支付保管费以及其他费用的，仓储人对保管物享有留置权。故本题应选 A、B、D 项。

7. ABCD

保管合同可为有偿合同，也可为无偿合同；仓储合同为有偿合同。除非另有约定，保管合同为实践合同，仓储合同为诺成合同。保管合同中，寄存人可以随时领取保管物。仓储合同中，当事人对储存期间没有约定或者约定不明的，存货人才可以随时提取仓储物。因保管人保管不善造成保管物或仓储物毁损、灭失的，在保管合同中，保管人违约责任的归责，视有偿保管与无偿保管而有所不同；在仓储合同中，保管人承担严格责任。故本题应选 A、B、C、D 项。

（三）不定项选择题

1. BC

朱某虽无代理权，但有使粮油公司相信其有代理权的表象，其行为构成表见代理，而表见代理属于无权代理。故本题应选 B、C 项。

2. B

某粮油进出口公司与大鹏公司之间的合同是购买糖蜜的合同，应属于买卖合同，而不是委托合同、行纪合同、间接代理合同。故本题应选 B 项。

3. BD

按照《民法典》第 910 条的规定，仓单是提取仓储物的凭证。存货人或者仓单持有人在仓单上背书并经保管人签名或者盖章的，可以转让提取仓储物的权利。仓单是物权凭证，仓单转让后，仓单持有人可以要求提取仓储物。故本题应选 B、D 项。

4. AB

粮油进出口公司并未实施欺诈行为，只是不能履行合同。粮油进出口公司构成违约，大鹏公司可以受领一级糖蜜，并按照一级品价格付款，同时要求粮油进出口公司承担违约责任。粮油进出口公司的违约行为使大鹏公司的合同目的无法实现，大鹏公司享有法定的合同解除权，可以解除合同，并要求粮油进出口

公司承担违约责任，赔偿损失。故本题应选 A、B 项。

 简答题

1. 仓储合同具有如下特征：（1）保管人是从事仓储保管业务的人。在仓储合同中，保管人只能是从事仓储保管业务的人，即仓库营业人。（2）仓储物为动产。仓储物只能是动产，不动产不能成为仓储物。（3）仓储合同是诺成合同、双务合同、有偿合同。仓储合同自保管人和存货人意思表示一致时成立，双方于合同成立后互负给付义务。双方的义务具有对应性和对价性，因此，仓储合同是诺成合同、双务合同、有偿合同。（4）仓储合同是不要式合同。法律并没有要求仓储合同应当采取某种特定的形式，因此，仓储合同为不要式合同。

2. 仓单具有如下性质：（1）仓单是要式证券。仓单必须有保管人签字或者盖章，并记载规定的事项，否则，仓单不能产生效力，因此，仓单是要式证券。（2）仓单是背书证券。存货人或者仓单持有人在仓单上背书并经保管人签字或者盖章的，可以转让提取仓储物的权利，可见，仓单可以通过背书加以转让，故为背书证券。（3）仓单是物权证券。存货人取得仓单后，即意味着取得了仓储物的所有权。仓单发生转移，仓储物的所有权也发生转移。因而，仓单是物权证券。（4）仓单是文义证券。仓单所创设的权利义务是依仓单记载的文义予以确定的，不能以仓单记载以外的其他因素加以认定或者变更，因此，仓单是文义证券。（5）仓单是记名证券。仓单上应当载明存货人的名称或者姓名和住所，故仓单属于记名证券。（6）仓单是无因证券。保管人签发仓单后，仓单持有人对保管人即可行使权利，而对取得仓单的原因不负证明责任，因此，仓单是无因证券。

3. 仓储合同中保管人的义务主要包括：（1）出具仓单、入库单等凭证。存货人交付仓储物的，保管人应当出具仓单、入库单等凭证。（2）验收仓储物。为保证仓储物的安全，保管人应当按照约定对入库仓储物进行验收。（3）妥善保管仓储物。在储存期间，因保管人保管不善造成仓储毁损、灭失的，保管人应当承担赔偿责任。（4）同意存货人或者仓单持有人检查仓储物或者提取样品。在存货人或者仓单持有人要求检查仓储物或者提取样品时，保管人应当同意。（5）通知

和催告的义务。保管人发现入库仓储物有变质或者其他损坏的，应当及时通知存货人或者仓单持有人。（6）返还仓储物。保管人应当按照合同约定的期限，将仓储物返还存货人或者仓单持有人。

材料分析题

（1）甲公司与乙公司之间的仓储合同成立于2021年2月1日。因为仓储合同为诺成合同，自双方当事人意思表示一致时成立。

（2）甲公司应当在仓单上进行背书，并经保管人乙公司签字或者盖章，然后将仓单交付给丙公司，从而完成仓单的转让。

（3）可以。按照甲公司与乙公司的约定，甲公司应当向乙公司支付1万元仓储费。甲公司将仓单转让给了丙公司，从而使丙公司成为仓单持有人，其所转让的是提取仓储物的权利，而支付仓储费的债务仍由甲公司承担。对乙公司，甲公司向丙公司转让仓单的行为可认定为债权让与，即甲公司将请求乙公司交付

货物的债权转让给丙公司。由于甲公司的转让是依法转让，因而需要保管人乙公司在仓单上签字或盖章，那么乙公司作为仓储合同的债务人，已被通知债权让与情形，则甲公司的债权让与对乙公司产生效力，乙公司应将货物交付给丙公司。不过，乙公司可以向丙公司主张其对甲公司的抗辩，即乙公司可以向丙公司主张同时履行抗辩权，在甲公司支付仓储费前，拒绝交付货物。此外，乙公司也可以对货物行使留置权，以担保其仓储费债权得以实现。

（4）不需要。仓单转让是无因行为，即不论原因行为是否有效，只要仓单转让符合法律所要求的形式要件，便可以发生仓单转让的效力，使仓单持有人取得提取仓储物的权利。虽然甲公司将其与丙公司的买卖合同撤销，从而使之溯及既往地归于无效，但甲公司与丙公司之间的仓单转让行为仍是有效的。丙公司持仓单提取货物，乙公司向其交付货物，从而消灭了其对甲公司承担的债务。因此，乙公司已经适当履行了自己的债务，不必赔偿甲公司的损失。甲公司应当要求丙公司赔偿损失。

第二十三章　委托合同

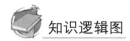知识逻辑图

委托合同
- 概念：委托人和受托人约定，由受托人处理委托事务的合同
- 特征
  - 以委托人与受托人相互信任为基础
  - 标的是处理委托事务
  - 一般是受托人以委托人的名义和费用处理委托事务
  - 可以是有偿的，也可以是无偿的
  - 为诺成合同、不要式合同
- 分类
  - 特别委托合同与概括委托合同
  - 有偿委托合同与无偿委托合同
  - 单独委托合同与共同委托合同
- 效力
  - 受托人的义务
    - 依照委托人的指示处理委托事务
    - 应当亲自办理受托事务
    - 及时向委托人报告事务办理的情况
    - 将办理事务所得利益及时交给委托人
  - 委托人的义务
    - 承受受托人在委托权限内处理委托事务的后果
    - 支付处理委托事务的费用
    - 有偿委托合同的委托人应向受托人支付报酬
    - 委托人的赔偿损失责任
- 受托人以自己名义且公开代理关系订立合同：直接约束委托人和第三人
- 受托人以自己名义且不公开代理关系订立合同：委托人享有介入权，第三人享有选择权
- 委托合同的终止
  - 因任意解除而终止：赔偿损失
  - 当然终止
    - 原因：委托人死亡、终止或者受托人死亡、丧失民事行为能力
    - 法律后果：及时通知、采取必要措施

名词解释与概念比较

1. 委托合同
2. 委托合同与委托代理
3. 委托合同与承揽合同

选择题

（一）单项选择题

1. 小王委托小刘购买某型号山地车一辆，小刘到商场后发现山地车脱销，担心小王急需使用，遂为之购买普通自行车一辆，小王拒收。小刘诉至法院。对此，下列选项中，正确的是（　　）。

A. 小王可以拒绝受领

B. 小王、小刘没有订立书面的委托合同，委托关系不成立

C. 小王不得拒绝受领，否则构成违约

D. 小王不得拒绝受领，因为小刘是为了小王的利益而购买普通自行车

2. 甲与乙签订了委托合同，由乙为甲购买一台某型号的机器设备。乙考虑到自己最近比较忙，便委托

丙代甲购买该种设备，甲对此表示同意。丙以甲的名义与丁签订了买卖合同，购买设备。甲事后表示不认可丙与丁之间的买卖合同，拒绝付款。那么，丁应当要求谁承担责任？（ ）

    A. 甲　　　　　　　　B. 乙

    C. 丙　　　　　　　　D. 无法确定

视频讲题

3. 甲与乙签订了委托合同，由乙为甲购买一台某型号的机器设备。乙考虑到自己最近比较忙，便推荐丙代甲购买该种设备，甲对此表示同意。甲便与丙签订了委托合同。丙以甲的名义与丁签订了买卖合同，购买设备。甲事后表示不认可丙与丁之间的买卖合同，拒绝付款。那么，丁应当要求谁承担责任？（ ）

    A. 甲　　　　　　　　B. 乙

    C. 丙　　　　　　　　D. 无法确定

4. 甲与乙签订了委托合同，由乙为甲购买一台某型号的机器设备。乙考虑到自己最近比较忙，便委托丙代甲购买该种设备，甲对此表示同意。丙以甲的名义与丁签订了买卖合同，但其所购买的是另一种型号的设备。甲事后表示不认可丙与丁之间的买卖合同，拒绝付款。那么，丁应当要求谁承担责任？（ ）

    A. 甲　　　　　　　　B. 乙

    C. 丙　　　　　　　　D. 无法确定

5. 甲与乙签订了委托合同，由乙为甲购买一台某型号的机器设备。乙考虑到自己最近比较忙，便委托丙代甲购买该种设备。丙以甲的名义与丁签订了买卖合同，购买设备。甲知道后，表示反对，拒绝付款。那么，丁应当要求谁承担责任？（ ）

    A. 甲　　　　　　　　B. 乙

    C. 丙　　　　　　　　D. 无法确定

6. 甲与乙签订了委托合同，由乙为甲购买一台某型号的机器设备。乙突发疾病，无法行动，考虑到甲急需这种设备，乙便临时要求丙代甲购买设备。丙以甲的名义与丁签订了买卖合同，购买设备。甲事后表示不认可丙与丁之间的买卖合同，拒绝付款。那么，丁应当要求谁承担责任？（ ）

    A. 甲　　　　　　　　B. 乙

    C. 丙　　　　　　　　D. 无法确定

7. 甲委托乙购买一台电视机，乙乘出租车将电视机送到甲的家中，乙为此支付出租车费 100 元。乙要求甲偿还 100 元车费，但甲认为双方的委托是无偿的，甲不应当支付车费。那么，100 元的车费应由谁承担？（ ）

    A. 甲　　　　　　　　B. 乙

    C. 甲与乙平均分担　　D. 无法确定

8. 甲委托乙为其购买木材，乙为此花去了一定的时间和精力，现甲不想要这批木材，于是电话告诉乙取消委托，乙不同意。对此，下列选项中正确的是（ ）。

    A. 甲无权单方取消委托，否则应赔偿乙的损失

    B. 甲可以单方取消委托，但必须以书面形式进行

    C. 甲可以单方取消委托，但需承担乙受到的损失

    D. 甲可以单方取消委托，但仍需按合同约定支付乙报酬

9. 甲委托乙购买一批木材，乙以自己的名义与丙公司签订了买卖合同。在订立合同前，丙公司便知道了乙与甲之间的委托代理关系，则下列选项中，正确的是（ ）。

    A. 乙以自己的名义与丙公司订立合同，合同只对乙与丙公司具有效力

    B. 乙应当以甲的名义与丙公司签订买卖合同

    C. 甲对该合同享有权利，承担义务

    D. 该买卖合同是乙以自己的名义签订的，如果乙违约，丙公司只能向乙主张权利

10. 甲委托乙购买一套机械设备，但要求以乙的名义签订合同，乙同意，遂与丙签订了设备购买合同。后出于甲的原因，乙不能按时向丙支付设备款。在乙向丙说明了自己是受甲委托向丙购买机械设备后，关于丙的权利，下列哪一选项是正确的？（ ）

    A. 只能要求甲支付

    B. 只能要求乙支付

    C. 可选择要求甲或乙支付

    D. 可要求甲和乙承担连带责任

11. 甲委托乙销售一批首饰并交付，乙经甲同意转委托给丙。丙以其名义与丁签订买卖合同，约定将这批首饰以高于市场价 10% 的价格卖给丁，并赠其一批箱包。丙因而与戊签订箱包买卖合同。丙依约向丁交

付首饰，但戊不能向丙交付箱包，导致丙无法向丁交付箱包。丁拒绝向丙支付首饰款。对此，下列哪一表述是正确的？（　　）

A. 乙的转委托行为无效

B. 丙与丁签订的买卖合同直接约束甲和丁

C. 丙应向甲披露丁，甲可以行使丙对丁的权利

D. 丙应向丁披露戊，丁可以行使丙对戊的权利

视频讲题

12. 甲公司员工唐某受公司委托从乙公司订购一批空气净化机，甲公司对净化机单价未作明确限定。唐某与乙公司私下商定将净化机单价比正常售价提高200元，乙公司给唐某每台100元的回扣。商定后，唐某以甲公司名义与乙公司签订了买卖合同。对此，下列哪一选项是正确的？（　　）

A. 该买卖合同以合法形式掩盖非法目的，因而无效

B. 唐某的行为属无权代理，买卖合同效力未定

C. 乙公司行为构成对甲公司的欺诈，买卖合同属可撤销合同

D. 唐某与乙公司恶意串通损害甲公司的利益，应对甲公司承担连带责任

（二）多项选择题

1. 甲与乙签订了委托合同，由乙为甲处理其所继承的遗产。对此，下列选项中，正确的有（　　）。

A. 乙应当按照甲的指示处理事务

B. 甲应当向乙预付相关费用

C. 乙应当按照甲的要求，报告事务的处理情况

D. 乙应当在委托合同确定的权限范围内处理事务

2. 关于委托合同与委托代理的关系，下列选项中正确的有（　　）。

A. 委托合同是双方行为，授予代理权的行为是单方行为

B. 委托合同是无偿的，代理是有偿的

C. 委托合同可以使受托人成为代理人

D. 事实行为不得代理，但可以委托

3. 甲工厂委托乙公司购买一批货物，乙公司不收

取报酬。根据《民法典》的有关规定，下列表述哪些是正确的？（　　）

A. 乙公司有权请求甲工厂偿还为处理委托事务所支付的必要费用，但乙公司无权要求给付该必要费用的利息

B. 乙公司经甲工厂同意，转委托第三人处理委托事务的，乙公司仅就第三人的选任及其对第三人的指示承担责任

C. 乙公司因过错给甲工厂造成损失，甲工厂可以要求赔偿损失

D. 甲工厂、乙公司可以随时解除双方之间的委托合同关系

视频讲题

4. 吴某是甲公司员工，持有甲公司授权委托书。吴某与温某签订了借款合同，该合同由温某签字、由吴某用甲公司合同专用章盖章。后温某要求甲公司还款。则下列哪些情形有助于甲公司否定吴某的行为构成表见代理？（　　）

A. 温某明知借款合同上的盖章是甲公司合同专用章而非甲公司公章，未表示反对

B. 温某未与甲公司核实，即将借款交给吴某

C. 吴某出示的甲公司授权委托书载明甲公司仅授权吴某参加投标活动

D. 吴某出示的甲公司空白授权委托书已届期

5. 甲想购买乙所收藏的一幅山水画，但担心贸然提出购买，乙可能会不同意。甲便委托丙，约定由丙为甲购买乙收藏的山水画，在丙与乙签订合同之后，甲将价款交给丙，由丙付乙。丙以自己的名义，与乙签订了买卖合同，购买山水画。甲在丙与乙签订合同之后反悔，拒绝向丙交付价款，丙一时无法向乙交付价款。对此，下列选项中，正确的有（　　）。

A. 甲可以要求乙交付山水画

B. 丙应当向乙披露甲，表明丙与甲之间的委托关系

C. 在丙披露甲之后，乙可以要求丙付款

D. 在丙披露甲之后，乙可以要求甲付款

6. 除当事人另有约定或根据委托事务的性质委托合同不宜终止的以外，下列情形中，可以导致委托合同终止的情形有（　　）。

A. 委托人死亡

B. 受托人死亡

C. 委托人终止

D. 受托人丧失民事行为能力

7. 甲与乙订立委托合同，双方约定由乙为甲处理其仓库里的一批钢材，费用为 8 万元。乙以甲的名义对外出售钢材，乙看到甲的仓库里还有一批模具，以为甲用不着了，便一同对外出售。因一段时间里钢材以及模具价格波动剧烈，最后甲在钢材上损失了 20 万元，在模具上损失了 5 万元。对此，下列选项中，正确的有（　　）。

A. 乙应当赔偿甲受到的 20 万元钢材损失

B. 乙应当赔偿甲受到的 5 万元模具损失

C. 乙应当将出售钢材、模具而取得的价款交付给甲

D. 乙在出售钢材的过程中，因甲的仓库倒塌，使乙受伤，乙可以要求甲赔偿损失

8. 甲与乙之间存在委托合同关系，乙为甲处理事务，但甲并未预付处理事务的费用，这导致乙无法正常开展事务处理活动。对此，下列选项中，正确的有（　　）。

A. 甲有义务预付处理事务的费用

B. 乙有义务垫付

C. 若甲不预付处理事务的费用，则乙可以拒绝开始为甲处理委托事务

D. 乙可以主张同时履行抗辩权

9. 甲委托乙代销电视机，乙分别与丙、丁签订了买卖合同，但没有说明是代甲销售。后乙将与丙、丁签订合同的事实告知甲。甲分别以自己的名义向丙和丁送交了约定数量的电视机。丙接收了电视机，丁拒收电视机并要求乙履行合同。后丁反悔，直接向甲履行了付款义务。对此，下列哪些选项是正确的？（　　）

A. 如丙迟延履行付款义务，则甲可以要求乙承担连带责任

B. 乙可以自己是受托人为由拒绝对丁履行交货义务

C. 丁拒收电视机并要求乙履行合同，意味着选择乙作为相对人

D. 丁拒收电视机后又向甲付款的行为不发生合同履行的效力

（三）不定项选择题

烟台甲公司与乙签订合同，约定由乙到河北丙工厂购买 20 台 A 型号的收割机，事毕向乙支付 2 万元报酬，并出具了一份标明购买 20 台 A 型号收割机的授权委托书与数份盖有甲公司公章的空白合同书。乙到河北丙工厂进行认真考查后，向丙工厂出示了甲公司的授权委托书，以甲公司的名义与丙工厂签订了购买 20 台 A 型号收割机的买卖合同，价款总额 100 万元。随后，丙工厂又向乙推荐 B 型号的收割机，乙认真考虑以后，感觉 B 型号的收割机较 A 型号收割机性价比更优，对甲公司更为有利，于是径自使用盖有公章的空白合同书，以甲公司的名义与丙工厂签订合同购买 B 型号收割机 10 台，价款总额 60 万元。20 日后，丙工厂要求甲公司付款。请回答下列问题：

1. 甲公司与乙之间具有何种合同关系？（　　）

A. 委托合同关系　　　　B. 承揽合同关系

C. 代理关系　　　　　　D. 行纪合同关系

2. 乙与丙工厂签订的 A 型号收割机的买卖合同效力如何？（　　）

A. 有效　　　　　　　　B. 无效

C. 效力未定　　　　　　D. 可撤销

3. 乙以盖有公章的空白合同书与丙工厂签订购买 B 型号收割机的合同，该行为属于（　　）。

A. 无权处分　　　　　　B. 狭义无权代理

C. 有权代理　　　　　　D. 表见代理

4. 乙与丙工厂签订的购买 B 型号收割机的买卖合同效力如何？（　　）

A. 有效　　　　　　　　B. 无效

C. 效力未定　　　　　　D. 可撤销

5. 关于乙与丙工厂签订的购买 B 型号收割机的买卖合同，下列选项中正确的是（　　）。

A. 甲公司可以追认，从而使合同对自己发生效力

B. 甲公司可以拒绝追认，从而使合同对自己不发生效力

C. 丙工厂可以催告甲公司予以追认

D. 在甲公司追认之前，丙公司可以撤销合同

6. 甲公司拒绝追认买卖 B 型号收割机的合同，下

列选项中正确的是（　　　）。

A. 甲公司应当向丙工厂支付 100 万元

B. 甲公司应当向丙工厂支付 160 万元

C. 丙工厂可以要求乙承担违约责任

D. 丙工厂可以要求乙承担缔约过失责任，赔偿全部损失

 简答题

1. 简述委托合同的特征。

2. 简述受托人的义务。

3. 简述委托人的义务。

 材料分析题

1. 甲公司与乙签订运输合同，由乙开车运输一车香蕉到济南，运费 2 000 元。甲公司的负责人在乙将香蕉装到汽车上以后，考虑到自己最近事务繁杂，实在抽不出时间进行香蕉销售工作，因而又委托乙，让乙在济南以甲公司的名义将香蕉卖出去，并且指示了香蕉销售价格不得低于每公斤 3 元，事毕，乙按照香蕉销售款的 5% 提成。

乙在开车过程中，突发疾病、身体虚弱，无法继续开车。乙只得在路边的商店里住下来，两天后仍未好转。躺在病床上的乙担心已经耽搁了两天，香蕉可能腐烂，会使甲公司蒙受损失。然而当地不通电话，手机也没有信号，乙无法联系到甲公司。乙便找来丙，说明事情原委。双方签订了合同，约定由丙将香蕉运到济南，运费 1 000 元，并由丙以甲公司的名义将香蕉售出。考虑到香蕉运输的时间已经耽搁了两天，已有轻微腐烂的迹象，乙便指示香蕉销售价格不得低于每公斤 2.5 元，事毕，丙按照香蕉销售款的 3% 提成。丙按照要求将香蕉运到了济南，因其急于回家，便以每公斤 2 元的价格售出了全部香蕉。请回答下列问题：

（1）丙是谁的代理人？为什么？

（2）甲公司能否要求乙赔偿损失？为什么？

（3）甲公司能否要求丙赔偿损失？为什么？

（4）甲公司能否要求乙与丙承担连带责任？为什么？

（5）甲公司能否要求乙为丙的行为承担责任？为什么？

2. 甲公司生产电器，其与乙公司订立了委托合同，由乙公司向丙公司销售甲公司所生产的电器，并且乙公司应以自己的名义与丙公司订立合同。之后，乙公司以自己的名义与丙公司订立了买卖合同：丙公司以 100 万元购买 100 台电器，但双方没有约定履行顺序。因甲公司生产出现了问题，一直未向乙公司交货。丙公司要求乙公司履行合同，交付 100 台电器，但乙公司不能对丙公司履行。丙公司要求乙公司赔偿损失，此时乙公司只得向丙公司披露其是受甲公司的委托而与丙公司订立合同的。由于甲公司生产出现问题，因而未将电器交给乙公司。丙公司便要求甲公司承担违约责任。同时，乙公司告诉甲公司，丙公司也没有履行合同。请回答下列问题：

（1）丙公司能否要求甲公司承担违约责任？为什么？

（2）甲公司能否拒绝丙公司提出的交货要求？为什么？

（3）丙公司向甲公司追究责任不成，又要求乙公司承担违约责任，乙公司是否可以拒绝承担违约责任？为什么？

 论述题与深度思考题

试述受托人以自己的名义与第三人订立合同的效力。

参考答案

 名词解释与概念比较

1. 委托合同，是指委托人和受托人约定，由受托人处理委托事务的合同。

2. 委托合同与委托代理。

类型	委托合同	委托代理
定义	是当事人双方约定，一方委托他方处理事务，他方承诺为其处理事务的合同	基于被代理人的委托授权而产生的代理
行为目的	为他人提供劳务服务	
行为联系	委托合同常常是授权行为的基础，法律效果由被代理人与委托人承担。	

续表

类型	委托合同	委托代理
行为范围	法律行为、事实行为	法律行为
行为效力	不涉及第三人，在委托人与受托人之间发生效力	涉及第三人，在被代理人、代理人及第三人之间发生效力
行为性质	双方民事法律行为	代理权授予为单方民事法律行为

3. 委托合同与承揽合同。

类型	委托合同	承揽合同
定义	委托人和受托人约定，由受托人处理委托事务的合同	承揽人按照定作人的要求完成工作，交付工作成果，定作人支付报酬的合同
合同目的	侧重于受托人向委托人提供劳务	侧重于承揽人向定作人提交工作成果
可否转由第三人完成	受托人原则上不得转委托第三人	承揽人可将辅助工作交由第三人完成
合同性质	可以是有偿合同，也可以是无偿合同；双务、诺成、不要式合同	有偿、双务、诺成、不要式合同

选择题

（一）单项选择题

1. A

委托合同是不要式合同，因而小王与小刘订立委托合同没有采用书面形式，并不影响委托合同的成立。小刘作为受托人应当按照委托人的指示处理委托事务，即按照小王的指示购买山地车。除情况紧急、难以和小王取得联系外，小刘变更小王的指示，应当经小王同意。本案中不存在紧急情况。因此，小王可以拒绝受领。故本题应选 A 项。

2. A

按照《民法典》第 923 条的规定，受托人应当亲自处理委托事务。经委托人同意，受托人可以转委托。转委托经同意或者追认的，委托人可以就委托事务直接指示转委托的第三人，受托人仅就第三人的选任及其对第三人的指示承担责任。转委托未经同意或者追认的，受托人应当对转委托的第三人的行为承担责任；但是，在紧急情况下受托人为维护委托人的利益需要转委托第三人的除外。甲、乙之间成立了委托合同，乙作为受托人在经委托人甲同意的情况下，将委托事务转托给丙，成立了转委托。丙以甲的名义与丁签订买卖合同，所产生的法律效果应归属于甲。因此，甲应对丁承担违约责任。故本题应选 A 项。

3. A

甲、乙之间成立了委托合同，乙为受托人。乙推荐丙后，甲又与丙签订了委托合同，则丙为甲的受托人，不发生转委托关系。因此，丙以甲的名义与丁签订买卖合同的法律效果应当归属于甲，甲应对丁承担违约责任。故本题应选 A 项。

4. C

甲、乙之间成立了委托合同，乙作为受托人在经委托人甲同意的情况下，将委托事务转托给丙，成立了转委托。在转委托中，丙作为受托人亦应当按照甲的指示处理委托事务。丙违反了甲的指示，向丁购买了另一种型号的设备，超越了委托权限，构成了狭义无权代理，甲、丁之间的买卖合同效力未定。由于甲不同意该买卖合同，因而该合同成为无效合同，丁应当要求丙承担责任。故本题应选 C 项。

5. B

甲、乙之间成立了委托合同，乙作为受托人只有经委托人甲同意或在紧急的情况下，才能将委托事务转托给丙。因乙没有经甲同意，也不存在情况紧急的情形，故乙的转委托对甲不发生效力。按照《民法典》第 923 条的规定，转委托对委托人甲不发生效力的，受托人乙应当对丙的行为承担责任。故本题应选 B 项。

6. A

乙在紧急情况下，为维护甲的利益而转委托丙，即便甲事后不同意，仍成立转委托。丙与丁签订的买卖合同对甲具有约束力，甲应当向丁承担责任。故本题应选 A 项。

7. A

委托合同可以是有偿的，也可以是无偿的，但无论委托合同有偿与否，委托人都应当支付处理委托事务的费用。乙支出的 100 元车费属于处理委托事务的必要费用。因此，甲应当偿还该费用。故本题应选 A 项。

8. C

委托人与受托人均可以随时解除委托合同。因解除合同而给对方造成损失的，除不可归责于该当事人的事由以外，应当赔偿对方的损失。故本题应选 C 项。

9. C

参见《民法典》第 925 条。故本题应选 C 项。

10. C

甲、乙之间成立委托合同，乙以自己的名义与丙订立买卖合同。按照《民法典》第 926 条的规定，乙因甲而无法对第三人丙履行合同，应向丙披露委托人甲。丙便可以选择甲或乙作为买卖合同相对人。故本题应选 C 项。

11. C

经甲同意，乙转委托丙，该转委托行为有效，丙取得代理权。丙以自己的名义与丁订立买卖合同，根据《民法典》第 925 条的规定，丁在订立合同时知道丙与甲之间代理关系的，该合同直接约束甲和丁，但是，有确切证据证明该合同只约束丙和丁的除外。因此，丙、丁之间的合同不能直接约束甲和丁。丁拒绝向丙支付首饰款，造成丙无法向甲履行债务，按照《民法典》第 926 条的规定，丙应当向甲披露丁，则甲可以行使丙对丁的权利，此为委托人的介入权。丙没有买卖箱包的代理权，与戊、丁之间不存在《民法典》第 926 条规定的介入权或选择权的适用情形。故本题应选 C 项。

12. D

基于委托合同，唐某成为甲公司的代理人，甲公司对价格未作限定，唐某以甲公司名义与乙公司订立买卖合同，并不存在以合法形式掩盖非法目的的情况，唐某的行为并非无权代理，乙公司也未实施欺诈行为。唐某与乙公司的行为构成《民法典》第 154 条所规定的恶意串通损害他人利益，所订立合同因此而无效，双方对甲公司承担连带责任。根据《民法典》第 164 条的规定，代理人与相对人恶意串通损害被代理人合法权益的，代理人和相对人承担连带责任。故本题应选 D 项。

（二）多项选择题

1. ABCD

参见《民法典》第 921、924 条。故本题应全选。

2. ACD

合同至少有两方当事人，需要当事人意思表示一致才能成立，签订委托合同的行为是双方民事法律行为，而授予代理权的行为是单方民事法律行为，仅有被代理人的一方行为即可成立。委托合同与委托代理均可以是有偿的，也可以是无偿的。委托合同可以使受托人取得代理权，成为代理人。事实行为不得成为代理的对象，代理人从事的应当是民事法律行为，而委托合同中的受托人既可以从事法律行为，也可以从事事实行为。故本题应选 A、C、D 项。

3. BD

按照《民法典》第 921 条的规定，委托人应当预付处理委托事务的费用。受托人为处理委托事务垫付的必要费用，委托人应当偿还该费用并支付其利息。因此，乙公司有权请求甲工厂偿还为处理委托事务所支付的必要费用并支付其利息。按照《民法典》第 923 条的规定，转委托经同意或者追认的，委托人可以就委托事务直接指示转委托的第三人，受托人仅就第三人的选任及其对第三人的指示承担责任。按照《民法典》第 929 条的规定，无偿的委托合同，因受托人的故意或重大过失造成委托人损失的，受托人可以请求赔偿损失。若受托人的过错为一般过失，则受托人不承担赔偿责任。因此，C 项错误。按照《民法典》第 933 条的规定，委托人或受托人可以随时解除委托合同。故本题应选 B、D 项。

4. CD

选项 A 中，对于构成表见代理而言，所使用的是合同专用章还是公章并无分别。选项 B 中，温某可能被认定为善意，吴某行为可能被认定为表见代理。选项 C 中，吴某行为超出代理权限的范围。选项 D 中，吴某代理权已经消灭，二者均构成狭义无权代理。故本题应选 C、D 项。

5. BCD

按照《民法典》第 925 条的规定，乙在与丙订立合同时，并不知道丙与甲之间的关系，合同不对甲产生效力，甲并非合同当事人，不能要求乙交付山水画。按照《民法典》第 926 条的规定，丙因为甲而不能对乙履行义务，丙应当向乙披露甲。丙披露甲之后，乙可以选择丙或者甲作为合同相对人而主张权利，要求其付款，一旦选定，乙不得变更。所以，乙可以选择要求甲或者丙支付合同价款。故本题应选 B、C、D 项。

6. ABCD

参见《民法典》第 934 条的规定，本题应选 A、B、C、D 项。

7. BCD

甲在钢材上虽然受到损失，但乙对此并无过错。因此，乙不必赔偿此部分损失。受托人只要超越权限给委托人造成损失的，便应当赔偿损失，因此，乙应当赔偿甲受到的模具损失。受托人处理委托事务而取得的财产，应当交付给委托人。受托人处理委托事务时，因不可归责于自己的事由受到损失的，可以向委托人要求赔偿。故本题应选 B、C、D 项。

8. AC

按照《民法典》第 921 条的规定，委托人应当预付处理委托事务的费用。因此，甲负有预付费用的义务，而受托人乙并没有义务垫付费用。甲预付费用的债务与乙为甲处理委托事务的债权不构成对待给付，乙不能主张同时履行抗辩权。由于甲不预付费用，而乙又没有义务垫付，这导致委托事务无法开始处理，因而乙可以拒绝开始为甲处理委托事务。故本题应选 A、C 项。

9. CD

丙、丁在与乙订立合同时并不知道甲、乙之间的委托关系，乙若因丙迟延履行而无法对甲履行义务，乙应向甲披露第三人丙，甲可以行使乙对丙的权利，乙不承担连带责任。甲以自己的名义向丁发货，导致受托人乙因委托人甲的行为而无法对第三人丁履行债务，乙应当向丁披露委托人甲，丁可选择乙或甲作为相对人，乙不能以自己是受托人为由拒绝对丁履行交货义务。丁拒收甲发送的电视机，要求乙履行合同，意味着选择乙作为相对人。第三人已选定相对人，则不得变更，合同当事人为乙与丁，丁向合同外的甲付款不具有合同履行效力。故本题应选 C、D 项。

（三）不定项选择题

1. AC

甲公司向乙出具了盖有其公章的空白合同书，其用意在于由乙以甲公司的名义购买收割机，因此，甲公司与乙之间的合同为委托合同。基于委托合同，乙取得代理权，与甲公司发生代理关系。故本题应选 A、C 项。

2. A

乙享有代理权，其在代理权限以内，以甲公司的名义与丙工厂签订合同，合同有效。故本题应选 A 项。

3. B

乙是以甲公司的名义与丙工厂签订合同的，不构成无权处分。乙所使用的是盖有甲公司公章的空白合同书，其已经向丙工厂出示了甲公司的授权委托书，而委托书上标明的是购买 A 型号收割机，虽然乙是为了甲公司的利益，但仍然超越了代理权，丙工厂也明知乙超越了代理权。因此，乙的行为不构成表见代理，而构成狭义无权代理。故本题应选 B 项。

4. C

因狭义无权代理而订立的合同，效力未定。故本题应选 C 项。

5. ABC

甲公司作为被代理人，可以追认乙超越代理权而与丙工厂订立的合同，从而使合同对自己发生效力；若甲公司拒绝追认，则合同对其不发生效力。丙工厂可以催告甲公司在 1 个月内予以追认。由于丙工厂明知乙超越了代理权而仍与其订立合同，非善意相对人，因而不享有撤销权，不能撤销合同。故本题应选 A、B、C 项。

6. A

买卖 A 型号收割机的合同有效，甲公司应支付 100 万元。买卖 B 型号收割机的合同因甲公司拒绝追认而对其不发生效力，并且由于乙并非合同当事人，因而丙工厂不能要求乙承担违约责任。丙工厂明知乙超越代理权，却仍与之订立合同，丙工厂和乙均有过错，应当各自承担相应的责任，丙工厂不能要求乙赔偿全部损失。故本题应选 A 项。

简答题

1. 委托合同具有如下特征：（1）委托合同以委托人与受托人相互信任为基础。委托合同只能发生在双方相互信任的特定人之间，一旦一方对另一方产生不信任，就可以随时解除合同。（2）委托合同的标的是处理委托事务。委托合同是提供劳务类合同，其标的是劳务，这种劳务体现为受托人为委托人处理委托事务。（3）委托合同一般是受托人以委托人的名义和费用处理委托事务。受托人处理事务，除法律另有规定外，不是以自己的名义和费用，而是以委托人的名义和费用进行的。（4）委托合同可以是有偿的，也可以是无偿的。委托合同是否有偿，取决于当事人双方的约定。（5）委托合同为诺成合同、不要式合同。委托合同自双方达成一致的协议时即成立，为诺成合同。委托合同采用何种形式，由当事人双方自行约定，为不要式合同。

2. 受托人的义务主要包括：（1）依照委托人的指示处理委托事务。受托人应当按照委托人的指示处理委托事务。受托人超越权限给委托人造成损失的，应当赔偿损失。（2）受托人应当亲自办理受托事务。受托人应当亲自处理委托事务，未经委托人同意不得转委托。（3）及时向委托人报告事务办理的情况。在处理受托事务过程中，受托人应按照委托人的要求，报告委托事务处理的情况。（4）将办理事务所得利益及时交给委托人。受托人处理委托事务所取得的财产，应当转交给委托人

3. 委托人的主要义务包括：（1）承受受托人在委托权限内处理委托事务的后果。受托人在委托权限内处理事务的后果，均由委托人承受，包括有利后果和不利后果。（2）支付处理委托事务的费用。委托人应当预付处理委托事务的费用；受托人为处理委托事务垫付的必要费用，委托人应当偿还该费用及其利息。（3）有偿委托合同的委托人应向受托人支付报酬。委托合同为有偿合同的，则委托人有向受托人支付报酬的义务。（4）委托人的赔偿损失责任。委托人对受托人在执行委任事务过程中非因自己过错所遭受的损失，应负赔偿的义务。

材料分析题

1.（1）丙是甲公司的代理人。因为乙已经不能处理甲公司委托的事务了，乙在紧急情况下为了维护甲公司的利益转委托丙，该转委托有效，所以，丙成为甲公司的代理人。乙为本代理人，丙为再代理人。

（2）甲公司能够要求乙赔偿损失。乙作为甲公司的代理人，考虑到香蕉轻微腐烂，在无法联系到甲公司的情况下，为了甲公司的利益而变更甲公司的指示，指示丙降低香蕉销售价格，乙对于损失的发生并无过错。因此，乙没有赔偿损失的责任。然而，乙同时也是甲公司的承运人，对全程运输承担责任。因乙突发疾病而使香蕉的运输时间被耽搁两天、香蕉轻微腐烂，乙并不存在免责事由。所以，乙应向托运人甲公司承担责任，赔偿损失。

（3）甲公司能够要求丙赔偿损失。丙作为甲公司的再代理人，应当按照本代理人乙的指示来处理甲公司的事务，以不低于每公斤 2.5 元的价格销售香蕉，而丙却以每公斤 2 元的价格销售香蕉，使甲公司受损。丙对此具有过错，应当向甲公司赔偿损失。

（4）甲公司不能要求乙与丙承担连带责任。乙是甲公司的本代理人，丙是甲公司的再代理人，乙与丙不是甲公司的共同代理人。因此，乙与丙不对甲公司承担连带责任。

（5）甲公司不能要求乙为丙的行为承担责任。乙为本代理人，丙为再代理人，按照《民法典》第923条的规定，受托人仅就第三人的选任及其对第三人的指示承担责任。因香蕉已经腐烂，乙作为承运人应对此部分损失承担责任。而乙作为代理人，面对已经腐烂的香蕉，在无法联系甲公司的情况下，为了甲公司的利益变更甲公司的指示，指示丙以不低于每公斤2.5元的价格出售。乙对此并不存在过错，无须向甲公司承担责任。而丙违反指示，以每公斤 2 元的价格出售香蕉，具有过错，故应由丙自己向甲公司承担责任。

2.（1）可以。按照《民法典》第926条第2款的规定，乙公司因甲公司而不能对丙公司履行合同，乙公司向丙公司披露了甲公司，此时，丙公司可以选择甲公司或者乙公司作为相对人来主张权利。因此，丙公司有权要求甲公司承担违约责任。

（2）可以。按照《民法典》第926条第3款的规定，第三人选定委托人作为其相对人的，委托人可以向第三人主张其对受托人的抗辩以及受托人对第三人的抗辩。乙公司与丙公司的合同中没有约定先后履行顺序，丙公司没有支付货款，便要求乙公司履行合同，乙公司享有同时履行抗辩权。因此，甲公司可以对丙公司行使同时履行抗辩权。

（3）可以。按照《民法典》第926条第2款的规定，第三人不得变更选定的相对人，即丙公司已经选定了甲公司，则不得再变更转而要求乙公司承担责任。

论述题与深度思考题

受托人以自己的名义与第三人订立合同有如下两种情形，分别发生不同的效力。

（1）受托人以自己名义且公开代理关系订立合同。

这种合同是指受托人以自己的名义在委托人的授权范围内与第三人订立合同，而该第三人知道受托人与委托人之间代理关系的情形。在这种合同中，第三人订立合同时知道受托人与委托人之间的代理关系，因此，这一合同将直接约束委托人和第三人。但是，如果有确切证据证明该合同只约束受托人和第三人，则该合同对委托人没有约束力。

（2）受托人以自己名义且不公开代理关系订立合同。这种合同是指受托人以自己的名义，与不知道受托人与委托人代理关系的第三人订立合同。在这种合同中，委托人享有介入权，第三人享有选择权。委托人的介入权是指在受托人因第三人的原因对委托人不履行义务时，受托人应当向委托人披露第三人，委托人可以行使受托人对第三人权利的权利；第三人的选择权是指在受托人因委托人的原因对第三人不履行义务，受托人向第三人披露委托人后，第三人在受托人或者委托人之间选择其中之一作为合同相对人的权利。

第二十四章 物业服务合同

 **知识逻辑图**

物业服务合同
- 概念：物业服务人在物业服务区域内，为业主提供建筑物及其附属设施的维修养护、环境卫生和相关秩序的管理维护等物业服务，业主支付物业费的合同
- 特征
  - 主体具有特殊性
  - 内容具有复合性
  - 继续性合同
  - 诺成合同、双务合同、有偿合同、要式合同
- 内容：服务事项、服务质量、服务费用的标准和收取办法、维修资金的使用、服务用房的管理和使用、服务期限、服务交接
- 分类：前期物业服务合同与普通物业服务合同、定期物业服务合同与不定期物业服务合同
- 物业服务人的义务
  - 亲自提供物业服务
  - 妥善提供物业服务
  - 报告义务
  - 通知义务
  - 返还义务
  - 合同终止的后续义务
- 业主的义务
  - 支付物业费
  - 告知义务
  - 解除合同的赔偿责任

 名词解释与概念比较

1. 物业服务合同
2. 前期物业服务合同

 选择题

（一）单项选择题

1. 《民法典》规定，业主依照法定程序共同决定解聘物业服务人的，可以解除物业服务合同。决定解聘的，应当提前（　　）书面通知物业服务人，但是合同对通知期限另有约定的除外。

A. 10 日　　　　　　　　B. 15 日

C. 30 日　　　　　　　　D. 60 日

2. 物业服务合同终止后，在业主或者业主大会选聘的新物业服务人或者决定自行管理的业主接管之前，原物业服务人应当继续处理物业服务事项，并（　　）业主支付该期间的物业费。

A. 应当要求　　　　　　B. 可以请求

C. 需要　　　　　　　　D. 不需要

3. 物业服务合同是（　　）之间关于物业管理服务达成的权利义务关系的协议。

A. 建设单位与物业管理企业

B. 物业管理企业与业主

C. 建设单位与业主

D. 业主与业主委员会

4. 北林公司是某小区业主选聘的物业服务企业。

关于业主与北林公司的权利义务，下列哪一选项是正确的？（　　）

A. 北林公司公开作出的服务承诺及制定的服务细则，不是物业服务合同的组成部分

B. 业主甲将房屋租给他人使用，约定由承租人交纳物业费，北林公司有权请求业主甲对该物业费的交纳承担连带责任

C. 业主乙拖欠半年物业服务费，北林公司要求业主委员会支付欠款，业主委员会无权拒绝

D. 业主丙出国进修两年返家，北林公司要求其补交两年的物业管理费，丙有权以两年未接受物业服务为由予以拒绝

5. 2010 年 1 月，阳光小区建成，甲为业主委员会的成员，乐淘淘物业服务公司为小区提供物业管理服务。2021 年 12 月，阳光小区公共设施严重老化、小区环境脏乱无人维护。业主乙多次请求召开业主大会，想要解聘乐淘淘物业服务公司。由于甲的姐姐在乐淘淘物业服务公司任职，故在甲的影响下，业主大会一直未得召开。2022 年 2 月，在乙和多名业主的坚持之下，召开了业主大会。下列哪一说法是正确的？（　　）

A. 应当由专有部分面积占比过半数的业主且人数占比 2/3 以上的业主参与表决

B. 大会决定解聘乐淘淘物业服务公司，应当经参与表决专有部分面积 2/3 以上的业主且参与表决人数 2/3 以上的业主同意

C. 大会决定让乙代替甲作为业主委员会成员，应当经专有部分面积 3/4 以上的业主且人数 3/4 的业主同意

D. 大会决定让乙代替甲作为业主委员会成员，应当经参与表决专有部分面积过半数的业主且参与表决人数过半数的业主同意

视频讲题

6. 前期物业服务合同期限未满，但业主委员会与其他物业服务企业签订了新的物业服务合同，此时，前期物业服务合同（　　）。

A. 可以继续履行

B. 应当终止履行

C. 可以继续履行，也可以终止履行

D. 征得建设单位同意后，可以终止履行

7. 2021 年 5 月，高山小区全体业主依法聘任小桥公司为高山小区物业服务人，但小桥公司提供的物业服务与其所收高昂费用完全不能匹配，引发业主众怒。2022 年 1 月 15 日，高山小区业主召开业主大会欲解聘小桥公司。小桥公司总经理到场对与会业主许诺减少费用 1 000 元，并提供每月每户 10 次的垃圾分类服务，高山小区业主暂缓解聘。后小桥公司未履行任何承诺遂起纠纷。下列选项正确的是（　　）。

A. 若高山小区业主大会欲解除小桥公司物业服务人的合同，需要全体业主人数 2/3 以上同意

B. 小桥公司抗辩称其承诺未载于合同故不具有任何效力，该抗辩有效

C. 高山小区业主委员会可以起诉小桥公司未兑现承诺构成违约

D. 如高山小区业主大会依法解除了小桥公司物业服务人合同，应当提前 50 日通知小桥公司

（二）多项选择题

1. 2020 年 1 月 2 日，东华物业公司与青水湾小区开发商签订了"前期物业管理服务协议"，同时开始向小区提供物业服务。2021 年 2 月 1 日，周某与开发商签订了"房屋买卖合同"，购买了小区内的一处房屋。周某自称无须物业服务，自购买房屋之日便未缴纳物业费，经公司多次催要，周某仍拒不缴纳物业服务费。对此，下列选项中错误的是（　　）。

A. 物业服务人可以通过停止供电、供水的方式催交物业费

B. 物业服务人可以提起诉讼或者申请仲裁

C. 业主未参与订立前期物业服务合同，该合同对业主无约束力

D. 业主无须物业服务，不需缴纳物业费

2. 丰泽苑小区业主委员会在 2018 年与佳源物业公司签订物业服务合同。2020 年，佳源物业公司在未征得业主大会同意和知情的情况下，以协议方式私自将物业服务整体转委托给嘉恒物业公司，嘉恒物业公司于 2022 年 10 月，在未征得业主大会同意和知情的情况下，将物业服务整体私自转委托给阳光物业公司，嘉恒物业公司、阳光物业公司均履行了提供物业服务的义务。2023 年 11 月 23 日，丰泽苑小区业主委员会以通知的方式向阳光物业公司送达合同解除通知。对此，

下列选项中错误的是（　　）。

A. 业主没有同意转委托，因此无须缴纳物业费

B. 业主有权要求解除与阳光物业公司的物业服务合同

C. 合同解除，物业服务公司应退出服务区域并移交相应资料

D. 合同终止，原物业服务人不能继续处理物业事项

3. 业主委员会履行下列职责（　　）。

A. 召集业主大会，报告物业实施情况

B. 选聘、解聘物业服务企业

C. 与选聘的物业服务企业签订物业服务合同

D. 监督业主规约的实施

4. 以下关于前期物业服务合同中说法正确的是（　　）。

A. 业主委员会与物业服务企业订立的物业服务合同生效的，前期物业服务合同自然终止

B. 前期物业服务合同是非要式合同

C. 前期物业服务合同可以约定期限

D. 前期物业服务合同是一种附终止条件的合同

5. 甲公司开发朗润商品房小区。2020 年 3 月 1 日，甲公司与乙公司签订"前期物业服务合同"，载明服务期限为 2020 年 3 月 2 日至 2021 年 3 月 1 日。2020 年 10 月 8 日，丙购买朗润商品房小区 1 号房。截至 2020 年 10 月 31 日，朗润小区共计 600 套商品房已全部出售完毕，专有部分面积共计 9 万平方米。根据业主大会选聘结果，2020 年 11 月 2 日，朗润小区业主委员会与丁公司签订"物业服务合同"，于当日生效。下列说法正确的是（　　）。

A. 丙购房后至 2020 年 11 月 2 日，丙与乙公司之间成立物业服务合同法律关系

B. 2020 年 11 月 2 日后，丙与乙公司及丁公司之间均成立物业服务合同法律关系

C. 朗润小区业主选聘丁公司为物业服务企业，参与表决的业主首先需要达到专有部分面积 6 万平方米以上的条件

D. 对于物业公司的选聘，应由业主大会决定

6. 龙腾小区于 2017 年 8 月 30 日建成并通过验收，建设单位为大河房地产开发有限公司。2018 年 5 月 2 日，大河公司与乐活物业管理有限公司签订"小区前期物业管理委托合同"，合同期限为 2 年。2018 年 6 月 5 日，龙腾小区成立业主委员会，业主委员会与骄阳物

业公司订立"物业服务合同"。甲为龙腾小区 3 单元 5 栋 606 房的业主，2018 年 7 月入住以来，一直未缴纳物业费。下列说法错误的是（　　）。

A. "小区前期物业管理委托合同"对业主没有约束力

B. "物业服务合同"生效后，"小区前期物业管理委托合同"终止

C. 骄阳物业公司可以将全部物业服务转委托给第三人

D. 骄阳物业公司可以采取停止提供燃气的方式催甲交纳物业费

7. 关于物业服务合同，下列说法不正确的是（　　）。

A. 甲在某市购有商品房一套，但因不可抗力被困国外。某日，甲收到物业费催缴通知。甲可以未接受物业服务为由，拒交物业费用

B. 乙常年未缴纳物业费。小区物业可对乙进行催告，若乙在合理期限内仍未缴纳物业费，物业服务人可停止对住户乙家中供电

C. 丙作为小区业主，出租其名下房屋无须告知物业服务人

D. 物业服务期限届满后，业主没有续聘，但物业服务人继续提供物业服务，原物业服务合同延长 60 日

视频讲题

8. 物业服务合同的内容一般包括（　　）的标准和收取方法、维修资金的使用、服务用房的管理和使用、服务期限、服务交接等条款。

A. 服务事项　　　　　　B. 服务质量

C. 服务费用　　　　　　D. 服务数量

9. 喜洋洋公司于 2021 年 1 月依法被聘请为杨村一号小区物业服务人，喜洋洋公司随即将其全部物业服务转包给灰灰家政公司，杨村一号小区业主费某对此不服，故意不缴物业管理费以示抗议。灰灰家政公司请求缴纳被费某拒绝后向喜洋洋公司诉苦，喜洋洋公司对费某采取未经通知的单方面断水断电，致费某冰箱中价值 5 000 元的冰激凌全部融化。费某大怒，双方遂起争执。下列选项错误的是（　　）。

A. 喜洋洋公司对费某断水断电属于合法自助行

为，并无不妥

B. 喜洋洋公司虽然将物业服务全部转委托给灰灰家政公司，但该转委托系当事人真实意思表示且不违反法律、行政法规强行性规定，应当有效

C. 如喜洋洋公司将物业服务合同中的清洁业务转委托给灰灰家政公司，将维护业务委托给红红家政公司，将保安业务委托给港城大队，自己履行绿化业务。因我国《民法典》禁止物业转委托，其转委托合同均应无效

D. 如果喜洋洋公司将维护业务转委托给红红公司，红红公司在小区共有设施维护中存在重大过失致使共有设施受损，红红公司应向杨村一号小区业主承担违约责任

（三）不定项选择题

甲公司开发某小区，在小区一期工程临近完成时，与乙公司签订了"前期物业服务协议"，提供服务的期间为即时起至 2022 年 5 月 1 日，不过当时甲公司尚未取得建设工程规划许可证。老王购买了该小区一套房屋，并装修、入住。在装修完毕后，老王一直没有入住，以此为由拒缴物业费。甲公司之后取得了建设工程规划许可证等必要手续，继续开发二期工程。老李购买了该小区一套房屋，委托丙公司进行房屋装修。在装修过程中，因发现存在拆除房屋承重墙的情况，乙公司要求入屋检查装修情况，但老李不允，因此产生矛盾。并且老李对"前期物业服务协议"中的物业费价格不满，拒缴物业费。

乙公司向小区提供了一段时间物业服务后，感觉性价比不高，于是将其中的绿化服务、保洁服务转委托给了丙公司，甲公司以及小区业主对此并不知情。因为丙公司服务实在太差，引发业主大量投诉。小区业主老张的家所使用的走廊部分从未有人进行过清扫，电梯经常发生故障，但维修速度极慢。因此老张以此为由拒绝缴纳物业费。乙公司便在数次通知后，对老张家采取了断电措施。某日，外来的老刘将车停在其他业主的专用车位上，乙公司发现后，便采取了锁车措施，要求老刘缴纳 1 000 元罚款，否则便继续锁车。请回答下列问题。

1. 关于"前期物业服务协议"，下列说法正确的是（　　）。

A. 该合同无效，因为甲公司尚未取得建设工程规划许可证，所建一期工程属于违法建筑

B. 合同有效

C. 如果取得了建设工程规划许可证，那么合同有效，否则便为无效

D. 老王未签订该协议，因此对老王不产生效力

2. 关于老王、老李，下列说法正确的是（　　）。

A. 老王未曾入住，因此不应当缴纳物业费

B. 老李有权要求重新确定物业费价格

C. 老李对自己的房屋，可以拆除承重墙

D. 乙公司有权进入老李的房屋检查装修情况

3. 关于乙公司向丙公司转委托，下列说法正确的是（　　）。

A. 乙公司应当在取得甲公司或者小区业主大会、业主委员会同意的情况下转委托丙公司

B. 乙公司转委托有效

C. 乙公司与丙公司间的转委托，适用《民法典》对委托合同中转委托的规定

D. 小区业主应当就绿化服务、保洁服务向丙公司进行相应的支付

4. 关于老张拒绝缴纳物业费，下列说法正确的是（　　）。

A. 老张可以拒绝缴纳相应的物业费

B. 老张可以拒绝缴纳全部的物业费

C. 乙公司应当通过诉讼或仲裁的方式要求老张支付物业费

D. 乙公司无权采取断电措施

5. 关于乙公司对老刘的车辆进行锁车、罚款，下列说法正确的是（　　）。

A. 乙公司有权采取锁车措施

B. 乙公司有权进行罚款

C. 乙公司无权采取锁车措施

D. 乙公司无权进行罚款

视频讲题

 简答题

1. 简述物业服务合同的特征。
2. 简述物业服务人的义务。

材料分析题

某小区业主熊大起初按时交物业服务费，但后来邻居窗户外搭建了遮阳篷，导致楼上住户所扔杂物、垃圾滞留在熊大窗外。熊大认为物业服务公司对违章建筑搭建有强行制止义务，故拒交物业服务费。熊二购买毛坯房后出国工作一年，未装修和入住，以其这段时间并未完全享受物业服务为由，要求物业服务费按五折计算。熊三将房屋出租，并将"房屋租赁协议"向物业服务公司进行了备案。后承租人一直未交纳物业服务费，物业服务公司进行催交，熊三以房屋已经租给了第三人，应当由承租人交纳物业费为由拒绝交纳。另外，业主委员会就熊三长期违法占用小区地下停车公共区域提起诉讼。请回答下列问题。

(1) 熊大是否有权拒交物业费，为什么？

(2) 熊二要求合理吗，为什么？

(3) 熊三将房屋出租后，物业公司应向谁收取物业费，为什么？

(4) 业主委员会是否有权起诉，为什么？

参考答案

名词解释与概念比较

1. 物业服务合同，是指物业服务人在物业服务区域内，为业主提供建筑物及其附属设施的维修养护、环境卫生和相关秩序的管理维护等物业服务，业主支付物业费的合同。

2. 前期物业服务合同，是指在业主委员会或者业主大会选聘物业服务人之前，由建设单位与其选聘的物业服务人所订立的合同。

选择题

（一）单项选择题

1. D

《民法典》第946条第1款规定："业主依照法定程序共同决定解聘物业服务人的，可以解除物业服务合同。决定解聘的，应当提前六十日书面通知物业服务人，但是合同对通知期限另有约定的除外。"故本题应

选D项。

2. B

《民法典》第950条规定了物业服务人的后合同义务。物业服务合同终止后，在业主或者业主大会选聘的新物业服务人或者决定自行管理的业主接管之前，原物业服务人应当继续处理物业服务事项，并可以请求业主支付该期间的物业费。故本题应选B项。

3. B

按照《民法典》第937条的规定，物业服务合同是物业服务人在物业服务区域内，为业主提供建筑物及其附属设施的维修养护、环境卫生和相关秩序的管理维护等物业服务，业主支付物业费的合同。故本题应选B项。

4. B

《民法典》第938条第2款规定："物业服务人公开作出的有利于业主的服务承诺，为物业服务合同的组成部分。"故A项错误。《民法典》第944条第1款规定："业主应当按照约定向物业服务人支付物业费。物业服务人已经按照约定和有关规定提供服务的，业主不得以未接受或者无需接受相关物业服务为由拒绝支付物业费。"《物业管理条例》第41条第1款规定："业主应当根据物业服务合同的约定交纳物业服务费用。业主与物业使用人约定由物业使用人交纳物业服务费用的，从其约定，业主负连带交纳责任。"本案中，虽然业主甲将房屋租赁给他人并约定由承租人交纳物业费，但业主甲对物业费与该承租人承担连带责任。故B项正确。《民法典》第937条第1款规定："物业服务合同是物业服务人在物业服务区域内，为业主提供建筑物及其附属设施的维修养护、环境卫生和相关秩序的管理维护等物业服务，业主支付物业费的合同。"物业服务人与业主之间是服务与被服务的关系，物业服务人有偿提供服务，业主应当缴纳物业费用。物业服务合同通常由业主委员会与物业服务人签订，业主委员会由全体业主选举产生，其签订物业服务合同也是根据业主大会的决议，即业主委员会代表全体业主订立合同。全体业主承担业主委员会签订物业服务合同的法律后果，负有交纳物业费的义务。故C项错误。《民法典》第944条第1款规定："业主应当按照约定向物业服务人支付物业费。物业服务人已经按照约定和有关规定提供服务的，业主不得以未接受或者无需接受相关物业服务为由拒绝支付物业费。"本案中，即使业

主丙因出国进修两年才返家，未接受相关物业服务，也不可以此为由拒绝支付物业费。故 D 项错误。综上，本题应选 B 项。

5. D

《民法典》第 278 条规定："下列事项由业主共同决定：（一）制定和修改业主大会议事规则；（二）制定和修改管理规约；（三）选举业主委员会或者更换业主委员会成员；（四）选聘和解聘物业服务企业或者其他管理人；（五）使用建筑物及其附属设施的维修资金；（六）筹集建筑物及其附属设施的维修资金；（七）改建、重建建筑物及其附属设施；（八）改变共有部分的用途或者利用共有部分从事经营活动；（九）有关共有和共同管理权利的其他重大事项。业主共同决定事项，应当由专有部分面积占比三分之二以上的业主且人数占比三分之二以上的业主参与表决。决定前款第六项至第八项规定的事项，应当经参与表决专有部分面积四分之三以上的业主且参与表决人数四分之三以上的业主同意。决定前款其他事项，应当经参与表决专有部分面积过半数的业主且参与表决人数过半数的业主同意。"对于 A 项，根据法律规定，业主共同决定事项，应当由专有部分面积占比 2/3 以上的业主且人数占比 2/3 以上的业主参与表决。A 项表述不完全，故 A 项错误。对于 B 项，"解聘乐淘淘物业服务公司"属于上述规定第四项的情形，应当经参与表决专有部分面积过半数的业主且参与表决人数过半数的业主同意。故 B 项错误。对于 C、D 项，"让乙代替甲作为业主委员会成员"属于上述规定第三项的情形，应当经参与表决专有部分面积过半数的业主且参与表决人数过半数的业主同意。故 C 项错误，D 项正确。综上，本题应选 D 项。

6. B

根据《民法典》第 940 条规定，建设单位依法与物业服务人订立的前期物业服务合同约定的服务期限届满前，业主委员会或者业主与新物业服务人订立的物业服务合同生效的，前期物业服务合同终止。故本题应选 B 项。

7. C

根据《民法典》第 946 条规定，业主共同决定是否解聘，决定解聘的，应当提前 60 日书面通知物业服务人。根据《民法典》第 278 条的规定，业主共同决定事项，所考虑的表决因素包括业主人数以及占有专

有部分面积比例。根据《民法典》第 938 条规定，物业服务人公开作出的有利于业主的承诺，为物业服务合同的组成部分，不因未采取书面形式无效，业主可起诉其违约。故本题应选 C 项。

（二）多项选择题

1. ACD

按照《民法典》第 939 条的规定，建设单位依法与物业服务人订立的前期物业服务合同，虽然业主并未参加缔约，但合同对业主具有法律约束力。按照《民法典》第 944 条的规定，物业服务人已经按照约定和有关规定提供服务的，业主不得以未接受或者无须接受相关物业服务为由拒绝支付物业费。业主违反约定逾期不支付物业费的，物业服务人可以催告其在合理期限内支付；合理期限届满仍不支付的，物业服务人可以提起诉讼或者申请仲裁。物业服务人不得采取停止供电、供水、供热、供燃气等方式催交物业费。故本题应选 A、C、D 项。

2. ABCD

按照《民法典》第 941 条的规定，物业服务人不得将全部物业服务转委托给第三人。因此，佳源物业公司转委托给嘉恒物业公司的行为无效，嘉恒物业公司并非小区的物业服务人，其转委托给阳光物业公司的行为也无效。因此，该合同并无解除的前提，B 项、C 项错误。对于 A 项，业主缴纳物业费的义务与其是否同意转委托无关。在本题中，虽然佳源物业公司实施了非法转委托行为，但其仍为物业服务人，且由其他物业公司代其履行了提供物业服务的义务，因此业主仍然应当缴纳物业费，除非有其他抗辩理由，不能拒绝缴纳。对于 D 项，按照《民法典》第 950 条的规定，若物业服务合同终止，原物业服务人仍应继续处理物业服务事项，并可以请求业主支付该期间的物业费。故本题应选 D 项。

3. ACD

根据《物业管理条例》第 11 条、第 15 条以及《民法典》第 278 条的规定，选聘和解聘物业服务企业由业主共同决定；召集业主大会，报告物业实施情况，与选聘的物业服务企业签订物业服务合同，监督业主规约的实施由业主委员会负责。故本题应选 A、C、D 项。

4. ACD

前期物业服务合同自然属于物业服务合同，根据《民法典》第 938 条的规定，物业服务合同应当采用书

面形式。根据《民法典》第 940 条的规定，建设单位依法与物业服务人订立的前期物业服务合同约定的服务期限届满前，业主委员会或者业主与新物业服务人订立的物业服务合同生效的，前期物业服务合同终止。故本题应选 A、C、D 项。

5. ACD

根据《民法典》第 939 条的规定，建设单位依法与物业服务人订立的前期物业服务合同，以及业主委员会与业主大会依法选聘的物业服务人订立的物业服务合同，对业主具有法律约束力。因此 A 项正确。按照《民法典》第 940 条的规定，建设单位依法与物业服务人订立的前期物业服务合同约定的服务期限届满前，业主委员会或者业主与新物业服务人订立的物业服务合同生效的，前期物业服务合同终止。因此，B 项错误。按照《民法典》第 278 条的规定，选聘和解聘物业服务企业由业主共同决定，应当由专有部分面积占比 2/3 以上的业主且人数占比 2/3 以上的业主参与表决，经参与表决专有部分面积 3/4 以上的业主且参与表决人数 3/4 以上的业主同意。C 项正确。按照《物业管理条例》第 11 条的规定，选聘物业服务企业属于业主大会决定事项。D 项正确。故本题应选 A、C、D 项。

6. ACD

参见《民法典》第 939、940、941、944 条的规定，本题应选 A、C、D 项。

7. ABCD

根据《民法典》第 944 条规定，物业服务人已经按照约定和有关规定提供服务的，业主不得以未接受或者无须接受相关物业服务为由拒绝支付物业费。物业服务人不得采取停止供电、供水、供热、供燃气等方式催交物业费。根据《民法典》第 945 条规定，业主转让、出租物业专有部分、设立居住权或者依法改变共有部分用途的，应当及时将相关情况告知物业服务人。根据《民法典》第 948 条规定，物业服务期限届满后，业主没有依法作出续聘或者另聘物业服务人的决定，物业服务人继续提供物业服务的，原物业服务合同继续有效，但是服务期限为不定期。故本题应选 A、B、C、D 项。

8. ABC

根据《民法典》第 938 条的规定，物业服务合同的内容一般包括服务事项、服务质量、服务费用的标

准和收取办法、维修资金的使用、服务用房的管理和使用、服务期限、服务交接等条款。故本题应选 A、B、C 项。

9. ABCD

根据《民法典》第 941 条的规定，物业服务人将物业服务区域内的部分专项服务事项委托给专业性服务组织或者其他第三人的，应当就该部分专项服务事项向业主负责。物业服务人不得将其应当提供的全部物业服务转委托给第三人，或者将全部物业服务支解后分别转委托给第三人。按照《民法典》第 944 条第 3 款的规定，物业服务人不得采取停止供电、供水、供热、供燃气等方式催交物业费。故本题应选 A、B、C、D 项。

（三）不定项选择题

1. B

前期物业服务合同通常是由开发商即建设单位与物业服务企业订立的，按照《民法典》第 939 条的规定，对之后的业主具有效力。因此，D 项错误。甲公司是否取得建设工程规划许可证会对建设工程施工合同等合同的效力产生影响，但不会影响物业服务合同的效力。该物业服务合同并不存在无效的情形，为有效。因此，B 项正确，A、C 项错误。故本题应选 B 项。

2. D

按照《民法典》第 944 条的规定，业主应当按照约定向物业服务人支付物业费，物业服务人已经按照约定和有关规定提供服务的，业主不得以未接受或者无须接受相关物业服务为由拒绝支付物业费。"前期物业服务协议"的订立合法，对老王、老李具有约束力，老王应当缴纳物业费，老李无权要求重新确定物业费价格，A 项、B 项错误。按照《民法典》第 272 条的规定，业主对其建筑物专有部分享有占有、使用、收益和处分的权利，但业主行使权利不得危及建筑物的安全，不得损害其他业主的合法权益。因此老李不得拆除承重墙，否则将损害其他业主的权益，C 项错误。按照《民法典》第 945 条的规定，业主装饰装修房屋的，应当事先告知物业服务人，遵守物业服务人提示的合理注意事项，并配合其进行必要的现场检查。因此，D 项正确。故本题应选 D 项。

3. B

按照《民法典》第 941 条第 2 款的规定，物业服务

人不得将其应当提供的全部物业服务转委托给第三人，或者将全部物业服务支解后分别转委托给第三人。乙公司仅将部分物业服务转委托给丙公司，为有效，且不必取得甲公司或业主大会、业主委员会的同意。因此，A项错误，B项正确。该条规定虽使用了转委托的字样，但并不属于委托合同中的转委托，例如，此种转委托无须业主同意即可进行，C项错误。物业服务合同关系存在于乙公司与小区业主之间，丙公司并非合同当事人，因此D项错误。故本题应选B项。

4. ACD

从《民法典》第944条的规定来看，乙公司的情况属于物业服务人未按照约定和有关规定提供服务，那么业主可以基于此而进行抗辩，拒绝缴纳相应的物业费，因此，A项正确，B项错误。按照《民法典》第944条第2款、第3款的规定，物业服务人应当通过诉讼或仲裁的方法解决争议，而不得采取停止供电、供水、供热、供燃气等方式催交物业费。故本题应选A、C、D项。

5. CD

按照《民法典》第942条的规定，乙公司为物业服务人，应当维护相应的物业服务区域的基本秩序，采取合理措施保护业主的人身、财产安全。因此，对于老刘的行为，乙公司可以采取合理措施，但不包括锁车、罚款。因为锁车行为属侵权行为，物业服务公司并无采取此种行为的权利基础，物业服务公司也没有进行罚款的权利。故本题应选C、D项。

 简答题

1. 物业服务合同具有如下特征：（1）物业服务合同的主体具有特殊性。物业服务合同的主体包括物业服务人和业主。物业服务人包括物业服务企业和其他管理人，须具有提供物业服务的能力；作为物业服务合同主体的业主并非指个体业主，而是指全体业主。（2）物业服务合同的内容具有复合性。物业服务人所提供的物业服务并非单一的服务，而是具有复合性内容的服务，其内容涉及委托、承揽、劳务等多种因素。（3）物业服务合同是继续性合同。物业服务人应当按照法律规定和合同约定，在约定期限内持续不断提供物业服务，因此，物业服务合同属于继续性合同。（4）物业服务合同是诺成合同、双务合同、有偿合同、要式

合同。物业服务合同自当事人意思表示一致时成立，为诺成合同；在合同成立后，物业服务人提供物业服务，业主支付报酬，因此，物业服务合同为双务合同、有偿合同。物业服务合同应当采用书面形式，因此，物业服务合同为要式合同。

2. 物业服务人的义务主要包括：（1）亲自提供物业服务。物业服务人应当亲自履行提供物业服务的义务，不得将其应当提供的全部物业服务转委托给第三人，或者将全部物业服务支解后分别转委托给第三人。（2）妥善提供物业服务。物业服务人应当按照约定和物业的使用性质，妥善维修、养护、清洁、绿化和经营管理物业服务区域内的业主共有部分，维护物业服务区域内的基本秩序，采取合理措施保护业主的人身、财产安全。（3）报告义务。物业服务人应当定期将服务的事项、负责人员、质量要求、收费项目、收费标准、履行情况，以及维修资金使用情况、业主共有部分的经营与收益情况等以合理方式向业主公开并向业主大会、业主委员会报告。（4）通知义务。物业服务期限届满前，物业服务人不同意续聘的，应当在合同期限届满前90日书面通知业主或者业主委员会，但是合同对通知期限另有约定的除外。（5）返还义务。物业服务合同终止的，原物业服务人应当在约定期限或者合理期限内退出物业服务区域，并返还物业服务用房、相关设施、物业服务所必需的相关数据等。（6）合同终止的后续义务。物业服务合同终止后，在业主或者业主大会选聘的新物业服务人或者决定自行管理的业主接管之前，原物业服务人应当继续处理物业服务事项，并可以请求业主支付该期间的物业费。

 **材料分析题**

（1）无权。根据《民法典》第942条和《物业管理条例》第45条，对物业管理区域内违反有关治安、环保、物业装饰装修和使用等方面法律、法规规定的行为，物业服务企业应当制止，并及时向有关行政管理部门报告。物业服务公司不是具有行政执法权的国家机关，并无任何行政执法权，物业服务公司对小区存在的违章搭建等影响小区秩序的行为只要履行了监督和督促整改、制止义务并及时上报行政管理部门，即可认为其履行了相应的物业管理职责。

（2）不合理。根据《民法典》第944条的规定，

业主应当按照约定向物业服务人支付物业费。物业服务人已经按照约定和有关规定提供服务的，业主不得以未接受或者无须接受相关物业服务为由拒绝支付物业费。

（3）熊三。承租人并非业主，并非物业服务合同当事人，物业公司应当向作为合同当事人的熊三收取物业费。

（4）有权。按照《民法典》第 286 条第 2 款的规定，业主大会或者业主委员会，对任意弃置垃圾、排放污染物或者噪声、违反规定饲养动物、违章搭建、侵占通道、拒付物业费等损害他人合法权益的行为，有权依照法律、法规以及管理规约，请求行为人停止侵害、排除妨碍、消除危险、恢复原状、赔偿损失。因此，业主委员会有权提起诉讼。

第二十五章　行纪合同

 **知识逻辑图**

```
            概念：行纪人以自己的名义为委托人从事贸易活动，委托人支付报酬的合同
                  ┌ 行纪人为得经营行纪业务的人
                  │ 标的是处理委托事务
            特征 ┤ 以自己的名义和费用处理委托事务
                  │ 为委托人的利益办理事务
                  └ 诺成合同、双务合同、有偿合同、不要式合同
            法律适用：法律没有规定时，适用委托合同的规定
                            ┌ 支付报酬
行纪合同 ┤ 委托人的义务 ┤ 按约定支付费用
                            └ 受领行纪人完成的委托事务
                            ┌ 按照委托人的指示处理委托事务
            行纪人的义务 ┤ 直接履行合同
                            │ 妥善保管委托物
                            └ 负担行纪费用
                            ┌ 报酬请求权
            行纪人的权利 ┤ 委托物的处理权
                            └ 介入权
```

 名词解释与概念比较

1. 行纪合同
2. 行纪合同与委托合同

 选择题

（一）单项选择题

1. 老王将一堆西红柿交给老刘代卖，老刘卖完后可以提取5%的价款作为酬劳。老刘便将西红柿摆在自己的菜摊上，随自己的菜卖了出去。老王与老刘订立的合同具有何种合同的性质？（　　）。

 A. 委托合同　　　　　　B. 承揽合同
 C. 行纪合同　　　　　　D. 中介合同

2. 甲与乙订立了行纪合同，由乙为甲购买10台电脑。乙与丙签订合同，购买了10台电脑。对此，下列选项中，正确的是（　　）。

 A. 甲应当向丙付款
 B. 乙与丙间的合同对甲具有约束力
 C. 丙应当向乙交付电脑
 D. 丙应当向甲交付电脑

3. 甲与乙签订了行纪合同，由乙为甲购买二手汽车。乙知道丙想转手卖掉自己的汽车，乙告诉了丙其与甲之间的关系，而与丙订立买卖合同，下列选项中，正确的是（　　）。

 A. 买卖合同的当事人为乙与丙
 B. 买卖合同的当事人为甲与丙
 C. 买卖合同的当事人为甲与乙
 D. 乙已经向丙披露了甲，甲可以要求丙履行义务

4. 关于行纪合同，下列选项中，正确的是（　　）。

A. 行纪合同可以适用委托合同的有关规定

B. 行纪人行使介入权，则不能要求委托人支付报酬

C. 委托人应当向行纪人预付行纪费用

D. 行纪人可以要求委托人支付行纪费用以及报酬

5. 按照法律规定，投资人投资股票必须持本人身份证开立股票账户，才能进行股票交易操作。甲没有自己的账户，便与乙约定，甲将钱打入乙的账户，然后告诉乙其所选择的股票，由乙进行买入、卖出的操作，不论买卖股票数额多少，每次操作甲均支付给乙60元报酬。对此，下列选项中，正确的是（　　）。

A. 甲与乙之间成立委托关系

B. 甲与乙之间成立行纪关系

C. 甲与乙之间成立承揽关系

D. 甲与乙之间成立信托关系

视频讲题

（二）多项选择题

1. 甲公司与乙公司签订了行纪合同，由乙公司为甲公司购买某种设备。乙公司与丙公司订立了买卖合同，从丙公司处购买了此种设备。对此，下列选项中，正确的有（　　）。

A. 甲公司应当向丙公司支付货款

B. 乙公司应当将设备交付给甲公司

C. 甲公司有权要求丙公司承担违约责任

D. 甲公司有权要求乙公司承担违约责任

2. 甲有一些老式家具要出卖，于是甲便委托乙寄卖行以自己的名义将家具卖掉。对此，下列选项中，错误的有（　　）。

A. 甲与乙的合同为委托合同

B. 甲与乙的合同为承揽合同

C. 甲与乙的合同为行纪合同

D. 甲应当向乙预付费用

3. 甲与乙在行纪合同中约定，乙以10万元的价格将甲的汽车售出。乙看到当地的汽车市场形势不妙，汽车价格逐渐下跌，乙为避免甲遭受更大的损失，便以8万元的价格将汽车售出，事后告知了甲。对此，下列选项中，正确的有（　　）。

A. 乙的行为构成违约

B. 乙的行为构成侵权

C. 甲可以拒绝接受乙的行纪行为

D. 如果乙补足了2万元差额，则甲必须接受乙的行纪行为

视频讲题

4. 甲将5吨大米委托乙寄卖行对外销售，但销售价格不得低于每斤1.6元，每销售一斤大米，乙可以从销售款中抽取0.1元。对此，下列选项中，正确的有（　　）。

A. 乙以每斤1.5元的价格销售大米，构成违约

B. 乙可以要求甲支付大米的销售费用

C. 乙可以每斤1.6元的价格购买甲的大米

D. 乙可以每斤1.6元的价格购买甲的大米后，无权要求甲支付报酬

5. 甲将自己的一块手表委托乙寄卖行以200元价格出卖。乙经与丙协商，最后以250元成交。对此，下列哪些选项是正确的？（　　）

A. 甲只能取得200元的利益

B. 甲可以取得250元的利益

C. 乙的行为属于违反合同义务的行为

D. 乙可以按照约定增加报酬

6. 甲将10吨大米委托乙商行出售。双方只约定，乙商行以自己名义对外销售，每公斤售价2元，乙商行的报酬为价款的5%。对此，下列哪些说法是正确的？（　　）

A. 甲与乙商行之间成立行纪合同关系

B. 乙商行为销售大米支出的费用应由自己负担

C. 如乙商行以每公斤2.5元的价格将大米售出，双方对多出价款的分配无法达成协议，则应平均分配

D. 如乙商行与丙食品厂订立买卖大米的合同，则乙商行对该合同直接享有权利、承担义务

7. 甲委托乙寄售行以该行名义将甲的一台仪器以3 000元出售，除酬金外，双方对其他事项未作约定。

其后，乙寄售行将该仪器以 3 500 元卖给了丙，为此乙多支付费用 100 元。对此，下列哪些选项是正确的？（　　）

A. 甲与乙寄售行订立的是中介合同

B. 高于约定价格卖得的 500 元属于甲

C. 如仪器出现质量问题，丙应向乙寄售行主张违约责任

D. 乙寄售行无权要求甲承担 100 元费用

（三）不定项选择题

陈某是三石公司供销科长，任职期间办理了三石公司与三木公司之间的供销与加工等多方面的业务。2021 年 3 月，陈某辞职后开办了六顺公司，六顺公司存有三石公司一批设备，并有当初三石公司交付的盖有公章的空白合同书。4 月 1 日，陈某打电话给三木公司，说有一批设备委托三木公司以三木公司的名义销售，销售价格确定为 58 万元人民币，并说明三木公司如同意，应在一个星期之内给予答复。三木公司表示同意，陈某遂将一份载有上述内容、由陈某自己签字、以三石公司为委托方的合同邮寄给三木公司。

三木公司于 4 月 4 日收到该合同文本，在签字盖章后，于 4 月 15 日用特快专递寄给陈某。陈某于 4 月 17 日收到该合同文本后，于 4 月 18 日告知三木公司，该批设备因存放的时间较长，有些部件可能有些问题，并讲明将于同日将该设备发送给三木公司。

三木公司于 4 月 26 日收到该批设备后，即与九龙公司签订了价格为 50 万元的买卖合同，并于 4 月 30 日将该批设备交付给九龙公司。该批设备的使用说明等资料仍在陈某处，九龙公司收到设备后多次向三木公司催要未果，致使设备无法使用，闲置库中。6 月 8 日，一场意外的火灾将该批设备烧坏报废。请回答下列问题：

1. 根据《民法典》的规定，陈某委托三木公司销售设备的行为属于何种性质？（　　）

A. 有权代理行为

B. 无权代理行为

C. 表见代理行为

D. 效力未定的代理行为

2. 陈某以三石公司的名义与三木公司签订的是什么合同？（　　）

A. 买卖合同　　　　　B. 委托合同

C. 行纪合同　　　　　D. 居间合同

3. 陈某以三石公司的名义与三木公司签订的合同于何时生效？（　　）

A. 4 月 1 日　　　　　B. 4 月 5 日

C. 4 月 17 日　　　　　D. 4 月 18 日

4. 关于陈某、三石公司、三木公司、九龙公司之间的法律关系，下列表述中，正确的是（　　）。

A. 陈某委托三木公司销售设备的处分行为属于效力未定的行为，只有在陈某事后取得处分权的情况下，该行为方为有效

B. 因合同没有明确约定报酬，三木公司在完成销售行为后，享有报酬请求权，该报酬可依交易习惯确定

C. 三木公司对其与九龙公司之间签订的买卖合同直接享有权利、承担义务

D. 九龙公司对该批设备的质量问题既可以向三木公司主张，又可以向三石公司主张

5. 对三木公司以 50 万元价格将该批设备出卖给九龙公司的行为，下述哪些表述是正确的？（　　）

A. 由于三木公司以低于指定的价格将该批设备出卖，因而该买卖行为是无效的

B. 由于三木公司以低于指定的价格将该批设备出卖，因而是效力未定的行为

C. 由于三木公司以低于指定的价格将该批设备出卖，因而应当得到委托人同意

D. 由于三木公司以低于指定的价格将该批设备出卖，又未经委托人同意，因而只有在三木公司补偿其差额的情况下，该买卖合同才对三石公司发生效力

6. 该批设备闲置在九龙公司的库房中被意外烧毁的损失应当由谁承担？（　　）

A. 陈某　　　　　　　B. 三石公司

C. 三木公司　　　　　D. 九龙公司

 简答题

1. 简述行纪合同的特征。

2. 简述行纪人的义务。

3. 简述行纪人的介入权。

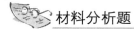 **材料分析题**

甲与乙订立了行纪合同，甲将一批水果交给乙出

售，要求在 10 天之内售完，价格不低于 5 元/斤，售完后乙可以按照销售款的 5% 提成。由于突发泥石流，道路堵塞，乙根本没有办法将水果运出，水果发生腐烂。乙又无法同甲取得联系，便以 3 元/斤的价格处理了一部分水果，剩下的水果乙自掏腰包全部买下，从而处理了全部的水果。请回答下列问题：

（1）甲将水果交付给乙，水果的所有权归属于谁？为什么？

（2）乙是否应就水果腐烂而向甲承担违约责任？为什么？

（3）乙以 3 元/斤的价格处理了一部分水果，是否需要补足 2 元差额？为什么？

（4）乙自己购买水果，从而将甲的水果全部处理，乙能否要求甲支付报酬？为什么？

参考答案

 名词解释与概念比较

1. 行纪合同，是指行纪人以自己的名义为委托人从事贸易活动，委托人支付报酬的合同。

2. 行纪合同与委托合同。

类型	行纪合同	委托合同
定义	行纪人以自己的名义为委托人从事贸易活动，委托人支付报酬的合同	委托人和受托人约定，由受托人处理委托事务的合同
主体资格	行纪人应具有相应资格	受托人无资格限制
处理事务的范围	法律行为	法律行为、事实行为
合同当事人	行纪人以自己的名义与第三人订立合同，当事人为行纪人与第三人	受托人一般以委托人的名义与第三人订立合同，当事人为委托人与第三人
合同发生	有偿、双务、诺成、不要式合同	可以是有偿合同，也可以是无偿合同；双务、诺成、不要式合同
费用负担	除合同另有约定外，行纪人负担	委托人负担

 选择题

（一）单项选择题

1. C

在委托合同中，受托人通常以委托人的名义处理事务。在承揽合同中，往往是由承揽人为定作人完成一定工作，交付一定的工作成果。在中介合同中，中介人向委托人报告订立合同的机会。因此，老王与老刘的合同非为委托合同、承揽合同、中介合同。老刘以自己的名义将西红柿出售给第三人，老刘与第三人为买卖合同的当事人。在西红柿出售以后，老刘应当将价款交付给老王，同时可以要求老王支付约定的报酬。因此，老王与老刘的合同具有行纪合同的性质。故本题应选 C 项。

2. C

行纪人与第三人订立合同的，行纪人为合同当事人，对该合同直接享有权利、承担义务。因此，乙应当向丙付款，丙应当向乙交付电脑。故本题应选 C 项。

3. A

行纪人与第三人订立合同，不论第三人是否知道行纪人与委托人之间的关系，合同当事人均为行纪人与第三人。因此，买卖合同的当事人为乙与丙。故本题应选 A 项。

4. A

按照《民法典》第 960 条的规定，行纪合同可以适用委托合同的规定。行纪人行使介入权，自己作为买受人或者出卖人的，仍可以要求委托人支付报酬。除当事人另有约定外，行纪人应当自行负担行纪费用。故本题应选 A 项。

5. B

乙以其股票账户进行投资股票操作，所显示名义为乙。因此，乙是以自己的名义为甲买卖股票，甲与乙之间的关系不是委托关系。买卖股票为法律行为而非事实行为，甲与乙之间的关系不是承揽关系。信托中的受托人享有相对广泛的自主权，为受益人的利益相对自由地处分信托财产，并且，根据我国信托法的规定，受托人采取信托机构形式从事信托活动。因此，甲与乙之间的关系不是信托关系。乙以自己的名义为甲代购股票，双方所形成的是行纪合同关系。故本题应选 B 项。

（二）多项选择题

1. BD

乙公司作为行纪人，是乙公司与丙公司之间买卖合同的当事人，而甲公司作为委托人并不是买卖合同当事人。因此，甲公司不应向丙公司支付货款。在丙公司将设备交付给乙公司后，乙公司应当将设备交付给甲公司，以履行行纪合同的义务。由于甲公司并非买卖合同当事人，因而其不能要求丙公司承担违约责任，而应要求乙公司承担违约责任。故本题应选 B、D 项。

2. ABD

乙寄卖行是以自己的名义销售家具，因而甲与乙寄卖行的合同并非委托合同。由于乙寄卖行从事的是法律行为而非事实行为，因而，合同并非承揽合同，而是行纪合同。在行纪合同中，除当事人另有约定外，行纪人应当自己支付行纪费用。因此，甲不必向乙寄卖行预付费用。故本题应选 A、B、D 项。

3. ACD

按照《民法典》第 955 条的规定，行纪人以低于委托人指定的价格卖出或者以高于委托人指定的价格买入的，应当经委托人同意。未经委托人同意，行纪人补偿其差额的，该买卖对委托人发生效力。乙违反甲的指示，构成违约，甲可以拒绝接受乙的行纪行为，除非乙补足差额。由于乙是基于合同而处分甲的汽车，因而其行为不属于侵权行为。故本题应选 A、C、D 项。

4. AC

未经委托人同意，行纪人不得低于委托人指定的价格销售委托物。因此，乙的行为构成违约。行纪人应自行负担行纪费用，乙不能要求甲支付大米的销售费用。行纪人享有介入权，在甲未作出反对意思表示的情况下，乙可以自己作为买受人购买大米。乙行使介入权后，仍有权要求甲支付报酬。故本题应选 A、C 项。

5. BD

按照《民法典》第 955 条的规定，行纪人以高于委托人指定的价格卖出或者以低于委托人指定的价格买入的，可以按照约定增加报酬；没有约定或者约定不明确，依照《民法典》第 510 条的规定仍不能确定的，该利益属于委托人。故本题应选 B、D 项。

6. ABD

甲乙之间成立行纪合同。行纪中，行纪人以自己的名义和费用处理委托事务。行纪人以高于委托人指定的价格卖出的，可以按照约定增加报酬，无法确定的，该利益属于委托人。行纪人对与第三人的合同直接享有权利、承担义务。故本题应选 A、B、D 项。

7. BCD

甲与乙寄售行之间成立行纪合同。行纪人与第三人订立合同的，行纪人对该合同直接享有权利、承担义务，丙应当向行纪人乙寄售行主张违约责任，而不能向委托人甲主张违约责任。行纪人自行负担行纪费用，乙寄售行应当自行承担多付的 100 元费用。行纪人高于委托人指定价格将标的物卖出，不能确定该利益归属的，归属于委托人。故本题应选 B、C、D 项。

（三）不定项选择题

1. BC

陈某没有代理权，却以三石公司的名义与三木公司签订合同，其行为属于无权代理。由于陈某所使用的是盖有三石公司公章的空白合同书，具有使三木公司相信陈某享有代理权的表象，从而构成表见代理。因表见代理而订立的合同有效。故本题应选 B、C 项。

2. C

合同中约定三木公司以三木公司自己的名义销售设备，属于行纪合同。故本题应选 C 项。

3. C

合同于承诺生效时成立并生效。三木公司接受要约并以特快专递的形式作出承诺，承诺到达对方时生效。由于承诺到达的时间为 4 月 17 日，因而合同于 4 月 17 日生效。故本题应选 C 项。

4. BC

陈某与三木公司订立合同的行为构成表见代理行为，合同有效。行纪合同为有偿合同，在当事人未对报酬作出明确约定时，应当依照《民法典》第 510 条的规定加以确定，交易习惯可以成为合同中的默示条款，三木公司可以依交易习惯要求支付报酬。行纪人订立的买卖合同，行纪人为合同当事人，直接享有合同权利，承担合同义务。因此，九龙公司只能请求三木公司承担责任。故 B、C 项正确，当选。

5. CD

按照《民法典》第 955 条的规定，行纪人以低于委托人指定的价格卖出或者以高于委托人指定的价格买入的，应当经委托人同意。未经委托人同意，行纪人补偿其差额的，该买卖对委托人发生效力。故本题应选C、D项。

6. D

在无约定的情况下，标的物意外毁损、灭失的风险自交付时起转移，九龙公司受领设备之后，设备意外毁损，损失由九龙公司承担。故本题应选D项。

 简答题

1. 行纪合同具有如下特征：（1）行纪人为得经营行纪业务的人。行纪营业属于特殊行业，行纪人的设立须经过批准或者许可。未经批准或者许可的人，不得从事行纪营业。（2）行纪合同的标的是处理委托事务。这种处理委托事务体现为行纪人为委托人从事贸易活动，可见，行纪合同的标的只能限于民事法律行为。（3）行纪人以自己的名义和费用处理委托事务。在行纪人与第三人实施民事法律行为时，自己为权利义务主体，委托人并不直接成为权利义务主体。行纪人不仅以自己的名义处理委托事务，而且以自己的费用为委托人处理委托事务。（4）行纪人为委托人的利益办理事务。行纪人在与第三人实施行为时，应当考虑委托人的利益，并将其结果归属于委托人。（5）行纪合同为诺成合同、双务合同、有偿合同、不要式合同。行纪合同自当事人双方意思表示一致时即可成立，为诺成合同；行纪人负有为委托人处理委托事务的义务，而委托人负有给付报酬的义务，因此，行纪合同是双务合同、有偿合同；行纪合同的成立无须履行特别的方式，为不要式合同。

2. 行纪人的义务主要包括：（1）按照委托人的指示处理委托事务。行纪人在办理委托事务时应遵从委托人的指示，选择对委托人最为有利的条件处理。行纪人除为保障委托人的利益所必需者外，不得变更委托人的指示。（2）直接履行合同。行纪人与第三人订立合同的，行纪人对该合同直接享有权利、承担义务。（3）妥善保管委托物。行纪人占有委托物的，该委托物的所有权并不属于行纪人，而是属于委托人。所以，

行纪人应当妥善保管委托物。（4）负担行纪费用。行纪人处理委托事务所支出的费用，除当事人另有约定外，行纪人应自己负担，不得要求委托人承担。

3. 行纪人的介入权是指行纪人接受委托卖出或者买入具有市场定价的商品时，以自己的名义充当出卖人或者买受人的权利。行纪人行使介入权须具备以下条件：（1）行纪人须卖出或者买入具有市场定价的商品；（2）委托人须没有禁止介入的意思表示；（3）行纪人须尚未对第三人卖出或者买进。行纪人行使介入权后，将产生两个方面的效力：一方面，在行纪人与委托人之间直接成立买卖合同关系，法律关于买卖合同的规定均可适用。另一方面，行纪人的介入并不影响其报酬请求权的行使。当符合报酬请求权的条件时，行纪人仍可请求委托人支付报酬。

材料分析题

（1）水果的所有权归属于甲。因为在行纪合同中，委托人将委托物交付给行纪人，并不发生所有权的转移。

（2）乙无须就水果腐烂而向甲承担违约责任。行纪人占有委托物的，应当妥善保管委托物。水果腐烂是因为突发泥石流堵塞道路使水果无法运出而引起的，这应属于不可抗力而引发的损失，乙不构成违约。因此，水果腐烂的损失由甲自负。

（3）乙不需要补足差额。按照《民法典》第954条的规定，委托物交付给行纪人时有瑕疵或者容易腐烂、变质的，经委托人同意，行纪人可以处分该物；不能与委托人及时取得联系的，行纪人可以合理处分。虽然乙以低于甲的指示价格将水果卖出，但若非如此，甲的损失更大。因此，乙的行为适当，甲不得拒绝接受乙的行纪行为。

（4）乙可以要求甲支付报酬。水果属于具有市场定价的商品，在甲没有反对意思表示的情况下，乙可以行使介入权，自己作为买受人。乙行使介入权后，仍然可以要求甲支付报酬。

第二十六章　中介合同

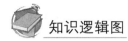 知识逻辑图

概念：中介人向委托人报告订立合同的机会或者提供订立合同的媒介服务，委托人支付报酬的合同

特征
- 标的是中介人所提供的中介劳务
- 中介人须按委托人的指示和要求为中介活动
- 诺成合同、双务合同、有偿合同、不要式合同
- 委托人的给付义务具有不确定性

中介合同

法律适用：法律没有规定时，适用委托合同的规定

效力
- 中介人的义务
  - 如实报告订立合同的事项
  - 尽力进行中介服务
  - 保密义务
- 委托人的义务
  - 按约定给付报酬
  - 偿付必要费用

 名词解释与概念比较

中介合同

 选择题

（一）单项选择题

1. 在中介合同中，中介人（　　）。

A. 是委托人的代理人

B. 是第三人的代理人

C. 是委托人、第三人的代理人

D. 不是委托人、第三人的代理人

2. 下列选项中，关于我国的中介制度的说法错误的是（　　）。

A. 中介合同是双务合同

B. 因中介人提供订立合同的媒介服务而促成合同成立的，中介人有权请求支付报酬和费用

C. 中介人应当就有关订立合同的事项向委托人如实报告

D. 中介人未促成合同成立的，不得请求支付报酬

3. 华利公司欲购买一批仪器，委托刘某提供媒介服务。华利公司和有关当事人对刘某提供媒介服务的费用承担问题没有约定，后又不能协商确定。在此情况下，对刘某提供媒介服务的费用应按下列哪个选项确定？（　　）

A. 华利公司应当向刘某预付提供媒介服务的费用

B. 在刘某促成合同成立时，华利公司应当承担其提供媒介服务的费用

C. 在刘某未促成合同成立时，应当由刘某自己承担提供媒介服务的费用

D. 在刘某促成合同成立时，应当由刘某自己承担提供媒介服务的费用

视频讲题

4. 乙公司想把自己的一项技术转让出去，其与甲

公司签订了合同，由甲公司为乙公司寻找买家。最后，甲公司所介绍的丙公司与乙公司订立了技术转让合同。乙公司向甲公司支付了事先约定的报酬。但是，乙公司事后才发现甲公司经工商登记的经营范围中并没有此项业务。那么，甲公司与乙公司所订立的合同效力状态为（　　）。

A. 有效　　　　　　　B. 无效

C. 可撤销　　　　　　D. 效力未定

5. 2021 年 7 月 6 日，甲与乙就乙提供中介服务达成口头协议。7 月 7 日，甲向乙预付了款项。则下列选项中，正确的是（　　）。

A. 合同于 2021 年 7 月 6 日生效

B. 合同于 2021 年 7 月 7 日生效

C. 合同未采用书面形式，因而不能生效

D. 合同于乙接受款项时生效

6. 刘某与甲房屋中介公司签订合同，委托甲公司帮助出售房屋一套。关于甲公司的权利、义务，下列哪一说法是错误的？（　　）

A. 如有顾客要求上门看房时，甲公司应及时通知刘某

B. 甲公司可代刘某签订房屋买卖合同

C. 如促成房屋买卖合同成立，甲公司可向刘某收取报酬

D. 如促成房屋买卖合同成立，甲公司自行承担中介活动费用

7. 小王欲租房，委托中介公司找房，约定事成之后支付给中介人 1 000 元中介费，其他事项无约定。后中介公司在找房过程中花费 200 元的必要费用，但未能促成租房合同成立，下列说法正确的是（　　）。

A. 中介公司有权请求小王支付报酬 1 000 元

B. 中介公司有权请求小王支付必要费用 200 元

C. 中介公司有权请求小王支付一半的必要费用 100 元

D. 中介公司无权请求小王支付任何费用

（二）多项选择题

1. 关于中介合同，下列选项中错误的有（　　）。

A. 中介人促成合同成立的，中介活动的费用由委托人负担

B. 中介合同既可以是有偿合同，也可以是无偿合同

C. 中介人因故意或者过失向委托人提供虚假情

况，损害委托人利益的，应当承担损害赔偿责任

D. 因中介人提供订立合同的媒介服务而促成合同成立的，由该合同当事人平均负担中介人的报酬

2. 甲公司欲购买一批桌椅，委托乙提供媒介服务。最后在乙的服务之下，甲公司和丙公司订立了买卖合同。不过，甲公司与丙公司对于乙提供媒介服务的费用承担问题没有达成一致。则下列选项中，表述错误的有（　　）。

A. 若乙促成了合同成立，则由乙自己承担提供媒介服务的费用

B. 若乙未促成合同成立，则由乙自己承担提供媒介服务的费用

C. 若乙促成了合同成立，则甲公司应当向乙支付提供媒介服务的费用

D. 不论如何，甲公司都应向乙支付提供媒介服务的费用

3. 甲委托乙帮忙物色一套比较好的房屋，事成之后甲给乙 2 000 元的报酬。某日，丙委托乙帮忙将房屋卖出去，事成之后丙给乙 3 000 元的报酬。于是乙便从中牵线搭桥，使甲与丙订立了房屋买卖合同。对此，下列选项中，正确的有（　　）。

A. 甲应当向乙支付 2 000 元的报酬

B. 丙应当向乙支付 3 000 元的报酬

C. 乙可以请求甲与丙支付自己所支出的费用

D. 乙的行为属于非法行为

4. 2021 年 6 月 8 日，张凯丽到多家房屋中介公司挂牌销售其位于锦绣山河小区的一套房屋。10 月 22 日，星耀公司带张云帆看了该房屋；11 月 27 日，北海公司带张云航看了该房屋。当时北海公司对该房屋报价 145 万元，并积极与卖方协商价格。11 月 30 日，在白鹿公司中介服务中，张云航与张凯丽签订了房屋买卖合同，成交价为 138 万元。后买卖双方办理了过户手续，张云航向白鹿公司支付佣金 1.38 万。北海公司认为张云航构成"恶意跳单"，要求其支付佣金。关于该纠纷，下列说法正确的是（　　）。

A. 张云航构成恶意"跳单"，应当向北海公司支付佣金

B. 星耀公司无权请求张云航支付中介活动的必要费用

C. 白鹿公司可以请求张云航支付中介活动的必要费用

D. 张云航可以随时解除与中介公司的合同关系

视频讲题

简答题

1. 简述中介合同的特征。
2. 简述中介人的主要义务。

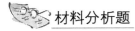**材料分析题**

甲公司与乙签订了中介合同，由乙为甲公司寻找机会，租赁一幢适合甲公司作办公之用的大楼。事成之后，甲公司支付给乙 2 万元的报酬，合同履行期限为 30 天，但有关费用问题并无约定。签订合同后，乙四处奔波，为甲公司寻找适合的大楼，但一直未找到。甲公司的负责人很着急，经常打电话询问乙是否找到适合的大楼。乙担心若道出实情，甲公司很可能会另托他人，就不会向自己支付 2 万元，便一直说正在与对方协商，稍等几天便可以签合同了。甲公司的负责人信以为真，便一直等着乙传来好消息。合同履行期限届满，乙未找到合适的大楼。请回答下列问题：

（1）乙的行为是否属于违约行为？为什么？
（2）乙能否请求甲公司支付活动费用？为什么？
（3）甲公司能否要求乙赔偿损失？为什么？

参考答案

名词解释与概念比较

中介合同，是指中介人向委托人报告订立合同的机会或者提供订立合同的媒介服务，委托人支付报酬的合同。

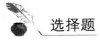**选择题**

（一）单项选择题

1. D

中介合同的当事人是委托人与中介人，中介人不是委托人、第三人的代理人。故本题应选 D 项。

2. B

中介合同是双务、有偿合同；在中介合同中，因中介人提供订立合同的媒介服务而促成合同成立的，由该合同的当事人平均负担中介人的报酬；中介人未促成合同成立的，不得请求支付报酬；中介人应当就有关订立合同的事项向委托人如实报告。故本题应选 B 项。

3. D

按照《民法典》第 963 条的规定，中介人促成合同成立的，委托人应当按照约定支付报酬。对中介人的报酬没有约定或者约定不明确，依照《民法典》第 510 条的规定仍不能确定的，根据中介人的劳务合理确定。因中介人提供订立合同的媒介服务而促成合同成立的，由该合同的当事人平均负担中介人的报酬。中介人促成合同成立的，中介活动的费用，由中介人负担。因此，在刘某促成合同成立时，应由华利公司与对方当事人平均分担给付刘某的报酬，刘某自己负担提供媒介服务的费用。按照《民法典》第 964 条的规定，中介人未促成合同成立的，不得请求支付报酬，但可以按照约定请求委托人支付从事中介活动支出的必要费用。因此，在刘某未促成合同成立时，刘某可以要求华利公司支付提供媒介服务的必要费用。故本题应选 D 项。

4. A

甲公司与乙公司订立的合同为中介合同，《民法典》并未限定中介人资格。另外，法人或者非法人组织的法定代表人、负责人超越权限订立的合同，除相对人知道或者应当知道其超越权限的以外，该代表行为有效。因此，甲公司与乙公司的合同有效。故本题应选 A 项。

5. A

中介合同是诺成、不要式合同，因而 2021 年 7 月 6 日甲与乙意思表示达成一致时，合同成立并生效。7 月 7 日甲向乙预付费用的行为，是甲履行债务的行为。故本题应选 A 项。

6. B

此合同属报告中介合同，中介人应当报告订立合同的机会，并促成合同的订立。中介人促成合同成立的，中介活动的费用，由中介人负担，委托人应当支

付报酬。但合同仍应由刘某与买受人订立，中介人不能代替刘某订立合同。故本题应选 B 项。

7. D

按照《民法典》第 964 条的规定，中介人未促成合同成立的，不得请求支付报酬；但是可以按照约定请求委托人支付从事中介活动支出的必要费用。A、B、C 项错误。小王、中介之间无费用的相关约定，D 项正确。故本题应选 D 项。

（二）多项选择题

1. ABC

在中介合同中，中介人促成合同成立的，委托人应当向中介人支付报酬，但中介人应自行负担中介活动的费用。中介合同为有偿合同，但中介人取得报酬以中介人完成中介任务为前提。按照《民法典》第 962 条的规定，中介人只有在故意隐瞒与订立合同有关的重要事实或者提供虚假情况损害委托利益的，中介人才承担赔偿责任。中介人因过失而提供了虚假情况，不负赔偿责任。按照《民法典》第 963 条的规定，中介人提供媒介服务而促成合同成立的，该合同当事人平均负担中介人的报酬。故本题应选 A、B、C 项。

2. CD

乙提供媒介中介服务，促成合同成立的，中介活动的费用由乙自己负担，甲公司与丙公司应当平均负担向乙支付的报酬。若乙未促成合同成立的，不得要求支付报酬，但在有相关约定的情况下，可以要求甲公司支付从事中介活动、提供媒介服务所支出的必要费用。由于委托人与中介人并无费用的相关约定，因此，应当由乙自行承担提供媒介服务的费用。故本题应选 C、D 项。

3. AB

乙可以同时作为甲和丙的中介人，对此法律并无禁止性规定。乙最终促成甲与丙订立合同，并无非法之处。乙促成了甲与丙之间合同的订立，乙应自己负担中介费用，并可以请求甲与丙支付约定的报酬。故本题应选 A、B 项。

4. BD

《民法典》第 965 条规定："委托人在接受中介人的服务后，利用中介人提供的交易机会或者媒介服务，绕开中介人直接订立合同的，应当向中介人支付报酬。"本题中，张凯丽通过多家中介公司挂牌出售同一房屋，张云航分别通过不同的中介公司了解到同一房

源信息。张云航与星耀公司、北海公司并不存在中介合同关系，其与白鹿公司间存在中介合同关系，因此张云航对北海公司不存在"跳单"的前提，张云航无须向北海公司支付佣金。A 项错误，B 项正确。白鹿公司促成了合同的订立，可以向张凯丽、张云航请求支付相应的报酬，自行负担中介活动的费用。因此，C 项错误。按照《民法典》第 966 条的规定，对中介合同没有规定的，参照适用委托合同的有关规定。在委托合同中，委托人享有任意解除权，因此 D 项正确。故本题应选 B、D 项。

 简答题

1. 中介合同具有如下特征：（1）中介合同的标的是中介人所提供的中介劳务。中介合同属于提供劳务类合同，中介人所提供的劳务为中介劳务，即向委托人报告订约机会或者提供订约媒介服务。（2）中介人须按委托人的指示和要求为中介活动。中介人应当根据委托人的具体要求，为委托人报告有关可以与委托人订立合同的人，给委托人提供订约的机会，或者充任委托人与第三人之间订立合同的中介人，使双方订立合同。（3）中介合同是诺成合同、双务合同、有偿合同、不要式合同。中介合同自当事人双方意思表示一致时成立，为诺成合同；中介人为委托人报告订约机会或者提供订约媒介服务，委托人支付报酬，两者互为对价，故中介合同为双务合同、有偿合同；当事人可以采取口头、书面或者其他形式订立中介合同，因此，中介合同为不要式合同。（4）中介合同中委托人的给付义务具有不确定性。在中介合同中，只有中介人的中介活动达到目的，即中介人促成合同成立，委托人才负给付报酬的义务。因此，委托人给付报酬的义务是否须履行，也就具有不确定性。

2. 中介人的主要义务包括：（1）如实报告订立合同的事项。中介人在从事中介活动时，就有关订立合同的事项应向委托人如实报告。（2）尽力进行中介服务。依据诚信原则，中介人应负尽力的义务，即尽力促成交易。至于尽力的标准，应依中介的内容和当事人的约定以及交易习惯确定。（3）保密义务。在中介合同中，中介人对在为委托人完成中介服务过程中获悉的委托人的有关商业秘密以及委托人提供的其他各种信息、成交机会等，应当依据合同的约定和法律的

规定保守秘密。

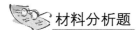材料分析题

（1）乙的行为属于违约行为。因为合同中虽然没有约定乙应当向甲公司如实报告事务的处理进程，但按照《民法典》第962条的规定，中介人承担向委托人如实报告的法定义务，乙违反了此项义务，构成违约。

（2）不可以。按照《民法典》第964条的规定，中介人未促成合同成立的，可以按照约定请求委托人支付从事中介活动支出的必要费用。由于甲公司与乙之间并无此种约定，因此乙不能请求甲公司支付活动费用。

（3）可以。按照《民法典》第962条的规定，乙违反法定的如实报告义务，故意向甲公司提供虚假情况，致使甲公司受到损失，乙不得请求支付报酬，并需要承担赔偿责任。

第二十七章　合伙合同

知识逻辑图

合伙合同
├─ 概念：两个以上合伙人为了共同的事业目的，订立的共享利益、共担风险的协议
├─ 特征
│　├─ 合伙人须为两人以上
│　├─ 合伙人具有共同的事业目的
│　├─ 合伙人共享利益、共担风险
│　└─ 诺成合同、不要式合同、继续性合同
├─ 分类：定期合伙合同与不定期合伙合同、长期合伙合同与临时合伙合同
├─ 效力
│　├─ 合伙人的出资义务
│　├─ 合伙财产的归属
│　├─ 合伙事务的决定和执行
│　├─ 执行事务合伙人的报酬
│　├─ 合伙的利润分配与亏损分担
│　├─ 合伙合同的债务承担
│　├─ 合伙财产份额的转让
│　└─ 合伙人的债权人行使代位权的限制
└─ 终止
　　├─ 原因
　　│　├─ 合伙期限届满
　　│　├─ 合伙人死亡、丧失民事行为能力或者终止
　　│　└─ 其他原因
　　└─ 法律后果：清算、剩余财产分配

名词解释与概念比较

1. 合伙合同
2. 合伙合同和借款合同

选择题

（一）单项选择题

1. 卢某、钱某与孙某计划成立一家合伙企业从事货运代理业务。三人签订"合伙协议"，约定卢某与钱某各出资 500 万元，各占 25% 份额，孙某出资 1 000 万元，占 50% 份额；由孙某具体负责合伙事务的执行。出资到账后孙某开始负责企业运营，但一直未办理企业登记手续。对此，下列哪一说法是正确的？（　　）

A. 在合伙终止前，钱某有权基于重大理由请求分割合伙财产

B. 若卢某将合伙份额转让给卢某的配偶，须经钱某与孙某同意

C. 若钱某死亡，应为钱某办理退伙手续

D. 卢某若认为确有必要，也可以参与合伙事务的执行

视频讲题

2. 关于合伙的利润分配，如合伙协议未约定且合伙人协商不成，但可以确定实缴出资比例，下列哪一选项是正确的？（ ）

A. 应当由全体合伙人平均分配

B. 应当由全体合伙人按实缴出资比例分配

C. 应当由全体合伙人按合伙协议约定的出资比例分配

D. 应当按合伙人的贡献决定如何分配

3. 赵、钱、孙、李四人设立了合伙。经全体合伙人会议决定，委托赵与钱执行合伙事务，对外代表合伙。对此，下列哪一表述是错误的？（ ）

A. 孙、李仍享有执行合伙事务的权限

B. 孙、李有权监督赵、钱执行合伙事务的情况

C. 如赵单独执行某一合伙事务，钱可以对赵执行的事务提出异议

D. 如赵执行事务违反合伙协议，孙、李有权撤销对赵的委托

4. 甲、乙、丙分别出资 20 万元、20 万元、60 万元成立了一个合伙，下列说法正确的是（ ）。

A. 甲、乙、丙所出资的 100 万元归该合伙所有

B. 甲、乙、丙对所出资的 100 万元成立按份共有

C. 甲、乙、丙对所出资的 100 万元成立共同共有

D. 因丙出资最多，故丙为合伙事务执行人

5. 关于合伙的利润分配，如合伙协议未约定且合伙人协商不成，下列哪一选项是正确的？（ ）

A. 应当由全体合伙人平均分配

B. 应当由全体合伙人按实缴出资比例分配

C. 应当由全体合伙人按合伙协议约定的出资比例分配

D. 应当按合伙人的贡献决定如何分配

（二）多项选择题

1. 张某、赵某和李某共同出资 30 万元设立一家合伙，则下列说法中错误的是？（ ）

A. 未经其他合伙人同意，张某将合伙的一台电脑赠与王某，则王某不可能取得电脑的所有权

B. 张某欲向王某转让其在合伙中的财产份额，只需通知李某和赵某即可

C. 张某欲向李某转让其在合伙中的财产份额，只需通知赵某即可

D. 即便合伙协议约定了合伙期限，张某也可以随意退伙

2. 关于合伙合同的表述，下列哪些说法是正确的？（ ）

A. 合伙人须为两人以上

B. 合伙人共享利益、共担风险

C. 合伙合同是继续性合同

D. 合伙合同是不要式合同

3. 下列选项中，哪些属于合伙合同终止的原因？（ ）

A. 合伙人死亡

B. 合伙人丧失民事行为能力

C. 合伙人约定的合伙期限届满

D. 合伙目的已经实现

（三）不定项选择题

甲、乙、丙签订合伙协议，约定经营期 10 年，三人分别出资 10 万元、30 万元、60 万元成立合伙。按照合伙协议的约定，甲为合伙事务执行人。不过，甲、丙履行了出资义务，但乙实际只出资了 10 万元，他们未领取营业执照。之后，甲私自向戊转让份额 5 万元；经丙同意，己出资 30 万元入伙；乙感觉合伙经营不善，通知其他人自己退出合伙。后来，甲以合伙的名义与丁订立合同买卖钢材，因纠纷而产生民事诉讼，以全部出资赔偿损失后，仍需要支付 30 万元赔偿金。请回答下列问题：

1. 关于入伙与退伙，下列说法正确的是（ ）。

A. 戊成为合伙人

B. 己成为合伙人

C. 乙仍为合伙人

D. 该合伙中的合伙人仅包括甲、乙、丙

2. 在甲、乙、丙出资后，关于合伙财产，下列说法正确的是（ ）。

A. 该合伙的合伙财产为 100 万元

B. 该合伙的合伙财产为 80 万元

C. 乙应当继续出资 20 万元，出资后成为合伙财产

D. 合伙财产归合伙所有

3. 关于合伙与丁之间的民事诉讼，对于合伙而言，下列说法正确的是（ ）。

A. 合伙是民事诉讼当事人

B. 甲、乙、丙是民事诉讼当事人

C. 仅甲是民事诉讼当事人

D. 应当以合伙以及甲、乙、丙共同作为民事诉讼当事人

4. 关于 30 万元的赔偿金，下列说法正确的是（　　）。

A. 应当由甲、乙、丙、戊、己共同赔偿

B. 合伙已无财产，应予破产

C. 应当由甲、乙、丙按照 1∶1∶6 的比例向丁赔偿

D. 应当由甲、乙、丙连带向丁赔偿

5. 丙的债权人因丙欠钱不还，发现丙在合伙中有 60 万元的份额，因此提起代位权诉讼，下列说法正确的是（　　）。

A. 债权人应当以甲、乙、丙为被告提起诉讼

B. 债权人应当以甲、乙为被告提起诉讼

C. 债权人有权行使合伙中的丙的表决权

D. 债权人有权要求分割丙在合伙中的财产份额

视频讲题

 简答题

1. 简述合伙合同的特征。

2. 简述合伙的利润分配和亏损分担。

材料分析题

甲、乙二人口头约定组成合伙，一起承揽劳务，后因活儿比较多，又雇了丙干活儿。甲与丁达成协议，由该合伙为丁维修其小型车库。甲、丙从甲、乙合伙的仓库带了工具，到丁处开始维修。但在干活儿的过程中，甲不小心将工具扔出，砸坏旁边的一辆汽车。而丁的车库天花板也突然掉落，丙被砸伤。汽车的所有人要求丁赔偿损失，丙也要求丁赔偿损失。请回答下列问题：

（1）丙受雇于谁，为什么？

（2）汽车的所有人是否有权要求丁赔偿损失，为什么？

（3）丙是否有权要求丁赔偿损失，为什么？

参考答案

 名词解释与概念比较

1. 合伙合同，是指两个以上合伙人为了共同的事业目的，订立的共享利益、共担风险的协议。

2. 合伙合同和借款合同。

类型	合伙合同	借款合同
定义	两个以上合伙人为了共同的事业目的，订立的共享利益、共担风险的协议	贷款人将一定数量的货币转移给借款人，而借款人在约定的期限内将同种类、同数量的货币返还给贷款人的协议
目的	共同出资、共同经营、共享收益、共担风险	贷款人的目的是收回本金并收取必要利息，而借款人则是为了使用有关借款以实现必要的资金融通
风险	各合伙人应共同出资、共同经营、共享收益、共担风险	只是一方向另一方提供金钱、另一方到期还本付息的合同
经营管理	每个合伙人都有权参与合伙事务的管理	依据合同约定提供借款，并不能参与借款人的实际经营活动
法律责任	合伙人除应承担投资无法收回的风险外，还应承担因合伙财产不能清偿债务而需要对合伙债务负连带责任的风险	最多只承担借款人到期不能清偿的风险，而不承担其他责任

 选择题

（一）单项选择题

1. B

根据《合伙企业法》第 9 条的规定，申请设立合伙企业，应当向企业登记机关办理登记手续。由于合伙人未办理登记，因此他们并非设立合伙企业，而是设立了合伙，此属民事合伙，适用《民法典》的规定。根据《民法典》第 969 条第 2 款的规定，合伙合同终止前，合伙人不得请求分割合伙财产，故钱某只有在合伙合同终止后才能请求分割合伙财产。A 项错误。根据《民法典》第 974 条的规定，除合伙合同另有约定外，合伙人

向合伙人以外的人转让其全部或者部分财产份额的，须经其他合伙人一致同意。所以卢某将合伙份额转让给其配偶，应当经钱某与孙某的同意。B项正确。根据《民法典》第977条的规定，通常情况下，合伙人死亡、丧失民事行为能力或者终止的，合伙合同终止。钱某死亡，会发生合伙合同终止。故C项错误。根据《民法典》第970条第2款的规定，按照合伙合同的约定或者全体合伙人的决定，可以委托一个或者数个合伙人执行合伙事务，其他合伙人不再执行合伙事务，但是有权监督执行情况。卢某、钱某与孙某签订的"合伙协议"中约定了由孙某具体负责合伙事务的执行，所以，卢某不再执行合伙事务。故D项错误。故本题选B项。

2. B

根据《民法典》第972条的规定，关于合伙的利润分配，在未约定且协商不成的情况下，由合伙人按照实缴出资比例分配；无法确定比例的，由合伙人平均分配。故本题选B项。

3. A

根据《民法典》第970条第2款的规定，合伙事务由全体合伙人共同执行，或者委托一个或者数个合伙人执行，其他合伙人不再执行合伙事务，但是有权监督执行情况。因此，A项错误，B项正确。根据该条第3款的规定，合伙人分别执行合伙事务的，执行事务合伙人可以对其他合伙人执行的事务提出异议，C项正确；受委托执行合伙事务的合伙人不按照合伙协议或者全体合伙人的决定执行事务的，其他合伙人可以决定撤销该委托，故D项正确。故本题应选A项。

4. C

合伙并非民事主体，合伙企业才是民事主体。因此，100万元虽属于合伙财产，但所有权不属于合伙，而属于合伙人共同所有，此种共有属于共同共有。A项、B项错误，C项正确。合伙事务执行人由合同约定或由全体合伙人一致决定，D项错误。故本题应选C项。

5. B

依据《民法典》第972条的规定，合伙的利润分配，按照合伙合同的约定办理；合伙合同没有约定或者约定不明确的，由合伙人协商决定；协商不成的，由合伙人按照实缴出资比例分配。故本题应选B项。

（二）多项选择题

1. BD

根据《民法典》第970条的规定，合伙人就合伙

事务作出决定的，除合伙合同另有约定外，应当经全体合伙人一致同意。张某未经其他合伙人的同意赠与电脑，为无权处分，合同不能履行，且因赠与而不会发生善意取得，故王某不能取得所有权，A项正确。根据《民法典》第974条的规定，在合伙合同没有约定的情况下，张某向合伙人以外的王某转让财产份额，应当取得李某和赵某的同意。故B项错误。但若合伙人在内部进行份额转让，则只需通知其他合伙人，而不需要取得同意，C项正确。根据《民法典》第976条的规定，只有在形成不定期合伙的情况下，合伙人才可以随时解除合同退伙，若为定期合伙，则合伙人不可随时退伙，D项错误。故本题应选B、D项。

2. ABCD

在合伙合同中，合伙人须为二人以上，且须共享利益、共担风险。合伙是诺成合同、继续性合同、不要式合同。故本题应选A、B、C、D项。

3. ABCD

在合伙人死亡、丧失民事行为能力的情况下，合伙合同终止。在合伙期限届满、合伙目的已经实现时，合伙合同亦终止。故本题应选A、B、C、D项

（三）不定项选择题

1. CD

合伙人对外转让财产份额的，须经其他合伙人一致同意，因此甲向戊转让份额为无效，戊不能成为合伙人，A项错误。新合伙人入伙，除合伙协议另有约定外，应当经全体合伙人一致同意，因此己不能成为合伙人，B项错误。甲、乙、丙的合伙协议定有经营期限，非为不定期合伙，乙不可以任意解除合同退出合伙，因此乙仍然为合伙人，C项、D项正确。故本题应选C、D项。

2. BC

按照《民法典》第969条的规定，合伙人出资构成合伙财产。甲、乙、丙三人共出资80万元，因此合伙财产为80万元，A项错误，B项正确。乙应当履行合伙协议约定的出资义务，将剩余的20万元进行出资，出资后个人财产成为合伙财产，则合伙财产变为100万元，C项正确。合伙并非独立的民事主体，不能成为财产的所有人，合伙财产归全体合伙人共有，D项错误。故本题应选B、C项。

3. B

按照最高人民法院《关于适用〈中华人民共和国民事诉讼法〉的解释》第60条的规定，在诉讼中，未

依法登记领取营业执照的个人合伙的全体合伙人为共同诉讼人。因此 A 项错误，B 项正确，D 项错误。按照《民法典》第 970 条的规定，甲作为执行合伙人，甲的行为对合伙以及全体合伙人产生效力，责任不能仅由甲承担，C 项错误。故本题应选 B 项。

4. D

戊、己并不能成为合伙人，因此，戊、己无赔偿责任，A 项错误。该合伙并非民事主体，无破产可能，B 项错误。合伙人对合伙债务承担无限连带责任，D 项正确。对于 C 项，在甲、乙、丙连带赔偿后，30 万元成为合伙的亏损，由甲、乙、丙三人进行内部分担，按照《民法典》第 972 条的规定处理，在无约定，也协商不成的情况下，由甲、乙、丙三人按照实缴出资比例 1∶1∶6 承担，相互之间可能产生相应的追偿。故本题应选 D 项。

5. AD

在代位权诉讼中，被告应当为债务人的相对人，而丙的相对人应当为合伙。针对合伙的诉讼，在合伙未登记的情况下，应当以全体合伙人为当事人，A 项正确，B 项错误。《民法典》第 975 条规定："合伙人的债权人不得代位行使合伙人依照本章规定和合伙合同享有的权利，但是合伙人享有的利益分配请求权除外。"因此，C 项错误，D 项正确。故本题应选 A、D 项。

 简答题

1. 合伙合同具有如下特征：（1）合伙人须为两人以上。在合伙合同中，合伙人在数量上均须为两个以上。（2）合伙人具有共同的事业目的。合伙人订立合伙合同的目的在于实现共同的事业目的，合伙人订立合伙合同具有目的上的一致性。因此，合伙合同是共同行为。（3）合伙人共享利益、共担风险。基于共同的事业目的，合伙人应当共享利益。同时，基于共同的事业目的，合伙人之间须共担风险。（4）合伙合同是诺成合同、不要式合同、继续性合同。合伙合同自合伙人意思表示一致时成立，为诺成合同。除法律另有规定外，合伙合同不需要采取特定的形式，故为不要式合同。合伙合同的共同目的可以是长期性的，也可以是临时性的，但是均需要合伙人持续履行合同，故合伙合同为继续性合同。

2. 合伙的利润分配，是指合伙在扣除必要支出后所获利润在各合伙人之间的分配；合伙的亏损分担，是指合伙在一定时期内各种收入减去各项费用之后出现负差额，亦即发生了亏损，就此亏损在各合伙人之间分担。依据《民法典》第 972 条的规定，合伙的利润分配和亏损分担，按照合伙合同的约定办理；合伙合同没有约定或者约定不明确的，由合伙人协商决定；协商不成的，由合伙人按照实缴出资比例分配、分担；无法确定出资比例的，由合伙人平均分配、分担。可见，合伙合同的利润分配与亏损分担的具体比例，遵循意定优先、法定补充的规则适用顺序。

材料分析题

（1）丙受雇于甲、乙二人。虽然甲、乙二人通过口头协议设立了合伙，合伙协议成立且有效，但该合伙并无主体资格，相关权利义务归属于全体合伙人。甲、乙二人或二人的合伙并非用人单位，甲、乙二人与丙形成劳务合同关系，而非劳动合同关系。甲、乙二人共同为劳务合同关系的一方。

（2）无权。甲执行合伙事务与丁达成协议，由此产生的权利、义务、责任应当由全体合伙人即甲、乙共同享有和承担。甲与丁所达成的协议为承揽合同，而非建设工程施工合同，也非委托合同，因为维修工具由合伙自行提供，维修工作也由合伙独立完成。按照《民法典》第 1193 条的规定，承揽人在完成工作过程中造成第三人损害的，应由承揽人承担侵权责任，定作人不承担侵权责任。因此，承揽人造成汽车损失的，应当由承揽人赔偿损失，而非定作人赔偿损失。因此，损失应当由合伙承担，成为合伙债务，而合伙人对合伙债务承担连带责任。因此，应当由甲、乙二人承担连带赔偿责任。甲、乙二人赔偿后，可以按照《民法典》第 972 条对合伙亏损分担的规则，分担合伙亏损。

（3）有权。甲、乙与丁之间存在承揽合同关系。丙受雇于甲、乙，存在劳务合同关系。丙在车库工作系向甲、乙提供劳务。按照《民法典》第 1192 条第 2 款的规定，提供劳务期间，因第三人的行为造成提供劳务一方损害的，提供劳务一方有权请求第三人承担侵权责任，也有权请求接受劳务一方给予补偿。接受劳务一方补偿后，可以向第三人追偿。据此，丁对其天花板突然掉落存在过错，丙有权要求丁承担侵权责任，赔偿损失。丙也有权要求甲、乙二人给予补偿。甲、乙二人补偿后，可以向丁追偿。

第二十八章　准合同

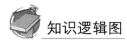

知识逻辑图

准合同
├─ 无因管理
│   ├─ 概念：没有法定的或者约定的义务，为避免他人利益受损失而进行管理的行为
│   ├─ 性质：事实行为
│   ├─ 成立条件
│   │   ├─ 管理他人事务
│   │   ├─ 管理人须有管理意思
│   │   └─ 无法律上的义务
│   └─ 效力
│   ├─ 管理人的义务
│   │   ├─ 适当管理
│   │   ├─ 通知义务
│   │   └─ 报告与计算义务
│   └─ 管理人的权利
│   ├─ 必要费用偿还请求权
│   └─ 损失补偿请求权
└─ 不当得利
    ├─ 概念：没有法律根据取得利益而使他人受损失的事实
    ├─ 性质：事件
    ├─ 成立条件
    │   ├─ 一方受有利益
    │   ├─ 他方受有损失
    │   ├─ 受益与受损之间有因果关系
    │   └─ 没有法律根据
    ├─ 类型
    │   ├─ 给付型不当得利
    │   │   ├─ 发生原因
    │   │   │   ├─ 给付目的自始不存在
    │   │   │   ├─ 给付目的嗣后不存在
    │   │   │   └─ 给付目的未达到
    │   │   └─ 排除
    │   │   ├─ 为履行道德义务进行的给付
    │   │   ├─ 债务到期之前的清偿
    │   │   └─ 明知无给付义务而进行的债务清偿
    │   └─ 非给付型不当得利
    │   ├─ 基于行为而发生的不当得利
    │   ├─ 基于法律规定而发生的不当得利
    │   └─ 基于自然事件而发生的不当得利
    └─ 效力
        ├─ 返还标的：原物、原物所生的孳息、原物的价金、使用原物所取得的利益
        └─ 返还范围
            ├─ 得利人为善意时的利益返还
            ├─ 得利人为恶意时的利益返还
            ├─ 得利人受益时为善意而其后为恶意的利益返还
            └─ 第三人的返还

名词解释与概念比较

1. 无因管理
2. 不当得利

选择题

（一）单项选择题

1. 关于无因管理的性质，下列哪一种说法是正确的（　　）
A. 无因管理是事实行为
B. 无因管理是民事法律行为
C. 无因管理是事件
D. 无因管理是一种状态

2. 甲借用乙的平房居住。后平房漏雨，甲联系不到乙，遂委托丙维修并依承诺向丙支付维修费。本案中，甲请求乙偿还维修费的依据是什么？（　　）
A. 代理行为　　　　　　B. 委托合同
C. 无因管理　　　　　　D. 单方允诺

3. 下列哪一情形会引起无因管理之债？（　　）
A. 甲向乙借款，丙在明知诉讼时效已过后擅自代甲向乙还本付息
B. 甲在自家门口扫雪，顺便将邻居乙的小轿车上的积雪清扫干净
C. 甲与乙结婚后，乙生育一子丙，甲抚养丙5年后才得知丙是乙和丁所生
D. 甲拾得乙遗失的牛，寻找失主未果后牵回暂养

4. 张某外出，台风将至。邻居李某担心张某年久失修的房子被风刮倒，祸及自家，就雇人用几根木料支撑住张某的房子，但张某的房子仍然不敌台风，倒塌之际压死了李某养的数只鸡。对此，下列哪一说法是正确的？（　　）
A. 李某初衷是为自己，故不构成无因管理
B. 房屋最终倒塌，未达管理效果，故无因管理不成立
C. 李某的行为构成无因管理
D. 张某不需支付李某固房费用，但应赔偿房屋倒塌给李某造成的损失

5. 从性质上说，不当得利属于下列哪一种法律事实？（　　）
A. 侵权行为　　　　　　B. 民事法律行为
C. 事件　　　　　　　　D. 事实行为

6. 下列哪一情形产生了不当得利之债？（　　）
A. 甲欠乙款超过诉讼时效后，甲向乙还款
B. 甲欠乙款，提前支付全部利息后又在借期届满前提前还款
C. 甲向乙支付因前晚打麻将输掉的2 000元现金
D. 甲在乙银行的存款账户因银行电脑故障多出1万元

7. 王先生驾车前往某酒店就餐，将轿车停在酒店停车场内。饭后驾车离去时，停车场工作人员称："已经给你洗了车，请付洗车费5元。"王先生表示"我并未让你们帮我洗车"，双方发生争执。对此，本案应如何处理？（　　）
A. 基于不当得利，王先生须返还5元
B. 基于无因管理，王先生须支付5元
C. 基于合同关系，王先生须支付5元
D. 无法律依据，王先生无须支付5元

8. 关于不当得利之债的效力，下列哪一种说法是错误的？（　　）
A. 不当得利成立后，在得利人与受损人之间即产生不当得利之债
B. 得利人为善意时，得利人取得的利益已经不存在的，不承担返还该利益的义务
C. 得利人已经将取得的利益无偿转让给第三人的，受损失的人无权请求第三人返还
D. 得利人为恶意时，其返还利益的范围为得利人取得利益时的数额

（二）多项选择题

1. 下列行为中，哪些构成无因管理？（　　）
A. 甲错把他人的牛当成自家的而饲养
B. 乙见邻居家中失火恐殃及自己家，遂用自备的灭火器救火
C. 丙（15岁）租车将在体育课上昏倒的同学送往医院救治
D. 丁见门前马路下水道井盖被盗致路人跌伤，遂自购一井盖铺上

2. 在无因管理中，下列哪些属于管理人的义务？（　　）
A. 适当管理的义务
B. 通知和等待指示的义务
C. 报告和转交财产的义务

D. 无偿为管理人管理的义务

3. 下列选项中，哪些构成不当得利之债？（　　）

A. 甲在自动取款机上取款，机器因故障多吐出500元

B. 甲所订牛奶被送货员放入邻居乙的奶箱，乙取而喝之

C. 甲订购乙公司商品并已付款，在乙公司送货上门时甲妻不知情再次付款

D. 甲被乙撞伤，乙支付甲医疗费，同时甲获得了保险公司给付的意外伤害保险金

4. 下列情形中，哪些属于非给付型不当得利？（　　）

A. 基于受益人的行为而发生的不当得利

B. 基于受害人的行为而产生的不当得利

C. 基于第三人的行为而发生的不当得利

D. 基于自然事件而发生的不当得利

5. 下列情形中，哪些属于给付型不当得利？（　　）

A. 买卖合同履行后被宣告无效

B. 可撤销合同履行后又被撤销

C. 以将来结婚为目的而进行的财产赠与，最终双方未结婚

D. 甲擅自用乙所有的饲料喂养丙的牲畜

 简答题

1. 简述无因管理的成立条件。

2. 简述无因管理中管理人的义务。

3. 简述不当得利的成立条件。

4. 简述不当得利的返还范围。

材料分析题

1. 张某在一风景区旅游，爬到山顶后，见一女子孤身站在山顶悬崖边上，目光异样，即心生疑惑。该女子见有人来，便向悬崖下跳去。张某情急中拉住女子的衣服，将女子救上来。张某救人过程中，随身携带的照相机被碰坏，手臂被擦伤；女子的头也被碰伤，衣服被撕破。张某将女子送到山下医院，为其支付各种费用500元，并为包扎自己的伤口用去20元。次日，轻生女子的家人赶到医院，向张某表示感谢。请回答下列问题：

（1）张某与轻生女子之间存在何种民事法律关系？

（2）张某的照相机被损坏以及治疗自己伤口的费用应否由女子偿付？为什么？

（3）张某为女子支付的医疗费等费用能否请求女子偿付？为什么？

（4）张某能否请求女子给付一定的报酬？为什么？

2. 甲、乙订有购买化肥合同，约定由甲向乙提供化肥10.5吨。当乙持提货单到甲处提货时，保管员将10.5吨看成15吨，致使乙拉走化肥15吨。在月底盘库时，甲发现其向乙多发了化肥，遂向乙索要，但乙拒绝返还，认为这是甲自己造成的，其没有责任。于是，甲起诉到人民法院，要求乙返还多收的化肥。请回答下列问题：

（1）乙的行为是否构成不当得利？

（2）甲能否要求乙返还多收的化肥？

参考答案

 名词解释与概念比较

1. 无因管理，是指没有法定的或者约定的义务，为避免他人利益受损失而进行管理的行为。

2. 不当得利，是指没有法律根据取得利益而使他人受损失的事实。

 选择题

（一）单项选择题

1. A

从性质上说，无因管理是一种事实行为，而不是民事法律行为，也不是事件或者状态。故本题应选A项。

2. C

甲对平房并不享有所有权，为避免乙的利益受损失，而委托丙维修并依承诺向丙支付维修费，这构成了无因管理。故本题应选C项。

3. D

A项中，丙在明知诉讼时效已过后擅自代甲向乙还本付息，并不是为了避免甲的损失，不构成无因管理。B项中，甲在自家门口扫雪，顺便将邻居乙的小轿车上的积雪清扫干净，不足以发生民事法律后果，不

构成无因管理。C项中，甲与乙结婚后，乙生育一子丙，甲抚养丙5年后才得知丙是乙和丁所生，应属于欺诈性抚养，不属于无因管理。D项中，甲拾得乙遗失的牛，寻找失主未果后牵回暂养，避免了乙的损失，构成无因管理。故本题应选D项。

4. C

李某为了避免张某的房屋被台风刮倒，雇人帮助加固房屋，尽管也是为了避免自己的利益受到损失，但并不影响无因管理的成立。同时，无因管理没有取得预期效果，也不影响无因管理的成立。李某加固房屋的费用属于必要费用，李某作为管理人享有必要费用偿还请求权。故本题应选C项。

5. C

从性质上说，不当得利不是行为，不属于侵权行为、民事法律行为、事实行为，而是一种事件。故本题应选C项。

6. D

A项中，甲的欠款虽然超过了诉讼时效，但甲的债权并没有消灭，因此，甲向乙还款并不构成不当得利。B项中，甲在债务到期前还款，债务并非不存在，债权人获得利益并非没有法律根据，不构成不当得利。C项中，甲向乙支付的是赌债，属于不法原因的给付，不构成不当得利。D项中，甲取得的1万元并没有法律根据，构成不当得利。故本题应选D项。

7. D

在本案中，停车场工作人员与王先生之间并没有达成洗车协议，双方之间不存在合同关系。停车场工作人员帮助王先生汽车并不是为了避免王先生的损失，王先生也没有取得不当利益，不构成无因管理和不当得利。故本题应选D项。

8. C

在不当得利成立后，得利人与受损人之间产生债的关系，即不当得利之债。在得利人为善意时，得利人取得的利益已经不存在的，不承担返还该利益的义务；在得利人为恶意时，其返还利益的范围为得利人取得利益时的数额。如果得利人已经将取得的利益无偿转让给第三人的，受损失的人可以请求第三人在相应范围内承担返还义务。故本题应选C项。

（二）多项选择题

1. BCD

A项中，甲没有为他人利益而进行的意思，不能

成立无因管理。B项中，乙救火既有为自己管理的意思，也有为他人管理的意思，可以成立无因管理。C项中，丙虽然是限制民事行为能力人，但因无因管理是事实行为，并不要求管理人具有完全民事行为能力，丙将同学送往医院救治具有管理意思，构成无因管理。D项中，丁为了防止路人受伤，遂自购井盖铺上，成立无因管理。故本题应选B、C、D项。

2. ABCD

在无因管理中，管理人有适当管理的义务、通知和等待指示的义务、报告和转交财产的义务、无偿为管理人管理的义务。故本题应选A、B、C、D项。

3. ABC

A项中，甲取得500元没有法律根据，产生不当得利之债。B项中，乙取得甲所订牛奶没有法律根据，构成不当得利之债。C项中，乙公司取得甲妻的付款没有法律根据，成立不当得利之债。D项中，甲被乙撞伤，在获得医疗费的同时，还有权获得保险公司给付的意外伤害保险金，并不产生不当得利之债。故本题应选A、B、C项。

4. ABCD

在不当得利中，基于受益人的行为、受害人的行为、第三人的行为、自然事件而发生的不当得利，均属非给付型不当得利。故本题应选A、B、C、D项。

5. ABC

在不当得利中，因买卖合同履行后被宣告无效、可撤销合同履行后又被撤销而产生的不当得利，属于给付型不当得利。以将来结婚为目的而进行的财产赠与，最终双方未结婚，亦构成给付型不当得利。但是，甲擅自用乙所有的饲料喂养丙的牲畜，并没有给付问题，不属于给付型不当得利。故本题应选A、B、C项。

简答题

1. 无因管理的成立条件包括：（1）管理他人事务。管理他人事务是无因管理成立的前提条件。没有对他人事务的管理，就不会产生无因管理。所谓管理他人事务，是指对他人的事务进行处理的事实。（2）管理人须有管理意思。管理人的管理意思，是指管理人在主观上有为他人利益进行管理的意思。也就是说，管理人应当具有将其管理行为所生的利益归属于受益人

的意思。（3）无法律上的义务。无因管理中的"无因"是指没有法律上的原因，即管理人的管理没有法律上的根据。没有权利或者没有义务而管理他人的事务，就是无法律根据。

2. 无因管理中管理人的义务主要包括：（1）适当管理。所谓适当管理，是指管理人在管理他人事务时，应当依照该事务的性质，并依管理人已知或者可得推知的受益意思，以有利于受益人利益的方法进行管理。（2）通知义务。管理人开始管理后，应当将管理事务的情况及时通知受益人。（3）报告与计算义务。管理人在完成事务管理后，应当向受益人报告管理的情况，提供有关管理的数据，并应本人的要求予以说明；管理人在完成事务管理时，应当将管理期间所取得的财产及时移交给受益人。

3. 不当得利的成立条件包括：（1）一方受有利益。不当得利是以一方受有利益为前提的，没有一方受有利益，则不发生得利的当与不当的问题，也就无所谓的不当得利。因此，一方受有利益是不当得利成立的必要条件。（2）他方受有损失。他方受有损失，是不当得利成立的另一必要条件；若无他方的损失，虽有一方的得利，也不成立不当得利。（3）受益与受损之间有因果关系。所谓受益与受损之间有因果关系，是指他方的损失是一方受益造成的，一方受益是他方受损的原因，二者之间具有变动的关联性。（4）没有法律根据。所谓没有法律根据，是指得利人取得利益没有法律上的原因。

4. 不当得利的返还范围，也就是得利人返还义务的范围。得利人的返还范围因其是否为善意而有所不同，具体分为以下四种情形：（1）得利人为善意时的利益返还。在得利人为善意的情形下，若受损人的损失大于得利人取得的利益，则得利人返还的利益仅以现存利益为限；利益已不存在的，得利人不负返还义务。（2）得利人为恶意时的利益返还。在得利人为恶意的情形下，得利人应当返还其所取得的全部利益。

即使得利人所取得的利益已不存在，也应负责返还。受损人的损失大于得利人所得到的利益的，得利人除返还其所得到的全部实际利益外，还须依法赔偿损失。（3）得利人受益时为善意而其后为恶意的利益返还。得利人于取得利益时是善意的，而嗣后为恶意的，得利人所返还的利益范围应以恶意开始时的利益范围为准。（4）第三人的返还。得利人已经将取得的利益无偿转让给第三人的，受损人可以请求第三人在相应范围内承担返还义务。

材料分析题

1.（1）张某与轻生女子之间存在无因管理的民事法律关系。由于张某对轻生女子并没有救助的义务，因此，因张某的救助行为使张某与轻生女子之间发生无因管理关系。

（2）应当由女子偿付。管理人享有损失补偿请求权。张某的照相机被损坏以及治疗自己伤口的费用，属于管理人因为实施管理行为造成的损失，管理人有权请求受益人女子补偿损失。

（3）可以请求女子偿付。张某为女子支付的医疗费等费用有权请求女子偿付，因为这些费用是张某在管理事务中支出的必要费用。

（4）张某不能请求女子给付报酬。因为无因管理是无偿的，管理人没有报酬请求权。

2.（1）乙的行为构成不当得利。依照甲、乙之间合同的约定，甲负有向乙给付 10.5 吨化肥的义务。甲的保管员的失误致使乙多收了 4.5 吨化肥，乙取得了利益，同时甲损失了 4.5 吨花费，给甲造成了损失。而且乙收取 4.5 吨化肥没有法律根据，可见，乙多收 4.5 吨化肥构成了不当得利。

（2）甲能够要求乙返还多收的化肥。不当得利成立后，受益人乙应当将取得的不当利益返还给受损人甲，甲有权要求乙返还多收取的 4.5 吨化肥。

综合测试题（一）

一、名词解释（每小题 3 分，共 12 分）

1. 预约合同
2. 情势变更
3. 多式联运合同
4. 提存

二、选择题（共 26 分）

（一）单项选择题（每小题 1 分，共 10 分；每题只有一个正确答案）

1. 甲得知乙正在与丙谈判饭店出让事宜。甲本来并不需要这个饭店，但为排挤乙，就向丙提出了购买饭店的更优惠条件。乙退出后，甲借故中止谈判，给丙造成了损失。甲的行为如何定性？（　　　）

　　A. 欺诈　　　　　　　　　　　　　　　B. 以合法形式掩盖非法目的
　　C. 恶意磋商　　　　　　　　　　　　　D. 正常的商业竞争

2. 甲与乙订立了行纪合同，由乙为甲购买 10 台电脑。乙与丙签订合同，购买了 10 台电脑。对此，下列选项中，正确的是（　　　）。

　　A. 甲应当向丙付款　　　　　　　　　　B. 乙与丙间的合同对甲具有约束力
　　C. 丙应当向乙交付电脑　　　　　　　　D. 丙应当向甲交付电脑

3. 甲向乙发出要约，表示愿以 10 万元的价格将自己的汽车出售给乙。同时，乙向甲发出要约，表示愿以 10 万元的价格购买甲的汽车。双方同时收到了对方发出的要约，这种情形称为（　　　）。

　　A. 交错要约　　　　　B. 意思实现　　　　　C. 默示承诺　　　　　D. 双方同意

4. 甲公司经常派业务员乙与丙公司订立合同。乙调离后，甲公司并未收回相关的文件。乙持盖有甲公司公章的合同书与尚不知乙已调离的丙公司订立了一份买卖合同。甲公司对此并不知情。后来，丙公司要求甲公司履行合同，甲公司认为该合同与己无关，履行期限届满后也未履行合同。下列选项中，哪一个是正确的？（　　　）

　　A. 甲公司不承担责任，而应由乙承担责任　　B. 为公平起见，甲公司应与丙公司分担损失
　　C. 甲公司同乙一起对丙公司承担连带责任　　D. 丙公司可以要求甲公司承担责任

5. 关于债务的提前履行，下列表述中错误的是（　　　）。

　　A. 债权人请求债务人提前履行，债务人同意的，债务人可以提前履行
　　B. 提前履行对债权人是有利的，因而债务人可以随时提前履行
　　C. 债务人要求提前履行，债权人同意的，债务人可以提前履行
　　D. 债务人提前履行不损害债权人利益的，债务人可以提前履行

6. 以下行为中，属于要约的是（　　　）。

　　A. 发布招标公告　　　　　　　　　　　B. 寄送产品价目表
　　C. 在拍卖现场，举牌竞拍　　　　　　　D. 发布招股说明书，募集股份

7. 订立合同时，下列关于合同主体的陈述正确的是（　　　）。

　　A. 当事人必须具有完全民事行为能力　　B. 当事人可以委托代理人签订合同
　　C. 承揽人可以定作人的名义为定作人订立合同　　D. 法人的职能部门可以对外签订担保合同

8. 某酒店客房内备有零食、酒水供房客选用，价格明显高于市场同类商品。房客关某缺乏住店经验，又未留意标价单，误认为系酒店免费提供而饮用了一瓶洋酒。结账时酒店欲按标价收费，关某拒付。对此，下列哪一选项是正确的？（　　）

A. 关某应按标价付款　　　　　　　　　　B. 关某应按市价付款

C. 关某不应付款　　　　　　　　　　　　D. 关某应按标价的一半付款

9. 甲与乙商店签订了化妆品的试用买卖合同，约定试用期为 15 天。试用期满后，甲对是否购买化妆品未作表示，其法律后果应当如何确定？（　　）

A. 视为甲拒绝购买　　　　　　　　　　　B. 视为甲购买

C. 甲是否购买尚不确定　　　　　　　　　D. 应当延长试用期

10. 关于租赁合同的解除，下列表述中，错误的是（　　）。

A. 承租人未按照约定方法使用租赁物致使租赁物受到损失的，出租人有权解除租赁合同

B. 承租人擅自转租的，出租人有权解除租赁合同

C. 承租人订立合同时明知租赁物危及承租人的安全或健康的，承租人不得解除租赁合同

D. 出租人可以随时解除不定期租赁合同，但应当在合理期限之前通知承租人

（二）多项选择题（每小题 2 分，共 10 分；每题有两个以上正确答案）

1. 在行为人进行的下列行为中，哪些属于行使形成权的行为？（　　）

A. 被代理人对越权代理进行追认

B. 法定代理人对限制民事行为能力人纯获利益的合同进行追认

C. 约定的解除权产生情形成立，解除权人解除合同

D. 买受人要求交付货物，出卖人要求买受人同时履行，否则其将不交货

2. 甲公司欠乙公司货款 20 万元已有 10 个月，其资产已不足偿债。乙公司在追债过程中发现，甲公司在 1 年半之前作为保证人向某银行清偿了丙公司的贷款后一直没有向丙追偿，同时还将自己对丁公司享有的 30% 的股权无偿转让给了丙公司。对此，下列哪些选项是错误的？（　　）

A. 乙公司可以对丙公司行使代位权

B. 若乙公司对丙公司提起代位权诉讼，法院可以追加甲公司为共同被告

C. 乙公司可以请求法院确认甲公司、丁公司之间无偿转让股权的合同无效

D. 乙公司有权请求法院撤销甲公司、丁公司之间无偿转让股权的合同

3. 关于承揽合同，下列表述中，正确的有（　　）。

A. 承揽人应当以自己的设备、技术和劳力，完成全部承揽工作

B. 定作人中途变更承揽工作的要求，造成承揽人损失的，应当赔偿损失

C. 定作人未支付承揽报酬的，承揽人对工作成果享有留置权

D. 定作人可以随时解除承揽合同，造成承揽人损失的，应当赔偿损失

4. 甲房产开发公司在交给购房人张某的某小区平面图和项目说明书中都标明有一个健身馆。张某看中小区健身方便，决定购买一套商品房并与甲公司签订了购房合同。张某收房时发现小区没有健身馆。对此，下列哪些表述是正确的？（　　）

A. 甲公司不守诚信，构成根本违约，张某有权退房

B. 甲公司构成欺诈，张某有权请求甲公司承担缔约过失责任

C. 甲公司恶意误导，张某有权请求甲公司双倍返还购房款

D. 张某不能滥用权利，在退房和要求甲公司承担违约责任之间只能选择一种

5. 杜某拖欠谢某 100 万元。谢某请求杜某以登记在其名下的房屋抵债时，杜某称其已把房屋作价 90 万元卖给赖某，房屋钥匙已交，但产权尚未过户。该房屋市值为 120 万元。关于谢某权利的保护，下列哪些表述是错误的？

（ ）

A. 谢某可请求法院撤销杜某、赖某的买卖合同

B. 因房屋尚未过户，杜某、赖某买卖合同无效

C. 如谢某能举证杜某、赖某构成恶意串通，则杜某、赖某买卖合同无效

D. 因房屋尚未过户，房屋仍属杜某所有，谢某有权直接取得房屋的所有权以实现其债权

（三）不定项选择题（每小题1分，共6分）

张某、方某共同出资，分别设立甲公司和丙公司。2021年3月1日，甲公司与乙公司签订了开发某房地产项目的"合作协议一"，约定如下："甲公司将丙公司10%的股权转让给乙公司，乙公司在协议签订之日起3日内向甲公司支付首付款4 000万元，尾款1 000万元在次年3月1日之前付清。首付款用于支付丙公司从某国土部门购买A地块土地使用权。如协议签订之日起3个月内丙公司未能获得A地块土地使用权致双方合作失败，乙公司有权终止协议。"

"合作协议一"签订后，乙公司经甲公司指示向张某、方某支付了4 000万元首付款。张某、方某配合甲公司将丙公司的10%的股权过户给了乙公司。

2021年5月1日，张某、方某未将前述4 000万元支付给丙公司致其未能向某国土部门及时付款，A地块土地使用权被收回挂牌卖掉。

2021年6月4日，乙公司向甲公司发函："鉴于土地使用权已被国土部门收回，故我公司终止协议，请贵公司返还4 000万元。"甲公司当即回函："我公司已把股权过户到贵公司名下，贵公司无权终止协议，请贵公司依约支付1 000万元尾款。"

2021年6月8日，张某、方某与乙公司签订了"合作协议二"，对继续合作开发房地产项目做了新的安排，并约定："本协议签订之日，'合作协议一'自动作废。"丁公司经甲公司指示，向乙公司送达了"承诺函"："本公司代替甲公司承担4 000万元的返还义务。"乙公司对此未置可否。

请回答下列问题：

1. 关于"合作协议一"，下列表述正确的是（ ）。

A. 是无名合同   B. 对股权转让的约定构成无权处分

C. 效力未定   D. 有效

2. 关于2021年6月4日乙公司向甲公司发函，下列表述正确的是（ ）。

A. 行使的是约定解除权   B. 行使的是法定解除权

C. 有权要求返还4 000万元   D. 无权要求返还4 000万元

3. 关于2021年5月1日张某、方某未将4 000万元支付给丙公司，应承担的责任，下列表述错误的是（ ）。

A. 向乙公司承担违约责任   B. 与甲公司一起向乙公司承担连带责任

C. 向丙公司承担违约责任   D. 向某国土部门承担违约责任

4. 关于甲公司的回函，下列表述正确的是（ ）。

A. 甲公司对乙公司解除合同提出了异议

B. 甲公司对乙公司提出的异议理由成立

C. 乙公司不向甲公司支付尾款构成违约

D. 乙公司可向甲公司主张不安抗辩权拒不向甲公司支付尾款

5. 关于张某、方某与乙公司签订的"合作协议二"，下列表述正确的是（ ）。

A. 有效   B. 无效

C. 可撤销   D. "合作协议一"被"合作协议二"取代

6. 关于丁公司的"承诺函"，下列表述正确的是（ ）。

A. 构成单方允诺   B. 构成保证

  C. 构成并存的债务承担   D. 构成免责的债务承担

三、简答题（每题 6 分，共 24 分）

1. 简述缔约过失责任的构成要件。
2. 简述同时履行抗辩权的成立条件。
3. 简述合法转租的效力。
4. 简述仓单的性质。

四、材料分析题（共 18 分）

  甲有一套三室两厅的房屋，由于空置不用，想对外出租。乙寻至甲处，欲租赁此房屋。2021 年 2 月 2 日，甲与乙书面约定：乙以每月 1 000 元的价格承租甲的房屋，租赁期为 30 年。随后，乙便住进该房屋。2021 年 6 月 2 日，天降大雨，狂风将屋顶吹破，致使房屋漏雨、透风。发生事故之后，乙积极找甲协商，希望甲尽快将房屋修好。但甲认为，既然乙住在房屋内，当然应由乙自己修理房屋，因而拒不修理。乙被迫自己拿出 2 000 元钱，请人修理房屋，并坚持向甲索要修房费用。乙感觉自己一个人住大房子比较浪费，便在取得甲的同意之后，与丙签订了合同，将房屋中的一间卧室租给丙使用，丙每月支付 300 元。2022 年，甲的经济状况有所下滑，便想把租给乙的房屋卖出去，以便周转资金。4 月 2 日，甲与丁签订合同，将房屋以 20 万元的价格卖给了丁，并办理了房屋过户手续。随后，丁便要求乙搬出房屋，但乙拒不搬出。

  请回答下列问题：

  (1) 甲与乙之间的租赁期如何确定？为什么？（2 分）

  (2) 狂风导致房屋受损，此笔损失应由谁承担？为什么？（4 分）

  (3) 乙修理房屋所花费的 2 000 元钱，是否可向甲索要？为什么？（4 分）

  (4) 乙与丙之间的转租关系是否有效？丙每月应向谁支付 300 元？为什么？（5 分）

  (5) 乙拒不搬出房屋是否合法？为什么？（3 分）

五、论述题（本题 20 分）

试述侵权责任与违约责任的区别。

参考答案

一、名词解释

1. 预约合同，是指当事人约定将来订立一定合同的合同。

2. 情势变更，是指在合同成立后，合同的基础条件发生了当事人无法预见的重大变化，继续履行合同将对一方当事人产生显失公平的结果时，当事人可以再协商，或者请求人民法院或仲裁机构变更、解除合同的法律制度。

3. 多式联运合同，是指由多式联运经营人以两种以上不同的运输方式将货物从起运地点运输到约定地点，托运人支付运输费用的合同。

4. 提存，是指债务人于债务已届履行期时，将无法给付的标的物提交给提存部门，以消灭合同债务的行为。

二、选择题

（一）单项选择题

1. C

  甲的行为构成了"假借订立合同，恶意进行磋商"的缔约过失行为，应当向丙承担缔约过失责任。故本题应选 C 项。

2. C

行纪人与第三人订立合同的，行纪人为合同当事人，对该合同直接享有权利、承担义务。因此，乙应当向丙付款，丙应当向乙交付电脑。故本题应选 C 项。

3. A

当事人采取非直接对话的方式，相互不约而同地向对方提出两个独立的且内容相同的要约，称为交错要约。故本题应选 A 项。

4. D

乙的行为构成表见代理。乙与丙公司订立的合同有效，对甲公司具有约束力。甲公司应对丙公司承担违约责任。故本题应选 D 项。

5. B

按照《民法典》第 530 条的规定，债权人可以拒绝债务人提前履行债务，但提前履行不损害债权人利益的除外。同时，在双方当事人同意的情况下，债务人也可以提前履行。故本题应选 B 项。

6. C

A、B、D 三项均为要约邀请。拍卖中，发布拍卖公告为要约邀请，举牌竞拍构成要约。故本题应选 C 项。

7. B

限制民事行为能力人可以订立与其年龄、智力、精神状况相适应的合同。承揽合同的对象为事实行为，承揽人不能以定作人的名义为定作人订立合同。法人的职能部门不具有法人资格，其只是法人的一部分，不具有订立合同的主体资格。故本题应选 B 项。

8. A

酒店的行为构成要约，关某的行为构成承诺，合同成立并生效，关某应当按照标价付款。故本题应选 A 项。

9. B

按照《民法典》第 638 条的规定，在试用买卖合同中，试用期限届满后，买受人对是否购买标的物未作表示的，视为购买。故本题应选 B 项。

10. C

按照《民法典》第 731 条的规定，租赁物危及承租人的安全或健康的，即使承租人订立合同时明知该租赁物质量不合格，承租人仍然可以解除租赁合同。故本题应选 C 项。

（二）多项选择题

1. AC

形成权的行使基于当事人一方的意思表示而发生效力，使法律关系发生、变更或消灭。被代理人对无权代理的追认权、当事人解除合同的解除权均为形成权。B 项中，限制民事行为能力人有权订立纯获利益的合同，无须法定代理人追认。D 项中，出卖人行使的权利为抗辩权。故本题应选 A、C 项。

2. BC

甲公司承担保证责任之后，对丙公司享有债权，其怠于行使到期债权，并已经陷入履行迟延，乙公司可以向丙公司行使代位权。在代位权诉讼中，法院可以追加债务人为第三人，但不能追加其为共同被告。甲公司向丙公司无偿转让财产，害及乙公司的债权，乙公司享有撤销权，可以要求法院撤销甲公司与丙公司间的转让合同，但不是确认该合同无效。故本题应选 B、C 项。

3. BCD

参见《民法典》第 772、777、783、787 条的规定，本题应选 B、C、D 项。

4. AB

根据最高人民法院《关于审理商品房买卖合同纠纷案件适用法律若干问题的解释》第 3 条的规定，甲公司所做的小区有一个健身馆的说明构成合同内容。甲公司陈述虚假事实，构成欺诈，张某因受欺诈而订立房屋买卖合

同，合同属可撤销合同，张某可请求撤销合同。合同被撤销的，合同溯及既往地归于无效，张某可以请求甲公司承担缔约过失责任。从另一角度来看，张某因看中小区健身方便而购买房屋，甲公司的行为导致张某订立合同目的落空，甲公司的行为构成根本违约，张某拥有法定合同解除权，可解除合同，要求退房还款。选项C中的双倍返还购房款不属于最高人民法院《关于审理商品房买卖合同纠纷案件适用法律若干问题的解释》中规定的情形。故本题应选A、B项。

5. ABD

选项A涉及的债的保全中的撤销权，债务人行为为有偿的，债权人行使撤销权需具备客观要件与主观要件。在客观方面，杜某的房屋转让价格高于市场价格的70％，不构成以明显不合理的低价转让财产。谢某不能请求撤销此房屋买卖合同。选项B中，房屋过户并非房屋买卖合同的有效条件，而是构成房屋买卖合同的债务履行。选项C中，合同当事人恶意串通，损害第三人利益的，合同无效。选项D中，债权为请求权，债权的实现有赖于债务人的履行，虽杜某仍拥有房屋所有权，但谢某没有任何权利能够直接取得房屋所有权以实现债权。故本题应选A、B、D项。

（三）不定项选择题

1. ABD

张某、方某系甲公司、丙公司的股东，拥有股权。因此，甲公司将股东对丙公司的股权转让给乙公司，构成无权处分。根据最高人民法院《关于审理买卖合同纠纷案件适用法律问题的解释》第32条的规定，股权转让合同可以适用买卖合同的规定。无权处分而订立的买卖合同为有效。另，法律未对股权转让合同进行专门规定并赋予一定名称，股权转让合同系无名合同。故本题应选A、B、D项。

2. AC

"合作协议一"约定了乙公司有权终止协议的情形，即赋予了乙公司约定合同解除权，在解除情形具备时，乙公司发函通知甲公司终止协议，即行使约定合同解除权。合同解除后，乙公司有权要求返还所付款项。故本题应选A、C项。

3. ABCD

"合作协议一"的合同当事人系甲公司与乙公司，基于合同的相对性，即便因第三人而违约，违约责任也发生于二者之间。因此，A、B两项错误。按照"合作协议一"的约定，此笔款项应当支付给第三人丙公司，以用于丙公司购地，这并不会产生张某、方某对丙公司的违约责任。丙公司无法及时付款，由丙公司对国土部门承担违约责任。因此，C、D两项也错误。故本题应选A、B、C、D项。

4. A

乙公司向甲公司行使约定合同解除权，甲公司的回函提出了异议。解除权的产生情形是3个月内丙公司未能获得A地块土地使用权，甲公司回函的理由是已将股权过户。因此，合同解除异议理由不成立。乙公司可以不支付尾款的理由有多种，例如，支付尾款的期限未届满，乙公司可不予支付；再如，合同目的落空、合同解除后终止履行等。并且，不安抗辩权的享有者应当是在先履行一方，而乙公司支付尾款的顺序并不在先。故本题应选A项。

5. A

张某、方某与乙公司签订的"合作协议二"不存在无效与可撤销的情形，属有效合同。"合作协议一"与"合作协议二"的合同主体不一致，"合作协议一"不能被"合作协议二"所取代。故本题应选A项。

6. AC

丁公司向乙公司发出的"承诺函"构成单方允诺，而非保证，因为保证为双方民事法律行为，但丁公司只是表示代替甲公司履行返还4 000万元的义务。丁公司根据甲公司的指示而代替甲公司清偿，可知二者之间存在丁公司代替甲公司清偿的合意，构成债务承担合同，但这并不会免除甲公司的债务。因此，这构成不需要债权人乙公司同意的并存的债务承担。故本题应选A、C项。

三、简答题

1. 缔约过失责任的构成要件包括：（1）缔约一方违反先合同义务。缔约过失责任也是违反义务的结果，但是这里的义务并不是合同义务，而是先合同义务。所谓先合同义务，是指当事人为缔约而相互接触、磋商时，基于诚信原则而负担的说明、告知、保密等义务。（2）缔约相对人受有损失。缔约过失责任表现为损害赔偿责任，因此，其以损害事实的存在为前提条件，即只有缔约一方违反先合同义务造成相对方损失时，才能产生缔约过失责任。（3）违反先合同义务与损失之间具有因果关系。缔约一方违反先合同义务与相对方所遭受的损失须具有因果关系，缔约过失责任才能成立。（4）违反先合同义务的缔约一方有过错。顾名思义，缔约过失责任的成立须缔约一方有"过失"。但是这里的"过失"，并非指狭义的过失，而是包括故意在内。

2. 同时履行抗辩权的成立须具备以下几个条件：（1）当事人须由双务合同双方互负债务。同时履行抗辩权的根据在于双务合同功能上的牵连性，当事人双方合同目的的实现均有赖于对方的履行，因而同时履行抗辩权适用于双务合同，而不适用于单务合同。（2）当事人双方互负的债务没有先后履行顺序且均已届清偿期。同时履行抗辩权的适用，是双方对待给付的交换关系的反映，并旨在使双方所负债务同时履行，双方享有的债权同时实现。所以，只有在对方的债务同时到期时，才能行使同时履行抗辩权。（3）对方未履行债务或履行债务不符合约定。一方向另一方请求履行债务时，须自己已为履行或提出履行，否则，另一方可行使同时履行抗辩权，拒绝履行自己的债务。（4）对方的对待履行是可能履行的。同时履行抗辩权制度旨在促使双方当事人同时履行其债务，在对方当事人的对待履行已不可能时，则同时履行的目的已不可能达到，不发生同时履行抗辩的问题。

3. 合法转租的效力主要体现在以下几个方面：（1）承租人与出租人之间的租赁合同继续有效。（2）第三人对租赁物造成损失的，承租人应当赔偿损失。（3）在转租合同对出租人发生法律效力的情况下，承租人拖欠租金的，次承租人可以代承租人支付其欠付的租金和违约金。（4）次承租人代为支付的租金和违约金可以充抵次承租人应当向承租人支付的租金；超过其应付的租金数额的，可以向承租人追偿。

4. 仓单具有如下性质：（1）仓单是要式证券。仓单必须有保管人签字或者盖章，并记载规定的事项，否则，仓单不能产生效力，因此，仓单是要式证券。（2）仓单是背书证券。存货人或者仓单持有人在仓单上背书并经保管人签字或者盖章的，可以转让提取仓储物的权利，可见，仓单可以通过背书加以转让，故为背书证券。（3）仓单是物权证券。存货人取得仓单后，即意味着取得了仓储物的所有权。仓单发生转移，仓储物的所有权也发生转移。因而，仓单是物权证券。（4）仓单是文义证券。仓单所创设的权利义务是依仓单记载的文义予以确定的，不能以仓单记载以外的其他因素加以认定或者变更，因此，仓单是文义证券。（5）仓单是记名证券。仓单上应当载明存货人的名称或者姓名和住所，故仓单属于记名证券。（6）仓单是无因证券。保管人签发仓单后，仓单持有人对保管人即可行使权利，而对取得仓单的原因不负证明责任，因此，仓单是无因证券。

四、材料分析题

（1）20年。按照《民法典》第705条的规定，租赁期限不得超过20年。超过20年的，超过部分无效。租赁期限届满，当事人可以续订租赁合同，但约定的租赁期限自续订之日起不得超过20年。

（2）甲。甲是房屋的所有权人和出租人，应由其承担风险。

（3）可以。按照《民法典》第713条的规定，房屋修理义务是由出租人承担的。承租人修理房屋的花费，可以请求出租人返还。

（4）有效，丙应向乙支付租金。在得到出租人同意的情况下，承租人与第三人订立的转租合同有效。由于丙是与乙订立租赁合同的，基于合同的相对性，丙应当向乙支付租金。

（5）合法。乙的租赁权产生于买卖关系之前，根据买卖不破租赁原则，乙的租赁权可以对抗丁的所有权。因此，乙可以拒绝搬出房屋。

五、论述题

违约责任和侵权责任的区别主要表现在：（1）归责原则不同。违约责任实行以严格责任为主、以过错责任为辅的双重归责原则体系；而侵权责任则以过错责任为基本归责原则，只有在法律特殊规定的情况下，才能适用无过错责任原则。（2）举证责任不同。违约责任以严格责任为原则，因而非违约方只需要证明违约行为的存在，而无须证明违约方具有过错；而在侵权责任中，一般情况下，受害人应就侵权行为人的过错承担证明责任。（3）责任构成要件不同。在违约责任中，行为人只要实施了违约行为且不具备有效的抗辩事由，就应承担违约责任；在侵权责任中，损害事实是侵权损害赔偿责任成立的前提条件，无损害便无侵权责任。（4）免责条件不同。在违约责任中，法定的免责条件仅限于不可抗力，但当事人可以事先约定免责条款来免除或限制违约责任；在侵权责任中，法定的免责条件包括不可抗力、意外事故、第三人的行为、正当防卫和紧急避险等。侵权责任不能预先排除，当事人不能事先订立免责条款来对侵权责任进行免除或者限制。（5）责任形式不同。违约责任包括损害赔偿、违约金、实际履行等责任形式，损害赔偿也可以由当事人事先约定；侵权责任形式包括停止侵害、消除影响、赔礼道歉、恢复名誉等非财产性责任形式与赔偿损失的财产性责任形式，不能由当事人事先约定。（6）损害赔偿的范围不同。违约损害赔偿主要是财产损失的赔偿，不包括对人身损害的赔偿和精神痛苦的赔偿，且法律采取了"可预见性"标准来限定赔偿的范围；对于侵权责任，损害赔偿不仅包括财产损失的赔偿，而且包括人身损害和精神损害的赔偿。（7）对第三人的责任不同。在违约责任中，如果是第三人导致债务人不履行或不适当履行，债务人应对债权人承担违约责任，然后向第三人追偿；在侵权责任中，则是贯彻自己责任原则，在一般情况下，行为人仅对自己的过错致他人损害的情况承担责任。

综合测试题（二）

一、名词解释（每小题 3 分，共 12 分）

1. 承租人优先购买权
2. 承诺
3. 清偿抵充
4. 试用买卖合同

二、选择题（共 26 分）

（一）单项选择题（每小题 1 分，共 10 分；每题只有一个正确答案）

1. 下列各项中，不属于合同法基本原则的是（　　）。

A. 鼓励交易原则　　　　B. 合同严守原则　　　　C. 合同法定原则　　　　D. 合同自由原则

2. 根据《民法典》的规定，下列合同中，属于无名合同的是（　　）。

A. 买卖合同　　　　B. 赠与合同　　　　C. 借用合同　　　　D. 技术咨询合同

3. 老王与老刘签订了地瓜买卖合同，但两人都没有在最终形成的合同书上签字。不久，老王向老刘交货，老刘领取了地瓜，并付清款项。2 天后，老刘发现地瓜不能发芽，使其不能用地瓜培育种苗。老刘要求老王赔偿损失。对此，下列陈述中，正确的是（　　）。

A. 合同无效，老刘可以要求老王承担缔约过失责任

B. 合同有效，老刘可以要求老王承担违约责任

C. 合同无效，双方相互返还财产

D. 合同无效，但双方不必相互返还财产

4. H 公司欠银行贷款 200 万元，现该公司将一部分资产分离出去，另成立 J 公司，对于公司分立后这笔债务的清偿问题，存在以下意见，其中哪一个是正确的？（　　）

A. 应当由 H 公司承担清偿责任　　　　　　　B. 应当由 J 公司承担清偿责任

C. 应当由 H 公司和 J 公司承担连带清偿责任　　D. 应当由 H 公司和 J 公司按约定比例承担清偿责任

5. 甲公司业务经理乙长期在丙餐厅签单招待客户，餐费由公司按月结清。后乙因故辞职，月底餐厅前去结账时，甲公司认为，乙当月的几次用餐都是招待私人朋友，因而拒付乙所签单的餐费。对此，下列哪一选项是正确的？（　　）

A. 甲公司应当付款　　　　　　　　　　B. 甲公司应当付款，乙承担连带责任

C. 甲公司有权拒绝付款　　　　　　　　D. 甲公司应当承担补充责任

6. 甲被乙打成重伤，支付医药费 5 万元。甲与乙达成如下协议："乙向甲赔偿医药费 5 万元，甲不得告发乙。"甲获得 5 万元赔偿后，向公安机关报案，后乙被判刑。对此，下列哪一选项是正确的？（　　）

A. 甲、乙之间的协议有效　　　　　　　B. 因甲乘人之危，乙有权撤销该协议

C. 甲、乙之间的协议无效　　　　　　　D. 乙无权要求甲返还该 5 万元赔偿费

7. 关于债务免除的性质，下列表述中哪一项是错误的？（　　）

A. 债务免除是一种单方行为　　　　　　B. 债务免除是一种有因行为

C. 债务免除是一种无偿行为　　　　　　D. 债务免除是一种不要式行为

8. 在债权人撤销权诉讼中，债务人的相对人的法律地位应为（　　）。

A. 被告
B. 有独立请求权的第三人
C. 无独立请求权的第三人
D. 原告

9. 甲与乙订立行纪合同，委托乙购买一套设备，价格不得高于 2 万元，报酬为 1 000 元。乙本来就想卖掉自己的设备，并且该设备也符合甲的要求。对此，下列选项中，正确的是（　　）。

A. 乙在征得甲的同意后，可以将设备以 2 万元的价格卖给甲
B. 如果乙将其设备以 2 万元价格卖给了甲，那么就不能要求甲支付 1 000 元报酬
C. 如果甲接受乙的设备，那么甲有权要求乙降低报酬
D. 乙可以 2 万元的价格将设备卖给甲，并要求甲支付 1 000 元报酬

10. 5 月 3 日，甲公司与乙公司签订了仓储合同，双方约定存储期为 2 个月，仓储费为 2 000 元。5 月 6 日，甲公司将货物交付给乙公司，乙公司向甲公司签发了仓单。甲公司在 5 月 9 日将仓单转让给了丙公司。丙公司在 6 月 1 日向乙公司提出提取仓储物。对此，下列选项中，正确的是（　　）。

A. 甲公司与乙公司之间的仓储合同于 5 月 6 日生效
B. 丙公司不能提前提取仓储物
C. 丙公司只能要求甲公司向乙公司提出提取仓储物
D. 乙公司有权收取 2 000 元仓储费

（二）多项选择题（每小题 2 分，共 10 分；每题有两个以上正确答案）

1. 孙某将其贵重手表交于刘某保管，刘某未经孙某许可，以自己的名义按市场价格将手表卖给赵某，则下列选项中，正确的有（　　）。

A. 刘某将手表卖给赵某，属于无权处分行为
B. 刘某将手表卖给赵某，属于无权代理行为
C. 刘某与赵某之间的买卖合同效力未定
D. 刘某的行为既是侵权行为，又是违约行为

2. 在债权人代位权中，以下哪些权利不能成为代位权的标的？（　　）

A. 人身伤害赔偿请求权
B. 父母对子女的赡养费请求权
C. 人寿保险请求权
D. 劳动报酬请求权

3. 关于合同的法定解除权，以下哪些说法是正确的？（　　）

A. 债务人迟延履行债务导致债权人的合同目的落空，债权人享有法定解除权
B. 债权人外出旅游，债务人无法履行，债务人享有法定解除权
C. 承租人未经同意，将租赁的房屋转租于第三人，出租人享有法定解除权
D. 突发山洪，致使当事人双方买卖的一幅张大千的画作灭失，买方享有法定解除权

4. 下列合同中，属于无效合同的有（　　）。

A. 一方以欺诈、胁迫手段订立的合同
B. 以合法形式掩盖非法目的的合同
C. 恶意串通，损害他人合法利益的合同
D. 违背公序良俗的合同

5. 债务人没有履行到期债务，则在下列哪些情况下，债权人不能要求债务人实际履行？（　　）

A. 甲应交付的电脑已由他人取得所有权
B. 甲应交付的电脑已经灭失
C. 甲没有如期到乙剧场演出
D. 甲没有搬出承租的房屋

（三）不定项选择题（每小题 2 分，共 6 分；每题有一个以上正确答案）

某市 A 乡农户甲于 2021 年 3 月 1 日与乙公司订立合同，出售自己饲养的活鸡 1 万只，乙公司应在 3 月 21 日前支付 5 万元的首期价款，甲从 4 月 1 日起分批交付，交付完毕后乙公司付清余款。3 月 20 日，乙公司得知该市的 B 乡发现了鸡瘟，即致电向甲询问。甲称，尽管 B 乡邻近 A 乡，但是鸡瘟应当不会传播过来。乙公司表示等到事情比较明朗后再付款，甲坚持要求其按时付款，否则将不交货并追究责任。3 月 25 日，失火导致鸡棚倒塌，致甲所饲养的大部分鸡只毁于一旦，甲当即将此事通知了乙。

2021 年 3 月 10 日，甲向丙公司订购了一批饲料，约定 4 月 10 日至 20 日期间送货上门，甲验收后 10 日内付款。甲在 3 月 26 日把鸡只死亡情况通知了丙公司，要求取消交易。丙公司称：货物已经备好，不同意解约，除非甲赔偿其损失。

请回答下列问题：

1. 关于甲与乙公司之间的关系，下列表述正确的是（　　）。

A. 乙公司虽在 3 月 21 日没有付款，但不应承担违约责任

B. 甲 3 月 20 日电话中将不交货的表示构成违约

C. 甲不需承担不能交付标的物的违约责任

D. 乙公司有权解除合同

2. 关于甲与丙公司之间的关系，下列表述正确的是（　　）。

A. 因甲所养殖的鸡只于 3 月 25 日已经大部灭失，合同自动解除

B. 甲取消交易构成违约，应对丙承担违约责任

C. 甲有权单方解除合同，但是应赔偿丙公司的损失

D. 丙有权要求甲继续履行合同

3. 假设甲所养的鸡并未因失火导致鸡棚倒塌所灭，但当地政府为防止疫情暴发，自 3 月 21 日起对甲的养殖场实行管制，禁止鸡鸭外运，一旦发现疫情即全部扑杀，乙知情后没有支付首期价款，则关于甲、乙之间的关系，下列表述正确的是（　　）。

A. 虽然乙公司在 3 月 21 日前没有付款，也不应承担违约责任

B. 甲有权以乙未付首期价款为由拒绝履行相应的交货义务

C. 如果双方协商解除合同，则甲应当适当赔偿乙公司的损失

D. 如果双方协商解除合同，则乙公司应当适当赔偿甲的损失

三、简答题（每小题 6 分，共 24 分）

1. 简述合同格式条款的特点。

2. 简述债权人代位权行使的条件。

3. 简述融资租赁合同与保留所有权的分期付款买卖合同的区别。

4. 简述赠与合同的法定撤销。

四、材料分析题（共 18 分）

2021 年 2 月 10 日，甲公司与乙公司签订一份购买 1 000 台 A 型微波炉的合同，约定由乙公司 3 月 10 日前办理托运手续，货到付款。乙公司如期办理了托运手续，但装货时多装了 50 台 B 型微波炉。甲公司于 3 月 13 日与丙公司签订合同，将处于运输途中的前述合同项下的 1 000 台 A 型微波炉转卖给丙公司，约定货物质量检验期为货到后 10 天内。3 月 15 日，上述货物在运输途中突遇山洪，致使 100 台 A 型微波炉受损报废。3 月 20 日货到丙公司。4 月 15 日丙公司以部分货物质量不符合约定为由拒付货款，并要求退货。顾客张三从丙公司处购买了一台 B 型微波炉，在正常使用过程中微波炉发生爆炸，致张三右臂受伤，花去医药费 1 200 元。

请回答下列问题：

（1）如乙公司在办理完托运手续后即请求甲公司付款，甲公司应否付款？为什么？（3 分）

（2）乙公司办理完托运手续后，货物的所有权归谁？为什么？（3 分）

（3）对因山洪报废的 100 台 A 型微波炉，应当由谁承担风险损失？为什么？（3 分）

（4）对于乙公司多装的 50 台 B 型微波炉，应当如何处理？为什么？（3 分）

（5）丙公司能否拒付货款和要求退货？为什么？（3 分）

（6）张三可向谁提出损害赔偿请求？为什么？（3分）

五、论述题（20分）

试述合同关系的相对性。

参考答案

一、名词解释

1. 承租人优先购买权，是指在租赁合同存续期间，于出租人出卖租赁物时，承租人在同等条件下所享有的优先购买租赁物的权利。

2. 承诺，是指受要约人向要约人作出的同意按要约的内容订立合同的意思表示。

3. 清偿抵充，是指债务人对同一债权人负担数宗种类相同的债务，清偿人所提出的给付不足以清偿全部债务时，决定其清偿抵充何宗债务的制度。

4. 试用买卖合同，是指当事人双方约定在合同成立时出卖人将标的物交付于买受人试用，并以买受人在约定期限内认可标的物为生效条件的买卖合同。

二、选择题

（一）单项选择题

1. C

合同法实行合同自由原则、合同严守原则、鼓励交易原则，但不实行合同法定原则。故本题应选C项。

2. C

《民法典》并没有规定借用合同，因此，借用合同属于无名合同。故本题应选C项。

3. B

按照《民法典》第490条的规定，采用合同书形式订立合同，在签名、盖章或者按指印之前，当事人一方已经履行主要义务，对方接受时，该合同成立。因此，老王与老刘之间存在有效的合同关系，老刘可以要求老王承担违约责任。故本题应选B项。

4. C

合同当事人在订立合同之后分立的，除债权人和债务人另有约定外，应当由分立后的法人或其他组织对合同享有连带债权，承担连带债务。故本题应选C项。

5. A

按照《民法典》第504条的规定，法人的法定代表人或者非法人组织的负责人超越权限订立的合同，除相对人知道或者应当知道其超越权限的以外，该代表行为有效。故本题应选A项。

6. D

乙侵犯甲的人身权，应当向甲承担侵权责任，事后双方得就赔偿问题达成协议，从而在双方之间确立合同债权债务关系。甲乙之间的合同主要包括两部分内容：第一部分是有关赔偿数额的约定，该内容合法有效；第二部分是甲不得告发乙，该内容无效，因为其有违公序良俗。因此，甲乙之间的合同部分有效、部分无效。此外，甲的行为构成犯罪，损害了国家所保护的某种社会关系，国家可依照刑法加以处理，此时会发生公法关系。甲有权告发乙，此权利是公法上的权利，甲乙的合同不能对此权利加以处分。故本题应选D项。

7. B

债务免除是一种单方行为、无偿行为、不要式行为、无因行为。故本题应选B项。

8. A

在债权人撤销权诉讼中，原告应为债权人，被告应为债务人，债务人的相对人为共同被告。故本题应选A项。

9. D

按照《民法典》第956条的规定，除委托人有相反的意思表示外，行纪人卖出或者买入具有市场定价的商品，行纪人自己可以作为买受人或者出卖人，且行纪人仍然可以请求委托人支付报酬。因此，乙不需要取得甲的同意，便可以2万元的价格将设备卖给甲，并要求甲支付1 000元报酬。故本题应选D项。

10. D

仓储合同为诺成合同，自成立时生效，仓单的签发为合同履行行为。因此，甲公司与乙公司之间的仓储合同于5月3日成立并生效。存货人或仓单持有人可以提前提取仓储物，但存货人或仓单持有人提前提取仓储物的，不减收仓储费。故本题应选D项。

（二）多项选择题

1. AD

刘某并无处分权，却以自己的名义实施处分行为，构成无权处分，按照《民法典》的规定，该合同有效。若刘某是以孙某的名义实施行为，则构成无权代理。孙某与刘某之间存在保管合同，刘某的行为构成违约。同时，刘某的处分行为也构成对孙某的所有权的侵犯，属于侵权行为。故本题应选A、D项。

2. ABCD

依据最高人民法院《关于适用〈中华人民共和国民法典〉合同编通则若干问题的解释》第34条的规定，下列权利属于专属于债务人自身的权利：（1）抚养费、赡养费或者扶养费请求权；（2）人身损害赔偿请求权；（3）劳动报酬请求权，但是超过债务人及其所扶养家属的生活必需费用的部分除外；（4）请求支付基本养老保险金、失业保险金、最低生活保障金等保障当事人基本生活的权利；（5）其他专属于债务人自身的权利。故本题应选A、B、C、D项。

3. ACD

合同法定解除权的产生原因往往是合同目的落空。A项中合同目的落空，债权人享有法定合同解除权。B项中，债务人可以提存标的物，而不能解除合同。C项中，承租人违法转租，出租人享有法定合同解除权。D项中，双方合同目的落空，双方均享有法定合同解除权。故本题应选A、C、D项。

4. BCD

按照《民法典》第143、146、149、150、153、154条的规定，本题应选B、C、D项。

5. ABC

按照《民法典》第580条的规定，有下列情形之一的，债权人不能请求实际履行：（1）法律上或事实上不能履行；（2）债务的标的不适于强制履行或履行费用过高；（3）债权人在合理期限内未请求履行。A项属于法律上不能履行，B项属于事实上不能履行，C项属于债务的标的不适于强制履行，D项符合实际履行的条件。故本题应选A、B、C项。

（三）不定项选择题

1. CD

乙公司应当依约在3月21日前付款，其考虑到鸡瘟可能传播，但并无确切的证据证明鸡瘟会传播到甲的鸡棚中。乙公司不具备行使不安抗辩权的条件，因而乙公司的行为构成违约，应承担违约责任。甲在3月20日电话中的表示应认为是行使先履行抗辩权，即届时乙公司若不履行，则甲也不履行。不可抗力导致合同履行不能，甲无法向乙公司交付1万只活鸡，甲可以不可抗力为由免予承担违约责任。不可抗力的发生导致合同目的不能实现，则甲与乙公司均有权解除合同。故本题应选C、D项。

2. BD

不可抗力的发生导致甲与乙公司之间的合同目的不能实现，但并不一定会导致甲与丙公司之间的合同目的不能实现。虽然大部分鸡死亡，但饲料仍然可以存放、使用。因此，甲不享有法定解除权，不能单方解除合同。甲取消交易构成违约，丙有权要求甲继续履行合同。故本题应选B、D项。

302

3. AB

政府为防止鸡瘟疫情的暴发，对甲的养殖场实行管制，这构成了不可抗力，甲因而不能向乙公司交付活鸡。在这种情况下，若乙公司依约支付货款的话，则很可能得不到甲的对待给付，因而乙可以行使不安抗辩权而拒绝支付货款，并不构成违约。在因不可抗力而解除合同的情况下，不发生赔偿损失的问题。故本题应选 A、B 项。

三、简答题

1. 合同格式条款具有如下特点：（1）格式条款是为了重复使用而由单方事先决定的。格式条款是由提供商品或者服务的一方为了重复使用而事先确定的，相对人不参与合同条款的制定。（2）格式条款的相对人只有订约自由，而没有决定合同内容的自由。（3）格式条款具有广泛的适用性。格式条款适用于大量提供同类商品或者服务的交易活动中，要约人是制定合同条款的特定人，而受要约人则是欲购买商品或者接受服务的不特定人。（4）格式条款以书面明示为原则，因此，格式条款具有"标准"或者"定式"的特点。

2. 债权人代位权的行使条件包括以下几项：（1）债务人须对相对人享有债权或者与该债权有关的从权利。债权人代位权属于涉及第三人的权利，如果债务人对于相对人没有债权或者与该债权有关的从权利，债权人自无代位权可言。同时，债权人代位权是债权人代位行使债务人的权利，因此，凡专属于债务人自身的权利，不能成为债权人代位权的标的。（2）债务人须怠于行使对相对人的到期债权或者与该债权有关的从权利。只有在债务人怠于行使对相对人的到期债权或者与该债权有关的从权利时，债权人代位权才能成立。（3）债务人的债务履行构成迟延。如果债务人的债务履行已构成迟延而其又无资力清偿债务，则债权人的债权就有不能实现的危险，此时债权人就有代位行使债务人的权利，以保全债权的必要。因此，债权人代位权的成立以债务人陷于债务履行迟延为必要条件。（4）债权人须有保全债权的必要。债权人有无保全债权的必要，应区分如下两种情形确定：对于不特定债权及金钱债权，应以债务人是否陷入无资力为判断标准；而对于特定债权或者其他与债务人资力无关的债权，则以有必要保全债权为已足，不论债务人是否陷于无资力。

3. 融资租赁合同与保留所有权的分期付款买卖合同存在如下主要区别：（1）当事人的交易意图不同。在保留所有权的分期付款买卖合同中，一方当事人的交易意图是出让标的物的所有权而获取价金，对方当事人的交易意图是支付价金而获取标的物的所有权。而在融资租赁合同中，出租人所购买的物件归出租人所有，出租人仅将物的使用收益权利授予了承租人。（2）在融资租赁合同的租赁期中，承租人并无取得标的物所有权的期待权。而在保留所有权的分期付款合同中，买受人享有取得标的物所有权的期待权。（3）期间届满后标的物所有权归属不同。保留所有权的分期付款买卖合同以支付全部价金为移转标的物所有权之停止条件，而在融资租赁合同中，只有在约定时，承租人方可于租赁期间届满时取得租赁物的所有权。（4）融资租赁合同租金的构成与分期付款买卖合同价金构成不同。前者包括物件买价及利息、保险费、手续费、利润等在内，一般要高于分期付款买卖的总价金。（5）分期付款买卖合同应适用法律特别保护消费者利益的规定，融资租赁合同中则无此内容。

4. 在下列情形下，赠与人享有法定撤销权，可以撤销合同：（1）严重侵害赠与人或者赠与人的近亲属；（2）对赠与人有扶养义务而不履行；（3）不履行赠与合同约定的义务。受赠人的违法行为致使赠与人死亡或者丧失民事行为能力的，赠与人的继承人或者法定代理人可以撤销赠与。赠与人的撤销权，在自知道或者应当知道撤销原因之日起 1 年内行使；赠与人的继承人或者法定代理人的撤销权，在自知道或者应当知道撤销原因之日起 6 个月内行使。赠与合同被撤销的，合同溯及既往地归于无效，尚未履行的，赠与人得拒绝履行，已经履行的，赠与人得要求受赠人返还。

四、材料分析题

（1）甲公司不应当付款。因为甲公司与乙公司在合同中约定，甲公司在货到后付款。乙公司办理了托运手续，但货物尚未到达甲公司。因此，甲公司履行义务的条件尚不具备，有权拒绝支付货款。

（2）货物所有权属于甲公司。因为甲公司与乙公司在合同中没有约定货物所有权的取得时间，则自交付时起货物所有权发生转移。乙公司已经办理了托运手续，那么自乙公司货交承运人时，货物所有权转移至甲公司。

（3）损失由丙公司承担。在甲公司与乙公司未约定风险转移时间的情况下，3 月 10 日乙公司办理了托运手续，货物意外毁损、灭失的风险转移至甲公司。在货物尚未运至甲公司时，甲公司与丙公司在 3 月 13 日签订了路货买卖合同，双方未约定风险转移时间，则自合同成立时起，风险由买受人丙公司承担。因此，货物在 3 月 15 日因不可抗力的发生而受损，损失由丙公司承担。

（4）乙公司有权请求丙公司返还 50 台 B 型微波炉。丙公司所购买的是 1 000 台 A 型微波炉，其受领 50 台 B 型微波炉构成不当得利，乙公司有权请求丙公司返还不当得利。

（5）丙公司不能拒绝付款和要求退货。甲公司与丙公司的合同中约定货物质量检验期为货到后 10 天内。货物到达丙公司的时间为 3 月 20 日，丙公司在 4 月 15 日才提出货物质量不符合约定，已经超过了质量检验期，货物质量应视为符合要求。因此，丙公司不能拒绝付款、要求退货。

（6）张三既可以要求乙公司赔偿，又可以要求丙公司赔偿。按照《民法典》第 1203 条的规定，因产品存在缺陷造成他人损害的，受害人可以向产品的生产者要求赔偿，也可以向产品的销售者要求赔偿。产品缺陷由生产者造成的，销售者赔偿后，有权向生产者追偿。因销售者的过错使产品存在缺陷的，生产者赔偿后，有权向销售者追偿。因为乙公司为微波炉的生产者，丙公司为微波炉的销售者，所以张三既可以要求乙公司赔偿，又可以要求丙公司赔偿。

五、论述题

合同相对性的内容主要包括三个方面：（1）合同主体的相对性。合同主体的相对性意味着合同关系只能发生在特定的主体之间，因此，合同关系之外的第三人不能基于合同对当事人提出请求。（2）合同内容的相对性。依据合同内容的相对性，只有合同当事人才能享有合同债权，承担合同债务，合同关系之外的第三人不能依据合同主张权利和承担义务。（3）违约责任的相对性。依据违约责任的相对性，在发生违约行为时，违约方应当向合同另一方当事人承担违约责任，与合同关系之外的第三人无关。例如，在向第三人履行或者由第三人履行的情况下，债务人未向第三人履行或者第三人不履行债务的，债务人应当向债权人承担违约责任，而非向第三人承担违约责任或者由第三人承担违约责任。再如，当事人一方因第三人的原因造成违约时，应当依法向对方承担违约责任。当然，合同相对性原则也存在例外，即在当事人有特别约定或者法律有特别规定的情况下，合同对第三人也会产生效力。例如，在合同的保全中，债权人代位权和撤销权都使合同对第三人发生了效力，从而突破了合同的相对性。

综合测试题（三）

一、名词解释（每小题 3 分，共 12 分）

1. 要约
2. 行纪人的介入权
3. 保证合同
4. 定金

二、选择题（共 26 分）

（一）单项选择题（每小题 1 分，共 10 分；每题只有一个正确答案）

1. 关于合同，下列表述中，正确的是（　　）。

A. 小王与小刘订立了婚约，可以适用《民法典》合同编的规定

B. 保管合同是诺成合同

C. 小张与小孙就侵权损害赔偿达成了协议，不能适用《民法典》合同编的规定

D. 无效的合同，自始无效

2. 刘某的妻子突患重病住院治疗，急需 5 万元医疗费，刘某一时无法拿出，只好将自己祖传的一幅市值 20 万元的名人字画出售。马某知道刘某急需用钱，提出以 2 万元将该字画买下。刘某虽然明知价格实在太低，但一时间又难以找到其他买家，只好将字画以 2 万元出售给马某。马某行为的效力如何？（　　）

A. 欺诈行为，属于无效的民事法律行为　　　　　　B. 胁迫行为，属于效力未定的民事法律行为

C. 重大误解，属于可撤销的民事法律行为　　　　　D. 显失公平，属于可撤销的民事法律行为

3. 老王与老刘订立了合同，约定由老张向老王履行债务。合同订立后，老张向老王履行了债务，但老张的履行不适当。那么，老王应向谁主张违约责任？（　　）

A. 老刘　　　　　　　B. 老张　　　　　　　C. 老刘与老张　　　　　　　D. 老刘或老张

4. 甲与乙签订了买卖合同，甲向乙支付了合同所约定的款项，乙应于 6 月 8 日前向甲交付其所饲养的一头母牛。6 月 2 日，甲得知乙将其母牛卖给丙，并已经交付。对此，下列选项中，错误的是（　　）。

A. 6 月 2 日，甲可以解除合同

B. 6 月 2 日，甲可以要求乙赔偿损失

C. 甲可以要求丙将母牛交付给自己

D. 甲可以在 6 月 8 日后追究乙的违约责任

5. 甲在一所高中从事教师工作，在考取了研究生之后，与所在高中签订了一份委托培养合同，由学校提供学费，并正常支付甲的工资，而甲需要在毕业后回学校工作。甲毕业后回学校工作了 1 个月便辞职。学校提起诉讼，追究甲的违约责任。法院认为，甲毕业后只在学校工作了 1 个月构成违约。法院所采取的合同解释方法是（　　）。

A. 整体解释　　　　　　B. 习惯解释　　　　　　C. 目的解释　　　　　　D. 文义解释

6. 磨坊厂的一个关键轴承发生故障，磨坊厂便将轴承送至修理厂修理，要求在 5 日内修理完毕，修理厂也同意了，修理费为 1 万元。因修理厂工作繁忙，一直未修理轴承。磨坊厂催了几次后，修理厂于第 10 日将轴承修好。磨坊厂因未安装轴承而窝工 5 天，便要求修理厂赔偿 5 天的利润损失。对此，下列选项中，正确的是（　　）。

A. 修理厂违约，按照完全赔偿原则，其应赔偿磨坊厂 5 天的利润损失

B. 修理厂虽然违约，但不应赔偿磨坊厂 5 天的利润损失，因为超出其预见的范围

C. 磨坊厂 5 天的利润损失应由其与修理厂共同承担

D. 应当按照公平原则来确定修理厂是否应赔偿磨坊厂 5 天的利润损失

7. 甲装修公司欠乙建材商场货款 5 万元，乙商场需付甲公司装修费 2 万元。现甲公司欠款已到期，乙商场欠费已过诉讼时效，甲公司欲以装修费充抵货款。下列哪一种说法是正确的？（   ）

A. 甲公司有权主张抵销

B. 甲公司主张抵销，须经乙商场同意

C. 双方债务性质不同，不得抵销

D. 乙商场债务已过诉讼时效，不得抵销

8. 甲与乙订立合同，将甲对丙的债权让与给乙。随后，甲将此情形通知了丙。对此，下列选项中，错误的是（   ）。

A. 乙成为丙的债权人

B. 只有取得丙的同意，乙才会成为丙的债权人

C. 丙应当向乙作出清偿

D. 丙可以向乙主张其对甲所享有的抗辩权

9. 甲公司向银行借款，双方约定银行应于 2021 年 9 月 9 日提供现金借款，届时双方应在约定地点交付现金。然而，因甲公司订单太多，主管人员太忙，一直未能提款。银行经办人员打电话催促，主管人员只得连声抱歉，直到 2021 年 9 月 21 日才从银行提取了款项。对此，下列选项中，错误的是（   ）。

A. 甲公司构成受领迟延

B. 银行不构成交付迟延

C. 甲公司应支付利息的期限自 2021 年 9 月 21 日起开始计算

D. 甲公司应支付利息的期限自 2021 年 9 月 9 日起开始计算

10. 赵某的冰箱经常发生故障，导致冰箱里的东西腐烂。赵某新买了一台冰箱，便把原来的冰箱送给了刘某。刘某不知冰箱有故障，将一包名贵海参放到冰箱中冰冻，几日后发现海参已经全部腐烂了。对此，下列选项中，正确的是（   ）。

A. 赵某赔偿刘某全部损失

B. 赵某只赔偿刘某部分损失

C. 赵某所承担的责任为缔约过失责任

D. 赵某所承担的责任为侵权责任

（二）多项选择题（每小题 2 分，共 10 分；每题有两个以上正确答案）

1. 下列合同中，既可以是有偿合同，也可以是无偿合同的是（   ）。

A. 保管合同

B. 委托合同

C. 自然人间借款合同

D. 互易合同

2. 按照甲公司与乙公司的合同约定，乙公司应当向甲公司交付鲜虾，交付地点为海边码头的仓库。因乙公司生意繁忙，其工作人员将鲜虾放到码头，打电话通知甲公司之后，便离开了。甲公司认为，反正乙公司未按照合同约定将鲜虾交付到指定的仓库，违约在先，索性自己也不管烈日之下的鲜虾。最终鲜虾全都变质，无法售出。甲公司向法院起诉，要求乙公司承担违约责任。对此，下列选项中，正确的是（   ）。

A. 乙公司的行为属于违约行为

B. 甲公司的行为属于违约行为

C. 甲公司所遭受的损失应由乙公司全部赔偿

D. 甲公司所遭受的损失不应由乙公司全部赔偿

3. 某市的甲、乙两公司依法签订了一份买卖合同，约定甲公司向乙公司提供钢材 1 500 吨，依规定执行国家定价。甲公司由于一时疏忽，交货时间比约定的晚了半个月。关于产品价格，下列说法中，表述正确的有（   ）。

A. 遇到价格上涨时，按原价格执行

B. 遇到价格上涨时，按新价格执行

C. 遇到价格下降时，按新价格执行

D. 遇到价格下降时，按原价格执行

4. 老张请老刘帮忙将一箱苹果邮寄给老张的儿子，老刘答应了。老刘将车停靠在邮局门口，旁边一辆汽车的驾驶员是新手，倒车时将老刘的车撞坏了，把苹果也挤烂了。对此，下列选项中，错误的是（   ）。

A. 老张可以要求老刘承担违约责任

B. 老张可以要求老刘承担侵权责任

C. 老张可以要求驾驶员承担侵权责任

D. 老张自行承担损失

5. 甲公司与乙公司签订买卖合同，乙公司出售 1 000 公斤的西瓜给甲公司。但乙公司在装车时，多装了 200 公斤的桃子。乙公司派其员工丙开车送货，在途中遇到山洪，400 公斤西瓜毁损。丙将 600 公斤西瓜与 200 公斤桃子全部卸到了甲公司的仓库。对此，下列选项中，正确的是（　　）。

A. 甲公司可以接收 200 公斤桃子　　　　　B. 甲公司可以要求乙公司赔偿损失

C. 甲公司承担 400 公斤西瓜的损失　　　　D. 乙公司承担 400 公斤西瓜的损失

（三）不定项选择题（每小题 1 分，共 6 分；每题有一个以上正确答案）

材料一：房地产开发企业甲急欲销售其开发的某住宅区的最后 1 套别墅，遂打电话向乙、丙、丁发出售房要约，并声明该要约的有效期为 1 个月。要约发出后第 10 日，甲与乙签订买卖合同并交付该别墅，乙支付了全部房款，但未办理产权变更登记。第 21 日，甲与不知情的丙签订买卖合同并办理了产权变更登记。第 25 日，甲又与不知情的丁签订了买卖合同。第 26 日，该别墅被意外焚毁。

请回答下列问题：

1. 下列关于甲、乙、丙之间关系的何种表述是正确的？（　　）

A. 甲、乙之间买卖合同有效

B. 甲、丙之间买卖合同无效，因该合同损害乙的利益

C. 甲不应向丙承担不能交付房屋的违约责任，因为房屋系意外焚毁

D. 丙应负担房屋被焚毁的风险

2. 下列关于甲、丁之间买卖合同的何种表述是正确的？（　　）

A. 合同因欺诈而可撤销

B. 合同因自始履行不能而无效

C. 合同因无权处分而效力未定

D. 如果合同被撤销，则甲应向丁承担缔约过失责任

3. 下列关于乙的权利义务的何种表述是正确的？（　　）

A. 若房屋未焚毁，丙有权要求乙搬离房屋　　　B. 若房屋未焚毁，则法院应确认该房屋为乙所有

C. 乙对房屋的占有为善意、自主占有　　　　D. 乙应向丙赔偿因房屋焚毁而造成的损失

材料二：甲公司、乙公司签订的"合作开发协议"约定，合作开发的 A 区房屋归甲公司、B 区房屋归乙公司。乙公司与丙公司签订"委托书"，委托丙公司对外销售房屋。"委托书"中委托人签字盖章处有乙公司盖章和法定代表人王某签字，王某同时也是甲公司法定代表人。张某查看"合作开发协议"和"委托书"后，与丙公司签订"房屋预订合同"，约定："张某向丙公司预付房款 30 万元，购买 A 区房屋一套。待取得房屋预售许可证后，双方签订正式合同。"丙公司将房款用于项目投资，全部亏损。后王某向张某出具"承诺函"：如张某不闹事，将协调甲公司卖房给张某。但甲公司取得房屋预售许可后，将 A 区房屋全部卖与他人。张某要求甲公司、乙公司和丙公司退回房款。张某与李某签订"债权转让协议"，将该债权转让给李某，通知了甲、乙、丙三公司。因李某未按时支付债权转让款，张某又将债权转让给方某，也通知了甲、乙、丙三公司。

请回答下列问题。

4. 关于"委托书"和"承诺函"，下列说法正确的是（　　）。

A. 乙公司是委托人　　　　　　　　　　　B. 乙公司和王某是共同委托人

C. 甲公司、乙公司和王某是共同委托人　　　D. "承诺函"不产生法律行为上的效果

5. 关于"房屋预订合同"，下列说法正确的是（　　）。

A. 无效　　　　　　　　　　　　　　　　B. 对于甲公司而言，丙公司构成无权处分

C. 对于乙公司而言，丙公司构成有效代理　　D. 对于张某而言，丙公司构成表见代理

6. 关于 30 万元预付房款，下列表述正确的是（　　）。

A. 由丙公司退给李某　　　　　　　　　　B. 由乙公司和丙公司退给李某

C. 由丙公司退给方某   D. 由乙公司和丙公司退给方某

视频讲题

三、简答题（每小题 6 分，共 24 分）

1. 简述消费保管合同与一般保管合同的区别。
2. 简述代物清偿的构成条件。
3. 简述非金钱债务继续履行的适用条件。
4. 简述第三人利益合同的效力。

四、材料分析题（共 18 分）

烟台某中学的学生刘某，14 周岁，身材高大，长相成熟，貌似二十几岁。刘某非常喜欢上网，但又苦于家中没有计算机。2021 年 3 月 1 日，刘某至烟台三站科技市场闲逛，在路过市场内的宏科公司店面时，发现店内有一台二手 IBM 笔记本计算机，测试之后感觉不错。销售人员表示：该台计算机的价格为 8 000 元，付款即可提货。刘某当时感觉价格稍高，便询问了宏科公司的电子信箱，准备以后发送电子邮件再行商量。2021 年 3 月 6 日，刘某向宏科公司的电子信箱发送了一封电子邮件，表示："由于该台计算机是二手货，因而我希望可以将计算机先带回家，试用一段时间，再行付款。此外，我可以接受的价格是 7 500 元。如果贵公司同意以上条件，我便购买。"刘某发出电子邮件后，马上便收到宏科公司电子邮件系统自动回复的邮件，邮件称："您的邮件我们已经收到。"2021 年 3 月 8 日，宏科公司以电子邮件回复刘某："我公司愿意接受您提出的价格，也同意您将计算机带回家试用一段时间后再行付款。"2021 年 3 月 10 日，刘某至宏科公司，将计算机带回家中。刘某的父亲回家看到计算机，问清缘由之后，大发雷霆。2021 年 3 月 18 日，宏科公司打电话给刘某，要求其付款。刘某告知宏科公司其父不同意，此时宏科公司方知刘某才 14 岁，也感觉事情十分棘手。但为了做成生意，宏科公司于 2021 年 3 月 20 日打电话给刘某的父亲，要求其在 1 个月内付款，但刘某的父亲不置可否。2021 年 4 月 21 日，宏科公司通知刘某的父亲，撤销买卖计算机的合同。

请回答下列问题：

（1）2021 年 3 月 1 日，宏科公司销售人员向刘某介绍计算机价格为 8 000 元，付款即可提货，此为要约还是要约邀请？为什么？（3 分）

（2）2021 年 3 月 6 日，刘某向宏科公司发送电子邮件，该行为如何定性？为什么？（3 分）

（3）如果刘某在 2021 年 3 月 7 日心生悔意，那么其能否撤回 3 月 6 日通过电子邮件向宏科公司作出的意思表示？为什么？（3 分）

（4）2021 年 3 月 8 日，宏科公司向刘某回复电子邮件，该行为如何定性？为什么？（3 分）

（5）刘某与宏科公司的合同于何日成立？合同成立之后，效力如何？为什么？（3 分）

（6）2021 年 4 月 21 日，宏科公司撤销合同，能否发生撤销效果？为什么？（3 分）

五、论述题（20 分）

试述委托合同、行纪合同与中介合同的区别。

参考答案

一、名词解释

1. 要约，是指订约人一方以订立合同为目的，向对方所作出的意思表示。

2. 行纪人的介入权，是指行纪人接受委托卖出或者买入具有市场定价的商品时，以自己的名义充当出卖人或者买受人的权利。

3. 保证合同，是指为保障债权的实现，保证人和债权人约定，当债务人不履行到期债务或者发生当事人约定的情形时，保证人履行债务或者承担责任的合同。

4. 定金，是指为担保合同的订立、成立生效或者履行，依当事人双方的约定，一方预先向另一方交付的一定数额的金钱。

二、选择题

（一）单项选择题

1. D

婚约具有人身性，不能适用《民法典》合同编的规定。保管合同一般是实践合同，而不是诺成合同。就侵权损害赔偿达成的协议，可以适用《民法典》合同编的规定。无效的合同，自始、绝对、当然无效。故本题应选 D 项。

2. D

刘某处于困境，为摆脱困境而被迫迎合马某，作出违背其真实意愿的意思表示。马某利用刘某处于危困状态，致合同显失公平，双方的合同为可撤销合同。故本题应选 D 项。

3. A

老王与老刘为合同的当事人，老张只是履行主体而非合同当事人，基于合同的相对性，老张履行不适当，老王只能请求由老刘承担违约责任。故本题应选 A 项。

4. C

乙以其行为表明将在合同履行期限到来以后不履行合同，构成预期违约，甲享有法定合同解除权，并可以要求乙承担预期违约责任，赔偿其损失。甲也可以在 6 月 8 日之后乙构成实际违约时，追究乙实际违约的违约责任。故本题应选 C 项。

5. C

学校与甲签订合同的目的在于，甲毕业之后回到学校继续工作，而甲只工作了 1 个月，不能实现学校订立合同的目的。甲在签订合同时也应当知道学校的目的，但仍然与学校签订了合同。所以只有甲于毕业后回学校工作较长时间，才能实现双方订立合同的目的，甲的行为构成违约。此种合同解释方法是目的解释。故本题应选 C 项。

6. B

完全赔偿是赔偿损失的基本原则，但违约方的赔偿数额不能超出其订立合同时预见到或应当预见到的范围。磨坊厂在订立合同时，并未向修理厂作出相关声明，修理厂也不可能知道轴承对于磨坊厂的重要性。按照应当预见规则，修理厂不必赔偿磨坊厂 5 天的利润损失。故本题应选 B 项。

7. B

甲公司债权的诉讼时效期间已经届满，乙商场的债权已届清偿期。因此，甲公司的债权不得作为主动债权来主张抵销，但乙商场的债权可以作为主动债权主张抵销。若甲公司主张抵销，须经乙商场同意，这属于合意抵销。故本题应选 B 项。

8. B

在债权让与中，债权人将债权让与情形通知给债务人时，债权让与便对债务人生效，而不必取得债务人的同

意。受让人成为新的债权人，债务人可以向受让人主张对让与人的抗辩。故本题应选 B 项。

9. C

银行适当履行了交付义务，只是由于甲公司的原因而未能完成交付，银行不构成交付迟延，而甲公司构成了受领迟延。按照《民法典》第 671 条第 2 款的规定，借款人未按照约定的日期、数额收取借款的，应当按照约定的日期、数额支付利息。因此，甲公司支付利息的期限应自 2021 年 9 月 9 日起开始计算，而不是从 2021 年 9 月 21 日起开始计算。故本题应选 C 项。

10. A

在通常情况下，赠与的财产有瑕疵的，赠与人不承担责任。但赠与人故意不告知瑕疵或者保证无瑕疵，造成受赠人损失的，应当承担损害赔偿责任，此为违约责任。故本题应选 A 项。

（二）多项选择题

1. ABC

保管合同、委托合同、借款合同，均可基于当事人的约定，或为有偿，或为无偿。互易合同是有偿合同，而不是无偿合同。故本题应选 A、B、C 项。

2. AD

乙公司未将标的物交付于合同约定地点，构成违约，甲公司有权要求乙公司承担违约责任，赔偿损失。但甲公司所遭受的损失不应由乙公司全部赔偿，按照《民法典》第 591 条的规定，当事人一方违约后，对方应当采取适当措施防止损失的扩大；没有采取适当措施致使损失扩大的，不得就扩大的损失请求赔偿。甲公司在乙公司违约的情况下，负有避免损失扩大的义务，但甲公司放任鲜虾曝于烈日之下，导致损失的扩大。对于扩大的损失，甲公司无权请求乙公司赔偿。故本题应选 A、D 项。

3. AC

按照《民法典》第 513 条的规定，合同执行政府定价或者政府指导价的，在合同约定的交付期限内政府价格调整时，按照交付时的价格计价。逾期交付标的物的，遇价格上涨时，按照原价格执行；价格下降时，按照新价格执行。故本题应选 A、C 项。

4. ABD

老张与老刘之间存在委托合同，双方未约定报酬，合同为无偿委托合同。在无偿委托合同中，只有受托人为故意或重大过失的，才能对委托人承担赔偿责任。由于老刘对于苹果被挤烂并无过错，因而老刘不必承担违约责任。老刘的行为也不构成侵权，因此也不必承担侵权责任。老张作为苹果的所有权人，可以要求驾驶员承担侵权责任。故本题应选 A、B、D 项。

5. BD

按照《民法典》第 629 条的规定，出卖人多交标的物的，买受人可以接收或者拒绝接收多交的部分。不过，甲公司与乙公司的买卖合同的标的物只是西瓜，不包括桃子。因此，甲公司无权接收桃子。乙公司送货上门，标的物风险转移的时间为乙公司将西瓜交付给甲公司的时间。因此，乙公司承担西瓜在运输途中意外毁损的风险。乙公司交付标的物数量不足，构成违约，甲公司可以要求乙公司赔偿损失。故本题应选 B、D 项。

（三）不定项选择题

1. A

甲与乙之间的房屋买卖合同签订后，甲交付了房屋，乙交付了房款，尽管双方没有办理所有权变更登记手续，但这并不影响买卖合同的效力，因此，双方的买卖合同有效。由于甲乙并未办理所有权变更登记，甲仍然享有房屋的所有权，因而甲仍有权出卖房屋。同时，因丙并不知道甲已将房屋出卖于乙的事实，所以甲、丙并不存在损害乙的利益的恶意串通，甲与丙的合同有效。按照现行法规定，甲将房屋交付给乙之后，乙应承担房屋毁损、灭失的风险，丙不承担房屋毁损、灭失的风险。由于房屋已经灭失，而丙对此并不承担责任，因而甲应当向丙承担不能交付房屋的违约责任。故本题应选 A 项。

2. AD

首先，甲故意隐瞒房屋已经售出并已办理了登记手续的事实，对丁实施欺诈行为，使丁基于错误认识而作出意思表示，与甲缔结合同，该合同属于可撤销合同。如果合同被撤销，则过错方甲应向丁承担缔约过失责任。其次，甲将丙享有所有权的房屋出售给丁，构成无权处分。《民法典》第 597 条规定："因出卖人未取得处分权致使标的物所有权不能转移的，买受人可以解除合同并请求出卖人承担违约责任。"二人之间的买卖合同有效，但不能履行，可以请求承担违约责任。故 C 项错误。故本题应选 A、D 项。

3. AC

乙对甲享有债权，得请求甲办理房屋的登记手续，同时乙基于债权而占有房屋，该占有为善意的，且以所有的意思进行占有，乙为善意、自主占有。丙已经办理了房屋所有权的登记手续，取得房屋的所有权，且丙的物权优于乙的债权，丙可以请求乙搬离房屋。由于丙已经取得了房屋的所有权，因而即使房屋未被焚毁，所有权人也只能是丙而不是乙，法院不能确认房屋归乙所有。由于乙对房屋被焚毁并无过错，这属于标的物的风险负担问题，故乙无须向丙赔偿房屋被焚毁造成的损失。故本题应选 A、C 项。

4. AD

乙公司有权处分 B 区房屋，王某行为代表乙公司，而非代表甲公司，"委托书"盖有乙公司公章，因此，乙公司是委托人。丙公司系乙公司的代理人，其与张某签订的"房屋预订合同"针对的却是甲公司的 A 区房屋，构成无权处分。王某虽为甲乙两公司的法定代表人，但其出具"承诺函"是缘于丙公司的行为，王某系代表乙公司，乙公司的行为与甲公司无关。因此，难以按照"承诺函"的内容产生法律行为上的效果。故本题应选 A、D 项。

5. B

丙公司系乙公司的代理人，可以基于"委托书"的授权执行受托事务，但其签订"房屋预订合同"针对的却是甲公司的 A 区房屋。丙公司未以甲公司名义对外实施行为，丙公司的行为不构成代理，而构成无权处分。根据《民法典》的规定，无权处分订立的合同仍为有效合同，但不能履行，会产生违约责任。丙公司的行为超出代理权限，为无权代理。张某查看了"合作开发协议"与"委托书"，应当知道丙公司无权销售 A 区房屋，其非为善意相对人。因此，丙公司的行为不构成表见代理。故本题应选 B 项。

6. A

由于丙公司的行为既非有权代理，也非表见代理，因而后果由丙公司自行承担，30 万元预付款应由丙公司返还。债权人张某将债权让与李某，并通知了债务人，债权让与对丙公司产生效力。非经受让人同意，债权让与通知不得撤销。因此，张某将债权让与方某，在张某与方某间为有效，但对债务人丙公司不生效力。所以，30 万元预付款应当由丙公司返还给李某。故本题应选 A 项。

三、简答题

1. 消费保管合同与一般保管合同的区别在于：（1）两者的标的物不同。消费保管合同的标的物为可替代物，而一般保管合同的标的物为不可替代物。（2）两者转移的权利不同。在消费保管合同中，保管物的所有权转移于保管人。而在一般保管合同中，不发生保管物所有权的转移。（3）两者的返还义务不同。在消费保管合同中，保管人可以用相同种类、品质、数量的物品履行返还义务。而在一般保管合同中，保管人应当返还原物，不能以其他物代替。

2. 代物清偿的构成条件包括以下几项：（1）须有债权债务存在。若没有债权债务的存在，则不会发生代物清偿问题。（2）须以他种给付代原定给付，如以提供财产代提供劳务。同为给付财产的，以给付电视机代给付冰箱，也为代物清偿。（3）代物清偿须经债权人同意。未经债权人同意的，不能成立代物清偿。因此，代物清偿是一种合同关系。（4）须债权人现实受领他种给付。若债权人未受领债务人的给付，自也不能发生代物清偿。

3. 非金钱债务的继续履行的适用除有违约行为外，还应具备以下条件：（1）债权人在合理期限内请求继续履行。债务人一方违反合同后，债权人一方有权要求债务人继续履行，也可以不要求债务人继续履行。因此，是否要求债务人承担继续履行责任是债权人的一项权利。（2）继续履行须有可能。继续履行是按合同约定的标的履行，因此，只有在合同有继续履行的可能时，违约方才能够承担继续履行的责任。（3）继续履行须有必要。由于继续履行只是违约的一种补救措施，而不是惩罚性措施，所以，债权人是否要求违约方继续履行以及违约方应否继续履行都应考虑其经济合理性。一般地说，继续履行是否必要是以履行费用为标准判断的。（4）债务的标的须适于强制履行。债务人承担继续履行的违约责任，人民法院得强制违约方履行。因此，只有在合同约定的标的适于强制履行时，才能追究违约方继续履行的责任。

4. 第三人利益合同具有如下效力：（1）第三人虽然不是合同当事人，但是在第三人利益合同成立后，直接享有合同上的权利，影响合同存续的权利除外。（2）第三人享有拒绝权。合同当事人虽然可以为第三人设定权利，但是不能强迫第三人接受该权利。因此，合同当事人为第三人设定的权利，该第三人有权拒绝接受。（3）第三人有权直接请求债务人向其履行债务。债务人不向第三人履行债务或者履行债务不符合约定的，债务人应向第三人承担违约责任。（4）债务人对债权人的抗辩，可以向第三人主张。但是，非因第三人利益合同所产生的抗辩，如对债权人的抵销抗辩等，则不得对抗第三人。

四、材料分析题

（1）要约。因为销售人员作为公司的代表，其行为即为公司的行为，其行为目的在于希望与刘某订立合同，内容具体确定，符合要约的成立要件。

（2）要约。刘某发送的电子邮件，内容具体确定，符合要约的成立要件。

（3）不能撤回。因为以电子邮件的形式作出的撤回通知不可能先于要约或与要约同时到达宏科公司，所以不能撤回。

（4）承诺。宏科公司向刘某回复电子邮件，接受了刘某所提出的要约的全部内容，构成承诺。

（5）2021年3月8日。2021年3月8日是宏科公司承诺到达刘某的时间，承诺于该日生效，则合同于该日成立。该合同成立后，其效力未定。因为刘某是限制民事行为能力人，不能独立订立与其年龄、智力状况不相适应的合同，所以，刘某与宏科公司的买卖合同属于效力未定合同。

（6）可以。与限制民事行为能力人订立合同的相对人如果是善意的话，则在限制民事行为能力人的法定代理人追认之前，有权撤销合同。宏科公司从刘某的长相上不可能知道刘某属于限制民事行为能力人，宏科公司为善意相对人，在刘某的父亲追认之前，可以撤销合同。

五、论述题

委托合同、行纪合同与中介合同的区别主要体现在：（1）委托合同的受托人一般是以委托人的名义代委托人与第三人订立合同，参与并可决定委托人与第三人之间的关系内容；行纪合同的行纪人是以自己的名义为委托人办理交易事宜，与第三人直接发生权利义务关系；中介人的中介活动的内容是为委托人报告订约机会或提供订约媒介服务，其并不参与委托人与第三人的合同关系。（2）委托合同的受托人处理委托事务支出的费用，由委托人负担；行纪合同的行纪人处理委托事务支出的费用，除合同另有约定外，由行纪人负担；中介人从事中介活动达到目的的，中介活动的费用，由中介人负担。（3）委托合同的受托人处理的事务一般为有法律意义的事务，但不限于民事法律行为；行纪合同的行纪人受托的事务只能是民事法律行为；中介人为委托人报告订约机会或提供订约媒介的事务本身并不具有法律意义。（4）委托合同可以是有偿合同，也可以是无偿合同；行纪合同为有偿合同，但行纪人只能请求委托人支付报酬；中介合同为有偿合同，但中介人只有在中介活动达到目的时才能请求支付报酬。（5）在委托合同和行纪合同中，都存在受托人或行纪人移交处理事务后果和报告的义务；在中介合同中，中介人没有将处理事务的后果移交给委托人和报告的义务。

附录　主要法律及司法解释

1. 《中华人民共和国民法典》
2. 《中华人民共和国消费者权益保护法》
3. 最高人民法院《关于适用〈中华人民共和国民法典〉总则编若干问题的解释》
4. 最高人民法院《关于适用〈中华人民共和国民法典〉有关担保制度的解释》
5. 最高人民法院《关于适用〈中华人民共和国民法典〉合同编通则若干问题的解释》
6. 最高人民法院《关于审理买卖合同纠纷案件适用法律问题的解释》
7. 最高人民法院《关于审理商品房买卖合同纠纷案件适用法律若干问题的解释》
8. 最高人民法院《关于审理城镇房屋租赁合同纠纷案件具体应用法律若干问题的解释》
9. 最高人民法院《关于审理建设工程施工合同纠纷案件适用法律问题的解释（一）》
10. 最高人民法院《关于审理技术合同纠纷案件适用法律若干问题的解释》
11. 最高人民法院《关于审理民间借贷案件适用法律若干问题的规定》
12. 最高人民法院《关于审理民事案件适用诉讼时效制度若干问题的规定》

使用说明

学习卡使用说明：

1. 扫描封二学习卡上二维码
2. 进入序列号兑换界面，点击"确定"，激活本书
3. 进入课程学习界面，点击"确定"，激活配套课程

加群流程：

1. 进入课程学习界面，点击题目下"立即扫码"
2. 长按识别二维码
3. 扫码加入专属答疑群

题库使用说明：

1. 关注"人大社法律出版"微信公众号
2. 点击"电子书"菜单栏下"芸题库"
3. 手机注册进入芸题库，点击"添加新题库"，选择法学题库进行学习

图书在版编目（CIP）数据

合同法练习题集/房绍坤，姜沣格，于海防编著
. -- 6 版 . -- 北京：中国人民大学出版社，2024.6
21 世纪法学系列教材配套辅导用书
ISBN 978-7-300-32856-0

Ⅰ.①合… Ⅱ.①房… ②姜… ③于… Ⅲ.①合同法
－中国－高等学校－习题集 Ⅳ.①D923.6-44

中国国家版本馆 CIP 数据核字（2024）第 107090 号

21 世纪法学系列教材配套辅导用书
合同法练习题集（第六版）
房绍坤 姜沣格 于海防 编著
Hetongfa Lianxitiji

出版发行	中国人民大学出版社			
社　　址	北京中关村大街 31 号		邮政编码	100080
电　　话	010 - 62511242（总编室）		010 - 62511770（质管部）	
	010 - 82501766（邮购部）		010 - 62514148（门市部）	
	010 - 62515195（发行公司）		010 - 62515275（盗版举报）	
网　　址	http://www.crup.com.cn			
经　　销	新华书店			
印　　刷	唐山玺诚印务有限公司		版　　次	2008 年 3 月第 1 版
开　　本	890 mm×1240 mm　1/16			2024 年 6 月第 6 版
印　　张	20.25		印　　次	2024 年 9 月第 2 次印刷
字　　数	601 000		定　　价	55.00 元

《   》※任课教师调查问卷

为了能更好地为您提供优秀的教材及良好的服务，也为了进一步提高我社法学教材出版的质量，希望您能协助我们完成本次小问卷，完成后您可以在我社网站中选择与您教学相关的 1 本教材作为今后的备选教材，我们会及时为您邮寄送达！如果您不方便邮寄，也可以申请加入我社的**法学教师 QQ 群：436438859（申请时请注明法学教师）**，然后下载本问卷填写，并发往我们指定的邮箱（cruplaw@163.com）。

邮寄地址：北京市海淀区中关村大街 59 号中国人民大学出版社 1202 室收

邮　　编：100080

再次感谢您在百忙中抽出时间为我们填写这份调查问卷，您的举手之劳，将使我们获益匪浅！

基本信息及联系方式：※

姓名：_____ 性别：_____ 课程：_____

任教学校：_____ 院系（所）：_____

邮寄地址：_____ 邮编：_____

电话（办公）：_____ 手机：_____ 电子邮件：_____

调查问卷：※

1. 您认为图书的哪类特性对您选用教材最有影响力？（   ）（可多选，按重要性排序）

　　A. 各级规划教材、获奖教材　　　　B. 知名作者教材

　　C. 完善的配套资源　　　　　　　　D. 自编教材

　　E. 行政命令

2. 在教材配套资源中，您最需要哪些？（   ）（可多选，按重要性排序）

　　A. 电子教案　　　　　　　　　　　B. 教学案例

　　C. 教学视频　　　　　　　　　　　D. 配套习题、模拟试卷

3. 您对于本书的评价如何？（   ）

　　A. 该书目前仍符合教学要求，表现不错将继续采用。

　　B. 该书的配套资源需要改进，才会继续使用。

　　C. 该书需要在内容或实例更新再版后才能满足我的教学，才会继续使用。

　　D. 该书与同类教材差距很大，不准备继续采用了。

4. 从您的教学出发，谈谈对本书的改进建议：_____

_____

_____

选题征集：如果您有好的选题或出版需求，欢迎您联系我们：

联系人：黄　强　联系电话：010-62515955

索取样书：书名：_____

　　　　　　书号：_____

备注：※ 为必填项。